Venture Capital-Finanzierung und stille Gesellschaft

T0326574

Regensburger Beiträge zur betriebswirtschaftlichen Forschung

Herausgegeben vom Institut für Betriebswirtschaftslehre
an der Universität Regensburg
Michael Dowling, Jochen Drukarczyk, Hans Jürgen Drumm,
Axel Haller, Harald Hruschka, Dirk Meyer-Scharenberg,
Andreas Otto, Klaus Röder, Gerhard Scherrer, Helmut Steckhan

Band 43

PETER LANG

Frankfurt am Main · Berlin · Bern · Bruxelles · New York · Oxford · Wien

Petra M. Ritzer-Angerer

Venture Capital-Finanzierung und stille Gesellschaft

Ein Beitrag zur Rechtsformwahl
bei VC-Finanzierungsverträgen

PETER LANG
Europäischer Verlag der Wissenschaften

Bibliografische Information Der Deutschen Bibliothek
Die Deutsche Bibliothek verzeichnet diese Publikation in der
Deutschen Nationalbibliografie; detaillierte bibliografische
Daten sind im Internet über <http://dnb.ddb.de> abrufbar.

Zugl.: Regensburg, Univ., Diss., 2004

D 355
ISSN 1430-7375
ISBN 3-631-52944-9

© Peter Lang GmbH
Europäischer Verlag der Wissenschaften
Frankfurt am Main 2005
Alle Rechte vorbehalten.

Geleitwort

Die Verfasserin widmet sich einer Fragestellung, der in der Literatur keine allzu große Aufmerksamkeit geschenkt wird: Warum, fragt sie, wird ein erheblicher Anteil von Finanzierungsbeiträgen mit VC-Charakter in der institutionellen Form einer stillen Beteiligung realisiert? Welche Gründe kommen überhaupt in Frage und welche dieser Gründe sind vermutlich entscheidungserheblich?

Die Verfasserin liefert zunächst eine lesenswerte Analyse zur Vielgestaltigkeit der atypischen stillen Gesellschaft und analysiert die Betrachtungsebenen oder „Elemente", aus deren Kombination unterschiedliche Typen stiller Gesellschaften hervorgehen können. Diese Typenvielfalt wird durch Rückgriff auf bei VC-Finanzierungen a priori erkennbare und notwendige Eigenschaften auf drei reduziert. Diese als praktisch relevant eingeschätzten Typen müssen sich nach Ansicht der Verfasserin im Wettbewerb mit anderen institutionellen Einkleidungen der Finanzierungsleistung behaupten. Dass sie im Wettbewerb bestehen, glaubt die Verfasserin empirisch belegen zu können. Warum sie bestehen, ist Gegenstand einer intensiven Überprüfung der institutionellen Eigenschaften vor dem Hintergrund der Erfordernisse, die sich aus einer theoretischen Analyse der Eigenschaften einer VC-Finanzierungsbeziehung gewinnen lassen.

Die Verfasserin liefert eine lesenswerte Arbeit, die u. a. deutlich macht, dass institutionelle Arbeit im Detail Filigranarbeit ist und dass die institutionelle Einkleidung von theoretischen Botschaften der Finanzierungslehre ein sehr schwieriges Geschäft ist.

Regensburg, im Oktober 2004

Jochen Drukarczyk

Vorwort

Diese Dissertation entstand während meiner Tätigkeit als wissenschaftliche Mitarbeiterin am Lehrstuhl für Finanzierung an der Universität Regensburg. Meinem akademischen Lehrer und Doktorvater Herrn Prof. Dr. Dr. h.c. Jochen Drukarczyk verdanke ich nicht nur alle Chancen, die mit einer Stelle als wissenschaftliche Hilfskraft an seinem Lehrstuhl verbunden sind. Für sein Interesse und sein Vertrauen in meine Ideen und Sichtweisen möchte ich mich aus tiefstem Herzen bei ihm bedanken. Für die zeitlichen Freiräume, die er meiner Forschung gewährte und seine ständige Gesprächsbereitschaft trotz der starken Zeitrestriktionen, denen er unterliegt, kann ich gar nicht genug dankbar sein. Er hat mich während des Studiums nicht nur für das Fach Finanzierung begeistert, sondern mir zudem erst den Mut gegeben, mich nach dem Studium bei ihm zu bewerben. Für diese Wertschätzung, die er mir damals noch vor Abschluss meines Studiums entgegen brachte, werde ich ihm immer zutiefst verbunden sein.

Mein besonderer Dank gilt auch meinem zweiten Berichterstatter Herrn Prof. Dr. Michael Dowling, der mir Kontakt zu dem Großteil meiner Interviewpartner verschaffte und dessen Hilfe und Unterstützung ich mir in jeder Hinsicht während des gesamten Verfahrens, währenddessen er zudem Dekan unserer Fakultät war, sicher sein konnte.

Besonderen Dank schulde ich auch Herrn Prof. Dr. Rainer Gömmel für die Übernahme des Disputationsvorsitzes. Die Disputation fand am 17.06.2004 statt.

Bei meinen Interview-Partnern bedanke ich mich für sehr anregende und interessante Gespräche und zahlreiche Hinweise, die für den Fortgang meiner Arbeit hilfreich waren.

Weiterhin möchte ich mich bei PD Dr. Andreas Schüler für seine Anmerkungen zur Arbeit und seine Ratschläge und Hilfe während der gemeinsamen Lehrstuhlzeit und darüber hinaus ganz herzlich bedanken. Auch Jürgen Schöntag war Kollege und Freund für mich. Für die echte Kameradschaft, die mir die beiden – trotz so mancher Lücken in meinem Fußballwissen – entgegengebracht haben, bin ich sehr dankbar.

Last but not least danke ich meinen Eltern für ihr Verständnis und ihre Unterstützung. Meinem Mann Claus danke ich für seinen Glauben an mich.

Regensburg, im September 2004

Petra M. Ritzer-Angerer

INHALTSVERZEICHNIS

ABKÜRZUNGSVERZEICHNIS

Ab. .... Abschreibung
Abs. .... Absatz
ADHGB .... Allgemeines Deutsches Handelsgesetzbuch
a.F. .... alte Fassung
AER .... American Economic Review (Zeitschrift)
AG .... Aktiengesellschaft/Die Aktiengesellschaft (Zeitschrift)
AktG .... Aktiengesetz
a.M. .... anderer Meinung
Anh. .... Anhang
Anm. .... Anmerkung
AO .... Abgabenordnung
a.o. .... außerordentlich
Art. .... Artikel
ARV .... Anrechnungsverfahren
Aufl. .... Auflage
Ausz. .... Auszahlungen
AV .... Anlagevermögen
BA .... Betriebliche Aufwendungen
BAK .... Bundesaufsichtsamt für das Kreditwesen
BAnz. .... Bundesanzeiger
BB .... Betriebs-Berater (Zeitschrift)
BBK .... Buchführung, Bilanz, Kostenrechnung (Zeitschrift)
Bd. .... Band
Bearb................... Bearbeiter
Beck Bil.-Komm. . Beck'scher Bilanz-Kommentar
Beck Hdb. .... Beck'sches Handbuch
Begr. .... Begründung/Begründer
Beschl. .... Beschluss
BFuP .... Betriebswirtschaftliche Forschung und Praxis (Zeitschrift)
BFH .... Bundesfinanzhof
BFHE................... Sammlung der Entscheidungen und Gutachten des Bundesfinanzhofs
BFH/NV .... Sammlung amtlich nicht veröffentlichter Entscheidungen des Bundesfinanzhofs (Zeitschrift)
BGB.................... Bürgerliches Gesetzbuch

BGBl. ....Bundesgesetzblatt
BGH ....Bundesgerichtshof
BGHZ ....Entscheidungen des Bundesgerichtshofes in Zivilsa-
                       chen
BMF ....Bundesministerium der Finanzen
BörsG ....Börsengesetz
BR-Drucks. ....Bundesratsdrucksache
bspw. ....beispielsweise
BStBl. ....Bundessteuerblatt
BT-Drucks. ....Bundestagsdrucksache
BuW ....Betrieb und Wirtschaft (Zeitschrift)
BVI ....Bundesverband Deutscher Investment- und Vermö-
                       gensverwaltungs-Gesellschaften e.V.
BVK ....Bundesverband deutscher Kapitalbeteiligungsgesell-
                       schaften e.V.
bzgl. ....bezüglich
bzw. ....beziehungsweise
CEO ....Chief Executive Officer
DB ....Der Betrieb (Zeitschrift)
Diss. ....Dissertation
DJT ....Deutscher Juristentag (Verhandlungen des Deutschen
                       Juristentages)
DNotI ....Deutsches Notarinstitut
DNotI-Report ....Informationsdienst des deutschen Notarinstituts (Zeit-
                       schrift)
DStJG ....Deutsche Steuerjuristische Gesellschaft
DStR ....Deutsches Steuerrecht (Zeitschrift)
DStZ ....Deutsche Steuerzeitung (Zeitschrift)
EFG ....Entscheidungen der Finanzgerichte (Zeitschrift)
Einz...................Einzahlungen
ErbStG...............Erbschaftsteuergesetz
Erg. ....Ergänzung
Erg.-Lfg. ....Ergänzungslieferung
EStB ....Der Ertragsteuerberater: Informationsdienst für ESt,
                       KSt, GewSt, UmwSt, ErbSt (Zeitschrift)
EStG..................Einkommensteuergesetz
EU......................Europäische Union
EuroEG...............Euro-Einführungsgesetz
EZÜ ....Einzahlungsüberschuss

ff.	fortfolgende (Plural)
FMFG	Finanzmarktförderungsgesetz
Fn.	Fußnote
FN-IDW	IDW-Fachnachrichten (Zeitschrift)
FR	Finanzrundschau (Zeitschrift)
FS	Festschrift
GbR	Gesellschaft des bürgerlichen Rechts
gem.	gemäß
ggf.	gegebenenfalls
Gew	Gewinn
GewSt	Gewerbesteuer
GewStG	Gewerbesteuergesetz
gl. A.	gleicher Ansicht
GmbH	Gesellschaft mit beschränkter Haftung
GmbHG	Gesetz betreffend die Gesellschaften mit beschränkter Haftung
GmbH-HB	GmbH-Handbuch
GmbHR	GmbH-Rundschau (Zeitschrift)
GmbH-StB	Der GmbH-Steuerberater (Zeitschrift)
GoB	Grundsätze ordnungsmäßiger Buchführung
GrS	Großer Senat
GuV	Gewinn- und Verlustrechnung
Habil.	Habilitationsschrift
HBS	Harvard Business School
Hdb.	Handbuch
HEV	Halbeinkünfteverfahren
HFA	Hauptfachausschuss (des IDW)
HFR	Höchstrichterliche Finanzrechtsprechung
HGB	Handelsgesetzbuch
h.M.	herrschende Meinung
hrsg.	herausgegeben
Hrsg.	Herausgeber
HWF	Handwörterbuch des Bank- und Finanzwesens
I	Investitionsbetrag
i.d.F.	in der Fassung
IDW	Institut der Wirtschaftsprüfer
i.e.S.	im engeren Sinn
incl.	inclusive

str. ....strittig

StSenkG ....Steuersenkungsgesetz

StuB ....Steuern und Bilanzen (Zeitschrift)

StuW ....Steuer und Wirtschaft (Zeitschrift)

StVerAbG ....Steuervergünstigungsabbaugesetz

StWa ....Die Steuerwarte (Zeitschrift)

TIA ....Trust Indenture Act

u.a. ....unter anderem

UBG ....Unternehmensbeteiligungsgesellschaft

UBGG ....Gesetz über Unternehmensbeteiligungsgesellschaften

UE.......................Umsatzerlöse

UmwBerG ....Umwandlungsbereinigungsgesetz

UmwG ....Umwandlungsgesetz

UmwStG ....Umwandlungssteuergesetz

US/USA ....United States (of America)

VC.......................Venture Capital

VG ....Vermögensgegenstand

Vgl. ....vergleiche

VerkProspG ....(Wertpapier-)Verkaufsprospektgesetz

VerkProspVO.......Verkaufsprospekt-Verordnung

v.St. ....vor Steuern

VW......................Versicherungswirtschaft (Zeitschrift)

WM ....Wertpapier-Mitteilungen Zeitschrift für Wirtschafts- und Bankrecht, Teil IV (Zeitschrift)

WPg....................Die Wirtschaftsprüfung (Zeitschrift)

z.B. ....zum Beispiel

ZBB....................Zeitschrift für Bankrecht und Bankwirtschaft (Zeitschrift)

ZfbF ....Zeitschrift für betriebswirtschaftliche Forschung (Zeitschrift)

ZfgK ....Zeitschrift für das gesamte Kreditwesen (Zeitschrift)

ZGR ....Zeitschrift für Unternehmens- und Gesellschaftsrecht (Zeitschrift)

ZHR ....Zeitschrift für das gesamte Handelsrecht und Wirtschaftsrecht (Zeitschrift)

ZIP ....Zeitschrift für Wirtschaftsrecht (früher: Zeitschrift für die gesamte Insolvenzpraxis) (Zeitschrift)

ABBILDUNGSVERZEICHNIS

TABELLENVERZEICHNIS

1 EINLEITUNG

1.1 PROBLEMSTELLUNG

Die neoklassische Theorie hat das Risiko, das ein Kapitalgeber übernimmt, als das entscheidende Kriterium für die vom Kapitalgeber geforderte Rendite herausgestellt, wobei diese Renditeforderung als Rentabilitätshürde von einem Investitionsobjekt genommen werden muss, damit der Investor bereit ist, Geld zu investieren. Dies gilt für Eigen- und Fremdkapitalgeber, wobei Eigenkapitalgeber bzw. Anteilseigner eine Prämie für das übernommene Investitions- und Finanzierungsrisiko fordern und Fremdkapitalgeber für ein Ausfallrisiko Kompensation verlangen. Die zugrunde liegende Annahme der Risikoaversion kann empirisch als untermauert gelten. Nun ist kein Grund ersichtlich, warum diese grundsätzlichen „Spielregeln" nicht auch für Gründungsfinanzierungen gelten sollen. Wer eine risikoäquivalente Rendite bieten kann, bekommt auch Geld. Das gilt für Eigen- und Fremdkapital. Es mag höchstens sein, dass es bei sehr hohem Investitionsrisiko empfehlenswert sein kann, nicht auch noch hohes Finanzierungsrisiko zu erzeugen. Und es kann auch sein, dass Eigen- und Fremdkapitalgeber sich in ihrer Eigenschaft als Risikoträger annähern im Vergleich zu einer Welt, in der die Gläubiger völlig risikolos gestellt sind. Damit ändern sich Kalküle und Verhaltensweisen, aber nicht Spielregeln.

Finanzierungsverträge setzen durch Rangzuweisung des Financiers die von ihm übernommene Risikomenge fest. Dafür kann der Financier eine ranggemäße Partizipation an zukünftigen Zahlungsüberschüssen beanspruchen, wobei Eigenkapitalgeber einen marktabhängigen Risikopreis für die übernommene Risikomenge fordern. Zwischen Anspruchsgruppen mit unterschiedlichen Rängen bestehen Interessenunterschiede. Dies wird deutlich zwischen Gruppen mit Festansprüchen und Gruppen mit Residualansprüchen: Sobald der Festanspruch allerdings nicht voll bedient werden kann, wird er zum Residualanspruch. Die Gruppen mit Residualansprüchen besitzen als primäre Risikoträger prinzipiell die Entscheidungsrechte. Sie entscheiden über den Abschluss von Finanzierungsverträgen. Werden neue Financiers aufgenommen, erfolgt eine Umverteilung, da die neuen Financiers einen Teil des ggf. veränderten Gesamtrisikos übernehmen. Die neuen Anspruchsgruppen treten in Anspruchskonkurrenz zu den alten. Die alten Anspruchsgruppen müssen ranghöhere und gleichrangige Anspruchsgruppen beobachten, um eine Verdrängungsgefahr zu erkennen. Die kostengünstige Überwindung der Interessenunterschiede bzw. -gegensätze von alten und neuen Financiers ist das Ziel von Finanzierungsverträgen.[1] Verträge mit Rangzuweisungen sind auch in der neoklassischen Finanzierungstheorie von Bedeutung. Die obigen „Spielregeln" umfassen folglich auch die Art der Verträge.

1.1.1 SYMMETRISCHE FINANZIERUNGSVERTRÄGE ALS IDEAL

Finanziert *ein* Investor mit eigenen Mitteln ein Investitionsobjekt, hat er Anspruch auf alle Chancen und trägt alle Risiken. Sobald *mehrere* Investoren ein Investitionsprojekt gemeinsam realisieren, wird es nötig, die Gesamtposition – bestehend aus Aufbringung der Errichtungskosten und Partizipation an unsicheren erwarteten Einzahlungen – in Teilpositionen zu zerlegen. Dies kann in Form eines *symmetrischen* Finanzierungsvertrags geschehen, bei dem sich Anteil an Kapitalaufbringung und Erfolgsbeteiligung genau entsprechen: Bringt einer der Investoren den Anteil α der Errichtungskosten auf, erhält er dafür den Anteil α an den unsicheren erwarteten Einzahlungen.[2] Da Informations-, Kontroll-, Geschäftsführungs- bzw. Entscheidungsrechte häufig an den Ansprüchen der einzelnen Investoren auf die zukünftigen Erfolge anknüpfen, wird die Symmetrie des Finanzierungsvertrags in diesem Bereich fortgesetzt. Bei einer symmetrischen Vertragsgestaltung bilden die Teilpositionen damit die Gesamtposition in der Risiko- und Chancenstruktur genau ab. Es erfolgt lediglich eine Zerlegung aller Rechte und Pflichten, Risiken und Chancen der Gesamtposition, also eine Abbildung mit keinerlei Verschiebungen zwischen den einzelnen Beteiligten. Dies gilt jedoch nur unter der Bedingung, dass die Überschüsse für beide Financiers beobachtbar sind, so dass niemand unbemerkt etwas „abzweigen" kann.

Die Vorteilhaftigkeit symmetrischer Finanzierungsverträge liegt zum einen darin, dass ein Machtgleichgewicht zwischen den Beteiligten begründet wird und zum anderen darin, dass Anreize für Manipulationen bei den Investoren erst gar nicht entstehen: Die Aufteilung der Entscheidungsrechte und damit der Entscheidungsmacht ist fair in dem Sinne, dass derjenige, der einen höheren Anteil an den Errichtungskosten aufgebracht hat z.B. auch ein entsprechend stärkeres Stimmrecht beanspruchen kann. Derjenige, der mehr finanzielle Mittel eingesetzt hat, soll auch stärker mitbestimmen dürfen, was mit den gesammelten Mitteln passiert. Anreize für Manipulationen entstehen nicht, da der einzelne zu jedem Zeitpunkt einen definierten Anteil erhält und es sich z.B. nicht lohnt, die Entstehung von Zahlungsüberschüssen zeitlich zu verschie-

---

[1] Vgl. *Drukarczyk, Jochen*, Theorie und Politik der Finanzierung, 1993, S. 7.

[2] Vgl. *Drukarczyk, Jochen*, Finanzierung, 2003, S. 199.

ben.[3] Nur eine Vorverlagerung kann einen Vorteil bringen, von dem aber erneut alle zu ihren Anteilen profitieren. Es besteht für alle ein Interesse, die zukünftigen Einzahlungsüberschüsse zu maximieren. Bei reiner Eigenfinanzierung gibt es keine Unterschiede in der Rangfolge der Partizipation, jeder bekommt von dem zu verteilenden Betrag seinen Anteil, es entstehen keine Anreize zu Risikoverlagerungen oder Vermögensverschiebungsstrategien. Opportunistisches Verhalten lohnt also nicht, da eine Verbesserung der eigenen Vermögensposition nur durch Erhöhung der zukünftigen Einzahlungsüberschüsse, nicht durch Erhöhung der Partizipationsquote erreicht werden kann.

Damit wird deutlich, dass durch Gestaltung von Finanzierungsverträgen nicht nur gegebene Chancen und Risiken umverteilt werden, sondern die Chancen und Risiken des Investitionsobjekts selbst beeinflusst werden: Sind alle Beteiligten motiviert, weil geeignete Anreize bestehen, durch Mitarbeit und Mitwirken zu dem zukünftigen Erfolg des Investitionsobjekts beizutragen, wird die Erfolgswahrscheinlichkeit erhöht, das gemeinsam finanzierte Investitionsobjekt also vorteilhafter. Die Gestaltung von Finanzierungsverträgen kann also Wert schaffen, aber auch Wert vernichten.[4] Ziel der Gestaltung von Finanzierungsverträgen muss es daher sein, die Interessen der Beteiligten auf den Erfolg des gemeinsamen Projekts fokussiert auszurichten und damit den gesamten Wert des Projektes zu maximieren.[5] Symmetrische Finanzierungsverträge und reine Eigenfinanzierung stellen dabei einen Idealfall dar.

Dieses Ideal kann nicht bei allen Finanzierungsproblemen realisiert werden. Verträge von Venture Capital-Finanzierungen, die in der vorliegenden Arbeit untersucht werden, zeigen die typischen Probleme nicht symmetrischer Verträge besonders gut. An keinem Finanzierungsproblem wird Wertschaffung durch Gestaltung von Finanzierungsverträgen so deutlich wie bei VC-Finanzierungen.[6] VC-Finanzierung bedeutet, dass ein i.d.R. technisch oder naturwissenschaftlich orientierter Gründer mit einer innovativen Geschäftsidee und typischerweise geringem Eigenkapital von einer darauf spezialisierten VC-Gesellschaft Kapital erhält, um ein Unternehmen zu gründen, ein Produkt zu entwickeln und den Ver-

---

[3] Vgl. *Drukarczyk, Jochen*, Finanzierung, 2003, S. 199.

[4] Vgl. *Sahlman, William A.*, Aspects of Financial Contracting in Venture Capital, in: JoACF, Jg. 11, 1998, S. 23-36 (24).

[5] *Drukarczyk* spricht von der kostengünstigen Überwindung bestehender Interessengegensätze, vgl. Theorie und Politik der Finanzierung, 1993, S. 7.

[6] Vgl. *Sahlman, William A.*, Aspects of Financial Contracting in Venture Capital, in: JoACF, Jg. 11, 1998, S. 23-36 (23).

trieb dieses Produktes zu organisieren. Neben der reinen Kapitalbereitstellung leistet die VC-Gesellschaft zusätzlich Hilfe bei wichtigen Entscheidungen, Beratung und Kontaktvermittlung („Value Added").

Symmetrische Finanzierungsverträge sind bei VC-Finanzierungen nicht möglich, da die finanzielle Ausstattung von Gründer und VC-Geber sehr unterschiedlich ist. Kann der Gründer nur 5% der Errichtungskosten tragen, würde ihm ein symmetrischer Vertrag auch nur 5% an den zukünftigen Einzahlungsüberschüssen zuweisen, was für seine Leistung zu wenig ist. Nur der Gründer besitzt das technische und naturwissenschaftliche Know-How zur Projektrealisierung und nur der VC-Geber kann die Finanzierung des Projektes sicherstellen. Beide Parteien bringen damit völlig verschiedene Beiträge ein, deren Wertverhältnis nur schwer ermittelbar ist. Was ist eine Geschäftsidee wert? Wie sind Beratung und Hilfestellungen des VC-Gebers zu bewerten? Versteht man „symmetrisch" nicht allein in Bezug auf die Errichtungskosten und bezieht man die Geschäftsidee und die Beratungsleistungen mit monetären Äquivalenten ein, wäre ein in diesem Sinn „symmetrischer" Vertrag mit festen Quoten für die Parteien verhandelbar.

Chancen und Risiken müssen von den Vertragsparteien aber so verteilt werden, dass nicht nur beide Parteien einverstanden sind, sondern dass auch möglichst Anreize für beide Parteien entstehen, sich für den Erfolg des Gründungsprojekts maximal einzusetzen. Da nicht einfach beantwortet werden kann, welche der beiden Parteien welchen Anteil zur Errichtung des Projektes geleistet hat, bereitet die Suche nach einer „gerechten" Verteilung von zukünftigen erwarteten Überschüssen und von Entscheidungsrechten Schwierigkeiten.

Das hohe Investitions- und Insolvenzrisiko bei Unternehmensgründungen führt dazu, dass keine der Kapitalgebergruppen völlig risikolos gestellt werden kann. Als Ausgleich für das übernommene Risiko wird allen Kapitalgebergruppen eine angemessene Gewinn- und/oder Unternehmensbeteiligung im Falle des Eintritts eines erfolgreichen Szenarios zugesagt. Nachdem der Eintritt des Gründungserfolges entscheidend von den Geschäftsführungsmaßnahmen in der Anfangsphase abhängt, ist das Interesse der Kapitalgebergruppen, auch auf diese Entscheidungen Einfluss nehmen zu können, legitim und verständlich. Damit wird die Aufteilung von Entscheidungsrechten, Risiko und laufendem Erfolg sowie geschaffenem Unternehmenswert zu einem Verhandlungsproblem, das ggf. zu Abweichungen von dem obigen „symmetrischen" Vertrag führt.

Da der Gründer typischerweise kaum finanzielle Mittel bereitstellt, kann das Problem entstehen, dass das Abbrechen des Gründungsprojekts für ihn keinerlei Nachteile mit sich bringt. Er verliert kein Geld. Ist er jung, ohne Versorgungsverpflichtungen und ohne Sorge um Arbeitsplatz und Reputation, wird eine Abbruchentscheidung noch unproblematischer. Der VC-Geber verliert in diesem Fall sein ganzes bisher investiertes Kapital. Um diesem Fall vorzubeugen, muss der VC-Geber einen Finanzierungsvertrag abschließen, der zumindest positive Anreize für den Gründer setzt, sich maximal für den Gründungserfolg einzusetzen, der aber auch angemessene Sanktionen für den Projektabbruch vorsieht.

Positive Anreize können gesetzt werden, indem Risiko auf den Gründer verlagert wird. Dies kann durch eine bevorrechtigte Partizipation des VC-Gebers an laufenden Einzahlungsüberschüssen und Liquidationserlösen erreicht werden. Durch die Vereinbarung einer bevorzugten Bedienung des VC-Gebers steigt das Risiko für den Gründer (fast) leer auszugehen, wenn die Vorzugsbeträge nicht oder kaum überschritten werden. Er wird sich daher dafür einsetzen, dass ein möglichst hoher Residualanspruch für ihn verbleibt, die zukünftig verteilbaren Beträge also maximieren.

Durch sequentielles Investieren des benötigten Betrages in Abhängigkeit von erfolgreicher Arbeit bzw. Fortschreiten des Projekts kann ein Anreiz gesetzt und der Gründer gleichzeitig sanktioniert werden: Werden die gesetzten Ziele (Meilensteine) erreicht, wird die nächste Finanzierungsrunde auf Basis des gestiegenen Unternehmenswerts abgeschlossen, der Anteil des Gründers damit weniger stark verwässert. Wird ein gesetztes Ziel nicht erreicht, verliert der Gründer die Anschlussfinanzierung. Ein neuer Investor muss dann gefunden werden. Sollte dieser gefunden werden, wird er eventuell eine höheren Anteil fordern und damit den Anteil des Gründers schmälern. Sanktionen in dieser oder anderen Formen müssen angemessen gestaltet werden. Ein knappes Verfehlen des Ziels oder vom Gründer unverschuldete Verzögerungen dürfen nicht zu harte Sanktionen auslösen, da sonst die Gefahr besteht, dass der Gründer die Motivation verliert, was das Ende des Projekts bedeuten kann, da der Gründer i.d.R. unersetzlich ist. Zwar gibt es selten nur einen Gründer, zumeist sind es Gründerteams. Doch diese besitzen häufig komplementäres Know-How. Das Ausscheiden eines Gründungsmitglieds kann folglich das Fortsetzen des Gründungsprojekts gefährden oder sogar unmöglich machen.

1.1.2 CHANCEN- UND RISIKOVERTEILUNG ZWISCHEN EIGEN- UND FREMD-KAPITAL

Die Einteilung finanzieller Ansprüche in Eigen- und Fremdkapitalrechte ist für eine genauere Beschreibung der Chancen- und Risikobeteiligung der Financiers eine recht grobe Einteilung.[7] Das Problem einer Abgrenzung von Eigen- und Fremdkapital ist zudem nicht abschließend gelöst. Ein viel versprechender Ansatz ist der von *Swoboda*, der den Risikograd als Abgrenzungskriterium vorschlägt.[8] Die Financiers mit mäßigem, aber sicheren Ertragsanspruch, also geringer Chance und geringem Risiko, sind Fremdkapitalgeber, die mit höherem, aber unsicherem Ertragsanspruch entsprechend Eigenkapitalgeber.[9] Geht man dabei von einem stetigen Verlauf des gemessenen Risikogrades aus, leuchtet es ein, dass ein nicht eindeutiger Bereich zwischen eindeutigem Eigen- und eindeutigem Fremdkapital entsteht, für den Juristen den Begriff „Quasi-Eigenkapital"[10] geprägt haben und den Ökonomen als hybride Finanzierung kennen, was nicht heißt, dass beide Begriffe deckungsgleich sind.[11]

Die Überlegung, den Grad an Mitwirkung, also Informations-, Kontroll-, Veto- und Zustimmungs-, Geschäftsführungs- und Stimmrechte für die Abgrenzung von Eigen- und Fremdkapital bzw. für die Abgrenzung von Mitunternehmer zu Nicht-Mitunternehmer zu nutzen, stammt aus dem Steuerrecht, das bemüht ist, klare Grenzen zu ziehen, um die steuerliche Behandlung vorzugeben. Die Abgrenzung durch Mitunternehmerrisiko und Mitunternehmerinitiative entstand. Die Idee, dass ein Financier mit geringer Partizipation an Risiken und Chancen dennoch Eigenkapitalgeber ist, wenn sein Einfluss auf die Geschäftsführung ein bestimmtes Maß überschreitet, leuchtet ein. Entscheidungsrechte sind Eigentumsrechte. Damit wird eine übersichtliche Einteilung in Eigen- und Fremdkapital jedoch komplizierter: Wie ist zu entscheiden, wenn von den beiden Kriterien eins für Eigenkapital spricht und das andere für Fremdkapital? Das Steuerrecht löst das Problem so, dass eine starke Ausprägung eines Kriteriums eine nur minimale Ausprägung des anderen Kriteriums kompensieren kann.

---

[7] Vgl. *Arnold, Hans*, Risikotransformation, in: Handwörterbuch der Finanzwirtschaft, 1976, Sp. 1506-1516 (In späteren Auflagen ist Stichwort leider gestrichen worden).

[8] Vgl. *Swoboda, Peter*, Der Risikograd als Abgrenzungskriterium von Eigen- und Fremdkapital, in: FS Wittmann, 1985, S. 343-361.

[9] Vgl. *Arnold, Hans*, Risikotransformation, in: Handwörterbuch der Finanzwirtschaft, 1976, Sp. 1506-1516 (1508).

[10] So beispielsweise *Schmidt, Karsten*, Quasi-Eigenkapital als haftungsrechtliches und als bilanzrechtliches Problem; in: FS Goerdeler, 1987, S. 487-509 und *Herrmann, Harald*, Quasi-Eigenkapital im Kapitalmarkt- und Unternehmensrecht, 1996, S. 129, 130.

[11] Siehe z.B. *Drukarczyk, Jochen*, Theorie und Politik der Finanzierung, 1993, S. 16 und S. 581-620.

1.1.3 RECHTSFORMWAHL BEI VC-FINANZIERUNGEN

Für die Beteiligten der VC-Finanzierung steht eine größere Zahl an Gesellschaftsmodellen zur Verfügung, die auf ihre Eignung zur Lösung des Allokationsproblems zu prüfen sind. Im deutschen Gesellschaftsrecht ist die Privatautonomie im Sinne einer Befugnis der Privatrechtssubjekte verankert, ihre rechtlichen Beziehungen in Eigenregie untereinander zu regeln, wobei der wichtige Bestandteil der Vertragsfreiheit sich aus Abschluss-, Partnerwahl- und Inhaltsfreiheit zusammensetzt.[12] Diese grundsätzliche Vertragsfreiheit wird von gesetzlichen Gesellschaftsmodellen bzw. Rechtsformen mit jeweils unterschiedlich streng gestaltetem Regelungswerk, aus denen zu wählen ist, eingeschränkt, wobei die einzelnen Gesellschaftsmodelle kombiniert (z.B. GmbH & Co. KG) und verfremdet gestaltet (z.b. atypisch stille Gesellschaft) und anderen Gesellschaftsmodellen angenähert werden können. Der *BGH* hat diese Entwicklung zu immer feiner differenzierten Gesellschaftsmodellen als „förderliche Anpassung an die differenzierte Wirklichkeit einer hochindustrialisierten Wirtschaft" verstanden und toleriert.[13]

Erschwert wird das Rechtsformwahlproblem dadurch, dass bestimmte Beteiligungsrechtsformen auf bestimmte Gesellschaftsrechtsformen beschränkt sind (z.B. Vorzugsaktien auf Aktiengesellschaft). Beteiligungsfinanzierung ist damit grundsätzlich rechtsformabhängig.[14] Strenge gesetzliche Vorschriften zu einer Beteiligungsform gewähren Rechtssicherheit, sind aber zumeist weniger flexibel, wobei Flexibilität gerade bei VC-Finanzierungen aufgrund der hohen Unsicherheit geschätzt wird. Mit der Entscheidung für eine bestimmte Rechtsform wird also – je nach Grad der gesetzlichen Normierung – über zahlreiche gesellschaftsrechtliche Fragen implizit mit entschieden. Im Extremfall sind alle Fragen der Rechte und Pflichten der Gesellschafter damit fixiert, im anderen Extremfall wird nur ein Rechtsrahmen gewählt, der zwar Gestaltungsgrenzen hat, grundsätzlich aber vielfältige Ausprägungen des Verhältnisses der Gesellschafter zueinander umfassen kann. Der Rechtsformwahl kommt damit eine eventuell entscheidende, zumindest jedoch eine wichtige Rolle bei der Verhandlung und Einigung der Parteien auf eine Vertragsgestaltung zu.

---

[12] Vgl. *Zöllner, Wolfgang*, Inhaltsfreiheit bei Gesellschaftsverträgen, in: FS 100 Jahre GmbHG, 1992, S. 85-125 (85).

[13] *Wüst, Günther*, Gestaltungsfreiheit und Typenkatalog im Gesellschaftsrecht, in: FS Duden, 1977, S. 749-771 (749).

[14] Vgl. *Betsch, Oskar/Groh, Alexander P./Schmidt, Kay*, Gründungs- und Wachstumsfinanzierung innovativer Unternehmen, 2000, S. 17-19.

Das Problem bei ökonomisch motivierten Rechtsformentscheidungen ist die Identifikation der zentralen Kriterien, deren Ausprägungen eine Rechtsform bzw. ein Beteiligungsinstrument geeignet machen oder eventuell ausscheiden lassen. Es handelt sich um ein interdisziplinäres Problem der Rechts- und Wirtschaftswissenschaften.[15] Um herauszufinden, welche Kriterien für die Wahl des Beteiligungsinstruments ausschlaggebend sind, wird in der vorliegenden Arbeit folgender Weg beschritten.

Zunächst werden Kapitalstrukturmodelle der Literatur auf neu gegründete Unternehmen angewandt. Dazu muss man bejahen, dass neu gegründete Unternehmen bereits *Unternehmen* sind. Es wird gefragt, was sich im jeweiligen Modell bzw. an den Modellprämissen verändert, wenn ein neu gegründetes Unternehmen vorliegt. Es werden die Besonderheiten herausgearbeitet. Dann wird gefragt, wie sich die Kapitalstrukturentscheidung im Modell verändert, wenn ein Gründungsunternehmen statt eines etablierten Unternehmens betrachtet wird. Zur Anwendung einzelner Modelle ist es nicht nur notwendig, die Unternehmenseigenschaft des Gründungsprojekts zu bejahen, es müssen auch alle im Modell getroffenen Annahmen daraufhin überprüft werden, ob sie für neu gegründete Unternehmen zutreffen. Manche Modelle sind dann ggf. nur mit Einschränkungen anwendbar.

Das Problem, das sich bei der Anwendung von Kapitalstrukturmodellen auf Gründungsunternehmen ergibt, hängt mit der bereits festgestellten Grobheit der Einteilung in Eigen- und Fremdkapital zusammen. In der VC-Finanzierung werden unterschiedliche hybride Instrumente eingesetzt. Die Einteilung in Eigen- und Fremdkapital oder die Aussage, dass eine bestimmte Kapitalstruktur i.S. einer Eigen-/Fremdkapitalmischung optimal sei, ist nur wenig hilfreich, wenn keine Mischung aus reinem Eigen- und reinem Fremdkapital angestrebt wird, sondern hybride Instrumente eingesetzt werden. Um mit hybriden Instrumenten eine vorgegebene Kapitalstruktur nachzubilden, müsste sich das hybride Instrument in Eigen- und Fremdkapitalansprüche zerlegen lassen, was wohl nur bei trennscharfen Kriterien gelingen kann. Dennoch lassen sich aus den Kapitalstrukturmodellen der Literatur Erkenntnisse über Besonderheiten von Gründungsunternehmen gewinnen.

Auf der Suche nach Kriterien für die Wahl des Finanzierungs- bzw. Beteiligungsinstruments, werden in der vorliegenden Arbeit spezielle VC-Modelle untersucht. Diese Modelle unterscheiden sich von den vorher

---

[15] Vgl. *Franke, Günter/Hax, Herbert*, Finanzwirtschaft des Unternehmens und Kapitalmarkt, 1999, S. 356.

untersuchten Finanzierungsmodellen dadurch, dass sie speziell für das Gründungsfinanzierungsproblem entwickelt wurden. Das Modell von *Sahlman* betont die Notwendigkeit für den VC-Geber, sein Risiko zu begrenzen und gleichzeitig einen Anreiz für den Gründer zu schaffen sich anzustrengen. Er sucht Wege dafür und plädiert für die Risikoverlagerung vom VC-Geber auf den Gründer. Das Modell von *Myers*[16] betont die Bedeutung eines Machtgleichgewichts zwischen den Vertragsparteien, da ansonsten Ausbeutungspotentiale der einen oder anderen Partei entstehen.

Diese beiden Kriterien, Risikoverlagerungsmöglichkeiten und Möglichkeit einer ausbeutungssicheren Rechtsposition durch Sicherung bestimmter Rechte für den VC-Geber, insbesondere Kontroll- und Mitspracherechte, werden dem folgenden Vergleich von Beteiligungsinstrumenten zugrunde gelegt. Dass es auf diese beiden Kriterien ankommt, leuchtet auch vor dem Hintergrund der Agency-Theorie ein. Finanzierungs- bzw. Beteiligungsinstrumente sind in Bezug darauf zu vergleichen, ob sie Anreize für den Gründer schaffen, sich anzustrengen, da der Gründer zentrale Bedeutung für den Gründungserfolg hat. Die Agency-Theorie hat grundsätzlich zwei Wege entwickelt, wie Anreizproblemen entgegengewirkt werden kann: Zum einen durch die Schaffung finanzieller Anreize, zum anderen durch intensive Kontroll- und Mitspracherechte. Dabei ist es sinnvoll beide Methoden zu kombinieren, um die Anreizwirkung zu maximieren. Die finanzielle Anreizsetzung basiert auf der Risikoverlagerung auf den Gründer durch bevorzugte Bedienung des VC-Gebers. Mit sinkender Risikobeteiligung des VC-Gebers nähert sich der VC-Geber der Position eines Fremdkapitalgebers. Ist die Bedienung des VC-Gebers fest, entsteht für den Gründer als Residualanspruchsempfänger die Möglichkeit, die an ihn fließenden Einzahlungsüberschüsse durch Arbeitseinsatz und Anstrengung zu vergrößern: Ein Anreiz entsteht. Nur wenige Gründungsunternehmen können ab Gründung bereits gewinnunabhängige Kapitaldienstansprüche bedienen. Wäre dies das Ziel, wäre ein einfaches Darlehen die Lösung. Die Möglichkeit der Fremdfinanzierung kommt für den VC-Geber aber erst später, bei größerem Reifegrad des Gründungsunternehmens in Betracht. Bis dahin ist Risikoverlagerung über bevorzugte gewinnabhängige Bedienung möglich. Das ermöglichen einige Beteiligungsformen. Die Gewinnverteilungsvereinbarung kann seine Anreizwirkung jedoch nicht entfalten, solange das Unternehmen Verluste macht. Einige Verlustjahre sind bei Gründungen die Regel, der Break-Even auf Cash-Flow-Basis wird durchschnittlich nach 30 Monaten erreicht, es dauert durchschnittlich 75 Monate (!), bis das ursprünglich in-

---

[16] Vgl. *Myers, Stewart C.*, Outside Equity, in: JoF, Jg. 55, 2000, S. 1005-1037.

vestierte Kapital wieder zurück gewonnen wird.[17] Die Behandlungen von Gewinnen und Verlusten sind damit gleichermaßen wichtig.

Der VC-Geber will sich für den Eintritt unterschiedlicher Szenarios eine zufrieden stellende Bedienung sichern. Entwickelt sich ein Projekt gut oder sogar sehr gut, sollte das Finanzierungsinstrument einen möglichst großen Residualanspruch begründen, da nur so an den hohen Zahlungsüberschüssen partizipiert werden kann. Entwickelt sich das Projekt nur mäßig oder sogar schlecht, ist es für den VC-Geber von Vorteil, bevorzugt bedient zu werden, laufend und natürlich im Insolvenzfall, d.h. dann ist der Fremdkapitalcharakter der Ansprüche wünschenswert. Dieses Unsicherheitsproblem lässt sich durch *gestaffelte Bedienung* mildern: Es wird eine geringe feste Verzinsung der Einlage gewährt, die in jedem Szenario erfüllt werden kann, eventuell an Bedingungen geknüpft. Daneben wird eine Partizipation an laufenden Gewinnen/Verlusten vereinbart für den Fall, dass das Unternehmen frühzeitig kleine aber regelmäßige Gewinne erzielt. Eine Partizipation am Unternehmenswert beim Exit – also letztlich an den zukünftigen Einzahlungsüberschüssen – wird vereinbart, die in den Fällen besonders wichtig ist, in denen der Unternehmenswert rasch steigt. Durch diese im Risikograd gestaffelten Ansprüche antwortet der VC-Geber auf den Eintritt unterschiedlicher Szenarien mit unterschiedlich hohen Ansprüchen, passt sich also der Unsicherheit an.

Verluste des Gründungsunternehmens werden von den in Frage kommenden Beteiligungsformen bzw. Rechtsformen des Gründungsunternehmens unterschiedlich behandelt. Sammeln sich Verluste im Gründungsunternehmen in Form von Verlustvorträgen an, hat das mehrere Nachteile: Im Insolvenzfall[18] wird eine steuerliche Geltendmachung ggf. endgültig verwirkt, aber auch im Überlebensfall führen Verlustvorträge dazu, dass Vereinbarungen zur Verteilung des laufenden Gewinns über Jahre, eventuell bis zum Exit – die Verlustvorträge müssen ja abgebaut werden – nicht wirksam werden. An die Gewinnverteilungsvereinbarung anknüpfende Anreizwirkungen entfalten dadurch bis zum Exit keine Wirkung. Antizipieren dies beide Vertragsparteien, muss die Exit-Vereinbarung die Aufgabe der Anreizsetzung übernehmen. Bei einem Zeitraum von bis zu sieben Jahren oder sogar mehr bis zum Exit sind jedoch

---

[17] Vgl. *Bygrave, William D./Timmons, Jeffry A.*, Venture Capital at the Crossroads, 1992, S. 5.

[18] Ist die Verlustzuweisung auf die Höhe der Einlage des Investors begrenzt, ist die zeitlich frühere Geltendmachung der Verluste (ausreichende Steuerbemessungsgrundlagen vorausgesetzt) vorteilhafter als eine Teilwertabschreibung, die erst erfolgen darf, wenn das Scheitern des Gründungsprojekts hinreichend sicher ist.

Zweifel an der Wirksamkeit eines solchen Anreizsystems nahe liegend. Lassen sich die Verluste des Unternehmens periodisch dem VC-Geber zuweisen und vom ihm steuerlich geltend machen, hat das neben dem Steuervorteil für den VC-Geber den Vorteil, dass sobald Gewinn gemacht wird, dieser auch anreizwirksam verteilt werden kann.

Das zweite Kriterium, Kontroll- und Mitspracherechte, ist durch feine Abstufungen ein nahezu stetiges Merkmal. Der VC-Geber kann nur Informationsrechte, schwächere oder stärkere Kontrollrechte, eine kleinere oder größere Zahl an Veto- und Zustimmungsrechten, einen kleineren oder größeren Stimmrechtsanteil, Geschäftsführungsrechte mit mehr oder weniger weitgehenden Befugnissen und Kompetenzen, etc. vereinbaren. Je nach Ausgestaltung des Finanzierungsvertrags übt der VC-Geber dann eine schwächere oder stärkere Kontrolle des Gründers aus und eine damit verbundene Disziplinierung. Dies muss wieder in ausgewogener Form geschehen, da Auswirkungen auf die Motivation des Gründers damit verbunden sind.

Auch hier muss sich der VC-Geber der Unsicherheit anpassen. Je mehr Spielraum ein Finanzierungsinstrument bei der Ausgestaltung der Mitsprache und Mitwirkung für den VC-Geber lässt und umso weniger Transaktionskosten Veränderungen der Finanzierungsvereinbarung entstehen, umso geeigneter ist es grundsätzlich für die VC-Finanzierung. Entwickelt sich das Projekt gut, ist es wichtig, dass der VC-Geber Einfluss auf Geschäftsführungsentscheidungen nehmen kann. Vereinbarte bzw. zugesicherte Rechte *müssen* vom VC-Geber aber nicht in Anspruch genommen werden. Entwickelt sich das Projekt sehr gut, kann der VC-Geber sein Engagement für dieses Investments zurücknehmen und dem Gründerteam freiere Hand lassen. Dies ist auch notwendig, da der VC-Geber seine begrenzte Zeit auf die Investments konzentrieren muss, die Beratung und Hilfestellung benötigen. Entwickelt sich das Gründungsprojekt schlecht, müssen Möglichkeiten für den VC-Geber bestehen, sich einschalten zu können. Die in Frage kommenden Beteiligungsformen sollten es in jedem Fall ermöglichen, dass sich der VC-Geber Informations-, Kontroll- und Mitspracherechte sichern kann. Nicht jedes Projekt läuft gut. Im Gegenteil: Als Faustregel gilt im VC-Geschäft, dass nur ein bis zwei von 10 Investments (sehr) erfolgreich sind, ein bis vier Investments zum Gesamtausfall führen und die restlichen ihren Investitionsbetrag gerade einbringen oder eine geringe Rendite erzielen.

Die folgende Abbildung stellt die Kriterien im Überblick zusammen:

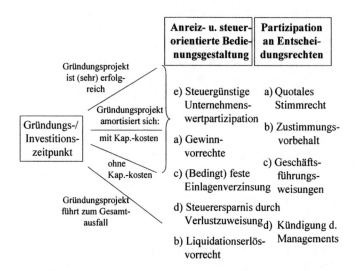

Abbildung 1: Kriterien bei der Wahl des Beteiligungsinstruments

1.1.4 FORMULIERUNG EINER THESE

Empirische Daten zeigen, dass die stille Beteiligung neben der direkten Beteiligung in Deutschland besonders häufig gewählt wird. Die stille Beteiligung und alternative Finanzierungsinstrumente werden in Bezug auf die beiden definierten Kriterien untersucht. Es wird die These geprüft, dass die stille Beteiligung anderen Rechtsformen in Bezug auf die beiden genannten Kriterien „Anreiz- und steuerorientierte Bedienungsgestaltung" sowie „Partizipation an Entscheidungsrechten" überlegen ist. Erfüllt ein alternatives Finanzierungsinstrument ein Kriterium ebenso gut, erfüllt es das zweite Kriterium nicht genauso gut. Die stille Beteiligung ist eine Beteiligungsform, die diese beiden Kriterien besser als andere Beteiligungsformen erfüllt.

Die folgende Abbildung zeigt die Vorgehensweise der Arbeit: Auf der einen Seite werden im Zusammenhang mit Finanzierungsmodellen und VC-Modellen Kriterien definiert, auf der anderen Seite zeigen empirische Daten, dass die stille Beteiligung neben direkten Beteiligungen am häufigsten gewählt wird. Eine Verbindung wird hergestellt, indem die stille Beteiligung und in Frage kommende alternative Finanzierungsinstrumente in Bezug auf die beiden gefundenen Kriterien geprüft werden. Daraus wird die These entwickelt, dass die stille Beteiligung in Bezug auf beide Kriterien anderen Finanzierungsinstrumenten überlegen ist. Diese These wird belegt. Die gefundene These wird durch Meinungen von VC-Gebern aus der Praxis überprüft und die Auswertung dieses Vergleichs schließt die Arbeit ab.

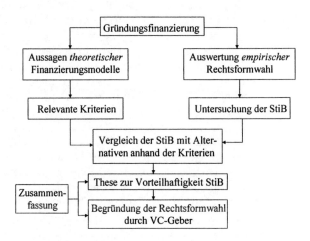

Abbildung 2: Skizze der Vorgehensweise

1.2 GANG DER UNTERSUCHUNG

Die Arbeit setzt im Beteiligungsprozess an der Stelle an, an der die Entscheidung des Venture Capital-Investors bereits gefallen ist, in ein bestimmtes junges Unternehmen zu investieren. Die Problematik der Wahl von Kriterien zur Selektion von Unternehmen und deren Gewichtung wird damit ausgeblendet. Wie soll eine Gründungsfinanzierung aussehen, bei der externes Kapital nötig ist? Es soll analysiert werden, welches Kalkül hinter der Wahl bestimmter Beteiligungsformen steht. Dabei wird unterstellt, dass VC-Investoren rational handeln und dass die Entscheidung für eine bestimmte Beteiligungsform unter Verfolgung einer Zielfunktion getroffen wird. Als Zielfunktion wird die Maximierung des Nettokapitalwertes der an den Kapitalgeber fließenden Einzahlungsüberschüsse angenommen, wobei ein Beteiligungsinstrument Einfluss auf die Geschäftsführung erlauben muss.

Nach dem einleitenden Kapitel 1 wird in Kapitel 2 der Frage nachgegangen, worin die Unterschiede zwischen Gründungsfinanzierung und der Finanzierung etablierter Unternehmen bestehen. Inwieweit können wichtige Annahmen vollkommener Kapitalmärkte auf Gründungsfinanzierungen mit Venture Capital übertragen werden? Was folgt aus den gegebenenfalls modifizierten Annahmen? Als Ergebnis der Untersuchung der Besonderheiten wird der Begriff Venture Capital definiert.

In Kapitel 3 werden empirische Daten über den VC-Markt in Deutschland zusammengestellt. Es gibt zwei gesellschaftsrechtliche Konzepte für die Kapitalgeber von Venture Capital: Beteiligungsgesellschaft als eine rechtliche Einheit und Aufteilung in zwei rechtliche Einheiten: Management- und Fondsgesellschaft. Beide Konzepte werden skizziert, da sie für das Verständnis der Wahl der Rechtsform des Kapitalgebers wichtig sind. Dann wird der Frage nachgegangen, wer die Hauptinvestorengruppen sind und welche Beteiligungsformen gewählt werden. In Deutschland wird die stille Gesellschaft in mehr als der Hälfte aller VC-Finanzierungen gewählt, z.T. in Kombination mit einer direkten Beteiligung oder einer Darlehensfinanzierung. Diese Beteiligungspraxis ist zunächst erstaunlich, da allgemeine Definitionen von Venture Capital den Eigenkapitalcharakter als Wesensmerkmal bejahen, die stille Gesellschaft jedoch zumindest in der gesetzeskonformen Ausgestaltung gem. §§ 230 ff. HGB zum Fremdkapital gerechnet wird. Dass keine Beteiligungsform empirisch klar dominiert, könnte ein Hinweis darauf sein, dass keine der zur Verfügung stehenden Beteiligungsformen schlagende Vorteile gegenüber den anderen aufweist. Es ist zu klären, welche Rolle die Abhängigkeit des Beteiligungsinstruments von der Gesellschaftsrechtsform spielt, d.h. ob eine Finanzierungsrechtsform nur deshalb so (wenig) häufig gewählt wird, weil das Gründungsunternehmen eine bestimmte Rechtsform hat. Andere institutionelle Einflussfaktoren werden beleuchtet.

Kapitel 4 entwirft beginnend mit dem streng handelsrechtlichen Modell die zahlreichen Ausgestaltungsmöglichkeiten der stillen Gesellschaft und die durch Kombination dieser Gestaltungsbausteine entstehende Vielfalt an Varianten. Der Begriff „atypisch" ist als abweichend von dem gesetzestypischen Modell zu verstehen. Da Eigen- und Fremdkapital nicht anhand eines trennscharfen Kriteriums zu unterscheiden sind, sondern mehrere Merkmale heranzuziehen sind, ist durch Kombination dieser Merkmale ein nahezu fließender Übergang zwischen Eigen- und Fremdkapital möglich. Gesellschafts-, Handels- und Steuerrecht machen zudem „Atypizität" an verschiedenen Merkmalen fest, so dass Schnittflächen entstehen. Angesichts dieses Variantenreichtums ist zu fragen, ob VC-Finanzierungen, bei denen die stille Gesellschaft eingesetzt wird, völlig unterschiedliche Gestaltungen darstellen oder ob zumindest bestimmte Merkmale stets zu finden sind. Dazu werden Musterverträge aus der VC-Literatur untersucht.

Kapitel 5 bildet den Hauptteil der Arbeit. In diesem Kapitel werden unterschiedliche hybride Beteiligungsformen in Bezug auf bestimmte Kriterien untersucht und auf Eignung zur VC-Finanzierung geprüft.

Abschnitt 1 des Kapitels 5 zeigt zunächst die Vorgehensweise.

Abschnitt 2 des Kapitels 5 entwickelt Kriterien, die bei der Wahl des Finanzierungsinstruments bei VC-Finanzierungen relevant sein könnten. Dies geschieht durch die Anwendung von Kapitalstrukturmodellen. Ein Kapitalstrukturmodell stellt Steuervorteile versus Nachteile hoher Verschuldungsgrade, ein anderes asymmetrische Informationsverteilung als das entscheidende Kriterium für die Kapitalstruktur heraus. Beide Modelle werden auf junge Wachstumsunternehmen angewandt. Auf eventuelle Einschränkungen ihrer Anwendbarkeit wird hingewiesen. Im Anschluss werden zwei Kapitalstrukturmodelle untersucht, die als Zielfunktion der Kapitalstrukturentscheidung die Minimierung der Agency-Kosten bestimmen bzw. auf die Eigenart der Assets des Unternehmens, genauer den Wertanteil von Wachstumsmöglichkeiten am Unternehmenswert, abstellen. Alle Modelle kommen zum Ergebnis, dass der Fremdkapitalanteil bei jungen Unternehmen geringer sein muss als bei etablierten. Sie zeigen aber auch, dass die Agency-Problematik bei VC-Finanzierungen besonders groß ist. Ein weiteres Kapitalstrukturmodell stammt aus der VC-Forschung und ist eigentlich mehr ein Vertragsgestaltungsmodell, das sich aber dann auch in der Kapitalstruktur des jungen Unternehmens wiederspiegelt. Die zentrale Zielfunktion dieses Vertragsgestaltungsmodells ist die Disziplinierung der Gründer, es wird also erneut auf die Wichtigkeit von Maßnahmen zur Milderung des Agency-Problems hingewiesen. Das zweite VC-Modell versteht die Finanzierungsbeziehung zwischen Gründer und VC-Geber als verhandelbares Rechtsverhältnis, wobei jede der beiden Parteien darauf achten muss, dass keine Ausbeutungsmöglichkeit für die andere Partei entsteht. Dies wird dadurch erschwert, dass die Machtposition des Gründers schwächer wird, weil er im Zeitablauf ab Gründung immer leichter durch andere Manager ersetzbar wird.

Abschnitt 3 des Kapitels 5 vergleicht nun anhand der beiden gefundenen Kriterien, die stille Beteiligung mit anderen (hybriden) Finanzierungsinstrumenten. Als Alternativen werden analysiert: Genussrechte, Wandel- und Optionsanleihen, Aktien (gattungen) und GmbH-Anteile. Durch den Vergleich in 5.4 wird die These entwickelt und erhärtet, dass keines der alternativen hybriden Instrumente in Bezug auf die in 5.2 gefundenen Kriterien vergleichbare Vorzüge wie die stille Beteiligung bietet.

In Kapitel 6 wird diese These per Interviews getestet. Dazu werden VC-Geber dazu befragt, welche Finanzierungsinstrumente sie verwenden und aus welchen Gründen. Die gesammelten und ausgewerteten Antworten werden der These gegenübergestellt. Der eingesetzte Fragenkatalog befindet sich in Anhang 3 der Arbeit.

Kapitel 7 enthält die Zusammenfassung der Arbeit.

Ziel der Arbeit ist es also über die theoriegestützte Erklärung des (empirisch beobachtbaren) Einsatzes stiller Beteiligungen herauszufinden, welche Kriterien für die Gestaltung der Finanzierungsverträge relevant sind und die Kapitalstruktur junger Wachstumsunternehmen bestimmen. Die Haltbarkeit der entwickelten These wird durch Befragung von deuschen VC-Gebern überprüft.

Abbildung 3 zeigt den Gang der Untersuchung:

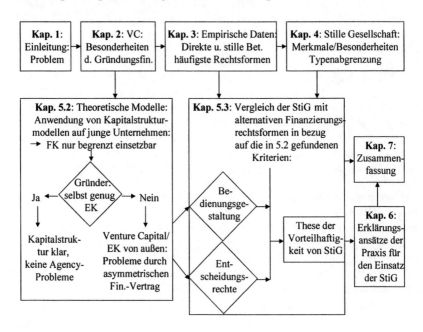

Abbildung 3: Gang der Untersuchung

2 BESONDERHEITEN DER GRÜNDUNGSFINANZIERUNG UND VC

Die deutschsprachige Betriebswirtschaftslehre hat das Thema Gründungsfinanzierung lange vernachlässigt, vermutlich zum einen weil Impulse aus der Finanzierungspraxis fehlten, zum anderen weil man mit Sätzen wie „ein gutes Projekt findet immer seine Finanzierung" Besonderheiten bei Unternehmensgründungen nicht gesehen hat.[19] So haben Gründungsprojekte ein besonderes Rendite-Risiko-Profil und brauchen neben finanziellen Mitteln professionelle Management-Beratung.[20] Das sind besondere Anforderungen an die Investoren, die nicht ohne weiteres vorausgesetzt werden können.

Das Investieren von Venture Capital bedeutet die Finanzierung der Entwicklung eines Unternehmens und damit eine unmittelbare Beteiligung an Risiken und Chancen. Der VC-Investor macht das Schicksal seiner Kapitalanlage vom Schicksal des finanzierten Unternehmens abhängig, wobei dieses Unternehmen sehr klein ist.[21] Der VC-Investor beteiligt sich daher eher an einem Unternehmer(team) als an einem Unternehmen. Dies geschieht deshalb, weil er von der Geschäftsplanung überzeugt ist und an die Chance der Erzielung einer besonders attraktiven Kapitalrendite glaubt. Die Investitionsentscheidung wird zusätzlich erschwert, weil kaum Vergangenheitsdaten über Produkt, Markt und Fähigkeiten des Gründers als Manager vorliegen.[22]

VC-Investitionen sind damit grundlegend anders als Fremdfinanzierungen, aber auch als Beteiligungsfinanzierungen an etablierten, ggf. börsennotierten Unternehmen. Die Beschäftigung mit diesen Besonderheiten von Gründungsfinanzierungen und deren Auswirkungen kann für die allgemeine Finanzierungstheorie von Unternehmen wertvolle Ergänzungen und neue Forschungsimpulse liefern.[23] Im Folgenden soll den Unterschieden zwischen Gründungsfinanzierung und Finanzierung etablierter Unternehmen nachgegangen werden. *Smith/Smith* versuchen im ersten

---

[19] Zitiert nach: *Nathusius, Klaus*, Grundlagen der Gründungsfinanzierung, 2001, S. 1.

[20] Vgl. *Leopold, Günter/Frommann, Holger*, Eigenkapital für den Mittelstand, 1998, S. 3.

[21] Vgl. *Leopold, Günter/Frommann, Holger*, Eigenkapital für den Mittelstand, 1998, S. 1-3.

[22] Vgl. *Betsch, Oskar/Groh, Alexander P./Schmidt, Kay*, Gründungs- und Wachstumsfinanzierung innovativer Unternehmen, 2000, S. 3.

[23] Vgl. *Smith, Richard L./Smith, Janet Kiholm*, Entrepreneurial Finance, 2000, S. 5, 6, 12.

Kapitel ihres Lehrbuches „Entrepreneurial Finance" die Unterschiede zu „Corporate Finance" herauszuarbeiten.[24] Ihre Ausführungen werden im Folgenden zum Teil zu Grunde gelegt. Das Kapitel schließt mit der verwendeten Definition des Begriffes „Venture Capital".

2.1 BINDUNG AN GRÜNDER

Am Anfang des Gründungsprozesses steht eine Idee des Unternehmensgründers. Häufig entsteht diese Idee durch Forschungsarbeit des Gründers, basiert also auf seinem speziellen Know-How und seiner beruflichen Erfahrung. Diese berufliche Erfahrung ist selten mit Erfahrungen in der Gründung und im Aufbau von Unternehmen verbunden, so dass die Management-Aufgabe vom Gründer allein selten erfüllt werden kann.[25] Die Bindung des Gründers an das Gründungsprojekt entsteht dadurch, dass nur er diese innovative Idee bzw. das Know-How besitzt und sich ggf. durch Patentanmeldung auch die Rechte daran gesichert hat.

Die Bindung des Gründers an sein Projekt macht ihn bzw. das Gründerteam zu zentralen Figuren im Gründungsprozess. Die Wichtigkeit der Person des Gründers für den Erfolg des jungen Unternehmens wird in der Literatur zu Gründungsforschung und in der Praxis betont.[26] In den Anfängen der Diskussion zur Gründungsforschung bzw. „Entrepreneurship"[27] stand die Betonung der Charakteristika des Gründers bzw. Entrepreneurs: „...the proper study of entrepreneurship is the entrepreneur".[28]

---

[24] Vgl. *Smith, Richard L./Smith, Janet K.*, Entrepreneurial Finance, 2000, S. 5-12.

[25] Vgl. *Betsch, Oskar/Groh, Alexander P./Schmidt, Kay*, Gründungs- und Wachstumsfinanzierung innovativer Unternehmen, 2000, S. 1.

[26] Vgl. dazu z.B. *Erikson, Truls*, Entrepreneurial capital: the emerging venture's most important asset and competitive advantage, in: JoBV, Jg. 17, 2002, S. 275-290. *Erikson* versteht unter „entrepreneurial capital" die Fähigkeiten und das Engagement des Gründers. Auch *Leopold/Frommann* sprechen von einem Eckpfeiler im "magischen Quadrat" der Hauptrisikofaktoren: Managementqualität, Marktchancen, Qualität der Unternehmensorganisation und Rentabilität, vgl. *Leopold, Günter/Frommann, Holger*, Eigenkapital für den Mittelstand, 1998, S. 33.

[27] Zum Begriff und zum Gegenstand einer eigenen wissenschaftlichen Forschung vgl. *Lück, Wolfgang/Böhmer, Annette*, Entrepreneurship als wissenschaftliche Disziplin in den USA, in: ZfbF, Jg. 46, 1994, S. 403-421 mit Anmerkungen zu diesem Beitrag von *Frank, Hermann/Plaschka, Gerhard*, in: ZfbF, Jg. 47, 1995, S. 936-941.

[28] Zitat stammt aus *Mitton, Daryl G.*, The Compleat Entrepreneur, in: Entrepreneurship Theory and Practice, Jg. 13, 1989, S. 9-19 (10). Weitere Arbeiten zu diesem Bereich z.B. *Bull, Ivan/Willard, Gary E.*, Towards a Theory of Entrepreneurship, in: JoBV, Jg. 8, 1993, S. 183-195; *Hood, Jacqueline N./ Young, John E.*, Entrepre-

Hervorgehobene Eigenschaften des Entrepreneurs sind z.B. Verständnis für Systeme, Talent zu innovativen Kombinationen von Produktionsfaktoren, entschlossenes Handeln, Führungsqualitäten, etc. In neuen Beiträgen wird auch soziale Kompetenz als zentral wichtige Eigenschaft bejaht.[29] Risikofreudigkeit gilt nicht als typische Eigenschaft, der Entrepreneur gilt wie der Investor als risikoscheu i.d.S., dass er für die Übernahme von Risiko Kompensation bzw. eine Prämie fordert.[30]

Neue Forschungsarbeiten führen weg von der alleinigen Untersuchung der Entrepreneur-Charakteristika hin zu einem mehrdimensionalen Begriff:[31] Wegweisend für diese Entwicklung war die Kritik an Studien zu Merkmalen des Entrepreneurs, die teilweise widersprüchliche Ergebnisse zeigten.[32] Innerhalb der mehrdimensionalen Definition wird die Relevanz der Person des Gründers geringer eingeschätzt als die der Gründungsgelegenheit, also als Geschäftsidee und potentielle Umsetzbarkeit.[33] „Entrepreneurship is the pursuit of opportunity without regard to resources currently controlled."[34] Demnach muss der Entrepreneur zunächst eine *Strategie definieren*, die von ihm entdeckte Geschäftsidee zu realisieren. Die *Umsetzung* dieser Strategie erfordert schnelle Entscheidungen, Risikomanagement und Flexibilität. Entscheidungen müssen unter Berücksichtigung von *Ressourcen* getroffen werden, die in den ein-

---

neurship's Requisite Areas of Development: A Survey of Top Executives in Successful Entrepreneurial Firms, in: JoBV, Jg. 8, 1993, S. 115-135.

[29] Vgl. *Baron, Robert A./Markman, Gideon. D.*, Beyond social capital: the role of entrepreneurs' social competence in their financial success, in: JoBV, Jg. 18, 2003, S. 41-60.

[30] Der Entrepreneur versuche, das von ihm übernommene Risiko durch genaue Planung und Risikoverlagerung auf andere Beteiligte zu begrenzen (vgl. *Mitton, Daryl G.*, The Compleat Entrepreneur, in: Entrepreneurship Theory and Practice, Jg. 13, 1989, S. 9-19 (15)), wie das folgende Zitat überspitzt auf den Punkt bringt: „My idea of risk and reward is for me to get the reward and others to take the risk", Zitat eines Entrepreneurs, zitiert nach *Sahlman, William/Stevenson, Howard H./Roberts, Michael J./Bhidé, Amar*, The Entrepreneurial Venture, 1999, S. 2.

[31] Siehe z.B. *Dubini, Paola*, Which Venture Capital Backed Entrepreneurs have the best Chances of Succeeding?, in: JoBV, Jg. 4, 1989, S. 123-132.

[32] Vgl. dazu z.B. *Stevenson, Howard H.*, A Perspective on Entrepreneurship, in: New Business Ventures and the Entrepreneur, 1993, S. 3-16 (14, 15); *Dowling, Michael*, Grundlagen und Prozess der Gründung, in: Gründungsmanagement, 2003, S. 9-18 (13/14).

[33] Vgl. *Dowling, Michael*, Grundlagen und Prozess der Gründung, in: Gründungsmanagement, 2002, S. 9-18 (13/14).

[34] Vgl. *Dowling, Michael*, Grundlagen und Prozess der Gründung, in: Gründungsmanagement, 2002, S. 9-18 (10/11) m.w.N.

zelnen Phasen des Gründungsprozesses vorhanden sind. Dabei kann der Handlungsspielraum erweitert werden, wenn durch *Kooperationen* auch auf Ressourcen anderer Personen und Unternehmen zurückgegriffen werden kann. Durch flache Hierarchien und *Anreizsysteme* wird der volle Einsatz aller Beteiligten, Mitarbeiter und Financiers, für den Gründungserfolg sichergestellt.

Die weitere Entwicklung der Gründungsforschung bleibt spannend. Eine abschließende Definition des Begriffs „Entrepreneurship" ist noch nicht gefunden. Prozessmodelle gelten als geeignet, um Unterschiede in den einzelnen Phasen der Unternehmensgründung erfassen zu können.[35] Auch das Entwickeln und Ausbauen von Geschäftsideen kann als Prozess, in dem der Gründer und die Situation wichtige Rollen spielen, betrachtet werden.[36] Als ein interdisziplinäres Forschungsgebiet ist die Anwendung von völlig verschiedenen Modellen und Ansätzen möglich, so dass neue Aspekte immer wieder neue Diskussionen des Begriffs auslösen.[37]

2.2 *INVESTITIONSENTSCHEIDUNG DES GRÜNDERS UND KAPITALKOSTEN*

Im Rahmen der Gründungsforschung sind auch erste Ansätze zur Gründungs- bzw. Investitionsentscheidung des Gründers entstanden. Das schwierige an der Investitionsentscheidung des Gründers und der Unterschied zu der des reinen Investors ist, dass nichtfinanzielle Zielsetzungen eine nicht zu vernachlässigende Rolle spielen. Es gilt, diese nichtfinanziellen Ziele zu identifizieren und in ihrer relativen Bedeutung zu den finanziellen Zielsetzungen einzuschätzen. Lange Zeit ging man davon aus, dass finanzielle Zielsetzungen der wichtigste Grund für eine Unternehmensgründung seien. Jüngere Beiträge messen finanziellen Zielsetzungen geringere Bedeutung bei und verstehen die Investitionsentscheidung eher als Karriereentscheidung.

Carter u.a. argumentieren auf der Basis von Befragungsergebnissen, dass Gründer und Nichtgründer sich nicht signifikant in ihrer Wertschätzung von Selbstverwirklichung, Unabhängigkeit, finanziellem Erfolg und

---

[35] Vgl. *Dowling, Michael*, Grundlagen und Prozess der Gründung, in: Gründungsmanagement, 2002, S. 9-18 (13-15) m.w.N.

[36] Vgl. *Ardichvili, Alexander/Cardozo, Richard/Ray, Sourav*, A theory of entrepreneurial opportunity identification and development, in JoBV, Jg. 18, 2003, S. 105-123.

[37] Vgl. dazu z.B. *Sarasvathy, Saras D.*, Seminar on Research Perspectives in Entrepreneurship (1997), in: JoBV, Jg. 15, 1999, S. 1-57; *Johannisson, Bengt*, Entrepreneurship Research in Europe – Trends and Needs, Key Note Speech of The Interdisciplinary European Conference on Entrepreneurship Research (IECER), Regensburg, 2003.

dem Wunsch, etwas Neues zu schaffen unterscheiden; Gründern ist aber der Wunsch, traditionellen Rollen zu folgen und Anerkennung im engeren Umfeld zu genießen nicht so wichtig.[38] Auch für *Amit u.a.* stellen gemäß eigenen Befragungen finanzielle Ziele nicht den einzigen und auch nicht den wichtigsten Faktor beim Entschluss dar, ein Unternehmen zu gründen.[39] *Douglas u.a.* verstehen die Gründungsentscheidung als Entscheidung für einen Job und wenden ein Nutzenmaximierungskalkül an, wobei in die Nutzenfunktion Einkommen, Arbeitseinsatz, Risiko, Unabhängigkeit und sonstige Arbeitsbedingungen eingehen.[40] Dabei kommt es auf die individuelle Neigung in Bezug auf die einzelnen Faktoren an, wobei in Bezug auf Arbeitseinsatz und Risiko grundsätzlich von einer Aversion ausgegangen wird.[41] Es gibt aber auch Studien, die von Risikofreudigkeit des Entrepreneurs ausgehen, weil er aufgrund von Selbstüberschätzung, der Illusion, dass der Erfolg allein von ihm abhänge und einer Meinung, die auf eingeschränktem Informationszugang basiert, das Ausmaß des eingegangenen Risikos nicht erkenne.[42] Andere Studien zeigen große Unterschiede in der Risikoneigung von Unternehmensgründern und weisen auf das Problem hin, dass Gründer und VC-Geber bezüglich ihrer Bereitschaft, Risiko zu übernehmen, zusammenpassen müssen.[43]

Wie die geforderten Renditen von Gründer und VC-Geber zu bemessen sind bzw. welche Unterschiede zu den geforderten Renditen der Kapitalgeber etablierter Unternehmen bestehen, ist ein offenes Problem. Dieser Abschnitt kann nur erste Überlegungen zur Lösung des Problems skiz-

---

[38] Vgl. *Carter, Nancy M./Gartner, William B./Shaver, Kelly G./Gatewood, Elizabeth J.*, The career reasons of nascent entrepreneurs, in: JoBV, Jg. 18, 2003, S. 13-39.

[39] Vgl. *Amit, Raphael/MacCrimmon, Kenneth R./Zietsma, Charlene/Oesch, John M.*, Does Money Matter?: Wealth Attainment as the Motive for Initiating growth-oriented Technology Ventures, in: JoBV, Jg. 16, 2001, S. 119-143.

[40] Vgl. *Douglas, Evan J./Shepherd, Dean A.*, Entrepreneurship as a utility maximizing response, in: JoBV, Jg. 15, 2000, S. 231-251.

[41] *Douglas u.a.* gehen davon aus, dass auf den einzelnen Faktor, z.B. Risikoaversion, nicht abgestellt werden kann i.d.S., dass man sagt, ein Person sei für eine Unternehmensgründung zu risikoscheu. Es käme auch immer auf die anderen Faktoren an; so kann ausgeprägte Risikoscheu durch den starken Wunsch nach Unabhängigkeit ausgeglichen werden.

[42] Vgl. *Simon, Mark/Houghton, Susan M./Aquino, Karl*, Cognitive Biases, Risk Perception, and Venture Formation: How Individuals decide to start companies, in: JoBV, Jg. 15, 2000, S. 113-134.

[43] Vgl. *Forlani, David/Mullins, John W.*, Perceived Risks and Choices in Entrepreneurs' New Venture Decision, in: JoBV, Jg. 15, 2000, S. 305-322.

zieren. Aus finanzierungstheoretischer Sicht ist es wichtig, dass die Annahme der Risikoaversion für den Unternehmensgründer genauso gilt
wie für den reinen Investor. Es gibt grundsätzlich drei Besonderheiten
der Investitionsentscheidung von Gründer bzw. VC-Geber im Vergleich
zu Investitionsentscheidungen bei etablierten Unternehmen, welche die
geforderten Renditen der Financiers bzw. die Kapitalkosten des jungen
Unternehmens beeinflussen:

1. Das Gründungsprojekt als Investitionsgelegenheit stellt sich *ausschließlich* dem Gründer (vgl. 2.1). Es kommen zwar grundsätzlich
   mehrere VC-Geber für die Investition in ein bestimmtes Projekt in Frage, die Gefahr, dass Geschäftsideen aber imitiert werden können ist
   häufig so groß, dass der Kreis eingeweihter VC-Geber sehr eng zu
   halten ist, so dass der einzelne VC-Geber auch der einzige sein kann,
   der die Investitionsgelegenheit ergreifen kann.

2. Die Investition in das Gründungsprojekt ist sowohl für Gründer als
   auch für VC-Geber nur unter zusätzlichem *Einsatz von Humankapital*
   in Form von Arbeitseinsatz und Bereitstellung von speziellem Know-
   How neben den finanziellen Mitteln möglich. Der Arbeitseinsatz des
   Gründers wird dabei größer sein als der des VC-Gebers, zumal der
   VC-Geber auch den Weg wählen kann, ein weniger aktiver Investor zu
   sein.

3. Für Gründer und VC-Geber hängen von dem Erfolg des Unternehmens nicht nur eine Veränderung des Vermögensbestandes bzw. der
   zukünftige finanzielle Wohlstand ab, für beide steht mehr auf dem
   Spiel: Der Gründer hat u.a. folgendes zu verlieren: Reputation, Arbeitsplatz, gesellschaftliche Stellung, zukünftige Arbeitsmarktchancen,
   etc. Für den VC-Geber steht in erster Linie seine Reputation auf dem
   Spiel, wobei die Reputation einer VC-Gesellschaft ein sehr wichtiger
   Faktor bei zukünftigen Finanzierungsgesuchen, bei der Begleitung von
   Börsengängen und beim Aufbau eines Netzwerks, darstellt.

Die Auswirkungen dieser drei zentralen Unterschiede sind zu diskutieren:

1. *Smith/Smith* argumentieren, dass die Aussage des CAPM-Modells,
   der Investor könne nur für systematisches, nicht durch Diversifikation
   vernichtbares Risiko eine Risikoprämie fordern, gelte im Fall von VC-
   Investitionsentscheidungen nicht, da das Gründungsprojekt nur von
   Gründer und VC-Geber, nicht von den anderen Marktteilnehmern realisiert werden könne und diese Investition nur unter Einsatz von finanziellen Mitteln *und* von speziellem Humankapital dieser Investoren

möglich werde.[44] Dadurch, dass andere Investoren von der Investition ausgeschlossen seien, würde kein Wettbewerb um die Investitionsgelegenheit entstehen. Ein Investor, der sich entscheide, nicht voll zu diversifizieren, müsse nicht mit den geringeren geforderten Renditen anderer Investoren konkurrieren.

2. Wenn sich der Gründer für die Realisierung des Gründungsprojekts entscheidet, muss er ggf. viel härter und mehr arbeiten, als wenn er seinen bisherigen Job z.B. in einem etablierten Unternehmen fortführt. Für diese „Mehranstrengung" kann er eine höhere Rendite zur Kompensation verlangen. Gleiches gilt für den VC-Geber, der ebenso wie der Gründer neben finanziellen Mitteln sein spezielles Humankapital in Form von Mitarbeit und Beratung einsetzen muss.

3. Im Falle des Misserfolgs verliert der Gründer nicht nur seine eingesetzten finanziellen Mittel, er verliert auch seinen Job und erleidet einen ggf. gravierenden Reputationsverlust, der ihm die Suche nach einem neuen Job erschweren kann. Für dieses persönliche Risiko kann er eine Zusatzprämie fordern. Die Reputation des VC-Gebers ist ebenfalls vom Erfolg des Gründungsprojekts abhängig und von der Reputation wiederum seine Positionierung im Wettbewerb.

Damit lässt sich folgende erste Formel für die geforderte Rendite bei VC-Investitionen nach dem Opportunitätskostenprinzip aufstellen, wobei die folgende Überlegung zugrunde gelegt wird: Ein Gründer wird für das Investieren in das Marktportfolio, das in dem Umfang fremdfinanziert wird, dass es das gleiche Gesamtrisiko erreicht wie das Gründungsprojekt, eine höhere Rendite fordern, da sein Arbeitseinsatz und sein noch näher zu definierendes persönliches Risiko steigt:[45]

(1)
$$r_{Proj}^{VC} = i + \underbrace{\beta_{Proj}(r_M - i)}_{\substack{\text{Prämie für} \\ \text{Investitionsrisiko} \\ k_S}} + \underbrace{(k_S - i)(1 - s_u)\frac{F}{E_F}}_{\substack{\text{Prämie für} \\ \text{Finanzierungsrisiko,} \\ \text{einf. Gewinnsteuer}}} + \Delta r^{\text{Arbeitseinsatz}} + \Delta r^{\text{Persönl. Risiko}}$$

---

[44] Vgl. *Smith, Richard L./Smith, Janet K.*, Entrepreneurial Finance, 2000, S. 316-318.

[45] Vgl. *Drukarczyk, Jochen*, Theorie und Politik der Finanzierung, 1993, S. 131-133 und 243-245; *Smith, Richard L./Smith, Janet K.*, Entrepreneurial Finance, 2000, S. 252 u. 319. *Smith/Smith* sprechen von „Effort" und „Illiquidity", spezifizieren diese jedoch nicht näher.

Die ersten beiden Terme der Formel entsprechen der geforderten Rendite für das Investitionsrisiko nicht voll diversifizierter Portefeuilles gemäß CAPM. Der dritte Term entspricht der Prämie für Finanzierungsrisiko bei anteiliger Fremdfinanzierung eines Unternehmens bzw. Projekts in einem angenommenen einfachen Gewinnsteuersystem. Insoweit handelt es sich um bekannte Kapitalkostenbestandteile.[46]

Der vierte Term entspricht der Zusatzprämie für die Mehranstrengung bei Realisierung der Gründung. Im Sinne des Opportunitätskostenprinzips ist es natürlich von Bedeutung, welche Art von Beruf der Gründer vorher ausgeübt hat, worauf er bei Realisierung des Gründungsprojekts also verzichtet. Es gibt Studien, die zeigen, dass die Wahrscheinlichkeit ein Unternehmen zu gründen mit abnehmenden Opportunitätskosten des Gründers zunimmt.[47] Versteht man den Lohn bzw. das Gehalt als Indikator für Kompetenz und Ausbildungsgrad, ließe sich das obige Ergebnis als Hinweis darauf interpretieren, dass nur geringer befähigte Personen Unternehmen gründen und damit eine Erklärung für hohe Misserfolgsquoten bei Unternehmensgründungen ableiten. Umgekehrt kann das Aufgeben eines angesehenen und gutbezahlten Berufs als Signal dafür gelten, dass ein Gründer wirklich von dem Erfolg seiner Idee überzeugt ist und sich eine weitere Verbesserung seiner beruflichen Situation verspricht. Man kann nach dem Opportunitätskostenprinzip nur eine Prämie für den *Zusatz*arbeitseinsatz im Vergleich zum alten Beruf berücksichtigen, ein daneben auftretender Gehaltsverzicht wäre dann als Investitionsbetrag des Gründers in das Projekt zu berücksichtigen. Man kann andererseits auch ein der Arbeitsleistung und Belastung angemessenes Gehalt als periodische Investitionssumme berücksichtigen. Problematisch ist dabei die Bemessung eines „angemessenen" Gehalts. Bei gesonderter Entlohnung des Arbeitseinsatzes könnte man den vierten Term aus dem Kapitalkostensatz streichen. Der Vorteil wäre eine Parallele zum neoklassischen Ansatz insofern, als nur für *Risikoübernahme* eine Prämie gefordert wird, da die verbleibenden Terme Risikoprämien sind, wobei Risiko in der Form des persönlichen Risikos in Verbindung mit dem CAPM-Ansatz natürlich neu ist. Die Idee hinter dem vierten Term ist dagegen nicht neu. Die Berücksichtigung eines *kalkulatorischen Unternehmerlohns* im Rahmen eines Opportunitätskostenansatzes ist

---

[46] Zu Problemen der Anwendung des CAPM-Ansatzes auf hochriskante, langfristige Projekte vgl. *Smith, Richard L./Smith, Janet K.*, Entrepreneurial Finance, 2000, S. 323-327.

[47] Vgl. *Amit, Raphael/Muller, Eitan/Cockburn, Iain*, Opportunity Costs and Entrepreneurial Activity, in: JoBV, Jg. 10, 1995, S. 95-106.

ein bekannter betriebswirtschaftlicher Ansatz.[48] Ob und wenn ja, wie dieser Risikoterm zu definieren ist, damit eine Verbindung mit dem CAPM-Ansatz möglich ist, wird von *Smith/Smith* nicht ausgeführt.

Der fünfte und letzte Term ist eine Prämie für persönliches Risiko. Auch hier hängt es von der Lebenssituation des Gründers vor Realisierung des Gründungsprojekts ab, welche Prämie er für die Übernahme von persönlichem Risiko fordern kann: Ein Familienvater mit Unterhaltspflichten ist hier anders einzuschätzen als ein junger, familiär ungebundener Hochschulabsolvent. Ein Arbeitsloser hat kaum etwas zu verlieren, aber viel zu gewinnen. Neu ist, dass auch Reputation und gesellschaftliche Stellung vom Gründungserfolg abhängen, da es publik werden kann und im Lebenslauf Niederschlag findet, ob jemand ein Unternehmen gründet und mit welchem Erfolg. Im Vergleich dazu wirkt sich die Entscheidung für ein nicht vorteilhaftes Investitionsobjekt zwar auch auf das Vermögen des Investors aus, beeinflusst aber häufig nicht seine sonstige Lebenssituation. Fraglich ist auch hier, wie dieser Term trennscharf zu definieren ist, um in Einklang mit der CAPM-Prämie zu stehen.

Fraglich ist, ob die betrachtete Formel auch auf VC-Geber angewendet werden kann. Die geforderte Rendite des VC-Gebers wird auch mit zunehmender Mitarbeit und erbrachter Beratungsleistung steigen. Insofern gilt dieser Kapitalkostenbestandteil auch für ihn, wenn sein Arbeitseinsatz auch im Vergleich zum Gründer geringer sein wird. Auch gilt, dass dieser Kapitalkostenbestandteil eliminiert werden kann, wenn die Arbeitsleistung gesondert bezahlt oder ein monetäres Äquivalent als ins Unternehmen investiert berücksichtigt wird. Die Reputation am Markt ist für den VC-Geber ganz besonders wichtig, da es von seiner Reputation abhängt, ob an ihn in Zukunft qualitativ wertvolle Businesspläne herangetragen werden, ob andere VC-Gesellschaften Partnerschaften mit ihm eingehen und ihm Co-Investments anbieten wollen. Daneben ist seine Reputation sehr wichtig, wenn eines der finanzierten Unternehmen an die Börse geht. Die aufgestellte Formel kommt damit grundsätzlich auch für den VC-Geber in Frage. Natürlich gilt auch hier, dass bei einer gesonderten Entlohnung oder Berücksichtigung als Kapitaleinsatz die Prämie für den Arbeitseinsatz gestrichen werden kann. Problematisch ist dabei die Bemessung einer „angemessenen" Entlohnung. Eine Orientierung an den Kosten durchschnittlicher externer Berater könnte zu kurz greifen. Neuere Forschungsarbeiten zeigen unter der Annahme von Moral Hazard, dass ein Berater, der kein finanzielles Engagement übernimmt oder dessen Anstrengungen weniger effizient sind als die des

---

[48] Vgl. *Wöhe, Günter/Döring, Ulrich*, Einführung in die Allgemeine Betriebswirtschaftslehre, 2000, S. 873.

Gründers, nicht hinzugezogen bzw. gefeuert wird.[49] Je effizienter die An-strengung und je unentbehrlicher das Know-How des Beraters für den Gründungserfolg ist, desto eher werde der Berater als reiner Berater ak-zeptiert.

Wie der letzte Kapitalkostenbestandteil gemessen bzw. quantifiziert wer-den soll, ist offen. Wie soll das Risiko, seinen Arbeitsplatz zu verlieren, bewertet werden? Vielleicht könnte man hier versicherungsmathemati-sche Berechnungen, z.B. Wertermittlung einer Arbeitslosenversicherung, einsetzen. Ganz schwierig wird die Bewertung des Verlusts von Reputa-tion und gesellschaftlicher Stellung, zumal hier Mentalitätsunterschiede bestehen. So bekommt ein erfolgloser Gründer in USA eher eine zweite Gründungschance als in Deutschland.

Die obigen Überlegungen lassen ahnen, dass bei Gründungsfinanzierun-gen geforderte Renditen üblich sind, die weit über den geforderten Ren-diten der Investoren, die sich bei der Finanzierung etablierter Unterneh-men engagieren, liegen müssen. Trotz Möglichkeit zur Diversifikation sind bei VC-Gebern geforderte Renditen von 50 oder 60% laut *Roberts/-Stevenson*[50] nicht unüblich, *Rich/Gumpert*[51] sprechen von 35 bis 40%, wenn die Produktentwicklung abgeschlossen und das Managementteam geprüft ist. Aufgeteilt nach den Unternehmensentwicklungsphasen, wo-bei die späteren Phasen mit geringerem Investitionsrisiko verbunden sind, wird folgende Aufstellung angegeben:[52]

Phase	Rate of Return p.a.	Typische Haltedauer
Seed/Start-up	50-100% und mehr	Mehr als 10 Jahre
Erste Runde	40-60%	5-10 Jahre
Zweite Runde	30-40%	4-7 Jahre
Expansion	20-30%	3-5 Jahre
Bridge/Mezzanine	20-30%	1-3 Jahre
Leveraged Buy-Out	30-50%	3-5 Jahre
Turnaround	50%+	3-5 Jahre

Tabelle 1: Geforderte Renditen und Haltefristen von VC-Investoren

---

[49] Vgl. *Casamatta, Catherine*, Financing and Advising: Optimal Financial Contracts with Venture Capitalists, in: JoF, Jg. 58, 2003, S. 2059-2085.

[50] Vgl. *Roberts, Michael J./Stevenson, Howard H.*, Alternative Sources of Financing, in: The Entrepreneurial Venture, 1992, S. 171-178; *Smith, Richard L./Smith, Janet Kiholm*, Entrepreneurial Finance, 2000, S. 231.

[51] Vgl. *Rich, Stanley R./Gumpert, David E.*, How to write a winning business plan, in: The Entrepreneurial Venture, 1992, S. 127-137; *Smith, Richard L./Smith, Janet Kiholm*, Entrepreneurial Finance, 2000, S. 231.

[52] Vgl. *Timmons, Jeffrey A.*, New Venture Creation, 1994, S. 512; *Smith, Richard L./Smith, Janet Kiholm*, Entrepreneurial Finance, 2000, S. 231.

Für die geforderten Renditen von Gründer und VC-Geber lassen sich Parallelen ziehen, da beide involvierte Parteien neben Kapital Arbeit und Wissen einsetzen. Dadurch, dass Gründungsentscheidungen publik werden, steht zudem für alle Beteiligten ihre Reputation auf dem Spiel. Die Entscheidung des Gründers das Gründungsprojekt zu realisieren, steht insofern zwischen der Investitionsentscheidung eines Privatinvestors, der zwischen Konsum, Sparen und Investition entscheidet und die nicht publik wird, und der Investitionsentscheidung eines publizitätspflichtigen Unternehmens. Die geforderten Renditen von Gründer(team) und VC-Geber unterscheiden sich in der Höhe, da beide Kapitalgeber unterschiedliche Möglichkeiten haben zu diversifizieren. Der Gründer muss das Projektrisiko aufgrund seiner häufig begrenzten finanziellen Mittel in voller Höhe übernehmen. Er trägt also ein höheres Investitionsrisiko, da er weniger Möglichkeiten hat zu diversifizieren. Daneben erbringt er einen höheren Arbeitseinsatz und trägt ggf. ein höheres persönliches Risiko. Die geforderte Rendite des Gründers könnte aufgrund dieser Überlegungen höher sein als die des externen VC-Gebers.

Die aufgestellte Formel ist als ein erster Schritt zur Bestimmung der geforderten Renditen kritisch zu beurteilen. Es ist unklar, wie eine Verbindung mit dem CAPM-Modell gelingen kann. Ob sich die geforderte Rendite des Gründers überhaupt aus einem Opportunitätskostenansatz bestimmen lässt, ist aufgrund schwer bewertbarer Zielsetzungen unsicher, zumal sich diese nur schwer von den finanziellen Zielsetzungen trennen lassen.

2.3 Kapitaleinsatz und nicht symmetrische Finanzierungsverträge

Ein Finanzierungsvertrag bewirkt zunächst die Zerlegung der Gesamtposition, bestehend aus Errichtungskosten für das Projekt und unsicheren erwarteten Einzahlungen in Teilpositionen, welche die einzelnen Investoren einnehmen. Werden Kapitalaufbringung und Erfolgsbeteiligung so gestaltet, dass sie sich anteilig entsprechen, d.h. wer den Anteil α an den Errichtungskosten trägt, hat Anspruch auf den gleichen Anteil α an allen zukünftigen unsicheren Einzahlungsüberschüssen des Projekts, spricht man von *symmetrischen* Finanzierungsverträ-gen.[53] Diese Verträge haben den Vorteil, dass sich Manipulationen der Informationen über Erfolg/Misserfolg des Projekts nicht lohnen, wenn die Finanzierungspartner gleiche Kontrollrechte und ihrem Finanzierungsbeitrag α entsprechende

---

[53] Siehe dazu *Drukarczyk, Jochen, Finanzierung*, 2003, S. 199.

Entscheidungs-/Stimmrechte besitzen, da die Manipulationen aufgedeckt werden.[54]

Typisch für VC-Finanzierungen ist der Abschluss nicht symmetrischer Verträge, bei denen auch die Geschäftsführungsbefugnisse, Informations-, Kontroll- und Stimmrechte nicht an die quotale Kapitalaufbringung gebunden sind. Zum Teil ist diese fehlende Symmetrie zwingend, da die beteiligten Parteien unterschiedliche Kapitalausstattung und unterschiedliche geforderte Renditen (vgl. 2.2) aufweisen. Dennoch besteht ein Spielraum, denn auch ein Gründer mit geringem Eigenkapital kann dieses gar nicht (also nur seine Arbeitskraft), nur zum Teil oder in voller Höhe in das Gründungsprojekt investieren. Er kann sich auch zusätzlich privat verschulden. Durch die fehlende Symmetrie entstehen nicht nur Anreize zu Informationsmanipulationen (siehe oben), sondern auch andere Anreize, sowohl positive, wie Anreize zum maximalen Arbeitseinsatz zur Steigerung des Werts des eigenen Anteils, als auch negative, wie Anreize zu Vermögensverschiebungsstrategien.

Innerhalb des Gestaltungsspielraums wird nun z.B. von *Smith/Smith*[55] diskutiert, wie viel Kapital der Gründer einsetzen soll. Dadurch, dass der Gründer nur sehr beschränkt diversifizieren kann, sei es von Nachteil, wenn von ihm ein zu großer Teil der Errichtungskosten getragen wird, da seine geforderte Rendite wesentlich höher sei und das Bedienen eines großen Anteils mit hohen Kapitalkosten die Attraktivität des Investments für externe Kapitalgeber zu stark schmälere. Betrachten wir ein Beispiel. Gegeben sei folgendes, einperiodiges Investitionsobjekt, über dessen erwartete Einzahlungsüberschüsse symmetrische Information bestehe:

0	1
-1.000	1.450

Zunächst betragen die geforderten Renditen von Gründer und VC-Geber 30%. Wird ein symmetrischer Vertrag geschlossen, bei dem Gründer und VC-Geber je 50% der Kapitalaufbringung leisten und 50% der erwarteten Einzahlungsüberschüsse bekommen, gilt folgendes:

$$NKW^{Projekt} = -1000 + 1450 \cdot 1,3^{-1} = 115,4.$$

---

[54] Vgl. *Drukarczyk, Jochen*, Finanzierung, 2003, S. 199 sowie *Admati, Anat R./Pfleiderer, Paul*, Robust Financial Contracting and the Role of Venture Capitalists, in: JoF, Jg. 44, 1989, S. 371-402 und *Bascha, Andreas*, Venture Capital, Convertible Securities und die Durchsetzung optimaler Exitregeln, 1998, S. 13.

[55] Vgl. *Smith, Richard L./Smith, Janet K.*, Entrepreneurial Finance, 2000, S. 328-353.

$$NKW^{Gründer} = NKW^{VC-Geber} = -500 + 0.5 \cdot 1450 \cdot 1.3^{-1} = 0.5 \cdot 115.4 = 57.7.$$

Beträgt hingegen die geforderte Rendite des Gründers 50% bei gleichem Kapitaleinsatz, muss zunächst errechnet werde, welchen Anteil der Gründer zu erhalten hat, um seine geforderte Rendite zu erzielen, also um auf einen NKW von 0 zu kommen:

$$NKW^{Gründer} = 0 = -500 + x \cdot 1.5^{-1} \Rightarrow x = 750.$$

(x steht für den Anspruch des Gründers in t = 1 bei Bedienung gemäß seiner geforderten Rendite und einem Investitionsbetrag von 500.)

$$NKW^{VC-Geber} = -500 + (1450 - 750) \cdot 1.3^{-1} = 38.46.$$

Fordert der Gründer gar eine Rendite von 60%, bleibt kein Vermögenszuwachs für den VC-Geber, auch er erreicht dann gerade noch seine Kapitalkosten:

$$NKW^{Gründer} = 0 = -500 + x \cdot 1.6^{-1} \Rightarrow x = 800.$$

$$NKW^{VC-Geber} = -500 + (1450 - 800) \cdot 1.3^{-1} = 0.$$

Würde der Gründer eine noch höhere Rendite fordern (z.B. 65%), wäre es bei hälftiger Kapitalaufbringung für den VC-Geber nicht mehr möglich, einen nicht negativen Nettokapitalwert zu erzielen. Eine Einigung wäre dann nur noch durch Verringerung des Kapitaleinsatzes (x) des Gründers möglich.

$$NKW^{Gründer} = 0 = -x + y \cdot 1.6^{-1} \Rightarrow x = \frac{y}{1.65}$$

(y ist Anspruch in 1 gem. geford. Rendite)

$$NKW^{VC-Geber} = -(1000 - x) + (1450 - y) \cdot 1.3^{-1} = 0 \Rightarrow x = 1000 - 1115.4 + \frac{y}{1.3}$$

Durch Gleichsetzen der beiden Gleichungen ergibt sich: $x = 428.5$; $y = 707.1$.

Beide Parteien müssen sich im Verhandlungsprozess über ihre geforderten Renditen austauschen, um eine Aufteilung der Errichtungskosten des Projekts zu finden, dass beiden Parteien die Erzielung eines positiven Nettokapitalwerts ermöglicht. *Smith/Smith* plädieren für einen geringen Kapitaleinsatz des Gründers, um ihm die Möglichkeit zu geben, zumindest einen Teil seiner finanziellen Mittel risikolos oder diversifiziert investieren zu können.[56] Ein geringer Kapitaleinsatz des Gründers bedeutet

---

[56] Vgl. *Smith, Richard L./Smith, Janet K.*, Entrepreneurial Finance, 2000, S. 449.

gleichzeitig, dass der Financier mit der höchsten geforderten Rendite diese nur für einen kleinen Teil der Investitionssumme geltend macht, was das einzelne Objekt für dritte Investoren rentabler macht und den Anteil lohnender Gründungsprojekte erhöht. Andererseits dürfen Anreizwirkungen auf den Gründer nicht vernachlässigt werden.

2.4 SEPARATIONSPRINZIP

Das Separationsprinzip, von dem im Folgenden die Rede ist, besagt, dass Investitions- und Finanzierungsentscheidungen voneinander unabhängig sind.[57] Smith/Smith stellen die These auf, dass dieses Prinzip im Bereich Corporate Finance weitreichende Gültigkeit besitzt und dass die Ungültigkeit dieses Prinzips, d.h. die Nichtseparierbarkeit von Finanzierungs- und der Investitionsentscheidungen demgegenüber eine Besonderheit von Entrepreneurial Finance sei.[58] Wie ist diese These einzuordnen?

Betrachtet wird die Gründung eines Unternehmens als ein einperiodiges Investitionsprojekt P. Die Anschaffungsauszahlung betrage zum Zeitpunkt 0 C_0, die Einzahlungsüberschüsse sollen eine Periode später C_1 betragen. Für den geschäftsführenden Gründer ist die Realisierung des Projektes mit sehr hohen Opportunitätskosten verbunden, da er sehr viel Zeit, Mühe und Arbeit für das Projekt aufwenden muss. Es wird argumentiert, dass diese Opportunitätskosten in Form entgangener Lohn- bzw. Gehaltseinnahmen, die in dieser im Vergleich zu einer geregelten Arbeitszeit zusätzlich aufgewendeten Zeit an anderer Stelle zu verdienen gewesen wären, seine geforderte Rendite erhöhen (vgl. 2.2). Dies ließe sich zwar durch ein angemessenes Gehalt für die Geschäftsführung in dem Gründungsunternehmen kompensieren, was aber nichts anderes bedeutet, als dass ein Teil der zukünftigen Einzahlungsüberschüsse des Unternehmens dem Gründer sicher bzw. mit Vorrang zufließen, was dessen Risiko verringert und das Risiko der externen Kapitalgeber erhöht, was entsprechende Wirkungen auf die geforderten Renditen hat.[59] Das Gehalt für den Gründer bzw. die Gründungsmitglieder ist also damit grundsätzlich Teil der zwischen den Parteien zu verteilenden, zukünftigen Cash flows. Entsprechend wird das bezogene Gehalt an den bzw. die Gründer in die Zahlungsreihe einbezogen und ist zur Berechnung

---

[57]	Zu Separationsprinzipien vgl. Drukarczyk, Jochen, Theorie und Politik der Finanzierung, 1993, S. 27-65; Hirshleifer, Jack, On The Theory of Optimal Investment Decisions, in: JoPE, Jg. 66, 1958, S. 329-352.

[58]	Vgl. Smith, Richard L./Smith, Janet K., Entrepreneurial Finance, 2000, S. 6, 7.

[59]	Vgl. Smith, Richard L./Smith, Janet K., Entrepreneurial Finance, 2000, S. 316.

des Nettokapitalwertes mit den entsprechend definierten Kapitalkosten zu belegen.

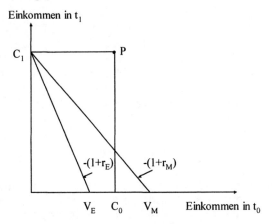

Abbildung 4: Projektbewertung von Gründer und externen Kapitalgebern[60]

Der Gründer habe eine höhere geforderte Rendite (vgl. 2.2). Dieser Unterschied in den geforderten Renditen führt bei gleichen Erwartungen zu unterschiedlichen Bewertungen des Gründungsunternehmens. Der Unterschied kann dazu führen, dass das Objekt für den Gründer nicht vorteilhaft, für externe Kapitalgeber dagegen vorteilhaft ist. Die Marktrendite r_m sei messbar und bekannt. Wie die Grafik zeigt, ist die Bewertung des Gründers V_E aufgrund der höheren geforderten Rendite niedriger. Smith/Smith[61] folgern daraus, dass der Gründer das Objekt nur dann realisieren wird, wenn ein bestimmter Anteil der Anschaffungsauszahlung C_0 von externen Investoren aufgebracht wird, die das Projekt Unternehmensgründung mit der geforderten Marktrendite r_m bewerten. Selbst wenn der Gründer die Anschaffungsauszahlung aus eigenen Mitteln finanzieren könne, wird er in der Situation der Grafik das Projekt nicht realisieren, da bei seiner geforderten Rendite das Projekt nicht lohnt. Das – auf Marktbewertung basierend – lohnende Projekt werde daher nur durchgeführt, wenn die partielle Außenfinanzierung des Projekts gesichert sei. Die Investitionsentscheidung hänge also davon ab, ob eine Möglichkeit zur Finanzierung über außen stehende Investoren bestehe. Laut Smith/Smith sei die Investitions- und Finanzierungsentscheidung

---

[60] r steht für geforderte Rendite, V für Projektwert, E für Entrepreneur, M für Markt. Die Grafik ist Smith, Richard L./Smith, Janet K., Entrepreneurial Finance, 2000, S. 7 entnommen.

[61] Vgl. Smith, Richard L./Smith, Janet K., Entrepreneurial Finance, 2000, S. 6, 7.

des Gründers daher nicht trennbar, ein derartiges Separationsprinzip gelte also nicht.[62]

Dass der im Rahmen einer Investitionsentscheidung berechnete Nettokapitalwert von der Finanzierung des Projektes abhängt, ist aber keine für Gründungsfinanzierungen hervorzuhebende Besonderheit. Irrelevanz der Finanzierung gilt nur auf vollkommenem Kapitalmarkt. Ein vollkommener Kapitalmarkt liegt bei VC-Finanzierungen aber in der Regel nicht vor. Zumeist muss von Unsicherheit ausgegangen werden. Es bestehen typischerweise gravierende Informations- und Risikoprobleme. Illiquiditätsprobleme lassen sich ebenso kaum ausschließen. Diese zu erwartenden Unvollkommenheiten des Kapitalmarktes lassen dann aber die Erwartung, Finanzierungs- und Investitionsentscheidungen seien separat möglich, erst gar nicht entstehen.

Die Folgerung von *Smith/Smith*, die Vorteilhaftigkeit der Investition und damit die Investitionsentscheidung des Gründers hänge von der (externen) Finanzierung ab, ist richtig. Dies ist aber nicht als Besonderheit der Investitionsentscheidung bei Gründungsprojekten oder der Gründungsfinanzierung hervorzuheben, sondern auf nicht vollkommenem Kapitalmarkt der Regelfall von Investitionsentscheidungen.[63] Natürlich war die Annahme eines vollkommenen Kapitalmarktes für viele Fragen im Bereich Corporate Finance wichtig und hilfreich, dennoch wurden auch dort unvollkommene Kapitalmärkte niemals ausgeschlossen. Unvollkommenheiten des Kapitalmarktes sind auch bei großen etablierten Unternehmen eher die Regel als die Ausnahme. Angesichts der offensichtlichen Informations- und Unsicherheitsprobleme bei VC-Finanzierungen ist die Annahme eines vollkommenen Kapitalmarktes allenfalls (noch) weniger realistisch als bei großen etablierten Unternehmen.

2.5 ADDITIONSPRINZIP DER MARKTWERTE

Ein grundlegendes Prinzip in der Unternehmensfinanzierung ist das Additionsprinzip der Markt- bzw. Positionswerte. Dieses Prinzip gilt auf einem Kapitalmarkt, auf dem

- alle Marktteilnehmer Zugang zu allen Informationen haben und diese zu gleichen Erwartungen verarbeiten,
- es keine Zugangschranken zum Kapitalmarkt gibt und beliebige Teilbarkeit aller Finanzanlagen gegeben ist,

---

[62] Vgl. *Smith, Richard L./Smith, Janet K.*, Entrepreneurial Finance, 2000, S. 7.

[63] Vgl. *Brealey, Richard A./Myers, Stewart C.*, Principles of Corporate Finance, 2000, S. 541.

- Unternehmen und Investoren zum gleichen Zinssatz Fremdmittel aufnehmen können und

- keine Transaktionskosten, keine Steuern, keine Insolvenzkosten existieren.[64]

Damit gilt:

$$(2) \quad V = \sum_{i=1}^{n} V_i \quad \text{und} \quad \tilde{X} = \sum_{i=1}^{n} \tilde{X}_i \, .$$

Auf obigem Kapitalmarkt hängt im Gleichgewicht der Marktwert V der Zahlungsreihe $\tilde{X}$ nicht davon ab, in wie viele und welche Teilzahlungsreihen $\tilde{X}_i$ mit i = 1,2,...,n der Gesamtzahlungsstrom $\tilde{X}$ zerlegt wird. Wie viele und welche Kapitalgebergruppen anspruchsberechtigt sind, ist damit nicht marktwertbestimmend. Der Marktwert V wird allein durch das Investitionsprogramm bzw. $\tilde{X}$ bestimmt. Auf unvollkommenem Kapitalmarkt beeinflussen Finanzierungsentscheidungen den Marktwert. Das Additivitätsprinzip der Marktwerte wird dadurch aber nicht ungültig, es muss aber erweitert werden.[65] Das Problem der bei Gründungsfinanzierungen ist, dass es keine klar abgegrenzten Eigen- und Fremdkapitalgeber mit objektivierten geforderten Kapitalkostensätzen gibt. Es gibt stattdessen Kapitalgebergruppen, deren Kapitalkostensätze davon abhängen, wie das Projektrisiko zwischen den Gruppen aufgeteilt wird. In der Regel wird es bei Gründungsfinanzierungen gar keine völlig risikolos gestellten Kapitalgeber geben. Zudem ist die Grenze zwischen Eigen- und Fremdkapitalgebern fließend.[66]

---

[64] Vgl. dazu ausführlich *Drukarczyk, Jochen*, Theorie und Politik der Finanzierung, 1993, S. 125-130.

[65] Vgl. *Brealey, Richard A./Myers, Stewart C.*, Principles of Corporate Finance, 2000, S. 542. Dazu gibt es zumindest zwei Möglichkeiten:
(1) Der Diskontierungssatz wird angepasst. Man verwendet einen mit den Anteilen von Eigen- und Fremdfinanzierung gewichteten, aus Eigen- und Fremdkapitalkosten berechneten Kapitalkostensatz (WACC).[65] Diskontiert werden die Überschüsse bei reiner Eigenfinanzierung. Der Einfluss der Kapitalstruktur auf den Projektwert wird allein durch den verwendeten durchschnittlichen Kapitalkostensatz reflektiert.
(2) Die zu diskontierenden Einzahlungsüberschüsse werden um Finanzierungseinflüsse bereinigt, man berechnet den Kapitalwert bei reiner Eigenfinanzierung und addiert den Kapitalwert, der auf Finanzierungsentscheidungen beruht (APV).[65] Diese in Komponenten aufgeteilte Wertermittlung hat den Vorteil, dass wertbeeinflussende Merkmale getrennt bewertet werden, so dass eine genaue Analyse der Wertbeiträge möglich ist; vgl. *Drukarczyk, Jochen*, Unternehmensbewertung, 2003, S. 214.

[66] Vgl. *Smith, Richard L./Smith, Janet K.*, Entrepreneurial Finance, 2000, S. 8.

Smith/Smith[67] argumentieren, dass die Annahme des CAPM-Modells, es dürfe nur für den nicht durch Diversifikation vernichtbaren Teil des Risikos, das systematische Risiko, eine Risikoprämie gefordert werden, auf der Annahme beruhe, das unsystematische Risiko sei durch Diversifikation vernichtbar. Auch wenn das für die externen Investoren bei Gründungsfinanzierungen gelte, gelte es nicht für den Gründer. Der Gründer sei mit seinem Gründungsprojekt auch nicht dem Wettbewerb mit anderen Investoren ausgesetzt, die Möglichkeit zur Realisierung des Projekts biete sich nur ihm. Er könne daher eine höhere Rendite fordern als die des CAPM-Modells. Das Additivitätsprinzip bei Gründungsfinanzierungen gelte aufgrund dieser unterschiedlichen Möglichkeiten zu Diversifikation und den unterschiedlichen resultierenden geforderten Renditen nicht. Unterschiedliche geforderte Renditen allein begründen aber nicht die Ungültigkeit des Additivitätsprinzips der Marktwerte. Die Begründung dafür bleiben *Smith/Smith* schuldig. Sie gehen nicht von unterschiedlichen Erwartungen aus, selbst dann, argumentieren sie, hänge der Wert des Projekts davon ab, wie die Ansprüche auf zukünftige Einzahlungsüberschüsse auf Gründer und VC-Geber verteilt werden.

Dass der Wert des Projekts von der Verteilung auf Gründer und VC-Geber abhängt, bedeutet jedoch nicht, dass das Additivitätsprinzip ungültig ist. Die Positionswerte lassen sich immer noch addieren, die Summe variiert jedoch je nach Aufteilung von $\tilde{X}$ (gilt auch ohne Steuern). Daher stellt sich hier weniger die Frage, ob das Additivitätsprinzip gültig ist. Vielmehr stellt sich die Frage, ob die Addition der Positionswerte überhaupt sinnvoll ist. Das Addieren dient keinem Selbstzweck, die Summe soll Auskunft über den Gesamtwert geben. Das Addieren subjektiver Positionswerte kann diese Zwecksetzung nicht erfüllen.

2.6 AKTIVE ANTEILSEIGNER

Neben der Besonderheit von Gründungsunternehmens, dass einer der Anteilseigner der/die Gründer ist bzw. sind, weisen auch die anderen Anteilseigner Besonderheiten auf. Die Anteilseigner großer Publikumsgesellschaften verhalten sich häufig aus rationalen Gründen passiv, da sie Koalitionen bilden müssen, um wirksam Widerspruch einlegen zu können. Diese Koalitionen hätten alle Kosten zu tragen und wären nur mit einem Bruchteil an den Erfolgen beteiligt.[68] In Gründungsunternehmen engagieren sich dagegen aktive Investoren, die an der Geschäftsführung teilhaben. Für diese aktive Rolle des außen stehenden Investors wurde der Begriff „Hands-on" geprägt, der sehr gut die enge Eingebundenheit

---

[67] Vgl. *Smith, Richard L./Smith, Janet K.*, Entrepreneurial Finance, 2000, S. 8.

[68] Vgl. *Drukarczyk, Jochen*, Theorie und Politik der Finanzierung, 1993, S. 629.

des Investors in alle Entscheidungen des Managements ausdrückt. Diese Beratungsleistungen werden von den Investoren, z.B. VC-Gesellschaften oder Business Angels, i.d.R. nicht gesondert in Rechnung gestellt. Die Vergütung erfolgt durch den zukünftigen Anteil, geht also entweder in Form des monetären Äquivalents als Teil der Investitionssumme oder Teil der geforderten Rendite des VC-Gebers ein (vgl. 2.2).

Anbieter von Venture Capital unterscheiden sich stark in der Intensität ihrer laufenden Betreuung und Beratung. In Deutschland betreuen öffentlich geförderte Kapitalbeteiligungsgesellschaften aufgrund ihrer günstig zur Verfügung gestellten Mittel kaum oder gar nicht.[69] Daneben gibt es Richtlinien, die das Gebot, keinen Einfluss zunehmen – und wenn, dann nur kostenlos – enthalten.[70] Bei erwerbswirtschaftlichen Gesellschaften variieren die Strategien von „Hands-on" bis „Hands-off".[71] Neueren Studien zufolge wird aber eher selten in die Geschäftsführung eingegriffen, wobei dies noch am häufigsten in den Bereichen Finanzierung, Unternehmensplanung und Controlling geschieht, in einigen Geschäftsbereichen wie Organisation, Logistik und Lieferantenvermittlung findet ein Eingriff so gut wie nie statt.[72] Dennoch sprechen gute Gründe für eine Einbindung des VC-Gebers: Bei wichtigen Fragen der Geschäftsführung sind die Gründer manchmal überfordert, die Einbringung des Know-hows des VC-Gebers kann den Wert der eigenen Beteiligung steigern. Daneben stellen Know-how und Kontakte zu einem umfangreichen Netzwerk einen Wettbewerbsvorteil der VC-Gesellschaft im Vergleich zu anderen VC-Gesellschaften dar, der genutzt werden sollte.[73]

---

[69] Zu empirischen Daten der Einflussnahme von VC-Gesellschaften in der Schweitz, Deutschland, dem vereinigten Königreich und den vereinigten Staaten vgl. *Ruppen, Daniel A.*, Corporate Governance bei Venture Capital-finanzierten Unternehmen, 2001, insbesondere S. 123-196.

[70] Siehe dazu: Richtlinie des Bundesministers für Wirtschaft für ERP-Darlehen an kleine und mittlere Unternehmen (BAnz. Nr. 16 vom 24.01.1995), ZfK Sonderausgabe mit dem Titel „Die Finanzierungshilfen des Bundes und der Länder für die gewerbliche Wirtschaft", 1996, S. 15, 16 zitiert nach *Leopold, Günter/Frommann, Holger*, Eigenkapital für den Mittelstand, 1998, S. 174.

[71] Vgl. *Leopold, Günter/Frommann, Holger*, Eigenkapital für den Mittelstand, 1998, S. 174.

[72] Siehe hierzu ausführlich *VDI Nachrichten*, Venture Capital Partnerschaft, Wie Gründer und Investoren zueinander finden, zusammenarbeiten, einander bewerten, Eine Studie der VDI Nachrichten, der Baumgartner & Partner Unternehmensberatung und von area5F, S. 37.

[73] Vgl. *Leopold, Günter/Frommann, Holger*, Eigenkapital für den Mittelstand, 1998, S. 175, 176.

Wie die Bedeutung der Mitarbeit, Beratung und Vermittlung von Kontakten, also der „Value added" des VC-Gebers einzuschätzen ist, wird nicht eindeutig beantwortet. In der deutschen und amerikanischen Literatur findet man Stimmen in der Literatur, die diese Zusatzleistungen der VC-Gesellschaft für genauso oder sogar mindestens genauso wichtig für den Gründungserfolg halten wie das bereitgestellte Kapital.[74] Bei Gründungen im innovativen Technologiebereich kann das bereitgestellte Kapital im Rahmen des VC-Engagements sogar zum unwichtigsten Teil werden, weil der Kapitalbedarf solcher Gründungen gering sein kann und die Gewinnung von Know-how im Mittelpunkt steht.[75] Natürlich betreuen die Gesellschaften intensiver, welche dieser Betreuung besondere Relevanz beimessen.[76] US-amerikanische Studien zeigen, dass bei Gründungen, die von VC-Gesellschaften finanziert wurden, die Misserfolgsquote signifikant geringer ist [77] bzw. dass nicht mit VC finanzierte Unternehmen bei der Performance-Messung schlechter abschneiden.[78]

Amerikanischen Studien zu Folge stehen VC-Geber in häufigem Kontakt zu den Unternehmen in ihrem Portfolio. Bei drei zentralen Aufgaben bieten sie ihre Hilfe an: Erstens bei der Bildung der Investorengruppe, zweitens bei der Ausarbeitung der Geschäftsstrategie und drittens bei Vervollständigung des Managementteams.[79] Die Bildung der Investorengruppe bzw. die Sicherstellung der Anschlussfinanzierung, also das Kümmern um finanzielle Belange als wichtigste Aufgabe des VC-Gebers,

---

[74] Vgl. *Bygrave, William D./Timmons, Jeffry A.*, Venture Capital at the Crossroads, 1992, S. 215; *Leopold, Günter/Frommann, Holger*, Eigenkapital für den Mittelstand, 1998, S. 175.

[75] Vgl. *Byegrave, William D./Timmons, Jeffry A.*, Venture Capital's Role in Financing Innovation for Economic Growth, in: JoBV, Jg. 1, 1986, S. 161-176.

[76] Vgl. *Elango, B./Fried, Vance H./Hisrich, Robert D./Polonchek, Amy*, How Venture Capital Firms Differ, In: JoBV, Jg. 10, 1995, S. 157-179.

[77] Einen groben Überblick über die ersten Studien zu diesem Thema gibt *Timmons, Jeffry A./Byegrave, William D.*, Venture Capital's Role in Financing Innovation for Economic Growth, in: JoBV, Jg. 1, 1986, S. 161-176 (163).

[78] Vgl. *Gompers, Paul/Lerner, Josh*, The Venture Capital Cycle, 1999, S. 289-323 m.w.N. Da Art und Umfang der Einbindung des VC-Gebers eine wichtige Rolle spielt, wird dieser Frage in der Gründungsforschung nachgegangen (vgl. *Macmillan, Ian C./Kulow, David M./Khoylian, Roubina*, Venture capitalists' involvement in their investments: Extent and performance, in: JoBV, Jg. 4, 1989, S. 27-47).

[79] Vgl. *Gorman, Michael/Sahlman, William A.*, What do Venture Capitalists do?, in: JoBV, Jg. 4, 1989, S. 231-248 (237).

wird besonders hervorgehoben.[80] Die VC-Geber suchen dabei als Lead-Investoren jede Gesellschaft im Portfolio durchschnittlich 19 Mal im Jahr auf, stehen insgesamt ca. 110 Stunden persönlich oder telefonisch in Kontakt.[81] Da aber jeder einzelne VC-Geber durchschnittlich fast 9 Investments betreut und dabei auch in 5 Boards sitzt, wird die Zeiteinteilung zum Problem.[82] Zu diesem Problem hat man zum einen gezeigt, dass VC-Geber bevorzugt in geografisch nahegelegene Unternehmen investieren, um die Kosten der Betreuung und Einflussnahme gering zu halten bzw. dass die Betreuung der VC-Geber bei nahegelegenen Unternehmen intensiver ist.[83] Zum anderen wurde in Modellen gezeigt, dass VC-Geber häufig aufgrund von Agency-Problemen nicht im Interesse des Gründers agieren.[84]

Macmillan/Kulow/Khoylian haben folgende drei Gruppen von VC-Gebern bezüglich ihres Einbindungsgrades in die Geschäftsführung der Portfoliounternehmen differenziert:[85]

* Laissez Faire: geringer Einbindungsgrad;

* Moderate: mittlerer Einbindungsgrad;

* Close Tracker: starker Einbindungsgrad.

Bei Untersuchung der Unterschiede der Portfolio-Performance der drei Gruppen mittels Regressionsanalysen fanden *Macmillan/Kulow/Khoylian* keinen signifikannten Unterschied. Dieses Ergebnis muss nicht im Wi-

---

[80] Vgl. *Macmillan, Ian C./Kulow, David M./Khoylian, Roubina*, Venture Capitalists' Involvement in their Investments: extent and Performance, in: JoBV, Jg. 4, 1988, S. 27-47.

[81] Vgl. *Gorman, Michael/Sahlman, William A.*, What do Venture Capitalists do?, in: JoBV, Jg. 4, 1989, S. 231-248 (235); *Sahlman, William A.*, The structure and governance of venture-capital organizations, in: JoFE, Jg. 27, 1990, S. 473-521 (508).

[82] Vgl. *Sahlman, William A.*, The structure and governance of venture-capital organizations, in: JoFE, Jg. 27, 1990, S. 473-521 (508); *Bygrave, William D./Timmons, Jeffry A.*, Venture Capital: More than Money, in: Venture Capital at the Crossroads, 1992, S. 207-226.

[83] Vgl. *Gompers, Paul/Lerner, Josh*, The Venture Capital Cycle, 1999, S. 180-183.

[84] Interessant ist hier die Sicht des VC-Gebers als Agent des Entrepreneurs, weil ja in vielen anderen Modellen die Rollen vertauscht sind, vgl. *Gifford, Sharon*, Limited Attention and the Role of the Venture Capitalist, in: JoBV, Jg. 12, S. 1996, S. 459-482 m.w.N.

[85] Vgl. *Macmillan, Ian C./Kulow, David M./Khoylian, Roubina*, Venture Capitalists' Involvement in their Investments: extent and Performance, in: JoBV, Jg. 4, 1988, S. 27-47 (27).

derspruch zu obigen Aussagen über die positive Auswirkung der Einflussnahme des VC-Gebers auf den Unternehmenserfolg stehen, im Gegenteil kann diese sogar stützen, weil nicht alle betreuten Unternehmen per se gleich erfolgsträchtig sind. Es ist möglich, dass die Portfoliounternehmen der Close Tracker nur aufgrund deren intensiver Engagements keine schlechtere Performance als die anderen Unternehmen zeigen.[86] Dann wäre die Gruppe der Close Tracker also durch Zusammenfassung der VC-Geber entstanden, die gezwungenermaßen stärker eingebunden sind, da sie Sorgenkinder im Portfolio haben.

Dass der Grad der Einflussnahme von weiteren Faktoren abhängt, zeigen auch andere Studien: *Gupta/Sapienza* bestätigten erwartungsgemäß, dass VC-Geber, die im Early-Stage-Bereich investieren, eine deutlich aktivere Rolle spielen und damit einen stärkeren Einfluss auf die Geschäftsführung ihrer Unternehmen nehmen.[87] Andere Studien haben die Einflussnahme durch VC-Geber im Vergleich zu der privater Investoren untersucht und deutliche Unterschiede gefunden.[88] Eine weitere Studie zeigt, dass die Einflussnahme des VC-Gebers bei einem Wechsel des CEO intensiver wird, da dies eine Krise für das Gründungsunternehmen bedeuten kann.[89]

Die Beratungsleistungen der Investoren, die aufgrund der kaufmännischen Unerfahrenheit vieler Gründer für erforderlich gehalten werden, haben eine zweite Funktion. Neben der Sicherstellung, dass das Gründerteam sinnvolle Geschäftsentscheidungen trifft, kann wirksam geprüft werden, ob Reichtumsverschiebungsstrategien zum Nachteil der außen stehenden Investoren unternommen werden. Die Teilhabe an der Geschäftsführung ist damit sowohl Mittel der Beratung als auch Mittel der Kontrolle. Problematisch wird diese Kontrolle bzw. die Wirksamkeit dieser Kontrolle, wenn das Gründerteam über Informationen verfügt, die der VC-Geber nicht hat (asymmetrische Information).

[86] Vgl. *Macmillan, Ian C./Kulow, David M./Khoylian, Roubina*, Venture Capitalists' Involvement in their Investments: extent and Performance, in: JoBV, Jg. 4, 1988, S. 27-47 (39).

[87] Vgl. *Gupta, Anil K./Sapienza, Harry J.*, The Pursuit of Diversity by Venture Capital Firms: Antecedents and Implications, in: Frontiers of Entrepreneurship Research, 1988, S. 290-303.

[88] Vgl. *Ehrlich, Sanford B./De Noble, Alex F./Moore, Tracy/Weaver, Richard R.*, After the cash arrives: A comparative study of venture capital and private investor involvement in entrepreneurial firms, in: JoBV, Jg. 9, 1994, S. 67-82.

[89] Vgl. *Gompers, Paul/Lerner, Josh*, The Venture Capital Cycle, 1999, S. 176-178.

2.7 ASYMMETRISCHE INFORMATION

Die These der asymmetrischen Information bezeichnet in der Finanzierungstheorie von Unternehmen die plausible Vermutung, dass Manager besser über die Erfolgsaussichten, Risiken und den Wert des Unternehmens informiert seien als außen stehende Investoren.[90] Dieser Informationsvorsprung könne von dem Management bei der Emission junger Aktien dafür genutzt werden, potentielle Investoren durch überhöhte Ausgabepreise zu übervorteilen. Aktienemissionen fänden entsprechend immer dann statt, wenn das Unternehmen überbewertet sei, so dass die Ausgabe von Aktien zu einem Signal der Überbewertung des Unternehmens werde, was der Markt durch einen Kursabschlag korrigiere.[91] Damit erfahre das Unternehmen eine Art Sanktionierung für die Ausgabe von Aktien, was zu einer Präferenzordnung („Pecking Order") von unterschiedlichen Finanzierungsformen führe: Innenfinanzierung, Fremdfinanzierung, Eigenfinanzierung durch Aktienausgabe.[92] Mit Innenfinanzierung könne das Problem durch ungleiche Informationsverteilung gänzlich vermieden werden; dann werde die Finanzierungsform, die am wenigsten Risiko auf den Investor übertrage, gewählt (Fremdfinanzierung) und schließlich nach steigendem Risiko des Investors erst hybrides und letztendlich Eigenkapital ausgegeben.

Bei VC-Finanzierungen nimmt man an, dass die asymmetrische Information besonders stark ausgeprägt ist, der Gründer also einen besonders großen Informationsvorsprung hat.[93] Von einem besonderen Ausmaß der Informationsprobleme geht man aus, weil keine bzw. kaum Erfahrungen aus der Vergangenheit vorliegen, da die Produkte unentwickelt, die Märkte unerschlossen und die Managementqualitäten der Gründer unbekannt sind.[94] Das Wissen außen stehender Investoren sei daher begrenzt

---

[90] Vgl. *Brealey, Richard A./Myers, Stewart C.*, Principles of Corporate Finance, 2000, S. 524, 525; *Akerlof, George A.*, The Market for 'Lemons': Quality Uncertainty and the Market Mechanism, in: Quarterly Journal of Economics, Jg. 84, 1970, S. 488-500.

[91] Vgl. *Myers, Stewart C./Majluf, Nicholas S.*, Corporate financing and investment decisions when firms have information that investors do not have, in: JoFE, Jg. 13, 1984, S. 187-221.

[92] Vgl. *Myers, Stewart C.*, The Capital Structure Puzzle, in: JoF, Jg. 39, 1984, S. 575-592.

[93] So z.B. *Hartmann-Wendels, Thomas*, Venture Capital aus finanzierungstheoretischer Sicht, in: ZfbF, Bd. 39, 1987, S. 16-30 (19); *Weimerskirch, Pierre*, Finanzierungsdesign bei Venture-Capital-Verträgen, 2001, S. 24-25.

[94] Vgl. *Betsch, Oskar/Groh, Alexander P./Schmidt, Kay*, Gründungs- und Wagnisfinanzierung innovativer Unternehmen, 2000, S. 113; *Hartmann-Wendels, Thomas*,

und führe zu einem besonders großen Preisabschlag bei Aktienemissionen. Das Problem verschlimmernd komme hinzu, dass das Ausweichen auf Innen- und Fremdfinanzierung nicht in Frage komme und dass die Milderung des Problems durch detaillierte Informationsbereitstellung wahrscheinlich nicht glaubwürdig sei und zudem noch die Wettbewerbsposition des Unternehmens gefährden könne.[95]

Man geht also nicht nur von einem Informationsmangel aus, sondern auch davon, dass dieser Informationsmangel nicht alle Parteien gleich betrifft.[96] Es ist unstreitig, dass hier viele Informationen fehlen. In einer Situation, wo viele Informationen fehlen, ist es aber fraglich, ob so große Informationsunterschiede überhaupt vorliegen können. Wenn ein innovatives Produkt entsteht, weiß ja zunächst *niemand* wie die Marktreaktion sein wird. Ist davon auszugehen, dass Informationen schlichtweg noch nicht vorliegen, kann die Annahme, eine Partei habe einen Informationsvorsprung, nur Ausdruck der Einschätzung sein, diese Partei sei für Spekulationen qualifizierter. Der Gründer kennt das Produkt und den technischen Hintergrund natürlich besser, aber ob ihm dieses Wissen einen Informationsvorsprung bei der Einschätzung der Marktreaktion gewährt, ist nicht gesichert. VC-Geber sind häufig auf bestimmte Branchen spezialisiert und kennen auch aufgrund ihrer Erfahrung mit anderen Gründungsunternehmen Marktgegebenheiten oft besser als die Gründer. Ein klarer Informationsvorsprung von einer der beiden Parteien wird damit zweifelhaft.[97] Das Gründerteam versteht mehr von ihrem individuellen Produkt, der VC-Geber mehr von Branche und Märkten. Viele VC-Geber sind aber auf bestimmte Branchen spezialisiert und haben Fachleute dieser Forschungsrichtungen im Team, so dass der fachliche bzw. technische Vorsprung des Gründers durchaus angezweifelt werden kann. Dennoch geht ein großer Teil der Literatur von asymmetrischer Information und einem Informationsvorsprung des Gründerteams aus.

Rechnungslegung der Unternehmen und Kapitalmarkt aus informationsökonomischer Sicht, 1991, S. 17, 20; *Nathusius, Klaus*, Grundlagen der Gründungsfinanzierung, 2001, S. 129; *Schmidt, Reinhard*, Venture-Capital aus der Sicht der Finanzierungstheorie, in: BFuP, Jg. 37, 1985, S. 421-437 (428).

[95] Vgl. *Cornell, Bradford/Shapiro, Alan C.*, Financing corporate growth, in: The Revolution in Corporate Finance, 2003, S. 260-277 (268/269).

[96] Vgl. z.B. *Franke, Günter/Hax, Herbert*, Finanzwirtschaft des Unternehmens und Kapitalmarkt, 1999, S. 521.

[97] Vgl. *Norton, Edgar*, Venture Capital Finance: Review and Synthesis, in: Advances in Quantitative Analysis of Finance and Accounting, Jg. 2, 1992, Teil B, S. 141-165 (143).

Norton spricht von der asymmetrischen Information zwischen Gründerteam und Realität.[98] Auch die Annahme von *Myers/Maijuf*, dass ein Unternehmen aufgrund des Preisabschlags von einer Aktienemission und damit der Realisierung vorteilhafter Projekte absehe, trifft laut *Norton* bei Gründungsfinanzierungen nicht zu, da das Produkt weiterentwickelt werden müsse, Finanzierung sei damit schlicht nötig, selbst wenn sie teuer sei, das Gründerteam hätte nicht die Wahl zwischen verschiedenen Finanzierungsquellen.[99] Die Folgerung einer „Pecking Order" gelte für Gründerunternehmen auch nicht, da Innen- und Fremdfinanzierung ungeeignet seien (siehe oben), so dass ein Ausweichen nicht möglich sei. Die Signalwirkung von Aktienemissionen, dass das Unternehmen überbewertet sei, könne ebenfalls für Gründungsunternehmen nicht gelten, da der Markt einen IPO als Erfolgssignal einer Gründung verstehe.[100] Der Markt wisse um die Finanzierungssituation eines jungen Unternehmens und werte entsprechend die Aktienemission nicht als wegen Überbewertung gewählte Alternative, sondern als einzige Möglichkeit der Finanzierung, womit sich Überlegungen zu Gründen für die Wahl dieser Finanzierungsform erübrigen.

Norton geht sogar noch weiter und lehnt nicht nur die generelle Annahme eines Informationsvorsprungs des Gründerteams ab, sondern spricht davon, dass ein wohlgewählter Due diligence-Prozess zur Auswahl der Unternehmen, in die investiert wird, dazu führen könne, dass der VC-Geber einen Informationsvorsprung habe. Zur Begründung führt *Norton* an, dass der VC-Geber durch den Auswahlprozess Wissen ansammle und den Vergleich verschiedener Geschäftsideen und Gründerteams habe, so dass er die Fähigkeit entwickle, gute von schlechten zu unterscheiden.

Es ist durchaus denkbar, dass bei Gründungsunternehmen der Grad der Informationsasymmetrie geringer ist als bei etablierten Unternehmen mit regelmäßig passiven und schlecht informierten externen Kapitalgebern. Auch das Argument, der Gründer kenne sich und seine Leistungen besser, ist zu diskutieren. Man nimmt an, dass der Einfluss guter Arbeit des

---

[98] Vgl. *Norton, Edgar*, Venture capital finance: Review and synthesis, in: Advances in Quantitative Analysis of Finance and Accounting, Jg. 2, 1992, Teil B, S. 141-165 (142/143).

[99] Vgl. *Norton, Edgar*, Venture capital finance: Review and synthesis, in: Advances in Quantitative Analysis of Finance and Accounting, Jg. 2, 1992, Teil B, S. 141-165 (143).

[100] Vgl. *Norton, Edgar*, Venture capital finance: Review and synthesis, in: Advances in Quantitative Analysis of Finance and Accounting, Jg. 2, 1992., Teil B, S. 141-165 (143).

Gründers bzw. Managers auf den Unternehmenserfolg bei Gründungsunternehmen stärker sei als bei etablierten Unternehmen, dass also die
Fähigkeiten und das Engagement des Gründers für den Unternehmenserfolg noch wichtiger seien als die des Managers bei etablierten Unternehmen.[101] Natürlich weiß der Gründer selbst besser, ob er maximalen
Arbeitseinsatz erbracht hat und ob er Strategien verfolgt hat, seinen Nutzen auf Kosten der (anderen) Kapitalgeber zu erhöhen. Fraglich ist aber
nicht nur, ob der Gründer bei der Verwirklichung seiner Geschäftsidee
nicht besser motiviert ist als ein Manager eines etablierten Unternehmens. Fraglich ist auch, ob er – wenn er nie als Manager oder in der
Funktion, die er im Gründungsunternehmen einnehmen wird, tätig war –
wirklich besser weiß als der VC-Geber, inwieweit er dieser neuen Aufgabe gerecht wird.[102] Der Spielraum des Gründers für Strategien, anderen
Kapitalgebergruppen zu schaden, kann daneben durch Teilnahme des
VC-Gebers an der Geschäftsführung eingeschränkt sein. Ist der VC-Geber also ein *aktiver* Investor, wird die Annahme der asymmetrischen Information in Frage gestellt.

2.8 MAXIMIERUNG DES WERTES DES EIGENKAPITALS UND ANREIZE

Bei großen etablierten Kapitalgesellschaften kann das Management einen Beitrag zur Realisierung der Konsumpläne von Investoren leisten,
indem es die Vermögensposition von Anteilseignern maximiert, d.h. Ausschüttungen optimiert bzw. Verkaufserlöse von Aktien positiv beeinflusst.[103] Benötigt wird dazu eine Ausschüttungsregel, die den Interessen
der Anteilseigner entspricht: Schütte die Mittel aus, die auf Unternehmensebene schlechter als auf Anteilseignerebene angelegt werden! Das
Kriterium für die Entscheidung Neuinvestition bzw. Beendigung von Ob-
jekten oder Ausschüttung ist die geforderte Rendite der Anteilseigner k.
Wenn das Management Investitions- bzw. Ausschüttungsentscheidungen im Interesse der Anteilseigner trifft, wirkt sich dies auf informations-
effizienten Märkten auf die Anteilswerte bzw. Kurse aus. Fraglich ist, ob

---

[101] Die Qualität der Unternehmensführung gilt bei der VC-Finanzierung als das zentrale Beurteilungskriterium bei der Investitionsentscheidung. Bei etablierten Unternehmen ist der Einfluss des Managements auf den Unternehmenserfolg natürlich auch wichtig, hat aber nicht diese Bedeutung, weil viele grundlegende Entscheidungen bereits getroffen wurden und den Erfolg später ohne aktives Zutun
mitbestimmen; vgl. *Leopold, Günter/Frommann, Holger*, Eigenkapital für den Mittelstand, 1998, S. 121, 122.

[102] Vgl. *Leopold, Günter/Frommann, Holger*, Eigenkapital für den Mittelstand, 1998,
S. 190.

[103] Zu folgenden Ausführungen vgl. *Drukarczyk, Jochen*, Theorie und Politik der Finanzierung, 1993, S. 67-92.

Manager im Interesse der Anteilseigner handeln. Dass der Manager selbst nicht Eigentümer ist, lässt erwarten, dass die Annahme einer Interessenidentität nicht realistisch ist. Schon 1963 hat *Donaldson*[104] auf drei Argumente verwiesen, die auf Interessendivergenzen hindeuten:

* Manager orientieren sich an der Performance des eigenen Unternehmens in der Vergangenheit, Anteilseigner dagegen an Performance vergleichbarer Unternehmen bzw. anderer Anlagemöglichkeiten.

* Manager präferieren Finanzierungsformen, die zukünftige Cash flows weniger stark belasten (Innenfinanzierung), Anteilseigner dagegen sehen Mittelverwendung im Licht alternativ erzielbarer Renditen und ziehen aus steuerlichen Gründen Fremdfinanzierung vor.

* Manager haben kaum Diversifikationsmöglichkeiten und verknüpfen ihre Reputation mit ihrem Unternehmen, Anteilseigner können insofern risikofreudiger sein als sie unsystematisches Risiko durch Diversifikation vernichten können.

Bei Gründungsfinanzierungen mit Venture Capital besteht keine klare Prinzipal-Agent-Beziehung. Gründer und VC-Geber sind beide i.d.R. am Eigenkapital beteiligt, beide sind damit grundsätzlich an der Maximierung des Werts des Eigenkapitals interessiert. Diese grundsätzliche Interessenidentität ist aber trotzdem mit Agency-Problemen behaftet, da die geschlossenen Finanzierungsverträge nicht symmetrisch sind und unterschiedliche Informationsasymmetrien bestehen.[105] Dies wird in den folgenden Kapiteln der Arbeit genauer analysiert.

2.9 HOHE UNSICHERHEIT UND FEHLENDE MARKTWERTE

Unsicherheit ist ein Zustand unvollkommener Information, „der es nicht erlaubt, die Konsequenz einer Handlung mit so großer Präzision vorherzusagen, dass ein und nur ein Ergebnis ihre Folge ist."[106] Je weiter die möglichen zukünftigen Einzahlungsüberschüsse voneinander abweichen, desto größer ist die Unsicherheit. Da bei neu gegründeten Unternehmen sowohl das Scheitern der Geschäftsidee als auch großer Erfolg und Wachstum sowie alle Abstufungen dazwischen möglich sind, ist ho-

---

[104] Vgl. *Donaldson, Gordon*, Financial Goals: Management vs. Stockholders, in: HBR, Jg. 41, 1963, S. 116-129.

[105] Es gibt Arbeiten, die den VC-Geber als Agenten des Gründers und diesen als Prinzipal betrachten, vgl. z.B. *Gifford, Sharon*, Limited Attention and the Role of the Venture Capitalist, in: JoBV, Jg. 12, 1997, S. 459-482. Insofern kann eine doppelte Prinzipal-Agent-Beziehung bejaht werden: Der Gründer ist Agent des VC-Gebers und vice versa.

[106] *Drukarczyk, Jochen*, Unternehmensbewertung, 2003, S. 74.

he Unsicherheit ein Wesensmerkmal der Gründungsfinanzierung. Auch bei etablierten Unternehmen besteht ein gewisses Maß an Unsicherheit, der Blick in die Zukunft ist hier auch unsicher, aber es sind Vergangenheitsdaten vorhanden, die sich – vorhersehbaren Entwicklungen angepasst – fortschreiben lassen.

Das Ausmaß an Unsicherheit ist ein sehr wichtiges Merkmal von Investitionsobjekten, da alle Entscheidungen aller Beteiligten (Initiator/Gründer, Financiers) dadurch beeinflusst werden.[107] Für die Berücksichtigung von Unsicherheit in der Bewertung von Investitionsobjekten mit bekannten Szenarien und Eintrittswahrscheinlichkeiten wurden grundsätzlich zwei Wege entwickelt. Der eine Weg ermittelt ein Sicherheitsäquivalent, das ist der sichere Betrag, dessen Erhalt der Investor der Verteilung der Nettoeinzahlungen gleichschätzt"[108], und diskontiert diesen mit dem risikolosen Zinssatz i. Dabei dient der Risikoabschlag, d.h. die Differenz zwischen Erwartungswert und Sicherheitsäquivalent, als Ausdruck des Grades der Risikoaversion von Investoren.[109] Der andere Weg geht vom Erwartungswert aus. Dieser wird diskontiert mit einem Kalkulationszinsfuß $k = i + z$, der einen Risikozuschlag z zur Berücksichtigung des Risikos enthält.[110]

Das Problem bei neu gegründeten Unternehmen ist im Vorfeld das Aufstellen der möglichen Szenarien, da auf keine Vergangenheitsdaten („track record") zurückgegriffen werden kann. Auch die Orientierung an vergleichbaren Unternehmen ist bei innovativen Unternehmen stark eingeschränkt. Je höher das Erfolgspotential eines Unternehmens ist, desto schwieriger wird die Entwicklung von Szenarien, wie das Beispiel der Entwicklung eines Medikamentes zeigt.[111] Es ist verhältnismäßig einfach herauszufinden, wie viele Menschen weltweit von einer Krankheit betrof-

---

[107] Vgl. *Gompers, Paul/Lerner, Josh*, The Venture Capital Cycle, 1999, S. 127.

[108] *Drukarczyk, Jochen*, Unternehmensbewertung, 2003, S. 80.

[109] Vgl. *Drukarczyk, Jochen*, Unternehmensbewertung, 2003, S. 80.

[110] Vgl. *Drukarczyk, Jochen*, Unternehmensbewertung, 2003, S. 141-143. Der Vorteil der zweiten Konzeption ist, dass die individuelle Risikoeinstellung keine Rolle mehr spielt, sondern ausschlaggebend wird die Rendite, die am Markt für risikoäquivalente Projekte erzielt wird, damit liegt kein „individualistischer", sondern ein „marktmäßig objektivierter" Ansatz vor (am angegebenem Ort, S. 137-143).

[111] Vgl. *Smith, Richard L./Smith, Janet Kiholm*, Entrepreneurial Finance, 2000, S. 168, 169. Damit tragen die VC-Geber das größte Risiko, die in hochinnovative Technologieunternehmen investieren, vgl. *Bygrave, William D.*, The Structure of the Investment Networks of Venture Capital Firms, in: JoBV, Jg. 3, 1988, S. 137-157.

fen sind und als mögliche Kunden erfasst werden können. Aber wie sind die Erfolgsaussichten dafür einzuschätzen, dass das Medikament wirksam ist, dass das patentierte Medikament zugelassen wird, zu einem für die Beteiligten bezahlbaren Preis verkauft werden kann und dass kein anderes von Wettbewerbern entwickeltes Medikament früher auf den Markt gebracht wird? Die Aufstellung realistischer Annahmen über Szenarien und Wahrscheinlichkeiten wird zu einer Herausforderung.

2.10 IMMATERIELLER CHARAKTER DER ASSETS

Die Art der Assets eines Unternehmens beeinflusst dessen (Fremd-)Finanzierungsmöglichkeiten, da von dem Verwertungserlös eines besicherten Vermögensgegenstandes das Ausfallrisiko des Fremdkapitalgebers und damit seine Bereitschaft, einen Kredit in bestimmter Höhe und zu bestimmten Konditionen zu vergeben, abhängt.[112] Unternehmen mit einem hohen Anteil an materiellen Vermögensgegenständen wie Grundstücke, Gebäude, Maschinen oder Inventar, deren Verwertungserlöse im Zeitablauf relativ wenig schwanken, können daher günstigere Kreditkonditionen aushandeln als Unternehmen mit schwer verwertbaren Assets.

Wenn die Kreditwürdigkeitsprüfung auf Basis der Bilanz gefällt wird, sind immaterielle Vermögensgegenstände für die Banken oft nicht zu erkennen. Junge Unternehmen haben einen hohen Anteil immaterieller Vermögensgegenstände wie selbsterstellte Patente, Lizenzen, die aufgrund § 248 II HGB nicht in der Handelsbilanz angesetzt werden dürfen. Der Grund für dieses Aktivierungsverbot ist die Überlegung, dass selbsterstellte, immaterielle Vermögensgegenstände unsichere Güter darstellen, d.h. Güter, deren Wert nur schwierig nachzuweisen ist. Anders verhält es sich bei entgeltlich erworbenen Vermögensgegenständen, dort sei der Wert durch die bezahlten Anschaffungskosten dokumentiert und aufgrund des Vollständigkeitsgebots des § 246 I HGB in die Bilanz aufzunehmen.[113] Die Bilanzierung nach IAS setzt kein generelles Aktivierungsverbot fest.[114]

---

[112] Vgl. *Drukarczyk, Jochen*, Theorie und Politik der Finanzierung, 1993, S. 336-342 und zu Vorschlägen zur Erhöhung der Sicherungskraft von Mobiliarsicherheiten, Unternehmen und Insolvenz, 1987, S. S. 182-194; *Gompers, Paul/Lerner, Josh*, The Venture Capital Cycle, 1999, S. 127, 128.

[113] Vgl. *Förschle, Gerhart*, in: Beck Bil.-Komm., 2003, § 248, Rn. 7.

[114] Sind bestimmte Definitions-/Ansatzkriterien erfüllt, ist ein selbsterstellter immaterieller Vermögensgegenstand zu aktivieren; intern erstellte Markenzeichen, Firmennamen und Kundenlisten dürfen nicht aktiviert werden; vgl. *Förschle, Gerhart*, in: Beck Bil.-Komm., 2003, § 248, Rn. 22.

2.11 ZEITLICHE BEGRENZUNG UND LIQUIDITÄTSZWÄNGE

Junge Unternehmen sehen sich bei der Erhaltung der Liquidität viel größeren Schwierigkeiten ausgesetzt als etablierte Unternehmen. Die originären Liquiditätsquellen wie güterwirtschaftliche Liquidität und zukünftige Liquidität sind begrenzt, da der immaterielle Charakter des Großteils der Assets die Veräußerung bzw. Verwertbarkeit einschränkt und die zukünftigen Einzahlungsüberschüsse sehr unsicher sind. Entsprechendes gilt für die derivativen Liquiditätsquellen, da Kreditgeber die genannten Probleme mit Vermögensgegenständen und Überschüssen erkennen und bei der Kreditvergabe vorsichtig sind.[115]

Investitionen von VC-Gebern sind immer zeitlich begrenzte Engagements. Der VC-Geber berücksichtigt bei seiner Investitionsentscheidung, ob ein lohnender Exit möglich ist. Die präferierte Exit-Form ist der Börsengang. Anfangsfinanzierungen werden nicht bis zum Exit gewährt, sondern es werden Meilensteine gesetzt, d.h. die Fortführung der Finanzierung vom Erreichen bestimmter Ziele abhängig gemacht. Anreizwirkungen sind mit dieser stufenweisen Finanzierung vor allem dadurch verbunden, dass das Fortbestehen des Gründungsunternehmens von einer Anschlussfinanzierung abhängt, da sich nicht nur Verluste in der Gewinn- und Verlustrechnung ergeben, sondern die Fehlbeträge auch Cash-wirksam sind. Speziell für Gründungsunternehmen hat man dafür den Begriff „Cash-Burnrate" verwendet. Aus diesem Grund läuft das junge Gründungsunternehmen bei Herannahen jedes Meilensteins Gefahr, insolvent zu werden. Das Gründerteam steht dementsprechend stark unter Druck, die gesetzten Ziele zu erreichen. So sinnvoll diese Disziplinierung im Einzelfall sein kann, so problematisch kann sie sein, wenn die Meilensteine nicht in realistischen Zeitabständen und angemessen i.d.S. gesetzt werden, dass berücksichtigt werden muss, ob die Gründer Verzögerungen zu verantworten haben.

2.12 VENTURE CAPITAL

Der in dieser Arbeit gewählte VC-Begriff muss den bisherigen Überlegungen (ansatzweise) Rechnung tragen. Ich wähle eine Begriffsdefinition mit folgenden Merkmalen:

Venture Capital ist ein Begriff, der sich ausschließlich auf die Finanzierung neu gegründeter Unternehmen bezieht. Venture Capital ist also eine Form der Gründungsfinanzierung. Damit sind für die VC-Finanzierung

---

[115] Vgl. *Drukarczyk, Jochen*, Finanzierung, 2003, S. 23-31; *Smith, Richard L./Smith, Janet Kiholm*, Entrepreneurial Finance, 2000, S. 11.

alle für die Finanzierung relevanten Besonderheiten neu gegründeter Unternehmen typisch (vgl. 2.1-2.3 sowie 2.9-2.11).

Venture Capital wird völlig losgelöst von dem Rechtskleid der Ansprüche definiert. Werden bestimmte Finanzinstrumente üblicherweise Eigen- oder Fremdkapital zugeordnet, spielt das für den hier betrachteten VC-Begriff keine Rolle.

Venture Capital besitzt in mindestens einer Beziehung Eigenkapital-charakter. Reine Fremdkapitalpositionen werden ausgeschlossen. Hybride Ansprüche werden zugelassen.[116]

VC-Geber spielen eine aktive Rolle bei der Erfüllung der Management-aufgaben (vgl. 2.6).

Damit wird Venture Capital nicht – wie häufig in der Praxis – als Finan-zierungsform verstanden, die VC-Finanzierungsverträgen US-amerikani-scher VC-Gesellschaften entspricht. Diese Verwendung des Begriffs ist zu eng und führt im deutschen Gesellschaftsrecht auch zu Problemen. Der gewählte VC-Begriff ist weit in dem Sinn, dass es unerheblich ist, wer das Venture Capital gibt, solange ein „Value Added" geleistet wird und in welcher Finanzierungsform es gegeben wird, soweit es eine Form der Eigen- bzw. hybriden Finanzierung, also keine reine Fremdfinanzie-rung darstellt.[117] Neben VC-Gesellschaften können also auch z.B. Busi-ness Angels VC-Geber sein.

2.13 ZUSAMMENFASSUNG

Besonderheiten bei Gründungsfinanzierungen bestehen wie folgt:

- Das Gründungsobjekt ist an den Gründer gebunden. Nur ihm bietet sich die Investitionsgelegenheit.

- Die geforderte Rendite des Gründers ist aufgrund seines größeren Ar-beitseinsatzes und seines höheren persönlichen Risikos höher als die von Drittinvestoren.

- Der Kapitaleinsatz des Gründers ist daher häufig nicht nur zwangsläu-fig gering, er ist auch gering zu halten, um das Objekt für Drittinvesto-ren attraktiv zu halten.

- Drittinvestoren sind nicht passive, sondern aktive Investoren.

- Informationsasymmetrien müssen differenziert betrachtet werden; ob ein klarer Informationsvorsprung von Gründer oder VC-Geber besteht, ist ggf. zu prüfen.

---

[116] Vgl. dazu auch *Gabbert, Markus M.*, Die vertragsrechtliche Gestaltung bei interna-tional agierenden Venture-Capital-Gesellschaften, in: ZIP, Jg. 21, 2000, S. 11-15.

[117] Zu dieser Definition vgl. auch *Kussmaul, Heinz/Richter, Lutz*, Venture Capital im Rahmen der Existenzgründung, 2000, S. 3.

- Die Unsicherheit ist hoch.
- Der immaterielle Charakter der Assets beschränkt Fremdfinanzierungen stark.
- Die Liquiditätszwänge sind besonders groß. Financiers engagieren sich – selbst wenn sie reine Eigenkapitalgeber sind – nur zeitlich begrenzt.

Der in dieser Arbeit gewählte VC-Begriff ist weit gefasst und unterscheidet sich vom Begriff der Gründungsfinanzierung durch die notwendige Einflussnahme des VC-Gebers auf die Geschäftsführung und den zwingenden Eigenkapital- bzw. hybriden Charakter der Finanzierung.

3 VENTURE CAPITAL IN DEUTSCHLAND

Deutsche Unternehmen sind im Unterschied zu Gesellschaften in den USA, wo Publikumsgesellschaften auch in großen Teilen des Mittelstands die typische Gesellschaftsform darstellen, sehr häufig durch bestimmte, regelmäßig familiär verbundene Personen geprägt.[118] Diese Struktur ist ein Grund dafür, dass der Bankkredit als „klassische" Form der Außenfinanzierung nicht börsennotierter Unternehmen lange Zeit dominierte.[119] Die Ursache für diese Finanzierungspraxis sah man vor allem in einem unterentwickelten Eigenkapitalmarkt mit restriktiven Börsenzugangsvoraussetzungen. Vermögenspolitische Konzepte sollten den indirekten Zugang zum organisierten Kapitalmarkt eröffnen und damit die Eigenkapitalausstattung mittelständischer Unternehmen verbessern[120] und gleichzeitig breiten Anlegerkreisen die Möglichkeit geben, an Unternehmenswertzuwächsen anteilig zu partizipieren.

Eine Verbesserung der Zugangsmöglichkeiten zu Kapitalmärkten ist für junge Unternehmen, denen der Weg der Fremdfinanzierung mangels Kreditsicherheiten zumeist verwehrt ist, ungleich wichtiger als für etablierte mittelständische Unternehmen. Der Weg von der Unternehmensgründung bis zur Börsenreife muss jedoch zuerst gegangen werden. Gerade diese Phase stellt Gründer, die nicht über ausreichend Eigenkapital

---

[118] Vgl. *Bilstein, Jürgen*, Beteiligungs-Sondervermögen und Unternehmensbeteiligungsgesellschaften, in: Besteuerung und Unternehmenspolitik : FS Wöhe, 1989, S. 49-70 (53).

[119] Vgl. *Otto, Hans-Jochen*, Venture Capital-Gesellschaften, in: Handbuch des Kapitalanlagerechts, 2001, S. 1131-1153 (1132).

[120] In den 80er Jahren wurde das mögliche Bestehen einer besorgniserregenden „Eigenkapitallücke" deutscher Unternehmen Gegenstand einer wissenschaftlichen Diskussion; vgl. dazu *Schneider, Dieter*, Lücken bei der Begründung einer „Eigenkapitallücke", in: DB, Jg. 39, 1986, S. 2293-2298; *Drukarczyk, Jochen*, Eigenkapitalausstattung von Unternehmen und Organisation des Kapitalmarktes – Anmerkungen zur Arbeit von Pütz/Willgerodt, in: Ordo, Jg. 39, 1988, S. 315-320; *Schwetzler, Bernhard*, Eigenkapitalausstattung und Investitionstätigkeit, in: ZBB, Jg. 1, 1989, S. 188-201. Kernpunkt des wissenschaftlichen Disputs war die Frage, ob wirklich eine „Lücke" vorhanden sei oder ob die niedrigen Eigenkapitalquoten durch die steuerliche Benachteiligung von Eigenkapital oder durch Bestrebungen Mitspracherechte zu bewahren, begründet und damit bewusst so niedrig angesetzt seien. Ein Rückgang der Eigenkapitalrenditen wurde ebenso als mögliche Ursache für den Rückgang der Eigenkapitalquoten deutscher Unternehmen angeführt, vgl. *Albach, Horst/Köster, Dieter*, Risikokapital in Deutschland, 1997, S. 3.

verfügen, vor ein Finanzierungsproblem:[121] Innenfinanzierungsmöglich-keiten bestehen nicht. Außenfinanzierung in Form von Fremdfinanzie-rung wird von Kreditinstituten nicht gewährt, da das (Ausfall-)Risiko bei Unternehmensgründungen zu hoch ist. Als Lösung für die Deckung des (Eigen-)Kapitalbedarfs junger Unternehmen gilt Venture Capital.

3.1 GESELLSCHAFTSRECHTLICHE KONZEPTE

Venture Capital kann entweder *direkt* in das Kapital suchende Unterneh-men oder *indirekt* unter Einschaltung eines Finanzintermediärs investiert werden. Der Anteil direkter Investitionen ist statistisch nur partiell erfasst, wird aber als beträchtlich eingeschätzt.[122] Die Einschaltung von Finanz-intermediären gilt als vorteilhaft, wenn Vorteile wie Spezialisierungs- und Diversifikationsvorteile, Synergie-Effekte sowie Transaktionskostenmin-derungen realisiert werden können.[123] Bedauerlicherweise sind diese Faktoren nur schwer messbar. Klar ist, dass die Einschaltung von Fi-nanzintermediären nur dann effizient sein kann, wenn die Vorteile nicht durch zusätzliche Transaktionskosten und Agency-Probleme überkom-pensiert werden, die durch die zusätzliche Finanzierungsbeziehung zwi-schen Intermediär und dessen Kapitalgeber entstehen können.[124] Für das Verständnis der im Folgenden dargestellten Rechtsformen von VC-Ge-sellschaften ist es grundlegend und daher sinnvoll, auf mögliche gesell-schaftsrechtliche Konzepte zuerst einzugehen.

Grundsätzlich gibt es zwei gesellschaftsrechtliche Konzepte von interme-diären Beteiligungsgesellschaften: Bei dem ersten Modell besteht die „Beteiligungsgesellschaft" aus zwei juristischen Personen, einmal die *Fondsgesellschaft*, die das Kapital der Investoren als flüssige Mittel oder Eigenkapitalanteile verwaltet, und zum anderen die *Managementgesell-schaft*, die sowohl die Fondsgesellschaft berät als auch die finanziellen Transaktionen steuert. Das andere Konzept verbindet die beiden Kom-ponenten Wissen und Kapital in *einer* rechtlichen Einheit, der *Beteili-gungsgesellschaft*. Für potentielle Investoren stehen mit diesen Gesell-

---

[121] *Reinhard H. Schmidt* bezeichnet dieses Problem als „Prototyp ,des' Finanzie-rungsproblems"; vgl. *Schmidt, Reinhard H.*, Venture-Capital aus Sicht der Finan-zierungstheorie, in: BFuP, Jg. 37, 1985, S. 421-437 (426).

[122] Vgl. zum Beispiel *Just, Carsten*, Business Angels und technologieorientierte Un-ternehmensgründungen, 2000, S. 29 und *Nittka, Isabella*, Informelles Venture Ca-pital am Beispiel von Business Angels, 2000, S. 34, 35.

[123] Vgl. *Weingart, Sonja*, Zur Leistungsfähigkeit von Finanzintermediären, 1994, S. 256; *Wolff, Ulrik*, Beteiligungsbesitz und Corporate Governance, 2000, S. 85-119.

[124] Vgl. *Hartmann-Wendels, Thomas*, Venture Capital aus finanzierungstheoretischer Sicht, in: ZfbF, Jg. 39, 1987, S. 16-30 (27).

schaftsmodellen unterschiedliche Rechtstellungen zur Wahl: Mit einer Beteiligung an reinen Fondsgesellschaften beschränkt sich der Investor auf die Kapitalgeberrolle, mit einer Beteiligung an Management- oder Beteiligungsgesellschaften kann der Investor die Möglichkeit erhalten, auf Beteiligungsentscheidungen Einfluss zu nehmen.[125]

Wenn die Kapitalbeteiligungsgesellschaft als Managementgesellschaft und getrennter Beteiligungsfonds organisiert ist, wird die Verbindung durch einen entgeltlichen Geschäftsbesorgungsvertrag hergestellt.[126] Die Gründe für die Trennung sind vielfältig. Häufig sind steuerliche Gründe ausschlaggebend, ein anderer wichtiger Grund ist die Wahl zwischen open end-fund und closed end-fund, also zwischen dem auf Dauer eingerichteten laufenden Beteiligungsgeschäft (open-end) und der einmaligen Investition der Fondssumme (closed-end).[127] Beim closed end-fund ist die Trennung zwingend. Auch ein open end-fund lässt sich mit der Trennung von Managementgesellschaft und Beteiligungsvermögen vereinbaren, sie ist dort aber nicht zwingend.

In Deutschland haben die meisten Kapitalbeteiligungsgesellschaften – insbesondere die großen – Gesellschafter wie etwa große Kreditinstitute, für die Kapitalbereitstellung kein Problem darstellt. Sie verstehen sich zum Großteil nach dem Prinzip des open end-fund als Dauereinrichtung, die auf die Suche nach Beteiligungen geht und bei Bedarf von den Gesellschaftern Einschüsse anfordert.[128] Solche Managementgesellschaften verwalten häufig auch Fonds, die nach dem closed-end-Prinzip konzipiert ist. Sie verstehen sich aber als Dauereinrichtung, da ihnen die Geschäftsführung der neuen Fonds wieder übertragen wird. In den USA überwiegen dagegen closed end-funds, wo sich VC-Gesellschaften umfangreiche Investitionsmittel besorgen, für welche dann innerhalb einer Frist vorteilhafte Investitionsobjekte gesucht werden.[129]

---

[125] Vgl. *Schröder, Christoph*, Strategien und Management von Beteiligungsgesellschaften, 1992, S. 43, 44.

[126] Vgl. *Leopold, Günter/Frommann, Holger*, Eigenkapital für den Mittelstand, 1998, S. 119.

[127] Vgl. *Leopold, Günter/Frommann, Holger*, Eigenkapital für den Mittelstand, 1998, S. 119.

[128] Vgl. *Leopold, Günter/Frommann, Holger*, Eigenkapital für den Mittelstand, 1998, S. 170.

[129] Die Gesellschaften geraten dabei nicht selten unter Anlagedruck. Dieser Zwang und Zeitdruck wirkt oft als „Lokomotive" für die Geschäftsentwicklung; vgl. *Leopold, Günter/Frommann, Holger*, Eigenkapital für den Mittelstand, 1998, S. 170.

3.1.1 FONDS- UND MANAGEMENTGESELLSCHAFT

Bei VC-Finanzierungen stellt der Veräußerungsgewinn, der bei Beendigung des Investments erzielt wird, einen wesentlichen Teil der Cash flows dar, die an den VC-Geber zurückfließen. Die Steuerfreistellung dieses Veräußerungsgewinns gilt daher als Hauptziel der steuerlichen Strukturierung von VC-Fonds.

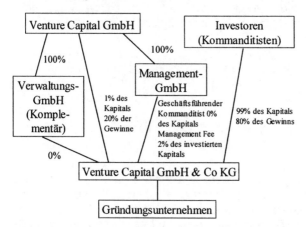

Abbildung 5: Fonds- und Managementgesellschaft als GmbH & Co KG[130]

Gestaltungsmotiv bei der Fondskonstruktion in Abbildung 5 ist die Beurteilung der Tätigkeit der Fondsgesellschaft (Venture Capital GmbH & Co KG) als *private Vermögensverwaltung*, da ansonsten auf deren Ebene Gewerbesteuerpflicht gemäß § 2 Abs. 1 Satz 2 GewStG besteht und die Veräußerungsgewinne der Privatinvestoren als Kommanditisten nicht steuerfrei, sondern nach dem Halbeinkünfteverfahren seit 01.01.2002 steuerpflichtig sind.[131] Für gewerbliche Investoren gilt gemäß § 8b KStG (auch seit 01.01.2002), dass Dividenden und die Gewinne aus dem Verkauf von Anteilen an anderen Körperschaften von der Körperschaftsteu-

---

[130] Grafik in Anlehnung an *Watrin, Christoph/Gocksch, Sebastian*, Problembereiche der Besteuerung inländischer Private Equity-Fonds, in: DB, Jg. 55, 2002, S. 341-345 (341).

[131] Vgl. *Rodin, Andreas/Veith, Amos*, Zur Abgrenzung zwischen privater Vermögensverwaltung und gewerblicher Tätigkeit bei Private Equity-Pools, in: DB, Jg. 54, 2001, S. 883-887 (884); *Watrin, Christoph/Gocksch, Sebastian*, Problembereiche der Besteuerung inländischer Private Equity-Fonds, in: DB, Jg. 55, 2002, S. 341-345 (342).

er befreit sind („Schachtelprivileg"). Die Fondskonstruktion ist für gewerbliche Investoren aufgrund gewerbesteuerlicher Vorteile interessant.[132]

Die Tätigkeit der Fondsgesellschaft in der Rechtsform einer GmbH & Co KG besteht aus dem Erwerb, dem Halten und der Veräußerung von Anteilen an Beteiligungs- bzw. – bei VC-Fonds – Gründungsunternehmen. Die Verwaltungs-GmbH ist die nicht am Vermögen beteiligte Komplementärin. Die Managementgesellschaft erhält für ihre verwaltende Tätigkeit eine feste prozentuale Vergütung des Zeichnungskapitals des Fonds (Management Fee).[133] Privatinvestoren legen 99% des Kapitals als Kommanditisten ein und erhalten 80% des Gewinns. Die Steuerpflicht des Einzelinvestors beim Überschreiten der Ein-Prozent-Hürde (§ 17 EStG) lässt sich vermeiden, wenn sich eine hinreichende Anzahl von Investoren zusammenschließt, die dann jeweils weniger als ein Prozent veräußern und durch den Verkauf keine Einkünfte aus Gewerbebetrieb erzielen (Bruchteilsbetrachtung).[134] In der Venture Capital GmbH sind die Fondsmanager tätig, die über Erwerb, Halten und Veräußerung von Beteiligungen entscheiden und die Beteiligungen betreuen. Die Venture Capital GmbH führt die Geschäfte als Kommanditistin mit geringem Kapitalanteil (1%) und erhält eine Vergütung von etwa 20% des Betriebsergebnisses (sog. Carried Interest) vorab, also eine erfolgsabhängige, vorrangige Vergütung.[135]

Zur einkommensteuerlichen Behandlung von Venture Capital und Private Equity Fonds sowie zur Abgrenzung der privaten Vermögensverwaltung

---

[132] Vgl. *Rodin, Andreas/Veith, Amos*, Zur Abgrenzung zwischen privater Vermögensverwaltung und gewerblicher Tätigkeit bei Private Equity-Pools, in: DB, Jg. 54, 2001, S. 883-887 (883).

[133] Vgl. *Lorenz, Christoph*, Auswirkungen der Unternehmenssteuerreform 2001 auf die Gestaltung von Venture Capital-Fonds, in: DStR, Jg. 39, 2001, S. 821-825 (822).

[134] Vgl. *Freyling, Till/Hofe, Katja vom/Klingsch, Welf*, Venture Capital – Rechtliche, wirtschaftliche und steuerliche Rahmenbedingungen von Venture Capital in Deutschland im Vergleich zu anderen europäischen Ländern und den USA, in: StB, Jg. 54, 2003, S. 21-31 (27); *Leuner, Rolf/Lindenau, Lars/Westphal, Rouven*, Steuerliche Rahmenbedingungen in Deutschland ür informelle Investoren (Business Angels), in: BB, Jg. 57, 2002, S. 700-708 (704).

[135] Vgl. *Lorenz, Christoph*, Auswirkungen der Unternehmenssteuerreform 2001 auf die Gestaltung von Venture Capital-Fonds, in: DStR, Jg. 39, 2001, S. 821-825 (821). Die Ausgestaltung des carried interest ist bei europäischen Fonds stark standardisiert und beträgt in etwa 90% der Fälle 20% der realisierten Fondserträge, vgl. *Feinendegen, Stefan/Schmidt, Daniel/Wahrenburg, Mark*, Die Vertragsbeziehung zwischen Investoren und Venture Capital-Fonds, 2002, S. 1-36 (21).

vom Gewerbebetrieb wurde im November 2001 der Entwurf eines BMF-Schreibens publik, in dem auf Kriterien der *BFH*-Rechtsprechung zum gewerblichen Wertpapierhandel abgestellt wird.[136] Im Dezember 2003 erschien das endgültige Schreiben in modifizierter Form.[137] Dabei bezieht sich das BMF-Schreiben auf „den typischen" Sachverhalt, was andere Fondskonstruktionen in Unsicherheit lässt. Es wurde kritisch angeregt, dass es besser sei, klare Kriterien, insbesondere auch deren relative Bedeutung zueinander, zu formulieren und es der Praxis zu überlassen, welche Strukturen sich herausbilden.[138]

Nach der Rechtsprechung des *BFH* gilt: „Während bei einer gewerblichen Tätigkeit die Ausnutzung substanzieller Vermögenswerte durch Umschichtung im Vordergrund steht, ist für die Vermögensverwaltung die Nutzung von Vermögen i.S. einer Fruchtziehung aus zu erhaltenden Substanzwerten charakteristisch."[139] Zur Abgrenzung vom gewerblichen Wertpapierhandel sind im BMF-Schreiben genannt:

– Kein Einsatz von Bankkrediten/keine Übernahme von Sicherheiten;

– Keine eigene Organisation (eigenes Büro und Beschäftigte jedoch unschädlich);

– Keine Ausnutzung eines Marktes unter Einsatz beruflicher Erfahrungen;

– Kein Anbieten gegenüber breiter Öffentlichkeit/Handeln auf eigene Rechnung;

– Keine kurzfristige Beteiligung (mindestens 3-5 Jahre);

– Keine Reinvestition von Veräußerungserlösen;

---

[136] Vgl. *BMF*, Entwurf zur Einkommensteuerlichen Behandlung von Venture Capital Fonds und Private Equity Fonds; Abgrenzung von privater Vermögensverwaltung vom Gewerbebetrieb, IV A 6 – S 2240 –0/01_II, Stand: November 2001, S. 1-11. Zur Kritik am Entwurf vgl. auch *Blumers, Wolfgang/Witt, Sven-Christian*, Gewerblichkeit durch Beteiligung an Kapitalgesellschaften, in: DB, Jg. 55, 2002, S. 60-65. Dazu, dass disquotale Gewinnverteilungen der Anreizgenerierung dienen, steuerlich anzuerkennen sind und dass der Carried Interest keine Leistungsvergütung, sondern Gewinnanteil ist, vgl. *Watrin, Christoph*, Disquotale Gewinnverteilung bei Private Equity-Fonds, in: BB, Jg. 57, 2002, S. 811-814.

[137] Vgl. *BMF*, Schreiben vom 16.12.2003, IV A 6 – S 2240 – 153/03, Einkommensteuerliche Behandlung von Venture Capital und Private Equity Fonds; Abgrenzung der privaten Vermögensverwaltung vom Gewerbebetrieb, S. 1-8.

[138] Vgl. *Wiese, Götz T.*, Besteuerung von Venture Capital und Private Equity Fonds in Deutschland, in: IWB 2001/24, S. 709-714 (711/712).

[139] *BFH*, Urteil vom 29.10.1998 – XI R 80/97, in: BStBl. II 1999, S. 448-450; vgl. *Watrin, Christoph/Gocksch, Sebastian*, Problembereiche der Besteuerung inländischer Private Equity-Fonds, in: DB, Jg. 55, 2002, S. 341-345 (342).

– Kein unternehmerisches Tätigwerden in Portfolio-Gesellschaften (Auf-
sichtsratsfunktionen sind unschädlich; Zustimmungsvorbehalte nach
§ 111 AktG ab einem bestimmten Maß schädlich; Einschaltung eines
Inkubators stets schädlich);

– Keine gewerbliche Prägung bzw. Infektion (etwa durch mitunternehmerische Beteiligungen).

Gerade die beiden letzten Kriterien zeigen, wie stark die steuerliche Gestaltung des Fonds die Beteiligungsinstrumente bei der VC-Finanzierung
beeinflusst. Mitunternehmerische Beteiligungsformen (z.b. atypisch stille
Beteiligung) sind schädlich, daher beteiligt man sich bevorzugt als Aktionär oder GmbH-Gesellschafter[140] und übt seinen Einfluss auf die Geschäftsführung über unschädliche Aufsichtsrattätigkeiten aus.

Zur Einschätzung der Relevanz des Entwurfs des *BMF*-Schreibens auf
eine mögliche Veränderung der Beteiligungsformen ab 2001 wäre es
wichtig zu wissen, wie hoch der Anteil der Fonds nach Volumen ist, die
private Vermögensverwaltung betreiben (wollen). Dies ist im Datenmate-
rial des *BVK* nicht erfasst. Die Auswirkung ist aber nach den Worten von
Schauerte, dem Vorstandsvorsitzenden des BVK, „fatal": Seit dem Februar 2001 sei über ein Jahr lang – eventuell sogar länger – kein neuer
deutscher Fonds als vermögensverwaltende KG aufgelegt worden und
keine Landesfinanzverwaltung habe eine verbindliche Auskunft gegeben.[141] Diese Situation der Rechtsunsicherheit wurde mit Herauskom-
men des *BMF*-Schreibens erst im Dezember 2003 beendet.

Ein anderes Gestaltungsmotiv für eine Fondskonstruktion sind ge-
wünschte Steuerersparnisse durch Verlustzuweisung, zum Beispiel von
einem Industrieunternehmen, das in ein Forschungsprojekt investieren
möchte (*Corporate Venture Capital*):

Die A-AG ist ein Industrieunternehmen, das die Forschungs- und Entwicklungsarbeit der Beteiligungs-GmbH finanzieren möchte und dabei

---

[140] *Wiese* hat darauf hingewiesen, dass unklar bleibt, welche Relevanz die Frage hat,
ob sich der Fonds an GmbH oder AG beteiligt. Dies sei zu hinterfragen, weil bei
VC-Fonds die Rechtsform der GmbH häufig gewählt wird und Wertpapiere und
GmbH-Anteile steuerlich ggf. anders zu beurteilen seien, gerade weil die Form
der Beteiligung bei Direktinvestments entscheidende Bedeutung für die Beurteilung der Händlereigenschaft haben soll, vgl. *Wiese, Götz T.*, Gewerblicher Handel
mit Beteiligungen an Kapitalgesellschaften, Stellungnahme zur Abgrenzung von
Vermögensverwaltung und gewerblichem Handel zur jüngeren Rechtsprechung
und Verwaltungspraxis, in: GmbHR, Jg. 93, 2002, S. 293-298 (296).

[141] Vgl. *Schauerte, Werner*, Die Entwicklung des Beteiligungsmarktes in Deutschland, in: *BVK*-Jahrbuch 2002, S. 11-18 (16).

die über mehrere Jahre entstehenden Verluste steuerlich nutzen will. Über die atypisch stille Gesellschaft wird der GmbH & Co KG der Verlustanteil der Beteiligungs-GmbH einkommen- bzw. körperschaftsteuerlich zugewiesen. Die GmbH & Co KG ist eine transparente Rechtsform, d.h. es findet eine einheitliche und gesonderte Gewinn- und Verlustfeststellung statt, nach der die A-AG als Gesellschafterin 30% des Verlustes aus der atypisch stillen Beteiligung zugerechnet bekommt. Bei ausreichender körperschaftsteuerlicher Bemessungsgrundlage der A-AG können die Verluste zu einer Minderung der Körperschaftsteuerbelastung führen (vgl. Abbildung 6).

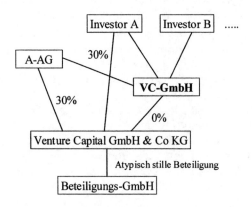

Abbildung 6: Verlustzuweisung durch stille Beteiligung u. Fondskonstruktion[142]

Neben den gezeigten Fondskonstruktionen, die primär aus steuerrechtlichen Gründen entwickelt wurden, gibt es Beteiligungsgesellschaften, auf die jetzt eingegangen wird.

3.1.2 BETEILIGUNGSGESELLSCHAFT

Werden Fonds- und Managementgesellschaft in einer rechtlichen Einheit, der Beteiligungsgesellschaft, zusammengeführt, hat dies, wenn es sich um eine Kapitalgesellschaft handelt, zwar den Nachteil, dass Verluste steuerlich vom Gesellschafter der VC-Gesellschaft nicht mehr geltend gemacht werden können, aber auch den Vorteil, dass der Veräußerungsgewinn gemäß § 8b Abs. 2 Satz 1 KStG von der Körperschaftsteuer grds. befreit ist. Auch Ausschüttungen an die VC-Gesellschaft sind ge-

---

[142] Grafik siehe *Schüppen, Matthias/Ehlermann, Christian*, Corporate Venture Capital, 2000, S. 56.

mäß § 8b Abs. 1 KStG grds. steuerfrei. Bei Ausschüttung der VC-Gesell-schaft von Gewinnen aus Anteilsveräußerung an ihre Anteilseigner be-steht jedoch Steuerpflicht gemäß Halbeinkünfteverfahren (§§ 3 Nr. 40, 3c 20 Abs. 1 Satz 1 EStG). Die Steuerreform sollte VC-Direktinvestitio-nen also begünstigt haben.[143] Da zu dieser Überlegung eine genauere Kenntnis der alternativen Investitionsformen nötig ist, wird darauf später zurückgekommen.

3.1.3 GRENZEN DER WAHLFREIHEIT ZWISCHEN DIREKTER/INDIREKTER BETEI-LIGUNG

Die Entscheidung für eine Fondskonstruktion oder eine Beteiligungsge-sellschaft in Form einer Kapitalgesellschaft wird nicht nur in Abhängigkeit steuerlicher Überlegungen getroffen. Wirtschaftliche Motive sind dane-ben auch bessere Risikodiversifikation durch größere Investitionsvolumi-na oder das Erschließen eines größeren Anlegerkreises bei geringerer Mindestbeteiligungshöhe eines Fonds.[144] Daneben fallen Fondskonstruk-tionen zum Teil unter Spezialvorschriften wie das KAGG oder KWG, was wiederum die Entscheidung für eine Fondskonstruktion beeinflussen kann. In Deutschland besteht das Beteiligungskapitalgeschäft institutio-neller Anleger zum größten Teil aus indirekten Beteiligungen, wobei fondsorientierte Konzepte dominieren.[145]

Im Rahmen dieser Arbeit können nicht alle Vorschriften dargestellt wer-den. Es wird nur kurz auf Vorschriften hingewiesen, die Banken betref-fen. Banken sind nicht nur die Pioniere des Beteiligungskapitalmarktes, lange Zeit waren sie die wichtigsten Risikokapitalgeber und auch heute stellen sie eine wichtige Quelle für Risikokapital dar. Die Rolle von Kreditinstituten im Beteiligungsgeschäft ist vielfältig. Folgende Unterstüt-zungen können Kreditinstitute bei der Gründungsfinanzierung leisten:

- Kreditvergabe;
- Vermittlung von staatlichen Fördermitteln, von Business Angels oder Beteiligungsgesellschaften;

---

[143] Vgl. *Watrin, Christoph/Gocksch, Sebastian*, Problembereiche der Besteuerung in-ländischer Private Equity-Fonds, in: DB, Jg. 55, 2002, S. 341-345 (341). *Albrecht Hertz-Eichenrode* hat die Steuerreform als „Schritt in die richtige Richtung" be-zeichnet, jedoch noch „kleine Schönheitsfehler" wie § 17 EStG und § 8 Abs. 4 KStG bemängelt, vgl. Der Markt für Beteiligungskapital in Deutschland, in: *BVK*-Jahrbuch 2001, S. 9-18 (17).

[144] Vgl. *Watrin, Christoph/Gocksch, Sebastian*, Problembereiche der Besteuerung inländischer Private Equity-Fonds, in: DB, Jg. 55, 2002, S. 341-345 (341, Fn. 11).

[145] Vgl. dazu sowie zu projekt- und fondsorientierten Ansätzen *Zemke, Ingo*, Die Un-ternehmensverfassung von Beteiligungskapitalgesellschaften, 1995, S. 106-112.

• VC durch (teilweise) eigene Beteiligungsgesellschaft oder eigenen Fonds.[146]

Zwischen der Kreditvergabe und der Vermittlung an andere Kapitalgeber besteht insbesondere für einzelne Bankfilialen ein Interessenkonflikt.[147] Gerade Kunden guter Bonität gibt man lieber selbst einen Kredit als sie an Beteiligungsgesellschaften weiterzuempfehlen.[148] Anträge für staatliche Förderprogramme sind oft zwingend von Banken zu stellen. Problematisch ist, dass diese Vermittlungsfunktion für die Banken wenig lukrativ ist, so dass die Motivation für diese Aufgabe niedrig ist.[149]

Die direkte Beteiligung an neuen Unternehmen ist für Kreditinstitute beschränkt, da nach § 12 Abs. 1 KWG die „bedeutende" Beteiligung an einem „Unternehmen, das weder Institut, Finanzunternehmen oder Versicherungsunternehmen noch Unternehmen mit bankbezogenen Hilfsdiensten ist" begrenzt ist. Der Anteil am Nennkapital einer einzelnen Beteiligung darf 15% des haftenden Eigenkapitals des Einlagenkreditinstituts[150] nicht überschreiten (§ 12 Abs. 1 Satz 1 KWG). Die Summe über alle Beteiligungen darf 60% des haftenden Eigenkapitals nicht übersteigen (§ 12 Abs. 1 Satz 2 KWG). Diese 15%- bzw. 60%-Grenze muss ebenfalls auf konsolidierter Basis nach den Grundsätzen von § 10a KWG eingehalten werden.[151] Eine „bedeutende Beteiligung" liegt gem. § 1 Abs.

---

[146] Vgl. die Studie von *Mackewicz & Partner*, Die Rolle von Banken und VC-Gesellschaften im Umfeld von Gründungs- und Innovationsfinanzierungen, 2000, S. 39.

[147] Siehe *Gerke, Wolfgang*, Die Akzeptanz der Kapitalbeteiligungsgesellschaft im Mittelstand, 1985, S. 314-336 (326).

[148] Vgl. *Gerke, Wolfgang*, Die Akzeptanz der Kapitalbeteiligungsgesellschaft im Mittelstand, 1985, S. 314-336 (326) und die Studie von *Mackewicz & Partner*, Die Rolle von Banken und VC-Gesellschaften im Umfeld von Gründungs- und Innovationsfinanzierungen, 2000, S. 39.

[149] Zu weiteren Kritikpunkten an der Rolle der Banken bei der Gründungsfinanzierung vgl. *Mackewicz & Partner*, Die Rolle von Banken und VC-Gesellschaften im Umfeld von Gründungs- und Innovationsfinanzierungen, Studie, 2000, S. 39.

[150] *Einlagenkreditinstitute* sind „Kreditinstitute, die Einlagen oder andere rückzahlbare Gelder des Publikums entgegennehmen und das Kreditgeschäft betreiben" (§ 1 Abs. 3d KWG). *Kreditinstitute* sind „Unternehmen, die Bankgeschäfte gewerbsmäßig oder in einem Umfang betreiben, der einen in kaufmännischer Weise eingerichteten Geschäftsbetrieb erfordert" (§ 1 Abs. 1 KWG).

[151] § 10a KWG legt für die Eigenmittelausstattung von Institutsgruppen und Finanzholding-Gruppen die gleichen Regeln (§ 10 KWG) fest wie für einzelne Institute. Institute müssen die Grundsätze des Bundesaufsichtsamts u. der Deutschen Bundesbank bzgl. einer angemessenen Eigenkapitalausstattung erfüllen, um das Be-

9 KWG dann vor, wenn *mindestens 10%* des Kapitals oder der Stimmrechte an einem Unternehmen unmittelbar oder mittelbar über Tochterunternehmen gehalten werden oder wenn auf die Geschäftsführung des Unternehmens ein *„maßgeblicher Einfluss"* ausgeübt werden kann. Eingerechnet werden nur Anteile, die dauerhaft gehalten werden sollen (§ 12 Abs. 1 Satz 3 KWG).[152] Überschreitungen dieser Begrenzungen sind mit Zustimmung des Bundesaufsichtsamtes möglich (§ 12 Abs. 1 Satz 4 KWG), dieses darf die Zustimmung aber nur erteilen, wenn der Betrag, um den überschritten wurde, zusätzlich mit Eigenkapital unterlegt wird (§ 12 Abs. 1 Satz 6 KWG).

Intention dieser Vorschrift war die Vorstellung, dass Beteiligungen an Unternehmen außerhalb des Finanzsektors eine „Ansteckungsgefahr" für die Banken bedeuteten, da sich finanzielle Schwierigkeiten der Beteiligungsunternehmen auf die Bank auswirken könnten.[153] Der Grund dafür, dass nur Beteiligungen außerhalb des Finanzsektors begrenzt werden, liegt darin, dass alle Unternehmen des Finanzsektors besonders strengen aufsichtsrechtlichen Vorschriften unterliegen, deren Einhaltung von dafür zuständigen Aufsichtsbehörden überprüft wird.[154] Beschränkt werden damit nur die Beteiligungen, die dieser Kontrolle nicht unterliegen. Da die Regelung auf den Anteil am Nennkapital des Beteiligungsunternehmens und nicht auf den Buchwert der Beteiligung abstellt und der Nennbetrag oft nur einen Bruchteil des Buchwertes beträgt, hat diese Restriktion wohl nur geringe Bedeutung für die Bankpraxis.[155] Mehrheitsbeteiligungen an Nichtbanken sind trotz dieser Beschränkung möglich. Banken können ihren geschäftspolitischen Tätigkeiten nachgehen und eine geeignet erscheinende Konzernstruktur über Beteiligungserwerb und Errichtung von Tochtergesellschaften aufbauen.[156]

---

gleichen ihrer Verbindlichkeiten und die Sicherheit der anvertrauten Vermögenswerte garantieren zu können.

[152] Diese Vorschrift soll die Flexibilität der Bank sicherstellen, im Tagesgeschäft Anteile erwerben und abstoßen zu können.

[153] Vgl. *Dürselen, Karl E.*, Wesentliche Änderungen des Kreditwesengesetzes im Rahmen der Vierten KWG-Novelle, in: ZBB, Jg. 5, 1993, S. 266- 275 (270).

[154] Vgl. *Bellavite-Hövermann, Yvette*, Die Begrenzung des Beteiligungsrisikos nach § 12 KWG, in: FB, Jg. 3, 2001, S. 451-456 (453).

[155] So auch die Einschätzungen von *Amely, Tobias*, Beteiligungspolitik nach der geplanten KWG-Novelle, in: ZfgK, Jg. 44, 1991, S. 838-840 (838) und *Dürselen, Karl E.*, Wesentliche Änderungen des Kreditwesengesetzes im Rahmen der Vierten KWG-Novelle, in: ZBB, Jg. 5, 1993, S. 266-275 (270).

[156] Vgl. *Mielk, Holger*, Die wesentlichen Neuregelungen der 6. KWG-Novelle, in: WM, Teil IV, Jg. 51, 1997, S. 2200-2210 und 2237-2244 (2242).

3.2 EMPIRISCHE DATEN UND RECHTSFORMEN

Mit einiger Verspätung zu den USA hat der Markt für Venture Capital auch in Deutschland zu wachsen begonnen.[157] Die Situation auf der Angebotsseite hat sich im Vergleich zur Nachfrageseite zunächst derart gut entwickelt, dass das Problem zeitweise nicht mehr darin zu bestehen schien, Kapital für wenige gute Geschäftsideen zur Verfügung zu stellen, sondern für das vorhandene Kapital ausreichend rentable Investitionsmöglichkeiten zu finden.[158] Die Situation eines VC-Überangebots schien so manchen „Gründer" dazu zu verlocken, eine Geschäftsidee zu verwirklichen, die sich nur für ihn selbst lohnen sollte.

3.2.1 ENTWICKLUNG GESAMTMARKT

Seit 1996 erlebte der deutsche Markt eine Aufschwungphase. Zwischen 1997 und 2000 lag die durchschnittliche Zuwachsrate bei ca. 36%. In den Jahren davor war der Markt in einer Konsolidierungsphase mit einstelligen Zuwachsraten. Grund für diese verhaltene Entwicklung waren Umschichtungen der Portfolios, die zu größeren Abgängen führten und somit den Nettozuwachs des Marktes bremsten.[159] Nach dem Boom-Jahr 2000 ist der Markt in eine neue Konsolidierungsphase eingetreten.

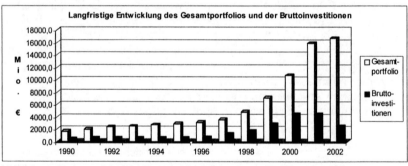

Abbildung 7: Langfristige Entwicklung des investierten Kapitals[160]

---

[157] Europarechtliche Vorgaben gelten als Grund für die nicht erfolgte Streichung der Vorschrift (wie Abs. 1 bis 4) im Zuge der 6. KWG-Novelle; vgl. *Leopold, Günter/ Frommann, Holger, Eigenkapital für den Mittelstand*, 1998, S. 4, 39-78.

[158] Vgl. *Cramer, Jörg E. C.*, Venture Capital, in: Innovative Kapitalanlagekonzepte, 2000, S. 163-173 (172).

[159] Vgl. *BVK*, Jahrbuch 2002, S. 72, 73.

[160] Vgl. *BVK*, Jahrbuch 2002, S. 112/113, 114/115. Die Zahlen beziehen sich auf die 215 BVK-Mitglieder zum 31.12.2001. Der Anteil der BVK-Mitglieder am Gesamtmarkt ist repräsentativ, er liegt bei weit über 90% (*BVK*, Jahrbuch 2002, S. 73).

Abbildung 7 gibt einen Überblick über die Entwicklung des Gesamtport-folios, d.h. über das insgesamt am Markt *investierte* Kapital sowie über die Entwicklung der Bruttoinvestitionen, die ab 2000 erstmals wieder stagnieren. Der Zuwachs des Gesamtportfolios betrug 2001 48,1%, da-bei muss jedoch die steigende Anzahl von Mitgliedern im *BVK* berück-sichtigt werden.[161] Von 1997 bis 2000 hat sich das investierte Kapital ver-dreifacht, von 1997 bis 2001 verfünffacht.

Die Entwicklung des Fondsvolumens, d.h. des insgesamt *verfügbaren* Kapitals, hat sich in diesem Zeitraum verdreifacht (vgl. Abbildung 8)[162].

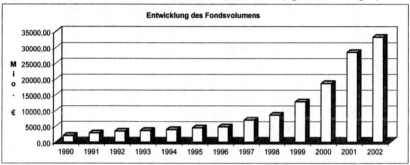

Abbildung 8: Entwicklung des verfügbaren Kapitals

Der Vergleich der beiden Grafiken zeigt, dass seit 1997 stets nur etwa die Hälfte des verfügbaren Kapitals investiert war. Es lag eine Überan-gebots-Situation vor.[163] Anders als bei Übernachfrage, wo die Kapitalge-ber nicht alle Projekte mit positivem Nettokapitalwert finanzieren kön-nen,[164] reagieren VC-Investoren auf ein Überangebot, indem sie mehr Geld pro Finanzierungsrunde bereitstellen, die Runden kürzer gestalten

---

[161] Vgl. *BVK*, Jahrbuch 2002, S. 73.

[162] Vgl. *BVK*, Jahrbuch 2002, S. 111. Die Angabe für 2001 und damit der Zuwachs von 2000 auf 2001 ist verzerrt durch die Hinzunahme des paneuropäischen Fonds im Volumen von 6,6 Mrd. €.

[163] Vgl. *Leopold, Günter/Frommann, Holger*, Eigenkapital für den Mittelstand, 1998, S. 170.

[164] Empirischen Studien: *Fazzari, Steven M./Hubbard, R. Glenn/Petersen, Bruce C.*, Financing constraints and corporate investment, in: Brookings Papers on Econo-mic Activity: Microeconomics 1, 1988, S. 141-205; *Hoshi, Takeo/Kashap, Anil/ Scharfstein, David*, Corporate structure, liquidity, and investment: Evidence of Ja-panese industrial groups, in: Quarterly Journal of Economics, Jg. 106, 1991, S. 33-60; *Petersen, Mitchell A./Rajan, Raghuram G.*, The benefits of lending relation-ships: Evidence from small business data, in: JoF, Jg. 49, 1995, S. 407-444.

und in Projekte investieren, in die sie bei Mittelknappheit wohl nicht investiert hätten.

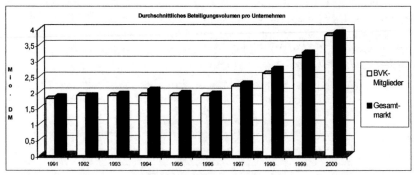

Abbildung 9: Durchschnittliches Beteiligungsvolumen pro Unternehmen[165]

Es kann zu einem Overinvestment-Problem kommen, was durch den Eintritt neuer VC-Geber, die angezogen durch den Mittelüberfluss ohne Erfahrung Investitionen tätigen, noch verstärkt wird.[166] Tatsächlich hat der Umfang einzelner Finanzierungsrunden zugenommen.[167]

3.2.2 *INVESTOREN*

Aus welchen Quellen stammt das Angebot an Venture Capital? In diesem Zusammenhang ist zu klären, ob die Mittel neu eingeworben oder als Erträge aus Altinvestitionen erzielt wurden, ob die neuen Mittel aus nationalen oder internationalen Quellen stammen und wer die Kapitalgeber sind. Unter der Kategorie „New Funds raised" hat der *BVK* 1999 begonnen, dies zu erfassen.[168]

---

[165] Vgl. *BVK*, Jahrbuch 2001, S. 69 und 79. Leider enthielten die BVK-Jahrbücher 2002 und 2003 keine Angaben über das durchschnittliche Beteiligungsvolumen.

[166] Vgl. dazu die Free-Cash-flow-Theorie von *Jensen, Michael C.*, Agency cost of free cash flow, corporate finance and takeovers, in: AER, Jg. 76, 1986, S. 323-329. Zum gleichen Ergebnis kommen auch *Blanchard, Olivier/Lopez de Silanes, Florencio/Shleifer, Andrei*, What do firms do with cash windfalls?, in: JoFE, Jg. 36, 1994, S. 337-360.

[167] *Theo Weber* führt dies zurück auf die Verschiebung der Investitionsschwerpunkte hin zu höheren Anteilen von Seed- und Start-up-Finanzierung und weg von Expansion- und Later stage-Finanzierungen. Daneben weist er darauf hin, dass in Deutschland überdurchschnittlich viel in Technologieunternehmen investiert wird, was größere Finanzierungsrunden bereits in der Frühphase bedeute, vgl. *Weber, Theo*, Der Einfluss von Beteiligungskapital auf die Beteiligungsunternehmen und die deutsche Wirtschaft, in: BVK-Jahrbuch 2001, S. 19-30 (19).

[168] Kategorie wurde 1999 erstmalig erfasst; Vorjahreswerte sind nicht verfügbar.

3.2.2.1 HERKUNFT DER NEUEN MITTEL NACH GENERIERUNGSART

Das Gesamtvolumen der generierten Mittel besteht nur zu einem verschwindenden Anteil aus Gewinnen von Altinvestitionen. Ein Großteil wird durch geschlossene Fonds, also Fonds mit „klar definierter Laufzeit und klar definiertem Volumen" neu eingeworben, den Rest tragen „Evergreenfonds" bei(„offene Fonds ohne definierte Laufzeit und Volumen").

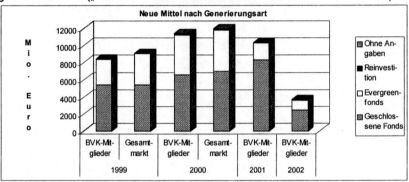

Abbildung 10: Herkunft der neuen Mittel nach Generierungsart[169]

3.2.2.2 GEOGRAFISCHE HERKUNFT DER NEUEN MITTEL

Der Anteil inländischer Kapitalgeber ist in den letzten Jahren deutlich gestiegen, dann gesunken, der Anteil europäischer erst zurückgegangen, dann gestiegen, dann wieder gesunken.

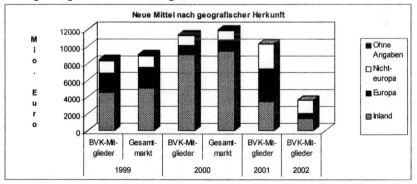

Abbildung 11: Geografische Herkunft der neuen Mittel[170]

---

[169] Vgl. *BVK*, Jahrbuch 2000, S. 64, 74; *BVK*, Jahrbuch 2001, S. 60 und 70. Die BVK-Jahrbücher 2002 und 2003 enthalten nur Angaben zu den BVK-Mitgliedern.

[170] Vgl. *BVK*, Jahrbuch 2000, S. 65 und 75; *BVK*, Jahrbuch 2001, S. 61, 71. Das BVK-Jahrbuch 2002 enthält nur Angaben zu Mitgliedern, vgl. S. 77.

3.2.2.3 HERKUNFT DER NEUEN MITTEL NACH KAPITALGEBERN

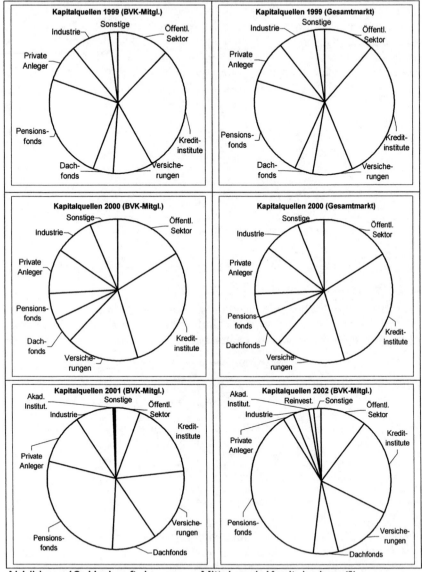

Abbildung 12: Herkunft der neuen Mittel nach Kapitalgebern[171]

---

[171] Vgl. *BV K*, Jahrbuch 2000, S. 64 und 74; *BVK*, Jahrbuch 2001, S. 60 und 70. Das BVK-Jahrbuch 2002 enthält nur Angaben zu Mitgliedern, vgl. S. 77.

Der Anteil der verschiedenen Kapitalgebergruppen weist im Vergleich aufeinanderfolgender Jahre durchaus Veränderungen auf. Neben Dach- und Pensionsfonds werden die Mittel von fünf Hauptinvestorengruppen bereitgestellt: Banken, Versicherungen, Staat, Industrie und Privatpersonen. Dabei kommt institutionellen Investoren die größte Bedeutung zu, Banken und Versicherungen stellen zusammen einen Anteil von 40-50%. Aber auch der öffentliche Sektor spielt eine bedeutende Rolle. Die große Beteiligung von Banken und Versicherungsunternehmen an der Bereitstellung von Venture Capital ist erst seit wenigen Jahren zu beobachten[172] und vermutlich die Ursache für die rasante Entwicklung des Marktes. In den Jahren 1999 und 2000 stellten Staat und institutionelle Anleger mehr als die Hälfte des Fondszuwaches. Dieser Anteil ging ab 2001 jedoch zurück.

Die auffällig hohen Anteile von Pensionsfonds in den Jahren 1999, 2001 und 2002 gehen auf internationale Venture Capital-Quellen zurück.[173] In 2001 und 2002 konnten diese Mittel aus dem Ausland ein noch stärkeres Einbrechen des Marktes abfangen. Dass der Anteil neuer Mittel aus dem Ausland in diesen beiden Jahren besonders groß war, zeigt auch schon Abbildung 12.[174]

---

[172] Noch im September 1997 hieß es in einem Forschungsbericht zu Risikokapital in Deutschland, dass institutionelle Anleger in Deutschland wohl zu risikoscheu für die Bereitstellung von Risikokapital seien und es wurde die Hoffnung geäußert, dass sich das bald ändern möge, vgl. *Albach, Horst/Köster, Dieter*, Risikokapital in Deutschland, 1997, S. 5 und 6.

[173] Vgl. *BVK*, Jahrbuch 2000, Das Jahr 1999 in Zahlen, S. 55.

[174] Pensionsfonds nach angelsächsischem Vorbild werden in Deutschland seit einigen Jahren diskutiert; vgl. *Heubeck, Klaus*, Pensionsfonds – Grenzen und Möglichkeiten, in: DB, Jg. 54, Beilage 2001, Nr. 5, S. 2-5. Zum einen sieht man in ihnen ein Mittel zur Belebung der rückläufigen konventionellen betrieblichen Altersversorgung; vgl. *Bundesverband deutscher Banken*, Betriebs-Pensionsfonds, in: ZBB, Jg. 3, 1999, S. 181-198 (184). Zum anderen hofft man auf die Schaffung einer Möglichkeit zur betrieblichen Altersversorgung für mittelständische Unternehmen, die weit weniger häufig Pensionsrückstellungen bilden (können) als Großunternehmen; vgl. *Peemöller, Volker H./Geiger, Thomas/Fiedler, H.*, Pensionsfonds als Chance für die betriebliche Altersversorgung – eine empirische Untersuchung, in: DB, Jg. 52, 1999, S. 809-814 (814). Vorschläge zur Änderung des KAGG im Rahmen des Vierten Finanzmarktförderungsgesetzes wurden von einem Arbeitskreis (*Gerke*-Kommission) und vom Bundesverband deutscher Banken gemacht (vgl. *Bundesverband deutscher Banken*, Betriebs-Pensionsfonds, in: ZBB, Jg. 3, 1999, S. 181-198), aber nicht vom Gesetzgeber aufgegriffen; vgl. Gesetz zur weiteren Fortentwicklung des Finanzplatzes Deutschland (Viertes FMFG), in: BGBl. I 2002, S. 2010-2073 (2038-2044).

3.2.2.4 ALLGEMEINE RECHTSFORMEN UND SPEZIELLE GESETZLICHE FORMEN

Für die Wahl der Beteiligungsform ist die Rechtsform der Beteiligungsgesellschaft von entscheidender Bedeutung. Von der Rechtsform der Beteiligungsgesellschaft hängt die Art der Besteuerung und auch die Anwendung anderer wichtiger Rechtsvorschriften wie Eigenkapitalersatzregeln und anderer gesellschaftsrechtlicher Normen ab.

3.2.2.4.1 Rechtsformen deutscher Kapitalbeteiligungsgesellschaften

Nach den Angaben des BVK[175] ergibt sich folgendes Bild der Rechtsformen deutscher VC-Gesellschaften:

	1999		2000		2001		2002		2003	
GmbH	10	(75%)	11	(67%)	12	(63%)	13	(66%)	12	(67%)
AG	16	(12%)	38	(23%)	51	(26%)	47	(23%)	41	(22%)
GmbH & Co. KG	14	(10%)	15	(9%)	16	(8%)	14	(7%)	11	(6%)
KGaA	2	(2%)	2	(1%)	3	(2%)	7	(3%)	4	(2%)
Sonstige	1	(1%)	1	(0%)	2	(1%)	3	(1%)	6	(3%)
Summe	13	(100%	16	(100%	19	(100%	20	(100%	19	(100%

Tabelle 2: Rechtsformen deutscher Beteiligungsgesellschaften

Der Anteil der GmbH-Gesellschaften war zwar zunächst rückläufig, stellt aber weiterhin die favorisierte Rechtsform dar. Der Anzahl der Aktiengesellschaften hat sich in etwa verdreifacht, etwa jede vierte bis fünfte Kapitalbeteiligungsgesellschaft ist inzwischen AG. Damit sind ca. 90% aller Beteiligungsgesellschaften Kapitalgesellschaften. Im Mitgliederverzeichnis sind jedoch häufig die Managementgesellschaften von Fondskonstruktionen (vgl. 3.1) erfasst, so dass eine GmbH erfasst ist, die Komplementärin einer GmbH & Co. KG ist oder auch eine AG, die Komplementärin einer AG & Co. KG ist.[176] Damit sind die Werte in der Tabelle vermindert aussagekräftig.

---

[175] Vgl. BVK: Jahrbücher 1999, 2000, 2001, 2002 und 2003, Mitgliederverzeichnis. Die Angaben beziehen sich ausschließlich auf die ordentlichen Mitglieder des Verbandes. Aufgrund des Marktanteils der Gesellschaften wird angenommen, dass sie ein repräsentatives Bild der Gesamtbranche geben.

[176] Vgl. dazu auch Leopold, Günter/Frommann, Holger, Eigenkapital für den Mittelstand, 1998, S. 113. Bei Eingabe der Mitgliedernamen in den Handelsregisterteil der Datenbank www.gbi.de findet man in etwa zu jedem vierten Mitgliedernamen eine gleichnamige & Co. KG-Gesellschaft. Zu beachten ist jedoch, dass die Fondsgesellschaften auch völlig andere Namen haben können.

3.2.2.4.2 Spezielle gesetzlich reglementierte Beteiligungsgesellschaften

Der deutsche Gesetzgeber hat mehrere Gesetze zur Erreichung einer besseren Eigenkapitalausstattung mittelständischer Unternehmen und zur Schaffung von Anlagemöglichkeiten für Privatpersonen initiiert. Diese Gesetze betreffen z.T. auch die Rechtsform und Organisation von Beteiligungsunternehmen. Insbesonders zwei Gesetze, UBGG und KAGG, sind in den letzten fünfzig Jahre im Rahmen wirtschaftspolitischer Zielsetzungen entstanden und durch mehrere Veränderungen und Verbesserungen in späteren Gesetzen weiterentwickelt worden. Es wird der Gesetzeszweck, die zu dessen Erreichung entwickelten zentralen Normen und die Bedeutung der Gesetze in der Praxis dargestellt. Es wird keineswegs ein Anspruch auf Vollständigkeit erfüllt.[177]

3.2.2.4.2.1 Unternehmensbeteiligungsgesellschaften nach dem UBGG

Das Gesetz über Unternehmensbeteiligungsgesellschaften (UBGG) vom 17.12.1986 trat am 01.01.1987 in Kraft. Da es Ziel des Gesetzentwurfes ist, die Eigenkapitalbeschaffung nicht nur von mittelständischen Unternehmen, sondern gerade die „junger, häufig innovativer Unternehmen" zu erleichtern, ist die Rechtsform der UBG für die VC-Finanzierung als spezielle Rechtsform der Kapitalgeber relevant.[178] Der Fokus auf junge neugegründete Unternehmen wurde durch die Notwendigkeit, innovative und besonders risikobehaftete Unternehmen mit Eigenkapital zu finanzieren, begründet.

Das Gesetz ist ein „reines Organisationsgesetz", d.h. es setzt lediglich den Rahmen für zu gründende Beteiligungsgesellschaften fest. Es verfolgte unter der Oberzielsetzung der Verbesserung der Eigenkapitalausstattung von Unternehmen zwei Unterziele:

- Eröffnung eines indirekten Zugangs zu organisierten Eigenkapitalmärkten für nicht börsennotierte mittelständische Unternehmen und damit Verbesserung deren Außenfinanzierungsmöglichkeiten;

- Ermöglichung der mittelbaren Beteiligung an mittelständischen Unternehmen für ein breites Anlegerpublikum.[179]

---

[177] Zu weiteren Gesetzesinitiativen vgl. z.B. *Hirche, Walter*, Gesetzesinitiativen zur Verbesserung der Rahmenbedingungen für private und institutionelle Anleger, in: VW, 1986, S. 1020-1026.

[178] Vgl. die Begründung zum Gesetzentwurf, Bundestagsdrucksache 10/4551, S. 12.

[179] Vgl. Bundestagsdrucksache 10/4551, S. 1.

Beabsichtigt war, den Aufbau von Gesellschaften zu fördern, die Kapital durch die Ausgabe von Aktien sammeln, das sie dann in Risikobeteiligungen nichtbörsennotierter Unternehmen investieren. Zur Erreichung dieser Zielsetzung hielt der Gesetzgeber es für nötig, weitreichende Restriktionen in das Gesetz aufzunehmen:[180]

- Rechtsform der AG mit Grundkapital von 2 Mio. DM obligatorisch (§ 2 Abs. 1);[181]

- strenge mittelstandsorientierte Beteiligungspolitik (§ 4): Beteiligung an mindestens 10 Unternehmen, der Buchwert eines Unternehmens durfte 20% der Bilanzsumme nicht überschreiten und Begrenzung auf 49% der Stimmrechte;

- Pflicht zum öffentlichen Angebot der Aktien nach Anlaufphase (§ 9): 70% der Aktien müssen innerhalb von 10 Jahren zum Erwerb an der Börse angeboten werden;

- Beschränkung der Fremdkapitalaufnahme (§ 5): Fremdkapital nur in Höhe von 50% des Eigenkapitals, generelles Verbot der Kapitalaufnahme in Form stiller Gesellschaften und Genussrechte;

- Beschränkung der Anlagemöglichkeiten in Unternehmen außerhalb der EU.

Trotz des vorhandenen breiten Betätigungsfeldes spielten UBG in der Praxis eine relativ geringe Rolle. Die Zahl nach dem UBGG anerkannter Gesellschaften entwickelte sich nach Inkrafttreten des Gesetzes nur zögerlich[182]: Die Ursache für die geringe Akzeptanz in der Praxis ist in den

---

[180] Vgl. *Vollmer, Lothar*, Die Unternehmensbeteiligungsgesellschaften nach der Reform des UBGG, in: ZBB, Jg. 10, S. 221-276.

[181] Die Beschränkung auf die Rechtsform der AG wurde bereits vom Bundesrat „im Hinblick auf eine möglichst weitgehende Ausschöpfung des Marktpotentials für Beteiligungskapital" als „nicht zweckmäßig" bezeichnet. In der Stellungnahme zum UBGG-Entwurf wird deshalb vorgeschlagen, auch GmbH-UBG zuzulassen, die sich über Genussscheine refinanzieren können. Der Bundesrat geht davon aus, dass Genussscheine auch breitere Kreise von privaten Kleinanlegern erreichen können, da sie „den Renditeanforderungen und Sicherheitsbedürfnissen von Kleinanlegern besser als die mit den Aktien verbundenen ‚abstrakten' Rechte" entsprächen, siehe Drucksache 140/1/85 vom 13.5.1985, S. 1-25. Zu weiteren nichtberücksichtigten Vorschlägen vgl. *Hesse, Wolf-Ekkehard*, Neue gesetzliche Rahmenbedingungen für die Bereitstellung von Eigenkapital, in: DB, Jg. 40, 1987, Beil. 1/87, S. 7, 8.

[182] Die Bezeichnung „Unternehmensbeteiligungsgesellschaft" war in § 20 UBGG geschützt: Nur eine anerkannte UBG durften sie als Firmenzusatz führen. Alle Kapitalbeteiligungsgesellschaften, die bei Inkrafttreten des Gesetzes diesen Firmen-

weitreichenden Restriktionen (s.o.) zu finden, denen nur geringfügige Steuervorteile gegenüberstanden. So waren Unternehmensbeteiligungsgesellschaften von der Vermögensteuer (§ 28 UBGG), von der Gewerbesteuer (§ 29 UBGG) sowie von der Umsatzsteuer (§ 30 UBGG)[183] befreit. Des Weiteren konnten sie von der Rücklagemöglichkeit nach § 6b EStG Gebrauch machen.

Der Vorteil der Vermögen- und Gewerbesteuervergünstigung war in der Praxis von geringer Bedeutung,[184] da für Beteiligungen an Kapitalgesellschaften von mehr als 10% (vor dem 01.01.1999 25% (wesentliche Beteiligungen)) das jeweilige Schachtelprivileg griff.[185] Auch Erträge von Personengesellschaften konnten vom Gesellschafter steuerfrei vereinnahmt werden (§ 9 Nr. 2 GewStG). Lediglich die Einnahmen aus einer typisch stillen Beteiligung führten zur vollen Hinzurechnung zur gewerbesteuerlichen Bemessungsgrundlage (§ 8 Nr. 3, § 12 Abs. 2 Nr. 1 GewStG), so dass sich die Gewerbesteuerbefreiung der UBG bei den Beteiligungsunternehmen sogar steuererhöhend ausgewirkt hat.[186] Dies führte jedoch nicht zu einer Diskriminierung der stillen Gesellschaft, da man dieses Problem umging, indem man den Großteil der Einnahmen als Vergütung, die als Betriebsausgabe die Bemessungsgrundlage der Gewerbesteuer mindert, vereinbarte.[187]

Vorteilhaft war die Möglichkeit zur steuerfreien Veräußerung von Anteilen an Kapitalgesellschaften, die der Gewerbesteuer auch bei Vorliegen eines Schachtelprivilegs unterlagen, wobei die Veräußerung von Mitunternehmeranteilen und stillen Gesellschaften, die bei allen Rechtsformen

---

zusatz bereits führten, aber keine Anerkennung als UBG erhielten, durften die Bezeichnung nur noch bis 31.12. 1990 führen (Übergangsvorschrift in § 26 UBGG). Von dieser Regelung machten mehrere Gesellschaften Gebrauch.

[183] –hjr–, Änderung von Steuergesetzen durch das UBGG, in: DStR, Jg. 24, 1986, S. 805.

[184] Die Gewerbesteuermindereinnahmen des Fiskus wurden auch im Bericht des Finanzausschusses als „geringfügig" bezeichnet.

[185] Gewerbesteuerlich galt dies einschränkend nur für Dividenden, nicht für Veräußerungsgewinne (§ 102 BewG, § 9 Nr. 2a GewStG), vgl. *Otto, Hans-Jochen*, Venture Capital-Gesellschaften, in: Handbuch des Kapitalanlagerechts, 1997, Rn. 87.

[186] Vgl. *Bilstein, Jürgen*, Beteiligungs-Sondervermögen und Unternehmensbeteiligungsgesellschaften, in: FS Wöhe, 1989, S. 49-70 (69); *Marsch-Barner, Reinhard*, Gesetz über Unternehmensbeteiligungsgesellschaften – Eine Zwischenbilanz, in: ZGR, Jg. 19, 1990, S. 294-313 (313).

[187] Vgl. *Hey, Friedrich E.F.*, Das neue Gesetz über Unternehmensbeteiligungsgesellschaften, in: FS Rädler, 1999, S. 271-304 (275).

alternativ vereinbar waren, keinerlei Gewerbesteuerbelastung auslöste.[188] Auch der gewerbesteuerliche Vorteil durch Wegfall der hälftigen Hinzurechnungspflicht von Dauerschulden beim Gewerbekapital und von Dauerschuldzinsen beim Gewerbeertrag, wirkte sich nur geringfügig aus, da Unternehmensbeteiligungsgesellschaften durch § 5 UBGG in ihren Fremdfinanzierungsmöglichkeiten stark beschränkt waren.[189]

Der verbleibende, nennenswerte Vorteil war somit die Möglichkeit der körperschaftsfreien Einstellung von Veräußerungsgewinnen in eine Rücklage gemäß § 6b EStG.[190] Dieser Vorteil war aber an mehrere Bedingungen geknüpft: Es musste die Veräußerung eines Anteils an einer Kapitalgesellschaft vorliegen, die mindestens 6 Jahre lang gehalten werden musste (§ 6 Abs. 1 Nr. 5 i.V.m. Abs. 4, Abs. 2 EStG), daneben musste innerhalb von 4 Jahren reinvestiert werden. Der Vorteil entstand durch die Aufschiebung der Besteuerung und ist als Stundungsvorteil im Verhältnis zu endgültigen Steuerbefreiungen wie § 8b Abs. 2 KStG (steuerbefreite Veräußerung von Kapitalgesellschaftsanteilen) zu sehen.[191] Eine vollständige Befreiung von der Körperschaftsteuerpflicht für Veräußerungsgewinnen von Unternehmensbeteiligungsgesellschaften gerade wegen des Risikocharakters des Geschäftsgegenstandes wurde daher gefordert.[192] Kritisiert wurde zu Recht die fehlende körperschaftsteuerliche Vergünstigung für Gewinne aus der Veräußerung von Mitunternehmeranteilen bzw. stillen Beteiligungen.[193] Die Beschränkung der Vergünstigung auf Kapitalgesellschaftsanteile und damit die Benachteiligung aller sonstigen vom UBGG zugelassenen Beteiligungen galt als „echter

---

[188] Abschnitt 40 Abs. 1 Ziff. 1 Satz 14 GewStR; vgl. *Otto, Hans-Jochen*, Venture Capital-Gesellschaften, in: Handbuch des Kapitalanlagerechts, 1997, Rn. 88.

[189] Vgl. *Otto, Hans-Jochen*, Venture Capital-Gesellschaften, in: Handbuch des Kapitalanlagerechts, 1997, Rn. 89.

[190] Vgl. *Hey, Friedrich E.F.*, Das neue Gesetz über Unternehmensbeteiligungsgesellschaften, in: FS Rädler, 1999, S. 271-304 (275).

[191] *Hey, Friedrich E.F.*, Das neue Gesetz über Unternehmensbeteiligungsgesellschaften, in: FS Rädler, 1999, S. 271-304 (276).

[192] Vgl. *Otto, Hans-Jochen*, Venture Capital-Gesellschaften, in: Handbuch des Kapitalanlagerechts, 1997, Rn. 91; *Grüner, Dietmar*, Das Gesetz, in: ZfgK, Jg. 11, 1990, S. 592-620 (596).

[193] Vgl. *Hey, Friedrich E.F.*, Das neue Gesetz über Unternehmensbeteiligungsgesellschaften, in: FS Rädler, 1999, S. 271-304 (275).

Webfehler"[194] des Gesetzes und als zentraler Kritikpunkt: Die Intention des Gesetzgebers, bestimmte Möglichkeiten der Eigenkapitalzuführung zu ermöglichen und zuzulassen, stände im Widerspruch dazu, dass die Kernvorschrift der Begünstigung nur eine dieser Beteiligungsformen abdecke.[195] Für Kapitalbeteiligungsgesellschaften, die primär andere Beteiligungen als Anteile an Kapitalgesellschaften vergeben, was bei dem hohen Anteil von Personengesellschaften gerade im Mittelstand keineswegs die Ausnahme ist, bestand demnach kein nennenswerter Grund, sich den zahlreichen Restriktionen freiwillig zu unterwerfen.

Die besonderen Publizitätspflichten[196] der Unternehmensbeteiligungsgesellschaften nach dem UBGG über ihre Beteiligungsunternehmen wirkten sich zudem nachteilig auf die Akquisition von Beteiligungsunternehmen aus: Der Vorstand der *Deutsche Beteiligungs AG UBG* gab im Geschäftsbericht 1986/1987 an, dass in dem Maße Probleme durch die Publizitätsscheu potentieller mittelständischer Beteiligungsunternehmen nicht erwartet waren und schwer zu bekämpfen seien. Die Möglichkeit, die Beteiligung einer renommierten UBG zu einer positiven öffentlichen Darstellung des eigenen Unternehmens bzw. als Gütesiegel zu nutzen, werde nicht nur nicht als solche wahrgenommen, im Gegenteil, es trete eine „bedauerliche Reserviertheit gegenüber Beteiligungsgesellschaften im Sinne des UBGG" auf.[197]

Mit dem Gesetz über den Wertpapierhandel und zur Änderung börsenrechtlicher und wertpapierrechtlicher Vorschriften (Zweiten Finanzmarkt-

[194] Vgl. *Hey, Friedrich E.F.*, Das neue Gesetz über Unternehmensbeteiligungsgesellschaften, in: FS Rädler, 1999, S. 271-304 (277); *Jäger, Axel*, Venture-Capital-Gesellschaften in Deutschland, in: NZG, Jg. 1, 1998, S. 833-839 (838).

[195] Vgl. *Hey, Friedrich E.F.*, Das neue Gesetz über Unternehmensbeteiligungsgesellschaften, in: FS Rädler, 1999, S. 271-304 (277), ähnlich auch *Vollmer, Lothar*, in: Investment-Handbuch, § 1, Rn. 20-23.

[196] So musste der zum Jahresabschluss der UBG gehörende Anhang, der nach §§ 325-327 HGB zu veröffentlichen ist, Angaben über Anzahl, Entwicklung und Bestand der Anteile und stillen Beteiligungen enthalten (§ 12 UBGG). Zugänge waren aufzugliedern in Neuerwerb und Aufstockung, Abgänge entsprechend in Verkauf, in nicht ausgeglichene Verluste und in Liquidation/Konkurs. Bei neuerworbenen Anteilen waren Firma, Rechtsform, Sitz und Gründungsjahr, Gegenstand des Unternehmens, Höhe des Eigenkapitals, Anteilshöhe der UBG, Erwerbszeitpunkt des Anteils, Höhe der Erträge aus dem Anteil im letzten Geschäftsjahr anzugeben; bei stillen Beteiligungen mussten entsprechende Angaben gemacht werden, lediglich die Angabe von Firma und Sitz durften unterbleiben (§ 11 UBGG).

[197] *Bilstein, Jürgen*, Beteiligungs-Sondervermögen und Unternehmensbeteiligungsgesellschaften, in: Besteuerung und Unternehmenspolitik : FS Wöhe, 1989, S. 49-70 (58).

förderungsgesetz) vom 26. Juli 1994[198] erfuhr das UBGG mehrere kleine Änderungen und Anpassungen. Nach h.m. wurde das Missverhältnis von Restriktionen zu Steuervorteilen jedoch kaum geringer. Der Anreiz für eine Kapitalbeteiligungsgesellschaft, sich als Unternehmensbeteiligungsgesellschaft anerkennen zu lassen blieb erkennbar.

Abbildung 13 zeigt die Entwicklung der bereits nach dem alten UBGG anerkannten Gesellschaften bis 2002.[199]

1986	1987	1988	1989	1990	1991	1992	1993	1994	1995	1996	1997	1998	1999	2000	2001	2002
Deutsche Beteiligungs AG UBG																
	AGFB AG für Beteiligungen an Telekommunikationsunternehmen (1)														
	BUB Bayerische Unternehmensbeteiligungs-AG (2)														
	Commerz Unternehmensbeteiligungs-AG														
	Kapitalbeteiligungsgesellschaft der Deutschen Versicherungswirtschaft AG (KDV)														
		Allianz UBG AG												(3) Allianz UBG mbH		
		BB-Unternehmensbeteiligungs-AG (4)													
		BFM UBG für den Mittelstand AG (5)													
		Konsortium AG UBG													
		UBG für die deutsche Wirtschaft AG (UdW) (6)													
		WestUBG - Westdeutsche Unternehmens-Beteiligungs-AG													
			S-UBG AG UBG für die Regionen Aachen, Krefeld, Mönchengladbach												
			UBW UBG Baden-Württemberg AG (7)												
			VALORA Unternehmensbeteiligung AG										(8) SaturaTec UB AG	
			AGU AG für Unternehmensbeteiligungen (9)												
			Deutsche Partner AG												
												WeHaCo UB-AG				

(1)   Verschmelzung mit PrimaCom AG, ab 02.10.2000 wirksam
(2)   Umwandlung in BayBG, HV-Beschluss vom 24.04.1998
(3)   Formwechselnde Umwandlung in die gleichzeitig errrichtete "Allianz Unternehmensbeteiligungs mbH", HV-Beschluß vom 21.07.1999; Verzicht auf Anerkennung (HR-Eintragung vom 17.12.2001)
(4)   Verschmelzungsvertrag und HV-Beschluß vom 29.08.1994: BB-Kapitalbeteiligungs AG
(5)   HV-Beschlüsse vom 16.05. und 01.06.1994: Änderung der Firma u. des Grundkapitals: Dr. Zwissler Holding AG
(6)   Verschmelzung am 29.09.1999, BdW Beteiligungsgesellschaft für die dt. Wirtschaft mbH & Co. KG
(7)   Mit Wirkung vom 19.07.1994 (ZHR-Eintrag, HRB 1097) Liquidation beendet, Gesellschaft gelöscht
(8)   Mit Wirkung vom 21.09.2000 (ZHR-Eintrag, HRB 585) Umbenennung in SaturaTec Unternehmensbeteiligung AG
(9)   Verschmelzungsvertrag vom 18.06.1996 durch Übertragung des Vermögens als Ganzes unter Ausschluß der Abwicklung mit der BGU Beteiligungsgesellschaft mbH; Verschmelzung zu der Equita Beteiligungen KGaA mit Sitz in Berlin ab Eintragung vom 08.08.1996 wirksam

Erstellt nach Hinweisen in: www.gbi.de; Liste deutscher Unternehmensbeteiligungsgesellschaften, Stand: Februar 1993, in: Investment-Handbuch, hrsg. von Beckmann/Scholtz/Vollmer, 1070, S. 1; Zentralhandelsregister-Beilagen zum Bundesanzeiger, hrsg. vom Bundesministerium der Justiz, Jg. 38-53.

Abbildung 13: Anerkannte UBG 1986-2002

Eine nachhaltige Besserung der Gesetzesakzeptanz erhoffte[200] man sich aus der umfassenden Reform des UBGG im Rahmen des Gesetzes zur

---

[198] Vgl. Bundesgesetzblatt, Jahrgang 1994, Teil I, S. 1749-1785 (1780 und 1781).

[199] Nach der Reform 1998 neu anerkannte Unternehmensbeteiligungsgesellschaften sind in Abbildung 13 nicht enthalten, es folgt eine gesonderte Aufstellung nach Darstellung der Gesetzesänderungen.

[200] Vgl. *Ehlermann, Christian/Schüppen, Matthias*, Die neue Unternehmensbeteiligungsgesellschaft – Phönix aus der Asche?, in: ZIP, Jg. 19, 1998, S. 1513-1522;

weiteren Fortentwicklung des Finanzplatzes Deutschland (Drittes Finanz-marktförderungsgesetz) vom 24. März 1998, das am 01.04.1998 in Kraft trat.[201] Man hatte die Notwendigkeit einer Deregulierung im Sinne einer Streichung von Restriktionen erkannt; folgende zentralen Punkte der Änderung sollten die Zielerreichung verbessern:[202]

• Steuerliche Entlastung der Unternehmensbeteiligungsgesellschaften durch Verkürzung der Frist für eine steuerfreie Wiederanlage von Veräußerungsgewinnen von sechs auf ein Jahr;

• Verzicht auf den Zwang zum öffentlichen Angebot von Aktien der Unternehmensbeteiligungsgesellschaft und Zulassung von GmbH, KG, KGaA als Rechtsform für eine Unternehmensbeteiligungsgesellschaft;

• Erweiterung der Refinanzierungsspielräume der Unternehmensbeteiligungsgesellschaften;

• Erweiterung der Anlagespielräume der Unternehmensbeteiligungsgesellschaften.

Tatsächlich weist die Rechtsform der Unternehmensbeteiligungsgesellschaft nach der neuen UBGG-Fassung eine Reihe von Vorteilen auf:

• Der Zwang zum öffentlichen Angebot nach abgeschlossenem Aufbau von 70% der Aktien ist entfallen: Damit wurde dem Interesse der Beteiligten daran, dass die Gründungsgesellschafter und andere institutionelle Anleger dauerhaft Träger des Beteiligungsvolumens bleiben, Rechnung getragen.[203]

• Damit sind neben der AG auch die Rechtsformen GmbH, KGaA und KG zulässig: In erster Linie GmbH und KG in Form der GmbH & Co.

Fanselow, Karl-Heinz/Stedler, Heinrich R., UBGG-Deregulierung – Aufbruch im Markt, in: Die Bank, 1998, S. 290-293; *Vollmer, Lothar*, Die Unternehmensbeteiligungsgesellschaft nach der Reform des UBGG, in: ZBB, Jg. 10, 1998, S. 221-276.

[201] Vgl. BGBl. I 1998, S. 529-579.

[202] Vgl. Gesetzentwurf der Bundesregierung, BT-Drucksache 13/8933.

[203] *Vollmer, Lothar*, Die Unternehmensbeteiligungsgesellschaft nach der Reform des UBGG, in: ZBB, Jg. 10, 1998, S. 221-276 (223). Dass die Aufhebung dieser Restriktion den Anreiz erhöhen könnte, sich als Unternehmensbeteiligungsgesellschaft anerkennen zu lassen, ist unstrittig. Ob es sinnvoll war, gerade diese Restriktion, die ursprünglich bewusst aufgenommen wurde, um Privatanlegern die Möglichkeit zu geben, sich an nicht-börsennotierten Unternehmen beteiligen zu können, aufzuheben, bleibt fraglich; ggf. wären gezielte Steuervorteile als wirksamere Anreize zu bevorzugen.

KG sind für deutsche Unternehmen in erster Linie aus haftungs- und steuerrechtlichen Gründen gern gewählte Rechtsformen.[204]

- Offene[205] und (in einen Konzern) integrierte Form wurden zugelassen. Dies erhöht die Attraktivität, da Gründer der UBG auch nach der Gründungsphase an Wertzuwächsen partizipieren können; zudem ist eine kontinuierliche, langfristig verlässliche Beteiligungspolitik auch für die Beteiligungsunternehmen wünschenswert.[206]

- Mit der Zulassung von Genussrechten aller Art (§ 1a Abs. 2 UBGG) hat der Gesetzgeber konsistent zur bestehenden Zulassung stiller Beteiligungen seine Vorstellung bekräftigt, nach der eine Risikokapitalausstattung auch mit wirtschaftlich und rechtlich hybriden Instrumenten erreicht werden kann.[207]

- Es dürfen auch Anteile an börsennotierten Unternehmen gehalten werden, sofern deren Bilanzsumme 500 Mio. DM nicht übersteigt und soweit der Buchwert dieser Beteiligungen nicht mehr als 30% der Bilanzsumme der UBG ausmacht. Damit wird das Halten der Beteiligung und das Partizipieren an den Wertzuwächsen über den Börsengang hinaus möglich. Das kursschonende Verkaufen von kleineren Aktienstückzahlen bzw. ein langsamer schrittweiser Ausstieg ist möglich.

- Mehrheitsbeteiligungen an nicht börsennotierten Unternehmen dürfen von offenen UBG jetzt acht Jahre (bisher nur 2 bzw. 5) lang gehalten

---

[204] Der Bundesrat hatte sich dezidiert für die Zulassung der Rechtsform der GmbH mit dem Hinweis ausgesprochen, bereits bestehende Kapitalbeteiligungsgesellschaften seien i.d.R. als GmbH organisiert. Vgl. *BT*-Drucksache 10/4551, S. 34, *BT*-Drucksache 10/6193, S. 16; *Menzel, Hans-Jürgen*, Das neue Gesetz über Unternehmensbeteiligungsgesellschaften, in: WM, Jg. 41, 1987, S. 705-740 (705).

[205] Offene UBG dürfen spätestens nach fünf Jahren ab Anerkennung kein Tochterunternehmen sein, Anteilseigner dürfen nach dieser Zeit auch nicht mittelbar beteiligt sein (§ 7 Abs. 1 UBGG n.F.). Integrierte UBG dürfen sich nur an Unternehmen beteiligen, an denen mindestens ein Mitglied des Managements mit mindestens 10% der Stimmrechte beteiligt ist und sie dürfen Mehrheitsbeteiligungen nicht länger als ein Jahr halten (§ 4 Abs. 4 UBGG). Vereinfacht gilt: Die integrierte UBG unterliegt Restriktionen bzgl. der Anlagepolitik, dafür ist ihre Anteilseignerstruktur keinen Beschränkungen unterworfen; für die offene UBG gilt dies vice versa.

[206] Missbrauchsmöglichkeiten über Holdingkonstruktionen versucht man durch eine strenge mittelstandsorientierte Anlagepolitik zu unterbinden. So ist die Beteiligung an Mutter- und Schwesterunternehmen gem. § 290 HGB ausdrücklich verboten (§ 5 UBGG n.F.); vgl. *Weber, Martin*, Die Entwicklung des Kapitalmarktrechts 1998-2000, in: NJW, Jg. 53, 2000, S. 3461-3473 (3464).

[207] Vgl. *Vollmer, Lothar*, Die Unternehmensbeteiligungsgesellschaft nach der Reform des UBGG, in: ZBB, Jg. 10, 1998, S. 221-276 (224).

werden. Diese Erweiterung galt jedoch nicht für integrierte Gesellschaften, dort ist ein Jahr Haltefrist vorgeschrieben, um den Missbrauch über Holdingkonstruktionen einzuschränken.

- Minderheitsbeteiligungen dürfen bis zu 12 Jahre und wenn sie weniger als 30% der Bilanzsumme der UBG ausmachen, auch darüber hinaus gehalten werden. Gerade für junge Unternehmen, die sich nicht plangemäß entwickeln, so dass sich der Exit verzögert, kann diese Erleichterung wichtig sein. Wichtig ist, dass typisch stille Beteiligungen nicht in die Berechnung der 30% eingehen (§ 4 Abs. 4 Satz 2 UBGG n.F.), so dass bei Erreichen dieser Grenze eine eventuell notwendige weitere finanzielle Unterstützung über diesen Weg erfolgen kann.

- Auslandsbeteiligungen dürfen bis zu einer Höhe von 30% der Bilanzsumme der UBG ohne weitere Restriktionen eingegangen werden (§ 4 Abs. 5 UBGG n.F.). Damit erweiterten sich Investitions- und Diversifikationsmöglichkeiten der UBG.[208]

- Restriktionen bzgl. der Kapitalbeschaffung (§§ 5, 7 UBGG a.F.) sind weitgehend entfallen: Erlaubt sind nunmehr Fremdfinanzierungstitel, Eigenkapitalemissionen, Genussscheine, hybride Instrumente (§ 3 Abs. 4 UBGG n.F.)

- Die alte Befreiungsvorschrift von den Eigenkapitalersatzregeln (§ 25 UBGG a.F.) sah eine Befreiung nur für Banken und Versicherungsgesellschaften vor, jetzt gilt die Befreiung für alle Gesellschafter der UBG.[209] Diese zentrale Deregulierung sieht die Nichtanwendbarkeit der allgemeinen gesellschaftsrechtlichen Eigenkapitalersatzregeln vor (§ 24 UBGG n.F.). Dieses Sanierungsprivileg könnte Unternehmensbeteiligungsgesellschaften zu prädestinierten Sanierern machen, auch weil sie das Unternehmen über Jahre begleiten und daher die Sanierungseignung beurteilen können. Die neue Befreiungsvorschrift ist umfassender, da sie sich nicht nur auf die gesetzlichen Vorschriften über

---

[208] Veräußerungsgewinne sind jetzt regelmäßig steuerbefreit (§ 8b Abs. 2 KStG). Dies galt zunächst aber nur für Auslandsbeteiligungen, so dass diese steuerlich günstiger waren als Beteiligungen an deutschen mittelständischen Unternehmen, der erklärten Zielgruppe des UBGG, vgl. *Otto, Hans-Jochen*, Venture Capital-Gesellschaften, in: Handbuch des Kapitalanlagerechts, 2001, Rn. 10.

[209] Vgl. *Otto, Hans-Jochen*, Venture Capital-Gesellschaften, in: Handbuch des Kapitalanlagerechts, 2001, Rn. 18. Da die Befreiung für Banken und Versicherungen schon vorher galt, überzeugt es nicht, dass es gerade wegen dieser Regelung die Gründung integrierter UBGen für Banken und Versicherungen interessant wird; vgl. *Frommann, Holger*, Entwicklungstrends am deutschen Beteiligungsmarkt, in: BVK-Jahrbuch 1993, S. 11; *Vollmer, Lothar*, Die Unternehmensbeteiligungsgesellschaft nach der Reform des UBGG, in: ZBB, Jg. 10, 1998, S. 221-276 (226).

kapitalersetzende Gesellschafterdarlehen bezieht, sondern auf die wesentlich umfassenderen Eigenkapitalersatzregeln der Rechtsprechung.

- Rechnungslegungspflichten und Pflichten gegenüber der Aufsichtbehörde wurden vereinfacht: Die Berichtspflichten über gehaltene Beteiligungen gehen nicht über die Pflichten nach allgemeinen Bilanzrecht hinaus. Die Pflichten gegenüber der staatlichen Aufsichtsbehörde gingen vor allem durch das Entfallen der Pflicht zum Börsengangs zurück; es wurden aber auch Anzeige- und Vorlagepflichten verringert (§ 21 UBGG n.F.). Allerdings hat man um Missbrauchsmöglichkeiten der Rechtsform UBG durch Holding-Konstruktionen einzuschränken, die Eingriffsmöglichkeiten der Aufsichtsbehörde durch Änderung des § 21 UBGG a.F. und Einfügung des neuen § 21a UBGG n.F. maßgeblich erweitert. Daneben wurden die Höchstbeträge für Zwangsgelder bzw. Geldbußen angehoben (§§ 14 Abs. 3, 27 UBGG n.F.).

Auch wenn dieser Vorteilskatalog recht beeindruckend erscheint, ist die Situation doch insoweit dieselbe geblieben, dass nach dem UBGG anerkannte Gesellschaften auch weiterhin mehr Restriktionen unterliegen als sonstige Kapitalbeteiligungsgesellschaften. Es sind also auch weiterhin Steuervorteile zur Kompensation der Nachteile und Kosten durch die Einhaltung der Restriktionen erforderlich. Durch die Deregulierung könnte aber erreicht worden sein, dass die Steuervorteile die Restriktionen jetzt aufwiegen. Die Besteuerung von Unternehmensbeteiligungsgesellschaften nach neuem Recht sieht wie folgt aus:

- Die Freistellung von Vermögen- und Gewerbesteuer wurde beibehalten. Nach weitgehendem Entfall der Substanzsteuererhebung ist nur noch die Gewerbesteuerbefreiung nennenswert.[210]

- Bei der wichtigen Besteuerung von Veräußerungserlösen bestehen seit der völligen Steuerbefreiung von Veräußerungserlösen von Kapitalgesellschaftsanteilen Ende 2000 (§ 8b Abs. 2 KStG) keine Steuervorteile mehr.

- Die Inanspruchnahme des Steuerstundungseffektes (§ 6b Abs. 1 Satz 2 Nr. 5 EStG) bei der Veräußerung von Anteilen an Kapitalgesellschaften wurde erleichtert, da dieser nach Inkrafttreten des neuen UBGG auch schon bei einer Haltefrist von nur einem Jahr gewährt wird. Eine endgültige Steuerbefreiung von inländischen Veräußerungsgewinnen konnte durch die § 6b-Übertragung auf eine gemäß § 8b Abs. 2 KStG

---

[210] Vgl. *Fanselow, Karl-Heinz/Stedler, Heinrich R.*, UBGG-Deregulierung – Aufbruch im Markt, in: Die Bank, 1998, S. 290-293 (292).

steuerfrei veräußerbare Auslandsbeteiligung als Reinvestitionsobjekt erreicht werden.[211]

Das dritte Finanzmarktförderungsgesetz hat das Verhältnis Restriktionen zu Steuervorteilen vorteilhaft verschoben, so dass mit einer Resonanz in der Praxis zu rechnen war. Mit dem sog. Steuerentlastungsgesetz 1999/2000/2002[212] hat der Gesetzgeber mit Wirkung ab 01.01.1999 eine gründliche Kehrtwende gemacht und jegliche Möglichkeiten der Inanspruchnahme des § 6b EStG bei Anteilsveräußerungen durch UBGG gestrichen. Dabei hat er nicht nur die mit dem dritten Finanzmarktförderungsgesetz erreichten Verbesserungen wieder gestrichen (Gültigkeit damit nur 8 Monate), sondern die seit 1990 geltende gesamte Reinvestitionsregelung für UBG ersatzlos abgeschafft hat, was dem UBGG letztlich die „Existenzberechtigung entzog".[213]

Daran änderte sich auch durch das Steuersenkungsgesetz[214] nichts: Im Gegenteil dadurch, dass alle Gewinne aus der Veräußerung von Anteilen an in- und ausländischen Kapitalgesellschaften bei allen Kapitalgesellschaften steuerfrei sind, schießt der Gesetzgeber weit über den Bereich des eigentlichen Beteiligungsgeschäfts hinaus.[215] Es ist der wichtige steuerliche Anreiz zur Wahl der Rechtsform der UBG, die Möglichkeit der körperschaftsfreien Einstellung von Veräußerungsgewinnen in eine Rücklage gemäß § 6b EStG, entfallen. Man rechnete daraufhin mit einem Verschwinden der Rechtform der UBG auch über die Inanspruchnahme der Möglichkeit, auf die Anerkennung als UBG zu verzichten (§ 18 UBGG), was allerdings eine Nachversteuerung der in der Vergangenheit erzielten Steuervorteile nach sich zieht (§§ 28, 29 UBGG).[216] Damit hätten sich die wenigen Unternehmensbeteiligungsgesellschaften jahrelang freiwillig Restriktionen unterworfen, um dann bei Verzicht auf die Anerkennung die Kompensation dafür, die Steuervorteile, rückwirkend wieder abtreten zu müssen. Der Gesetzgeber hat also nicht nur niemals

[211] Vgl. Otto, Hans-Jochen, Venture Capital-Gesellschaften, in: Handbuch des Kapitalanlagerechts, 2001, Rn. 21.

[212] Vgl. Steuerentlastungsgesetz 1999/2000/2002, in: BStB. I 1999, S. 304-398.

[213] Vgl. Otto, Hans-Jochen, Venture Capital-Gesellschaften, in: Handbuch des Kapitalanlagerechts, 2001, Rn. 2 und 22.

[214] Vgl. Gesetz zur Senkung der Steuersätze und zur Reform der Unternehmensbesteuerung (Steuersenkungsgesetz – StSenkG), in: BStBl. I 2000, S. 1428-1461.

[215] Vgl. Otto, Hans-Jochen, Venture Capital-Gesellschaften, in: Handbuch des Kapitalanlagerechts, 2001, Rn. 23.

[216] Vgl. Otto, Hans-Jochen, Venture Capital-Gesellschaften, in: Handbuch des Kapitalanlagerechts, 2001, Rn. 24.

eine Situation geschaffen, in der die Wahl der Rechtsform einer UBG längerfristig überzeugend vorteilhaft gewesen wäre, er bestraft sogar die wenigen Unternehmensbeteiligungsgesellschaften für die Wahl dieser Rechtsform bei Anerkennungsverzicht mit einem rückwirkenden Wegfall der Steuervorteile.

Das Vierte Finanzmarktförderungsgesetz vom Juni 2002[217] enthält nur geringfügige Deregulierungen: Befreiung neu anerkannter Unternehmensbeteiligungsgesellschaften von der Beschränkung von Beteiligungen auf 30% der Bilanzsumme (§ 4 Abs. 1 Satz 1 UBGG) für die Dauer von drei Jahren ab Anerkennung; Nicht-Berücksichtigung typisch stiller Beteiligungen und Beteiligungen an anderen UBG bei den Anlagegrenzen in § 4 Abs. 6 Satz 1 UBGG. Bemerkenswert ist die neue Einschränkung des Verbots der Beteiligung als stiller Gesellschafter an einer UBG (§ 5 Abs. 2 Satz 1 UBGG) auf atypisch stille Beteiligungen. Typisch stille Beteiligungen sind jetzt erlaubt (§ 5 Abs. 2 Satz 2 UBGG), wenn der stille Gesellschafter gleichzeitig an der UBG beteiligt ist.

Die Zahl der anerkannten UBG ist nicht so gering wie nach den obigen Ausführungen zu erwarten gewesen wäre (vgl. Abbildung 14). Kursiv geschrieben sind offene UBG, fett integrierte UBG und weiß solche, bei denen dies aus dem Handelsregister nicht erkennbar war. Der Konsens in der Literatur darüber, dass das UBGG „totes Recht" ist, wird von der Praxis nicht bestätigt. Dies nährt die Vermutung, dass nicht nur Steuervorteile zur Wahl der Unternehmensbeteiligungsgesellschaft als Rechtsform führen. Auch andere Regelungen wie die Befreiung von den Eigenkapitalersatzregeln könnten eine nicht zu vernachlässigende Rolle spielen.

---

[217] Vgl. Gesetz zur weiteren Fortentwicklung des Finanzplatzes Deutschland (Viertes FMFG), in: BGBl. I 2002, S. 2010-2072.

1998	1999	2000
Deutsche Beteiligungsgesell-schaft Fonds III GmbH	*ADVANTEC Unternehmensbeteiligungen AG*	Business-Angel-Beteiligungs-Gesellschaft mbH & Co. KG
DKB Wagniskapital UBGmbH	*ADVANTEC Wagniskapital AG & Co. KGaA*	*CBG Commerz Beteiligungs-*
Gbb Beteiligungs-AG	Allianz Unternehmensbeteiligungs mbH	*gesellschaft mbH*
5. GUB Glasauer Unterneh-mensbeteiligungs KG	**BSN Beteiligungsgesellschaft der Spar-kasse Neuwied mbH**	*HVB – Offene Unterneh-mensbeteiligungs- AG*
IBB Beteiligungsgesellschaft KG	BUG Bremer UBG mbH	**INTERSHOP Ventures**
Innovationsfonds Hessen GmbH & Co. KG UBG	BWK GmbH UBG	**GmbH**
	EuCap Euregio Capital Beteiligungsgesell-schaft mbH & Co. KG	*MUK Kapitalbeteiligungs-gesellschaft mbH*
IVC Venture Capital AG	*GBK Beteiligungen AG*	*NWD Nord-West Deutsche*
NORD Holding UBG mbH	*Glasauer Wagniskapital KGaA*	*UBG mbH*
NORD KB UBG mbH	**Gold-Zack Vierte Beteiligungs- und-**	SM Capital AG
SC-Kapitalbeteiligungsgesell-schaft Chemnitz mbH	**Vermögensverwaltungs AG**	*Sparkassen-Kapitalbeteili-gungs-Fonds Erzgebirge*
	6. GUB Glasauer Unternehmensbeteili-gungs KG	*GmbH*
	Intelligent Venture Capital Management GmbH	
	HANNOVER Finanz GmbH Beteiligungen und Kapitalanlagen	
	HANNOVER Finanz Vermögensverwaltungs-GmbH	
	HANNOVER Finanz Vermögensverwaltung Projektgesellschaft mbH III	
	MVC Mitteldeutsche Venture Capital AG	
	SM Beteiligungs AG	
	SSK Startkapital GmbH	
	S-UBG der Sparkasse Leipzig mbH	
	S-UBG Münsterland mbH	
	TFG Venture Capital AG & Co. KGaA UBG	
	Wagniskapitalbeteiligungsgesellschaft mbH der Kreissparkasse Reutlingen	

2001	2002	2003
Bavaria Holding AG	**Chancenkapitalfonds der Kreissparkasse Biberach GmbH**	**Equity-Partners Unterneh-mensbeteiligungs GmbH**
FdW Unternehmensbeteili-gungs-GmbH	DBAG Fund IV GmbH & Co. KG	**Haspa Beteiligungsges.-**
KNORR CAPITAL PARTNER AG	DBAG Fund IV International GmbH&Co. KG	**für den Mittelstand mbH**
LB Kiel UBG mbH	*HANNOVER Private Equity Dachfonds GmbH & Co. Fonds I KG*	nwu nordwest UBG der Sparkasse in Bremen mbH
S-Kap. Unternehmensbe-teiligungs GmbH & Co. KG	naw net&works Holding GmbH	**S-Beteiligungsgesellschaft mbH**
SKAPITAL UBG mbH der Sparkasse Herford	*S-Capital MV GmbH*	
S-UBG Gifhorn-Wolfsburg, Peine,Salzgitter/Gosl. GmbH	**SK UBG Köln mbH**	
(S-)UBG Göttingen Hildes-heim mbH & Co. KG	S-UBG Bayern Gesellschaft für Unterneh-mensbeteiligungen AG	
S-UBG Lüchow-Dannenberg mbH	*UBG der Sparkassen des Landes Branden-burg mbH*	
Süd Private Equity GmbH & Co. KGaA	**Verlust/Verzicht auf Anerkennung**:	
	Allianz UBG mbH	
	ELGESA UBG mbH	
	SM Beteiligungs AG	
	SM Capital AG	

Abbildung 14: Ab 1998 neu anerkannte UBG

3.2.2.4.2.2 Kapitalanlagegesellschaften nach dem KAGG/InvG[218]

Eines der nie erreichten Ziele des UBGG war es, den Anteilseigner einer UBG steuerlich so zu stellen wie den Privatanleger, der sich direkt an einem Unternehmen beteiligt. Verwirklicht ist diese Idee im sog. *Transparenzprinzip*, das für Beteiligungssondervermögen von Kapitalanlagegesellschaften nach dem KAGG/InvG gilt: Die erzielten Gewinne werden den Anlegern unmittelbar steuerwirksam zugerechnet, d.h. sie werden an den Anleger, frei von Körperschaft- und Gewerbesteuer, wenn die Fondsanteile im Privatvermögen gehalten werden, weitergereicht. Auch Veräußerungsgewinne sind im Privatvermögen steuerfrei.[219] Prinzipiell scheinen sich damit Investmentgesellschaften nach dem KAGG/InvG für Venture-Capital-Engagements zu eignen, da Anleger gegenüber Direktanlegern nicht diskriminiert werden. Der Blick in die Praxis zeigt, dass fondsorientierte Gestaltungen aufgrund des Diversifikationsvorteils häufiger auftreten als projektorientierte Gestaltungen.[220] Da Fondskonzeptionen aber auch außerhalb des Spezialgesetzes KAGG/InvG nicht ausgeschlossen sind, ist es fraglich, inwieweit die Bedingungen des KAGG/InvG attraktiv für Venture-Capital-Fonds sind.

Ziel des Gesetzes über Kapitalanlagegesellschaften (KAGG) war die Zusammenlegung der Gelder von anlagesuchenden Kleinanlegern durch die Bildung von Fonds. „Kapitalanlagegesellschaften sind Kreditinstitute, deren Geschäftsbereich darauf gerichtet ist, bei ihnen eingelegtes Geld im eigenen Namen für gemeinschaftliche Rechnung der Einleger (Anteilsinhaber) nach dem Grundsatz der Risikomischung (...) anzulegen und über die hieraus sich ergebenden Rechte der Anteilsinhaber Urkunden (Anteilsscheine) auszustellen." (§ 1 Abs. 1 Satz 1 KAGG).[221] Grundgedanke dieser Investmentfonds war es, das Risiko eines Wertverlustes durch Diversifikation teilweise zu vernichten und somit auch Investoren

---

[218] Das KAGG wird ab 01.01.2004 durch das InvG abgelöst, vgl. Gesetz zur Modernisierung des Investmentwesens und zur Besteuerung von Investmentvermögen (Investmentmodernisierungsgesetz), in: BGBl. I 2003, S. 2676-2735.

[219] Vgl. *Hey, Friedrich E.F.*, Das neue Gesetz über Unternehmensbeteiligungsgesellschaften, in: FS Rädler, 1999, S. 271-304 (289).

[220] Vgl. *Jäger, Axel*, Venture-Capital-Gesellschaften in Deutschland – Bestandsaufnahme und Perspektiven nach dem Dritten Finanzmarktförderungsgesetzt, in: NZG, Jg. 1, 1998, S. 833-839 (837).

[221] Das neue InvG bestimmt:„ Kapitalanlagegesellschaften sind Kreditinstitute, deren Geschäftsbereich darauf gerichtet ist, Sondervermögen zu verwalten und Dienstleistungen oder Nebendienstleistungen nach § 7 Abs. 2 zu erbringen" (§ 6 Abs. 1 S. 1 InvG).

mit kleinen Sparbeträgen an den Vorteilen eines weit gestreuten Wertpapierportfolios partizipieren zu lassen.[222] Die Bildung der Fonds erfolgt unter Berücksichtigung der folgenden Grundprinzipien:

- *Risikostreuung* (§ 8 Abs. 2 und 3 KAGG, §§ 46-52 InvG): Dieses Diversifizierungsgebot soll Anleger vor einer allzu risikofreudigen Anlagepolitik der Investmentgesellschaft schützen.[223] Die angestrebte „Renditesicherheit" wurde zur Zeit des KAGG keineswegs erreicht und Verstöße wurden nicht sanktioniert.[224] Der Anleger musste im Falle eines Verstoßes die Aufsichtsbehörde einschalten und Schadenersatz gem. § 823 Abs. 2 BGB fordern.[225]

- *Anlegerschutz*: Es besteht eine strikte Trennung zwischen dem Eigenvermögen der KAG und den Sondervermögen, die sich aus den von Anlegern eingelegten Geldern bzw. den gekauften Wertpapieren zusammensetzen (§ 6 Abs. 2 KAGG, § 30 Abs. 2 InvG). Dies galt im KAGG unabhängig davon, ob diese Trennung in Form einer Treuhand oder in Form einer unmittelbaren Mitberechtigung der Anleger am Bar- und Beteiligungsvermögen verwirklicht ist. Damit ist eine Bereicherung der KAG zu Lasten der Anleger ausgeschlossen.[226] Das Sondervermö-

---

[222] Vgl. *Büschgen, Hans E.*, Investmentfonds und optimale Wertpapiermischung, in: FS Hintner, 1970, S. 39-59.

[223] Der Grundsatz der Risikostreuung wird im KAGG durch prozentuale Anlagegrenzen des Fondsvolumens verwirklicht. Ein Mindest-Diversifikationsgrad bzw. eine Mindest-Risikovernichtung im Sinne der Portfoliotheorie ist damit nicht erreicht.

[224] Gemäß § 8 Abs. 7 KAGG (gültig bis 01.07.2002) führte der Verstoß gegen den Grundsatz der Risikostreuung weder zur Unwirksamkeit des Erwerbs noch zur Nichtigkeit des Kausalgeschäfts. Es konnte deshalb auch keine Rückabwicklung nach Bereicherungsgrundsätzen erfolgen.

[225] Vgl. *Kerber, Markus/Hauptmann, Karlheinz*, Die Bereitstellung von privatem Anlagekapital durch Kapitalbeteiligungsgesellschaften, in: AG, Jg. 31, 1986, S. 244-256 (247).

[226] Beide Lösungen waren mit Problemen verbunden: So war es bei der Treuhandlösung wegen § 137 BGB schwierig, die KBG mit *dinglicher* Wirkung darauf festzulegen, die Vermögen nicht zu vermischen. Die Mitberechtigungslösung konnte über eine Bruchteilsgemeinschaft oder eine GbR nur erreicht werden, wenn sich die KBG an Personengesellschaften ausschließlich in Form einer stillen Gesellschaft beteiligt; vgl. dazu *Kerber, Markus/Hauptmann, Karlheinz*, Die Bereitstellung von privatem Anlagekapital durch Kapitalbeteiligungsgesellschaften, in: AG, Jg. 31, 1986, S. 244-256 (247-250).

gen ist durch zwingende gesetzliche Bestimmungen von der Haftung freigestellt und damit vor Zugriffen Dritter geschützt.[227]

* *Kurzfristige Liquidierbarkeit* bei *langfristiger Anlagemöglichkeit:* Gemäß § 11 Abs. 2 KAGG/§ 37 InvG hat jeder Anteilinhaber einen Anspruch auf Auszahlung seines Anteils am Sondervermögen gegen Rückgabe des Anteilscheins. Diese Vorschrift ist zwingend, Einzelheiten können vertraglich festgelegt werden. Weder die Anteilinhaber noch Pfand-/Pfändungsgläubiger oder Insolvenzverwalter können die Aufhebung „der in Ansehung des Sondervermögens bestehenden Gemeinschaft der Anteilinhaber" verlangen (§ 11 Abs. 1 KAGG/§ 38 Abs. 5 InvG).

Grundsätzlich war der Organisationsrahmen des KAGG im Vergleich zum UBGG restriktiver, da UBG keine Kreditinstitute i.S.d. KWG darstellen, KAG hingegen schon (§ 2 Abs. 1 KAGG/§ 5 Satz 1 InvG). Damit unterliegen UBG weder den Regulierungsvorschriften noch der Aufsicht des Bundesaufsichtsamts für das Kreditwesen (BAK) bzw. jetzt Bundesanstalt für Finanzdienstleistungsaufsicht, sie werden durch die „zuständige oberste Landesbehörde" kontrolliert (§ 14 Abs. 1 UBGG).[228] Daneben verzichtet das UBGG auch auf die Einschaltung von Depotbanken.

Das KAGG bzw. InvG[229] geben die Möglichkeit zur Bildung folgender Sondervermögen, die zwar nebeneinander von einer KAG gebildet, aber grundsätzlich nicht gemischt werden dürfen:

* *Geldmarkt*-Sondervermögen[230]

---

[227] So haftet das Sondervermögen nicht für Verbindlichkeiten der Investmentgesellschaft (§10 Abs. 1 S. 1, ab 01.07.2002 § 10 Abs. 2 S. 1 KAGG, jetzt § 31 Abs. 2 InvG). Es dürfen keine Verbindlichkeiten im Namen und mit Wirkung für die Anteilinhaber eingegangen werden (§10 Abs. 2 KAGG, § 31 Abs. 2 S. 2 InvG). An Gegenständen des Sondervermögens dürfen keinerlei Sicherungsrechte bestellt werden (§ 9 Abs. 2, ab 01.07.2002 Abs. 3 KAGG, jetzt § 31 Abs. 5 InvG). Das Sondervermögen gehört nicht zur Insolvenzmasse (§ 13 Abs. 3 S. 2 KAGG, § 38 Abs. 3 S. 2 InvG).

[228] Vgl. *Bilstein, Jürgen*, Beteiligungs-Sondervermögen und Unternehmensbeteiligungsgesellschaften, in: FS Wöhe, 1989, S. 49-70 (59); *Gerke, Wolfgang/Schöner, Manfred A.*, Die Auswirkungen von Risikonormen auf die Finanzierung von Innovationen, in: FS Philipp, 1988, S. 187-212 (198).

[229] Im InvG wurde die klare Typentrennung von Sondervermögen fallen gelassen. Es ist nunmehr möglich, gemischte Sondervermögen aufzulegen; vgl. *Kestler, Alexander*, Neues Investmentgesetz bringt den Finanzplatz Deutschland voran, in: Die Bank, 2003, S. 675-679 (676).

[230] Das eingelegte Geld wird in Geldmarktinstrumenten, die gem. § 7a Abs. 2 KAGG als Wertpapiere und Schuldscheindarlehen definiert sind, und Bankguthaben an-

- *Wertpapier*-Sondervermögen[231]

- *Grundstücks*-Sondervermögen[232]

Erstmalig mit dem zweiten Vermögensbeteiligungsgesetz erhielt das KAGG einen neuen Fondstyp, der anders als das Wertpapier-Sondervermögen nicht von der Körperschaft- und Gewerbesteuer befreit ist:[233]

- *Beteiligungs*-Sondervermögen: Bei dieser Fondskonstruktion wurden die gesammelten Mittel in Wertpapieren, Schuldscheindarlehen und stillen Beteiligungen angelegt. Dabei gelten folgende Restriktionen (§25b KAGG): Stille Beteiligungen durften nur erworben werden, wenn das Beteiligungsunternehmen nicht börsennotiert ist und wenn ein unabhängiger Wirtschaftsprüfer die Bewertung der stillen Einlage i.S.v. § 319 Abs. 1 Satz 1 HGB geprüft hat. An *einem Beteiligungsunternehmen/-konzern* durften insgesamt nur stille Beteiligungen in einem Wert gehalten werden, der 5% des Wertes des Sondervermögens nicht überschreitet. Der Anteil von stillen Beteiligungen *am Beteiligungs-Sondervermögen* durfte ebenso wie der Anteil an Schuldverschreibungen/-darlehen 30% nicht übersteigen.

Das neue InvG sieht kein derartiges „Beteiligungs-Sondervermögen" mehr vor. Neu aufgenommen wurden dagegen Spezial-Sondervermögen ((§§ 91-95 InvG) und Hedge-Fonds (§§ 112-120 InvG). Single-Hedge-Fonds dürfen stille Beteiligungen enthalten. § 112 Abs. 1 Satz 3 i.V.m. § 2 Abs. 4 Nr. 8 und 9 bestimmt, dass die Anlage in Beteiligungen an Unternehmen, die nicht an einer Börse zugelassen sind, auf 30% des Wertes des Sondervermögens beschränkt sind.

---

gelegt (§ 7a Abs. 1 KAGG). § 48 spricht von üblichen Geldmarktinstrumenten und verzinslichen Wertpapieren mit einer Restlaufzeit von weniger als einem Jahr.

[231] Hier dürfen nur im wertpapierrechtlichen Sinne echte Wertpapiere erworben werden: Das sind Aktien einschl. Bezugsrechte, Inhaber- und Wandelschuldverschreibungen, Gewinn- und Optionsschuldverschreibungen, Genussscheine, Zero-Bonds und Pfandbriefe (vgl. *Beckmann, Klaus*, in: Investment-Handbuch, § 8, Rn. 2). Gemäß § 8 Abs. 2 KAGG ist in begrenztem Umfang (10%) der Erwerb von Wertpapieren zugelassen, die weder an einer Börse zugelassen noch in einen organisierten Markt einbezogen sind.

[232] Hier darf nur in Grundstücke und grundstücksgleiche Rechte investiert werden (§§ 26, 27 KAGG). Im neuen InvG heißen diese Sondervermögen jetzt „Immobilien-Sondervermögen" (§ 66 InvG).

[233] Gleichzeitig wurden die Anlagevorschriften für KAGG im Gesetz zur Verbesserung der Rahmenbedingungen für institutionelle Anleger 1986 liberalisiert; vgl. *Scholtz, Rolf-Detlef*, Beteiligungs-Sondervermögen, in: FS Döllerer, 1988, S. 553-569 (554).

Mit dem Dritten Finanzmarktförderungsgesetz vom 24.03.1998[234] wurden vier neue Fondstypen zugelassen:[235]

• Investmentfondsanteil-Sondervermögen[236]

• Gemischte Wertpapier- und Grundstücks-Sondervermögen[237]

• Altersvorsorge-Sondervermögen[238]

• Geschlossene Fonds (closed-end funds)[239]

Die offenen Fondskonstruktionen des KAGG/InvG weisen für die Bereitstellung von Risikokapital mehrere Nachteile auf.

Erstens war die Beschränkung der Anlageformen von Beteiligungs-Sondervermögen auf Schuldscheindarlehen, stille Beteiligungen und Wertpapiere zu nennen. Neu gegründete Unternehmen werden sehr häufig in der Rechtsform der GmbH betrieben. Für diese Rechtsformen stand letztlich nur die stille Beteiligung zur Verfügung.[240] Hinzu kommen die strengen Diversifikationsregeln, die sich mit börsennotierten Wertpapieren ggf. besser erfüllen lassen.

---

[234] Siehe Gesetz zur weiteren Fortentwicklung des Finanzplatzes Deutschland (Drittes FMFG), in: BGBl. I, Jg. 1998, S. 529-579.

[235] Genauer zu den vier neuen Fondstypen *Pötzsch, Thorsten*, Das Dritte Finanzmarktförderungsgesetz, in: WM, Jg. 52, 1998, S.949-996 (958-961).

[236] Das eingelegte Geld wird wiederum in Anteilen von Sondervermögen einer/mehrerer KAG oder ausländischen Investmentanteilen (Dachfonds) angelegt (§ 25k ff. KAGG, neugefasst § 50 InvG).

[237] Als Anlagegegen-stände zugelassen sind bei dieser Fondsart Wertpapiere und Schuldscheindarlehen sowie Grundstücke und grundstücksgleiche Rechte (§§ 37a ff. KAGG). Die zugelassenen Gegenstände für gemischte Sondervermögen sind im neuen InvG erweitert worden, z.B. um Hedge-Fonds (§§ 83-86 InvG).

[238] Bei diesem für das langfristige Ziel der Altersvorsorge konzipierten Fonds sind die gleichen Anlagegegenstände zugelassen wie bei gemischten Wertpapier- und Grundstücks-Sondervermögen (§§ 37h ff. KAGG). Das neue InvG sieht auch hier neue Anlagegrenzen vor (§§ 87-90 InvG).

[239] Dieser Fondstyp unterscheidet sich grundlegend von den anderen, da die Anteile an diesem Fondstyp nicht zurückgenommen werden, sondern an der Börse gehandelt werden (§§ 61 KAGG, modifiziert § 101 InvG). Das neue InvG unterscheidet Investmentaktiengesellschaften mit fixem und mit veränderlichem Kapital ((§ 96 Abs. 2 Satz 1 InvG).

[240] Für ein typisches Eigenkapitalengagement, z.B. in Form eines GmbH-Anteils, steht keine Anlageform zur Verfügung; vgl. *Hey, Friedrich E.F.*, Das neue Gesetz über Unternehmensbeteiligungsgesellschaften, in: FS Rädler, 1999, S. 271-304 (289/290).

Zweitens war das Eingehen stiller Beteiligungen gemäß § 25c Abs. 2 KAGG bei Beteiligungs-Sondervermögen nur zulässig, wenn eine Beteiligung an den stillen Reserven bei Beendigung der Innengesellschaft ausgeschlossen ist, insofern also eine typisch stille Beteiligung gem. §§ 230 ff. HGB vorliegt. Als Kennzeichen der Finanzierung mit Venture Capital gilt jedoch, dass auf eine Verzinsung verzichtet wird und die Entlohnung des VC-Gebers in erster Linie durch Partizipation an Wertzuwächsen bis zur Beendigung des Finanzierungsbeziehung („Exit") erfolgt.

Drittens galt das Transparenzprinzip nur soweit es vom KAGG ausdrücklich geregelt war; wesentliche Ausnahmen bestanden in Bezug auf Veräußerungsgewinne und -verluste, auf den Besteuerungszeitpunkt, auf ausländische Quellensteuer, etc.[241] Der Grundsatz der Transparenz war bisher an zahlreichen Stellen durchbrochen.

Schließlich sind allgemein die Fondskonstruktionen des KAGG für VC-Gesellschaften ungeeignet, weil § 11 Abs. 2 KAGG/§ 37 InvG die jederzeitige Rücknahmepflicht und Auszahlung des Anteilseigners vorschreibt (offener Fonds). Bei VC-Fonds muss die Kündigungsmöglichkeit des Anlegers i.d.R. ausgeschlossen werden (geschlossener Fonds), da Anteile an Beteiligungsunternehmen sehr leicht illiquide werden (können).[242] Für die jederzeitige Ablösung kann deshalb nicht garantiert werden.

Die geschlossenen Fonds (Investmentaktiengesellschaften) sehen von einer jederzeitigen Rücknahme- und Auszahlungspflicht ab. Sie galten deshalb zunächst als besonders geeignete Risikokapitalquelle.[243] Dennoch blieben auch hier die Erwartungen des Gesetzgebers unerfüllt. So wurde bis heute keine Investmentaktiengesellschaft nach deutschem Recht gegründet;[244] auch die Möglichkeit zur Bildung eines Beteiligungs-

---

[241] Vgl. *Thorn, Arndl/Geese, Thomas/Otto, Lieselotte*, Handbuch für die Besteuerung von Fondsvermögen, 2002, S. 6-12.

[242] Vgl. *Thoma, Georg F./Steck, Kai-Uwe*, Die Investmentaktiengesellschaft (closed-end fund), in: AG, Jg. 46, 2001, S. 330-337 (331); *Hey, Friedrich E.F.*, Das neue Gesetz über Unternehmensbeteiligungsgesellschaften, in: FS Rädler, 1999, S. 271-304 (290).

[243] Vgl. Begründung zum 3. FMFG, BT-Drucksache 13/8933, S. 2 u. 62; *Bauer, Jürgen*, Inländische Investmentanteile, in: Handbuch des Kapitalanlagerechts, 1999, § 18, Rn. 32.

[244] Vgl. *Kestler, Alexander*, Neues Investmentgesetz bringt den Finanzplatz Deutschland voran, in: Die Bank, 2003, S. 675-679 (675).

Sondervermögens wurde zumindest bis 1998 nicht genutzt.[245] Der Grund dafür wurde in einem „kontraproduktiven Rechtsrahmen"[246] gesehen. Die Besteuerung von Investmentaktiengesellschaften entsprach mangels Verweis in § 55 KAGG auf die Sondervorschriften für offene Investmentfonds (§§ 37n ff. KAGG) der Besteuerung von Aktiengesellschaften. Damit galt das Transparenzprinzip nicht, Investmentaktiengesellschaften waren gewerbe- und körperschaftsteuerpflichtig. Durch den im StSenkG neu gefassten § 8b Abs. 2 Satz 1 KStG waren ab 2001 Veräußerungsgewinne von im Betriebsvermögen gehaltenen Beteiligungen an Kapitalgesellschaften steuerfrei. Damit war das Konzept von Investmentaktiengesellschaften zumindest in steuerlicher Hinsicht nicht mehr im gleichen Maße zu kritisieren. Es bestand dennoch kein Grund, sich den Restriktionen des KAGG zu unterwerfen, wenn der einzige Vorteil die ggf. werbe-

---

[245] Vgl. *Hey, Friedrich E.F.*, Das neue Gesetz über Unternehmensbeteiligungsgesellschaften, in: FS Rädler, 1999, S. 271-304 (290); *Thoma, Georg F./Steck, Kai-Uwe*, Die Investmentaktiengesellschaft (closed-end fund), in: AG, Jg. 46, 2001, S. 330-337 (331).

[246] *Thoma, Georg F./Steck, Kai-Uwe*, Die Investmentaktiengesellschaft (closed-end fund), in: AG, Jg. 46, 2001, S. 330-337 (331). Der *BVI* als Repräsentant der Investmentbranche stand Investmentaktiengesellschaften schon bei ihrer Einführung kritisch gegenüber, da deren Anteile nach der Erstausgabe oftmals einen Marktpreis unter dem Inventarwert des Fondsvermögens bilden. In den USA ist dieses Preisphänomen bekannt als „market discount phenomen". Die Ursachen dieses Preisphänomens sind umstritten. Es wird vermutet, dass sich der Transaktionskostenzuschlag kursmindernd auswirkt oder dass sich darin eine Ablehnung gegenüber einem engen Markt für geschlossene Fonds äußert. Die Literatur schließt einen Zusammenhang mit der Qualität des Managements aus, vgl. *Thoma, Georg F./Steck, Kai-Uwe*, Die Investmentaktiengesellschaft (closed-end fund), in: AG, Jg. 46, 2001, S. 330-337 (331) m.w.N. Die Anlagegrenzen von Investmentaktiengesellschaften galten zwar im Vergleich zu Wertpapier- und Beteiligungs-Sondervermögen als weniger restriktiv, dennoch für eine prädestinierte Risikokapitalquelle als noch zu streng: Bis zu 20% des Eigenkapitals duften in nicht börsengehandelte Aktien investiert werden (§ 58 Abs. 1 KAGG), bis zu 50% durften in stille Beteiligungen angelegt werden, wobei die nicht gehandelten Aktien auf diese Erwerbsgrenze angerechnet werden (§ 58 Abs. 2 KAGG). Nun sind es aber in erster Linie Unternehmen in der Rechtsform der GmbH oder einer Personengesellschaft, die Venture Capital nachfragen. Für diese Rechtsformen sah und sieht der Anlagekatalog von Investmentaktiengesellschaften nur die stille Beteiligung vor. Das neue InvG verweist in § 99 InvG auf die allgemeinen Vorschriften und Anlagegrenzen des Gesetzes zu den Sondervermögen: §§ 46 bis 65, 83 bis 86, 91 bis 95 und 112 bis 120 InvG.

wirksame Bezeichnung „Investmentgesellschaft" ist.[247] Für die Auflegung eines geschlossenen Investmentfonds in Deutschland eignete sich der Rechtsrahmen einer unspezifischen Aktiengesellschaft daher bislang besser.[248]

3.2.2.4.3 Gesetzlich nicht gesondert geregelte Beteiligungsgesellschaften

Da es sich bei UBGG und KAGG/InvG um keine „verdrängenden Spezialgesetze" handelt, sind als Fonds konzipierte Beteiligungsunternehmen auch außerhalb der gesetzlich reglementierten Strukturen möglich.[249] Für diese „freien" Beteiligungsformen gelten dennoch bestimmte gesetzliche Regelungen.

Zu nennen ist dabei die *Prospektpflicht*, wenn Anteile erstmals im Inland öffentlich angeboten und nicht zum Handel an einer inländischen Börse zugelassen sind (§ 1 VerkProspG). Wichtig ist, dass Wertpapiere i.S.d. VerkProspG vorliegen. Das sind alle abtretbaren Wertpapiere und Wertrechte, die ihrer Natur nach auf einem Markt gehandelt werden können. Maßgebend ist also die Fungibilität.[250] §§ 2-4 VerkProspG enthalten Ausnahmen von der Pflicht zur Veröffentlichung des Prospekts. Gilt das Verkaufsprospektgesetz, sind bestimmte Pflichtangaben zu machen (VerkProspVO) und der Prospekt ist dem Bundesaufsichtsamt für Wertpapierhandel zu übermitteln, das die Veröffentlichung gestatten muss. Die Richtigkeit der Prospektangaben sichert die gesetzliche Prospekthaftung (§ 13 VerkProspG i.V.m. §§ 45 ff. BörsG).

Das Kreditwesengesetz fordert für das Betreiben von Bankgeschäften im Inland oder das Erbringen von Finanzdienstleistungen eine *schriftliche Erlaubnis* der Bundesanstalt (§ 32 KWG). Nur bei ausreichendem An-

---

[247] Vgl. *Paul, Thomas*, New German Investment Fund Legislation: Amendments to the Investment Companies Act and Foreign Investment Act (Part I), in: Journal of International Banking Law, Jg. 12, 1997, S. 185 und 188.

[248] Vgl. *Hey, Friedrich E.F.*, Das neue Gesetz über Unternehmensbeteiligungsgesellschaften, in: FS Rädler, 1999, S. 271-304 (291). Das neue InvStG bezieht Investmentaktiengesellschaften in die Regelungen zur Besteuerung von in- und ausländischen Investmentanteilen ein (§ 1 InvStG).

[249] Es besteht lediglich ein *Bezeichnungsschutz*. Die Bezeichnung „Unternehmensbeteiligungsgesellschaft" darf nur von anerkannten UBG, „Kapitalanlage", „Investment", „Investor" und „Invest" nur von KAG und ausländischen Investmentgesellschaften benutzt werden; vgl. *Weitnauer, Wolfgang*, Rahmenbedingungen und Gestaltung von Private Equity Fonds, in: FB, Jg. 3, 2001, S. 258-271 (262).

[250] Vgl. *Weitnauer, Wolfgang*, Rahmenbedingungen und Gestaltung von Private Equity Fonds, in: FB, Jg. 3, 2001, S. 258-271 (263).

fangskapital (50.000 €) wird die Erlaubnis erteilt (§ 33 KWG). Verstöße gegen diese gesetzliche Erlaubnispflicht werden strafrechtlich sanktioniert (§ 54 KWG). Soweit es sich um Investmentgeschäfte i.S.v. KAGG/ InvG handelt, liegen Bankgeschäfte gem. § 1 Abs. 1 KWG vor. Auch sind Fondsgesellschaften in jeglicher Rechtsform keine Finanzdienstleistungsunternehmen gem. § 1 Abs. 1a Satz 1 KWG, sondern Finanzunternehmen gem. § 1 Abs. 3 Nr. 1, 5 KWG.[251] Finanzunternehmen sind die Sammelposition im Finanzsektor. Sie sind gem. § 32 KWG nicht erlaubnispflichtig (Beginn und Ende meldepflichtig, § 24 Abs. 1 Nr. 9).

3.2.3 BETEILIGUNGSFORMEN

Für die Wahl der Beteiligungsform sind institutionelle Bedingungen wie die Rechtsform des Investors, spezielle Anlagevorschriften oder Steuergesetze zentral. Deshalb wird zunächst ein Überblick über gewählte Beteiligungsformen in Deutschland gegeben und anschließend werden institutionelle Unterschiede zwischen den einzelnen Investorengruppen, die sich auf die Wahl der Beteiligungsform auswirken können, behandelt.

3.2.3.1 EMPIRISCHE STUDIEN ZU BETEILIGUNGSFORMEN IN DEUTSCHLAND

Eine Studie von Coopers & Lybrand Deutsche Revision in Kooperation mit dem *BVK*[252] (1998), bei der 216 Partner von BVK-Mitgliedern über Fragebögen befragt wurden, zeigte die stille Beteiligung als häufigste Form der Beteiligung:

Form der Beteiligung	%
Stille Beteiligung	36,6
Direkte Beteiligung (GmbH-Anteile, Kommanditeinlage, Aktien)	30,8
Eigenkapitalähnliches Darlehen, Genussscheine	2,4
Kombinationen	
Direkte und stille Beteiligung	18,1
Direkte Beteiligung und eigenkapitalähnliches Darlehen	10,7
Stille Beteiligung und eigenkapitalähnliches Darlehen	1,4

Tabelle 3: Beteiligungsformen deutscher VC-Geber (1998)[253]

---

[251] Zur Begründung vgl. *Weitnauer, Wolfgang*, Rahmenbedingungen und Gestaltung von Private Equity Fonds, in: FB, Jg. 3, 2001, S. 258-271 (264).

[252] Vgl. *C & L Deutsche Revision/BVK*, Venture Capital, 1998, S. 8.

[253] Vgl. *C & L Deutsche Revision/BVK*, Venture Capital, 1998, S. 8.

In Deutschland überwiegen stille und direkte Beteiligungen.[254] Nur einen geringfügigen Anteil nehmen hybride Formen in Form eigenkapitalähnlicher Darlehen ein. Die stille Gesellschaft nach §§ 230 ff. HGB wird als typisch stille „Beteiligung" bezeichnet, die gesetzestypische Form entspricht aber nicht echtem Beteiligungskapital. Von der gesetzestypischen Ausgestaltung kann aber auf verschiedene Weise abgewichen und Eigenkapital angenähert werden. Darauf wird Kapital 4 ausführlich eingehen.

Der häufige Einsatz stiller Beteiligungen im Beteiligungsgeschäft wird als „deutsche Besonderheit" betrachtet.[255] Diese Beteiligungsform, die „keine volle gesellschaftsrechtliche Eigentümerstellung" begründen soll, wird z.T. heftig kritisiert. *Frommann* sieht in einer direkten Beteiligung eine „dauerhafte Stärkung des Unternehmens" durch eine „Stärkung der Eigenkapitalbasis", während er die stille Beteiligung als „Zufuhr von Kapital ohne Übernahme von Verantwortung" definiert.[256] *Meulen* geht noch weiter und sieht darin einen der wesentlichen Gründe, weshalb die Entwicklung von Kapitalbeteiligungsgesellschaften stagnierte und die Beteiligung des breiten Publikums an dieser Form der Eigenkapitalbildung nicht glückte.[257] Mit weniger als 20% hat die Kombination von direkter und stiller Beteiligung eher geringere Bedeutung.[258] Als Grund für den Einsatz der Kombination gilt das Schließen von Finanzierungslücken, wenn auf der einen Seite ein (noch) geringer Unternehmenswert und auf der anderen Seite ein hoher Kapitalbedarf besteht, was typisch für die Situation eines jungen Unternehmens ist. Der VC-Geber möchte sich grundsätzlich direkt beteiligen, würde aber bei ausschließlich direkter Beteiligung einen Mehrheitsanteil erwerben, was vermieden werden soll.

---

[254] So auch andere Quellen: vgl. *Weimerskirch, Pierre*, Finanzierungsdesign bei Venture-Capital-Verträgen, 2001, S. 43-45; *Schmidtke, Axel*, Praxis des Venture-Capital-Geschäftes, 1985, S. 163; *Bell, Markus G.*, Venture Capital-Finanzierung durch Wandelpapiere, 2000, S. 112, 113 m.w.N.

[255] Vgl. *Leopold, Günter/Frommann, Holger*, Eigenkapital für den Mittelstand, 1998, S. 147.

[256] Vgl. *Frommann, Holger*, Die Rolle der Kapitalbeteiligungsgesellschaften in der Unternehmensfinanzierung, in: Der langfristige Kredit, Jg. 42, 1991, S. 732-734 (734).

[257] Siehe *Meulen, Edzard Ter*, Der Beteiligungsvertrag, in: FS Krahnen, 1976, S. 103-114 (104).

[258] Vgl. *Weitnauer, Wolfgang*, Der Beteiligungsvertrag, in: NZG, Jg. 4, 2001, S. 1065-1073 (1072) und *Leopold, Günter/Frommann, Holger*, Eigenkapital für den Mittelstand, 1998, S. 148/149.

Die Studie von *Bascha/Walz* von 2001[259] bestätigt die Studie von *C&L Deutsche Revision/BVK:* Es wurden Fragebögen an alle 121 BVK-Mitglieder geschickt, wobei 72 (59,5%) Fragebögen zurückkamen.

Beteiligungsform	Anteil (in %)
Stille Beteiligungen	38,7
Eigenkapital	26,6
EK-/FK-Kombinationen	14,4
Wandelpapiere	10,6
Sonstige	9,7

Tabelle 4: Beteiligungsformen deutscher VC-Geber (2001)

Leider erfasst auch diese Studie nicht – wie die Autoren selbst einräumen und *Bigus*[260] kritisiert – wie die stillen Beteiligungen ausgestaltet sind. *Bigus* weist an der gleichen Stelle auf einen Widerspruch zu den Zahlen im *BVK*-Jahrbuch hin, wobei er andeutet, die Ursache könnte in verschiedenen Erhebungsmethoden zu finden sein: Während *Bascha/Walz* nach der relativen Häufigkeit der verwendeten Finanzinstrumente fragten und jeden ausgefüllten Fragebogen gleich gewichteten, würde der *BVK* die Anteile im Hinblick auf die Gesamt-Bruttoinvestitionssumme ausweisen.[261] *Bascha/Walz* haben die Zahl der Portfolio-Firmen aber sehr wohl erfasst und es wäre naheliegend, diese Informationen in die Auswertung einzubeziehen und nach diesen Angaben zu gewichten.[262] *Bigus* weist mit Hinweis auf ein Gespräch mit *Frommann*, dem BVK-Geschäftsführer und im Einklang mit anderen Literaturbeiträgen darauf hin, dass öffentliche Fördermittel etwa von KfW, tbg oder von VC-Töchtern von Landesbanken sehr häufig in der Form (typ.) stiller Beteiligungen vergeben werden.[263]

Die *BVK*-Jahrbücher[264] enthalten folgende Angaben zu den Beteiligungsformen:

---

[259] Vgl. *Bascha, Andreas/Walz, Uwe,* Financing Practices in the German Venture Capital Industry – An Empirical Assessment, 2001, S. 13.

[260] Vgl. *Bigus, Jochen,* Zur Theorie der Wagnisfinanzierung, 2003, S. 27.

[261] Vgl. *Bigus, Jochen,* Zur Theorie der Wagnisfinanzierung, 2003, S. 28.

[262] Vgl. *Bascha, Andreas/Walz, Uwe,* Financing Practices in the German Venture Capital Industry – An Empirical Assessment, 2001, S. 14.

[263] Vgl. *Bigus, Jochen,* Zur Theorie der Wagnisfinanzierung, 2003, S. 27. Diese Tatsache kann den hohen Anteil stiller Beteiligungen aber nur zum Teil erklären, da der öffentliche Sektor lediglich 12,40% in 1999, 16,39% in 2000, 5,7% in 2001 (*BVK*-Mitglieder) der neuen Mittel gestellt hat (vgl. Abbildung 12).

[264] Vgl. *BVK,* Jahrbücher 2000, 2001, 2002, 2003.

In % am Vo-lumen	1999		2000		2001	2002
	BVK-Mitglieder	Gesamt-markt	BVK-Mitglieder	Gesamt-markt	BVK-Mitglieder	BVK-Mitglieder
Eigenkapital	50,58	49,59	65,87	63,09	80,0	56,8
Quasi Equity	44,53	42,29	32,16	34,67	19,6	43,0
Sonstige	0,91	0,81	0,79	0,74	0,4	0,2
Ohne Anga-ben	3,98	7,31	1,18	1,50	0	0
Summe	100	100	100	100	100	100

Tabelle 5: Beteiligungsformen bezogen auf Bruttoinvestitionen nach *BVK*

Bezieht man sich nicht auf die Bruttoinvestitionen, sondern auf die Zahl der Unternehmen, ergeben sich dem Ergebnis von *Bascha/Walz* angenäherte Werte:

In % der Un-ternehmen	1999		2000		2001	2002
	BVK-Mitglieder	Gesamt-markt	BVK-Mitglieder	Gesamt-markt	BVK-Mitglieder	BVK-Mitglieder
Eigenkapital	46,82	47,43	56,12	54,86	57,9	66,4
Quasi Equity	50,33	47,94	40,85	41,30	41,6	33,4
Sonstige	1,10	0,97	0,46	0,43	0,5	0,2
Ohne Anga-ben	1,75	3,66	2,57	3,41	0	0
Summe	100	100	100	100	100	100

Tabelle 6: Beteiligungsformen bezogen auf Unternehmenszahl nach *BVK*

Bezieht man sich schließlich auf die Beteiligungsanzahl, nehmen die Eigenkapitalwerte nochmals stark ab. Es liegen nur Werte für 1999 und 2000 vor. Der direkte Vergleichswert mit der Studie von *Bascha/*Walz müsste sich auf die *BVK*-Mitglieder im Jahr 1999 beziehen, da die Fragebögen im Januar 2000 verschickt wurden.

In % der Unternehmen	1999		2000	
	BVK-Mitglieder	Gesamt-markt	BVK-Mitglieder	Gesamt-markt
Eigenkapital	36,49	37,63	48,70	48,04
Quasi Equity	60,55	57,86	48,73	48,74
Sonstige	0,95	0,86	0,35	0,33
Ohne Angaben	2,01	3,65	2,22	2,89
Summe	100	100	100	100

Tabelle 7: Beteiligungsformen bezogen auf Beteiligungszahl nach BVK

Die Position „Quasi-Equity" ist eine Sammelposition und umfasst gemäß BVK: Quasi Equity/Mezzanine/stille Beteiligungen/Gesellschafterdarlehen. Da stille Beteiligungen eigenkapitalähnlich ausgestaltet sein können, wäre zumindest eine Unterscheidung in typisch/atypisch in beiden Studien wünschenswert.

3.2.3.2 BETEILIGUNGSFORMEN UNTERSCHIEDLICHER KAPITALGEBERGRUPPEN

Der BVK hat in seinem Jahrbuch 2002[265] erstmals „Fachgruppen", definiert und deren Angaben getrennt ausgewertet:

- Fachgruppe Early Stage: 118 Mitglieder; Bruttoinvestitionen erfolgen hauptsächlich in Start-up-Finanzierungen und Expansionsfinanzierungen.

- Fachgruppe Later Stage: 83 Mitglieder; Bruttoinvestitionen erfolgen zu mehr als der Hälfte in Buy-out- und Expansionsfinanzierungen

- Fachgruppe Mittelständische Beteiligungsgesellschaften: 14 Mitglieder, Bruttoinvestitionen erfolgen zu 64% in Expansionsfinanzierungen, zu 23,3% im Early stage-Bereich und zu 10,4% in einer Turnaroundphase.

- Fachgruppe Corporate Venture Capital: 11 Mitglieder; Bruttoinvestitionen erfolgen jeweils etwa zur Hälfte in Early stage- und Expansionsfinanzierungen.

---

[265] Vgl. BVK, Jahrbuch 2002, Anhang C, S. 88-111.

2002/2003	Early Stage	Later Stage	Mittelständ. Bet.Ges.	Corporate VC
Hauptin-vestoren	Indust. 15%/20% Öff. Sek. 22%/33% Kreditinst. 20%/24% Priv. Anl. 13%/5% Versich. 7%/4%	Pen.fonds 34%/49% Versich. 19%/17% Kreditinst. 18%/22% Priv. Anl. 12%/2% Dachfonds 12%/6%	Öff. Sektor 100%/ Öff. Sek. 94%. Kreditinst. 6%	Industrie 97%/100%
In % am Volumen.	Eigenkapital 69%/56,8%	Eigenkapital 89,7%/70,1%	Eigenkapital 7,2%/23,4%	Eigenkapital 81,2%/86,5%
	Quasi Equity 30,7%/43,0%	Quasi Equity 9,9%/28,7%	Quasi Equity 92,8%/76,6%	Quasi Equity 18,8%/13,5%
	Sonstige 4,38/0,2%%	Sonstige 0,4%/1,2%	Sonstige 0%/0%	Sonstige 0%/0%

Tabelle 8: Investoren und Beteiligungsformen nach *BVK*-Fachgruppen

Die Mittel aus dem öffentlichen Sektor werden beinahe ausschließlich in Form von Quasi-Equity (dazu gehören auch stille Gesellschaften und Gesellschafterdarlehen) investiert. Investoren aus der Industrie investieren fast ausschließlich direkt. Die Investoren der Early stage- und Later stage-Gruppen investieren deutlich mehr Eigenkapital als Quasi-Equity, wobei im Later stage-Bereich der Anteil von Eigenkapital noch höher liegt.

3.3 ZUSAMMENFASSUNG

Kapitel 3 hat in erster Linie nachrichtlichen Charakter.

Das Kapitel beginnt in 3.1 mit der Differenzierung direkter und indirekter Beteiligungen und der Darstellung zweier gesellschaftsrechtlicher Konzepte von intermediären Gesellschaften. Da dies grundlegend für die Organisation von Gesellschaften in der Beteiligungsbranche ist, wurde es vorangestellt.

Der Abschnitt 3.2 stellt empirische Daten zusammen und zeigt Rechtsformen, die für Beteiligungsgesellschaften in Deutschland zur Verfügung stehen. Begonnen wurde mit der Darstellung der Entwicklung des Gesamtmarktes bis einschließlich 2002. Dann wurde die Herkunft der neu generierten Mittel aufgezeigt; diese bezog sich einmal auf die Generierungsart, zum zweiten auf die geografische Herkunft und zum dritten auf die unterschiedlichen Kapitalgeberinstitutionen.

Aufgrund der gesellschaftsrechtlichen Organisation in Form mehrerer miteinander in Verbund stehender Gesellschaften (vgl. 3.1) zeigte sich eine Einteilung der (für die Gesamtbranche repräsentativen) BVK-Mitglieder in AG, GmbH, KG, usw. als wenig aufschlussreich. Daher wurde auf für die Kapitalgeber zur Wahl stehenden Rechtsformen ausführlich eingegangen. Als speziell für Beteiligungsgesellschaften geschaffene Rechtsformen wurden UBG und KAG/Investmentgesellschaften beleuchtet. Die sich in der Literatur durchgesetzte Meinung, bei den UBG handele sich um eine tote Rechtsform, steht in Widerspruch zu den empirischen Zahlen. Bestimmte Privilegien wie etwa die Freistellung von Eigenkapitalersatzregeln werden von der Literatur möglicherweise zu wenig gewürdigt. Die KAG/Investmentgesellschaften sollen bestimmten Prinzipien, so etwa dem Transparenzprinzip entsprechen. Die Tatsache, dass manche dieser Prinzipien für VC-Gesellschaften nicht realisierbar sind (bspw. jederzeitige Rücknahmepflicht) und Prinzipien häufig durchbrochen werden (bspw. das Transparenzprinzip) machen auch KAG zu einer wenig attraktiven Rechtsform.

Schließlich wurden die in Deutschland gewählten Beteiligungsformen untersucht. Es gibt bislang zwei Studien, die die stille Beteiligung als häufigste Rechtsform qualifizieren. An allen Studien ist zu kritisieren, dass Beteiligungsformen nicht ausreichend differenziert werden, so etwa die stille Beteiligung in typisch/atypisch oder dass Sammelpositionen („Quasi-Equity") überhaupt keinen Aufschluss über ihre Zusammensetzung zulassen.

4 STILLE GESELLSCHAFT

Dieses Kapitel behandelt die stille Gesellschaft, die im deutschen System der Unternehmensformen eine Art Zwitterstellung zwischen darlehensartiger Kapitalüberlassung mit gewinnabhängiger Bedienung und echter Gesellschaft mit Treuepflichten sowie der Verpflichtung zum Handeln zur Erreichung eines gemeinsamen Zwecks einnimmt. Diese Zwitterstellung ist grundsätzlich die Ursache für die Probleme, die bei Beantwortung aller gesellschafts-, handels- und steuerrechtlichen Fragen im Zusammenhang mit der stillen Gesellschaft entstehen.

Hinzu kommt, dass sich viele Varianten herausgebildet haben, die vom gesetzestypischen Idealbild gem. §§ 230 ff. HGB abweichen. Das Kapitel beginnt bei diesem Gesetzestypus und systematisiert dann die zahlreichen atypischen Varianten. Im Anschluss daran wird geprüft, welche dieser Varianten für VC-Finanzierungen in Frage kommt bzw. sich speziell dafür eignen.

4.1 DEFINITION

Im Handelsgesetzbuch ist die stille Gesellschaft wie folgt definiert:

> **§ 230 [Begriff und Wesen der stillen Gesellschaft]** (1) Wer sich als stiller Gesellschafter an dem Handelsgewerbe, das ein anderer betreibt, mit einer Vermögenseinlage beteiligt, hat die Einlage so zu leisten, dass sie in das Vermögen des Inhabers des Handelsgeschäfts übergeht.
>
> (2) Der Inhaber wird aus den in dem Betriebe geschlossenen Geschäften allein berechtigt und verpflichtet.

Die stille Gesellschaft ist eine echte Gesellschaft i.S.v. § 705 BGB[266], der Inhaber des Handelsgewerbes und der stille Gesellschafter schließen sich zur Erreichung eines gemeinsamen Zweckes, zur Erzielung von Gewinn aus einem Handelsunternehmen, zusammen.[267] Im Gegensatz zu den Handelsgesellschaften wie OHG und KG kann sie nicht selbst Inhaber eines Unternehmens sein, Inhaber ist immer der geschäftsführende Gesellschafter; auch hat sie keine eigene Firma und kein gesamthänderisch gebundenes Gesellschaftsvermögen.[268] Der stille Gesellschafter hat lediglich einen schuldrechtlichen Anspruch auf den vertraglich vereinbarten anteiligen Gewinn. Damit erinnert die stille Gesellschaft an ein Darlehen mit Gewinnanspruch (partiarisches Darlehen). Voraussetzung für die stille Gesellschaft ist jedoch das gesellschaftliche Zusam-

---

[266] Vgl. *Blaurock, Uwe*, Handbuch der stillen Gesellschaft, 2003, Rn. 4.3.

[267] Vgl. *Hueck, Alfred*, Die stille Beteiligung bei Handelsgesellschaften, in: FS Lehmann, 1937, S. 239-255 (240).

[268] Vgl. *Blaurock, Uwe*, Handbuch der stillen Gesellschaft, 2003, Rn. 4.3.

menwirken zur Erreichung eines gemeinschaftlichen Zweckes und nicht nur die reine Kapitalüberlassung gegen Zahlung einer Vergütung.[269] Diese Zwischenstellung zwischen Darlehen und Handelsgesellschaft wird als Ursache des Großteils der Probleme ihrer privat- und steuerrechtlichen Behandlung gesehen.[270]

Die stille Gesellschaft hat vier Wesensmerkmale:[271]

• Beteiligung an einem Handelsgewerbe
Jede natürliche und jede juristische Person sowie jede Gesamthand kann eine „Forderung wegen der Einlage" (§ 236 Abs. 1 HGB) im Insolvenzverfahren geltend machen und somit stiller Gesellschafter sein; der Inhaber des Handelsgeschäfts muss Unternehmensträger sein, seine Kaufmannseigenschaft ist entbehrlich.[272] Damit kann eine BGB-Gesellschaft stiller Gesellschafter sein, aber wegen der fehlenden Rechtsfähigkeit der BGB-Gesellschaft ist eine stille Beteiligung an einer BGB-Gesellschaft nicht möglich.

• Fehlende Außenwirkung
Karsten Schmidt beschreibt die Rechtsnatur der stillen Gesellschaft als Personengesellschaft in Gestalt einer Innengesellschaft.[273] Sie ist Innengesellschaft, „d.h. eine Gesellschaft, bei der eine gemeinsame Vertretung fehlt und bei der die Geschäfte nach außen im Namen eines Gesellschafters geschlossen werden, nach innen aber für Rechnung der Gesellschaft gehen."[274] §§ 230 ff. HGB beschränken sich auf das Innenverhältnis, d.h. schuldrechtliche Regelungen eines Zweipersonenverhältnisses.[275] Da die stille Beteiligung kein Gesamthandsvermögen bilden kann, wird sie als Innengesellschaft im engeren Sinne bezeichnet.[276]

---

[269] Vgl. *Hueck, Alfred*, Die stille Beteiligung bei Handelsgesellschaften, in: FS Lehmann, 1937, S. 239-255 (239).

[270] Vgl. *Lübbert, Erich* , Die rechtliche Natur der stillen Gesellschaft, in: ZHR, 58. Jg., 1906, S. 464-520 (506); *Hueck, Alfred*, Die stille Beteiligung bei Handelsgesellschaften, in: FS Lehmann, 1937,S. 239-255 (240).

[271] Vgl. *Bezzenberger, Gerold/Keul, Thomas*, in: MünchHdb. StG, 2004, § 72, Rn. 10.

[272] Vgl. *Schmidt, Karsten*, Die Vertragsparteien bei der stillen Gesellschaft, in: DB, Jg. 29, 1976, S. 1705-1709.

[273] Vgl. *Schmidt, Karsten*, Gesellschaftsrecht, 2002, S. 1837.

[274] *RG*, Urteil vom 20.02.1941 – II 99/40, in: RGZ 166, S. 160-166 (163); ähnlich *BGH*, Urteil vom 24.02.1954 – II ZR 3/53, in: BGHZ 12, S. 308-321 (314).

[275] Vgl. *Schmidt, Karsten*, Gesellschaftsrecht, 2002, S. 170.

[276] Vgl. *Bezzenberger, Gerold/Keul, Thomas*, in: MünchHdb. StG, 2004, § 72, Rn. 10-15.

• Beitragsleistung

Entscheidend ist nicht, dass der stille Gesellschafter eine Einlage leistet, sondern dass eine geleistete Einlage gehalten wird; so kann eine stille Einlage auch durch Schenkung entstehen.[277] Da der Stille die Gewinnerzielung durch den Geschäftsbetrieb bezweckt, muss er Vermögensgegenstände einlegen, die objektiv bewertbar sind und das Vermögen des Geschäftsbetriebs mehren.[278]

• Gewinnbeteiligung

Die Gewinnbeteiligung ist wie folgt geregelt:

§ 231 [Gewinn und Verlust] (1) Ist der Anteil des stillen Gesellschafters am Gewinn und Verluste nicht bestimmt, so gilt ein den Umständen nach angemessener Anteil als bedungen.

(2) Im Gesellschaftsvertrage kann bestimmt werden, dass der stille Gesellschafter nicht am Verluste beteiligt sein soll; seine Beteiligung am Gewinne kann nicht ausgeschlossen werden.

§ 232 [Gewinn- und Verlustrechnung] (1) Am Schlusse jedes Geschäftsjahrs wird der Gewinn und Verlust berechnet und der auf den stillen Gesellschafter fallende Gewinn ihm ausbezahlt.

(2) Der stille Gesellschafter nimmt an dem Verluste nur bis zum Betrage seiner eingezahlten oder rückständigen Einlage teil. Er ist nicht verpflichtet, den bezogenen Gewinn wegen späterer Verluste zurückzuzahlen; jedoch wird, solange seine Einlage durch Verlust vermindert ist, der jährliche Gewinn zur Deckung des Verlustes verwendet.

(3) Der Gewinn, welcher von dem stillen Gesellschafter nicht erhoben wird, vermehrt dessen Einlage nicht, sofern nicht ein anderes vereinbart ist.

Im Gesellschaftsvertrag muss festgelegt werden, ob der handels- oder steuerrechtlich ermittelte Gewinn der Gewinnverteilung zugrunde gelegt werden soll;[279] fehlt eine solche Vereinbarung ist der handelsrechtliche Gewinn relevant.[280] Die Zugrundelegung des handelsrechtlich ermittelten Gewinns bringt jedoch wegen der Bewertungsspielräume und Ansatzwahlrechte Gefahren für den Stillen mit sich.[281] Gegen die steuerrechtliche Gewinnermittlung spricht, dass teilweise handelsrechtlicher Aufwand

---

[277] Vgl. *Schmidt, Karsten*, Gesellschaftsrecht, 2002, S. 1844.

[278] Vgl. *Bezzenberger, Gerold*, in: MünchHdb. StG, 2004, § 92 , Rn. 5.

[279] Dass der Gewinn der Steuerbilanz zugrunde gelegt werden darf, ist seit dem BFH-Urteil vom 09.07.1969 unstrittig (vgl. *BFH*, Urteil vom 09.07.1969 – I R 188/67, in: BStBl. II 1969, S. 690-693).

[280] Vgl. *Blaurock, Uwe*, Handbuch der stillen Gesellschaft, 2003, Rn. 14.18.

[281] Vgl. *Drukarczyk, Jochen*, Betriebliche Finanzierung, 2003, S. 213-216; *Fleischer, Erich/Thierfeld, Rainer*, Stille Gesellschaft im Steuerrecht, 1998, S. 52-58 (Problempositionen). Es sei unbefriedigend für den Stillen, wenn das Ergebnis zur Disposition des Inhabers stehe, vgl. *Groh, Manfred*, Die atypische stille Gesellschaft als fiktive Gesamthandsgesellschaft, in: FS Kruse, 2001, S. 417-432 (418).

nicht als Betriebsausgaben angesetzt werden darf. Beide Möglichkeiten bedürfen daher einiger Korrekturen; in der Praxis hat sich die steuerrechtliche Gewinnermittlung durchgesetzt.[282] Ein Gewinnverteilungsschlüssel in Form einer prozentualen Aufteilung ist am einfachsten, dem stillen Gesellschafter kann aber auch ein Vorweggewinn oder eine gewinnunabhängige, feste Verzinsung seiner Einlage gewährt werden.[283]

4.2 TYPISCHE UND ATYPISCHE STILLE GESELLSCHAFT

Die wenigen zwingenden Regelungen haben in Kombination mit weitgehend herrschender Vertragsfreiheit zu einer großen Typenvielfalt der stillen Gesellschaft geführt.[284] Je nach vertraglicher Ausgestaltung steht die stille Gesellschaft einerseits dem Darlehen und andererseits der Handelsgesellschaft nahe, was sie in der Praxis zu einem „weit ausdifferenzierten Rechtsgebilde" macht.[285] Man unterscheidet zwischen einer typischen und mehreren atypischen stillen Gesellschaften. Häufig wird der Begriff „atypisch still" im alleinigen Sinne von „steuerrechtlich atypisch still" verwendet. Dem wird hier nicht gefolgt. „Atypisch" wird allgemein i.S.v. „abweichend vom gesetzlichen Typus" verstanden. Die typische stille Gesellschaft, der gesetzliche Typus, findet sich in §§ 230 ff. HGB[286] und ist durch folgende Merkmale gekennzeichnet:

* Zweigliedrigkeit, d.h. *ein* Unternehmensträger und *ein* stiller Gesellschafter;

* Keine über die Regelungen der §§ 230 ff. HGB hinausgehenden Rechte des Stillen;

---

[282] Vgl. *Blaurock, Uwe*, Handbuch der stillen Gesellschaft, 2003, Rn. 14.31, 14.32.

[283] Vgl. *Bezzenberger, Gerold/Keul, Thomas*, in: MünchHdb. StG, 2004, § 86, Rn. 41.

[284] Vgl. *Blaurock, Uwe*, Handbuch der stillen Gesellschaft, 2003, Rn. 4.24; *Böttcher, Conrad/Zartmann, Hugo/Faust, Eberhard*, Stille Gesellschaft und Unterbeteiligung, 1978, S. 127; *Koenigs, Folkmar*, Die stille Gesellschaft, 1961, S. 17; *Rasner, Henning*, Die atypische stille Gesellschaft, 1961, S. 43; *Schmidt, Karsten*, Gesellschaftsrecht, 2002, S. 1845.

[285] Vgl. *Schmidt, Karsten*, Gesellschaftsrecht, 2002, S. 1839.

[286] *Typisch* bedeutet in der Typenlehre ‚einem Typus entsprechend' und nicht im Wortsinne ‚einem Regelfalle entsprechend, häufig vorkommend', worauf *Schulze-Osterloh* in dem Titel seines Festschriften-Beitrags „Der atypische stille Gesellschafter ist der typische stille Gesellschafter!" in der FS Kruse 2001, S. 377-393 (390) bereits hingewiesen hat (vgl. auch *Wüst, Günther*, Gestaltungsfreiheit und Typenkatalog im Gesellschaftsrecht, in: FS Duden, 1977, S. 750-771 (758)).

- die Einlage ist Fremdkapital, sie begründet ein qualifiziertes Kreditverhältnis.[287]

Von diesem gesetzlichen Regeltypus kann vertraglich in vielfacher Weise abgewichen werden. Die oben genannten Merkmale stellen nur die Abgrenzungsbereiche dar. Typische und atypische Merkmale können zunächst beliebig kombiniert werden. Auch wenn in der Praxis einige Varianten häufiger auftreten, kann von „der" atypischen stillen Gesellschaft nicht gesprochen werden wie *Karsten Schmidt* zu Recht kommentiert.[288] Die typische stille Gesellschaft nach dem gesetzlichen Leitbild kommt in der Praxis nach herrschender Meinung kaum vor.[289] Die Mehrzahl der beobachteten stillen Gesellschaften weicht vom gesetzlichen Leitbild ab und verursacht mangels gesetzlicher Regelung Abgrenzungs- und Beurteilungsprobleme.

Eine atypische Gestaltung privatrechtlicher Gesellschaften liegt immer dann vor, wenn die Gesellschaft in ihrer Realstruktur vom gesetzlichen Idealtypus abweicht und damit die Grenzen der Gestaltungsfreiheit von Gesellschaftsverträgen auslotet.[290] Die Tatsache, dass das Gesetz bestimmte Rechtsformen zur Verfügung stellt, frei erfundene jedoch aus Gründen des Schutzes des redlichen Verkehrs und der Gläubiger unzulässig sind, stellt eine gerechtfertigte Beschränkung der grundgesetzlichen Vereinigungsfreiheit dar.[291] Das Problem in der Praxis des Gesellschaftsrechts sei jedoch nicht, dass versucht werde, sich neue Gesellschaftsformen auszudenken, sondern, dass bestehende Formen soweit verändert werden, dass fast neue Gesellschaftsformen entstehen und

---

[287] Vgl. *Schmidt, Karsten*, Gesellschaftsrecht, 2002, S. 1846; *Carlé, Dieter*, GmbH & atypisch Still im Steuerrecht und Gesellschaftsrecht, in: KÖSDI, Jg. 32, 1999, S. 12189-12194 (12191); *RG*, Urteil vom 01.02.1890 – Rep. I 304/89, in: RGZ 25, S. 41-49; *Blaurock, Uwe*, Handbuch der stillen Gesellschaft, 2003, Rn. 5.44 und Rn 1.29; *Schmidt, Karsten*, Die Kreditfunktion der Stillen Einlage, in: ZHR 140, 1976, S. 475-479; *Schmidt, Karsten*, Die Vertragsparteien bei der stillen Beteiligung, in: DB, Jg. 29, 1976, S. 1705-1709 (1705).

[288] Vgl. *Schmidt, Karsten*, Gesellschaftsrecht, 2002, S. 1846; ebenso *Carlé, Dieter*, GmbH & atypisch Still im Steuerrecht und Gesellschaftsrecht, in: KÖSDI, Jg. 32, 1999, S. 12189-12194 (12191).

[289] Vgl. *Schulze-Osterloh, Joachim*, Der atypische stille Gesellschafter ist der typische stille Gesellschafter!, in: FS Kruse, 2001, S. 377-393 (390).

[290] Vgl. *Steding, Rolf*, Verstärkung der Atypizität – Entwicklungstrend des typisierten Gesellschaftsrechts?, in: NZG, Jg. 3, 2000, S. 182-185 (183).

[291] Vgl. *Steding, Rolf*, Verstärkung der Atypizität – Entwicklungstrend des typisierten Gesellschaftsrechts?, in: NZG, Jg. 3, 2000, S. 182-185 (182).

sich die Frage stelle, ob und inwieweit das geltende Recht eine verbindliche Beziehung von Form und Inhalt fordere.[292]

Atypizität stellt eine Typabweichung dar, die sich nicht auf die zentralen Arteigenschaften (gemäß Gesetz) bezieht, sondern auf einzelne Gestaltungskriterien der gesetzlichen Gesellschaftstypen abzielt.[293] Je nachdem, inwieweit dabei abgewichen wird, entsteht ein fließender Übergang von typisch zu weniger typisch und schließlich zu atypisch, worin hauptsächlich die Schwierigkeit besteht, da Abgrenzungen immer mehr verwischen. Wie *Westermann* festgestellt hat, haftet dem Typus „nichts Zwingendes" an, es müssen jedoch „die den Typus indizierenden Rechtsformmerkmale" vorliegen.[294] Bei der stillen Gesellschaft, handelt es sich nicht nur um eine Typdehnung (i.s.v. unbeabsichtigter Vielgestaltigkeit), sondern um eine Typverformung (i.s.v. deutliches Abweichen von für bestimmte Rechtsformen vorgesehenen Vorschriften) sowie eine Typvermischung (z.B. GmbH & Still).[295]

Aus den oben genannten Wesensmerkmalen der typischen stillen Gesellschaft lassen sich die Rechtsgebiete ableiten, deren Grundsätze zur Abgrenzung typisch-atypisch heranzuziehen sind:

- Die atypische stille Gesellschaft aus *gesellschaftsrechtlicher* Sicht weicht von dem zweigliedrigen Gesellschaftsverhältnis zwischen dem stillen Gesellschafter und dem Träger des Unternehmens ab, bei dem der Stille eine Einlage leistet und dafür eine Gewinnbeteiligung und Kontrollrechte gem. § 233 HGB erhält. Die Abweichung besteht entwe-

---

[292] Vgl. *Wüst, Günther*, Gestaltungsfreiheit und Typenkatalog im Gesellschaftsrecht, in: FS Duden, 1977, S. 750-771 (756).

[293] Vgl. *Steding, Rolf*, Verstärkung der Atypizität – Entwicklungstrend des typisierten Gesellschaftsrechts?, in: NZG, Jg. 3, 2000, S. 182-185 (184).

[294] Vgl. *Westermann, Harm Peter*, Vertragsfreiheit und Typengesetzlichkeit im Recht der Personengesellschaften, 1970, S. 319.

[295] Vgl. *Steding, Rolf*, Verstärkung der Atypizität – Entwicklungstrend des typisierten Gesellschaftsrechts?, in: NZG, Jg. 3, 2000, S. 182-185 (184). Wer nach Gründen für diese „Zerfaserung gesetzlicher Vorschläge" frägt, stößt auf einen Mechanismus, der in etwa wie folgt begründet war: „Wenn man schon so viele Schritte gegangen ist, muss man ‚konsequenterweise' auch noch einen nächsten tun." *Wüst, Günther*, Gestaltungsfreiheit und Typenkatalog im Gesellschaftsrecht, in: FS Duden, 1977, S. 750-771 (762). Diskussionen wurden geführt, wer die Verantwortung für diese Entwicklung trage. Von *Wiedemann* stammt der Vorwurf, das Steuerrecht sei eine unerwünschte Rechtsquelle des Gesellschaftsrechts geworden. *Knobbe-Keuk* hat diesem Vorwurf entschieden widersprochen und die These vertreten: „Die Ankläger sind die Täter" (*Knobbe-Keuk, Brigitte*, Das Steuerrecht – eine unerwünschte Rechtsquelle des Gesellschaftsrechts?, 1986, S. 5).

der in einer Mehrgliedrigkeit oder in erweiterten Kontroll- und Mitspracherechten.

- Der atypische stille Gesellschafter aus *bilanz- bzw. handelsrechtlicher* Sicht ist nicht Gläubiger, sondern ein Kapitalgeber, dessen Rechte sich von der Gläubigerstellung soweit entfernt haben, dass seine Einlage dem Eigenkapital zuzuordnen ist.

- Die atypische stille Gesellschaft im *steuerrechtlichen* Sinne liegt vor, wenn der Stille die Stellung eines Mitunternehmers innehat.

Anhand dieser drei betroffenen Rechtsgebiete lassen sich die grundsätzlichen Variationsmöglichkeiten stiller Gesellschaften wie folgt darstellen:

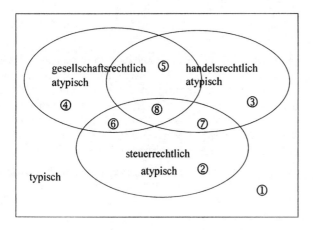

Abbildung 15: Varianten atypisch stiller Gesellschaften

Typ 1 ist die „typische stille Gesellschaft", d.h. die stille Gesellschaft, die dem gesetzlichen Idealtypus entspricht. Alle anderen, also Typ 2 bis 8, sind atypische Formen. Dabei sind Typ 2, 3 und 4 nur in einem Rechtsbereich atypisch ausgestaltet, Typ 5, 6 und 7 bereits in zwei und Typ 8 letztendlich in allen drei Rechtsbereichen. Typ 8 ist damit am weitesten vom Gesetzesmodell entfernt. Im Folgenden sollen die drei Bereiche der Atypizität genauer analysiert, abgegrenzt und geklärt werden, ob wirklich alle sieben atypischen Formen möglich sind.

	Gesellschaftsrecht	Handelsrecht	Steuerrecht
Typ 1	**Typisch**	**Typisch**	**Typisch**
Typ 2	**Typisch**	**Typisch**	Atypisch
Typ 3	**Typisch**	Atypisch	**Typisch**
Typ 4	Atypisch	**Typisch**	**Typisch**
Typ 5	Atypisch	Atypisch	**Typisch**
Typ 6	Atypisch	**Typisch**	Atypisch
Typ 7	**Typisch**	Atypisch	Atypisch
Typ 8	Atypisch	Atypisch	Atypisch

Tabelle 9: Typen stiller Gesellschaften

4.2.1 DIE ATYPISCH STILLE GESELLSCHAFT IM GESELLSCHAFTSRECHTLICHEN SINN

Grundsätzlich gibt es zwei Möglichkeiten gesellschaftsrechtlicher Abweichungen vom Gesetzesmodell der §§ 230 HGB ff. Einmal kann die Gesellschaft nicht zwei-, sondern mehrgliedrig sein, d.h. es gibt nicht einen stillen Gesellschafter und einen Geschäftsinhaber, sondern mehrere stille Gesellschafter beteiligen sich nicht nebeneinander, sondern miteinander verbunden an einem Handelsgewerbe. Diese Abweichung soll hier als formale gesellschaftsrechtliche Atypizität bezeichnet werden.

Die zweite Möglichkeit besteht darin, dass der Stille mit deutlich über die in § 233 HGB festgelegten Informations- und Kontrollrechten hinausgehenden Rechten ausgestattet ist. Er kann daher Einfluss auf die Geschäftsführung ausüben, was der Regelung in § 230 Abs. 2 HGB, die den Inhaber „aus den in dem Betriebe geschlossenen Geschäften allein berechtigt und verpflichtet", entgegensteht. Dieser Inhaber verliert in gleichem Maße wie der Stille an Geschäftsführungsbefugnissen gewinnt, so dass sich die Rechtsausstattung der beiden Parteien immer mehr vom gesetzlichen Leitmodell entfernt. Diese Abweichung wird hier als gesellschaftsrechtlich atypisch bezeichnet.

4.2.1.1 MEHRGLIEDRIGKEIT ALS FORMALE GESELLSCHAFTSRECHTLICHE ATYPIZITÄT

Beteiligt sich eine BGB-Gesellschaft als stiller Gesellschafter, ist die entstehende stille Gesellschaft nicht mehr-, sondern zweigliedrig. Der stille Gesellschafter ist in diesem Fall eine BGB-Gesellschaft. Fraglich ist die Mehrgliedrigkeit der stillen Gesellschaft, wenn mehrere stille Gesellschafter an einem Unternehmen beteiligt sind und diese Beteiligungsverhältnisse nicht unabhängig nebeneinander bestehen, sondern aufeinander abgestimmte Rechtsverhältnisse darstellen und die Mitgliedschaftsrechte der stillen Gesellschafter koordiniert werden, so dass sie nur gemeinsam und einheitlich ausgeübt werden können (Poolvertrag).[296]

Nach traditioneller Ansicht ist die stille Gesellschaft zwingend zweigliedrig. Beteiligen sich mehrere stille Gesellschafter „nebeneinander" an demselben Unternehmen, liegen genauso viele stille Gesellschaften vor wie stille Beteiligungen.[297] Damit wird ein Sonderrechtsverhältnis zwischen den einzelnen stillen Gesellschaften und eine mehrgliedrige stille Gesellschaft ausgeschlossen.

Entgegen dieser traditionellen Ansicht wird – mit Verweis auf die Vertragsfreiheit und das Fehlen eines gesetzlichen Verbots mehrgliedriger stiller Gesellschaften – eine Gegenansicht vertreten, die mehrgliedrige, im gesellschaftsrechtlichen Sinn atypisch stille Gesellschaften zulässt.[298] Im Unterschied zu mehreren nebeneinander bestehenden zweigliedrigen stillen Gesellschaften sind bei einer mehrgliedrigen stillen Gesellschaft gesellschaftsrechtliche Bindungen zwischen den einzelnen stillen Gesellschaftern zu bejahen. Das ist zum Beispiel der Fall bei einem Vertrag, in dem sich die Beteiligten gegenseitig zur Förderung eines gemeinsamen Zwecks zusammenschließen, indem einer das Unternehmen als Inhaber betreibt und die anderen als stille Gesellschafter Einlagen leisten.

Der Grund, warum die Mehrgliedrigkeit der stillen Gesellschaft umstritten ist, liegt in ihrer gesetzlichen Grundform als zweigliedrige Innengesellschaft und ihrer gleichzeitigen Eigenschaft als echte BGB-Gesellschaft,

---

[296] Vgl. *Bezzenberger, Gerold/Keul, Thomas*, in: MünchHdb. StG, 2004, § 73, Rn. 41.

[297] Vgl. *RG*, Urteil vom 01.02.1890 – Rep. I 304/89, in: RGZ 25, S. 41-49 (45); *Schlegelberger, Franz/Schmidt, Karsten*, § 335 (§ 230 n.F.), in: HGB, Kommentar, Rn. 73 m.w.N.; *Schmidt, Karsten*, Die Vertragsparteien bei der stillen Gesellschaft, in: DB, Jg. 29, 1976, S. 1705-1709 (1705).

[298] Vgl. *BGH*, Urteil vom 10.07.1958 – II ZR 320/56, in: WM, Jg. 12, 1958, S. 1336-1338; *BGH*, Urteil vom 15.11.1971 – II ZR 130/69, in: NJW, Jg. 25, 1972, S. 1118-1119; *BGH*, Urteil vom 21.04.1980 – II ZR 144/79, in: BB, Jg. 19, 1980, S. 958-959; *Baumbach, Adolf/Hopt, Klaus J.*, Handelsgesetzbuch, 2000, § 230, Rn. 7; *Blaurock, Uwe*, Zur stillen Beteiligung mehrerer Personen an einer Apotheke, in: NJW, Jg. 25, 1972, S. 1119-1120; *Blaurock, Uwe*, Handbuch der stillen Gesellschaft, 2003, Rn. 5.46; *Böttcher, Conrad/Zartmann, Hugo/Faut, Eberhard*, Stille Gesellschaft und Unterbeteiligung, 1978, S. 47/48; *Horn, Norbert*, Unternehmensbeteiligung der Arbeitnehmer und Gesellschaftsrecht, in: ZGR, Jg. 3, 1974, S. 133-141 (156); *Hueck, Alfred*, Die stille Beteiligung bei Handelsgesellschaften, in: FS Lehmann, 1937, S. 239-255 (239); *Janzen, Harald*, Die Übertragung und Belastung von Mitgliedschaften in der stillen Gesellschaft, 1979, S. 7/8; *Klauss, Herbert/Mittelbach, Rolf*, Die stille Gesellschaft, 1980, Rn. 44; *Koenigs, Folkmar*, Die stille Gesellschaft, 1961, S. 228; *Kübler, Friedrich*, Gesellschaftsrecht, 1998, S. 106; *Sudhoff, Heinrich*, Die GmbH & Co. StG, in: DB, Jg. 22, 1969, S. 2069-2074.

die eine unbeschränkte Zahl von Gesellschaftern umfassen kann. Ältere Literaturstellen verneinen deshalb für die stille Gesellschaft, dass sie BGB-Gesellschaft sei mit Hinweis darauf, dass der stillen Gesellschaft dieses Wesensmerkmal der BGB-Gesellschaft fehlt.[299]

Karsten Schmidt hat sich der mehrgliedrige Formen bejahenden Ansicht angeschlossen und durch folgende Differenzierung beide Ansichten überzeugend als nebeneinander gültig erklärt:

• Das Einlageverhältnis ist zwingend zweigliedrig,

• aber das Gesellschaftsverhältnis (Organisationsverhältnis) kann mehrgliedrig sein.[300]

Ob mehrere stille Gesellschafter gesellschaftsrechtlich verbunden sind, ist im Einzelfall durch Vertragsauslegung festzustellen. Dabei sind die Rechtstellungen der stillen Gesellschafter, die Bindungen zwischen den einzelnen stillen Gesellschaftern sowie deren Organisation zu prüfen. Der Abschluss eines mehrgliedrigen stillen Gesellschaftsvertrags, in dem Regelungen über die Abstimmung zwischen den verbandsmäßig organisierten stillen Gesellschaftern untereinander getroffen werden, führt zu einer gesellschaftsrechtlich atypischen stillen Gesellschaft,[301] dennoch bleibt diese Variante nur formal atypisch.

4.2.1.2 MITSPRACHERECHTE DES STILLEN

Hier soll gesellschaftsrecht atypisch so interpretiert werden, dass dem Stillen über den Umfang, den §§ 230 ff. HGB festlegen, Rechte gewährt werden. Neben der Gewinnbeteiligung (§ 231 HGB) stehen dem stillen Gesellschafter folgende Kontrollrechte, aber keine Mitspracherechte zu:

> **§ 233 [Kontrollrecht des stillen Gesellschafters]** (1) Der stille Gesellschafter ist berechtigt, die abschriftliche Mitteilung des Jahresabschlusses zu verlangen und dessen Richtigkeit unter Einsicht der Bücher und Papiere zu prüfen.
>
> (2) Die in § 716 des Bürgerlichen Gesetzbuchs dem von der Geschäftsführung ausgeschlossenen Gesellschafter eingeräumten weiteren Rechte stehen dem stillen Gesellschafter nicht zu.
>
> (3) Auf Antrag des stillen Gesellschafters kann das Gericht, wenn wichtige Gründe vorliegen, die Mitteilung einer Bilanz und eines Jahresabschlusses oder sonstiger Aufklärungen sowie die Vorlegung der Bücher und Papiere jederzeit anordnen.

---

[299] Vgl. *Lübbert, Erich*, Die rechtliche Natur der stillen Gesellschaft, in: ZHR, 58. Jg., 1906, S. 464-520 (511).

[300] Vgl. *Schmidt, Karsten* , Die Vertragsparteien bei der stillen Gesellschaft, in: DB, Jg. 29, 1976, S. 1705-1709; *Schmidt, Karsten*, Gesellschaftsrecht, 2002, S. 1848; gl. A. *Schlegelberger, Franz/Schmidt, Karsten*, in: HGB, Kommentar, § 335 (§ 230 n.F.), Rn. 73.

[301] Vgl. *Weimar, Robert*, Die GmbH & Still im Fortschritt des Gesellschaftsrecht, in: ZIP, Jg. 14, 1993, S. 1509-1524 (1511) m.w.N.

§ 233 HGB gewährt dem stillen Gesellschafter die gleichen Informationsrechte wie § 166 HGB dem Kommanditisten.[302] Informationsrechte sind mitgliedschaftliche Rechte, die in der Gesellschafterstellung des Stillen begründet sind.[303] Die Kontrollrechte des stillen Gesellschafters bestehen aus einem „disponiblen ordentlichen Informationsrecht" nach § 233 Abs. 1 HGB und einem „unabdingbaren außerordentlichen Informationsrecht nach § 233 Abs. 3 HGB.[304] Während § 716 BGB ein jederzeit ausübbares, alle Angelegenheiten der Gesellschaft umfassendes Informationsrecht gewährt, bleibt das Informationsrecht des stillen Gesellschafters zeitlich und inhaltlich auf den periodischen Jahresabschluss beschränkt und das Einsichtsrecht wird nur zu dessen Überprüfung gewährt.[305]

In den Gesellschaftsverträgen stiller Gesellschaften werden häufig Vereinbarungen getroffen, durch die diese Kontrollrechte des stillen Gesellschafters erweitert oder beschränkt werden, wobei die Beschränkung nicht zu weitreichend sein darf, da dies die Existenz einer stillen Gesellschaft überhaupt in Frage stellen oder sittenwidrig bzw. nichtig sein kann.[306] Das ordentliche Informationsrecht kann vollständig ausgeschlossen werden, das außerordentliche gilt nur bei wichtigen Gründen, kann aber nicht eingeschränkt werden.[307] Inwieweit das ordentliche Informationsrecht erweitert werden kann ist – wie beim Kommanditisten – strittig.[308] Grundsätzlich kann der stille Gesellschafter auch Auskunftsrechte gem. §§ 810, 242 BGB geltend machen.[309] Als Erweiterung können die Kontrollrechte auf den Umfang von § 716 BGB ausgedehnt werden.

---

[302] Vgl. *Horn, Norbert*, in: Sammlung Guttentag Heymann, HGB, Kommentar, 1989, § 233 HGB, Rn. 1.

[303] Vgl. *Schmidt, Karsten*, Informationsrechte in Gesellschaften und Verbänden, 1984, S. 13 m.w.N.

[304] Vgl. *Neu, Norbert*, in: Beck Hdb. Personengesellschaften, 2002, § 13, Rn. 21.

[305] Vgl. *Horn, Norbert*, in: Sammlung Guttentag Heymann, HGB, Kommentar, 1989, § 233 HGB, Rn. 8.

[306] Vgl. *Blaurock, Uwe*, Handbuch der stillen Gesellschaft, 2003, Rn. 10.17, 10.19, 12.89.

[307] Liegen diese wichtigen Gründe vor, kann das Gericht die Vorlage des Jahresabschlusses sowie der Handelsbriefe anordnen, vgl. *Neu, Norbert*, in: Beck Hdb. Personengesellschaften, 2002, § 13, Rn. 21.

[308] Vgl. *Neu, Norbert*, Stille Gesellschaft, in: Beck Hdb. Personengesellschaften, 2002, § 13, Rn. 21.

[309] Vgl. *Neu, Norbert*, Stille Gesellschaft, in: Beck Hdb. Personengesellschaften, 2002, § 13, Rn. 21.

Zur Geschäftsführung ist grundsätzlich der Inhaber des Handelsgeschäfts unentziehbar berechtigt bzw. verpflichtet (§ 230 Abs. 2 HGB). Die Geschäftsführung ist damit nicht gemeinschaftliche Sache der Gesellschafter, wie es der Regel von § 709 BGB entsprechen würde.[310] Auch das Widerspruchsrecht des Kommanditisten (§ 164 HGB) bei „über den gewöhnlichen Betrieb" hinausgehenden Geschäften steht dem stillen Gesellschafter von gesetzlicher Seite nicht zu.[311] Allerdings braucht der stille Gesellschafter Geschäfte außerhalb des Unternehmensgegenstands, also außerhalb des gemeinsamen Zwecks ebenso wie Grundlagenänderungen im Unternehmen nicht gegen sich gelten lassen.[312]

Die vertragliche Verleihung von Geschäftsführungsbefugnissen an den Stillen ist möglich, Art und Umfang dieser Rechte können dabei sehr verschieden sein: Sie können von Widerspruchs- bzw. Zustimmungsrechten über Weisungsrechte bis zu Geschäftsführungsfunktionen reichen.[313] Sogar die Befugnis, dem Geschäftsinhaber die Geschäftsführung zu entziehen, kann vertraglich verankert werden.[314] Es ist möglich, das Ausmaß der Geschäftsführungsbefugnisse für unterschiedliche Entscheidungsbereiche zu variieren,[315] so kann der Stille ein größeres Mitspracherecht in bestimmten Projekten oder in bestimmten Geschäftsführungsaufgaben (z.B. Produktion, Finanzierung, etc.) zugestanden werden. Der Inhaber des Handelsbetriebs kann sich z.B. auf technische Fragen konzentrieren, der stille Gesellschafter dagegen auf kaufmännische Probleme; alle

---

[310] Die §§ 709 ff. BGB passen allgemein nicht ohne weiteres auf die typisch stille Gesellschaft. So gilt § 712 BGB, wonach die Befugnis zur Geschäftsführung einem Gesellschafter entziehbar ist, für die stille Gesellschaft nicht. Zur Geschäftsführung ist natürlich der Geschäftsinhaber berechtigt, vgl. *Schmidt, Karsten*, in: Münchener Komm. zum Handelsgesetzbuch, 2002, Rn. 178.

[311] Vgl. *Schmidt, Karsten*, in: Münchener Komm. zum Handelsgesetzbuch, 2002, Rn. 178.

[312] Hier steht ihm ein Widerspruchsrecht zu, das er aber bei Kenntnisnahme sofort geltend machen muss, nachträglich ist das nicht mehr möglich. Unerlaubte Umstrukturierungen bleiben im Außenverhältnis wirksam, der stille Gesellschafter ist damit auf sein außerordentliches Kündigungsrecht verwiesen; vgl. *Schmidt, Karsten*, in: Münchener Komm. zum Handelsgesetzbuch, Bd. 3, 2002, Rn. 178.

[313] Vgl. *Schmidt, Karsten*, Gesellschaftsrecht, 2002, S. 1847; *Westermann, Harm Peter*, Vertragsfreiheit und Typengesetzlichkeit im Recht der Personengesellschaften, 1970, S. 315.

[314] Vgl. *Schmidt, Karsten*, in: Münchener Komm. zum Handelsgesetzbuch, Bd. 3, 2002, Rn. 179.

[315] Vgl. *Westermann, Harm Peter*, Vertragsfreiheit und Typengesetzlichkeit im Recht der Personengesellschaften, 1970, S. 315.

wichtigen Entscheidungen müssen dagegen gemeinsam getroffen werden. Bei einer derartigen Gestaltung kann die vermögensrechtliche Beziehung durchaus einem normalen Gläubiger-Schuldner-Verhältnis, also der Situation der typisch stillen Gesellschaft, entsprechen, während die gesellschaftsrechtliche Situation völlig anders ist: Es wird ein gemeinsamer Wille gebildet, d.h. der Wille der Gesellschaft, und dieser ist vom Inhaber des Geschäftsbetriebs auszuführen.[316]

Der stille Gesellschafter kann Vertretungsmacht vereinbaren. Die organschaftliche Vertretung der stillen Gesellschaft ist nicht möglich (da Innengesellschaft), sondern nur die Vertretung des Geschäftsinhabers kann vereinbart werden; zu dieser benötigt der stille Gesellschafter jedoch eine Vollmacht (z.B. Prokura oder Handlungsvollmacht).[317] Im Zuge der Gewinnung von Entscheidungsrechten des Stillen werden die Rechte des Geschäftsinhabers zurückgedrängt, wobei die Grenzen des Gesellschaftsrechts zum Dienstvertrag in dem Moment überschritten werden, in dem der Inhaber über keinerlei eigene Entscheidungsgewalt mehr verfügt, sondern nur noch die Weisungen des Stillen zu befolgen hat.[318] Damit ist der Bereich des gleichberechtigten stillen Gesellschafters eindeutig überschritten, er erhält die Alleingeschäftsführung.[319]

Ob dem stillen Gesellschafter Stimmrechte in der Gesellschaft, an der er still beteiligt ist, eingeräumt werden können, wird in der Literatur kaum diskutiert. Im Umkehrschluss zu der Argumentation, dass bei Genussrechten aufgrund der fehlenden Mitgliedschaft des Genussrechtsinhabers keine Stimmrechte gewährt werden können, müsste dies bei der stillen Gesellschaft möglich sein. Bei der GmbH kann die Satzung auch andere Stimmrechtsverteilungen als die gesetzlich vorgesehene (§ 47 GmbHG) vorsehen.[320] GmbH-Gesellschaftsverträge, die den stillen Gesellschaftern ein Stimmrecht pro bestimmten eingezahlten Kapitalbetrag einräumen, so dass die Stillen sogar über die Stimmenmehrheit verfü-

---

[316] Vgl. *Rasner, Henning*, Die atypische stille Gesellschaft, 1961, S. 76.

[317] Vgl. *Schmidt, Karsten*, Gesellschaftsrecht, 2002, S. 1847; *Westermann, Harm Peter*, Vertragsfreiheit und Typengesetzlichkeit im Recht der Personengesellschaften, 1970, S. 315.

[318] Vgl. *Westermann, Harm Peter*, Vertragsfreiheit und Typengesetzlichkeit im Recht der Personengesellschaften, 1970, S. 315.

[319] Vgl. *Weimar, Robert*, Die GmbH & Still im Fortschritt des Gesellschaftsrechts, in: ZIP, Jg. 14, 1993, S. 1509-1524 (1512).

[320] Ohne Begründung oder Verweis auf eine solche Stimmrechte des stillen Gesellschafters ablehnend *Weigl, Gerald*, Anwendungs- und Problemfelder der stillen Gesellschaft, in: DStR, Jg. 37, 1999, S. 1568-1576 (1570).

gen, wurden schon geschlossen und entsprechende Konsequenzen aus der starken Stellung der stillen Gesellschafter gezogen.[321]

4.2.1.3 ABGRENZUNG: GESELLSCHAFTSRECHTLICH TYPISCH/ATYPISCH

Streng genommen dürfte die Bezeichnung „gesellschaftsrechtlich typisch stille Gesellschaft" nicht mehr verwendet werden, in dem die gesellschaftsvertraglichen Rechte des stillen Gesellschafters über den in § 233 HGB geregelten Umfang hinausgehen. Kleine Erweiterungen der Kontrollrechte würden dann bereits das Gläubiger-Schuldner-Verhältnis gesellschaftsrechtlich umqualifizieren, was vor dem Hintergrund von Darlehensverträgen, die die Rechtsposition des Gläubigers durch Covenants deutlich stärken können, in dieser Strenge möglicherweise nicht gerechtfertigt ist. Gläubiger können über vertragliche Begrenzungsklauseln Einfluss auf Investitions- und Finanzierungsentscheidungen, Ausschüttungspolitik, etc. nehmen, verlassen aber nicht ihre Gläubigerstellung.[322]

Der wohl entscheidende Unterschied ist, dass der Gläubiger mit Covenants a priori bestimmte Begrenzungen festsetzt, deren Einhaltung er dann kontrollieren und Verstöße entsprechend sanktionieren muss. Besitzt der stille Gesellschafter Mitspracherechte, werden nicht schon bei Vertragsschluss Begrenzungen festgelegt, sondern der Stille kann bei jeder einzelnen Entscheidung Einfluss geltend machen. Problematisch ist bei Covenants als a priori festgesetzten Beschränkungen, dass z.B. wirksam ein Unterinvestitionsverhalten unterbunden werden kann, aber gleichzeitig ein Überinvestitionsproblem geschaffen wird.[323] Wirtschaftlich vorteilhafte Entscheidungen können u.U. nicht getroffen werden, obwohl der Gläubiger bei genauer Kenntnis der Entscheidungssituation zustimmen würde, weil er keine Schädigung zu befürchten hat, die Unterbindung ihm im Vorfeld jedoch sinnvoll erschien. Der Einfluss von Gläubigern durch Covenants ist prinzipiell indirekt und kontrollierend, der Einfluss von Financiers mit Mitspracherechten eher direkt und gestaltend.

Natürlich darf dieser direkte Einfluss, will man ihm eine Bedeutung zusprechen, nicht auf wenige Geschäftsentscheidungen beschränkt sein, sondern es muss z.B. ein umfangreicher Katalog zustimmungspflichtiger Geschäfte vereinbart sein. Neben vertraglicher Vereinbarung dieser Mitspracherechte im Gesellschaftsvertrag der stillen Gesellschaft kann der Stille auch über eine parallel bestehende Gesellschafterstellung, z.B. als Kommanditist, Einfluss ausüben. Dabei ist fraglich, ob diese faktischen,

---

[321] Vgl. *BGH*, Urteil vom 07.11.1988 – II ZR 46/88, in: WM, Jg. 43, 1989, S. 14-16.

[322] Vgl. *Drukarczyk, Jochen*, Theorie und Politik der Finanzierung, 1993, S. 328-336.

[323] Vgl. *Drukarczyk, Jochen*, Theorie und Politik der Finanzierung, 1993, S. 333.

aber nicht im Gesellschaftsvertrag begründeten Mitspracherechte die stille Gesellschaft zur gesellschaftsrechtlich atypisch stillen Gesellschaft werden lassen. Dann könnte eine stille Gesellschaft gesellschaftsrechtlich atypisch sein, auch wenn der Gesellschaftsvertrag genau dem gesetzlichen Leitmodell der stillen Gesellschaft folgt und es käme nicht darauf an, ob die Mitspracherechte im Gesellschaftsvertrag vereinbart wurden, sondern ganz einfach darauf, ob der stille Gesellschafter sie ausüben kann. Mit einer solchen Betrachtung ist jedoch eine Vermischung von Rechtsverhältnissen verbunden. In der hier vorgenommenen Abgrenzung wird gesellschaftsrechtlich daher im Sinne von gesellschafts*vertraglich* verstanden. Parallel bestehende Rechtsverhältnisse führen hier nicht zu einer abweichenden Beurteilung.

Das Merkmal gesellschaftsrechtlich atypisch soll hier so definiert werden, dass bedeutende Mitspracherechte in Form von Veto-, Zustimmungs- bzw. Stimmrechten, und/oder Weisungs- und Geschäftsführungsbefugnissen vorliegen müssen. Eher schwacher Einfluss durch auf bestimmte Entscheidungen beschränkte Vetorechte kann dabei durch Kombination mit der Geschäftsführungstätigkeit z.B. eines Unternehmensbereichs ausgeglichen werden. Die Grenze zwischen typisch und atypisch verläuft damit zwischen Informations- und Kontrollrechten gem. § 233 HGB und Mitspracherechten wie Abbildung 16 zeigt.

Gesellschaftsrechtliche Atypizität der stillen Gesellschaft

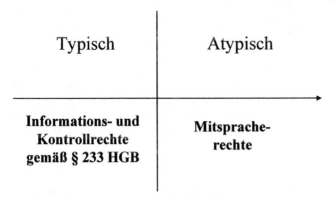

Abbildung 16: Gesellschaftsrechtliche Atypizität der stillen Gesellschaft

4.2.2 DIE ATYPISCH STILLE GESELLSCHAFT IM BILANZ-/HANDELSRECHTLICHEN SINN

Die Qualifikation stiller Beteiligungen als Eigen- oder Fremdkapital und ihre bilanzielle Behandlung ist strittig. Selbst die dem gesetzlichen Vorbild (§§ 230 ff. HGB) entsprechende typische stille Einlage macht in der Frage der Zuordnung zu Eigen- oder Fremdkapital Probleme. Das liegt nicht nur an dem hybriden Charakter stiller Einlagen, sondern auch daran, dass verbreitete Definitionen von Eigen- und Fremdkapital es nicht erlauben, bestimmte Kapitalformen eindeutig Eigen- oder Fremdkapital zuzuordnen.[324] Trotzdem wird kaum ein anderes Begriffspaar in der Betriebswirtschaftslehre vergleichbar selbstverständlich und mit fehlendem Problembewusstsein gehandhabt wie das von Eigen- und Fremdkapital.[325] Im Folgenden werden, gestützt auf neue juristische und wirtschaftswissenschaftliche Beiträge Abgrenzungskriterien entwickelt, mit denen stille Beteiligungen bilanzrechtlich zugeordnet werden können.

4.2.2.1 QUALIFIZIERUNG STILLER EINLAGEN ALS EIGEN- ODER FREMDKAPITAL

Man unterscheidet grundsätzlich zwei Formen, einem Unternehmen im Wege der Außenfinanzierung Mittel zuzuführen:

• die Eigen- oder Beteiligungsfinanzierung durch bisherige oder neue Eigentümer und

• die Zuführung von Fremdkapital durch neue bzw. bisherige Gläubiger oder bisherige Eigentümer (Gesellschafterdarlehen).

Führt ein bisheriger Eigentümer Kapital zu, kann es sich dabei sowohl um Eigen- als auch um Fremdkapital handeln. Die Rolle, die eine Partei bei der bisherigen Unternehmensfinanzierung gespielt hat, weist keine bindende Wirkung auf. Bei der Frage, ob die Kapitalzuführung eines Dritten Eigen- oder Fremdmittelcharakter hat, betritt man ein Rechtsfeld, in dem sich Schuld- und Gesellschaftsrecht überschneiden.[326] Während die Ausgabe von Aktien oder ein Bankkredit vergleichsweise leicht zugeordnet werden kann, führt die Einordnung der stillen Gesellschaft zu Proble-

---

[324] Vgl. *Swoboda, Peter,* Der Risikograd als Abgrenzungskriterium von Eigen- versus Fremdkapital, in: FS Wittmann, 1985, S. 343-361; *Schneider, Dieter,* Messung des Eigenkapitals als Risikokapital, in: DB, Jg. 40, 1987, S. 185-191.

[325] Vgl. *Müller, Welf,* Wohin entwickelt sich der bilanzrechtliche Eigenkapitalbegriff?, in: FS Budde, 1995, S. 445-463 (445).

[326] Vgl. *Schmidt, Karsten,* Die Kreditfunktion der Stillen Einlage, in: ZHR, Jg. 140, 1976, S. 475-493 (476).

men. Es gibt vier Möglichkeiten, die typisch stille Beteiligung nach §§ 230 ff. HGB einzuordnen.[327]

1. Die stille Beteiligung ist Beteiligungsfinanzierung.

2. Die stille Beteiligung ist nur bei Verlustbeteiligung Beteiligungsfinanzierung.

3. Die stille Beteiligung ist bei Verlustbeteiligung und bei Vorliegen weiterer Erfordernisse Beteiligungsfinanzierung.

4. Die stille Beteiligung ist Fremdfinanzierung.

Zu 1.: Diese Ansicht war bis in die siebziger Jahre hinein weit verbreitet.[328] Die Vertreter dieser Meinung stützten sich maßgeblich auf eine kleine Zahl von Urteilen des *BGH* und des *RG*,[329] die im Wesentlichen aufgrund der Sichtweise der stillen Beteiligung als BGB-Gesellschaft ihre Qualifizierung als Kreditverhältnis ablehnten. Zum einen sah man in der Verlustbeteiligung des stillen Gesellschafters, die ja unter Umständen den Verlust der gesamten stillen Beteiligung bedeuten könne, den entscheidenden Grund dafür, dass es sich nicht um „Leihkapital", sondern um „verantwortliches Kapital" handele.[330] Aber auch bei Fehlen der Verlustbeteiligung bejahte man aufgrund der „gesellschaftlichen Verbundenheit des stillen Gesellschafters mit dem Geschäftsinhaber und der Treuepflicht der Gesellschafter zueinander" die Zuordnung der stillen Einlage zum „verantwortlichen Kapital" und eine Behandlung analog zum Eigenkapital.[331] Zum anderen argumentierte man, der stille Gesellschafter habe keinen Vermögensanspruch – wie alle persönlichen Gläubiger des Geschäftsinhabers – sondern ein Mitgliedschaftsrecht; er sei damit nicht schutzbedürftig wie die Vergleichsgläubiger, er sei durch das Kündigungsrecht gemäß § 723 BGB ausreichend geschützt.[332]

---

[327] Vgl. *Schmidt, Karsten*, Die Kreditfunktion der Stillen Einlage, in: ZHR, Jg. 140, 1976, S. 475-493 (476/ 477) unterscheidet nur drei Formen. Er sieht in – nach der folgenden Nummerierung – 3. keine eigenständige Möglichkeit.

[328] Vgl. *Schmidt, Karsten*, Die Kreditfunktion der Stillen Einlage, in: ZHR, Jg. 140, 1976, S. 475-493 (477) m.w.N.

[329] Vgl. *RG*, Urteil vom 29.01.1942 – II 118/41, in: RGZ 168, S. 284-288; *BGH*, Urteil vom 30.01.1952 – II ZR 200/51, in: BGHZ 4, S. 364-369; *BGH*, Urteil vom 29.10.1952 – II ZR 16/52, in: JZ, Jg. 8, 1953, S. 225-227; *BGH*, Urteil vom 24.02.1969 – II ZR 123/67, in: BGHZ 51, S. 350-356.

[330] Vgl. *RG*, Urteil vom 29.01.1942 – II 118/41, in: RGZ 168, S. 284-288.

[331] Vgl. *BGH*, Urteil vom 30.01.1952 – II ZR 200/51, in: BGHZ 4, S. 364-369.

[332] Vgl. *BGH*, Urteil vom 24.02.1969 – II ZR 123/67, in: BGHZ 51, S. 350-356 (353).

Die in diesen Urteilen unterstellte Unvereinbarkeit von Gesellschafts-
und Kreditverhältnis sei nach abweichender Meinung unbegründet, da
Gesellschafterbeitrag i.S.d. § 705 BGB nicht nur eine in das Gesellschaftsvermögen einzubringende Einlage sein kann, sondern ebenso die
Beschaffung von Fremdmitteln.[333]

Als unabdingbare Eigenkapitaleigenschaft weist die (typisch) stille Beteiligung allerdings die ergebnisabhängige Vergütung im Gegensatz zu einem festen Zinsanspruch auf. Diese Abgrenzung trennt Eigen- und
Fremdkapital nach dem Merkmal Ergebnisab- bzw. -unabhängigkeit.[334]
Gegen diese Art der Abgrenzung lässt sich einwenden, dass geringfügige Erfolgsabhängigkeit, z.B. variable Zinsvereinbarungen dann bereits
die Kapitalstruktur manipulierbar mache.[335] Dieses Merkmal allein reicht
für die Qualifizierung als Eigenkapital nicht aus.

Zu 2.: Es wird die Ansicht vertreten, bereits die Teilnahme des stillen Gesellschafters am Verlust des Handelsunternehmens führe zur Qualifikation als Eigenkapital (siehe auch das Urteil des *RGs* in 1.).[336] Die Verlustbeteiligung des stillen Gesellschafters ist laut Wortlaut von § 231 Abs. 2
und § 232 Abs. 2 HGB der gesetzliche Regelfall. Damit wäre der Charakter der stillen Gesellschaft in der Regel Eigenkapital. Begründet wird die
Qualifikation der stillen Beteiligung als Eigenkapital mit der Position des
stillen Gesellschafters, die noch schwächer sei als diejenige eines Gläubigers, der Rangrücktritt erklärt habe: Der stille, am Verlust teilnehmende
Gesellschafter gehe im Rang nicht nur allen anderen Gläubigern nach,
er teile sich in der Rangfolge die Position mit den Gesellschaftern.[337]
Stellt man auf die Rangfolge der Bedienung ab, ist aber nicht nur die
Rangfolge der Bedienung bei periodisch erzieltem Gewinn oder Verlust
zu betrachten, sondern insbesondere die Behandlung im Insolvenzfall.

---

[333] *Karsten Schmidt* hat mehrfach darauf hingewiesen, dass Einlage und Beitrag
nicht synonym verwendet dürfen (vgl. u.a., Die Kreditfunktion der Stillen Einlage,
in: ZHR, Jg. 140, 1976, S. 475-493 (478)).

[334] Vgl. *Schneider, Dieter*, Messung des Eigenkapitals als Risikokapital, in: DB, Jg.
40, 1987, S. 185-191 (186).

[335] Vgl. *Schneider, Dieter*, Messung des Eigenkapitals als Risikokapital, in: DB, Jg.
40, 1987, S. 185-191 (186); *Swoboda, Peter*, Der Risikograd als Abgrenzungskriterium von Eigen- versus Fremdkapital, in: FS Wittmann, 1985, S. 343-361
(347/348).

[336] Vgl. *Knobbe-Keuk, Brigitte*, Bilanz- und Unternehmenssteuerrecht, 1993, S. 110;
Lutter, Marcus, Zur Bilanzierung von Genussrechten, in: DB, Jg. 49, 1993, S.
2441-2446 (2444/2445).

[337] Vgl. *Knobbe-Keuk, Brigitte*, Bilanz- und Unternehmenssteuerrecht, 1993, S. 110.

Gerade im Insolvenzfall tritt die wirtschaftliche Funktion der stillen Beteiligung besonders deutlich hervor.[338]

Im Insolvenzfall gilt für den stillen Gesellschafter folgende gesetzliche Regelung:

> **§ 236 [Insolvenz des Inhabers]** (1) Wird über das Vermögen des Inhabers des Handelsgeschäfts das Insolvenzverfahren eröffnet, so kann der stille Gesellschafter wegen der Einlage, soweit sie den Betrag des auf ihn fallenden Anteils am Verlust übersteigt, seine Forderung als Insolvenzgläubiger geltend machen.
>
> (2) Ist die Einlage rückständig, so hat sie der stille Gesellschafter bis zu dem Betrage, welcher zur Deckung seines Anteils am Verlust erforderlich ist, zur Insolvenzmasse einzuzahlen.

Der stille Gesellschafter kann also seine Forderung als Insolvenzgläubiger geltend machen. Damit steht der stille Gesellschafter bei periodisch erzieltem Gewinn bzw. Verlust bei einfacher Gewinn- bzw. Verlustbeteiligung in der Rangfolge auf gleicher Position wie ein Gesellschafter und im Insolvenzfall auf der Position eines ungesicherten Gläubigers. Diese Zwitterstellung ist Ursache für die Schwierigkeiten der Zuordnung einer stillen Beteiligung. Bei der Beurteilung dieser Zwitterstellung hat sich die Meinung durchgesetzt, dass die Fremdkapitalmerkmale bei der typisch stillen Beteiligung stärker wiegen. Erziele das Unternehmen Gewinne, werde der stille Gesellschafter mit vergleichbarer Sicherheit wie ein Gläubiger bedient.[339] Droht ein Verlust und ist der stille Gesellschafter am Verlust beteiligt, kann er kündigen. Im Insolvenzfall wird der stille Gesellschafter als Insolvenzgläubiger behandelt. Diese Merkmale der stillen Beteiligung bilden die Grundlage für die nächste Ansicht, die sich als die herrschende Meinung durchgesetzt hat.

Zu 3.: Die Einlage des typisch stillen Gesellschafters gemäß §§ 230 ff. HGB ist nach h.M.[340] Fremdkapital. Die Qualifizierung stiller Einlagen als bilanzielles Eigenkapital komme nur in Frage, wenn folgende Kriterien kumulativ erfüllt seien:[341]

---

[338] Vgl. *Schmidt, Karsten*, Gesellschaftsrecht, 2002, S. 1862.

[339] Von bilanzpolitischen Maßnahmen zur Verringerung des Gewinnausweises und des Anteils des stillen Gesellschafters sei hier zur Vereinfachung abgesehen.

[340] Vgl. *Blaurock, Uwe*, Handbuch der stillen Gesellschaft, 2003, Rn. 13.85; *Carlé, Dieter*, GmbH & atypisch Still im Steuerrecht und Gesellschaftsrecht, in: KÖSDI, Jg. 32, 1999, S. 12189-12194 (12189); *Ellrott, Helmut/Ring, Maximilian*, in: Beck Bil.-Komm., 2003, § 247, Rn. 234; *Reinhard, Herbert*, in: Küting/Weber, Handbuch der Rechnungslegung, Bd. Ia, 1995, § 247, Rn 97; *Schmidt, Karsten*, Gesellschaftsrecht, 2002, S. 1862.

[341] Vgl. *Adler, Hans/Düring, Walter/Schmaltz, Kurt*, § 246, in: Rechnungslegung und Prüfung der Unternehmen, 1995, Rn. 90; *Ellrott, Helmut/Ring, Maximilian*, in:

- Kündigung der auf Dauer überlassenen stillen Einlage von beiden Parteien längerfristig nicht möglich;

- Nachrangigkeit des Rückzahlungsanspruchs nach allen anderen Gläubigern im Liquidationsfall und abweichend von § 236 Abs.1 HGB keine Möglichkeit des stillen Gesellschafters im Insolvenzfall, seine Forderung als Insolvenzgläubiger geltend zu machen;

- Verlustbeteiligung der stillen Einlage bis zur vollen Höhe.

Damit muss die stille Einlage, will sie als Eigenkapital qualifiziert werden, in zweierlei Hinsicht zusätzliche Eigenkapitalmerkmale aufweisen: Zum einen steht Eigenkapitalausstattung i.d.R. unbefristet, Fremdkapitalausstattung dagegen vertraglich befristet zur Verfügung und zum anderen dient Eigenkapital als Puffer vor einem Insolvenzverfahren, Fremdkapital dagegen nicht.[342] Während die Verlustbeteiligung eine gesetzlich vorgesehene und damit typische Eigenschaft der stillen Gesellschaft ist, steht eine fehlende Kündbarkeit der Regelung in § 723 BGB entgegen und das fehlende Recht im Insolvenzverfahren eine Forderung anmelden zu dürfen, widerspricht § 236 HGB. Damit ergibt sich folgende Abgrenzung:

Stille Beteiligung		
Nicht gesetzlich vorgesehen (*atypisch*)		Gesetzlich vorgesehen (*typisch*)
Mit Verlust- beteiligung		*Ohne* Verlust- beteiligung
Dauerhaft überlassen, längerfristig unkündbar		
Nachrangigkeit		
EK		**FK**

Abbildung 17: Der bilanzielle Eigenkapitalcharakter atypisch stiller Einlagen

Wie sind die drei Voraussetzungen isoliert als Kriterium für die Unterscheidung von typisch/atypisch bzw. Eigen-/Fremdkapital nun zu beurteilen? Für die Abgrenzung typisch/atypisch stellt sich die Verlustbeteiligung allein als gänzlich irrelevant heraus, da auch der typisch stille Gesellschafter am Verlust beteiligt sein kann (§ 231 Abs. 2 HGB). Für die Unterscheidung Eigen-/Fremdkapital gilt die Verlustbeteiligung als ein Merkmal, das allein auch unschädlich ist. Der typisch still Beteiligte kann

---

Beck Bil.-Komm., 2003, § 247, Rn. 233; *Reinhard, Herbert*, in: Küting/Weber, Handbuch der Rechnungslegung, Bd. Ia, 1995, § 247, Rn. 97.

[342] Vgl. *Schneider, Dieter*, Messung des Eigenkapitals als Risikokapital, in: DB, Jg. 40, 1987, S. 185-191 (187).

daher am Verlust beteiligt sein und trotzdem kann die Beteiligung zum Fremdkapital zählen.

Das Merkmal der Befristung ist zur Unterscheidung von Eigen- und Fremdkapital kaum geeignet.[343] Es gibt sowohl kurzfristig zur Verfügung gestelltes Eigenkapital als auch langfristige Kreditfinanzierung. *Schneider* argumentiert, dass mit dem Eigenkapitalmerkmal „unbefristet bereitgestellt" weniger der absolute Zeitraum als die planmäßige bzw. vertragliche Vereinbarung eines Rückzahlungszeitpunktes gemeint sei.[344] Es komme demnach darauf an, ob die stille Einlage von vorneherein nur für eine bestimmte Frist bereitgestellt wurde oder nicht. In Abgrenzung des absoluten Zeitraums könne vom Merkmal der „dauerhaften Kapitalüberlassung" gesprochen werden, wenn ursprüngliche Überlassung für mindestens 5 Jahre erfolgt ist.[345]

Für die Beendigung einer stillen Gesellschaft ist gesetzlich, also bei typischer Ausgestaltung, folgende Regelung vorgesehen:

> **§ 234 [Kündigung der Gesellschaft; Tod des stillen Gesellschafters]** (1) Auf die Kündigung der Gesellschaft durch einen der Gesellschafter oder durch einen Gläubiger des stillen Gesellschafters finden die Vorschriften der §§ 132, 134 und 135 entsprechende Anwendung. Die Vorschriften des § 723 des Bürgerlichen Gesetzbuches über das Recht, die Gesellschaft aus wichtigen Gründen ohne Einhaltung einer Frist zu kündigen, bleiben unberührt.
>
> (2) Durch den Tod des stillen Gesellschafters wird die Gesellschaft nicht aufgelöst.

Durch den Verweis auf §§ 132, 134 und 135 HGB in § 234 HGB wird deutlich, dass auch die typisch stille Gesellschaft auf unbestimmte Zeit eingegangen werden kann. Wenn aber unbefristete Überlassung vereinbart ist, erhalten die Kündigungsmöglichkeiten Bedeutung. Es kommt damit nicht nur auf das Merkmal „dauerhafte Überlassung" an, sondern zusätzlich auf „längerfristige Unkündbarkeit", so dass das zweite Merkmal im Grunde aus zwei Teilen besteht. Problematisch bei der Beurteilung der Kündigungsmöglichkeiten ist, dass zwischen kündbar und nicht kündbar weitere Abstufungen möglich sind, wie z.B. sofort und jederzeit kündbar, nur unter bestimmten Voraussetzungen/Bedingungen, nur unter Einhaltung bestimmter Kündigungsfristen, etc. Probleme können

---

[343] *Dieter Schneider* verweist darauf, dass die Befristung als Unterscheidungsmerkmal zwischen Eigen- und Fremdkapital rein inhaltlich falsch ist, „weil innerhalb eines Planungszeitraums selbstverständlich jede Kapitalausstattung ‚befristet' werden kann" (*Schneider, Dieter*, Messung des Eigenkapitals als Risikokapital, in: DB, Jg. 40, 1987, S. 185-191 (186)).

[344] Vgl. *Schneider, Dieter*, Messung des Eigenkapitals als Risikokapital, in: DB, Jg. 40, 1987, S. 185-191 (187).

[345] Vgl. *Heymann, Gerd*, in: Beck HdR, 2003, B 231, Rn 24.

durch nicht klar formulierte Kündigungsbedingungen i.S.v. schwer nach-
prüfbaren Kriterien entstehen.

Die Kündigung einer stillen Gesellschaft bedarf keiner Form, für die ordentliche Kündigung einer auf unbefristeten Zeit eingegangenen stillen
Gesellschaft gelten die Vorschriften für die OHG, d.h. Kündigung nur
zum Schluss eines Geschäftsjahres unter Einhaltung einer Kündigungsfrist von sechs Monaten (§ 132 HGB); dies gilt auch für die auf Lebenszeit eines Gesellschafters eingegangene oder stillschweigend fortgesetz-
te stille Gesellschaft (§ 134 HGB).[346] Daneben haben Geschäftsinhaber
und stiller Gesellschafter gem. §§ 234, 723 Abs. 2 Satz 2 und 3 HGB bei
Vorliegen eines wichtigen Grundes auch ein unabdingbares außerordentliches Kündigungsrecht, so z.B. wenn die Fortsetzung unzumutbar
geworden ist oder wenn die Erfüllung einer Beitragspflicht unmöglich geworden ist.[347] Interessant ist, dass wohl auch Unrentabilität ein derartiger
Grund sein kann. Der stille Gesellschafter erhält ein Recht auf fristlose
Kündigung, wenn über mehrere Jahre kein Gewinn erwirtschaftet wurde
bzw. ihm die Ausübung seiner Kontrollrechte derartig erschwert wurde,
dass das gegenseitige Vertrauen gestört sei.[348]

Das Merkmal „dauerhafte Überlassung" kann die typisch stille Beteiligung nach gesetzlichem Modell (§ 234 Abs. 1 Satz 1 HGB) problemlos
erfüllen, ohne als atypisch ausgestaltet zu gelten. Doch selbst dann ist
die stille Beteiligung zumindest längerfristig, wenn nicht gar kurzfristig
(innerhalb eines Jahres) kündbar. Mit der Kündigungsmöglichkeit zum
Ende des Geschäftsjahres und unter Einhaltung einer Frist von 6 Monaten wird die Kündigung je nach Zeitpunkt des Kündigungsbeschlusses
nach einem Zeitraum zwischen einem halben und anderthalb Jahren
wirksam. Daneben besteht ein außerordentliches Kündigungsrecht, das
vertraglich nicht ausgeschlossen werden kann. Damit ist die Bedingung
der längerfristigen Unkündbarkeit nicht gegeben. Das zweite Eigenkapitalmerkmal – nach der Verlustbeteiligung – ist daher für typische stille
Gesellschaften nur z.T. gesetzlich vorgesehen. Zur Abgrenzung von ty-
pisch/atypisch kann nicht allein auf die dauerhafte Überlassung, sondern
muss zusätzlich auf die längerfristige Unkündbarkeit abgestellt werden.
Atypisch wird die Einlage, wenn vertraglich keine zeitliche Begrenzung

---

[346] Vgl. *Biaurock, Uwe*, Handbuch der stillen Gesellschaft, 2003, Rn. 15.21; *Polzer,
Anna-Dorothea*, in: MünchHdb. StG, 2004, § 91, Rn. 2, 3.

[347] Vgl. *Blaurock, Uwe*, Handbuch der stillen Gesellschaft, 2003, Rn. 15.30; *Polzer,
Anna-Dorothea*, in: MünchHdb. StG, 2004, § 91, Rn. 7-10.

[348] Vgl. *Polzer, Anna-Dorothea*, in: MünchHdb. StG, 2004, § 91, Rn. 11.

der Überlassung vereinbart und die Kündigungsfrist für ordentliche Kündigungen deutlich über den gesetzlichen Zeitrahmen hinaus erweitert ist.

Zentrales Kriterium für die Zuordnung zum Eigenkapital wird damit die Nachrangigkeit.[349] Damit wird auf das Merkmal von Eigenkapital als Verlust- bzw. Insolvenzpuffer abgestellt.[350] Hat der stille Gesellschafter Rangrücktritt erklärt,[351] kann er im Insolvenzverfahren seine Forderung wegen der Einlage nicht gleichrangig mit den anderen Gläubigern geltend machen. Inhalt des Rangrücktritts ist die Bestimmung der Position in der Bedienungsrangfolge. Die Formulierung ist ausschlaggebend für die Bilanzierung in Handelsbilanz und Überschuldungsstatus und damit für den erreichten Zweck des Rangrücktritts.[352]

Eine Befriedigung nach allen anderen Gläubigern reicht hier nicht aus. Sie gilt nur im Liquidationsfall, im Insolvenzfall darf der Stille nicht gem. § 236 HGB seine (Rest-)Einlage als Insolvenzforderung geltend machen. Es ist ein grundsätzlicher Unterschied, eine Forderung im Insolvenzverfahren nicht anmelden zu dürfen oder mit seiner angemeldeten Forderung nach allen anderen Gläubigern bedient zu werden. Der Unterschied besteht in der Bedienung entsprechend der Quote bzw. in der Vorrangigkeit vor den Eigentümern, die ja ihre Einlageforderungen, etc. im Insolvenzverfahren auch nicht geltend machen dürfen. Darf der stille Gesell-

---

[349] Vgl. *Reusch, Peter*, Eigenkapital und Eigenkapitalersatz im Rahmen der stillen Gesellschaft, in: BB, Jg. 44, 1989, S. 2358-2365 (2359/2360); *Reusch* sieht in der Verlustbeteiligung allein kein ausschlaggebendes Kriterium für die Qualifizierung als Eigenkapital, auch er weist mit Verweis auf § 10 Abs. 4 KWG dem Rangrücktritt entscheidende Bedeutung zu.

[350] Vgl. *Schneider, Dieter*, Messung des Eigenkapitals als Risikokapital, in: DB, Jg. 40, 1987, S. 185-191 (187).

[351] Beim *Rangrücktritt* kann der Gläubiger erklären, mit seinen Ansprüchen hinter die der übrigen Gläubiger des Schuldners in der Höhe zurückzutreten, in der sich ohne Rangrücktritt eine Überschuldung ergeben würde, d.h. seine Forderungen sind nur aus künftigen Jahresüberschüssen, aus einem die sonstigen Verbindlichkeiten übersteigenden Vermögen oder aus dem Liquidationsüberschuss zu befriedigen, wenn die Überschuldung nicht auf anderem Weg nachhaltig beseitigt wird, vgl. *Peters, Klaus*, Der vertragliche Rangrücktritt von Forderungen, in: WM, Jg. 42, 1988, S. 685-694 (685). Zu problematischen Formulierungen von Rangrücktrittserklärungen vgl. *Priester, Hans-Joachim*, Gläubigerrücktritt zur Vermeidung der Überschuldung, in: DB, Jg. 30, 1977, S. 2429-2434 (1430/1431).

[352] *Schulze-Osterloh* gibt einen Überblick über in der Praxis verwendete Formulierungen und deren Unterschiede (vgl. *Schulze-Osterloh, Joachim*, Rangrücktritt, Besserungsschein, eigenkapitalersetzende Darlehen, in: WP, Jg. 49, 1996, S. 97-106 (97)). Auf den qualifizierten Rangrücktritt wird in Abschnitt 4.2.2.4 genauer eingegangen.

schafter seine Forderung nicht anmelden, wird er den Eigentümern in der Rangfolge gleichgestellt. Die stille Einlage ist damit haftendes Eigenkapital und die Rangrücktrittsvereinbarung kann Mittel sein, Insolvenztatbestände im Krisenfall abzuwenden.[353]

Fraglich ist bei dieser Abgrenzung zwischen Eigen- und Fremdkapital, ob als zusätzliches Eigenkapitalmerkmal nicht auch das Recht auf Geschäftsführungsbefugnisse aufgenommen werden müssten. Damit würden sich gesellschafts- und handelsrechtliche Abgrenzung überschneiden. Bei Rechtsformen mit unbeschränkter Haftung liegt in der Regel die Leitungsbefugnis bei den unbeschränkt haftenden Eigenkapitalgebern, bei den Rechtsformen mit beschränkter Haftung wählen die Anteilseigner die Leitungsorgane.[354] Eine Verknüpfung zwischen Eigenkapitalgeberschaft und Leitungsbefugnis i.S.v. Geschäftsführung und Vertretungsmacht scheint damit die Regel in der Wirtschaftspraxis zu sein. Dennoch ist eine Verknüpfung aus mehreren Gründen „keineswegs zwingend".[355] Nicht zwingend bedeutet aber gleichzeitig auch, dass es möglicherweise sinnvoll sein könnte, die Leitungsbefugnisse zur Erreichung der Unternehmensziele, so u.a. der Verlustvermeidung, in der Hand zu belassen, die einen Verlustpuffer bereitstellt und damit das volle Verlustrisiko übernommen hat. *Duden* und *Schilling* haben dafür plädiert, dass stärker an das Unternehmen gebundenen Kapitalgebern ein höherer Einfluss auf Leitung und Geschicke des Unternehmens gebühre als solchen, die in der Lage sind, sich jederzeit vom Unternehmen lösen und andere an ihre Stelle treten zu lassen.[356] Es ist schwierig abzugrenzen, inwieweit „Herrschaftsrechte" vorliegen müssen, um die Zuordnung zu Eigenkapital wirklich zu rechtfertigen, was das Eigenkapitalindiz Geschäftsführungsbefugnisse wieder manipulierbar macht.[357]

---

[353] Vgl. *Kling, Stephan*, Forderungsverzicht mit Besserungsklausel oder Rangrücktritt?, Neuere Rechtsentwicklungen des GmbH-Eigenkapitalersatzrechts nach eineinhalb Jahren InsO, in: NZG, Jg. 4, 2000, S. 872-875.

[354] Vgl. *Schneider, Dieter*, Messung des Eigenkapitals als Risikokapital, in: DB, Jg. 40, 1987, S. 185-191 (187).

[355] *Dieter Schneider* führt an, dass die Forderung nach Einheit von Eigentum und Verfügungsmacht die Effizienz von Kapitalmärkten für Anteilsrechte leugne und dass die Arbeitsqualifikation ein ökonomisch anderer Sachverhalt sei als die Bereitstellung eines Verlustpuffers (vgl. *Schneider, Dieter*, Messung des Eigenkapitals als Risikokapital, in: DB, Jg. 40, 1987, S. 185-191 (187)).

[356] Vgl. *Schilling, Wolfgang*, Rechtsform und Unternehmen, in: FS Duden, 1977, S. 537-553 (550).

[357] Vgl. *Swoboda, Peter*, Der Risikograd als Abgrenzungskriterium von Eigen- versus Fremdkapital, in: FS Wittmann, 1985, S. 343-361 (345, 348).

Was obige Abgrenzungsmerkmale auch unberücksichtigt lassen, ist, dass Eigenkapitalgeber nicht nur das Risiko übernehmen, ihre Einlage sowie die periodische Bedienung dieser Einlage zu verlieren, sondern dass sie im Ausgleich dafür auch voll an den Chancen, d.h. am Zuwachs des Unternehmenswertes teilhaben. Eigenkapital ist Kapital mit unternehmenswertabhängigem Auseinandersetzungsanspruch.[358] Obwohl diese Abgrenzung eindeutig scheint – von vornherein fixierte oder variable Rückzahlungsansprüche sind zweifellos differenzierbar – ist dieses Kriterium zu Recht als zu leicht manipulierbar abgelehnt worden.[359] So sei es vertraglich ganz einfach möglich, den Rückzahlungsbetrag prozentual anzuheben, z.B. wenn die Bilanzsumme in bestimmtem Umfang zugenommen hat. Andererseits wären klar gewinnabhängige Ansprüche bei fixierter Rückzahlung stets Fremdkapital, auch wenn sie u.U. viel risikobehafteter wären.

Zu 4.: Ein Teil der Literatur spricht von dem „Kreditcharakter" oder der „Darlehensähnlichkeit" typisch stiller Einlagen. Tatsächlich beabsichtigte der Gesetzgeber ursprünglich, die stille Beteiligung haftungsrechtlich dem Darlehen gleichzusetzen: „In keinem Falle sei das Verhältnis von demjenigen verschieden, welches sich ergebe, wenn einem Kaufmann das zum Betriebe oder zur Erweiterung seines Geschäfts erforderliche Geld dargeliehen werde."[360] Es ist nach den Vorschriften zur typisch stillen Gesellschaft zu fragen, die diesen Fremdkapitalcharakter erkennen lassen.

Der typisch stille Gesellschafter (Typ 1) hat einen nominellen Rückzahlungsanspruch, er erhält einen Quotenanteil nur im Insolvenzfall.[361] Deutlichste Gläubigervorschrift ist § 236 HGB (Insolvenz des Inhabers), der in Abs. 1 dem stillen Gesellschafter das Recht gibt, seine Einlage, soweit sie bei gegebener Verlustbeteiligung nicht durch Verluste aufgezehrt ist, als Insolvenzforderung geltend zu machen. Dieses Recht ist dem Kommanditisten, mit dem der stille Gesellschafter in gesellschaftsrechtlichen Aspekten gern verglichen wird, versagt, seine Einlage ist haftendes Kapi-

---

[358] Vgl. *Swoboda, Peter*, Der Risikograd als Abgrenzungskriterium von Eigen- versus Fremdkapital, in: FS Wittmann, 1985, S. 343-361 (349).

[359] Vgl. *Swoboda, Peter*, Der Risikograd als Abgrenzungskriterium von Eigen- versus Fremdkapital, in: FS Wittmann, 1985, S. 343-361 (348).

[360] Wörtliches Zitat aus der Rede des Abgeordneten (ADHGB-Protokolle); zitiert nach *Schmidt, Karsten*, Das Vollstreckungs- und Insolvenzrecht der stillen Gesellschaft, in: KTS, Jg. 38, 1977, S. 1-22 und 65-80 (15).

[361] Vgl. *Schneider, Dieter*, Messung des Eigenkapitals als Risikokapital, in: DB, Jg. 40, 1987, S. 185-191 (186).

tal. Gemäß Abs. 2 braucht der stille Gesellschafter eine rückständige Einlage nur in der Höhe zahlen, in der sein Verlustanteil gedeckt werden muss. Damit trägt der typische, am Verlust beteiligte stille Gesellschafter die ihm zugeteilten Verluste endgültig.[362] Dem stillen Gesellschafter droht jedoch nicht – im Gegensatz zum Kommanditisten – bei nicht einge- brachter Einlage in Höhe der Haftsumme mit seinem gesamten Vermö- gen haften zu müssen. Der nicht am Verlust beteiligte stille Gesellschaf- ter ist dem Kreditgeber gleichgestellt. Unter Risikogesichtspunkten kann dem typischen stillen Gesellschafter daher im schlechtesten Fall passie- ren, aus seiner Einlage keine periodischen Einzahlungen zu erhalten und seine Einlage nur in Höhe der Insolvenzquote zurückzuerhalten, und auch bei Verlustbeteiligung droht im schlechtesten Fall der Verlust der gesamten Einlage. Der stille Gesellschafter kann also niemals mehr ver- lieren als das, was er bereits aus der Hand gegeben hat.[363] Hat er aller- dings seine zugesagte Einlage (noch) nicht geleistet bzw. vorzeitig zu- rückgefordert, ist er verpflichtet, bei Insolvenz des Geschäftsinhabers „den Betrag, welcher zur Deckung seines Anteils am Verlust erforderlich ist, zur Insolvenzmasse einzuzahlen" (§ 236 Abs. 2 HGB).

Der stille Gesellschafter darf seine besonderen gesellschaftsrechtlichen Beziehungen zum Inhaber des Handelsgeschäfts bzw. seine besonderen Kontrollrechte gemäß § 233 HGB nicht dafür benutzen, sich einen Ver- mögensvorteil zu beschaffen. Hat er einen Vermögensvorteil erlangt, verweist ihn § 136 InsO [364] auf seine Position als Insolvenzgläubiger[365]: Unter folgenden *objektiven* Bedingungen ist eine Rechtshandlung, durch die einem stillen Gesellschafter die Einlage ganz oder teilweise erlassen

---

[362] Vgl. *Schmidt, Karsten*, Gesellschaftsrecht, 2002, S. 1863.

[363] Vgl. *Schmidt, Karsten*, Das Vollstreckungs- und Insolvenzrecht der stillen Gesell- schaft, in: KTS, Jg. 38, 1977, S. 1-22 und S. 65-80 (5, 65, 66, 69).

[364] § 136 InsO ist aus „rechtssystematischen Gründen" (BT-Drucks. 12/2443, S.161) an die Stelle des aufgehobenen § 237 HGB getreten. Der alte § 237 HGB passte nicht in die Konzeption der neuen InsO: Die Frist läuft jetzt ein Jahr vor Antragstellung, nicht wie in der alten KO, ein Jahr vor Verfahrenseröffnung, also bedeutend früher (vgl. *Obermüller, Manfred/Hess, Harald*, InsO, 1999, Rn. 344; *Stodolkowitz, Heinz Dieter*, in: MünchKomm InsO, 2002, § 136, Rn. 1). Nach *Braun* kommt dem § 136 besondere Bedeutung zu, da der stille Gesellschafter nicht nach den Eigenkapitalersatzregeln haftet, vgl. *Braun, Eberhard*, in: InsO, Komm., 2002, § 136, Rn. 1. In der Praxis spielt diese Vorschrift kaum eine Rolle, vgl. *Stodolkowitz, Heinz D.*, in: MünchKommInsO, 2002, § 136, Rn. 1.

[365] Vgl. *Zeuner, Mark*, in: Smid, Stefan (Hrsg.), InsO, Komm., 2001, § 136, Rn. 1.

wird oder sein Anteil am Verlust ganz oder teilweise erlassen wird, anfechtbar (vgl. § 136 Abs. 1 Satz 1 InsO): [366]

1. Stille Gesellschaft gemäß §§ 230 ff. HGB;

2. Insolvenz des Geschäftsinhabers;

3. Besondere Vereinbarung zur Einlagenrückgewähr bzw. zum Verlusterlass i.s.v. einer kausalen Abrede;

4. Im letzten Jahr vor dem Antrag auf Verfahrenseröffnung;

5. Rückgewähr durch Zuwendung des Geschäftsinhabers an den stillen Gesellschafter bzw. Erfüllungssurrogat.

Mit § 136 InsO liegt eine Gläubigerschutzvorschrift vor, die es dem Insolvenzverwalter ermöglicht, masseschmälernde Rechtsgeschäfte im Vorfeld einer Verfahrenseröffnung zwar nicht nichtig zu machen, aber den Empfänger zur Rückgewähr zu verpflichten. Die Vorschrift ist nur an objektive Voraussetzungen gebunden (vgl. 1. bis 5.), sodass es unerheblich ist, ob aus „billigenswerten Motiven"[367] gehandelt wurde. Abs. 2 schließt die Anfechtung aber aus, wenn der Grund für die Verfahrenseröffnung erst nach der betreffenden Vereinbarung eingetreten ist.

§ 136 InsO verlängert den Geltungsbereich von § 236 HGB, der den stillen Gesellschafter bei Insolvenz des Geschäftsinhabers in Bezug auf die Rückgewähr seiner Einlage auf die Quote verweist, auf das zeitliche Vorfeld des Verfahrens.[368] Vor der Novellierung des GmbH-Gesetzes erwogen verschiedene Autoren die Regelung in § 136 InsO, vorher § 237 (342 a.F.) HGB, auf die Problematik kapitalersetzender Darlehen entsprechend anzuwenden.[369] Man vermutete, dass vergleichbare Fälle vorlägen: Die Einlage des Stillen Gesellschafters sei ein Darlehen und damit

---

[366] Vgl. *Eickmann, Dieter*, in: Heidelberger Kommentar zur InsO, 2001, § 136, Rn. 6; *Hirte, Heribert*, in: Uhlenbruck, Wilhelm (Hrsg.), InsO, Komm., 2003, § 136, Rn. 5-10; *Wimmer, Klaus*, in: Frankfurter Komm. zur InsO, 2002, § 136, Rn. 1; *Zeuner, Mark*, in: Smid, Stefan (Hrsg.): InsO, Komm., 2001, § 136, Rn. 3-17.

[367] *Wimmer, Klaus*, in: Frankfurter Kommentar zur InsO, 2002, § 136, Rn. 1.

[368] Vgl. *Wimmer, Klaus*, in: Frankfurter Kommentar zur InsO, 2002, § 136, Rn. 1.

[369] Vgl. *Scholz, Franz (Begr.)/Crezelius, Georg*, §§ 32a, 32b, in: Kommentar zum GmbH-Gesetz, 2000, Rn. 19; *Sonnenberger, Hans-Jürgen*, Das Darlehen des GmbH-Gesellschafters als Mittel der Gesellschaftsfinanzierung, in: NJW, Jg. 22, 1969, S. 2033-2038 (2036); *Steindorff, Ernst*, Buchbesprechung von Kamprad, Balduin, Gesellschafterdarlehen an die GmbH als verdeckte Stammeinlagen, in: ZHR, Jg. 132, 1969, S. 280-282 (281); *Tittel, Hans-Ullrich*, Gesellschafterdarlehen im Konkurs der GmbH, 1969, S. 52.

mit dem Darlehen eines GmbH-Gesellschafters vergleichbar.[370] Die Vorschrift hat jedoch nicht die geeigneten Rechtsfolgen, um sich für die Problematik von Gesellschafterdarlehen zu empfehlen, denn sie führt nicht zur Gleichsetzung einer Forderung mit haftendem Kapital, die Forderung kann weiterhin im Insolvenzverfahren geltend gemacht werden, sie macht nur die Vorabbefriedigung eines Gläubigers auf Kosten der restlichen Insolvenzgläubiger rückgängig.[371]

Möchte man typisch/atypisch stille Einlagen bzw. Eigen-/Fremdkapital voneinander abgrenzen, kann eine Umqualifizierung aufgrund zwingender Eigenkapitalersatzregeln grundsätzlich eine Rolle spielen. Aufgrund des häufig hybriden Charakters stiller Einlagen und der dadurch verursachten Bilanzierungsprobleme können sowohl Einlagen, die in der Bilanz unter Fremdkapital als auch die, die zwischen Eigen- und Fremdkapital ausgewiesen werden, von einer Umqualifikation in Eigenkapital betroffen sein. Für die Umqualifikation in Eigenkapital sind andere Kriterien zu prüfen als für den bilanziellen Ausweis unter Eigenkapital. Beide Abgrenzungskriterien sind zu analysieren und daraufhin zu prüfen, ob sie für die gesuchte Abgrenzung von typisch/atypisch bzw. Eigen-/Fremdkapital hilfreich sind. Im folgenden Abschnitt wird zunächst eine mögliche Anwendung der Eigenkapitalersatzregeln auf stille Beteiligungen geprüft.

4.2.2.2 Anwendung von Eigenkapitalersatzregeln auf stille Beteiligungen

Die folgenden Ausführungen beziehen sich in weiten Teilen ausschließlich auf die Gesellschaft mit beschränkter Haftung. Die Notwendigkeit von zwingenden Eigenkapitalersatzregeln folgt aus der Tatsache, dass die Regelungen zum Aufbringen und zum Schutz des Mindesteigenkapitals vor Entzug durch Ausschüttung bzw. Kapitalherabsetzung unterlaufen werden, wenn bilanzielle Verluste zur Aufzehrung des Eigenkapitals führen.[372] Führt ein Gesellschafter, von dem zu recht angenommen werden kann, dass er die Unterkapitalisierung seiner Gesellschaft erkennen muss, dann Kapital in Form von Fremdkapital zu bzw. lässt er frühere Darlehen stehen, können diese nachrangig werden.

Neben diesem zwingenden gibt es den vereinbarten Eigenkapitalersatz, den *Rangrücktritt*. Kennzeichnend ist hier, dass die Gleichstellung mit

---

[370] Vgl. *Mincke, Wolfgang*, Kreditsicherung und kapitalersetzende Darlehen, in: ZGR, Jg. 16, 1987, S. 521-544.

[371] Vgl. *Scholz, Franz (Begr.)/Crezelius, Georg*, §§ 32a, 32b, in: Kommentar zum GmbH-Gesetz, 2000, Rn. 19.

[372] Vgl. *Drukarczyk, Jochen*, Gesellschafterdarlehen, Rechtsprechungsgrundsätze des BGH und § 32a GmbHG, in: FS Schneider, 1995, S. 173-202 (173).

haftendem Eigenkapital beabsichtigt ist (vgl. 4.2.2.1). Unabhängig davon, ob ein Darlehen dem gesetzlich zwingenden Eigenkapitalersatz unterliegt, kann eine Rangrücktrittsabrede erklärt werden.[373] Liegt eine solche vor, erübrigt sich die Prüfung der gesetzlichen Eigenkapitalersatzkriterien, eine Behandlung als haftendes Eigenkapital erfolgt bei entsprechender Formulierung der Rangrücktrittserklärung. Von den Rangrücktrittserklärungen zu unterscheiden sind *Finanzplanabreden*. Der Nachrang wird zwar auch bei diesen vereinbart, während der Rangrücktritt sich aber auf einen einzelnen Darlehensvertrag bezieht, ist die Finanzplanabrede Bestandteil der Satzung, Gegenstand eines Gesellschafterbeschlusses oder einer schuldrechtlichen Nebenabrede der Gesellschafter, also ein spezifisch gesellschaftsrechtliches Phänomen.[374] Im Folgenden wird der (gesetzlich) zwingende Eigenkapitalersatz behandelt.

Das Recht der eigenkapitalersetzenden Darlehen ist nicht Bestandteil des Insolvenzrechts, auch wenn es im Insolvenzfall häufig am deutlichsten in Erscheinung tritt, sondern ein Problem der Unternehmensfinanzierung.[375] Durch den hybriden Charakter stiller Beteiligungen sind stille Gesellschaften auf mehrfache Weise vom Eigenkapitalersatzrecht betroffen: Zunächst können stille Einlagen – bei Fremdkapital-ähnlicher Ausgestaltung – selbst umqualifiziert werden, wenn ein Gesellschafter zusätzlich diese stille Einlage geleistet hat. Dann gelten für stille Einlagen wie für Darlehen die Eigenkapitalersatzregeln. Sie können auf der anderen Seite – bei Eigenkapital-ähnlicher Ausgestaltung – für den stillen Gesellschafter wie für den Gesellschafter Finanzierungsverantwortung begründen. Dann sind von dem Stillen gewährte Darlehen von der Umqualifikation bedroht. Dies gilt auch, wenn das parallel gewährte Darlehen eine typisch stille Beteiligung ist, wenn also von einem stillen Gesellschafter gleichzeitig eine typisch und eine atypisch ausgestaltete Einlage eingebracht wurde. Die folgende Tabelle stellt die Fälle zusammen.

---

[373] Vgl. *Schmidt, Karsten*, Gesellschaftsrecht, 2002, S. 1153.

[374] Vgl. *Habersack, Mathias*, Grundfragen der freiwilligen oder erzwungenen Subordination von Gesellschafterkrediten, in: ZGR, Jg. 29, 2000, S. 384-419 (386).

[375] Vgl. *Drukarczyk, Jochen*, Finanzierung, 2003, S. 410-416; *Schmidt, Karsten*, Insolvenzordnung und Gesellschaftsrecht, in: ZGR, Jg. 27, 1998, S. 633-671 (657).

Gesellschafterdarlehen und stille Beteiligung

Fall 1: Stiller $\xrightarrow{\text{Gesellschafter}}$ (Ges.) Typ. stille Bet.	Umqualifiziert wird u.U. die *typisch* stille Beteiligung gem. §§ 230 ff. HGB.	Grund für die Umqualifikation ist die parallele Gesellschafter-stellung.
Fall 2: Stiller $\xrightarrow{\text{Atyp. stille Bet.}}$ (Ges.)	Die *atypisch* stille Beteiligung unterliegt u.U. den Kapitalerhaltungsregeln.	Der Gesellschaftsvertrag gewährt dem Stillen annähernd Gesellschafter-Stellung.
Fall 3: Stiller $\xrightarrow{\text{Atyp. stille Bet.}}$ (Ges.) Darl./Typ.stille Bet.	Umqualifiziert wird u.U. das Darlehen, die typisch stille Beteiligung gem.§§ 230 ff. HGB, sonst. Verb.	Grund für die Umqualifikation ist die parallele Gesellschafter-stellung durch die atyp. stille Ges.

Abbildung 18: Anwendung der Eigenkapitalersatzregeln auf stille Beteiligungen

(1) Der still Beteiligte ist zugleich Gesellschafter. Seine stille Einlage ist gesetzestypisch gem. §§ 230 ff. HGB ausgestaltet, stellt also Fremdkapital dar. Von der Umqualifikation bedroht ist die typisch stille Beteiligung als Gesellschafterdarlehen.

(2) Der still Beteiligte ist atypisch still beteiligt, wobei der Gesellschaftsvertrag ihm einem Gesellschafter annähernd gleichstellt. Aufgrund seiner weitgehenden Gesellschafterstellung kann auch die atypisch stille Beteiligung umqualifiziert werden, sofern ihre Zuordnung zum Eigenkapital nicht per se eindeutig ist.[376]

(3) Der still Beteiligte ist atypisch still mit angenäherter Gesellschafterstellung beteiligt. Von der Umqualifikation bedroht sind alle parallelen Darlehen, Bürgschaften und sonstige Leistungen des stillen Gesellschafters, wobei diese auch in Form zusätzlicher typisch stiller Beteiligungen gem. §§ 230 ff. HGB vorliegen können.

Zu (1): Der erste Fall ist insoweit unproblematisch, weil ein typischer Fall von Gesellschafterdarlehen vorliegt. Es ist nicht verboten, der eigenen Gesellschaft Kredite zu gewähren bzw. dieser Fremdkapital in Form stil-

---

[376] Wenn die stille Einlage wie Eigenkapital zu behandeln ist, ist eine Umqualifizierung nicht nötig; vgl. *Herrmann, Horst*, Fremdfinanzierung durch Gesellschafter aus handelsrechtlicher und konkursrechtlicher Sicht, in: 50 Jahre Wirtschaftsprüferberuf, 1981, S. 151-183 (160).

ler Einlagen zur Verfügung zu stellen. Vielmehr können einer Unternehmensfinanzierung, bei der Fremd- und Eigenkapital in einer Hand liegen, Vorteile zugesprochen werden.[377] Tritt jedoch der Fall ein, dass die Gesellschaft für Dritte kreditunwürdig ist, müssen die Gesellschafter die von ihnen gewährte Kredite ggf. als haftendes Eigenkapital zur Befriedigung von Gläubigeransprüchen zur Verfügung zu stellen. In der Rechtsprechung wird argumentiert, die Umqualifikation sei vor dem Hintergrund des Gläubigerschutzes nötig, weil Gesellschafterdarlehen Nachteile für Drittgläubiger mit sich brächten, indem sie den Eigentümern die Möglichkeit gäben, Finanzierungsrisiko auf die Gläubiger abzuwälzen.[378]

Zu (2): Im zweiten Fall ist der still Beteiligte nicht zugleich Gesellschafter, seine Einlage i.S.v. §§ 230 ff. HGB ist jedoch atypisch ausgestaltet. Hier liegt ein potentielles Anwendungsgebiet von Eigenkapitalersatzregeln vor,[379] weil grundsätzlich anerkannt ist, dass auch Nicht-Gesellschafter Leistungsempfänger und somit nach § 31 Abs. 1 GmbHG zur Rückgewähr verpflichtet sein können.[380] Auch § 32a GmbHG weitet in Abs. 3 den Anwendungsbereich auf Dritte aus, die Gesellschaftern gleich zu behandeln sind. Fraglich ist nun, unter welchen Bedingungen Dritte zwingend wie Gesellschafter zu behandeln sind.

---

[377] So entfallen alle Kosten, die durch Konflikte zwischen Eigentümern und Gläubigern entstehen (zu möglichen Konflikten zwischen Eigentümern und Gläubigern vgl. *Drukarczyk, Jochen*, Theorie und Politik der Finanzierung, 1993, Kap. 10, S. 301-349). Es entfallen auch alle Kosten für die Kreditwürdigkeitsprüfung und Kreditkontrolle. Vertragsbedingungen können problemlos angepasst werden. Das Risiko unerwarteter Kündigungen entfällt fast gänzlich. Verschuldungsgrade auf höherem Niveau und damit verbundene Steuervorteile und Unternehmenswertsteigerungen können realisiert werden. Zu weiteren Vorteilen vgl. *Drukarczyk, Jochen*, Theorie und Politik der Finanzierung, 1993, S. 610.

[378] Vgl. *BGH*, Urteil vom 24.03.1980 – II ZR 213/77, in: NJW, Jg. 33, 1980, S. 1524-1527 (1524). Nun sind Gesellschafterdarlehen, obwohl sie seit Jahrzehnten diskutiert werden, noch weit davon entfernt, als unproblematisch zu gelten. Im Gegenteil hat die Einführung von § 32a GmbHG die Behandlung von Gesellschafterdarlehen keinesfalls geklärt, sondern neue Probleme geschaffen. Die Literatur zu Gesellschafterdarlehen ist daher sehr umfangreich. Im Rahmen dieser Arbeit können nur einige Aspekte beleuchtet werden. Es wird auf die umfangreiche Literatur zu Gesellschafterdarlehen verwiesen.

[379] Vgl. dazu auch *Renner, Cornelius*, Die Stellung des atypisch stillen Gesellschafters in der Insolvenz des Geschäftsinhabers, in: ZIP, Jg. 23, 2002, S. 1430-4136.

[380] Vgl. *Baumbach, Adolf/Hueck*, in: GmbH-Gesetz, Kommentar, 2000, § 30, Rn. 17; *Reusch, Peter*, Eigenkapital und Eigenkapitalersatz im Rahmen der stillen Gesellschaft, in: BB, Jg. 44, 1989, S. 2358-2365 (2362). Es werden zwei Beispiele genannt: Leistung der Gesellschaft an einen Dritten für Rechnung des Gesellschafters und an nahe Angehörige des Gesellschafters.

„Wer sich als stiller Gesellschafter am Handelsgewerbe einer GmbH beteiligt, unterliegt den Grundsätzen zur Erhaltung des Stammkapitals ebenso wie der GmbH-Gesellschafter, wenn er – wie dieser – die Geschicke der GmbH bestimmt sowie an Vermögen und Ertrag beteiligt ist."[381] Damit hat der *BGH* zwei Kriterien bestimmt, die den stillen Gesellschafter in bezug auf die Aufwendung von Eigenkapitalersatzregeln dem GmbH-Gesellschafter gleichstellt: Geschäftsführungsbefugnisse und Beteiligung am Gesamtvermögen incl. stiller Reserven. Der *BGH* verlässt damit die streng am Gesetz orientierte Sichtweise und betont die Finanzierungsverantwortung, welche auch einem stillen Gesellschafter bei entsprechender Ausgestaltung seiner Position in der Gesellschaft für die GmbH zukommen kann.[382] Ausschließlich der typische stille Gesellschafter, der seine Einlage im Insolvenzverfahren geltend machen kann, soweit sie nicht durch seine Beteiligung am Verlust aufgezehrt wurde, ist i.d.R. nicht verpflichtet, das Stammkapital der GmbH zu erhalten.

Die Gleichstellung des atypisch stillen Gesellschafters mit dem GmbH-Gesellschafter leitet der *BGH* aus der Analyse des Gesellschaftsvertrages ab: Im Sachverhalt des Urteils vom 07.11.1989 waren 19 stille Gesellschafter in einer stillen Publikumsgesellschaft am Geschäftsvermögen und den stillen Reserven einer GmbH beteiligt. Sie hatten mehr als die Hälfte des stimmberechtigten Kapitals und konnten über den nur aus stillen Gesellschaftern bestehenden Beirat, der die Geschäftsführung überwachen sollte, mittelbar Einfluss auf die Geschäftsführung ausüben. Damit wurden beide Kriterien bejaht und die Eigenkapitalersatzregeln entsprechend angewandt. Die stillen Gesellschafter wurden als „die im Innenverhältnis eigentlichen Inhaber des Unternehmens" für eine ordentliche Finanzierung der Gesellschaft – analog zu GmbH-Gesellschaftern – verantwortlich gemacht.[383] In der Urteilsbegründung verwies der *BGH* ausdrücklich darauf, dass man die Rechte eines GmbH-Gesellschafters

---

[381] *BGH*, Urteil vom 07.11.1988 – II ZR 46/88, in: WM, Jg. 43, 1989, S. 14-16 (14); das BGH-Urteil stellt damit klar, was das früher ergangene Urteil des *OLG Hamburg* nur angedeutet hat, ohne auf Rechtsfolgen einzugehen; vgl. *OLG Hamburg*, Urteil vom 16.05.1986 – 11 U 219/85, in: WM, Jg. 40, 1980, S. 826-828 (828).

[382] Vgl. *Reusch, Peter*, Eigenkapital und Eigenkapitalersatz im Rahmen der stillen Gesellschaft, in: BB, Jg. 44, 1989, S. 2358-2365 (2363); *Schmid, Jürgen/Hamann, Hartmut*, Die Einlage des atypisch stillen Gesellschafters als haftendes Eigenkapital, in DStR, Jg. 30, 1992, S. 950-953.

[383] *BGH*, Urteil vom 07.11.1988 – II ZR 46/88, in: WM, Jg. 43, 1989, S. 14-16 (15).

nicht in gleichzeitiger Umgehung der mit der Gesellschafterstellung verbundenen Pflichten erlangen könne.[384]

Interessant ist das Urteil aus mehreren Gründen. Zunächst erstaunt die Trennung der Kriterien Beteiligung am Gesamtvermögen und Geschäftsführungsbefugnisse, da man bei der GmbH typischerweise den geschäftsführenden Gesellschafter vor Augen hat und daher die Kopplung von stimmberechtigtem Kapital und Stimmrechtsausübung in bezug auf die Geschäftsführung gewohnt ist. Über eine atypische stille Gesellschaft ist es möglich, sich nicht nur am Gesamtvermögen (incl. stiller Reserven) einer GmbH zu beteiligen, sondern über die Einrichtung eines Beirats, also eines fakultativen Organs, und über einen Katalog zustimmungspflichtiger Geschäfte Einfluss auf die Geschäftsführung zu nehmen. Der Beiratsbegriff ist schillernd, die Bandbreite reicht vom funktionslosen Ausschuss bis zum Geschäftsführungsgremium.[385] Der *BGH* betont daher auch die Maßgeblichkeit der Vertragsgestaltung im Einzelfall, da nur aus den dort vereinbarten Regelungen auf die tatsächliche Stellung des stillen Gesellschafters in der Gesellschaft geschlossen werden kann. Eine Beiratsverfassung kann die gesetzlich festgelegten Zuständigkeiten jedoch nicht beliebig ändern: So sind in der mitbestimmten GmbH die Befugnisse des Aufsichtsrats zwingend, d.h. können nicht auf ein anderes Organ verlagert werden.[386] Gesellschafterbefugnisse können – abgesehen vom „Kernbereich" der Mitgliedschaft, zu dem Stimmrecht, Gewinnbeteiligung, Recht auf Liquidationserlös, Informationsrechte gehören – auf Beiräte nur dann verlagert werden, wenn die Gesellschafter den Beirat bestellen und überwachen.[387] Auf den Beirat über ein (angenähertes) Geschäftsführungsgremium hinaus weitere Kompetenzen zu verlagern, ist schwierig: Satzungsänderungen bzw. Beschlüsse zur Struktur-

---

[384] Ob genauso zu urteilen ist, wenn nur eines der Kriterien erfüllt ist, gilt als strittig. Man geht davon aus, dass eines der beiden Kriterien ausreiche, da der *BGH* maßgeblich darauf abstelle, ob die Position des Stillen wirtschaftlich mehr der eines GmbH-Gesellschafters oder eines externen Darlehensgebers entspreche; vgl. *Schmid, Jürgen/Hamann, Hartmut*, Die Einlage des atypisch stillen Gesellschafters als haftendes Eigenkapital, in: DStR, Jg. 28, 1992, S. 950-953 (952).

[385] Vgl. *Hölters, Wolfgang*, Der Beirat in der GmbH, in: BB, Jg. 32, 1977, S. 105-112; *Schmidt, Karsten*, Gesellschaftsrecht, 2002, S. 1110; *Steding, Rolf*, Der Unternehmensbeirat – Rechtsstellung, Funktion und Zusammensetzung, in: BuW, Jg. 53, 1999, S. 381-384.

[386] Vgl. *Schmidt, Karsten*, Gesellschaftsrecht, 2002, S. 1110.

[387] Vgl. *Schmidt, Karsten*, Gesellschaftsrecht, 2002, S. 1110 und 471/472.

änderung der Gesellschaft bleiben zwingend im Entscheidungsbereich der Gesellschafter.[388]

Zu (3): Was für die atypisch stille Einlage gem. (2) gilt, gilt zwangsläufig auch für parallel gewährte Darlehen, Bürgschaften, typ. stille Beteiligungen und sonstige Leistungen des stillen Gesellschafters. Auch sie unterliegen den Kapitalerhaltungsregeln, wenn der stille Gesellschafter einem Gesellschafter annähernd gleichgestellt ist.[389]

Eine besondere Gestaltung atypisch stiller Gesellschaften mit Verbandscharakter stellen *gesplittete* oder *gespaltene Kommanditeinlagen* dar. Solche bestehen, wenn eine einheitliche, auf die Haftsumme anzurechnende Einlage geleistet wird, die nur im Innenverhältnis in eine Kommanditeinlage und eine stille Beteiligung aufgeteilt ist.[390] Der *BGH* stellt in diesen Fällen die stille Beteiligung dem Haftkapital gleich, wenn sie „notwendiger Bestandteil der Beitrittsverpflichtung des Kommanditisten" und „zur Erreichung des Gesellschaftszwecks unerläßlich" ist.[391] Ein Ausschluss der Verlustbeteiligung im Gesellschaftsvertrag kann dabei vor Umqualifizierung nicht schützen.[392]

4.2.2.3 BILANZIELLE BEHANDLUNG UND BEWERTUNG STILLER EINLAGEN

Da die stille Gesellschaft Innengesellschaft ohne eigenes Gesamthandsvermögen ist, ist sie selbst nicht bilanzierungspflichtig.[393] Bilanzierungspflichtig sind ausschließlich der Inhaber des Handelsgewerbes und u.U. der stille Gesellschafter. Beim stillen Gesellschafter erfolgt eine bilanzielle Erfassung nur, wenn er gem. § 242 Abs. 1 HGB i.V.m. § 238 Abs. 1 HGB zur Aufstellung eines Jahresabschlusses verpflichtet ist, seine Stellung als stiller Gesellschafter begründet keine Rechnungslegungspflicht.

Bilanzierungsregeln geben Hinweise über den wirtschaftlichen Charakter einer Bilanzposition. Es ist zu fragen, ob die Bilanzierungsliteratur zu stillen Beteiligungen solche – im Fall der stillen Beteiligung zwingend differenzierenden – Hinweise entwickelt hat.

---

[388] Vgl. *Schmidt, Karsten,* Gesellschaftsrecht, 2002, S. 1110 und 418/419.

[389] Vgl. *Kühn, Wolfgang,* in: MünchHdb. StG, 2004, § 83, Rn. 36.

[390] Vgl. *Kühn, Wolfgang,* in: MünchHdb. StG, 2004, § 73, Rn. 42.

[391] *BGH,* Urteil vom 05.11.1979 – II ZR 145/78, in: WM, Jg. 34, 1980, S. 332-333 (332); *Kühn, Wolfgang,* in: MünchHdb. StG, 2004, § 83, Rn. 39.

[392] Vgl. *Kühn, Wolfgang,* in: MünchHdb. StG, 2004, § 83, Rn. 43.

[393] Vgl. *Neu, Norbert,* in: Beck Hdb. Personengesellschaften, 2002, § 13, Rn. 22, 23. Sie ist nicht bilanzierungspflichtig, d.h. nicht offenlegungspflichtig, sondern „still".

4.2.2.3.1 Bilanzielle Behandlung beim Geschäftsinhaber

Die folgende Tabelle stellt zunächst die Behandlung von typisch stillen und direkten Beteiligungen im Jahresabschluss von Kapitalgesellschaften gegenüber.

Typisch stille und direkte Beteiligungen im Jahresabschluss	
Typisch stille Beteiligung **gem. §§ 230 ff. HGB**	**Direkte Beteiligung** **gem. §§ 271 HGB**
BILANZ **Ansatz:** Pflicht nach § 246 I HGB **Ausweis:** Sonstige Verbindlichkeiten § 266 III C. 8. HGB **Bewertung:** Einlage- bzw. nom. Rückzahlungsbetrag (ohne Verlustbet.) **ANHANG** Keine Pflichtangaben **GuV** Gewinnanteil: Aufwand Bei Verlustbeteiligung: Verlustübernahme: Ertrag	**BILANZ** **Ansatz:** Pflicht nach § 246 I HGB **Ausweis: AV:** § 266 II A. III. 1., 3. u. 5., **UV:** § 266 II B. III. 1., 3. HGB **Bewertung:** Hist. Anschaffungskosten, vermindert um außerplanmäßige Abschreibungen bei dauernder Wertminderung **ANHANG** Pflichtangaben gemäß § 285 Nr. 11 HGB **GuV** außerordentliche Abschreibungen Erträge aus Beteiligungen

Abbildung 19: Erfassung von stillen/direkten Beteiligungen im Jahresabschluss

Die bilanzielle Behandlung *typisch* stiller Einlagen ist nicht unumstritten, dennoch hat sich die h.M. auf die wirtschaftliche Betrachtungsweise i.d.S. geeinigt, dass in der Kapitalhingabe des typisch stillen Gesellschafters ein dem partiarischen Darlehen nahekommendes qualifiziertes Darlehensverhältnis zu sehen ist.[394] Die bilanzielle Beurteilung *atypisch* stiller Einlagen in der Bilanz des Handelsbetriebs ist ebenfalls strittig. Der hybride Charakter dieser Einlagen resultiert nach *Glade* daraus, dass der Stille aus der Einlage selbst nur eine bis zur Auflösung der stillen Gesellschaft aufschiebend bedingte Forderung gegen den Inhaber besitze.[395] Einigkeit besteht indes darüber, dass in der Bilanz des Geschäftsinha-

---

[394] Vgl. *Schmidt, Karsten*, Gesellschaftsrecht, 2002, S. 1838/1839; *Ellrott, Helmut/ Krämer, Andreas*, in: Beck Bil.-Komm., 2003, § 266, Rn. 187; *Reinhard, Herbert*, in: Küting/Weber, Handbuch der Rechnungslegung, Bd. Ia, 1995, § 247, Rn. 97; *o. V.*, Bilanzierungsfragen bei stiller Beteiligung, in: GmbHR, Jg. 79, 1988, R 90; *Schulze zur Wiesche, Dieter*, Zur Bilanzierung von typischen stillen Beteiligungen, in: FS Budde, 1995, S. 579-597 (585) m.w.N.

[395] Vgl. *Glade, Anton*, Praxishandbuch der Rechnungslegung und Prüfung, 1995, § 266, Rn. 577.

bers für die Einlage ein Passivposten angesetzt werden muss. Die Meinungsvielfalt zum Ausweis umfasst alle nur denkbaren Möglichkeiten. Die wichtigsten Alternativen sind

- obligatorischer Ausweis im Fremdkapital,[396]

- Ausweis im Eigenkapital,[397]

- Bildung eines Sonderpostens zwischen Eigenkapital und Rückstellungen und

- Ausweis unter Eigen- oder Fremdkapital je nach Ausgestaltung.[398]

Grundsätzlich sind stille Einlagen beim Geschäftsinhaber als Fremdkapital auszuweisen. Erlangen sie durch atypische vertragliche Elemente Eigenkapitalcharakter, können sie als Sonderposten zwischen Eigen- und Fremdkapital ausgewiesen werden. Dabei ist zu beachten, dass eigenkapitalersetzende oder im Rang zurückgetretene Darlehen weiterhin als Fremdkapital bilanziert werden. Der Ausweis im Eigenkapital kommt für stille Einlagen in Betracht, bei denen vertraglich eine Position des Stillen vereinbart wurde, die der eines Gesellschafters gleichkommt. Faktische Haftungsfunktion der Einlage führen dann nicht zum Eigenkapitalausweis, gewollte Gewinn- und Risikoteilnahme des Stillen wie ein Gesellschafter schon.

Dass dies eine Folge der GoB (§ 243 HGB), genauer des Grundsatzes der Stetigkeit, also der formellen und materiellen Bilanzkontinuität sei, hat *Fleck* hingewiesen: Würde man bei der Zuordnung zu Eigen- und Fremdkapital die Kreditfähigkeit der Gesellschaft berücksichtigen, würde sich der Bilanzausweis nicht nur während der Rechnungsperiode laufend verändern, auch die Situation an den Bilanzstichtagen wären stets verschieden.[399] Diese Betonung des Stetigkeitsprinzips geht *Herrmann* zu weit, da ja nicht die Bewertungsmethoden geändert werden, sondern der Wechsel zwischen Kapitalersatz und Nicht-Kapitalersatz auf Veränderung der Kreditwürdigkeit in Folge einer Veränderung der wirtschaftlichen

---

[396] Vgl. *Heymann, Gerd,* in: Beck HdR, 2003, B 231, Rn. 23; *Reinhard, Herbert,* in: Küting/Weber, Handbuch der Rechnungslegung, Bd. Ia, 1995, § 247, Rn. 97.

[397] Als Bezeichnung für einen eigenen Unterposten im Eigenkapital wurde z.B. „Einlagen atypische stille Gesellschafter" vorgeschlagen, vgl. *Wahl, Adalbert,* Die Vermögenseinlage des atypischen stillen Gesellschafters in der Handelsbilanz und im Überschuldungsstatus der GmbH, in: GmbHR, Jg. 66, 1975, S. 169-177 (173).

[398] Vgl. *Küting, Karlheinz/Kessler, Harald,* in: Küting/Weber, Handbuch der Rechnungslegung, 1995, § 272, Rn. 223.

[399] Vgl. *Fleck, Hans-Joachim,* Bilanzierung kapitalersetzender Gesellschafterdarlehen, in: FS Döllerer, 1988, S. 109-131 (114).

Verhältnisse beruht.[400] Im Hinblick auf die Generalnorm (§ 264 II HGB), nach der ein „den tatsächlichen Verhältnissen entsprechendes Bild" gegeben werden soll, ist *Herrmann* wohl zuzustimmen, da die Kreditwürdigkeit eines Unternehmens für die Beurteilung der Vermögens-, Finanz- und Ertragslage als wichtiges Indiz gilt.

Für die bilanzielle Bewertung der stillen Einlage gilt, dass auf dem Einlagekonto nur der Betrag, der tatsächlich erbracht wurde, als Einlage zu verbuchen ist; dieser Betrag ist nicht um eventuell ausstehende Einlageforderungen aufzustocken. Der Vergleich von *Schulze zur Wiesche* mit Darlehensbetrag und –auszahlung hinkt insofern, dass es bei Verbindlichkeiten mit Disagio auf den zurückzuzahlenden und nicht auf den erhaltenen Betrag ankommt.[401] Unbestritten ist, dass von dem Stillen zu tragende Verlustanteile seine Einlage mindern und vom Einlagekonto abzubuchen sind. Ist die Einlage aufgezehrt, ist der Stille aber keineswegs von seiner Verlustbeteiligung entbunden, sein Einlagekonto wird negativ und kann erst durch spätere Gewinnanteile aufgefüllt werden.

Die periodische Vergütung des stillen Gesellschafters wird in der GuV als Aufwandsposten erfasst, entsprechend sind auf den Stillen entfallende Verlustanteile ertragswirksam. Die Gewinnbeteiligung gem. § 231 Abs. 2 Satz 2 HGB ist unabdingbares Wesensmerkmal der stillen Gesellschaft,[402] daher kommt der Ausweis in der GuV als Zinsaufwand nicht in Betracht.[403] Bei stillen Gesellschaften an Kapitalgesellschaften kann ein Teilgewinnabführungsvertrag angenommen werden.[404]

Im Anhang sind freiwillige Angaben möglich und wünschenswert, jedoch nicht Pflicht. Eine typisch stille Beteiligung ist grundsätzlich nicht bilanzierungspflichtig, da es sich um eine Innengesellschaft meist auf schuldrechtlicher Basis handelt.[405] Zu nennen sind jedoch atypisch stille Beteiligungen, vor allem, wenn der stille Gesellschafter im Innenverhältnis ei-

---

[400] Vgl. *Herrmann, Harald*, Quasi-Eigenkapital im Kapitalmarkt- und Unternehmensrecht, 1996, S. 129/ 130.

[401] Vgl. *Schulze zur Wiesche, Dieter*, Zur Bilanzierung von typischen stillen Beteiligungen, in: FS Budde, 1995, S. 579-597 (589).

[402] Vgl. *Blaurock, Uwe*, Handbuch der stillen Gesellschaft, 2003, Rn. 14.1.

[403] Vgl. *Förschle, Gerhart*, in: Beck Bil.-Komm., 2003, § 275, Rn. 207. Steuerrechtlich stellt der Gewinnanteil des typisch Stillen eine Betriebsausgabe gem. § 4 Abs. 4 EStG dar.

[404] Vgl. *Förschle, Gerhart*, in: Beck Bil.-Komm., 2003, § 277, Rn. 10; *Schulte, Christian/Waechter, Thomas*, Atypische stille Beteiligungen und § 294 AktG – neue Fassung, alte Probleme?, in: GmbHR, Jg. 93, 2002. S. 189-192 (189).

[405] Vgl. *Ellrott, Helmut*, in: Beck Bil.-Komm., 2003, § 285, Rn. 206.

nem Kommanditisten gleichgestellt ist.[406] Für Unternehmensbeteiligungs-gesellschaften gelten jedoch nach § 12 Abs. 2 UBGG folgende Zusatz-angaben im Anhang als Pflicht:

* Anzahl der Anteile u. Beteiligungen als stiller Gesellschafter zum Ab-schlussstichtag;
* Darstellung der Entwicklung des Bestandes jeweils getrennt nach Neuerwerb und Aufstockung sowie Verkauf, Verlust und Liquidation/ Konkurs.

4.2.2.3.2 Die Konten des stillen Gesellschafters

Es werden i.d.R. zwei Konten für den stillen Gesellschafter geführt, das Einlagekonto und das Gewinnkonto.[407] Das Einlagekonto gibt Auskunft über die erbrachten Einlageleistungen des Stillen. Ist Verlustteilnahme vereinbart, verringert dieser gegebenenfalls den Einlagenbetrag. Die Verlustanteile werden damit direkt dem Einlagekonto belastet, dies gilt auch wenn die Verluste die Einlage aufgezehrt haben, d.h. der Saldo des Einlagekontos negativ wird.[408] Dies steht durchaus im Einklang mit § 232 Abs. 2 Satz 1 HGB, wonach die Verlustteilnahme des Stillen auf den Be-trag seiner Einlage beschränkt ist. Er ist – wie der Kommanditist – nicht verpflichtet, Nachschüsse zu leisten, der Verlustausgleich erfolgt durch spätere Gewinnanteile.[409] In der Bilanz des Handelsbetriebs erscheinen diese Beträge dann z.B. als „nicht durch Einlagen gedeckter Verlustanteil des stillen Gesellschafters" am Ende der Aktivseite.[410] Besteht die stille Gesellschaft an einer Kapitalgesellschaft, sind negative Einlagekonten nicht zulässig; die Position Jahresfehlbetrag bzw. Bilanzverlust ist zu bil-den, da die Gefahr besteht, dass entgegen den gesetzlichen Kapitaler-haltungsvorschriften ein Betrag in Höhe des Verlustes als Gewinn aus-geschüttet wird.[411] Gewinne werden dagegen nicht dem Einlagekonto gutgeschrieben, ihre Verbuchung erfolgt über ein gesondertes Gewinn-konto (auch Privat- oder Verrechnungskonto).

---

[406] Vgl. *Felix, Günther*, Zur Angabepflicht stiller Beteiligungen im Anhang des Jah-resabschlusses, in: BB, Jg. 42, 1987, S. 1495/1496; *Dörner, Ulrich/Wirth, Michael*, § 284-288, in: Handbuch der Rechnungslegung, 1995, Rn. 276.

[407] Vgl. *Wolf, Thomas*, Ausgewählte Buchungsfragen zum Eigenkapitalausweis, in: BBK, Nr. 17, 2000, S. 829-838 (838); *Bezzenberger, Gerold/Keul, Thomas*, in: MünchHdb. StG, 2004, § 85, Rn. 30.

[408] Vgl. *Bezzenberger, Gerold/Keul, Thomas*, in: MünchHdb. StG, 2004, § 85, Rn. 30.

[409] Vgl. *Neu, Norbert*, in: Beck Hdb. Personengesellschaften, 2002, § 13, Rn. 28; *Bezzenberger, Gerold/ Keul, Thomas*, in: MünchHdb. StG, 2004, § 85, Rn. 30.

[410] Vgl. *Polzer, Anna-Dorothea*, in: MünchHdb. StG, 2004, § 84, Rn. 18.

[411] Vgl. *Blaurock, Uwe*, Handbuch der stillen Gesellschaft, 2003, Rn. 13.119.

4.2.2.3.3 Bilanzielle Behandlung beim stillen Gesellschafter

Für die Bilanzierung typisch stiller Einlagen im Jahresabschluss des stillen Gesellschafters wird von der h.M. ein Ausweis als Beteiligung abgelehnt, da Rechte aufgrund eines schuldrechtlichen Verhältnisses grundsätzlich nicht zu den Anteilen zählten und das dem Beteiligungsbegriff innewohnende Merkmal der Einflussnahme auf die Geschäftspolitik fehle.[412] Dennoch gibt es Stimmen in der Literatur, die auf die Mitgliedschaft des stillen Gesellschafters in der stillen Gesellschaft verweisend den Ausweis als Anteil an einem verbundenen Unternehmen befürworten.[413] Abgelehnt wird ein Ausweis als Ausleihung, da dort ausschließlich ein schuldrechtliches Vertragsverhältnis vorliegt, wohingegen bei stillen Beteiligungen eine gesellschaftsrechtliche Komponente dazukomme.[414] Damit verbleibt ein Ausweis als Wertpapiere des Anlagevermögens oder als Sonderposten im Rahmen des Finanzanlagevermögens. Ein Ausweis als Beteiligung kommt für atypische stille Beteiligungen dagegen in Betracht, wenn die Anforderungen des § 271 Abs. 1 HGB entsprochen wird. Bei der Frage, ob die Verlustbeteiligung die Einlage des Stillen zu einem Anteil i.S.d. § 271 Abs. 1 Satz 1 HGB mache, kann spiegelbildlich die Diskussion zum Ausweis beim Geschäftsinhaber wiederholt werden: Folgerichtig wäre ein Ausweis typisch stiller Beteiligungen als „Sonstige Ausleihungen", wenn keine Zuordnung zum Eigenkapital aufgrund besonderer Umstände erfolgt ist (vgl. 4.2.2.3.1).[415] Aber auch ein Ausweis als sonstiger Vermögensgegenstand[416] oder als Forderung[417] wird diskutiert.

---

[412] Vgl. *Adler, Hans/Düring, Walter/Schmaltz, Kurt,* in: Rechnungslegung und Prüfung der Unternehmen, Kommentar, § 271, Rn. 7; *Dusemond, Michael/Knop, Wolfgang,* in: Küting/Weber, Handbuch der Rechnungslegung, 1995, § 266, Rn. 46. Einen Überblick gibt wiederum *Schulze zur Wiesche, Dietrich,* Zur Bilanzierung von typischen stillen Beteiligungen, in: FS Budde, 1995, S. 579-597.

[413] Vgl. *Hense, Heinz Hermann,* Die stille Gesellschaft im handelsrechtlichen Jahresabschluß, 1990, S. 398ff. Zu beachten sind die Voraussetzungen des § 290 HGB.

[414] Vgl. *Dusemond, Michael/Knop, Wolfgang,* in: Küting/Weber, Handbuch der Rechnungslegung, 1995, § 266, Rn. 46.

[415] Vgl. *Schulze zur Wiesche, Dietrich,* Zur Bilanzierung von typischen stillen Beteiligungen, in: FS Budde, 1995, S. 579-597 (593/594).

[416] Vgl. *Kaldenbach, Peter,* Bilanzierung stiller Beteiligungen bei negativem Kapitalkonto im Konzernabschluß, in: BB, Jg. 52, 1997, S. 1089-1092 (1090).

[417] *Westerfelhaus* lehnt die Bilanzierung als Forderung mit Hinweis auf den gesetzlichen Tatbestand der stillen Einlage ab; vgl. *Westerfelhaus, Herwarth,* Die stille Gesellschaft im Bilanzrecht, in: DB, Jg. 41, 1988, S. 1173-1179 (1178).

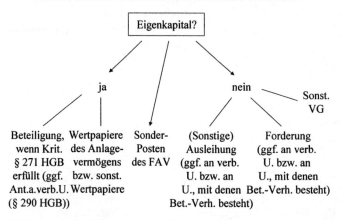

Abbildung 20: Bilanzierung stiller Beteiligungen beim stillen Gesellschafter

Die Bewertung stiller Einlagen in der Bilanz des Stillen erfolgt nach allgemeinen Bilanzierungsregeln zu Anschaffungskosten, vermindert um Abschreibungen gem. § 253 Abs. 2 HGB. Die Berücksichtigung von Verlustanteilen sei über Abschreibungen zu berücksichtigten. Dies ist zwar umstritten, Einschränkungen (z.B. nur bei Werten unter den historischen Anschaffungskosten) führen aber zu Abweichungen der Ansätze von Geschäftsinhaber und Stillen.[418]

---

[418] Es gibt zwar keinen Bilanzierungsgrundsatz, der besagt, dass sich Forderungen und Verbindlichkeiten in den Bilanzen der Partner eines schuldrechtlichen Verhältnisses entsprechen müssen, dennoch werden Bedenken geäußert, wenn ein Gläubiger seine Forderung höher bewertet als der Schuldner (Spiegelbildmethode). Vgl. *Schulze zur Wiesche, Dietrich*, Zur Bilanzierung von typischen stillen Beteiligungen, in: FS Budde, 1995, S. 579-597 (593/594); *Hense, Heinz Hermann*, Die stille Gesellschaft im handelsrechtlichen Jahresabschluß, 1990, S. 362.

4.2.2.3.4 Bewertung stiller Einlagen

Die Besonderheiten stiller Beteiligungen setzen sich in Besonderheiten bei der Bewertung fort, die sich bei praktischer Durchführung einer Bewertung nur durch vereinfachende Annahmen ausschalten bzw. bewältigen lassen. Für die Bewertung wichtige, gesellschaftsvertraglich zu regelnde Aspekte sind:[419]

* Zeitliche Befristung der stillen Beteiligung;

* Voraussetzungen der Übertragung an Dritte;

* Geltende Rechnungslegungsvorschriften für das Beteiligungsunternehmen;[420]

* Regelungen über Informations-, Kontroll-, und Zustimmungsrechte;

* Regelungen zum Anspruch des stillen Gesellschafters bei Auseinandersetzung.[421]

Diskutiert wurde die Bewertung stiller Beteiligungen im Rahmen der Gesetzesentwürfe des Zweiten Vermögensbeteiligungsgesetzes zu §§ 25b, 25d, 25g KAGG insbesonders in den Jahren 1985 und 1986. Ins KAGG aufgenommen wurde eine auf dem Ertragswertverfahren basierende Wertermittlung für stille Beteiligungen in Beteiligungs-Sondervermögen, deren Angemessenheit von einem Abschlussprüfer, der nicht Abschlussprüfer der Kapitalanlagegesellschaft sein darf, bestätigt werden muss. Scharf kritisiert hat dieses Bewertungsverfahren *Schneider*, der das Ertragswertverfahren als Ersatz für die Handelbarkeit stiller Beteiligungen für unbrauchbar hält, da damit Unsicherheiten nicht handelbarer Kapitalanlagen unterschätzt und die Aufgabe einer Risikomischung in Anlagebeständen missachtet werden.[422] Als brauchbarer Kompromiss wurde der Entwurf dagegen von *Hesse* verteidigt.[423]

---

[419] Vgl. *Moxter, Adolf/Ballwieser, Wolfgang*, Bewertung stiller Beteiligungen in Beteiligungs-Sondervermögen, 1986, S. 8-10.

[420] Die Gefahr zeitlicher Gewinnverlagerungen stellt ein für stille Beteiligungen spezifisches Risiko dar, vgl. *Drukarczyk, Jochen*, Betriebliche Finanzierung, 2003, S. 214 u. *Moxter, Adolf/Ballwieser, Wolfgang*, Bewertung stiller Beteiligungen in Beteiligungs-Sondervermögen, 1986, S. 28.

[421] Mit Ausblenden der Partizipation am Unternehmenswert des stillen Gesellschafters wurde die Bewertungsdiskussion auf typisch stille Beteiligungen beschränkt.

[422] Vgl. *Schneider, Dieter*, Ein Ertragswertverfahren als Ersatz fehlender Handelbarkeit stiller Beteiligungen?, in: BB, Jg. 40, 1985, S. 1677-1684 (1677).

[423] Vgl. *Hesse, Wolf-Ekkehard*, Das Ertragswertverfahren – ein geeignetes Verfahren zur Bewertung von stillen Beteiligungen, in: BB, Jg. 40, 1985, S. 2121-2125 (2125).

Das im Auftrag der Regierung von *Moxter/Ballwieser* erstellte Gutachten weist das Objektivierungsproblem als Kernproblem aus, da ein objektiver Wert i.S. eines Verkehrswerts ohne Bezug auf den still Beteiligten auch bei größter Sorgfalt nur der Größenordnung nach bestimmbar sei (Subjektivitätsprinzip).[424] Den Einwand *Schneiders* weisen *Moxter/Ballwieser* zurück, da das Argument, stille Beteiligungen seien aufgrund eines fehlenden organisierten Marktes, einer Börse, nicht bewertbar, implizit die Bewertbarkeit aller nicht börsennotierten Beteiligungen verneine. Bewertbarkeit sei zum einen nicht mit vollobjektivierter Bewertbarkeit gleichzusetzen und zum anderen verhalte es sich bei börsennotierten Aktien nur scheinbar anders, da der zu einem bestimmten Zeitpunkt ermessensfrei bestimmbare Marktpreis auch nur auf Ertragsschätzungen der Marktteilnehmer beruhe, die sich nach kürzester Zeit als falsch erweisen können.[425] Zur Verbesserung des Entwurfs schlagen *Moxter/Ballwieser* zwei Modifikationen vor:

Für die Angemessenheitsprüfung, die durch den Wirtschaftsprüfer vorzunehmen ist, schlagen sie eine Mindestverzinsungsforderung vor, die sich an der marktüblichen Risikoprämie orientiert (im Gesetzesentwurf waren 3% festgesetzt). Die Kenntnis der marktüblichen Prämien könne beim Wirtschaftsprüfer vorausgesetzt werden. Der zu verwendende Diskontierungssatz wird also in Abweichung vom Gesetzentwurf und vom in die Überlegungen einbezogenen *Laux*-Modell[426] aufgrund einer Gefahr „deutlich unzutreffender Bewertungen" bzw. „Einheitsbewertungen" nicht normiert. Die Objektivierung wird dem Wirtschaftsprüfer überlassen.

Der Wirtschaftsprüfer soll sowohl die Sicherheitsäquivalenz-Methode als auch die Risikozuschlags-Methode zur Prüfung der Angemessenheit einsetzen, da diese richtig angewendet zu gleichen Werten führten und es auf rechentechnische Details gerade ankommen könne.[427] Empfohlen wird statt einer mit der Sicherheitsäquivalenz-Methode gemischten Risikozuschlags-Methode die reine Risikozuschlags- bzw. reine Sicherheits-

---

[424] Vgl. *Moxter, Adolf*, Grundsätze ordnungsmäßiger Unternehmensbewertung, 1983, S. 23-26. Die oft notwendige Typisierung ist von der Objektivierung zu unterscheiden (vgl. S. 26).

[425] Vgl. *Moxter, Adolf/Ballwieser, Wolfgang*, Bewertung stiller Beteiligungen in Beteiligungs-Sondervermögen, 1986, S. 69/70.

[426] Vgl. *Laux, Manfred*, Zur Bewertung von typischen stillen Beteiligungen in Beteiligungs-Sondervermögen, in: DB, Jg. 40, 1985, S. 849-854.

[427] Vgl. *Moxter, Adolf/Ballwieser, Wolfgang*, Bewertung stiller Beteiligungen in Beteiligungs-Sondervermögen, 1986, S. 55-58. Zur Überführung der beiden Methoden vgl. zum Beispiel *Moxter, Adolf*, Grundsätze ordnungsmäßiger Unternehmensbewertung, 1983, S. 155-158.

äquivalenz-Methode, wobei der Wirtschaftsprüfer i.d.R. jährlich Risikozuschlag bzw. Sicherheitsäquivalente zu prüfen hat.

Der ab 31.12.1986 gültige § 25d Abs. 3 KAGG verschob die Festlegung der bei der Bewertung anzuwendenden Berechnungsdetails auf eine gesonderte Verordnung. Am 17.11.1988 wurde diese Verordnung verabschiedet.[428] Sie trat am 18.12.1988 in Kraft und bestimmte für die Bewertung die Berechnung des Barwerts der erwarteten Beträge, die dem Beteiligungs-Sondervermögen aus der betreffenden stillen Beteiligung zufließen werden, d.h. jährliche Beträge und Rückzahlungsbetrag am Ende der Laufzeit. Als Diskontierungssatz wurde nach der Risikozuschlagsmethode die Summe der Rendite bestimmter öffentlicher Anleihen und einer Risikoprämie der stillen Beteiligung bestimmt. Kritisiert wurde, dass § 2 Abs. 2 Satz 2 KAGGBewV die Kriterien, welchen die Risikoprämie zu entsprechen hätte, für den Fall festlegte, dass sich im Bewertungszeitpunkt „hinsichtlich Veräußerbarkeit und Risiko gegenüber dem Erwerbszeitpunkt..." nichts verändert hätte.[429] Für die Praxis relevant wäre hingegen, wie die Risikoprämie zu bestimmen sei, wenn solche Veränderungen vorlägen. *Laux* führt aus, dass es wohl weder wertbeeinflussende Veränderungen gäbe, welche die Risikoprämie nicht betreffen würden, noch Veränderungen der Risikoprämie bei unveränderten Bewertungsbedingungen möglich seien.

Diese Bewertungsverordnung ist trotz dieser Kritik nicht mehr geändert worden. Das Bewertungsproblem bleibt offen. Im Zuge der Modernisierung des Investmentwesens durch das InvG soll auch eine Rechtsordnung die Grundlagen für die Bewertung neu festlegen.[430]

---

[428] Vgl. Verordnung über die Bewertung stiller Beteiligungen gemäß § 25d Abs. 3 des Gesetzes über Kapitalanlagegesellschaften (KAGGBewV), in: BGBl. I 1988, S. 2237-2238.

[429] Vgl. *Laux, Manfred*, KAGG-Bewertungsverordnung, in: Die Bank, 1989, S. 515-518 (518).

[430] Vgl. *Kestler, Alexander*, Neues Investmentgesetz bringt den Finanzplatz Deutschland voran, in: Die Bank, 2003, S. 675-679 (677).

4.2.2.4 FUNKTIONELLER UND MATERIELLER EIGENKAPITALBEGRIFF

Die Passivseite der Bilanz bildet die Finanzierungsstruktur des Unternehmens ab, wobei die einzelnen Positionen Ausdruck von Vertragsbeziehungen des Unternehmens zu anderen Parteien sind. Da diese Vertragsbeziehungen gemäß der Vertragsfreiheit gestaltbar sind, gibt es derartig viele Abstufungen zwischen Eigen- und Fremdkapital, dass man von einem „kontinuierlichem Übergang" sprechen kann.[431] Die Rechtsform der stillen Gesellschaft ist ein besonders gutes Beispiel dafür, dass sich die Finanzierungsfunktion zugeführter Mittel nicht zwangsläufig mit der gewählten Rechtsform deckt.[432] Die Bilanz verlangt jedoch eine Zuordnung, zumal die häufig befürwortete Schaffung eines ausweismäßigen Zwischenbereichs das Problem auch nicht löst, sondern das Zuordnungsproblem dem (externen) Bilanzleser überlässt, der die Verträge im Detail gar nicht kennt. Fraglich ist – haftungs- und bilanzrechtlich – wo die Maßgeblichkeit der rechtlichen Formenwahl zu beenden sei,[433] wann also – unabhängig von der Rechtsformwahl – Eigenkapital vorliegt.

Müller unterscheidet hier zwei Auffassungen:

* Eigenkapital ist als *Residualgröße* all das, was den Unternehmensträgern *ausschließlich* zuzurechnen ist.

* Eigenkapital ist das, was den *mitgliedschaftlichen Vermögensrechten* der Unternehmensträger angenähert ist.

Müller möchte im Schrifttum eine Tendenz zur zweiten Auffassung erkennen. Er verweist dabei auf die Stellungnahme HFA 1/1994 zur Bilanzierung von Genussrechten und auf *Lutter*, der in der „Haftungsqualität des überlassenen Kapitals" eine Grundvoraussetzung für die Qualifikation als Eigenkapital sieht ohne Berücksichtigung davon, ob ein Gesellschafter das Kapital zugeführt hat.[434] Beide Auffassungen sind insofern komplementär, als die erste eine Definition von Fremdkapital verlangt, so dass das Eigenkapital residual ermittelt werden kann und die zweite eine Definition von Eigenkapital erforderlich macht, i.d.S., dass eine ausreichende

---

[431] Vgl. *Müller, Welf*, Wohin entwickelt sich der bilanzrechtliche Eigenkapitalbegriff?, in: FS Budde, 1995, S. 445-463 (453).

[432] Vgl. *Schmidt, Karsten*, Quasi-Eigenkapital als haftungsrechtliches und als bilanzrechtliches Problem; in: FS Goerdeler, 1987, S. 487-509 (491).

[433] Vgl. *Schmidt, Karsten*, Quasi-Eigenkapital als haftungsrechtliches und als bilanzrechtliches Problem; in: FS Goerdeler, 1987, S. 487-509 (489).

[434] Vgl. *Müller, Welf*, Wohin entwickelt sich der bilanzrechtliche Eigenkapitalbegriff?, in: FS Budde, 1995, S. 445- 463 (456) mit Verweis auf *Lutter, Marcus*, Zur Bilanzierung von Genussrechten, in: DB, Jg. 49, 1993, S. 2441-2446.

Annäherung zu mitgliedschaftlichen Vermögensrechten definiert werden muss. *Müller* schließt sich der ersten Auffassung an, da die zweite den Bilanzzweck Gläubigerschutz nach seiner Meinung zu stark betont und daher den anderen Bilanzfunktionen nicht mehr gerecht werden kann. Dementsprechend kommt er für die Bilanzierung von atypisch i.s.v. eigenkapitalähnlich ausgestalteten stillen Beteiligungen zu dem Ergebnis, der Ausweis habe nicht im Eigenkapital, sondern in einem Sonderposten gem. § 265 Abs. 5 Satz 2 HGB nach dem Eigenkapital zu erfolgen.[435] Der damit zum Ausdruck gebrachte hybride Charakter der stillen Beteiligung komme von dem schuldrechtlichen Anspruch auf das Residualvermögen und der vorab und damit nicht gleichrangigen Befriedigung im Vergleich zu den Unternehmensträgern.

Die h.M. bejaht den bilanziellen Eigenkapitalcharakter, wenn die bereitgestellten Mittel am Verlust beteiligt, nachhaltig überlassen und im Insolvenzfall nachrangig zu bedienen sind (vgl. 4.2.2.1). Dieser *funktionelle* Eigenkapitalbegriff stellt dabei darauf ab, ob die bereitgestellten Mittel als *primärer Risikoträger*, d.h. als „Verlustpuffer" fungieren.[436] *Küting/Kessler* sehen in der Nachrangigkeit eine Ergänzung der Haftungsfunktion durch Verlustbeteiligung, die erforderlich ist, damit das Eigenkapital auch im Zerschlagungsfall als Verlustpuffer dient.[437] Die „Nachhaltigkeit der Mittelzuführung" ist aus seiner Sicht das problematischste Definitionsmerkmal, da es schwierig sei abzugrenzen, wann Mittel vorliegen, die wie Fremdkapital besonderen Bedingungen und Einschränkungen unterliegen, die dem Gläubigerschutz Rechnung tragen.[438]

Unter der Bezeichnung „Quasi-Eigenkapital" wird der funktionelle Eigenkapitalbegriff diskutiert. In Anlehnung an amerikanische Begriffe unterscheidet *Herrmann* dabei zwei Grundtypen: *Junior-Kapital* mit Nachrang hinter gewöhnlichen Gläubigern und Vorrang vor den Gesellschaftern und *Quasi-Eigenkapital i.e.S.* mit Gleichstellung oder sogar Nachrang hinter den Gesellschaftern.[439] Junior-Kapital liege bereits bei Verlustbetei-

---

[435] Vgl. *Müller, Welf*, Wohin entwickelt sich der bilanzrechtliche Eigenkapitalbegriff?, in: FS Budde, 1995, S. 445- 463 (462).

[436] Vgl. *Küting, Karlheinz/Kessler, Harald*, Eigenkapitalähnliche Mittel in der Handelsbilanz und im Überschuldungsstatus, in: BB, Jg. 48, 1994, S. 2103-2114 (2104).

[437] Vgl. *Küting, Karlheinz/Kessler, Harald*, Eigenkapitalähnliche Mittel in der Handelsbilanz und im Überschuldungsstatus, in: BB, Jg. 48, 1994, S. 2103-2114 (2104).

[438] Vgl. *Küting, Karlheinz/Kessler, Harald*, Eigenkapitalähnliche Mittel in der Handelsbilanz und im Überschuldungsstatus, in: BB, Jg. 48, 1994, S. 2103-2114 (2105).

[439] Vgl. *Herrmann, Harald*, Quasi-Eigenkapital im Kapitalmarkt- und Unternehmensrecht, 1996, S. 98/99.

ligung vor, also nicht nur unter der Bedingung eines Insolvenzeintritts.[440] *Herrmann* sieht in dem Recht des Quasi-Kapitals nicht nur – wie es lange Zeit in Deutschland gesehen wurde – ein Spezialrecht vereinzelter Finanzierungsformen. Er vermisst daher systematische Ansätze zu einem gemeinsamen Recht der stillen Gesellschaft, der kapitalersetzenden und nachrangigen Gesellschafterdarlehen, gesplitteten Einlagen und Finanzplandarlehen.[441] Die quantitative Bedeutung dieser Finanzierungsinstrumente beträgt bei deutschen Kapitalgesellschaften mindestens 5%.[442] Die realen Zahlen liegen vermutlich etwas höher, da sich Quasi-Eigenkapital auch in anderen Bilanzpositionen als nachrangige Verbindlichkeiten, Genussrechte, stille Beteiligungen und Gesellschafterdarlehen verbergen kann. Zudem ist der Einsatz von Quasi-Eigenkapital bei *Projektfinanzierungen* wie z.B. Gründungs- und Wachstumsfinanzierungen mit Venture Capital höher, da der besonders hohe Risikograd und die zahlreichen und unterschiedlichen Kapitalgeber zu komplexen Risikoallokationen führen, die nur bei Streuung zwischen echten und unechten Eigen- und Fremdkapitalgebern zu realisieren sind.[443] In diesem Sinn definiert *Herrmann* dann auch den Begriff „Wagnisfinanzierung" als Überbegriff aller Formen des Venture Capital von Kapitalbeteiligungsgesellschaften und Investmentfonds sowie alle Formen von Schuldverschreibungen und Einzeldarlehen mit subordinierten Gläubigerrechten, also auch z.B. Sanierungskredite.[444] Gemeinsam sei all diesen Formen der Wagnisfinanzierung die besondere Risikoübernahme, die nur aus einer erhöhten Erwartungshaltung an den künftigen Erfolg resultieren kann.

Da Verlustbeteiligung und dauerhafte Überlassung auch für die typisch stille Gesellschaft gesetzlich vorgesehen sind, stellen sie m.E. keine geeigneten Abgrenzungskriterien dar. Einzig wirklich greifbares Kriterium

---

[440] *Herrmann* zeigt auf, wie unterschiedlich selbst die auf den ersten Blick unmissverständliche Verlustbeteiligung ausgestaltet sein kann (vgl. *Herrmann, Harald*, Quasi-Eigenkapital im Kapitalmarkt- und Unternehmensrecht, 1996, S. 24).

[441] Vgl. *Herrmann, Harald*, Quasi-Eigenkapital im Kapitalmarkt- und Unternehmensrecht, 1996, S. 79/80.

[442] Vgl. *Herrmann, Harald*, Quasi-Eigenkapital im Kapitalmarkt- und Unternehmensrecht, 1996, S. 29.

[443] *Herrmann* geht davon aus, dass die unvermeidbaren Risiken dabei dem Kapitalgeber zuzuordnen sind, der sie am besten diversifizieren kann, übersieht dabei aber den Einfluss der Erfolgsaufteilung und den Einfluss von beabsichtigten Risikoverlagerungen zur Anreizsetzung (vgl. *Herrmann, Harald*, Quasi-Eigenkapital im Kapitalmarkt- und Unternehmensrecht, 1996, S. 28/29 und S. 35).

[444] Vgl. *Herrmann, Harald*, Quasi-Eigenkapital im Kapitalmarkt- und Unternehmensrecht, 1996, S. 2.

ist die Behandlung der Einlage im Insolvenzfall, wobei es letztendlich eine geringe Rolle spiele, ob es sich um eine freiwillige Vereinbarung der Nachrangigkeit der Einlage oder eine zwingende Umqualifizierung handelt.[445] Damit wird auf einen haftungsrechtlichen, *materiellen* Eigenkapitalbegriff[446] abgestellt. In diesem Sinne argumentiert *Karsten Schmidt*, wenn er drei Arten von Gleichstellungen mit haftendem Kapital zur Diskussion stellt.[447]

- *Gesellschaftsvertragliche* Gleichstellung: Dies liegt bei einer gesplitteten Einlage vor, die zum Teil Gesellschaftereinlage und zum Teil typisch stille Einlage ist und bei atypisch stillen Beteiligungen, die Vermögensbeteiligungscharakter besitzen und am Verlust beteiligt sind.

- *Einzelvertragliche* Gleichstellung: Durch Rangrücktrittsklauseln wird vereinbart, dass typisch stille Beteiligungen, also Fremdmittel wie haftendes Kapital behandelt werden sollen.

- Gleichstellung kraft *zwingendem Recht*: Typisch stille Einlagen werden zwingend umqualifiziert und damit eigenkapitalersetzend, wenn der Stille gleichzeitig Gesellschafter ist.

---

[445] Mit diesem Ansatz werden Unterschiede zwischen vertraglichem und gesetzlichem Eigenkapitalersatz bewusst vernachlässigt und auf die Gemeinsamkeiten abgestellt. Gemeinsam ist beiden der überwiegend akzeptierte Ausgangspunkt einer „Finanzierungsverantwortung", die in einem Vertrauensschutz begründet ist, der entweder auf mehr vertragsrechtlichen oder mehr gesellschaftsrechtlichen Analogien beruht. Beim gesetzlichen steht im Unterschied zum vertraglichen Eigenkapitalersatz der Schutz des gewöhnlichen Gläubigers im Vordergrund, er müsse vor der Gefahr einer Auszehrung des Haftkapitals geschützt werden (vgl. *Herrmann, Harald*, Quasi-Eigenkapital im Kapitalmarkt- und Unternehmensrecht, 1996, S. 10/11 und 61). Ein zweiter wesentlicher Unterschied ist im Willen des Kapitalgebers zu sehen: Bei vertraglicher Vereinbarung entspricht der Eigenkapitalersatz seinem freien Willlen, der zwingende Eigenkapitalersatz steht diesem entgegen (vgl. *Schmidt, Karsten*, Quasi-Eigenkapital als haftungsrechtliches und als bilanzrechtliches Problem; in: FS Goerdeler, 1987, S. 487-509 (494).

[446] „Materielles Eigenkapital" meint das Abweichen von dem formellen Eigenkapitalbegriff, der auf das Vorliegen schuldrechtlicher Ansprüche abstellt (vgl. *Knobbe-Keuk, Brigitte*, Bilanz- und Unternehmensteuerrecht, 1993, S. 107); vgl. *Schmidt, Karsten*, Quasi-Eigenkapital als haftungsrechtliches und als bilanzrechtliches Problem; in: FS Goerdeler, 1987, S. 487-509 und *Habersack, Mathias*, Grundfragen der freiwilligen oder erzwungenen Subordination von Gesellschafterkrediten, in: ZGR, Jg. 29, 2000, S. 384-419 (384).

[447] Vgl. dazu *Schmidt, Karsten*, Quasi-Eigenkapital als haftungsrechtliches und als bilanzrechtliches Problem; in: FS Goerdeler, 1987, S. 487-509 (496-509); *Wiedemann, Herbert*, Eigenkapital und Fremdkapital, in: FS Beusch, 1993, S. 893-913.

Stille Einlagen als „Quasi-Eigenkapital" nach Karsten Schmidt

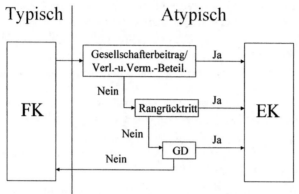

Abbildung 21: Stille Einlagen als Quasi-Eigenkapital nach *K. Schmidt*

Hier wird sein Vorschlag eines materiellen Quasi-Eigenkapitals für die stille Beteiligung durchdacht.

Zu (1): Die Eigenkapitalfunktion einer gesplitteten Einlage ergibt sich aus der „Gesamtwürdigung anhand des Vertragsganzen."[448] Entsprechend der Rechtsprechung zu Gesellschafterdarlehen wird Eigenkapitalersatz der stillen Beteiligung bejaht, wenn der Stille gleichzeitig eine Gesellschafterposition besitzt und die stille Einlage „notwendiger Bestandteil seiner gesellschaftsvertraglichen Beitragspflicht als Kommanditist" und zur Verwirklichung der gesellschaftsvertraglichen Ziele unentbehrlich ist.[449] Der *BGH* sieht in der Kreditgewährung damit einen Gesellschafterbeitrag.[450] Der Unterschied zu (3) besteht lediglich in der *gesellschaftsvertraglichen* Einbindung des Kredits als Gesellschafterbeitrag, was bei Gesellschafterdarlehen nicht gegeben ist. Dennoch beruht die Qualifizie-

---

[448] *BGH*, Urteil vom 05.11.1979 – II ZR 145/78, in: WM, Jg. 34, 1980, S. 332-333 (332); *Schmidt, Karsten*, Quasi-Eigenkapital als haftungsrechtliches und als bilanzrechtliches Problem; in: FS Goerdeler, 1987, S. 487-509 (496-509); *Kühn, Wolfgang*, in: MünchHdb. StG, 2004, § 83, Rn. 39.

[449] Vgl. *BGH*, Urteil vom 05.11.1979 – II ZR 145/78, in: WM, Jg. 34, 1980, S. 332-333 und Urteil vom 09.02.1981 – II ZR 38/80, in: NJW, Jg. 34, 1981, S. 2251-2252 (2251/2252).

[450] Vgl. dazu *Schmidt, Karsten*, Quasi-Eigenkapital als haftungsrechtliches und als bilanzrechtliches Problem; in: FS Goerdeler, 1987, S. 487-509 (496/497).

rung als Eigenkapital wie bei Gesellschafterdarlehen auf der Gesellschafterstellung, die eine Finanzierungsverantwortung begründet.

Laut *Schmidt* ist die atypisch stille Einlage „der klassische Fall einer Mittelzuführung mit materiellem Eigenkapitalcharakter".[451] Mit „atypisch" meint *Schmidt*, dass der Stille am Verlust beteiligt ist und ihm im Gesellschaftsvertrag eine *Beteiligung am Unternehmenswert* – wie einem Gesellschafter – zugesichert wird. Zum Teil wird die Ansicht vertreten, ein Ausschluss der Verlustbeteiligung verändere nichts an dem Eigenkapitalcharakter.[452] Eine abweichende Auffassung stellt auf den Wortlaut des *BGH* ab, der für die Gleichstellung mit Haftkapital verlangt, dass der stille Gesellschafter „wie ein Kommanditist" auf die Geschäftsführung Einfluss nehmen kann *und* am Gesellschaftsvermögen Teil hat. Es kommt demnach auf beide Abweichungen vom gesetzlichen Modell der stillen Gesellschaft an.[453] Auch hier wird also über die Gesellschafterstellung argumentiert, um Eigenkapitalcharakter zu begründen.

Zu (2): Eine stille Einlage hat auch dann Eigenkapitalcharakter, wenn die Gesellschafter einen *Rangrücktritt* vereinbart haben, also vereinbart haben, dass der Stille erst nach Befriedigung sämtlicher Gläubiger der Gesellschaft befriedigt wird.[454] Damit keine Berücksichtigung im Überschuldungsstatus stattfindet, bedarf es laut *BGH* unter Berücksichtigung von § 39 Abs. 1 Nr. 5 InsO eines „qualifizierten" Rangrücktritts, der die Forderung in der Rangordnung auf die Stufe der Einlageansprüche der Gesell-

---

[451] *Schmidt, Karsten*, Quasi-Eigenkapital als haftungsrechtliches und als bilanzrechtliches Problem; in: FS Goerdeler, 1987, S. 487-509 (497).

[452] Vgl. *BGH*, Urteil vom 17.12.1984 – II ZR 36/84, in: WM, Jg. 39, 1985, S. 284-285 (284); *Kühn, Wolfgang*, in: MünchHdb. StG, 2004, § 83, Rn. 43 m.w.N. Dagegen eingewendet wird im Schrifttum, dass der Ausschluss der Verlustbeteiligung Ausdruck des Rechtsfolgewillens der Vertragsparteien i.d.S. zu deuten sei, dass die Einlage eben nicht wie eine Gesellschaftereinlage behandelt werden solle (vgl. *Schön, Wolfgang*, Die stille Beteiligung an dem Handelsgewerbe einer Kommanditgesellschaft, in: ZGR, Jg. 19, 1990, S. 220-248 (230)). Diesem Einwand wäre aber eine Vertragsklausel entgegenzuhalten, die eine Beteiligung am Unternehmenswert vorsieht, wovon hier ausgegangen wird.

[453] Vgl. *Reusch, Peter*, Eigenkapital und Eigenkapitalersatz im Rahmen der stillen Gesellschaft, in: BB, Jg. 44, 1989, S. 2358-2365 (2361); *Horn, Norbert*, in: Heymann, HGB-Komm., § 230, Rn. 59; *Kühn, Wolfgang*, in: MünchHdb. StG, 2004, § 83, Rn. 41 m.w.N.

[454] Vgl. *Kühn, Wolfgang*, in: MünchHdb. StG, 2004, § 83, Rn. 43, 44; *Hommelhoff, Peter/ Kleindiek, Detlef*, Flexible Finanzierungsinstrumente im GmbH-Recht, Das eigenkapitalersetzende Gesellschafterdarlehen zwischen Nachschusskapital und Finanzplankredit, in: FS 100 Jahre GmbHG, 1992, S. 421-444 (443).

schafter stellt.[455] Mit dieser Entscheidung hat sich der *BGH* zu dem lange umstrittenen Problem, ob bzw. wann nachrangige Darlehen im Überschuldungsstatus anzusetzen sind, geäußert.[456] Eine Rangrücktrittsvereinbarung unterscheidet sich in zweifacher Hinsicht von der Verlustbeteiligung:[457] Der am Verlust Teilnehmende kann die den Verlustanteil übersteigende Einlageforderung geltend machen, der im Rang Zurückgetretene dagegen nicht. Auf der anderen Seite hat der im Rang Zurückgetretene den Vorteil, dass bei der Verteilung verbleibender Überschüsse zwischen den Gesellschaftern eine Verlustbeteiligung nicht berücksichtigt wird.

Zu (3): Auf die Ausführungen 4.2.2.2 wird verwiesen.

4.2.2.5 ABGRENZUNG: HANDELSRECHTLICH TYPISCH/ATYPISCH

Die typisch stille Gesellschaft, die dem gesetzlichen Leitbild gem. §§ 230 ff. HGB entspricht, stellt Fremdkapital dar. Atypisch im handelsrechtlichen Sinn ist damit jede stille Einlage, die sich von dem reinen Fremdkapitalcharakter deutlich entfernt hat, d.h. näher zu definierenden Eigenkapitalcharakter aufweist.

Stille Beteiligungen gelten nach h.M. als funktionelles Eigenkapital, wenn sie „primärer Risikoträger" sind. Dies wird von der h.M. bejaht, wenn folgende Merkmale erfüllt sind: Verlustbeteiligung, nachhaltige Überlassung (d.h. unbefristet und längerfristig unkündbar) und Nachrangigkeit. Verlustbeteiligung und unbefristete Überlassung sind auch für typisch stille Beteiligungen gesetzlich vorgesehen, so dass sich diese Merkmale kaum zur Abgrenzung eignen. Abgestellt werden muss damit vorrangig auf Nachrangigkeit in der Form, dass der atypisch Stille im Gegensatz zum typisch Stillen seine Forderung nicht gem. § 236 HGB als Insolvenzforderung anmelden kann.

Ob mit dieser Nachrangigkeit nur eine vertragliche Nachrangabrede gemeint ist oder ob sie sich auch aus den zwingenden Eigenkapitalersatz-

---

[455] Die Umqualifizierung führe nicht zu einer Änderung der Rechtsnatur der Fremdleistung, sondern lediglich zu einer Durchsetzungssperre, vgl. *Goette, Wulf*, Anmerkung zu *BGH*, Urteil vom 08.01.2001– II ZR 88/99, in: DStR, Jg. 39, 2001, S. 175-179 (179).

[456] Vgl. *BGH*, Urteil vom 08.01.2001 – II ZR 88/99, in: DStR, Jg. 39, 2001, S. 175-179. Der BGH weicht damit von einer im Rahmen der Regierungserklärung zur Insolvenzordnung abgegebenen Auffassung ab, wonach die Passivierung im Überschuldungsstatus nur durch Forderungsverzicht vermieden werden könne, vgl. *Hasselbach, Kai/Wicke, Hartmut*, BB-Kommentar, in: BB, Jg. 56, 2001, S. 435-436 (435) mit Verweis auf Begr. RegE InsO, BT-Drucks. 12/2443, S. 115.

[457] Vgl. *Kühn, Wolfgang*, in: MünchHdb. StG, 2004, § 83, Rn. 43.

regeln ergeben kann, wird von Juristen und Ökonomen uneinheitlich beantwortet: *Küting/Kessler* möchten den Aspekt, von wem die Mittel bereitgestellt werden – Gesellschafter oder nicht – für die Beurteilung der Risikoträgerschaft der Mittel als nicht erforderlich weglassen, *Herrmann* bezieht vertraglich *und* gesetzlich begründete Finanzierungsverantwortung und damit eine (angenäherte) Gesellschafterstellung in seinen Begriff mit ein.[458] Je nach Auslegung des Begriffs Nachrangigkeit als Merkmal des funktionellen Eigenkapitalbegriffs können dann funktionelles und materielles Eigenkapital synonym verwendet werden oder es wird der materielle Eigenkapitalbegriff zum umfassenderen Begriff: Ist „Nachrangigkeit" nur als vertraglich vereinbart zu verstehen, ist der materielle Eigenkapitalbegriff umfassender, da er den zwingenden Eigenkapitalersatz umfasst. Ist die Nachrangigkeit dagegen als vertraglich *oder* gesetzlich begründet zu verstehen, ist der funktionelle Begriff umfassend, da der gesetzliche Eigenkapitalersatz miterfasst ist. Funktionell und materiell sind dann Synonyme. Hier soll die Nachrangigkeit des funktionellen Eigenkapitalbegriffs als vertraglich gewollt und vereinbart verstanden werden. Erst in einem zweiten Schritt wird im Sinne einer materiellen Erweiterung eine (angenäherte) Gesellschafterstellung und ein daraus resultierender zwingender Eigenkapitalersatz geprüft.

Handelsrechtlich atypisch i.S. dieser Arbeit ist eine stille Beteiligung, die entweder die Eigenschaften erfüllt, die sie zum primären Risikoträger machen (Verlustbeteiligung, nachhaltige Überlassung, Nachrangigkeit) oder dem Beteiligten gesellschaftsvertraglich eine (angenäherte) Gesellschafterstellung verschafft. Dies kann auch bei gesplitteten Einlagen der Fall sein. Erlangt der stille Gesellschafter seine Gesellschafterstellung über ein parallel bestehendes Beteiligungsverhältnis, wird auch von einer handelsrechtlich atypisch stillen Beteiligung gesprochen, obwohl das Greifen der Eigenkapitalersatzregeln noch von anderen Kriterien abhängt. Insofern weicht die Abgrenzung typisch/atypisch von der Abgrenzung Fremdkapital und materielles Eigenkapital ab. Die folgende Abbildung macht die Abgrenzung als Verbindung von funktionellem und materiellem Eigenkapitalbegriff deutlich:

---

[458] Vgl. *Küting, Karlheinz/Kessler, Harald*, Eigenkapitalähnliche Mittel in der Handelsbilanz und im Überschuldungsstatus, in: BB, Jg. 48, 1994, S. 2103-2114 (2106); *Herrmann, Harald*, Quasi-Eigenkapital im Kapitalmarkt- und Unternehmensrecht, 1996, S. 10/11.

Handelsrechtliche Atypizität der stillen Gesellschaft

Abbildung 22: Handelsrechtliche Atypizität der stillen Gesellschaft

4.2.3 *DIE ATYPISCH STILLE GESELLSCHAFT IM STEUERRECHTLICHEN SINN*

Die Abgrenzung im steuerrechtlichen Sinn setzt an dem Tatbestands-merkmal der *Mitunternehmerschaft* i.S.d. § 15 Abs. 1 Satz 1 Nr. 2 EStG an. Der Begriff „Mitunternehmer" ist derart anzuwenden, dass „Unterneh-mer" und „Mitunternehmer" gleichrangig sind, der einzige Unterschied ist, dass der „Mitunternehmer" seine unternehmerische Tätigkeit nicht allein, sondern mit anderen, gesellschaftlich miteinander Verbundenen aus-übt.[459] Damit ist kein abstrakter, d.h. durch abschließende Aufzählung be-stimmter Elemente definierter Begriff für die Abgrenzung Mitunternehmer – Gläubiger ausschlaggebend, sondern ein Typusbegriff, d.h. ein nur durch eine unbestimmte Zahl austauschbarer Elemente beschreibbarer Begriff, wobei stets das Gesamtbild entscheidet.[460] Welche Elemente die-ses Typusbegriffs eine Rolle spielen und in welcher Gewichtung, kann

[459] Vgl. *Schwendy, Klaus*, Mitunternehmerschaft, in: LSW, Gruppe 4/237, S. 1-10 (5). Leider gibt es keinen einheitlichen Unternehmerbegriff i.S.v. Betreiber eines Un-ternehmens im Steuerrecht, da der Begriff „Unternehmen" einkommen- und um-satzsteuerrechtlich differiert, vgl. *Schwedhelm, Rolf*, Ist der stille Gesellschafter als Geschäftsführer der GmbH & Still Mitunternehmer?, in: GmbHR, Jg. 85, 1994, S. 445-448 (446).

[460] Vgl. *Schmidt, Ludwig*, EStG, 2004, § 15, Rn. 261. Ausführlich dazu *Strahl, Martin*, Die typisierende Betrachtungsweise im Steuerrecht, 1996, S. 189-194.

durchaus Veränderungen in der *BFH*-Rechtsprechung unterliegen.[461] Das Abstellen auf das Gesamtbild und Veränderlichkeiten in der Merkmalszusammensetzung des Typusbegriffs verursachen zwangsläufig eine gewisse Rechtsunsicherheit.[462]

Dennoch ist für jeden Einzelfall zwingend zu klären, ob eine Mitunternehmerschaft vorliegt oder nicht, da ein Mitunternehmer Einkünfte aus Gewerbebetrieb nach § 15 Abs. 1 Nr. 2 EStG erzielt und nur der Gewinnanteil des typisch stillen Gesellschafters als Gläubiger den Gewinn des Geschäftsinhabers als Betriebsausgabe mindert (§ 4 Abs. 4 EStG). Es wird damit eine Rechtsfolge an eine vorhandene Mitunternehmerschaft gebunden; insoweit ist § 15 EStG als Qualifikationsnorm zu sehen.[463]

In den Worten des *BFH* gilt: Mitunternehmer ist, „wer aufgrund eines zivilrechtlichen Gesellschaftsverhältnisses oder wirtschaftlich damit vergleichbaren Gemeinschaftsverhältnisses zusammen mit anderen Personen *Mitunternehmerinitiative* entfalten kann und *Mitunternehmerrisiko* trägt".[464] Zivilrechtlich kann also nur ein Gesellschafter einer Personengesellschaft oder ausnahmsweise ein wirtschaftlich vergleichbar Teilhabender Mitunternehmer sein, dabei kommt es aber weniger auf vertragliche Bezeichnungen an als auf das von den Parteien Gewollte.[465] Für die Beurteilung stiller Gesellschaften ist diese Erweiterung auf verdeckte Gesellschaftsverhältnisse wichtig.

Wie *Döllerer* es treffend formuliert hat, klingt der Lehrbuchsatz „Da die atypische stille Gesellschaft als Mitunternehmerschaft behandelt wird, er-

---

[461] Vgl. *Döllerer, Georg*, Die atypische stille Gesellschaft in der neuesten Rechtsprechung des Bundesfinanzhofs, in: StbJb 1987/88, S. 289-308; *Weilbach, Erich A./Weilbach, Helmut*, Paradigmawechsel der BFH-Rechtsprechung zur stillen Gesellschaft, in: StuB, Jg. 2, 2001, S. 76-79.

[462] Vgl. *Strahl, Martin*, Die typisierende Betrachtungsweise im Steuerrecht, 1996, S. 280; *Weber, Klaus*, Ende der typisch stillen Beteiligung bei beherrschendem Einfluss?, in: DB, Jg. 45, 1992, S. 546-549 (146). *Jörg M. Mössner* weist mit Verweis auf die Bemerkung *Peter Fischers*, der Gesetzgeber sei nicht gut beraten gewesen, den Gewerbebegriff festzuschreiben, sondern hätte ihn als Typus definieren sollen, darauf hin, dass Rechtsunsicherheit durch Typusbegriffe durchaus bewusst angestrebt wird, vgl. *Mössner, Manfred Jörg*, Typusbegriffe im Steuerrecht, in: FS Kruse, 2001, S. 161-181 (169).

[463] Vgl. *Harle, Georg/Kulemann, Grit*, Liegt bei einer gewerblich geprägten Personengesellschaft immer eine Mitunternehmerschaft vor?, in: StBp, Jg. 41, 2001, S. 110-113 (111).

[464] *BFH*, Urteil vom 03.05.1993 – GrS 3/92, in: BFHE 171, S. 246-271.

[465] Vgl. *Ritzrow, Manfred*, Innengesellschaft als Mitunternehmerschaft im Sinne des § 15 Abs. 1 Nr. 2 EStG, in: StBp, Jg. 39, 1999, S. 177-183 und 197-201 (182).

geben sich für ihre steuerrechtliche Behandlung gegenüber den anderen
Personengesellschaften keine Besonderheiten", zwar überzeugend,
kann aber nicht richtig sein.[466] Im Vergleich zu anderen Personengesellschaften ist die stille Gesellschaft Innengesellschaft ohne Gesamthandsvermögen. Der stille Gesellschafter hat zwar einen schuldrechtlichen Anspruch, eine gemeinschaftliche Berechtigung am Geschäftsvermögen
besteht aber nicht. Dazu kommt, dass bei der stillen Gesellschaft abweichend zu anderen Personengesellschaften gesetzlich nicht klar definiert
ist, an welchen Gewinnen der stille Gesellschafter teilnimmt, nur am Betriebsergebnis oder auch an den Veränderungen des Anlagevermögens.[467]

In fast allen Urteilen des *BFH* zu strittigen Mitunternehmerschaften hat
der *BFH* zwei Aussagen betont:

1. Die beiden Merkmale Mitunternehmerschaft und Mitunternehmerinitiative sind konstitutiv und müssen beide vorliegen.

2. Ist eines der beiden Merkmale nur minimal erfüllt, kann das andere
   Merkmal, sollte es verstärkt vorliegen, dies kompensieren.

Damit ist zunächst zu klären, unter welchen Bedingungen jedes der beiden Merkmale als erfüllt vorliegend betrachtet werden kann, d.h. wie die
unteren Grenzen der Tatbestandsverwirklichung jeweils zu ziehen sind.
Anschließend ist zu fragen, wie die minimale Kombination beider Merkmale nach Vorstellung des *BFH* aussieht, in welchem Ausmaß das eine
Merkmal also vorliegen muss, um ein schwach ausgeprägtes anderes
Merkmal kompensieren zu können.

4.2.3.1 MITUNTERNEHMERINITIATIVE

„Mitunternehmerinitiative bedeutet Teilhabe an unternehmerischen Entscheidungen".[468] Ob die Kontrollrechte des typisch stillen Gesellschafters
nach § 233 HGB für die Bejahung von Mitunternehmerinitiative reichen
oder nicht, ist strittig. *Blaurock* stellt dazu fest, dass die gesetzlichen In-

---

[466] Vgl. *Döllerer, Georg*, Die atypisch stille Gesellschaft – gelöste und ungelöste
Probleme, in: DStR, Jg. 23, 1985, S. 295-303 (295). Das Zitat stammt aus *Wallis,
Hugo von/Brandmüller, Gerhard*, Besteuerung der Personen- und Kapitalgesellschaften, 1991. Ähnliche Zweifel äußert auch *Schulze zur Wiesche, Dieter*, Völlige Gleichstellung der atypisch stillen Gesellschaft mit der Personenhandelsgesellschaft?, in: DStZ, Jg. 86, 1998, S. 285-288.

[467] Vgl. *Westermann, Harm Peter*, Vertragsfreiheit und Typengesetzlichkeit im Recht
der Personengesellschaften, 1970, S. 313.

[468] *Schmidt, Ludwig*, EStG, 2004, § 15, Rn. 263 mit Verweis auf das BFH-Urteil vom
01.08.1996 – VIII R 12/94, in: BFHE 181, S. 423-437.

formations- und Kontrollrechte des Stillen – selbst wenn sie denen eines Kommanditisten entsprechen – nur schwerlich als unternehmerische Initiativrechte gesehen werden können.[469] Dennoch werden von der h.M. die Kontrollrechte des Kommanditisten gem. § 166 HGB, die inhaltsgleich gem. § 233 HGB auch dem typisch stillen Gesellschafter zustehen, die keinerlei Initiativbefugnisse vermitteln, als ausreichend erachtet, obwohl der typisch stille Gesellschafter Einkünfte aus Kapitalvermögen gem. § 20 Abs. 1 Nr. 1 bzw. 4 EStG erzielt.[470] Ebenso werden die gesellschaftsrechtlichen Kontrollrechte des § 716 Abs. 1 HGB von der h.M. als ausreichend erachtet.

Der Grund für diese geringfügigen Anforderungen an eine Mitunternehmerinitiative scheint die Orientierung an der Teilhabe an unternehmerischen Entscheidungen von Gesellschaftern oder diesen vergleichbaren Personen – die in ihrer gesetzestypischen Ausgestaltung Mitunternehmer sind – zu sein, wobei auch die reine Möglichkeit der Ausübung bzw. eine Annäherung dieser Rechtstellung bereits genügen soll.[471] Dabei darf nicht übersehen werden, dass sowohl dem Kommanditisten als auch dem BGB-Gesellschafter neben den Kontrollrechten weitere gesetzliche Einflussmöglichkeiten offen stehen: So hat der Kommanditist nach § 164 Satz 1 HGB ein Widerspruchsrecht, wenn eine „Handlung über den gewöhnlichen Betrieb des Handelsgewerbes der Gesellschaft hinausgeht". Nur für die Umgestaltung des Geschäfts muss der Geschäftsinhaber dagegen die Zustimmung des stillen Gesellschafters einholen.[472] In Bezug auf die Mitunternehmerinitiative steht der stille Gesellschafter dem Kommanditisten also nicht gleich. Dem BGB-Gesellschafter steht ein allgemeines Widerspruchsrecht nach § 711 BGB zu, wenn nach § 709 BGB gemeinschaftliche Geschäftsführung vereinbart ist. Eben diese weitergehenden Einflussrechte sind für die Mitunternehmerinitiative ausschlagge-

---

[469] Vgl. *Blaurock, Uwe*, Handbuch der stillen Gesellschaft, 2003, Rn. 20.58.

[470] Vgl. *BFH*, Urteil vom 01.02.1973 – IV R 61/72, in: BStBl. II 1973, S. 309-313; *Bezzenberger, Gerold*, in: MünchHdb. StG, 2004, § 73, Rn. 45; *Schmidt, Ludwig*, EStG, 2004, § 15, Rn. 263 mit Verweis auf das Urteil des *BFH*, Urteil vom 16.12.1997 – VIII R 32/90, in: BFHE 185, S. 190-199; *Schulze zur Wiesche, Dieter*, Mitunternehmerschaft und Mitunternehmerstellung, in: DB, Jg. 50, 1997, S. 244-247 (245); *Schwendy, Klaus*, Mitunternehmerschaft, in: LSW, Gruppe 4/237, S. 1-10 (6).

[471] Vgl. *Schulze zur Wiesche, Dieter*, Die atypische stille Gesellschaft, in: FR, Jg. 79, 1997, S. 405-408 (406); *Schwendy, Klaus*, Mitunternehmerschaft, in: LSW, Gruppe 4/237, S. 1-10 (6).

[472] Vgl. *Groh, Manfred*, Die atypische stille Gesellschaft als fiktive Gesamthandgesellschaft, in: FS Kruse, 2001, S. 417-432 (418).

bend, die Kontrollrechte sind zweitrangig oder sogar „unerheblich".[473] Die Ansicht der Rechtsprechung und im Ergebnis auch des Schriftums, die Kontrollrechte des stillen Gesellschafters seien als ausreichend für die Bejahung einer Mitunternehmerinitiative zu betrachten – und das mit Hinweis auf die Kontrollrechte von Kommanditist und BGB-Gesellschafter – ist daher in zweifacher Hinsicht angreifbar: Zum einen ist es eine „petitio principii", zum anderen wird der Ausgangspunkt, der Vergleich mit der gesetzlichen Rechtstellung des Kommanditisten verlassen, der ja neben den zugegebenermaßen gleichen Kontrollrechten wie der stille Gesellschafter über weitere gesetzliche Mitspracherechte verfügt.[474]

Eine im Ergebnis dieser Argumentation folgende Meinung sieht die untere Grenze zur Tatbestandsverwirklichung von § 15 Abs. 1 Satz 1 Nr. 2 EStG in dem Widerspruchsrecht des Kommanditisten gem. § 164 HGB bzw. in einem vergleichbaren Vetorecht, da damit Einfluss auf Entscheidungen ausgeübt werde, der im Sinne einer „Mitunternehmerschaft" als ausreichend betrachtet werden könne.[475] Dies leuchtet ein: Das reine Kontrollieren von Geschäftsentscheidungen kann für die Bejahung einer „Teilhabe" an diesen nur schwerlich ausreichen. Folgt man daher dieser strengeren Auslegung des Begriffs „Mitunternehmerinitiative", erfolgt das Bejahen dieser genau dann, wenn die stille Gesellschaft gesellschaftsrechtlich atypisch still ist im Sinne des in 4.2.1 definierten Begriffs, der Mitspracherechte in irgendeiner Form verlangt. Damit überschneiden sich die gesellschafts- und die steuerrechtliche Abgrenzung, allerdings werden mögliche parallel bestehende Rechtsverhältnisse anders beurteilt. Daher kann das Merkmal des steuerrechtlichen Abgrenzungsbegriffs Mitunternehmerinitiative mit der gesellschaftsrechtlichen Abgrenzung nur dann übereinstimmen, wenn die Mitspracherechte im stillen Gesellschaftsvertrag vereinbart werden. Der *BFH* stellt bei der Beurteilung der Mitunternehmerinitiative nicht ausschließlich auf das durch den stillen Gesellschaftsvertrag begründete Rechtsverhältnis ab, sondern nimmt durch Einbeziehung von Gesellschaftsrechten durch parallele direkte Beteiligungen und Geschäftsführungsverträge eine Vermischung

---

[473] Vgl. *Schulze-Osterloh, Joachim*, Der atypische stille Gesellschafter ist der typische stille Gesellschafter!, in: FS Kruse, 2001, S. 377-393 (392).

[474] Vgl. *Schulze-Osterloh, Joachim*, Der atypische stille Gesellschafter ist der typische stille Gesellschafter!, in: FS Kruse, 2001, S. 377-393 (391).

[475] Vgl. *Bodden, Guido*, Einkünftequalifikation bei Mitunternehmern, in: FR, Jg. 84, 2002, S. 559-568 (563); Stimmrechte als wichtigstes Mitverwaltungsrecht bei *Ritzrow, Manfred*, Innengesellschaft als Mitunternehmerschaft im Sinne des § 15 Abs. 1 Nr. 2 EStG, in: StBp, Jg. 39, 1999, S. 177-183 und 197-201 (178).

der unterschiedlichen Rechtsverhältnisse vor.[476] Mitunternehmerinitiative des stillen Gesellschafters kann auch vorliegen, wenn keine Mitspracherechte des Stillen im stillen Gesellschaftsvertrag verankert sind.

4.2.3.2 MITUNTERNEHMERRISIKO

„Mitunternehmerrisiko bedeutet gesellschaftsrechtliche (oder dieser wirtschaftlich vergleichbare) Teilhabe am Erfolg oder Misserfolg eines Gewerbebetriebs, i. d. R. durch *Beteiligung am Gewinn und Verlust sowie an den stillen Reserven* einschl. eines Geschäftswerts."[477] Der typisch stille Gesellschafter nimmt bei vereinbarter Verlustbeteiligung gem. § 231 Abs. 2 HGB am Gewinn und Verlust teil. Damit ist diese Forderung an den Mitunternehmer erfüllt,[478] wobei der *BFH* auch bei Fehlen einer Verlustbeteiligung eine Mitunternehmerschaft nicht allgemein ausschließt.[479] Die Gewinnbeteiligung gilt jedoch als Grundvoraussetzung einer Mitunternehmerschaft.[480] Die Erfüllung dieser Bedingung ist unproblematisch für die stille Gesellschaft, da die Beteiligung am Gewinn auch Wesensmerkmal der stillen Gesellschaft ist (vgl. 4.1).

Die zweite Anforderung, die Teilhabe an den stillen Reserven einschl. des Geschäftswerts kann die erste Bedingung fortsetzend im Sinne einer Gewährleistung der „Beteiligung am Totalgewinn" verstanden werden.[481] Die kaufmännische Rechnungslegung ermittele Gewinn bzw. Verlust durch Vergleich des Geschäftsvermögens am Anfang und am Ende der Abrechnungsperiode, was die Beteiligung am Geschäftsvermögen regelrecht unvermeidbar mache.[482] Dennoch führen handelsrechtliche Bewertungsvorschriften gerade aufgrund des Vorsichtsprinzips zu Abweichun-

---

[476] Vgl. *Weber, Klaus*, Die Bedeutung der Geschäftsführer-Tätigkeit für die Annahme einer atypischen GmbH & Still, in: GmbHR, Jg. 85, 1994, S. 144-152.

[477] *Schmidt, Ludwig*, EStG, 2004, § 15, Rn. 264 mit Verweis auf das Urteil des *BFH* vom 16.12.1997 – VIII R 32/90, in: BFHE 185, S. 190-199 und vom 28.10.1999 – VIII R 66-70/97, in: BFHE 190, S. 204-210.

[478] Vgl. *BFH*, Urteil vom 18.12.1993 – IV R 132/91, in: BFH/NV 1993, S. 647-650.

[479] Vgl. *BFH*, Urteil vom 09.10.1969– IV 294/64, in: BStBl. II 1970, S. 320-322 (320; *Ritzrow, Manfred*, Innengesellschaft als Mitunternehmerschaft im Sinne des § 15 Abs. 1 Nr. 2 EStG, in: StBp, Jg. 39, 1999, S. 177-183 u. 197-201 (179)); *Schoor, Walter*, Die GmbH & Still im Steuerrecht, 2001, S. 49/50.

[480] Vgl. *Ritzrow, Manfred*, Innengesellschaft als Mitunternehmerschaft im Sinne des § 15 Abs. 1 Nr. 2 EStG, in: StBp, Jg. 39, 1999, S. 177-183 und 197-201 (179/180).

[481] Vgl. *Schulze zur Wiesche, Dieter*, Mitunternehmerschaft und Mitunternehmerstellung, in: DB, Jg. 50, 1997, S. 244-247 (244).

[482] Vgl. *Schulze-Osterloh, Joachim*, Der atypische stille Gesellschafter ist der typische stille Gesellschafter!, in: FS Kruse, 2001, S. 377-393 (381).

gen von Buch- und Marktwerten, so dass stille Reserven entstehen. Ein am laufenden Gewinn partizipierender stiller Gesellschafter kann von der Teilhabe an diesen stillen Reserven durchaus ausgeschlossen werden, zumindest von denen, die während seiner Beteiligungszeit entstehen, aber auch von denen, die in dieser Zeit aufgelöst werden.

Bei der Abgrenzung macht sich – wie bei der Mitunternehmerinitiative – die für die Mitunternehmerschaft notwendig erachtete Kommanditisten- stellung des Stillen bemerkbar: Der stille Gesellschafter müsse wie der Kommanditist Anspruch auf die stillen Reserven einschließlich des Ge- schäftswerts haben.[483] Dies ist für den stillen Gesellschafter nicht mehr ohne weiteres erfüllt, er muss nach Maßgabe einer Auseinanderset- zungsbilanz und seiner prozentualen Gewinnbeteiligung an der Wertstei- gerung des Betriebsvermögens teilnehmen.[484] Für die Auseinanderset- zung stiller Gesellschaften trifft das HGB folgende Regelung:

> **§ 235 [Auseinandersetzung]** (1) Nach Auflösung der Gesellschaft hat sich der Inhaber des Handelsgeschäfts mit dem stillen Gesellschafter auseinanderzuset- zen und dessen Guthaben in Geld zu berichtigen.
>
> (2) Die zur Zeit der Auflösung schwebenden Geschäfte werden von dem Inhaber des Handelsgeschäfts abgewickelt. Der stille Gesellschafter nimmt teil an dem Gewinn und Verluste, der sich aus diesen Geschäften ergibt.
>
> (3) Er kann am Schlusse jedes Geschäftsjahrs Rechenschaft über die inzwischen beendigten Geschäfte, Auszahlung des ihm gebührenden Betrags und Auskunft über den Stand der noch schwebenden Geschäfte verlangen.

Bei Beendigung der stillen Gesellschaft erfolgt also eine Gesamtabrech- nung, d.h. der Stille kann nicht jede Forderung einzeln einklagen, son- dern er hat Anspruch auf ein Guthaben gemäß Berechnung in bilanziel- ler Form.[485] Da die stille Gesellschaft als Innengesellschaft kein Gesell- schaftsvermögen hat, erfolgt bei ihrer Auflösung auch keine Vermögens- auseinandersetzung, der stille Gesellschafter hat allerdings einen schuldrechtlichen Auseinandersetzungsanspruch auf Abrechnung und Guthabensauszahlung.[486] Entscheidende Bedeutung für die Bemessung

---

[483] Vgl. *Gosch, Dieter*, Anmerkung zum BFH-Urteil vom 18.2.1993, IV R 132/91, in: StBp, Jg. 34, 1994, S. 20-22 (20); *Schulze zur Wiesche, Dieter*, Die atypische stil- le Gesellschaft, in: FR, Jg. 79, 1997, S. 405-408 (405); *Weilbach, Erich A./Weil- bach, Helmut*, Die Mitunternehmerschaft im Lichte der neuen Rechtsprechung des BFH, in: StB, Jg. 51, 2000, S. 176-179 (176).

[484] Vgl. *BFH*, Urteil vom 22.01.1981– IV B 41/80, in: BStBl. II 1981, S. 424-427 (424); Urteil vom 12.11.1985 – VIII R 364/83, in: BFHE 145, S. 408-422; Urteil vom 18.12.1993 – IV R 132/91, in: BFH/ NV 1993, S. 647-650.

[485] Vgl. *Schmidt, Karsten*, Gesellschaftsrecht, 2002, S. 1861.

[486] Vgl. *Bezzenberger, Gerold/Keul, Thomas*, in: MünchHdb. StG, 2004, § 92, Rn. 2.

des Auseinandersetzungsguthabens hat eine mögliche schuldrechtliche Teilhabe des stillen Gesellschafters am Geschäftswert. Vertragliche Regelungen über die Teilnahme am Gewinn sind nicht unbedingt auch für die Auseinandersetzung relevant und sollten daher gesondert und ausführlich vertraglich vereinbart werden.[487]

Ist der stille Gesellschafter *typisch* still beteiligt, hat er an den stillen Reserven sowie dem Firmenwert keinen Anteil. Entsprechend ist eine *Erfolgsermittlungsbilanz* nötig, um das Auseinandersetzungsguthaben i.S.v. Vermögenseinlage zuzüglich stehengelassener Gewinnanteile abzüglich angesammelter Verlustanteile zum Auflösungsstichtag zu ermitteln.[488] Der stille Gesellschafter ist grundsätzlich nicht an Verlusten beteiligt, die auf pflichtwidrige, nicht durch den Gesellschaftsvertrag gedeckte Handlungen des Geschäftsinhabers entstanden sind.[489]

Dieses strenge Buchwertprinzip gilt allerdings für die letzte Erfolgsbilanz nur eingeschränkt, da die Auseinandersetzungsbilanz i.S. einer abschließenden Erfolgsbilanz auch solche Mehrungen bzw. Minderungen des Gesellschaftsvermögens berücksichtigen soll, die eine ordentliche Erfolgsrechnung hätte berücksichtigen müssen, es aber nicht getan hat.[490] Im Rahmen dieser Korrekturen sind u.U. auch die vorangegangenen Gewinn- und Verlustrechnungen zu korrigieren.[491] Strittig ist, ob neben solchen naheliegenden nachträglichen Gewinnkorrekturen auch Wertveränderungen im Anlagevermögen im Rahmen der Auseinandersetzung zu berücksichtigen sind, können diese doch zu Lasten des Be-

---

[487] § 235 HGB ist dispositives Recht. Zu detaillierten vertraglichen Regelungen raten u.a. *Geck, Reinhard*, Die Auflösung der stillen Gesellschaft unter besonderer Berücksichtigung der Auseinandersetzung, in: DStR, Jg. 32, 1994, S. 657-661 (657) sowie *Schmidt, Karsten*, Gesellschaftsrecht, 2002, S. 1861.

[488] Vgl. *Geck, Reinhard*, Die Auflösung der stillen Gesellschaft unter besonderer Berücksichtigung der Auseinandersetzung, in: DStR, Jg. 32, 1994, S. 657-661 (660). Der Begriff *Erfolgsermittlungsbilanz* wird von *Blaurock* in Bezugnahme auf mehrere BGH-Urteile verwendet, vgl. *Blaurock, Heinz*, Handbuch der stillen Gesellschaft, 2003, Rn. 16.4, 16.12. Auch *Bezzenberger/Keul* sprechen von der im Schrifttum überwiegend vertretenen Ansicht einer „Erfolgsbilanz", vgl. *Bezzenberger, Gerold/Keul, Thomas*, in: MünchHdb. StG, 2004, § 92, Rn. 5.

[489] Vgl. *BGH*, Urteil vom 01.03.1982 – II ZR 23/81, in: BGHZ 83, S. 341-350 (344); *Blaurock, Heinz*, Handbuch der stillen Gesellschaft, 2003, Rn. 16.12.

[490] Vgl. *Bezzenberger, Gerold/Keul, Thomas*, in: MünchHdb. StG, 2004, § 92, Rn. 5.

[491] Diese Korrekturen haben nichts mit einer Vermögensbeteiligung des stillen Gesellschafters zu tun, sie sind einfach nötig, wenn Gewinne durch Buchungsmaßnahmen zu niedrig oder zu hoch angesetzt worden sind, vgl. *Blaurock, Heinz*, Handbuch der stillen Gesellschaft, 2003, Rn. 16.19.

triebsergebnisses und damit des Gewinnanteils des stillen Gesellschafters entstanden sein.[492] Damit wird die Auseinandersetzung schwierig und stark streitanfällig, die Grenzen zur Auseinandersetzung bei der atypisch stillen Beteiligung verschwimmen, was sich nur durch klare Regelungen im Gesellschaftsvertrag vermeiden lässt.[493] Im Kern geht dieser zu vermeidende Streit um die „richtige" Gewinndefinition: Entstehen Gewinne nur durch Warenumsätze bzw. Umsätze aus Dienstleistungen oder auch durch sonstige im Betrieb des Handelsgewerbes entstandene Vermögenszuwächse?[494]

Bei *atypischen* stillen Gesellschaften, die dem Stillen einen schuldrechtlichen Anspruch auf eine Beteiligung am Vermögen des Geschäftsinhabers einräumen, ist eine *Abschichtungsbilanz* mit allen Wirtschaftsgütern nötig, um den Anteil am Vermögen des Geschäftsinhabers zu ermitteln.[495] Auch hier sollten für die Ermittlung des Vermögens, etwa die Kriterien zur Bewertung des Firmenwerts, genaue Vereinbarungen getroffen werden. Ansonsten ist – wie bei einem OHG-Gesellschafter – eine Vermögensbilanz zum Auflösungszeitpunkt aufzustellen, die die Marktwerte der zum Betriebsvermögen gehörenden Vermögensgegenstände bei Fortführung enthält. Daneben erhält der stille Gesellschafter einen Anteil an den offenen Rücklagen und dem Geschäftswert.[496] Weil der stille Gesellschafter nur schuldrechtlich und nicht dinglich berechtigt ist, kann er nicht verlangen, dass das Unternehmen des Geschäftsinhabers liquidiert wird und der Liquidationserlös verteilt wird, er kann nur einen Geldanspruch geltend machen.[497]

Die unabdingbare Beteiligung an den stillen Reserven ist zwar wesentliches Indiz, aber nicht in jedem Fall Voraussetzung für eine Mitunternehmerschaft.[498] Es gibt Unternehmen, bei denen die Entstehung stiller Reserven vernachlässigbar gering ist oder andere Indizien für die Mitunternehmerschaft besonders stark ausgeprägt sind.[499] Aber auch bei beacht-

---

[492] Vgl. *Bezzenberger, Gerold/Keul, Thomas*, in: MünchHdb. StG, 2004, § 92, Rn. 6.

[493] Vgl. *Blaurock, Heinz*, Handbuch der stillen Gesellschaft, 2003, Rn. 16.14 und 16.18.

[494] Vgl. *Bezzenberger, Gerold/Keul, Thomas*, in: MünchHdb. StG, 2004, § 92, Rn. 7.

[495] Vgl. *Blaurock, Heinz*, Handbuch der stillen Gesellschaft, 2003, Rn. 16.4.

[496] Vgl. *Blaurock, Heinz*, Handbuch der stillen Gesellschaft, 2003, Rn. 16.20.

[497] Vgl. *Bezzenberger, Gerold/Keul, Thomas*, in: MünchHdb. StG, 2004, § 92, Rn. 27.

[498] Vgl. BFH, Urteil vom 10.11.1977 – IV B 33-34/76, in: BStBl. II 1978, S. 15-21.

[499] Vgl. *Ritzrow, Manfred*, Innengesellschaft als Mitunternehmerschaft im Sinne des § 15 Abs. 1 Nr. 2 EStG, in: StBp, Jg. 39, 1999, S. 177-183 und 197-201 (180).

lichen stillen Reserven ist die Teilhabe des stillen Gesellschafters daran nicht erforderlich, wenn die Mitunternehmerinitiative ausgeprägt ist.

4.2.3.3 KOMPENSATION DER BEIDEN MERKMALE

Das Tatbestandsmerkmal „Mitunternehmer" (§ 15 Abs. 1 Satz 1 Nr. 2 EStG) ist nach h.M. ein Typusbegriff. Ein Typusbegriff unterscheidet sich von einem Begriff dadurch, dass die kennzeichnenden Merkmale nicht eindeutig definiert, sondern abstufbar und sogar verzichtbar sind, was sie damit weder notwendig noch hinreichend macht.[500] Die Unterscheidung zwischen Begriff und Typus ist aber kaum objektivierbar, „sie vollzieht sich im Kopf desjenigen, der das Gesetz interpretiert."[501]

Wichtig ist, dass das typusbezogene Denken auf die Besonderheiten des Einzelfalls abstellt, wohingegen Typisierungen ja gerade die Besonderheiten des Einzelfalls ausblenden.[502] „Rechtsanwendung ist die schrittweise Angleichung von Sachverhalt und Rechtsnorm", dabei wird der Sachverhalt der Norm und vice versa die Norm dem Sachverhalt angenähert.[503] Durch Typisierungen wird ein Sachverhalt für die steuerrechtliche Beurteilung fingiert. Der *BFH* hält an dieser typisierenden Betrachtungsweise fest, was es erlaubt, die Urteile zur Mitunternehmerschaft losgelöst von den Einzelfällen zu systematisieren, was in diesem Abschnitt versucht wird.

Ist eines der beiden Kriterien unterentwickelt, kann das jeweils andere dies ausgleichen, wenn es verstärkt vorliegt.[504] Es müssen beide Merkmale vorliegen, sie können aber mehr oder weniger ausgeprägt sein, d.h. sie können sich gegenseitig kompensieren. Damit wird die Frage nach der unteren Grenze der Tatbestandsverwirklichung zentral: Wenn eines der Merkmale nur minimal erfüllt ist, inwieweit muss das andere dann verstärkt vorliegen?

---

[500] Vgl. *Drüen, Klaus-Dieter,* Typus und Typisierung im Steuerrecht, in: StuW, Jg. 74, 1997, S. 261-274 (265).

[501] *Strahl, Martin,* Die typisierende Betrachtungsweise im Steuerrecht, 1996, S. 252.

[502] Vgl. *Drüen, Klaus-Dieter,* Typus und Typisierung im Steuerrecht, in: StuW, Jg. 74, 1997, S. 261-274 (270/271).

[503] Das Urteil des *BFH* vom 29.04.1992 (XI R 58/89, in: BFH/NV 1992, S. 803-805) mit dem Titel „Wann ist jemand Mitunternehmer?" fasst die Kennzeichen der Mitunternehmerschaft zusammen; vgl. *Drüen, Klaus-Dieter,* Typus und Typisierung im Steuerrecht, in: StuW, Jg. 74, 1997, S. 261-274 (271) m.w.N.

[504] Vgl. *BFH,* Urteil vom 31.08.1999 – VIII R 21/98, in: HFR, Jg. 40, 2000, S. 403-405; *Bodden, Guido,* Einkünftequalifikation bei Mitunternehmern, in: FR, Jg. 84, 2002, S. 559-568 (563); *Schoor, Walter,* Die GmbH & Still im Steuerrecht, 2001, S. 49.

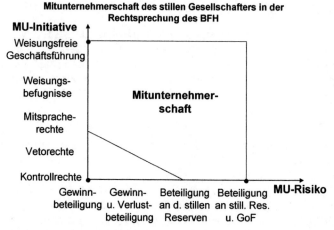

Abbildung 23: Mitunternehmerschaft des Stillen in der *BFH*-Rechtspre-
chung

Wie Abbildung 23 deutlich macht, ist das verstärkte Vorliegen beider
Merkmale zwar nicht notwendig aber natürlich auch nicht schädlich, das
Vorliegen einer Mitunternehmerschaft ist in diesen Fällen unstrittig. Ist
das Merkmal des Mitunternehmerrisikos nur minimal erfüllt, d.h. liegt nur
eine Gewinnbeteiligung vor, ist verstärktes Vorliegen von Mitunternehmerinitiative erforderlich.[505] Da der *BFH* ja bereits in den Kontrollrechten
des Kommanditisten (§ 164 HGB) bzw. des stillen Gesellschafters (§ 233
HGB) und des BGB-Gesellschafters (§ 616 I BGB) den Tatbestand der
Mitunternehmerinitiative verwirklicht sieht (vgl. 4.2.3.1), gelten Vetorechte kombiniert mit sonstigen stärkeren Einflussmöglichkeiten bereits als
verstärkte Mitunternehmerinitiative, so dass damit eine Kompensation

---

[505] Die Gewinnbeteiligung des Mitunternehmers ist unbedingt notwendig (vgl. *BFH*,
Urteil vom 13.07.1993 – VIII R 50/92, in: BFHE 173, S. 28-38; *BFH*, Urteil vom
07.07.1998 – IV B 62/97, in: BFH/NV 1999, S. 167-168; *BFH*, Urteil vom
28.10.1999 – VIII R 66-70/97, in: BFHE 190, S. 204-210.; *BFH*, Urteil vom
01.08.1996 – VIII R 12/94, in: BFHE 181, S. 423-437). Dabei kann die Gewinnbeteiligung auch indirekt über ungewöhnlich hohe Tantiemen vorliegen (vgl. *BFH*,
Urteil vom 21.09.1995 – IV R 65/94, in: BFHE 179, S. 62-66; *BFH*, Urteil vom
16.12.1997 – VIII R 32/90, in: BFHE 185, S. 190-199). Auch eine Beteiligung
ausschließl. am Verlust kann das nicht ersetzen (vgl. *BFH*, Urteil vom 25.06.1984
– GrS 4/82, in: BFHE 141, S. 405-443; *BFH*, Urteil vom 18.06.1998 – IV R 94/96,
in: BFH/NV 1999, S. 295-298).

möglich wird.[506] Ebenso wird eine besonders ausgeprägte Mitunternehmerinitiative in der Geschäftsführerschaft des stillen Gesellschafters gesehen, da entscheidend sei, dass der Stille „wie ein Unternehmer auf das Schicksal des Unternehmens und damit seiner eigenen Erfolgsbeteiligung Einfluss" nehmen kann.[507]

Liegt dagegen nur minimale Mitunternehmerinitiative vor, d.h. dem stillen Gesellschafter stehen nur die gesetzlichen Kontrollrechte von § 233 HGB und keinerlei Einwirkungsmöglichkeiten auf die Geschäftsführung zu, braucht es ein verstärktes Mitunternehmerrisiko in Form einer Beteiligung an den stillen Reserven und dem Geschäftswert, um dies zu kompensieren.[508] Bei etwas erweiterten Kontrollrechten, wie etwa gem. § 716 Abs. 1 HGB, sind im Gegenzug wieder kleinere Abstriche bei der Beteiligung an den stillen Reserven nötig, wie etwa die Buchwertabfindung bei Eintritt bestimmter Bedingungen.[509]

4.2.3.4 ABGRENZUNG: STEUERRECHTLICH TYPISCH/ATYPISCH

Ein stiller Gesellschafter ist steuerrechtlich atypisch still beteiligt, wenn er als Mitunternehmer i.S.v. § 15 Abs. 1 Satz 1 Nr. 2 EStG anzusehen ist. Mitunternehmer ist laut *BFH*, wer Mitunternehmerinitiative entfalten kann und Mitunternehmerrisiko trägt. Beide Merkmale müssen vorliegen, erfüllt eines nur die Minimalanforderung einer Tatbestandsverwirklichung, muss das andere Merkmal verstärkt vorliegen, beide Merkmale können sich also kompensieren. Die Rechtsprechung des *BFH* fasst Abbildung 23 zusammen.

---

[506] Im Urteil des *BFH* vom 13.05.1998 (VIII R 81/96, in: BFH/NV 1999, S. 355-359) wird die Mitunternehmerschaft zweier GmbHs mit Kontrollrechten und Widerspruchsrecht gem. § 164 HGB und Gewinn- und Verlustbeteiligung in Höhe von 25% bejaht; allerdings kommt in diesem Fall das Kriterium der Mitunternehmerinitiative verstärkend hinzu, da beide Gesellschaften Aufgaben im Rahmen der Projektrealisierung übernahmen und auch dadurch Einfluss auf die Geschäftsführung ausüben konnten.

[507] Vgl. *BFH*, Urteil vom 28.01.1982 – IV R 197/79, in: BFHE 135, S. 297-300; *BFH*, Urteil vom 18.02.1993 – IV R 132/91, in: BFH/NV 1993, S. 647-650; *BFH*, Urteil vom 16.12.1997 – VIII R 32/90, in: BFHE 185, S. 190-199; *BFH*, Urteil vom 15.10.1998 – IV R 18/98, in: BStBl. II 1999, S. 286-291; *BFH*, Urteil vom 31.08.1999 – VIII R 21/98, in: HFR, Jg. 40, 2000, S. 403-405; *BFH*, Urteil vom 18.06.2001 – IV B 88/00, in: BFH/NV 2001, S. 1550.

[508] Vgl. *BFH*, Urteil vom 13.06.1989 – VIII R 47/85, in: BFHE 157, S. 192-196; *BFH*, Urteil vom 17.06.1997 – IV B 83/96, in: BFH/NV 1997, S. 840-842.

[509] Im *BFH*-Urteil vom 09.09.1999 (IV B 18/99, in: BFH/NV 2000, S. 313-314) war z.B. eine Buchwertabfindung für den Fall des Ausscheidens eines Gesellschafters vor Beendigung der Gesellschaft vorgesehen.

4.2.4 KOMBINIERBARKEIT ATYPISCHER ELEMENTE

In diesem Kapitel soll der Frage nachgegangen werden, ob die sieben atypischen stillen Gesellschaften (Typ 2 bis 8) aus (Tabelle 9) auch wirklich existieren oder ob es eventuell unmöglich ist, bestimmte typische und atypische Elemente zu kombinieren. Die definierten Abgrenzungen aus gesellschafts-, handels- und steuerrechtlicher Sicht sind zum Teil miteinander verknüpft, wie die folgende Abbildung 24 noch einmal zeigt. Es wird deutlich, dass das Steuerrecht – wie in vielen anderen Problembereichen auch – an zivilrechtlich vorgeprägte Sachverhalte anknüpft und dass das Handels- bzw. Bilanzrecht zum Gesellschaftsrecht in einem anderen Verhältnis steht, weil es sich dogmatisch um dieselbe Materie handelt.[510]

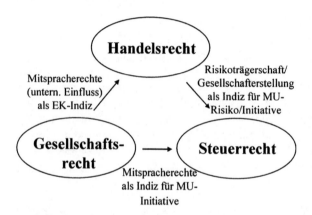

Abbildung 24: Verknüpfungen zwischen Abgrenzungsbereichen

Wie aus der Abbildung deutlich wird, knüpft die steuer- und die handelsrechtliche Abgrenzung an der gesellschaftsrechtlichen Abgrenzung an. Die steuerrechtliche Abgrenzung knüpft aber zusätzlich an die handelsrechtliche Abgrenzung an, da handelsrechtlich geprüft wird, ob die Einlage eine Gesellschafterstellung mit beiden Merkmalen, unternehmerischer Einfluss und Vermögensbeteiligung, begründet. Gesellschaftsrechtlich wird also gesellschaftsvertraglich vereinbarte Mitunternehmerinitiative geprüft, handelsrechtlich sowohl Mitunternehmerrisiko wie sämtliche Formen der Mitunternehmerinitiative (einschließlich Mitunterneh-

---

[510] Vgl. *Westermann, Harm Peter*, Das Gesellschaftsrecht zwischen bürgerlichem Recht, Steuerrecht und Bilanzrecht, in: FS Goerdeler, 1987, S. 697-722 (710, 718).

merinitiative durch parallele Beteiligungsverhältnisse). Wie wirken sich diese Zusammenhänge auf die Kombinierbarkeit typischer und atypischer Elemente aus?

Typ 2:

	Gesellschaftsrecht	Handelsrecht	Steuerrecht
Typ 2	**Typisch**	**Typisch**	Atypisch

Hier ist der stille Gesellschafter nur mit den Kontrollrechten gem. § 233 HGB ausgestattet, der Tatbestand Mitunternehmerinitiative ist laut *BFH* damit minimal erfüllt. Handelsrechtlich liegt Fremdkapital vor, d.h. die Einlage ist nicht nachrangig, begründet keine Gesellschafterstellung und ist auch kein Gesellschafterdarlehen, denn der Stille ist nur über diese stille Einlage an der Gesellschaft beteiligt. Damit ist die Minimalanforderung an das Mitunternehmerrisiko in Form der Gewinn- und evtl. Verlustbeteiligung zwar erfüllt, zum Bejahen einer Mitunternehmerschaft wäre aber ein verstärktes Mitunternehmerrisiko erforderlich gewesen. Damit ist Typ 2 nicht möglich. Die steuerrechtliche Abgrenzung knüpft an die gesellschafts- und die handelsrechtliche Abgrenzung an. Hier liegen in beiden Fällen typische Ausprägungen vor, steuerliche Mitunternehmerschaft ist folglich nicht gegeben. Ähnliches ist für den Fall 5 zu erwarten.

Typ 5:

Typ 5	Atypisch	Atypisch	**Typisch**

Hier hat der stille Gesellschafter Einflussmöglichkeiten auf Geschäftsentscheidungen. Der Tatbestand der Mitunternehmerinitiative liegt damit in verstärkter Form vor. Allein deshalb kann Fall 5 nicht möglich sein, da hier steuerrechtlich eine typische Ausprägung, also keine Mitunternehmerschaft, vorliegen soll. Die Minimalanforderung an das Mitunternehmerrisiko in Form einer Gewinnbeteiligung liegt bei der stillen Gesellschaft zwingend vor. Das Verneinen der Mitunternehmerschaft ist damit unmöglich. Typ 5 ist nicht möglich.

Typ 7:

Typ 7	**Typisch**	Atypisch	Atypisch

Hier hat der stille Gesellschafter keinen Einfluss auf die Geschäftsführung, ihm stehen nach dem stillen Gesellschaftsvertrag nur die Informations- und Kontrollrechte des § 233 HGB zu. Die Mitunternehmerinitiative ist damit als Tatbestandsmerkmal erfüllt, wenn auch nur minimal. Dass der stille Gesellschafter dennoch Mitunternehmer ist, muss damit an einem verstärkten Mitunternehmerrisiko oder einer parallel bestehenden Gesellschafterstellung liegen. Da handelsrechtliche Atypizität vorliegt, ist beides möglich. Typ 7 ist damit möglich.

Typ 6:

Typ 6	Atypisch	**Typisch**	Atypisch

Hier hat der stille Gesellschafter Einfluss auf die Geschäftsführung, ihm stehen Mitspracherechte zu. Er ist allein aufgrund dieser verstärkten Mitunternehmerinitiative schon Mitunternehmer. Dies gilt, obwohl sein Mitunternehmerrisiko nur die Minimalanforderung erfüllt, d.h. lediglich Gewinn- bzw. evtl. Verlustbeteiligung, so dass er dem gesetzlichen Leitbild – abgesehen von den § 233 HGB übersteigenden Rechten – entspricht. So ist er nicht an den stillen Reserven beteiligt, hat nicht gleichzeitig Gesellschafterstellung, und hat auch nicht Nachrang erklärt, so dass er handelsrechtlich als typisch gilt. Damit ist auch Typ 6 möglich.

Typ 3:

Typ 3	**Typisch**	Atypisch	Typisch

Hier liegt eine typisch stille Beteiligung vor, die nur handelsrechtlich atypisch einzustufen ist, z.B. hat der stille Gesellschafter Nachrang erklärt. Dies wirkt sich sowohl gesellschafts- und steuerrechtlich nicht weiter aus. Typ 3 ist möglich.

Typ 4:

Typ 4	Atypisch	**Typisch**	**Typisch**

Hier hat der Stille Mitspracherechte. Damit liegt Mitunternehmerinitiative in verstärktem Ausmaß vor. Da zur Bejahung der Mitunternehmerschaft die Gewinnbeteiligung als schwache Form von Mitunternehmerrisiko ausreicht, die zwingend vorliegen muss, kann es Typ 4 nicht geben. Dabei ist die handelsrechtliche Einordnung irrelevant.

Typ 8:

Typ 8	Atypisch	Atypisch	Atypisch

Hier hat sich der Stille in jeder Hinsicht vom gesetzlichen Leitbild der stillen Gesellschaft entfernt: Er hat Mitspracherechte. Er ist primärer Risikoträger oder hat gleichzeitig (angenäherte) Gesellschafterstellung. Er ist daher natürlich auch Mitunternehmer. Fall 8 ist möglich.

Damit sind drei Fälle bei den gegebenen Abgrenzungen als nicht kombinierbar ausgeschieden. Für ihre Eignung für VC-Finanzierungen zu untersuchen bleiben damit die typische stille Gesellschaft (Typ 1) und vier atypische Gesellschaften (Typ 3, Typ 6, Typ 7 und Typ 8).

4.3 DIE STILLE GESELLSCHAFT IN DER VC-FINANZIERUNG

Je weniger der gesetzliche Rahmen einer Rechtsform verbindlich vorgibt, desto wichtiger werden vertragliche Vereinbarungen. Dies gilt – geradezu als Paradebeispiel – für die stille Gesellschaft. Das Problem der wissenschaftlichen Erfassung liegt dabei darin, dass privatautonom geschlossene Verträge nicht publiziert werden müssen. Für Kapitalbeteiligungsgesellschaften liegt in der Wahl der Vertragsklauseln geradezu ein Geschäftsgeheimnis, das zur Anreizsetzung und damit auch für den Erfolg als maßgeblich gilt.

Dennoch gibt es einige Musterverträge in der Literatur, die hier analysiert werden sollen. Die Autoren sind selbst beratend in der Branche tätig oder auf andere Weise mit den Verträgen von Kapitalbeteiligungsgesellschaften vertraut. Zunächst soll der Frage nachgegangen werden, welche Arten der stillen Gesellschaft grundsätzlich für VC-Finanzierungen in Frage kommen. Anschließend werden die Klauseln der Musterverträge genauer analysiert.

4.3.1 FÜR VC-FINANZIERUNGEN GEEIGNETE TYPEN DER STILLEN GESELLSCHAFT

Die Begriffsbestimmung „Venture Capital" (2.12), enthielt als Merkmal, dass der VC-Geber Managementfunktionen wahrnimmt. Er beteiligt sich also aktiv an der Geschäftsführung, was für eine gesellschaftsrechtlich atypisch stille Gesellschaften spricht. Damit würde Typ 1, Typ 3 und Typ 7 ausscheiden. Sie gewähren dem typisch stillen Gesellschafter keinerlei Mitsprache- bzw. Geschäftsführungsrechte. Allerdings kann der stille Gesellschafter seinen Einfluss auch über ein paralleles Rechtsverhältnis, z.B. eine gleichzeitig bestehende Gesellschafterposition sichern. Dies entspräche Typ 7. Dieser kommt also auch für die VC-Finanzierung in Frage. Teil der Begriffsbestimmung war auch der Eigenkapitalcharakter von Venture Capital. Daraus kann zwingende handelsrechtliche Atypizität jedoch nicht abgeleitet werden. Typ 6 kommt damit in Frage.

Es sind drei Typen für den Einsatz bei der VC-Finanzierung verfügbar:

	Gesellschaftsrecht	Handelsrecht	Steuerrecht
Typ 6	Atypisch	**Typisch**	Atypisch
Typ 7	**Typisch**	Atypisch	Atypisch
Typ 8	Atypisch	Atypisch	Atypisch

Diese drei Typen unterscheiden sich nur in der gesellschafts- und handelsrechtlichen Zuordnung, sie begründen stets Mitunternehmerschaften und sind grundsätzlich für den Einsatz bei renditeorientierten VC-Finanzierungen geeignet. Im folgenden Abschnitt sollen Musterverträge daraufhin untersucht werden, welcher der drei Typen verwendet wird.

4.3.2 VERTRAGLICHE MERKMALE STILLER BETEILIGUNGEN BEI VC-FINANZIERUNGEN

Welcher der drei verbleibenden Typen stiller Beteiligungen wird nun in realen VC-Verträgen gewählt? In der VC-Literatur finden sich nur wenig deutsche Musterverträge. Im Folgenden werden zwei analysiert.

4.3.2.1 VERTRAG FROMMANN

In dem Buch „Eigenkapital für den Mittelstand – Venture Capital im In- und Ausland"[511] von *Günter Leopold* und *Holger Frommann* ist ein Vertragsbeispiel für eine „Atypisch stille Beteiligung" im Anhang enthalten.[512] In diesem beteiligt sich eine Kapitalbeteiligungsgesellschaft an einer GmbH & Co. KG atypisch still. Aus welchen Gründen die stille Gesellschaft als *atypisch* bezeichnet wird, ist in § 2 Abs. 7 des Vertrags erklärt: § 15 des Vertrags regelt für das Auseinandersetzungsguthaben die Beteiligung des stillen Gesellschafters „an den Anlagewerten einschließlich der stillen Reserven".

Gesellschaftsrechtlich ist die Position der Kapitalbeteiligungsgesellschaft als stille Gesellschafterin in mehrfacher Hinsicht gestärkt:

- Die Informationsrechte der stillen Gesellschafterin sind in § 7 des Vertrags geregelt. Sie umfassen monatliche Umsatzmeldungen, vierteljährliche Bilanzen, Gewinn- und Verlustrechnungen und Finanzpläne sowie halbjährliche Produkterfolgsrechnungen. Wichtige, den Betrieb beeinträchtigende Geschäftsvorfälle müssen der stillen Gesellschafterin „unmittelbar nach Bekanntwerden" gemeldet werden.

- § 3 Abs. 6 des Vertrags gibt der stillen Gesellschafterin die Kontrollrechte der §§ 716 BGB und 233 Abs. 3 HGB. Für Rückfragen an den Abschlussprüfer, zu denen die stille Gesellschafterin explizit berechtigt wird, ist dieser von seiner Verschwiegenheitspflicht entbunden.

- Die Geschäftsführungsbefugnis liegt nach § 6 Abs. 1 des Vertrags bei der Geschäftsführung der Komplementär-GmbH, wobei Bestellung, Vertragsverlängerung und -beendigung dieser Geschäftsführer der Zustimmung der Kapitalbeteiligungsgesellschaft als stiller Gesellschafterin bedürfen.

---

[511] *Leopold, Günter/Frommann, Holger,* Eigenkapital für den Mittelstand, 1998, S. 304-314. *Holger Frommann* war Geschäftsführer des BVK (Verband deutscher Kapitalbeteiligungsgesellschaften).

[512] Der Wortlaut des Vertragsbeispiels ist in dieser Arbeit in Anhang 1 angegeben.

- § 6 Abs. 2 des Vertrags enthält einen „Katalog zustimmungspflichtiger Geschäfte", der insgesamt 24 detaillierte Positionen enthält. Diese Zustimmungspflichten stehen dem *Beirat* der KG zu. Die Bildung des Beirats ist in § 8 des Vertrags geregelt: Er besteht minimal aus 3 Mitgliedern, die maximale Mitgliederzahl ist offengelassen und einzelvertraglich verhandelbar. Die stille Gesellschaft hat das Entsendungsrecht für ein Mitglied des Beirats, in die Wahl der restlichen (mindestens) zwei Mitglieder ist die stille Gesellschaft involviert, wobei im Falle eines Dissenses die KG das Entscheidungsrecht hat. Bei einer Minimaleinbringung der Pflichteinlagen der stillen Gesellschaft von 25%, hat die stille Gesellschaft Anspruch auf den stellvertretenden Beiratsvorsitz. § 6 Abs. 3 des Vertrags regelt für den Fall, dass ein Beirat nicht besteht bzw. nicht handlungsfähig ist, dass die Zustimmungsrechte direkt der stillen Gesellschafterin zustehen.

Bezüglich der Eigentümerstruktur wird die stille Gesellschafterin vertraglich vor wesentlichen Änderungen geschützt. Der Grund für die Notwendigkeit dieser Regelungen ist, dass in neu gegründeten Unternehmen zunächst alle Anteile in den Händen der Gründungsmitglieder liegen. Mit der Bindung dieser Gründungsmitglieder soll auch deren Know-How, Kompetenz und Erfahrung im Unternehmen gebunden werden. Da der Erfolg des neu gegründeten Unternehmens viel stärker von Personen abhängt, kommt diesen Regelungen Bedeutung zu.

- In § 9 Abs. 1 des Vertrags verpflichten sich alle Gesellschafter der KG, also die Komplementär-GmbH und alle Kommanditisten, nur mit Zustimmung der stillen Gesellschafterin neue Gesellschafter aufzunehmen, den KG-Vertrag zu ändern oder Gesellschafterbeschlüsse zu fassen, für die gesetzlich Einstimmigkeit gefordert wird oder die den Katalog zustimmungspflichtiger Geschäfte betreffen. Abs. 2 stellt klar, dass grundsätzlich *alle* Verfügungen über Geschäftsanteile zustimmungsbedürftig sind, außer die Verfügungen erfolgen zwischen den Gesellschaftern.

- Das Zustimmungsrecht des § 9 wird ebenfalls nicht angewendet, wenn das Mitveräußerungsrecht des § 11 greift. Abs. 1 dieser Vertragsklausel gibt der stillen Gesellschafterin das Wahlrecht, fristlos zu kündigen und das Auseinandersetzungsguthaben zu verlangen oder ein Mitveräußerungsrecht geltend zu machen, wenn innerhalb von fünf Jahren mindestens 25% des Kommanditkapitals oder der Stimmrechte der KG oder der Komplementär-GmbH entgeltlich veräußert werden. Wählt die stille Gesellschafterin das Mitveräußerungsrecht, erhält sie einen im Vertrag festgelegten Anteil am Veräußerungserlös, der bei Verkauf des Unternehmens als Ganzes erzielt worden wäre. Erfolgt die Gegenleistung nicht in Geld muss im Zweifelsfall ein neutraler Schiedsgutachter den Geldwert der Gegenleistung bestimmen, den die stille Gesellschafterin dann wieder anteilig fordern kann. Das Mitveräußerungsrecht zeigt nach Abs. 3 auch nach Beendigung der stillen Gesellschaft noch drei Jahre lang Wirkung: In diesem Zeitraum führen Anteilsveräußerungen dazu, dass die stille Gesellschaft auf ihr Verlangen so zu stellen ist, „als hätte sie ihr Mitveräußerungsrecht ausgeübt", d.h. ein bei Beendigung der stillen Gesellschaft ggf. zu gering ausgefallenes Auseinandersetzungsguthaben ist nachträglich aufzustocken.

- Das Wettbewerbsverbot des § 12 des Vertrags verbietet den Gesellschaftern der KG die Beteiligung an Konkurrenzunternehmen. Die stille Gesellschafterin darf dies grundsätzlich schon, muss solche Pläne jedoch der KG mitteilen und bei Interessenbeeinträchtigung der KG hat diese ein Widerspruchsrecht.

Handelsrechtlich erfüllt die stille Beteiligung Eigenkapitalmerkmale:

- Die stille Gesellschafterin ist am Verlust beteiligt (§ 4 Abs. 2 des Vertrags), eine ordentliche Kündigungsmöglichkeit besteht kurzfristig nicht, es muss zum Ende des Geschäfts- bzw. Kalenderjahres mit einer Frist von 12 Monaten gekündigt werden (§ 13 Abs. 2 des Vertrags). Ein außerordentliches Kündigungsrecht besteht gemäß § 13 Abs. 3 und 4 bei Verstößen gegen die §§ 6, 7 oder 9 oder wenn mehr als die Hälfte des Eigenkapitals durch Verluste oder Entnahmen in einem bestimmten Zeitraum weggefallen ist und ein von der KG fristgerecht erstellter Krisenplan vom Beirat abgelehnt wurde. Nachrangigkeit ist vertraglich nicht vereinbart.

- Aufgrund der angenäherten Gesellschafterstellung der stillen Gesellschafterin durch erweiterte Informations-, Kontroll- und Zustimmungsrechte (siehe oben) sowie der Partizipation am Unternehmenswert durch ein Auseinandersetzungsguthaben gemäß § 15 des Vertrags ist jedoch von einer Zuordnung zum Eigenkapital und nachrangiger Anspruchsbefriedigung auszugehen.

- Für die Höhe des Auseinandersetzungsguthabens bestimmt § 15 Abs. 3 und 4, dass zwischen dem *Teilwert*, der durch eine Abschichtungsbilanz unter Ansatz des Firmenwertes und der immateriellen und sonstigen Vermögensgegenstände zu ermitteln sei und dem *Ertragswert*, der sich als Sechsfaches des durchschnittlichen Jahresergebnisses der letzten fünf Geschäftsjahre errechne, zu wählen sei. Die missverständliche Formulierung des Abs. 6 ist wohl so zu verstehen, dass jeweils der Vertragspartei das Wahlrecht zwischen den beiden Werten zusteht, der das außerordentliche Kündigungsrecht aufgrund eines Pflichtverstoßes der anderen Partei zukommt. Daneben hat die stille Gesellschafterin das Wahlrecht, wenn die KG von ihr die Ausübung des Wahlrechts zwischen Kündigung und Mitveräußerungsrecht (§ 11 Abs. 2) verlangt.

• Die Auszahlungsmodalitäten des Auseinandersetzungsguthabens regelt § 16.

Steuerrechtlich liegt eine Mitunternehmerschaft vor. Dies folgt klar aus den gesellschafts- und handelsrechtlichen Überlegungen. Auch eine weniger starke gesellschaftsrechtliche Position der stillen Gesellschafterin hätte zu diesem Ergebnis geführt.

Die stille Gesellschaft im Mustervertrag von *Frommann* trägt die Bezeichnung „atypisch" damit durchaus zu Recht. Gesellschafts-, handels- und steuerrechtlich kann Atypizität bejaht werden. Damit liegt Typ 8 vor. Das Vertragsbeispiel sieht eine stille Gesellschaft vor, die sich in allen relevanten Rechtsgebieten signifikant vom gesetzlichen Leitbild der §§ 230 ff. HGB entfernt hat.

4.3.2.2 VERTRAG WEITNAUER

Im Gegensatz dazu ist im Vertragsbeispiel von *Weitnauer*[513] von einer „typisch" stillen Gesellschaft die Rede (§ 1 des Vertrags). Die ABC Beteiligungsgesellschaft mbH hat sich im Zuge einer Kapitalerhöhung als Lead-Investor an einem „Unternehmen" beteiligt. Die Rechtsform dieses Unternehmens wird im stillen Gesellschaftsvertrag selbst nicht genannt, aus dem vorangestellten Beteiligungsvertrag geht aber hervor, dass die stille Einlage Teil des gemeinsamen Gründungsvertrags einer Aktiengesellschaft ist.[514] Die Einlage ist gemäß einer beizufügenden Geschäftsplanung zweckgebunden (§ 1 Abs. 3, § 2 des Vertrags).

Gesellschaftsrechtlich ist die Position des stillen Gesellschafters im Vergleich zum Mustervertrag von *Frommann* (4.3.2.1) deutlich schwächer:

• § 4 des Vertrags enthält zwar ebenfalls einen Katalog zustimmungsbedürftiger Geschäftsführungsentscheidungen, dieser ist aber deutlich kürzer (nur vier Positionen!). Diese wenigen Positionen sind von elementarer Bedeutung, d.h. keine Entscheidungen des Tagesgeschäfts, sondern Grundsatzentscheidungen, so beispielsweise Auflösung der Gesellschaft, Änderung des Business Plans sowie Änderung der Beteiligungsverhältnisse im Unternehmen.

---

[513] Der Mustervertrag ist dem Anhang (unter VIII.) des Buches Handbuch Venture Capital von *Wolfgang Weitnauer*, 2001, entnommen.

[514] Dieser Gründungsvertrag befindet sich ebenfalls im Anhang (unter VI.). Die stille Einlage geht als Teil der Gründungsvereinbarung in § 3 Abs. 3 des Vertrags ein.

- § 5 des Vertrags regelt die Informations- und Kontrollrechte des stillen Gesellschafters. Die Informationsrechte sind ausgeprägt, grds. können „alle erforderlichen Auskünfte" eingeholt und in die Unterlagen eingesehen werden. Über „alle Maßnahmen, die über den Rahmen des üblichen Geschäftsbetriebs hinausgehen" hat das Unternehmen den Stillen zu informieren. Daneben müssen monatliche Kurzberichte u. vierteljährliche Lageberichte erstellt werden. Der Jahresabschluss muss auf Verlangen des Stillen erörtert werden. Am Ende des Geschäftsjahres ist eine ausführliche Planung für das Folgejahr vorzulegen.

- Die Kontrollrechte des stillen Gesellschafters sind gemäß § 5 Abs. 4 auf den Umfang des § 716 BGB ausgeweitet.

Handelsrechtlich zeigt die stille Gesellschaft ein uneinheitliches Bild:

- Das Vertragsverhältnis ist gemäß § 3 Abs. 2 des Vertrags grundsätzlich befristet; durch die automatische Vertragsverlängerung um ein Jahr im Nicht-Kündigungsfall ist sie faktisch dennoch unbefristet. § 9 Abs. 2 des Vertrags gibt den Vertragsparteien daneben ein außerordentliches Kündigungsrecht unter der Voraussetzung des Vorliegens eines wichtigen Grundes (z.B. Verletzung der vertraglichen Pflichten/ der Zweckgebundenheit der Einlage, Veränderungen der Voraussetzungen des Beteiligungsvertrags/der wirtschaftlichen Verhältnisse des Unternehmens). Das Unternehmen hat gemäß § 9 Abs. 3 ein vorzeitiges Kündigungsrecht, wenn im Hinblick auf eine Börseneinführung eine Grundkapitalerhöhung mit Bezugsrechtsausschluss gefasst wird.

- § 8 Abs. 1 bestimmt, dass der stille Gesellschafter „nur im Falle des Insolvenzverfahrens" mit seiner Einlage am Verlust teilnimmt. Diese Formulierung wird erst nach Lesen des Abs. 2 klar: Der stille Gesellschafter nimmt bei fortgeführter Gesellschaft nicht am laufenden Verlust teil. Im Insolvenzfall ist jedoch Nachrangigkeit nach allen anderen Gläubigern, aber Bedienung vor den Eigentümern vorgesehen. Da die Verlustbeteiligung fehlt u. Nachrangigkeit nicht i.S.e. Gleichrangigkeit mit den Eigentümern zu verstehen ist, kann die stille Beteiligung nicht als Eigenkapital aufgrund primärer Risikoträgerschaft gelten.

- Dann bleibt der zweite Weg zur Qualifizierung als Eigenkapital zu prüfen: Hat der stille Gesellschafter Kommanditistenstellung bzw. ist seine vertragliche Position dieser zumindest angenähert? Zur Bejahung dieser Frage sind seine gesellschaftsvertraglichen Rechte sowie seine Partizipation an der Unternehmenswertentwicklung zu prüfen. § 10 des Vertrags regelt für das Auseinandersetzungsguthaben die Gewinnteilnahme des stillen Gesellschafters pro rata temporis, er partizipiert nicht an den stillen Reserven und am Geschäftswert. Kündigt das Unternehmen gemäß § 9 Abs. 3 aufgrund des geplanten Börsengangs, steht dem stillen Gesellschafter gemäß § 10 Abs. 4 ein Bezugsrecht im Gegenwert des Auseinandersetzungsguthabens zu.

Es ist fraglich, ob man bei dieser schwachen gesellschaftsrechtlichen Position und der fehlenden Teilnahme an den stillen Reserven und dem Firmenwert von einer angenäherten Kommanditistenstellung sprechen kann. Hier ist allerdings zu bedenken, dass die stille Einlage nur Teil des Beteiligungsvertrags ist. Die Beteiligungssumme fließt im Wege einer kombinierten direkten und stillen Beteiligung. Es ist zu diskutieren, ob eine gesplittete Einlage oder ein Gesellschafterdarlehen in Form einer stillen Beteiligung vorliegt, die Gesellschafterstellung des Kapitalgebers ist aber unstrittig. Damit ist die stille Einlage handelsrechtlich atypisch. Gesellschaftsrechtlich sieht der stille Gesellschaftsvertrag zu wenig Einfluss auf die Geschäftsführung vor, um von atypisch sprechen zu können. Die Überlegung, dass Venture Capital in Form einer gesellschaftsrechtlich atypisch stillen Beteiligung vergeben werden muss, da der Einfluss des VC-Gebers auf die Geschäftsführung zentrale Bedeutung habe, steht dazu aber nicht im Widerspruch. Der VC-Geber übt seinen Einfluss eben über die Stimmrechte der parallelen direkten Beteiligung aus.

Steuerrechtlich sind die beiden Kriterien Mitunternehmerrisiko und Mitunternehmerinitiative zu prüfen.

- Das Kriterium Mitunternehmerrisiko liegt durch die fehlende Verlustteilnahme und die fehlende Beteiligung an den stillen Reserven und dem Firmenwert nur in sehr schwacher Ausprägung vor. Die in § 7 Abs. 1 des Vertrags vereinbarte Mindestverzinsung ändert nichts an der grundsätzlich variablen, an den Gewinn geknüpften Vergütung durch die Gewinnbeteiligung (§ 7 Abs. 2). § 7 Abs. 6 legt als „Risikoprämie" bei Beendigung der stillen Gesellschaft durch Börsengang oder Verkauf an einen Dritten (Trade Sale) einen pauschalen Betrag fest, was das Mitunternehmerrisiko wiederum schwächt.

- Die Mitunternehmerinitiative ist jedoch durch die Rolle des „Lead-Investors" sehr stark ausgeprägt. Von allen Kapitalgebern hat er den größten Einfluss auf das Management.

Bei stark ausgeprägter Mitunternehmerinitiative kann ein schwaches Mitunternehmerrisiko, wie hier durch die alleinige Gewinnbeteiligung, kompensiert werden. Damit ist von Mitunternehmerschaft und steuerrechtlicher Atypizität auszugehen.

Der Vertrag allein betrachtet wäre als gesellschafts-, handels- und steuerrechtlich typisch zu betrachten (Typ 1). Dass er Teil eines Beteiligungsvertrags mit kombinierter direkter und stiller Beteiligung ist, ändert seine Einschätzung in handels- und steuerrechtlicher Sicht, in diesen beiden Bereichen liegt Atypizität vor. Damit liegt Typ 7 vor.

4.4 ZUSAMMENFASSUNG

Die stille Beteiligung ist eine Rechtsform, für die es zwar ein gesetzliches Leitbild gibt (§§ 230 ff. HGB), die aber gemäß dem Grundsatz der Vertragsfreiheit flexibel an die jeweiligen Absichten der Vertragsparteien angepasst werden kann.

Für die Beurteilung einer stillen Beteiligung sind Merkmale aus drei Rechtsgebieten relevant. Dies sind Gesellschafts-, Handels- und Steuerrecht. In allen drei Gebieten wurde eine Abgrenzung zwischen typisch und atypisch definiert. Bei Annahme der beliebigen Kombinierbarkeit der Merkmale wurden acht Typen definiert, wobei Typ 1 die dem gesetzlichen Vorbild treue, typisch stille Gesellschaft ist. Von den 7 abweichenden Typen mussten drei wieder gestrichen werden, da zwischen den Kriterien, an die in dem jeweiligen Rechtsgebiet angeknüpft wird, Verbindungen bestehen und diese Verbindungen bestimmte Kombinationen von Merkmalen nicht zulassen. So ist die Kombination von gesellschaftsrechtlich atypisch und steuerrechtlich typisch nicht möglich, weil bei der stillen Gesellschaft das steuerliche Kriterium des Mitunternehmerrisikos zu einem minimalen Grad stets erfüllt ist, da Gewinnbeteiligung als Wesensmerkmal stets vorliegt. Ist daneben gesellschaftsrechtliche Atypizität erfüllt, d.h. nimmt der Stille in irgendeiner Form aktiv Einfluss auf die Geschäftsführung, ist das zweite Kriterium Mitunternehmerinitiative stark ausgeprägt und kompensiert das schwache Mitunternehmerrisiko. Damit liegt zwingend Mitunternehmerschaft und steuerrechtliche Atypizität vor.

Für den Einsatz in der VC-Finanzierung stehen damit Typ 1 und vier teilweise atypische stille Gesellschaftsformen zur Verfügung, von denen wiederum zwei gestrichen wurden, weil davon ausgegangen wurde, dass der VC-Geber Einfluss nehmen will, d.h. nur eine gesellschaftsrechtlich atypische Form in Frage kommt. Allerdings kann sich der VC-Geber seinen Einfluss auch über eine parallele Gesellschafterstellung sichern, was Typ 7 aufleben lässt. Damit bleiben drei Typen: Typ 6, 7 und 8.

Die detaillierte Analyse von zwei Musterverträgen führte zur Zuordnung des ersten zu Typ 8, der in allen Bereichen atypischen Form. Beim zweiten Vertragsbeispiel musste berücksichtigt werden, dass es Teil eines Beteiligungsvertrags war, der eine direkte mit einer stillen Beteiligung kombinierte. Durch die direkte Beteiligung als Lead-Investor ist der Einfluss auf das zu finanzierende Unternehmen im Verhältnis zu den anderen Investoren besonders groß. Die parallele Gesellschafterstellung qualifizierte die stille Beteiligung in handels- und steuerrechtlicher Hinsicht um. Es lag damit Typ 7 vor. Typ 6 ist aufgrund der fehlenden Beteiligung an den stillen Reserven für VC-Geber wohl nicht hinreichend attraktiv.

5 VC-FINANZIERUNG UND KRITERIENGELEITETE ANALYSE VON HYBRIDEN FINANZIERUNGSINSTRUMENTEN

Dieses Kapitel geht der Frage nach, aus welchen Gründen die stille Gesellschaft anstatt anderer hybrider Rechtsformen eingesetzt wird. Es wird nach Kriterien gefragt, die bei der Entscheidung für eine Kapitalüberlassungsform maßgebend sind. Neu gegründete Unternehmen sind besonders risikoreich. Die Herausforderung für die VC-Finanzierung besteht nun darin, Finanzierungsinstrumente zu finden, die sich besonders gut, d.h. besser als andere auf diese Unsicherheitssituation einstellen lassen. Dabei ist zu beachten, dass die Entscheidung für ein Finanzierungsinstrument häufig auch die Entscheidung für eine bestimmte Rechtsform ist (sein kann). Rechtsformen sind unterschiedlich streng reglementiert. Zwingende gesetzliche Vorschriften gewähren Rechtssicherheit, sind aber weniger flexibel und gestaltbar.

5.1 VORGEHENSWEISE

Um herauszufinden, welche Kriterien für die Wahl der Kapitalüberlassungsform entscheidend sein könnten, werden in einem ersten Schritt ausgewählte Kapitalstrukturmodelle auf Wachstumsunternehmen angewandt. Im Anschluss werden auch zwei spezielle VC-Modelle untersucht. Die Modelle werden im Hinblick auf ihre Eignung zur Anwendung auf die VC-Finanzierung abschließend jeweils beurteilt.

Aus den beiden VC-Modellen werden zwei Kriterien(bündel) abgeleitet. Die formulierten Kriterien werden für zur stillen Beteiligung alternative hybride Finanzierungsinstrumente geprüft. Das erste Kriterium wird *„Anreiz- und steuerorientierte Bedienungsgestaltung"* genannt. Es umfasst die Möglichkeit eines Finanzierungsinstruments

a) zur Vorzugsvereinbarung auf Gewinnverteilungsebene

b) zur Vorzugsvereinbarung im Liquidationsfall,

c) zur Vereinbarung einer festen Verzinsung der Einlage

d) zur steuerlichen Verlustnutzung und

e) zu einem steuerlich vorteilhaften Exit.

Das zweite Kriterium betrifft die Entscheidungsrechte im jungen Unternehmen, an denen der VC-Geber partizipieren will. Er ist aktiver Investor (vgl. 2.6). Das Kriterium heißt *„Partizipation an Entscheidungsrechten"*. Folgende Eigenschaften werden von den untersuchten Finanzierungsinstrumenten gefordert:

a) Möglichkeit zur Mitgliedschaft (verbunden mit quotalem Stimmrecht),

b) Möglichkeit zur Vereinbarung zustimmungspflichtiger Geschäfte,

c) Möglichkeit zu Anweisungen an die Geschäftsführung und

d) Möglichkeit zur Kündigung des Managements.

Diese Kriterien werden für folgende hybride (gestaltete) Beteiligungsformen geprüft:

1. Genussrechte;

2. Gewinn-, Wandel- und Optionsschuldverschreibungen;

3. GmbH-Anteile;

4. Aktien;

5. KG-Anteile.

Es wird gezeigt, dass die stille Beteiligung – die in Kapitel 4 untersucht wurde – in Bezug auf beide Kriterien den alternativen hybriden Finanzierungsinstrumenten überlegen ist.

5.2 WAS KÖNNEN WIR AUS MODELLEN FÜR DIE VC-FINANZIERUNG LERNEN?

Ausgangspunkt für Modelle zur Kapitalstruktur-Gestaltung von Unternehmen ist die Irrelevanzthese von *Modigliani* und *Miller* (MM): Der Wert eines Unternehmens ist unter vereinfachenden Annahmen unabhängig von seiner Kapitalstruktur.[515] Zentrale Prämissen des Modells sind: ein vollkommener Kapitalmarkt bei Unsicherheit; von der Kapitalstruktur unabhängig realisierbare Investitionsprogramme; Unternehmen und Privatpersonen können zum sicheren Zinssatz i Fremdmittel aufnehmen und verleihen; Unternehmen werden in Risikoklassen zusammengefasst; Steuern, Transaktions- und Insolvenzkosten werden ausgeblendet.

Seit dem MM-Theorem wurde die Grundfrage nach der „optimalen" Kapitalstruktur von Unternehmen immer wieder gestellt und unter Aufhebung einzelner Prämissen von MM nach Antworten gesucht. In der VC-Finanzierung ist von zahlreichen Unvollkommenheiten, insbesondere Informations- und Risikoproblemen auszugehen. Im Folgenden werden ausgewählte Kapitalstrukturmodelle vorgestellt und versucht, Botschaften für junge Unternehmen abzuleiten. Ziel ist es dabei, aus den vorhandenen Kapitalstrukturmodellen für die VC-Finanzierung zu lernen.

---

[515] Vgl. *Modigliani, Franco/Miller, Merton H.*, The Cost of Capital, Corporation Finance and the Theory of Investment, in: AER, Jg. 48, 1958, S. 261-297.

5.2.1 TRADE OFF-THEORIE UND PECKING ORDER

5.2.1.1 TRADE OFF-THEORIE

Ich beginne mit dem wohl bekanntesten Erklärungsmodell für Kapitalstrukturentscheidungen. Es beruht auf der Idee, Vor- und Nachteile einer zusätzlichen (marginalen) Verschuldung gegeneinander aufzuwägen.

Die Trade Off-Theorie versteht die Kapitalstrukturentscheidung als Optimierungsproblem im folgenden Sinne: Es sei die Kapitalstruktur zu wählen, die den Marktwert des Unternehmens maximiert. Der Marktwert des verschuldeten Unternehmens (V^F) wird in drei Teile zerlegt: Den Marktwert bei reiner Eigenfinanzierung (V^E), den Marktwertbeitrag der Steuervorteile (ΔV^{tax}) und den negativen Marktwertbeitrag der Nachteile hoher Verschuldungsgrade [516] bzw. der „costs of financial distress" (ΔV^{cofd}):

$$(3) \quad V^F = V^E + \Delta V^{tax} - \Delta V^{cofd}.[517]$$

Der Barwert der Steuervorteile durch die steuerliche Abzugsfähigkeit von Fremdkapitalzinsen stellt einen positiven Unternehmenswertbeitrag dar[518] und sollte daher maximiert, gleichzeitig sollte der zu subtrahierende Barwert der Nachteile hoher Verschuldungsgrade („costs of financial distress") minimiert werden. Diese beiden Ziele lassen sich aber nicht unabhängig voneinander erreichen. Der Barwert der Steuervorteile wächst, weil steigendes Fremdkapitalvolumen höhere Zinszahlungen und damit höhere abzugsfähige Beträge, also höhere Steuervorteile bedeutet. Der Barwert der Nachteile hoher Verschuldungsgrade wächst, da die einzelnen zu erläuternden Positionen, aus denen sich die „costs of financial distress" zusammensetzen, mit steigendem Insolvenzrisiko zunehmen.

Die „costs of financial distress" stellen eine unterschiedlich zusammengesetzte Größe dar. Erfasst sind zunächst die direkten Insolvenzkosten als Kosten, die durch ein Insolvenzverfahren entstehen, also das Honorar des Insolvenzverwalters, Gerichtskosten etc. Diese können 1 bis 3%

---

[516] Der Begriff der "costs of financial distress" ist schwer zu operationalisieren. Mit „financial distress" sind alle auftretenden Nachteile und Probleme hoch verschuldeter Unternehmen gemeint. Die hier gewählte deutsche Übersetzung entstammt *Drukarczyk, Jochen*, Theorie und Politik der Finanzierung, 1993, S. 302.

[517] Vgl. *Brealey , Richard A./Myers, Stewart C.*, Principles of Corporate Finance, 2000, S. 510.

[518] Zur möglichen wertmäßigen Beeinträchtigung der durch Fremdfinanzierung erzielten Steuervorteile in Steuersystemen, in denen Fremdkapitalgeber relativ stärker als Eigenkapitalgeber besteuert werden vgl. *Myers, Stewart C.*, The Search for Optimal Capital Structure, in: Midland Corporate Finance Journal, Jg. 1, 1984, S. 6-16 (11).

des Unternehmenswertes vor Insolvenz ausmachen[519] und stellen den kleineren Teil der Sammelposition dar, die oft 10 und sogar bis zu 20% Marktwertes des Unternehmens betragen kann.[520] Nachteile durch Insolvenzrisiko entstehen aber lange vor dem Eintritt in ein Verfahren. Dieser Teil der „costs of financial distress" ist nur schwer messbar: Ein ganz wichtiger Bestandteil dieser indirekten Kosten sind Unternehmenswerteinbußen durch das Unterlassen von vorteilhaften Investitionsobjekten (Underinvestment).[521] Durch die zwingende Bedienung von Fremdkapital, die bei steigendem Verschuldungsgrad an Umfang gewinnt, wird unter anderem die Freiheit zur Realisierung vorteilhafter Investitionsobjekte eingeschränkt.

Hoher Verschuldungsgrad bedeutet aber auch, dass die Agency-Kosten i.S.v. Nachteilen durch Vermögensverschiebungsstrategien, zunehmen. Eigentümer, für die bei hohen Verschuldungsgraden ja nur ein geringer Teil der Einzahlungsüberschüsse verbleibt, der Großteil dient ja zur Bedienung der Gläubiger, sind umso mehr daran interessiert, sehr riskante Projekte zu realisieren, selbst wenn sie für die Gesamtheit der Financiers betrachtet nicht vorteilhaft sind. Wenn das Projekt Erfolg hat, fällt ihnen ein höherer Einzahlungsüberschuss zu, ist das Projekt nicht erfolgreich, verlieren sie nur wenig, die Gläubiger fallen ggf. mit einem viel höherem Betrag aus. Das Interesse an solchen Vermögensverschiebungsstrategien ist bei hohen Verschuldungsgraden höher als bei geringen.[522]

Gläubiger haben zwar keine Stimmrechte in Haupt- bzw. Gesellschafterversammlung, aber durch die Vereinbarung von Covenants doch Einfluss auf Investitions-, Finanzierungs- und Ausschüttungsentscheidun-

---

[519] Vgl. *Ross, Stephen A./Westerfield, Randolph W./Jaffe, Jeffrey F.*, Corporate Finance, 2002, S. 426; *White, Michelle J.*, Bankruptcy Costs and the New Bankruptcy Code, in: JoF, Jg. 38, 1983, S. 477-488; *Altman, Edward I.*, A further empirical Investigation of the Bankruptcy Cost Question, in: JoF, Jg. 39, S. 1067-1089; *Weiss, Lawrence A.*, Bankruptcy resolution: Direct Costs and violation of Priority of Claims, in: JoFE, Jg. 27, 1990, S. 285-314.

[520] Vgl. *Brealey, Richard A./Myers, Stewart C.*, Principles of Corporate Finance, 2000, S. 514; *Andrade, Gregor/Kaplan, Steven N.*, How costly is Financial (not Economic) Distress? Evidence from highly leveraged transactions that became distressed, in: JoF, Jg. 53, 1998, S. 1443-1493.

[521] Vgl. *Barclay, Michael J./Smith, Clifford W.* (Jr.), The Capital Structure Puzzle: Another Look at the Evidence, in: The Revolution in Corporate Finance, 2003, S. 153-166 (156); *Stulz, René M.*, Rethinking Risk Management, in: The Revolution in Corporate Finance, 2003, S. 367-384 (373).

[522] Vgl. *Brealey, Richard A./Myers, Stewart C.*, Principles of Corporate Finance, 2000, S. 519.

gen. Und bei Unternehmen mit höherem Insolvenzrisiko werden die Gläubiger von ihren Einflussmöglichkeiten stärker Gebrauch machen als bei einem risikolosem Kredit an ein Unternehmen mit geringem Verschuldungsgrad. Solche Verträge sind verhandlungs- und kontrollintensiv, verursachen also hohe Kosten.

Die Verwertbarkeit der Vermögensgegenstände des Unternehmens beeinflusst auch die Höhe der „costs of financial distress": Bei schlechter Verwertbarkeit der Vermögensgegenstände bedeutet ein Insolvenzverfahren einen höheren Ausfall der Gläubiger, was sie zu der Forderung eines höheren Kreditzinssatzes und zu einer verstärkten, kostenintensiven Kontrolle veranlassen wird.[523]

Weitere costs of financial distress können dadurch entstehen, dass Kunden lieber bei Unternehmen mit geringerem Insolvenzrisiko kaufen, damit bei später auftretenden Problemen mit dem Produkt ein Ansprechpartner zu erreichen bzw. eine Garantieleistung einklagbar ist. Oder es entstehen Nachteile dadurch, dass gute und leistungsfähige Arbeitnehmer bei Insolvenzgefahr zu Unternehmen mit geringerem Insolvenzrisiko abwandern, da ihr Arbeitsplatz dort nicht so stark gefährdet ist.

Mit steigendem Verschuldungsgrad wird der Unternehmenswert durch wachsende Steuervorteile also zum einen erhöht, zum anderen durch den negativen Unternehmenswertbeitrag, der durch die Nachteile die mit steigendem Insolvenzrisiko verbunden sind, reduziert. Es werden also Steuervorteile von den Nachteilen hoher Verschuldungsgrade aufgezehrt. Bis zu einem bestimmten Punkt bringt jede marginale Erhöhung des Verschuldungsgrades einen größeren positiven Unternehmenswertbeitrag durch Steuervorteile als durch die Nachteile des steigenden Insolvenzrisikos wieder subtrahiert werden (vgl. Pfeile in Abbildung 25). In dem Punkt, wo der Barwert der Steuervorteile gänzlich aufgezehrt wird, entspricht der Wert des verschuldeten Unternehmens wieder dem Wert bei Eigenfinanzierung. Wüchse der Verschuldungsgrad über diesen Punkt hinaus noch weiter, sänke der saldierte Unternehmenswert aufgrund der Kosten des stärker steigenden Insolvenzrisikos unter den Wert

---

[523] Beiträge, die zeigen, dass der Fremdfinanzierungsumfang mit einem höheren Anteil immaterieller Vermögensgegenstände abnimmt, z.B. *Williamson, Oliver*, Corporate finance and corporate governance, in: JoF, Jg. 43, 1988, S. 537-591; *Titman, Sheridan/Wessels, Roberto*, The Determinants of Capital Structure, in: JoF, Jg. 43, 1988, S. 1-19; *Friend, Irwin/Lang, Larry N.P.*, An empirical test of the impact of managerial self-interest on corporate capital structure, in: JoF, Jg. 43, 1988, S. 271-281; *Rajan, Raghuram G./Zingales, Luigi*, What do we know about capital structure? Some evidence from international data, in: JoF, Jg. 50, S. 1421-1460.

bei reiner Eigenfinanzierung. Der optimale Verschuldungsgrad sei nach der Trade Off Theory an dem Punkt zu finden, wo der saldierte Unternehmenswert sein Maximum erreicht. Grafisch lässt sich das wie folgt darstellen:

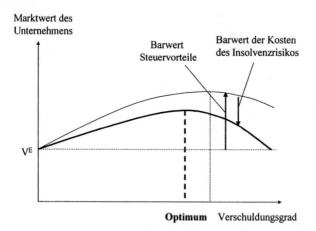

Abbildung 25: Trade Off-Theorie bei etablierten Unternehmen

Dass Fremdfinanzierung durch die steuerliche Abzugsfähigkeit der Zinszahlungen Steuervorteile mit sich bringt, leuchtet ein. Es wird vereinfachend angenommen, dass sich der Verschuldungsgrad grundsätzlich beliebig erhöhen lässt. Die Kreditzinssätze steigen entsprechend dem steigenden Ausfallrisiko der Kreditgeber an. Die Kurve des Barwertes der Steuervorteile ist keine steigende Gerade, wie der proportionale Zusammenhang zwischen zu bedienendem Fremdfinanzierungsvolumen und dadurch entstehenden Steuervorteilen vermuten lässt. Der Grund für den Kurvenverlauf kann eine zu kleine Steuerbemessungsgrundlage sein, die dazu führt, dass die zu diskontierenden Steuervorteile kleiner werden. Lange bevor das Unternehmen überschuldet oder gar zahlungsunfähig wird, können Steuervorteile schon nicht mehr geltend gemacht werden, weil angesammelte Verluste vorgetragen werden und erst das Eigenkapital aufgebraucht sein muss, bevor Überschuldung vorliegt. Verlustvorträge bedeuten dabei nicht nur einen zeitlich aufgeschobenen Steuervorteil, sondern auch ein Risiko, dass dieser Verlust endgültig nicht mehr zu einem Steuervorteil führt. Die Grundsätze zur Bewertung von Verlustvorträgen werden hier relevant.

Der Diskontierungssatz, mit dem die Steuervorteilsbeträge abgezinst werden, ist risikoäquivalent, nimmt also mit steigendem Verschuldungsgrad zu: Je höher der Verschuldungsgrad, desto höher die zu leistenden

Zinszahlungen. Je höher die Zahlungsverpflichtung – die gerade deshalb ggf. noch schneller steigt, weil bei bereits hohem Verschuldungsgrad immer höhere Kreditzinssätze gefordert werden – desto größer das Risiko, diese nicht mehr leisten zu können. Die Kreditzinssätze steigen, weil die Gläubiger für das erhöhte Ausfallrisiko eine Risikoprämie fordern, womit sie zu einer weiteren Erhöhung des Ausfallrisikos beitragen. Damit werden die bei geringem Verschuldungsgrad noch sicheren Zinszahlungen unsicher.

Die Trade Off Theory enthält die Botschaft, dass die optimale Kapitalstruktur ein Unternehmen-individuelles Problem ist. Welcher Verschuldungsgrad optimal ist, hängt vom Unternehmen ab. Ein Unternehmen mit einer Vielzahl an werthaltigen, materiellen Vermögensgegenständen und sicheren hohen Einzahlungsüberschüssen wird zum einen eine bedeutende Summe an Steuervorteilen und zum anderen nur geringe Kosten des Insolvenzrisikos vorweisen, was die Realisierung eines hohen Verschuldungsgrades nach der Trade Off Theory erwarten lässt.[524] Umgekehrt lässt ein junges Wachstumsunternehmen mit immateriellen Vermögensgegenständen und stark unsicheren Einzahlungsüberschüssen die Realisierung eines wesentlich geringeren Verschuldungsgrades erwarten, da der Barwert der Steuervorteile durch die Unsicherheit der Einzahlungsüberschüsse und damit der Steuerbemessungsgrundlage sowie durch den risikoäquivalenten hohen Diskontierungssatz berechnet, viel geringer und die costs of financial distress durch das Unterlassen vorteilhafter Investitionsobjekte (Underinvestment), durch Agency-Kosten des Fremdkapitals und durch schlecht verwertbare Vermögensgegenstände in der Haftungsmasse viel höher sind.[525] Für Wachstumsunternehmen kommt man demnach zu folgender Trade Off-Darstellung:

---

[524] Vgl. *Brealey* , *Richard A./Myers, Stewart C.*, Principles of Corporate Finance, 2000, S. 522.

[525] Vgl. *Cornell, Bradford/Shapiro, Alan C.*, Financing Corporate Growth, in: The Revolution in Corporate Finance, 2003, S. 260-277 (271). Immaterielle Vermögensgegenstände sind Rechte aller Art, Lizenzen, F&E-Kosten sowie der Geschäfts- und Firmenwert. Soweit sie selbstgeschaffen sind, besteht in Deutschland nach § 248 II HGB ein Ansatzverbot im Anlagevermögen, da der Gesetzgeber ihren Wert für unsicher und schwer bestimmbar hält, weil im Gegensatz zu erworbenen immateriellen Vermögensgegenständen die Objektivierung durch den Markt fehlt, vgl. *Coenenberg, Adolf G.*, Jahresabschluß und Jahresabschlußanalyse, 2003, S.141/142. Diese Durchbrechung des ansonsten streng gebotenen vollständigen Vermögensausweises überzeuge vor dem Hintergrund der Gestaltbarkeit von Anschaffungsvorgängen nur begrenzt, vgl. *Baetge, Jörg/Fey, Gerd/Weber, Hans*, in: Küting/Weber, Handbuch der Rechnungslegung, 1995, § 248, Rn. 17. Gerade bei Unternehmen mit sehr hohen F&E-Kosten wirkt dieses Bilanzierungsverbot doch

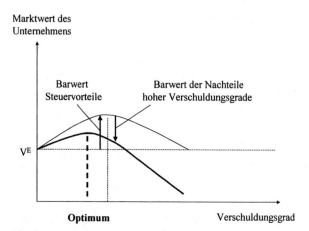

Abbildung 26: Trade Off-Theorie bei jungen Unternehmen

Man sieht in Abbildung 26, dass der Barwert der Steuervorteile kleiner ist und schneller sein (geringeres) Maximum erreicht. Der Barwert der costs of financial distress steigt dagegen schon bei relativ moderaten Verschuldungsgraden stark an und bewirkt ein rasches Erreichen und Unterschreiten von V^E. Das Optimum als Maximum der saldierten Unternehmenswertlinie liegt wesentlich weiter links als bei etablierten Unternehmen, d.h. ein bedeutend geringerer Verschuldungsgrad ist optimal.

Ein Grund für das rasche Ansteigen des Barwertes der Nachteile hoher Verschuldungsgrade liegt in dem ernsteren Unterinvestitionsproblem von jungen Unternehmen, die aufgrund ihrer geringen laufenden Einzahlungsüberschüssen und ihrer wichtigen und hohen Investitionsauszahlungen von Liquiditätsproblemen stärker betroffen sind.[526] Auch andere

---

stark bilanzverzerrend, da Sachverhalte mit wesentlicher wirtschaftlicher Bedeutung in der Bilanz fehlen. In Deutschland wird daher diskutiert, § 248 II HGB aufzuheben und eine Aktivierung zuzulassen, zumindest als Rechnungsabgrenzungsposten (§ 250 I HGB), falls ein abgrenz- und beschreibbares Projekt begonnen worden ist, „dessen aktive Verfolgung sichergestellt und dessen Nutzen darstellbar ist"; vgl. dazu *Hoeren, Thomas*, E-Business und die Rezession: Was wird vom elektronischen Handel bleiben?, in: NJW, Jg. 55, 2002, S. 37.

[526] Vgl. *Barclay, Michael J./Smith, Clifford W.* (Jr.), The Capital Structure Puzzle: Another Look at the Evidence, in: The Revolution in Corporate Finance, 2003, S. 153-166 (156); *Stulz, René M.*, Merton Miller's Contribution to Modern Finance, in: The Revolution in Corporate Finance, 2003, S. 590-602 (595). Bei der VC-Finanzierung, bei der Beteiligungsgeber im Vordergrund stehen, besteht das Unterinvestitionsproblem auch, aber in gemilderter Form, da Beteiligungsgeber eine

Vermögensverschiebungsstrategien zwischen Eigentümern und Gläubigern nehmen gerade bei jungen, in erster Linie von außen finanzierten Unternehmen mit steigendem Verschuldungsgrad zu. Ein weiterer Grund liegt in den Schwierigkeiten der Verwertbarkeit der speziellen immateriellen Vermögensgegenstände junger Technologieunternehmen.[527] Der Großteil der Assets besteht aus immateriellen Vermögensgegenständen, deren Verwertbarkeit besondere Schwierigkeiten bereitet.[528]

Bedenken gegen die im Modell ausgewiesenen Steuervorteile wurden von *Miller*[529] vorgebracht. *Miller* hat gezeigt, dass die Steuerersparnisse auf Unternehmensebene bei Ersatz von Eigenkapital durch Fremdkapital zumindest teilweise durch höhere geforderte Renditen der Fremdkapitalgeber aufgezehrt werden. Fremdkapitalgeber forderten höhere Renditen, da an sie fließende Zinsen stärker besteuert werden als Kapitalgewinne bei den Anteilseignern. Die Effekte ergeben sich aus der Einkommensteuer, die unterschiedliche Vorschriften für Fremdkapitalgeber und Anteilseigner bestimmen kann. Werden im Extremfall die Einkünfte von Fremdkapitalgebern voll und die von Anteilseigner überhaupt nicht besteuert, verschwände der gesamte Steuervorteil aus Fremdkapital, was die Irrelevanzthese von MM stütze.[530] Das Modell greift durch die alleini-

---

Glaubhaftmachung der Wertbeständigkeit der Assets in der Form wie sie Fremdkapitalgeber fordern, nicht verlangen.

[527] Schlechte Verwertbarkeit bedeutet höhere Verluste im Insolvenzfall; vgl. *Brealey, Richard A./Myers, Stewart C.*, Principles of Corporate Finance, 2000, S. 520/521.

[528] Nutzungsrechte an Werken können nur mit Zustimmung der beteiligten Urheber an einen Kreditgeber zur Kreditsicherung übertragen werden; es gilt das sog. dispositive Zustimmungserfordernis der §§ 34 I, 35 I UrhG, was auch bei Übertragung sämtlicher dazugehörender Rechte und Einzelgegenstände greift (§ 34 III UrhG) (Das Urheberrechtsgesetz sieht mehrere zwangsvollstreckungsrechtliche Beschränkungen vor, die einer Verwertung gem. §§ 42, 43 I InsO nicht entgegenstehen dürfen. Verwertbar sind nur Nutzungsrechte, für welche die höchstpersönliche Einwilligung des Urhebers vorliegt (§ 113 S. 2 UrhG), eine Zustimmung des Insolvenzverwalters genügt nicht (§ 91 I InsO. Ausnahmen gelten im Filmbereich (Sonderregelung des § 90 S. 1 UrhG). Auch die Verwertung von Kundendaten ist in der Insolvenz mit datenschutzrechtlichen Problemen verknüpft, insbesondere wenn die Daten unter den besonderen Geheimnisschutz des § 203 StGB fallen. Auch hier ist die Einwilligung der Betroffenen notwendig. Wie kompliziert die Verwertung im Insolvenzverfahren durch diese Einverständniserfordernisse wird, muss nicht erläutert werden; vgl. *Hoeren, Thomas*, E-Business und die Rezession: Was wird vom elektronischen Handel bleiben?, in: NJW, Jg. 55, 2002, S. 37.

[529] Vgl. *Miller, Merton*, Debt and Taxes, in: JoF, Jg. 32, 1977, S. 261-275.

[530] Vgl. *Stulz, René M.*, Merton Miller's Contribution to Modern Finance, in : The Revolution in Corporate Finance, 2003, S. 590-602 (595).

ge Berücksichtigung der Werteffekte aus verzinslichem Fremdkapital auch ggf. insofern zu kurz, als auch aus Rückstellungen nicht unerhebliche Werteffekte resultieren können.[531]

Aus der Trade Off-Theorie lässt sich für die Finanzierung junger Unternehmen lernen, dass sie geringere Verschuldungsgrade realisieren (sollten) als etablierte, reife Unternehmen mit hohen Einzahlungsüberschüssen.[532] Dies gelte zum einen, weil ihre Steuervorteile aufgrund der Unsicherheit ihrer zukünftigen Einzahlungsüberschüsse weniger werthaltig seien. Zum anderen gelte dies, weil sie aufgrund eines ernsteren Unterinvestitionsproblems, höherer Kosten aus Vermögensverschiebungsstrategien und schlechter verwertbareren Assets auch höhere costs of financial distress hätten.

5.2.1.2 PECKING ORDER

Dieser Erklärungsansatz entstand aus der Beobachtung, dass Unternehmen erst aus Innenfinanzierung gewonnene Mittel verwenden und nur bei größerem Kapitalbedarf auf Außenfinanzierung – erst auf Fremdkapital, dann auf Eigenkapital – zurückgreifen. Er ist auch bedeutend, weil seine Erklärungskraft empirisch bestätigt wurde.[533]

Die Pecking Order begreift die Kapitalstrukturentscheidung nicht als Optimierungsproblem (wie die Trade Off-Theorie), sondern als Ergebnis einer Präferenzordnung für verschiedene Finanzierungsformen. Grundannahme des Kapitalstrukturmodells und der Präferenzliste ist *asymmetrische Information*, d.h. Manager sind besser über Planzahlen, deren Risiken und Bewertung informiert als außen stehende Investoren. Diese Annahme ist bei großen Kapitalgesellschaften plausibel, da Kleinaktionäre diversifizieren und eine rationale Passivität entwickeln. Aber auch Großaktionäre, etwa institutionelle Anleger, sind trotz ihres größeren Einflusses auf die Informationen angewiesen, die das Beteiligungsunternehmen ihnen zur Verfügung stellt. Gäbe es die asymmetrische Information nicht, wären kursbeeinflussende ad-hoc-Mitteilungen und Insider-Geschäfte nicht notwendig bzw. möglich. Dass es sie gibt, ist empirisch unstrittig.

---

[531] Vgl. *Schlumberger, Erik/Schüler, Andreas*, Steuerlich bedingte Wertbeiträge sonstiger Rückstellungen, in: ZBB, Jg. 15, S. 360-368; *Schlumberger, Erik/Schüler, Andreas*, Die Wirkung sonstiger Rückstellungen auf den Unternehmenswert im Halbeinkünfteverfahren, in: BFuP, Jg. 55, 2003, S. 225-239.

[532] Vgl. *Barclay, Michael J./Smith, Clifford W.* (Jr.), The Capital Structure Puzzle: Another Look at the Evidence, in: The Revolution in Corporate Finance, 2003, S. 153-166 (156).

[533] Vgl. *Shyam-Sunder, Lakshimi/Myers, Stewart C.*, Testing Static Trade-Off Against Pecking Order Models of Capital Structure, 1994.

Die Eigenschaft eines Aktienmarktes, Kurse zu bilden, die sich entsprechend dem im Informationssystem vorhandenen Wissen verhalten, nennt man *informationseffizient*. Dabei differenziert man in schwache, halbstrenge und strenge Formen. Empirisch ist die realisierte Form der Informationseffizienz von Aktienmärkten umstritten, wobei die halbstrenge Form von einer Reihe von empirischen Tests gestützt wird.[534]

Der schlechtere Informationsstand außen stehender Investoren, ihre Angewiesenheit auf Informationen von den Insidern, den Managern, und das Misstrauen mit dem solchen Informationen zur Kenntnis genommen werden, führen zu einer höheren geforderten Rendite für alle Formen der Außenfinanzierung. Diese Informationsprobleme lassen sich nur begrenzt durch intensive Kommunikation beseitigen: Um die Investoren zu überzeugen, wären detaillierte Informationen über Produkte, Technologie, Vertriebsstrategie, usw. nötig. Stellt das Unternehmen diese Informationen den Investoren, d.h. der Öffentlichkeit zur Verfügung, erfahren auch alle Wettbewerber die „Erfolgsrezepte".[535] Dies gilt umso mehr bei jungen Technologieunternehmen, die an neuen Produktideen arbeiten.

Das Risiko falschen bzw. geschönten Informationen aufzusitzen, lassen sich die außen stehenden Investoren durch eine zusätzliche Risikoprämie abgelten. Wenn Manager dieses Problem antizipieren, greifen sie nur zur Außenfinanzierung, wenn die Wege der Selbstfinanzierung erschöpft sind. Eigenkapital wird nur emittiert, wenn alle anderen Finanzierungswege erschöpft sind. Damit ergibt sich folgende „Pecking Order"[536]:

1. Stille Selbstfinanzierung, Finanzierung durch Vermögensumschichtung;
2. Offene Selbstfinanzierung;[537]
3. Fremdfinanzierung;
4. Hybride Finanzierung;
5. Beteiligungsfinanzierung durch Ausgabe neuer Anteile.

---

[534] Vgl. *Drukarczyk, Jochen*, Theorie und Politik der Finanzierung, 1993, S. 89.

[535] Vgl. *Brealey , Richard A./Myers, Stewart C.*, Principles of Corporate Finance, 2000, S. 525.

[536] Vgl. *Brealey, Richard A./Myers, Stewart C.*, Principles of Corporate Finance, 2000, S. 526.

[537] Unter "offener" Selbstfinanzierung wird die Einbehaltung von Jahresüberschüssen verstanden, unter „stiller" Selbstfinanzierung die Finanzierung durch zwingende Gewinnermittlungsvorschriften oder durch geplante Nutzung von Spielräumen bei Ansatz- und Bewertungsvorschriften. Diese Unterteilung der Innenfinanzierung ist aus *Drukarczyk, Jochen*, Theorie und Politik der Finanzierung, 1993, S. 16.

Ab einschließlich 3. muss das Unternehmen auf Außenfinanzierung zu-rückgreifen, wobei weniger risikobehaftete Finanzierungstitel immer vorgezogen werden, so dass erst Fremdkapital, dann hybrides Kapital und als letztes Eigenkapital ausgegeben wird. Die These, dass Manager eine Präferenzrangfolge in Bezug auf unterschiedliche Finanzierungsfor-men haben, ist bereits seit *Donaldson* bekannt.[538] Manager bevorzugten stille und offene Selbstfinanzierung, da durch sie die zukünftigen Zah-lungsüberschüsse nicht wie bei Fremdfinanzierung durch Zinsen ge-schmälert werden. Anteilseigner zögen hingegen ggf. Fremdfinanzierung vor, wenn die steuerliche Abzugsfähigkeit von Zinsen den Unterneh-menswert erhöhen könne. Im Anschluss an *Donaldsons* Arbeit war zu-nächst unklar, ob eine theoretisch fundierte Erklärung für dieses Verhal-ten der Manager gefunden werden kann. Die höheren Emissionskosten bei Eigenkapital deuteten auf eine Erklärung über Transaktionskosten hin, waren aber aufgrund des wohl eher geringen Umfangs dieser Kos-ten nicht überzeugend.[539] Erst die Annahme der asymmetrischen Infor-mation gab der Pecking Order eine theoretisch fundierte Bedeutung.[540]

Theoretisch gilt, dass ein Unternehmen alle Investitionsobjekte mit positi-vem Nettokapitalwert realisieren soll und geht dabei davon aus, dass auf einem effizienten Kapitalmarkt stets Mittel zu fairen Preisen aufgenom-men werden können, um die Anschaffungsauszahlung des Objektes zu finanzieren. Wenn aber ein Unternehmen zur Realisierung einer vorteil-haften Investitionsgelegenheit auf Eigenkapitalemission zurückgreifen muss und asymmetrische Information vorliegt, besteht die Gefahr, dass die Ankündigung einer Aktienemission als Signal der Überbewertung des Eigenkapitals des Unternehmens von den Marktteilnehmern interpretiert

---

[538] Vgl. *Donaldson, Gordon*, Financial Goals: Management vs. Stockholders, in: HBR, Jg. 41, S. 116-129 (125-127). Die genannte These war das zweite von drei Argumenten, die *Donaldson* aufgeführt hat, um zu zeigen, dass von einem an-teilseignerorientierten Handeln der Managern keineswegs ohne weiteres auszu-gehen ist. Manager würden erstens die Vorteilhaftigkeit von Investitionsprojekten an historisch erzielten Renditen des eigenen Unternehmens ableiten, wohingegen für Anteilseigner allein der Vergleich mit anderen Unternehmen Sinn mache. Das dritte Argument stellt den Unterschied in den Risikoeinstellungen von Managern und Anteilseignern heraus. Manager seien tendenziell risikoscheuer, da für sie vom Unternehmen Einkommen, Reputation, etc, abhinge. Anteilseigner hingegen ginge es einzig um den Marktwert des Unternehmens, der durch riskantere Inve-stitionsprojekte bedeutend zunehmen könnte (vgl. auch 2.8).

[539] Vgl. *Myers, Stewart C.*, The Capital Structure Puzzle, in: JoF, Jg. 39, 1984, S. 575-592 (582).

[540] Vgl. *Myers, Stewart C.*, The Capital Structure Puzzle, in: JoF, Jg. 39, 1984, S. 575-592 (585).

wird und der Kurs sinkt. Die Interpretation der Aktienemission als Hinweis auf Überbewertung und nicht als (positiver) Hinweis, dass das Unternehmen vorteilhafte Investitionsgelegenheiten wahrnehmen und den Wert des Unternehmens steigern kann, tritt auf, weil die Marktteilnehmer wissen, dass die Manager besser über den wahren Wert des Unternehmens informiert sind und eine Aktienemission für die Manager als Vertreter der Interessen der Eigentümer vorteilhaft ist, wenn Aktien (im Vergleich zum wahren Wert) überteuert verkauft werden können. Also interpretiert der Markt eine Emission als Hinweis auf Überbewertung und der Kurs sinkt. Dieses Problem kann so ernsthaft sein, dass die Manager es vorziehen, das vorteilhafte Investitionsprojekt nicht zu realisieren. Dies ist der Fall, wenn sich ein vorteilhaftes Investitionsobjekt nur durch die Emission von Eigenkapital zu Preisen unterhalb des wahren Wertes realisieren läßt und dieser Nachteil ggf. den Vorteil des Investitionsobjekts (über)kompensiert.[541]

Die Pecking Order-Theorie bestimmt im Ergebnis keine Zielkapitalstruktur, da Eigenkapital einmal ganz oben in der Präferenzliste steht, wenn es internen, und einmal ganz unten, wenn es externen Ursprungs ist.[542] Die Erzielung steuerlicher Vorteile ist im Rahmen dieses Kapitalstrukturmodells allenfalls ein Nebeneffekt und kein zentrales Gestaltungsmotiv der Kapitalstruktur. Der Verschuldungsgrad ergibt sich als Folge des Kapitalbedarfs des Unternehmens, der primär von Innenfinanzierungsmöglichkeiten und Investitionsgelegenheiten bestimmt wird. Zentrale Voraussetzung des Modells ist die asymmetrische Information.

Die Pecking Order-Theorie erklärt auch, warum viele Unternehmen liquide Mittel, Finanzanlagen und verkaufsbereite Assets horten, obwohl diese nicht optimal investiert sind. Ein Puffer zur Finanzierung von Investitionsgelegenheiten ist wertvoll, um nicht auf Außenfinanzierungsquellen, sei es Eigen- oder Fremdkapital, angewiesen zu sein. Dies gilt im Besonderen für Wachstumsunternehmen.[543] Diese Vorratshaltung an finanziellen Mitteln hat für die Manager aber auch einen Nachteil. Für Manager,

---

[541] Diese These ist von *Myers, Stewart C./Majluf, Nicholas S.*, Corporate financing and investment decisions when firms have information that investors do not have, in: JoFE, Jg. 13, 1984, S. 187-221. In ihrem Modell wird von Steuern, Transaktionskosten und anderen Unvollkommenheiten des Kapitalmarkts abgesehen.

[542] Vgl. *Brealey , Richard A./Myers, Stewart C.*, Principles of Corporate Finance, 2000, S. 527.

[543] Wachstumsunternehmen haben daher oft extrem niedrige oder sogar negative (!) Verschuldungsgrade. Microsoft hatte z.B. Mitte 2000 keinerlei langfristiges Fremdkapital aber $ 24 Milliarden cash und Finanzanlagen, vgl. *Myers, Stewart C.*, Capital Structure, in: JoEP, Jg. 15, 2001, S. 81-102 (83).

die zu viel Puffer angesammelt haben, besteht die Gefahr, dass sie sich zurücklehnen und nicht mehr mit vollem Einsatz am Erfolg des Unternehmens arbeiten.[544] Diesen Nachteil bzgl. der Disziplinierung des Managers und der damit höheren Agency-Kosten hat *Jensen* entdeckt.[545] Die sog. „Free Cash Flow Theory" ist eine für reife, zur Überinvestition neigende Unternehmen entwickelte These, die sich nur bedingt auf ganz junge Unternehmen anwenden lässt, zumal diese von ihren Financiers bewusst nur zeitlich begrenzt finanziert werden.[546]

Warum ist es nach der Pecking Order-Theorie vorteilhafter, hybride Finanzierungstitel statt Eigenkapital-Titel auszugeben? Das Unternehmen sollte nach der Pecking Order immer die Finanzierungstitel ausgeben, die am wenigsten riskant für den Investor sind: Das ist zunächst Fremdkapital, dann riskantes Fremdkapital, also hybrides Kapital und schließlich Eigenkapital. Je riskanter das emittierte Wertpapier, desto größer die „credibility gap" und der Preisabschlag. Risikoloses Fremdkapital hat dagegen keinen Preisabschlag, wenn dessen Bedienung sicher und von bestimmten Informationsunterschieden unabhängig ist.[547] Ohne entsprechenden Preisabschlag sind riskantere Papiere nicht emittierbar. Die Ausgabe von möglichst wenig risikobehafteten Finanzierungstiteln minimiert einen möglichen Informationsvorteil der Manager.[548] Damit zwängen Investoren die Unternehmen, der Pecking Order zu folgen.[549] Diese These zeigt, dass die Beobachtungen von *Donaldson* auch dann theoretisch erklärt werden können, wenn man annimmt, die Manager handelten im Interesse der Anteilseigner.[550]

---

[544] Bei ausreichend grossem Puffer durch Innenfinanzierung hilft auch die hohe Präferenz für Fremdfinanzierung (Position 3) nicht, da dann gar nicht auf Außenfinanzierung zurückgegriffen wird.

[545] Vgl. dazu 5.2.2.1 und *Jensen, Michael C.*, Agency Costs of Free Cash Flow, Corporate Finance and Takeovers, in: AER, Jg. 76, 1986, S. 323-329.

[546] Vgl. *Myers, Stewart C.*, Capital Structure, in: JoEP, Jg. 15, 2001, S. 81-102 (81).

[547] Vgl. *Cornell, Bradford/Shapiro, Alan C.*, Financing Corporate Growth, in: The Revolution in Corporate Finance, 2003, S. 260-277 (264).

[548] Vgl. *Myers, Stewart C.*, Still Searching for Optimal Capital Structure, in: JoACF, Jg. 6, 1993, S. 4-14 (8).

[549] Vgl. *Myers, Stewart C.*, The Capital Structure Puzzle, in: JoF, Jg. 39, 1984, S. 575-592 (585).

[550] Vgl. *Myers, Stewart C.*, The Capital Structure Puzzle, in: JoF, Jg. 39, 1984, S. 575-592 (585); *Drukarczyk, Jochen*, Theorie und Politik der Finanzierung, 1993, S. 81-83.

Bei jungen Wachstumsunternehmen ist ein Befolgen der Pecking Order zumindest insofern beobachtbar – Selbst- und Fremdfinanzierungsmöglichkeiten sind stark begrenzt – als bei VC-Finanzierungen verstärkt hybride Finanzierungsinstrumente statt reinem Eigenkapital zum Einsatz kommen: So werden in den USA in erster Linie convertible preferred shares und convertible debt, in Deutschland dagegen die hybride (vgl. 4.2.2) stille Beteiligung eingesetzt (vgl. Tabelle 3, Tabelle 4). Gerade bei Unternehmen, bei denen vermutet werden kann, sie müssten mangels Alternative neue Eigentümer im Rahmen von Beteiligungsfinanzierung akzeptieren, werden die auf der Präferenzliste eine Position höher stehenden hybriden Instrumente eingesetzt. Nun hat die Literatur, mehr noch die amerikanische als die deutsche,[551] schon zahlreiche Modelle entwickelt, die den Einsatz von hybriden Instrumenten bei VC-Finanzierungen erklären und obwohl nicht wenige dieser Modelle von einer asymmetrischen Information bei jungen Wachstumsunternehmen ausgehen, spielte die Überlegung, dies könne mit der Pecking Order erklärt werden, bislang kaum eine Rolle. *Stein* hat eine Art Signalling-Theorie entwickelt, wonach die Ausgabe hybrider Papiere die Überzeugung der Gründer von der Erfolgschance und eine fehlende Befürchtung von „financial distress" signalisiere.[552]

Der externe Kapitalbedarf der Wachstumsunternehmen ist besonders hoch, da Innenfinanzierungsmöglichkeiten kaum bestehen und ständig Investitionsauszahlungen nötig sind. Damit befinden sich junge Unternehmen in der unteren Hälfte der Pecking Order, was weniger Finanzierungsalternativen bedeutet. Der Vorteil dieser Unternehmen bestehe nun aber darin, dass ihre Absicht einer Aktienemission als einzige Möglichkeit schnelles Wachstum zu finanzieren, für den Markt eher glaubwürdig sei.[553] Bei VC-Finanzierungen ist die Annahme der asymmetrischen Infor-

---

[551] Nur beispielhaft seien hier genannt: *Brennan, Michael J./Kraus, Alan*, Efficient Financing under Asymmetric Information, in: JoF, Jg. 42, 1987, S. 1225-1243; *Brennan, Michael J./Schwartz, Eduardo S.*, The Case for Convertibles, in: JoACF, Jg. 1, 1988, S. 55-64; *Gompers, Paul A.*, Optimal Investment, Monitoring, and the Staging of Venture Capital, in: JoF, Jg. 50, 1995, S. 1461-1489; *Green, Richard C.*, Investment Incentives, Debt, and Warrants, in: JoFE, Jg. 13, 1984, S. 115-136; *Sahlman, William A.*, The structure and governance of venture-capital organizations, in: JoFE, Jg. 27, 1990, S. 473-521; *Stein, Jeremy C.*, Convertible Bonds as Backdoor Equity Financing, in: JoFE, Jg. 32, 1992, S. 3-21; in Deutschland z.B. *Bascha, Andreas*, Hybride Beteiligungsformen bei Venture-Capital, 2001.

[552] Vgl. *Stein, Jeremy C.*, Convertible Bonds as Backdoor Equity Financing, in: JoFE, Jg. 32, 1992, S. 3-21.

[553] Vgl. *Brealey , Richard A./Myers, Stewart C.*, Principles of Corporate Finance, 2000, S. 526.

mation umstritten, da einzelne, potentielle Investoren einen Großteil der Informationen erhalten können (vgl. 2.7). Man kann ja vereinbaren, dass sie die Informationen nicht an die Öffentlichkeit weitergeben dürfen. Wenn die Annahme der asymmetrischen Information nicht hält, sind zwei Erklärungen denkbar: Erstens kann man die Pecking Order als ein hier nicht anwendbares Kapitalstrukturmodell verstehen. Die Alternative ist, dass ein Befolgen der Pecking Order nicht über asymmetrische Information erklärt werden könne, sondern anders erklärt werden müsse.

Welche Botschaft beinhaltet die Pecking Order für junge Wachstumsunternehmen, wenn man annimmt, die Annahme der asymmetrischen Information sei erfüllt? Durch ein Finanzierungsverhalten gemäß der Pecking Order werde versucht, die Informationskosten, die bei zunehmend asymmetrischer Information (credibility gab) höher werden – was höhere Preisabschläge bedeutet – niedrig zu halten, indem weniger riskante Wertpapiere ausgegeben werden. Durch Vermeidung dieses Problems entstehe aber ggf. ein neues Problem: Ein Unternehmen, das heute Fremdkapital ausgibt, ist eventuell morgen gezwungen, Eigenkapital zu sehr unvorteilhaften Bedingungen auszugeben. Niedrige Kapitalkosten heute bedeuteten dann zwingend höhere Kapitalkosten morgen, weil man in der Pecking Order nach unten gerückt sei.[554] Ein der Pecking Order gegenläufiges Finanzierungsverhalten könnte dann insgesamt vorteilhafter sein, wenn höhere Kapitalkosten heute Kapital zu niedrigeren Kosten in der Zukunft bedeuteten.

Günstiges Kapital in der Zukunft ist nun gerade für Wachstumsunternehmen mit hohen zukünftigen Investitionsauszahlungen wertvoll. Die Lehre von der VC-Finanzierung könnte hier eine wichtige Botschaft von der Pecking Order übernehmen. *Cornell/Shapiro*[555] plädieren daher für folgende Strategie: Ein junges Wachstumsunternehmen sollte zunächst – entgegen der Pecking Order – versuchen, sich hinreichend mit Eigenkapital auszustatten. Ausreichend Eigenkapital in der Bilanz und ausreichende Cash Reserven sicherten dem jungen Unternehmen die Wahrnehmung seiner Wachstumsmöglichkeiten in der Zukunft. Daneben könne sich das Wachstumsunternehmen auf diese Weise die Möglichkeit zu günstigeren Finanzierungskonditionen durch zukünftiges Befolgen der Pecking Order offen halten.

---

[554] Vgl. *Cornell, Bradford/Shapiro, Alan C.*, Financing Corporate Growth, in: The Revolution in Corporate Finance, 2003, S. 260-277 (276).

[555] Vgl. *Cornell, Bradford/Shapiro, Alan C.*, Financing Corporate Growth, in: The Revolution in Corporate Finance, 2003, S. 260-277 (276).

5.2.1.3 TRADE OFF-THEORIE VERSUS PECKING ORDER

Beide Kapitalstrukturmodelle haben Schwächen in dem Sinn, nicht jedes Finanzierungsverhalten erklären zu können. Die Trade Off-Theorie kann nicht erklären, warum manche Unternehmen mit hohen sicheren Einzahlungsüberschüssen nur geringe Verschuldungsgrade aufweisen oder warum Unternehmen ihren Verschuldungsgrad bei Steuersatzänderungen nicht anpassen.[556] Die Pecking Order-Theorie kann auf Dauer bestehende Unterschiede in den Verschuldungsgraden von Unternehmen einer Branche nur schlecht erklären oder warum Unternehmen mit hohem Innenfinanzierungspotential nicht Mittel horten, sondern ausschütten.[557]

Dennoch konnte empirisch gezeigt werden, dass beide Theorien signifikante Erklärungskraft besitzen.[558] Empirische Tests bei großen, öffentlichen Publikumsgesellschaften mit gutem Zugang zum Kapitalmarkt und ohne Liquiditätszwänge – also bei Unternehmen, die eine Position am oberen Ende der Pecking Order innehaben – ergaben jedoch eine relativ bessere Erklärungskraft der Pecking Order.[559] Wenn es demnach in diesen Gesellschaften eine Zielkapitalstruktur gäbe, verfolgten die Manager diese scheinbar mit geringem Interesse,[560] ansonsten müsste die Trade Off-Theorie die relativ bessere Erklärungskraft besitzen.[561] Darüber, welche der beiden Theorien für Gründungsunternehmen die bessere Erklärungskraft besitzt, lässt sich bislang nur spekulieren, da empirische Tests meines Wissens (noch) nicht vorliegen.

---

[556] Vgl. *Brealey , Richard A./Myers, Stewart C.*, Principles of Corporate Finance, 2000, S. 523/524.

[557] Vgl. *Brealey , Richard A./Myers, Stewart C.*, Principles of Corporate Finance, 2000, S. 527.

[558] Eine Übersicht dieser Arbeiten gibt der Beitrag von *Shyam-Sunder, Lakshimi/ Myers, Stewart C.*, Testing Static Trade-Off Against Pecking Order Models of Capital Structure, 1994, S. 2, 3.

[559] Mit Erklärungskraft ist die statistisch messbare Erklärungskraft der Regressionsanalysen gemeint; vgl. *Shyam-Sunder, Lakshimi/Myers, Stewart C.*, Testing Static Trade-Off Against Pecking Order Models of Capital Structure, 1994, S. 4, 11, 19.

[560] Vgl. *Shyam-Sunder, Lakshimi/Myers, Stewart C.*, Testing Static Trade-Off Against Pecking Order Models of Capital Structure, 1994, S. 19.

[561] Damit lässt sich im Grunde keine Aussage treffen, da ungeklärt bleibt, welche Erklärungskraft die Trade Off-Theorie hätte, wenn die Manager im Interesse der Anteilseigner agierten. Von der Verfolgung der Anteilseignerinteressen durch die Manager geht die Pecking Order ja aus (vgl. *Myers, Stewart C.*, Capital Structure, in: JoEP, Jg. 15, 2001, S. 81-102 (95)).

5.2.2 AGENCY-THEORIE UND WACHSTUMSMÖGLICHKEITEN

Anstatt Steuervorteile und Nachteile hoher Verschuldungsgrade gegeneinander abzuwägen oder auf asymmetrische Information abzustellen, wurden auch Kapitalstrukturmodelle entwickelt, die als Zielfunktion bei der Gestaltung der Kapitalstruktur die Minimierung der Agency-Kosten in den Mittelpunkt der Betrachtung rücken. Als Ausgangspunkt für diese neue Sichtweise gilt die Erkenntnis der Betriebswirtschaftslehre, dass die Bewältigung von Agency-Problemen ein Hauptproblem der Finanzierung und des Gesellschaftsrechts darstellt.[562]

Agency-Kosten können nicht nur zwischen Kapitalgebern und Managern auftreten. Natürlich ist es die naheliegendste Form, da der Manager der „Agent" ist, der durch die Trennung von Geschäftsführung und Eigentum von den Eigentümern mit der Geschäftsführung beauftragt wird. Aber die Trade Off-Theorie ist unter dem Begriff „costs of financial distress" von Konflikten zwischen den Kapitalgebergruppen ausgegangen. So gibt es Konflikte zwischen Eigen- und Fremdkapitalgebern in jedem Fall dann, wenn die Eigenkapitalgeber durch Erzeugung eines Ausfallrisikos der Gläubiger ihre Vermögensposition verbessern können.[563] Die Agency-Theorie untersucht neben diesen Agency-Kosten des Fremdkapitals auch die Konflikte zwischen internen und externen Eigenkapitalgebern, was für die VC-Finanzierung besonders wichtig ist.

5.2.2.1 AGENCY-THEORIE

Das Initialmodell für Kapitalstrukturmodelle, die auf Agency-Kosten abstellen, ist das Modell von *Jensen/Meckling*[564], das auf Vorarbeiten von *Fama/Miller*[565] beruht.[566]

Das Modell von *Jensen* und *Meckling* sagt, dass *die* Kapitalstruktur optimal ist, die zu einer Minimierung der Agency-Kosten verursacht von externem Eigen- und Fremdkapital führt. Eine Agency-Beziehung entsteht, wenn ein Auftraggeber einen Agenten mit einer Aufgabe beauftragt, die

---

[562] Vgl. *Hopt, Klaus J.*, Modern Company Law Problems: A European Perspective, 2000, S. 1-16 (4).

[563] Vgl. *Myers, Stewart C.*, Capital Structure, in: JoEP, Jg. 15, 2001, S. 81-102 (96).

[564] Zu den folgenden Ausführungen vgl. *Jensen, Michael C./Meckling, William H.*, Theory of the Firm: Managerial Behavior, Agency Costs and Ownership Structure, in: JoFE, Jg. 3, 1976, S. 305-360.

[565] Vgl. *Fama, Eugene F./Miller, Merton H.*, The Theory of Finance, 1972, S. 67-77.

[566] Vgl. *Harris, Milton/Raviv, Artur*, The Theory of Capital Structure, in: JoF, Jg. 46, 1991, S. 297-355 (302).

einen gewissen Entscheidungsspielraum beinhaltet. Agency-Kosten sind definiert als Summe von:

(1) Kosten der Kontrolle der Geschäftsführung (monitoring);

(2) Kosten, die dadurch entstehen, dass die Agenten in ihrem Entscheidungsspielraum eingeengt sind, um Wohlverhalten zu signalisieren (bonding);

(3) Differenz zwischen der finanziellen Position der Auftraggeber unter optimalen und faktischen Bedingungen (residual loss).

Jensen/Meckling identifizieren zwei Konfliktarten.[567] Agency-Kosten durch von außen zugeführtes Eigenkapital entstehen dadurch, dass mit fallendem Anteil des (Alt-)Eigners/Managers am Unternehmen sein Anteil an den Auszahlungen an die Anteilseigner fällt und ein Anreiz für ihn entsteht, betriebliche Aufwendungen zum persönlichen Nutzen (consumption on the job), zu machen, da er die Kosten nur noch anteilig trägt, aber in vollen Genuss der Aufwendungen kommt. Umgekehrt kommt er nur noch anteilig in den Genuss wertschaffender Investitionen, muss aber die Nachteile neuer Investitionen in Form von Informationskosten über diese Investitionsprojekte bzw. die ggf. durch vorteilhaftere Projekte entstehende Mehrarbeit vollständig selbst tragen. Dieses Problem verstärkt sich mit fallendem Anteil des Eigners/Managers.

Die Agency-Kosten des Fremdkapitals entstehen durch Anreize des Eigners/Managers zu Vermögensverschiebungsstrategien.[568] So können z.B. nach Abschluss des Fremdfinanzierungsvertrags Objekte mit höherem Investitionsrisiko realisiert werden, was im Erfolgsfall besonders hohe Einzahlungsüberschüsse für den Eigentümer/Manager bedeutet, im Nicht-Erfolgsfall aber die Gläubiger mit ihren Forderungen (zum Teil) ausfallen lässt. Durch postvertragliche Erhöhung des Investitionsrisikos müssen Gläubiger dadurch ein nicht antizipiertes Ausfallrisiko übernehmen. Bei positiver Wirkung auf den Marktwert des Eigenkapitals und negativer Wirkung auf den Marktwert des Fremdkapitals können daneben nicht vorteilhafte Investitionsobjekte realisiert werden (overinvestment). Vorteilhafte Investitionsobjekte werden nicht realisiert, wenn den Gläubigern ein so großer Teil der Vorteile zufließt, dass die für die Eigentümer verbleibenden Residualzahlungen die Finanzierung des Objektes unvorteilhaft werden lassen (underinvestment). Neben diesen Strategien im In-

---

[567] Diese haben den Ausgangspunkt weiterer Kapitalstrukturmodelle, die auf Agency-Kosten basieren, gebildet, vgl. *Harris, Milton/Raviv, Artur*, The Theory of Capital Structure, in: JoF, Jg. 46, 1991, S. 297-355 (300-306).

[568] Vgl. zu den Vermögensverschiebungsstrategien ausführlich *Drukarczyk, Jochen*, Theorie und Politik der Finanzierung, 1993, S. 304-312.

vestitionsbereich kann auch durch postvertragliche Erhöhung des Finanzierungsrisikos den Altgläubigern geschadet werden, da für sie durch neue Finanzierungsverträge Anspruchskonkurrenz und ein Ausfallrisiko entsteht, das sie bei Vertragsschluss nicht antizipiert und für das sie keine Kompensation gefordert haben. Auch durch Ausschüttungsentscheidungen können Vermögensverschiebungsstrategien realisiert werden, indem die Haftungsbasis des Unternehmens ausgehöhlt wird: Ist Liquidation geplant und kann der Liquidationswert unter die Summe der Ansprüche der Gläubiger gedrückt werden, ist der Gewinn der Eigentümer aus der zusätzlichen Ausschüttung endgültig, wenn man von insolvenzrechtlichen Anfechtungsregeln absieht.[569]

Die Agency-Kosten des Fremdkapitals bestehen aus Kosten zur Überwachung der Einhaltung von Covenants, das sind vertragliche Klauseln in Fremdfinanzierungsverträgen, die den Spielraum für die genannten Vermögensverschiebungsstrategien einengen sollen (monitoring) und Kosten zur Signalisierung von Wohlverhalten (bonding). Daneben kann Fremdfinanzierung dazu führen, dass nicht das optimale Investitionsprogramm realisiert wird und Wert verloren geht. Insolvenzkosten und sonstige Kosten gehen mit ein (vgl. costs of financial distress (vgl. 5.2.1.1)).

Das *Jensen/Meckling*-Modell beruht auf folgenden Annahmen:

(1) Steuern existieren nicht.

(2) Lieferantenkredite können nicht in Anspruch genommen werden.

(3) Es gibt keine wandelbaren, hybriden oder bevorrechtigen Eigen- bzw. Fremdkapitalansprüche.

(4) Externe Eigenkapitalgeber erzielen durch die eingenommene Position als Anteilseigner ausschließlich Wirkungen auf ihr Vermögen.

(5) Es gibt nur eine Produktions- und Finanzierungsentscheidung; dynamische Aspekte bzw. Mehrperiodenaspekte werden ausgeblendet.

(6) Das Geschäftsführergehalt bleibt konstant.

(7) Es gibt einen Alleingeschäftsführer, der zugleich Anteilseigner ist.

(8) Die Größe des Unternehmens bleibt konstant.

(9) Monitoring- und Bonding-Aktivitäten sind unmöglich.

(10) Finanzierung in Form von Krediten, Vorzugsaktien und persönlichen Krediten des Geschäftsführers sind weder gesichert noch ungesichert möglich.

(11) Alle entscheidungsrelevanten Aspekte, die mit der Portfolio-Gestaltung bei Unsicherheit und diversifizierbarem Risiko zusammenhängen, werden ausgeblendet.

---

[569] Vgl. *Drukarczyk, Jochen*, Theorie und Politik der Finanzierung, 1993, S. 310.

Die Agency-Kosten durch extern zugeführtes Eigenkapital sind Null, wenn das gesamte Eigenkapital von einem Eigentümer stammt. Sie steigen mit dem Anteil von neuen Eigentümern zugeführtem Eigenkapital. Steigt der Anteil externen Eigenkapitals, fällt entsprechend der Anteil des Eigners/Managers. Es entstehen stärkere Anreize für ihn, Ausgaben für persönlichen Konsum zu tätigen und seine Anstrengungen zurückzufahren. Demgemäß werden verstärkt kostenintensive Monitoring- und Bonding-Anstrengungen nötig.

Die Agency-Kosten durch extern zugeführtes Fremdkapital sind bei reiner Eigenfinanzierung Null und steigen mit dem Anteil am insgesamt von außen zugeführten Fremdkapital. Auch hier wird das Problem der zunehmenden Agency-Kosten verstärkt, wenn der Anteil des insgesamt von außen zugeführten Kapitals steigt.

Folgende Grafik von *Jensen/Meckling* verdeutlicht die Überlegungen:

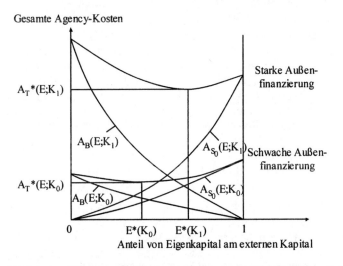

Abbildung 27: Agency-Kosten bei wachsender Eigenkapital-Außenfinanzierung

Die beiden Kurvenzüge $A_{S0}(E;K_0)$ und $A_{S0}(E;K_1)$ geben für zwei unterschiedliche Eigenkapitalanteile K am extern zugeführten Kapital die Agency-Kosten durch externes Eigenkapital an. Bei hoher anteiliger Außenfinanzierung sind die Agency-Kosten durch extern zugeführtes Eigenkapital höher und wachsen bei zunehmendem Eigenkapitalanteil stärker. Die beiden Kurvenzüge $A_B(E;K_0)$ und $A_B(E;K_1)$ geben für zwei unterschiedliche Eigenkapitalanteile K am extern zugeführten Kapital die

Agency-Kosten durch externes Fremdkapital an. Auch hier sind die Agency-Kosten bei hoher anteiliger Außenfinanzierung höher, nehmen bei wachsendem Eigenkapitalanteil und damit abnehmenden Fremdkapitalanteil an der Außenfinanzierung aber ab. Bildet man für die beiden Niveaus an von außen zugeführten Mitteln K_0 (schwach) und K_1 (stark) die Summe über die durch von außen zugeführtes Eigen- und Fremdkapital verursachten Agency-Kosten, erhält man zwei Kurvenzüge, deren Minima bei $E^*(K_0)$ und $E^*(K_1)$ mit zugehörigen Gesamt-Agency-Kosten $A_{T^*}(E;K_0)$ und $A_{T^*}(E;K_1)$ liegen. Mit höherem Außenfinanzierungsanteil sind die Gesamt-Agency-Kosten höher. Mit einem höheren Anteil an von außen zugeführtem Kapital wird bei insgesamt konstantem Kapitaleinsatz ein höherer Eigenkapitalanteil optimal. Der Grund dafür liegt in den betragsmäßig größeren Steigungen der Kurvenzüge $A_B(E;K_1)$ und $A_{S0}(E;K_1)$ im Vergleich zu $A_B(E;K_0)$ und $A_{S0}(E;K_0)$, da reine (externe) Eigenfinanzierung möglich, die Annäherung an reine externe Fremdfinanzierung jedoch nicht zu realisieren ist.

Das Modell zeigt, dass die Probleme durch Agency-Kosten bei Unternehmen mit hohem Außenfinanzierungsanteil grundsätzlich ernster zu nehmen sind als bei Unternehmen mit hohem Innenfinanzierungsvolumen bzw. geringem Außenfinanzierungsanteil. Im Modell wird angenommen, dass der Eigentümer/Manager, um den Betrag an von außen zugeführtem Kapital und die damit verbundenen Agency-Kosten gering zu halten, sein gesamtes Privatvermögen in das Unternehmen investieren wird. *Jensen/Meckling* weisen darauf hin, dass der Eigentümer/Manager ein besonderes Augenmerk auf den von ihm gehaltenen Anteil richtet, wenn damit auch Stimmrechte verbunden sind. So wird er besonders darauf achten, ob die externen Eigenkapitalgeber die Mehrheit der Stimmrechte haben, so dass sie das Management auswechseln können.

Für junge Wachstumsunternehmen enthält das Modell von *Jensen/ Meckling* die Botschaft, dass sowohl die durch Eigen- als auch die durch Fremdkapital entstehenden Agency-Kosten hoch sind, wenn ein großer Teil des Kapitals im Wege der Außenfinanzierung aufgebracht wird. Agency-Probleme sind bei jungen Unternehmen also tendenziell ernster zu nehmen als bei reifen Unternehmen mit hohem Innenfinanzierungsvolumen. Der optimale Verschuldungsgrad sei bei jungen Unternehmen tendenziell niedriger. Es wird also wie im Trade Off-Modell ein niedriger Verschuldungsgrad empfohlen. Das Modell von *Jensen/Meckling* geht wie das Trade Off-Modell davon aus, dass die Agency-Kosten des Fremdkapitals als Teil der costs of financial distress mit steigendem Verschuldungsgrad zunehmen, liefert dafür aber keine Erklärung, macht den Zusammenhang aber plausibel.

5.2.2.2 FREMDFINANZIERUNGSGRENZEN BEI WACHSTUMSMÖGLICHKEITEN

Dieses Modell von *Myers* zeigt die Wirkung von Fremdfinanzierung bei vorhandenen Wachstumsmöglichkeiten auf Investitionsentscheidungen. Da es Wachstumsmöglichkeiten voraussetzt, ist es für die Finanzierung junger Unternehmen von Bedeutung.

Ausgangspunkt für dieses Modell[570] ist die Going-Concern-Prämisse bei der Unternehmensbewertung, welche die Erwartung zukünftiger Investitionen des Unternehmens berücksichtigt. Da zukünftige Investitionen eventuell unterbleiben (müssen), kann man sie als *Wachstumsmöglichkeiten* betrachten. *Myers* plädiert für eine Orientierung an Marktwerten statt an Buchwerten. Buchwerte umfassten nur die Assets, welche bereits in der Bilanz stehen und auch die nicht zu Barwerten. Ein gewichtiger Teil des Unternehmenswertes könne aber durch Assets begründet sein, die noch nicht vorhanden sind, gemeint ist der BKW von Wachstumsmöglichkeiten. Der Marktwert des Unternehmens setze sich aus dem Kapitalwert der vorhandenen Assets und dem Kapitalwert der zukünftigen Wachstumsmöglichkeiten zusammen: $V = V_A + V_G$.[571] Der Unterschied zwischen den beiden Asset-Klassen bestehe darin, dass der Wert der vorhandenen Assets nicht von zukünftigen Investitionen abhänge, während V_G Optionscharakter hat. *Myers* entwickelt eine Verknüpfung zwischen der Entscheidung eines Unternehmens bezüglich des Fremdfinanzierungsumfangs und dem Wert der Wachstumsmöglichkeiten.

Myers betrachtet ein Unternehmen, das keinerlei vorhandene Assets hat ($V_A = 0$), sondern nur Möglichkeiten zu zukünftigen Investitionen. Das ist vergleichbar mit der Situation eines neu gegründeten Unternehmens. Da sich das Unternehmen dafür entscheiden kann, nicht zu investieren, könne V_G mit dem Wert einer Option verglichen werden. Unterbleibt die Investition, ist V_G wertlos. Das Unternehmen im Modell ist zunächst rein eigenfinanziert. Investiert das Unternehmen in t = 1, erhält es ein Asset

---

[570] Die folgenden Ausführungen entstammen *Myers, Stewart C.*, Determinants of Corporate Borrowing, in: JoFE, Jg. 5, 1977, S. 147-175.

[571] Eine Reihe anderer Beiträge kommt zu dem Ergebnis, dass der Fremdfinanzierungsumfang mit einem höheren Anteil immaterieller Vermögensgegenstände abnimmt, z.B. *Williamson, Oliver*, Corporate finance and corporate governance, in: JoF, Jg. 43, 1988, S. 537-591; *Titman, Sheridan/Wessels, Roberto*, The Determinants of Capital Structure, in: JoF, Jg. 43, 1988, S. 1-19; *Friend, Irwin/Lang, Larry N.P.*, An empirical test of the impact of managerial self-interest on corporate capital structure, in: JoF, Jg. 43, 1988, S. 271-281; *Rajan, Raghuram G./Zingales, Luigi*, What do we know about capital structure? Some evidence from international data, in: JoF, Jg. 50, S. 1421-1460.

mit dem Wert V(s) in Abhängigkeit von s als dem Zustand, in dem investiert wird, ansonsten hat das Unternehmen einen Wert von Null. Die Bilanzen zu den Zeitpunkten 0 und 1 sehen wie folgt aus:

Bilanz in t = 0

Wert der Wachstumsmögl.	V_G	Wert des Fremdkapitals	0
		Wert des Eigenkapitals	V_E
Unternehmenswert	V	Unternehmenswert	V

Bilanz in t = 1

Wert der angeschafften Assets	V(s)	Wert des Fremdkapitals	0
		Wert des Eigenkapitals	V_E
Unternehmenswert	V(s)	Unternehmenswert	V(s)

Ausschlaggebend dafür, dass die Investition realisiert wird, ist, dass V(s) ≥ I gilt, wobei I für den Betrag der Anschaffungsauszahlung steht. Für alle Zustände s, für die s ≥ s_a gilt, wird angenommen, dass die Investition realisiert wird. Wird die Investition getätigt, nimmt die Entscheidungsvariable x(s) den Wert 1 an, ansonsten den Wert 0. Wenn q(s) den Wert einer in der Periode 1 gezahlten Geldeinheit zum Zeitpunkt Null in Abhängigkeit des eintretenden Zustands s angibt, dann lässt sich der Wert des Unternehmens zum Zeitpunkt Null als folgendes Integral ausdrücken:

$$(4) \quad V = \int_0^\infty q(s)x(s)\big[V(s)-I\big]ds = \int_{s_a}^\infty q(s)\big[V(s)-I\big]ds .$$

Die Investition wird also in allen Zuständen s ≥ s_a gemacht, gilt hingegen s ≤ s_a, unterbleibt sie. s_a ist der Break-even-Zustand. Der Wert des Unternehmens ist Null, wenn die Investition unterbleibt. Grafisch ergibt sich der Wert des Unternehmens als Fläche zwischen den beiden Geraden V(s) und I rechts von s_a bis zum eingetretenen Zustand s:

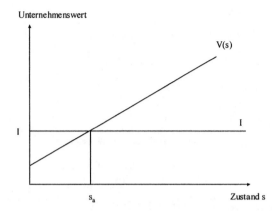

Abbildung 28: Zustandsabhängiger Unternehmenswert bei reiner EF

Da das Unternehmen wertlos ist in allen Zuständen s < s_a, kann es kein sicheres Fremdkapital ausgeben. Es kann nur riskantes Fremdkapital ausgeben und die (einmalige) Zahlung P für Zustände s ≥ s_a versprechen. Das Unternehmen hat nur eine Investitionsmöglichkeit und muss entscheiden, ob es in t = 0 oder t = 1 investieren soll. Unterbleibt die Investition, verfällt die Möglichkeit und hat weder für das Unternehmen noch für Dritte einen Wert. Das zugeflossene Fremdkapital ersetzt einen Teil des Eigenkapitals, das als Anschaffungsauszahlung geleistet werden muss. Wird das Fremdkapital fällig, bevor die Investitionsentscheidung getroffen wird und nachdem der Zustand s sich herausstellt, werden die Eigentümer des Unternehmens die Gläubiger auszahlen, wenn V(s) − I ≥ P gilt; ansonsten werden die Gläubiger die Entscheidungsrechte übernehmen und selbst die Investition realisieren, wenn V(s) ≥ I gilt. Der Wert des Fremdkapitals lässt sich wie folgt ausdrücken:

$$(5) \quad V_D = \int_{s_a}^{\infty} q(s)\big[\min\big(V(s) - I\big), P\big] ds.$$

Wird das Fremdkapital aber erst fällig, wenn die Investitionsmöglichkeit des Unternehmens nicht mehr besteht, verändert das ausstehende Fremdkapital die Investitionsentscheidung des Unternehmens. Nimmt das Unternehmen Fremdkapital in Höhe von I zur Finanzierung der Investition auf, ergeben sich folgende Bilanzen:

Bilanz in t = 0

Wert der Wachstumsmögl.	V_G	Wert des Fremdkapitals	V_D
		Wert des Eigenkapitals	V_E
Unternehmenswert	V	Unternehmenswert	V

Bilanz in t = 1

Wert der angeschafften Assets	$V(s)$	Wert des Fremdkapitals	min $[V(s), P]$
		Wert des Eigenkapitals	max $[0, V(s)-P]$
Unternehmenswert	$V(s)$	Unternehmenswert	$V(s)$

Die Hürde, die das Investitionsobjekt jetzt aus Anteilseignersicht nehmen muss, ist durch die zugesagte Zahlung P, die erst nach Verfallen der Investitionsoption fällig ist, größer geworden. Die Investition wird nur realisiert, wenn gilt: $V(s) \geq I + P$. Der kritische Zustand ist jetzt s_b, der rechts von s_a liegt.

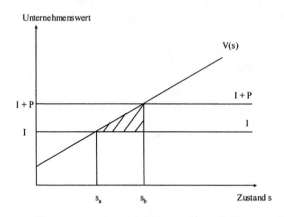

Abbildung 29: Zustandsabhängiger Unternehmenswert bei anteiliger FF

Die gestrichelte Fläche zeigt den Wertverlust, der durch die anteilige Fremdfinanzierung entsteht: In all den Zuständen zwischen s_a und s_b wird jetzt nicht investiert, obwohl $s \geq s_a$ gilt, also die Hürde bei reiner Eigenfinanzierung genommen wird. Die schraffierte Fläche wird mit wachsendem P größer, d.h. je größer der Fremdfinanzierungsumfang, desto größer der Wertverlust und desto kleiner der Unternehmenswert. Im Grenzfall bei $P \to \infty$ und $s \to \infty$, gilt $V \to 0$. Es gibt einen maximalen Fremdfinanzierungsumfang, der sich wie folgt darstellen lässt:

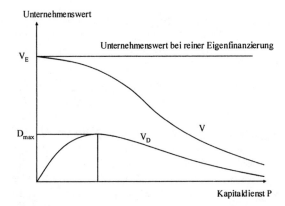

Abbildung 30: Sinkender Unternehmenswert bei steigendem Kapitaldienst

Das Modell zeigt, wie der Unternehmenswert durch Fremdfinanzierung reduziert werden kann, indem die Anreize zukünftig vorteilhafte Investitionsobjekte zu realisieren abgeschwächt werden, da der für die Eigentümer aus dem Investitionsobjekt zu gewinnende Wert abnimmt. Wenn die Wahrscheinlichkeit, dass V(s) < I gilt, klein ist, dann ist auch der Wertverlust klein, da die Möglichkeit zu investieren in den meisten Zuständen erhalten bleibt. Je geringer diese Wahrscheinlichkeit jedoch ist, desto stärker ist der Charakter wie bei einem vorhandenen Asset und desto geringer wie bei einer Wachstumsmöglichkeit. Die Folgerung ist: Je mehr Wachstumsmöglichkeiten ein Unternehmen aufweist, desto weniger Fremdfinanzierung sollte es realisieren.[572]

Wovon der Anteil von Wachstumsmöglichkeiten am Unternehmenswert abhängt, muss im Modell offenbleiben. Es ist wohl anzunehmen, dass dieser Anteil bei neu gegründeten Unternehmen höher ist als bei etablierten. Insofern ist dies ein Modell, das auf Wachstumsfinanzierung zugeschnitten ist. Gleichwohl ist die Idee von *Myers* plausibel, dass durch vorhandene Assets Wachstumsmöglichkeiten entstehen (können).[573]

---

[572] An anderer Stelle hat *Myers* im diesem Zusammenhang, also der begrenzten Eignung von Fremdkapital für Gründungs- und Wachstumsfinanzierungen darauf hingewiesen, dass staatliche Niedrigzinsdarlehen zur Förderung von Existenzgründungen nicht den richtigen Weg darstellen; vgl. Capital Structure: Some Legal and Policy Issues, in: Company Law Reform in OECD Countries, 2000.

[573] Wenn für Aktienoptionen gilt, dass sie riskanter sind als die Aktien, auf die sie ausgestellt sind, könnte das auch für Realoptionen gelten. Dies würde bedeuten,

Das von *Myers* entwickelte Underinvestment-Modell ist ein Beispiel für Anreizprobleme bzw. Agency-Kosten von Fremdkapital. *Myers* räumt selbst ein, dass auch mit Eigenkapital Agency-Probleme verbunden sind, so dass Fremdkapital nicht zuletzt aufgrund steuerlicher Vorteile das geringere Übel sein könnte.[574]

Für junge Wachstumsunternehmen enthält *Myers'* Modell die wichtige Botschaft, dass Fremdfinanzierung ein Unterinvestitionsproblem entstehen lassen bzw. verstärken könnte. Dieses Unterinvestitionsproblem nimmt mit steigendem Verschuldungsgrad zu. Wie im Trade Off-Modell wird ein niedriger Verschuldungsgrad empfohlen. *Myers* liefert eine Erklärung, warum das Unterinvestitionsproblem als wichtiger Teil der costs of financial distress bei steigendem Verschuldungsgrad zunimmt. Die Assets eines Unternehmens beeinflussen Investitions- und Finanzierungsentscheidungen.

5.2.2.3 WACHSTUMSMÖGLICHKEITEN UND THEORETISCHE BILANZ

Eine Darstellungsform, die auch zwischen vorhandenen Assets und Wachstumsmöglichkeiten unterscheidet und den Einfluss von Fremdfinanzierung auf den Unternehmenswert untersucht, ist die theoretische Bilanz mit folgenden Positionen[575]:

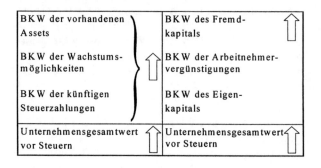

---

dass die Zahlungsüberschüsse aus zukünftigen Investitionen mit höheren Kapitalkostensätzen zu belegen sind als die aus laufenden Investitionsobjekten.

[574] Vgl. *Myers, Stewart C.*, Determinants of Corporate Borrowing, in: JoFE, Jg. 5, 1977, S. 147-175 (155).

[575] Zu den folgenden Ausführungen vgl. *Myers, Stewart C.*, Still Searching for Optimal Capital Structure, in: JoACF, Jg. 1, 1993, S. 4-14 (10, 11). *Myers* nennt das Modell „organizational balance sheet". Es ist ein alle Kapitalgeber umfassendes Modell.

Wird ein Investitionsprojekt realisiert mit $NKW_0 = 0$ und wird dieses Projekt vollständig fremdfinanziert, steigt der BKW des Fremdkapitals um den gleichen Betrag wie die Summe der BKW der vorhandenen Assets, Wachstumsoptionen und der künftigen Steuerzahlungen. Dabei kann eine der drei Positionen konstant bleiben oder sogar sinken, was von einer der anderen oder beiden kompensiert werden muss. Eventuell steigt auch der BKW der Arbeitnehmervergünstigungen[576]. Da der NKW des Projekts Null beträgt, bleibt der Wert des Eigenkapitals konstant; dies hängt von der Prämisse ab, unter der $NKW_0 = 0$ für das Projekt gilt.

Wenn das Investitionsprogramm unverändert bleibt und aufgenommenes Fremdkapital Eigenkapital ersetzt, sehen die Änderungen der theoretischen Bilanz wie folgt aus:

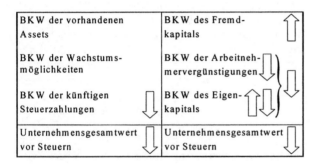

Die BKW der vorhandenen Assets und der Wachstumsmöglichkeiten seien unverändert. Der BKW des Fremdkapitals steigt, daher kürzt ein größerer Zinsbetrag die soweit unveränderte Steuerbemessungsgrundlage, d.h. der BKW der künftigen Steuerzahlungen nimmt ab, ebenso wie der Unternehmensgesamtwert. Da der BKW des Fremdkapitals steigt, muss die Summe aus den BKW der Arbeitnehmervergünstigungen und des Eigenkapitals sinken. Arbeitnehmervergünstigungen sind – so wird angenommen – eine wertmäßig bedeutende Position und lassen sich mit nachrangigen Fremdkapitalansprüchen vergleichen, deren BKW durch zusätzliche Fremdfinanzierung (mit Vorrang) sinkt. Dabei ist es möglich,

---

[576] Die Übersetzung von „Employees' Surplus" mit Arbeitnehmervergünstigungen ist begrifflich etwas eng, da nicht nur bewusst gewährte Vergünstigungen gemeint sind, sondern auch unfreiwillige Kosten durch Übersetzung, durch über dem Marktniveau liegende Löhne und Gehälter, etc. Zu beachten ist, dass der BKW der vorhandenen Assets und der Wachstumsmöglichkeiten bei einem wertmaximierenden Management zu definieren sind.

dass dieser BKW so stark sinkt, dass der BKW des Eigenkapitals steigt. Der Ersatz von Eigenkapital durch Fremdkapital kann für die Eigenkapitalgeber also eine gute oder schlechte Botschaft darstellen. Entscheidend ist, was mit dem ersetzten Eigenkapital gemacht wird: Wird es nicht investiert (Annahme eines unveränderten Investitionsprogramms), sondern ausgeschüttet, muss das bei Berechnung der Veränderung der Eigentümerposition berücksichtigt werden. Damit lässt der Ersatz von Eigen- durch Fremdkapital eine Erhöhung des Bruttokapitalwerts des Eigenkapitals erwarten, ein Ersatz von Fremd- durch Eigenkapital eine Verringerung.

Der Unterschied zum vorherigen Modell von *Myers* ist, dass dort bei Ausweitung der Fremdfinanzierung der BKW der Wachstumsmöglichkeiten sinkt und damit der Unternehmensgesamtwert, so wie er hier definiert ist, stärker sinkt, weil auch der Barwert der Steuerzahlungen sinkt. In der theoretischen Bilanz oben wurde von keiner Auswirkung der Unternehmensfinanzierung auf die BKW von vorhandenen Assets und Wachstumsmöglichkeiten ausgegangen. Das von *Myers* beschriebene Unterinvestitionsproblem hat für junge Gründungs- und Wachstumsunternehmen eine (noch) größere Relevanz als für etablierte Unternehmen. Der potentielle Wertverlust durch ein Unterinvestitionsproblem ist bei jungen Wachstumsunternehmen bedeutend größer, daher haben sie mehr als reife Unternehmen Grund, Fremdkapital nicht einzusetzen.[577] Die hier im Modell der theoretischen Bilanz getroffene Prämisse, dass Änderungen der Finanzierung keine Auswirkung auf den BKW der vorhandenen Assets und der Wachstumsmöglichkeiten hat, ist bei Unternehmen mit einem hohem Anteil an Wachstumsmöglichkeiten am Unternehmenswert daher keine sinnvolle Annahme. Die theoretische Bilanz hilft aber zu verstehen, was durch Verschiebung der Kapitalstruktur-Bestandteile passieren kann.

Das Modell der theoretischen Bilanz hilft zu erkennen, dass *Myers* mit seinem Modell einen Zusammenhang zwischen Aktiv- und Passivseite der theoretischen Bilanz herstellt und welche Positionen sich dadurch ggf. verändern (müssen). Das Modell von *Myers* zeigt ein Unterinvestitionsproblem, von dem junge Wachstumsunternehmen besonders betroffen sind, da sie mehr als andere Unternehmen unter Liquiditätsproblemen leiden.

---

[577] Vgl. *Stulz, René M.*, Merton Miller's Contribution to Modern Finance, in: The Revolution in Corporate Finance, 2003, S. 590-602 (595).

5.2.2.4 AGENCY- UND WACHSTUMSOPTIONSMODELL

Jensen/Meckling haben gezeigt, dass sowohl Eigen- als auch Fremdkapital mit Agency-Problemen behaftet sind, wobei ein steigender Außenfinanzierungsanteil Eigenfinanzierung vorteilhafter werden lässt. *Myers* zeigt, dass reine Eigenfinanzierung zur Maximierung des Unternehmenswerts optimal ist, berücksichtigt dabei aber die steuerliche Abzugsfähigkeit von Zinsen nicht. Steuervorteile[578] machen Fremdfinanzierung attraktiver.

Berücksichtigt wird nun die steuerliche Abzugsfähigkeit von Zinsen in *Myers'* Modell.[579] Fremdfinanzierung ist jetzt zunächst werterhöhend, ab einem bestimmten Punkt jedoch wertsenkend. Der optimale Verschuldungsgrad hängt davon ab, ob die Steuervorteile ihren Wert im Insolvenzfall behalten und ob es ein Limit des abzugsfähigen Zinsbetrags gibt. In folgender Grafik wird volle Abzugsfähigkeit unterstellt:

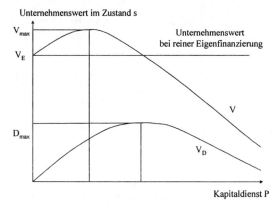

Abbildung 31: Unternehmenswert bei zunehmenden Kapitaldienst und steuerlicher Abzugsfähigkeit von Zinsen

Es ist nicht auszuschließen, dass das Maximum des Unternehmenswerts auch rechts vom Maximum des Marktwerts des Fremdkapitals liegen kann.[580] Das ist auch nicht der wesentliche Punkt. Wichtig ist, dass die

---

[578] Es werden nur Unternehmenssteuern berücksichtigt. Die Wirkungen durch die Einkommensteuer des Anteilseigners werden ausgeblendet, vgl. *Myers, Stewart C.*, Determinants of Corporate Borrowing, in: JoFE, Jg. 5, 1977, S. 147-175 (172).

[579] Vgl. Appendix von *Myers, Stewart C.*, Determinants of Corporate Borrowing, in: JoFE, Jg. 5, 1977, S. 147-175 (172-174).

[580] Abbildung 31 gilt nur, wenn der Wert der Steuervorteile durch einen Betrag begrenzt ist, der unabhängig von P ist.

Entscheidung für einen bestimmten Fremdfinanzierungsumfang in Abhängigkeit von P, d.h. von dem aus diesem Fremdkapital resultierenden zukünftigen Kapitaldienst – getroffen wird, um den Unternehmenswert V zu maximieren und nicht um den Marktwert des Fremdkapitals V_D zu maximieren.

5.2.2.5 AGENCY-THEORIE UND VENTURE CAPITAL

Harris/Raviv entwickeln ein Kapitalstrukturmodell,[581] das auf der Wirkung des Fremdkapitals auf den Informationsgrad der Investoren und auf deren Fähigkeit, das Management zu überwachen, beruht. Das Management müsse diszipliniert werden, da es nicht im Interesse der Kapitalgeber agiere. Fremdkapital habe einen disziplinierenden Effekt,[582] da Zahlungsausfälle die Möglichkeit zu liquidieren eröffneten. Fremdkapital schaffe Informationen für die Kapitalgeber, die entscheidungsrelevant (auch) für deren Liquidationsentscheidung seien. Dies geschehe auf zwei Wegen:

(1) Die Tatsache, dass ein Unternehmen seinen vertragsmäßigen Zahlungsverpflichtungen nachkomme(n könne), würde bereits eine wichtige Information beinhalten.

(2) Die Manager müßten bei Zahlungsschwierigkeiten die Gläubiger besänftigen, um eine Liquidation zu vermeiden, sei es durch informelle Verhandlungen, sei es durch Verhandlungen im Insolvenzverfahren selbst. Die gewonnenen Informationen könnten zu Änderungen in Fragen der Fortführung und der Kapitalstruktur führen.[583]

Es sei für Unternehmen mit kleinerem Liquidationswert aufgrund eines hohen Anteils immaterieller Assets und/oder hohen Investitionsausgaben ein geringer Verschuldungsgrad anzunehmen. Grund für diesen Zusammenhang sei, dass mit steigendem Verschuldungsgrad die Wahrscheinlichkeit steige, den Fremdkapitalverpflichtungen nicht nachkommen zu können, so dass Gläubiger über Fortführung/Liquidation des Unternehmens entscheiden können. Unternehmen mit höherem Anteil an materiellen Assets und geringen Investitionsausgaben hätten einen höheren

---

[581] Vgl. *Harris, Milton/Raviv, Artur*, Capital Structure and the Informational Role of Debt, in: JoF, Jg. 45, 1990, S. 321-349.

[582] Zur These der Kontrollfunktion von Fremdkapital vgl. auch *Jensen, Michael C.*, Agency Costs of Free Cash Flow, Corporate Finance and Takeovers, in: AER, Jg. 76, 1986, S. 323-329 (324).

[583] Vgl. *Haugen, Robert A./Senbet, Lemma W.*: The Insignificance of Bankruptcy Costs to the Theory of Optimal Capital Structure, in: JoF, Jg. 33, 1978, S. 383-393; Bankruptcy and Agency Costs: Their Significance to the Theory of Optimal Capital Structure, in: JoFQA, Jg. 23, 1988, S. 27-38.

Verschuldungsgrad, also auch höhere Ausfallwahrscheinlichkeiten, aber auch einen höheren Liquidationswert, was nicht unbedingt einen höheren Fortführungswert bedeuten müsse. Mit wachsendem Liquidationswert werde Liquidation als bessere Strategie für die Gläubiger wahrscheinlicher, so dass sie höhere Anforderungen an den Nachweis eines höheren Fortführungswerts stellten. Dies führe dazu, dass Informationen über die Fortführungswürdigkeit nützlicher werden, was den Verschuldungsgrad weiter erhöhe, da die Anteilseigner für einen höheren Verschuldungsgrad schon deshalb sorgen werden, um die Möglichkeit der Fremdfinanzierung zur Informationsgewinnung zu nutzen. Das Modell kann zu den Kapitalstrukturmodellen der Agency-Theorie gezählt werden, da auf den Konflikt zwischen Managern/Eigentümern bzw. Eigentümern/Gläubigern in Bezug auf die Fortführungs-/Liquidationsentscheidung abgestellt wird.

Die optimale Kapitalstruktur resultiere aus der Kompensation zweier Effekte:[584] Auf der einen Seite führe ein höheres Fremdfinanzierungsvolumen schneller zu einer Entscheidung für Liquidation, da Zahlungsausfälle wahrscheinlicher werden, was die Möglichkeit zur Liquidation bei geringen Cash flows eröffnen könne. Zahlungsausfälle seien zu einer Entscheidung für Liquidation nötig, das amtierende Management löse keinesfalls selbst Liquidation aus, auch wenn die Assets anders genutzt einen höheren Wert hätten. Fremdfinanzierung trage also dazu bei, Unternehmen, deren Liquidationswert höher ist als der Fortführungswert, auch wirklich zu liquidieren. Auf der anderen Seite begrenze die Bedienung eines höheren Fremdfinanzierungsvolumens die Investitionsausgaben, was den Fortführungswert negativ beeinflussen könne.[585]

Junge Wachstumsunternehmen können nach diesem Modell sowohl aufgrund eines geringen Liquidationswertes als auch aufgrund hoher laufender Investitionsauszahlungen nur einen geringen Verschuldungsgrad realisieren. Liquidation von Unternehmen, deren Fortführungswert unter dem Liquidationswert liegt, muss daher auf anderem Wege erreicht werden. Bei jungen Wachstumsunternehmen, die hohe periodische Investitionsauszahlungen und kaum Möglichkeiten zur Fremdfinanzierung aufweisen, muss die oben beschriebene Funktion der Gläubiger von den externen Eigenkapitalgebern erfüllt werden. Von den externen Eigenkapitalgebern ist stets zu prüfen, ob der Fortführungswert über dem Liqui-

---

[584] Vgl. *Harris, Milton/Raviv, Artur*, The Theory of Capital Structure, in: JoF, Jg. 46, 1991, S. 298-355 (302/303).

[585] Vgl. *Jensen, Michael C.*, Agency cost of free cash flow, corporate finance and takeovers, in: AER, Jg. 76, 1986, S. 323-329.

dationswert liegt. Verfügen die externen Eigenkapitalgeber nicht über das Recht, die Liquidation einzuleiten und können sie die Gründer nicht davon überzeugen, dass Liquidation die bessere Alternative ist, kommt es darauf an, ob sie ihre Einlagen kündigen und abziehen können. Ist das nicht möglich, können sie Einfluss auf die Geschäftsführung nehmen oder sie müssen warten, bis das Unternehmen alle Cash-Reserven verbraucht hat und insolvent ist. Es empfiehlt sich daher, die zu investierenden Mittel nicht sofort in voller Höhe bereitzustellen.

Auch das Modell von *Harris/Raviv* sagt in Übereinstimmung mit den bereits analysierten Modellen für junge Wachstumsunternehmen einen geringeren Verschuldungsgrad voraus. Durch den niedrigen Liquidationswert seien Konflikte zwischen Gläubigern und Eigentümern in bezug auf die Fortführungsentscheidung kleiner als bei reifen Unternehmen. Mit zunehmender Reifung und steigendem Fortführungswert könne der Verschuldungsgrad allerdings angehoben werden. Der Konflikt könne sich auf interne und externe Eigenkapitalgeber verlagern, wenn diese ursprüngliche Gläubigerfunktion von externen Eigenkapitalgebern übernommen wird.

5.2.3 VENTURE CAPITAL UND OUTSIDE EQUITY

5.2.3.1 VENTURE CAPITAL

Das Kapitalstrukturmodell von *Sahlman*[586] sieht die Kapitalstruktur neu gegründeter Unternehmen als Reflex der von Gründer und Financiers vereinbarten Chancen- und Risikobeteiligung, wobei eine angestrebte Anreizwirkung auf den Gründer dabei das Hauptziel ist. Der Grund für diese zentrale Bedeutung der Anreizwirkung auf den Gründer ist die Annahme, dass das Engagement des Gründers für den Gründungserfolg besonders wichtig ist. Um eine Anreizwirkung auf den bzw. die Gründer zu erzielen, werden zwei Wege vorgeschlagen.

(1) Zum einen zeigt *Sahlman* an einem Beispiel, dass ein symmetrischer Vertrag zwischen Gründer und VC-Geber keinen Sinn macht. Das betrachtete Projekt kann in folgender Zahlungsreihe abgebildet werden:

Periode	0	1	2	3	4	5	BKW$_0$
A$_0$	-1.000						
EZÜ$_t$, p = 0,5		550	550	550	550	1.550	1.305
EZÜ$_t$, 1-p =		450	450	450	450	1.450	1.102
Erw. EZÜ$_t$		500	500	500	500	1.500	1.204

---

[586] Zu den folgenden Ausführungen vgl. *Sahlman, William A.,* Aspects of Financial Contracting in Venture Capital, in: Journal of Applied Corporate Finance, Jg. 11, 1998, S. 23-36.

Die zur Realisierung des Projekts nötigen 1.000 soll der VC-Geber investieren. Dieser fordert eine Rendite von 40%. Berechnet man den BKW des Projekts mit diesem Diskontierungssatz, erhält man 1.204. Damit muss der 1.000 finanzierende VC-Geber 1.000/1.204 = 83% der Anteile halten, um seine geforderte Rendite zu erzielen. Dem Gründer bleibt nur ein Anteil von 17%. Die beiden Vertragsparteien teilen sich bei diesem symmetrischen Vertrag[587] Einzahlungsüberschüsse und Risiko wie folgt:

Periode	0	1	2	3	4	5	BKW_0
A_0	-1.000						
$EZÜ_t$, p = 0,5		550	550	550	550	1.550	1.305
VC-Geber	-1.000	456,5	456,5	456,5	456,5	1.286,5	1.083
Gründer		93,5	93,5	93,5	93,5	263,5	222
$EZÜ_t$, 1-		450	450	450	450	1.450	1.102
VC-Geber	-1.000	373,5	373,5	373,5	373,5	1.203,5	915
Gründer		76,5	76,5	76,5	76,5	246,5	187

Im schlechten Zustand erzielt der VC-Geber nicht seine geforderte Rendite von 40%. Das Risiko teilen sich die beiden Vertragsparteien entsprechend ihrer Anteile: Das Verhältnis der Standardabweichungen der Bruttokapitalwerte beträgt: 84,0 zu 17,5 bzw. 83% zu 17%.

Vereinbaren die beiden stattdessen, dass der VC-Geber bevorrechtigt mit 415 (= 0,83·(0,5·550+0,5·450) = 0,5·456,5+0,5·373,5) bedient wird, erhält der Gründer nicht mehr in jedem Fall 17%, sondern im schlechten Fall nur 450-415=35 (7% des erwarteten Einzahlungsüberschusses) und im guten Fall 550-415=135 (27% des erwarteten Einzahlungsüberschusses). In Periode 5 wird der Liquidationswert von 1.000 wieder im Verhältnis 83/17 geteilt; 415 sind zu addieren.

Periode	0	1	2	3	4	5	BKW_0
A_0	-1.000						
$EZÜ_t$, p = 0,5		550	550	550	550	1.550	1.305
VC-Geber	-1.000	415,0	415,0	415,0	415,0	1.248,3	1.000
Gründer		135,0	135,0	135,0	135,0	301,7	305
$EZÜ_t$, 1-		450	450	450	450	1.450	1.102
VC-Geber	-1.000	415,0	415,0	415,0	415,0	1.248,3	1.000
Gründer		35,0	35,0	35,0	35,0	201,7	102

---

[587] *Sahlman* nennt den Vertrag symmetrisch, weil Einzahlungsüberschüsse und deren Risiko geteilt werden. Zu beachten ist, dass dieser Vertrag in Bezug auf die Errichtungskosten *nicht* symmetrisch ist.

Das Risiko wird jetzt nicht mehr im Verhältnis 83%/17% aufgeteilt, der VC-Geber trägt gar kein Risiko mehr, wenn – wie hier – die verlangte Bedienung in allen Szenarien geleistet werden kann; der Gründer trägt entsprechend das volle Risiko. Der VC-Geber wird vom Eigen- und zum Fremdkapitalgeber, wenn man den Risikograd als Abgrenzungskriterium heranzieht.[588] Die Anreizwirkung für den Gründer liegt nun darin, dass er bei Eintritt eines guten Szenarios nicht nur 17% bekommt, sondern nach Abzug der festen Bedienung des VC-Gebers den gesamten Restbetrag, das sind im guten Szenario 23,4% (=305/1305). Welches Szenario eintritt, hängt (auch) vom Arbeitseinsatz des Gründers ab. Mit der obigen Risikoaufteilung wächst sein Interesse am Eintritt des Erfolgsszenarios, folglich wird er mit voller Kraft dafür arbeiten. Akzeptiert der Gründer eine solche Vertragsgestaltung, signalisiert er zudem, dass er an den Erfolg der Gründung glaubt und dafür auch arbeiten will. Ein Gründer, der nur ein festes Gehalt beziehen und dafür nur mäßigen Arbeitseinsatz leisten will, wird sich darauf nicht einlassen. Bei Eintritt des schlechten Szenarios, das bei mäßiger Motivation des Gründers zudem wahrscheinlicher wird, wird er nur geringfügig bedient, da der VC-Geber von den geringen Einzahlungsüberschüssen feste Beträge bezieht. Mit der vorgeschlagenen Chancen- und Risikoverteilung wird zudem erreicht, dass der VC-Geber eine geringere Rendite fordert, da er viel weniger Risiko übernimmt. Im Extremfall, wenn seine bevorzugte Bedienung in allen Szenarien, also zu 100% sicher ist, trägt er gar kein Risiko mehr und fordert entsprechend keine Risikoprämie. Da bei Neugründungen das Insolvenzrisiko aber ca. 30% beträgt (insofern ist *Sahlmans* Beispiel untypisch), ist die völlige Risikofreistellung des VC-Gebers der Ausnahmefall.

(2) Zum zweiten schlägt *Sahlman* vor, nicht das ganze Projekt von Unternehmensgründung über Produktentwicklung bis zur Vertriebsorganisation und Unternehmensausbau in einem Finanzierungsvertrag zu regeln. Es ist besser, sinnvolle Etappenziele oder Meilensteine zu definieren, bis zu deren sukzessivem Erreichen die Finanzierung jeweils sichergestellt wird. Werden diese Ziele nicht plangemäß erreicht, wird gefragt, was der Grund dafür war und die Finanzierung eventuell abgebrochen (vgl. 5.2.2.5). Der Vorteil dieser Vorgehensweise ist, dass in jeder Runde neue Informationen gewonnen werden und Unsicherheit reduziert wird. Bei der nächsten Runde können Konditionen geändert und den veränderten Bedingungen angepasst werden. *Sahlman* zeigt, dass diese Vorgehensweise für Gründer und VC-Geber vorteilhaft ist. Der VC-Geber kann sichergehen, dass durch das Herannahen eines Meilensteins der

---

[588] Vgl. *Swoboda, Peter*, Der Risikograd als Abgrenzungskriterium von Eigen- und Fremdkapital, in: FS Wittmann, 1985, S. 343-361.

Gründer alles tun wird, die Anschlussfinanzierung zu sichern. Es wird also ein Anreiz generiert. Daneben hat der VC-Geber die Möglichkeit, das Projekt nach jeder Runde abzubrechen, ohne den gesamten Betrag zur Finanzierung des Projekts einzubüßen. Der Gründer hat den Vorteil, dass spätere Runden auf der Basis höherer Unternehmenswerte abgeschlossen werden, so dass sein Anteil weniger stark verwässert wird.

Der erste Vorschlag von *Sahlman* zeigt, wie effektiv Risiko durch bevorzugte Bedienung verlagert werden kann und welche positive Anreizwirkung für den Gründer erzielt wird. Der Vorschlag darf aber nicht missverstanden werden, da der VC-Geber im Beispiel risikolos gestellt wird.[589] *Sahlman* will damit nicht vorschlagen, Venture Capital müsse in Form von Festbetragsansprüchen überlassen werden. Eine vollkommene Risikofreistellung des VC-Gebers macht auch keinen Sinn. Warum sollte der VC-Geber sich alleine auf einen Festbetragsanspruch einlassen, wo die Wahrscheinlichkeit für den Eintritt hochrentabler Szenarien positiv ist? Der Festbetragsanspruch muss von einem erfolgsabhängigen Anspruch begleitet werden. Das Beispiel soll zeigen, wie Risiko verlagert bzw. anreizwirksam aufgeteilt werden kann. Für die Wahl des Finanzierungsinstruments lernt man daraus, dass Eigenkapital mit symmetrischer Chancen- und Risikoaufteilung volles Risiko für den VC-Geber und geringen Anreiz für den Gründer bedeutet, was nicht sinnvoll ist.

Der zweite Vorschlag ist wichtig, für die Wahl des Finanzierungsinstruments aber nur insofern aufschlussreich, als dass ein Instrument gewählt werden muss, das eine sequentielle Kapitalbereitstellung möglichst transaktionskostenarm ermöglicht. Eine sequentielle Kapitalbereitstellung geht prinzipiell mit jedem Finanzierungsinstrument, auch mit reinem Fremdkapital.

5.2.3.2 OUTSIDE EQUITY

Ähnlich wie *Sahlman* hebt *Myers* in seinem Modell zur Eigenkapital-Außenfinanzierung die Relevanz der richtigen Verteilung zwischen Insider (Gründer) und externem Investor (VC-Geber) hervor, allerdings stellt er nicht auf Risiko und Chance, sondern auf Eigentumsrechte ab.[590] Demnach kommt es auf ein Machtgleichgewicht zwischen den Vertragsparteien an. Eine angemessene Aufteilung der Eigentumsrechte kann dabei gesetzlich oder vertraglich erreicht werden. Wird ein angemesse-

---

[589] Der Unterschied zum Fremdkapital besteht darin, dass Fremdkapital auch bei negativen Jahresüberschüssen und Cash flows bedient werden muss.

[590] Zu den folgenden Ausführungen vgl. *Myers, Stewart C.*, Outside Equity, in: JoF, Jg. 55, 2000, S. 1005-1037.

nes Machtgleichgewicht erreicht, bestehen für die Insider (Gründer) die richtigen Anreize zum Arbeitseinsatz und zu neuen Investitionen.

Myers geht von einem langlebigen rentablen Projekt aus, dessen Wert sich aus immateriellen Assets wie Ideen und Humankapital, das die Insider (Gründer) bereitstellen, und materiellen Assets des Anlagevermögens, die von externen Investoren (VC-Geber) finanziert werden, zusammensetzt. Die Wertbeiträge beider Assetklassen seien sauber trennbar. Die externen Investoren besitzen Eigentumsrechte an diesen materiellen Assets und können diese abziehen, so dass die Insider ihre Ansprüche auf zukünftige Einzahlungsüberschüsse verlieren. Die Außenfinanzierung funktioniert bzw. wird aufrechterhalten, wenn die Insider in jeder Periode eine Dividende zahlen, die ausreicht, um die externen Investoren zumindest für eine weitere Periode dazu zu bewegen, die Assets nicht abzuziehen. Ebenso wird angenommen, dass die Insider (Gründer) ihre immateriellen Assets jederzeit abziehen können. Der Wert dieser immateriellen Assets muss durch Forschung und Entwicklung geprüft werden. Einmal geprüft, sind Veränderungen für externe Investoren schwierig zu erkennen. Das schafft ein Anreizproblem: Warum sollten sich die Insider anstrengen, den Wert dieser Assets zu steigern, wenn diese Wertsteigerungen von außen nicht erkannt werden? Ein späterer Börsengang könne das Problem lösen, weil er diese Bewertung herstelle. Für externe Eigenkapitalgeber ist die Kontrolle mit höheren Kosten verbunden.

Im Modell gelten einfache Eigentumsrechte:

(1) Fremdkapitalgeber können – wenn nötig – alle Assets des Unternehmens beschlagnahmen, wenn ein Fremdkapitalspruch nicht befriedigt wird, d.h. eine zugesagte Zahlung ausbleibt.

(2) Eigenkapitalgeber haben die Eigentumsrechte am Unternehmen und den betrieblichen Assets und können diese jederzeit abziehen oder den Insidern deren Gebrauch verweigern.

Die Rechte der Eigenkapitalgeber werden durch die bevorrechtigte Rechtsposition der Fremdkapitalgeber eingeschränkt. Fremd- und Eigenkapitalansprüche ähneln sich stark bei hohem Ausfallrisiko. Fremdkapitalansprüche können nur dann gegen Ausfallrisiko geschützt werden, wenn die Assets, auf die zugegriffen werden kann, wertbeständig sind. Diese Wertbeständigkeit muss beweisbar, zumindest jedoch glaubwürdig sein. Das Erfordernis dieser Glaubhaftmachung der Wertbeständigkeit von Assets unterscheidet Eigen- und Fremdkapitalansprüche. Zukünftige Cash flows können nicht vertraglich festgelegt werden, es gibt also keinen Schutz für die externen Investoren davor, dass die Insider Teile der Cash flows für sich einnehmen. Aber Verwendung der Assets und bei materiellen Assets auch der Standort kann vertraglich vereinbart werden.

Zwei Untermodelle werden untersucht: Das *Partnership-Modell* formuliert ein Kündigungsrecht des externen Investors in Abhängigkeit von der Dividendenzahlung. Kontrolle findet in diesem Modell über durchsetzbare Verträge statt, die periodisch neu verhandelt und abgeschlossen werden müssen, um das Unternehmen weiterzuführen. Das *Corporation-Modell* räumt die Möglichkeit ein, dass das Projekt bei unzureichender Dividende fortgesetzt wird, wenn eine rationale Erwartung generiert werden kann, dass ausreichende Dividenden in der Zukunft erzielt werden. Kontrolle findet Modell über Stimmrechte und Übernahmerisiko statt.

Unterschiede zwischen diesen beiden Modellen bestehen mehrfach: Das *Corporation-Modell* benötigt die Formulierung eines zeitlichen Horizonts, das *Partnership-Modell* mit seiner periodischen Abbruchentscheidung dagegen nicht. Im *Partnership-Modell* werden alle Projekte mit positivem NKW so lange realisiert, bis die Insider selbst investieren können. Im *Corporation-Modell* können einige Projekte mit positivem NKW nicht finanziert werden, wenn die Mitentscheidungsrechte der externen Investoren zu stark sind und die Vorteilhaftigkeit des Projekts den externen Investoren nicht vermittelt werden kann. Ebenso kann es vorkommen, dass Manager Firmen fortführen, die liquidiert werden sollten.

Folgende Annahmen werden für beide Modelle getroffen:

- Insider und externe Investoren maximieren den NKW. Persönliche Risikoaversion ist in Bezug auf Kapitalkosten relevant bzw. insofern relevant als der Wert der Assets davon betroffen ist.

- Assets sind identifizierbar und haben definierte Marktwerte, so dass Eigentumsrechte durchsetzbar sind.

- Externe Investoren können die Insider nicht daran hindern, Teile oder den ganzen operativen Cash flow zu vereinnahmen.

- Insider haben genug Eigenmittel, um ihren Anteil an den Errichtungskosten zu tragen.

- Insider müssen die Kosten einer Neufinanzierung des Unternehmens tragen.

Partnership-Modell

Es liegt ein neu gegründetes Unternehmen vor. Die Insider bzw. Gründer stellen ihr Humankapital und immaterielle Assets zur Verfügung, externe Investoren stellen den Großteil des erforderlichen Kapitals zur Anschaffung benötigter materieller Assets bereit. Die externen Investoren sind nur durch ihre Eigentumsrechte geschützt, sie können das Unternehmen auflösen und ihre Assets abziehen. Sie können die Insider/Gründer jedoch nicht davon abhalten, laufende Cash flows für sich einzunehmen.

Nach erfolgter Gründung können die externen Investoren ihre Assets mit dem Wert xK (x ist der Anteil der externen Investoren) entnehmen. Wenn sie das machen, erhalten sie in dieser Periode keine Dividende mehr, weil die Insider/Gründer den ganzen Dividendenbetrag für sich einnehmen. Zahlen die Insider/Gründer eine ausreichende Dividende, ziehen die externen Investoren die Assets nicht ab und warten bis zur Periode t+1. Es gilt:

Kapitalbedarf:	K
Davon decken Insider/Gründer	I
und erhalten dafür den Anteil	1 - x
Davon decken externe Investoren	K – I
und erhalten dafür den Anteil	x

Die externen Investoren wissen, dass die Insider/Gründer die künftigen Cash flows teilweise oder sogar ganz für sich einnehmen können.

Laufender Cash flow: $\quad\quad\quad\quad$ C = mrK

mit C als Cash flow nach allen Kosten, incl. alternative Gehälter der Insider/Gründer;

mit r als Kapitalkosten i.S.d. Opportunitätskostenprinzips;

mit m > 1 als Multiplikator für den Mehrwert, der durch die Insider geschaffen wird.

Der NKW des Unternehmens beträgt: $\quad \dfrac{mrK}{r} - K = (m-1)K$.

Der NKW des Unternehmens wird allein von den Insidern/Gründern geschaffen. Verlassen diese das Unternehmen, nehmen sie den NKW mit und hinterlassen Assets, die nur K wert sind.

Durch Insider vereinnahmter Betrag in t	Z_t
Restlicher Cash flow = Dividende in t	$Y_t \ (= C - Z_t)$
Dividendenanteil externer Investoren	$x\, Y_t$
Dividendenanteil der Insider/Gründer	$(1-x)\, Y_t$
BKW aller Aktien ohne Dividende in t	V_t^{ex}

Der Unterschiedsbetrag zwischen C und Z_t wird ausgeschüttet. Dabei gehen anteilige Dividenden den externen Investoren und den Insidern/Gründern zu. Die externen Investoren können – sobald das Unternehmen gegründet und in Betrieb ist – Assets im Wert von xK entnehmen und das Unternehmen verlassen. In diesem Fall erhalten sie keine Dividende am Ende der Periode, da die Insider den ganzen Cash flow für sich einnehmen. Entscheiden sich die Insider, eine ausreichende Dividende zu zahlen, werden die externen Investoren die Assets nicht abziehen, sondern eine Periode warten. Die externen Investoren werden sich dafür entscheiden zu warten, wenn gilt

(6) $x \, (Y_t + V_t^{ex}) \geq x \, K.$

Wird in jeder Periode der gleiche Betrag C - Z = Y als Dividende gezahlt, gilt

(7) $V_t^{ex} = (C - Z)/r = Y/r.$

Dann gilt für das Wartekalkül entsprechend

(8) $x \, (Y + Y/r) = x \, (Y(1+r)/r) \geq x \, K.$

Die Insider/Gründer wollen den durch sie vereinnahmten Betrag Z maximieren, also die Dividende Y minimieren. Gemäß (8) gilt dann für Y:

(9) $Y = rK/(1+r).$

Wird (9) in (7) eingesetzt, ergibt sich für V_t^{ex}:

(10) $V_t^{ex} = \dfrac{Y}{r} = K/(1+r).$

Der Betrag, der den externen Investoren als Dividende zufließt, ist damit unabhängig von x, dem Anteil am Unternehmen, den sie halten! Gäbe man den externen Investoren einen größeren Anteil, würde das nichts am zufließenden Cash flow ändern. *Myers* weist darauf hin, dass hier ein Unterschied zum *Jensen/Meckling*-Modell liegt, wo die Neigung von Insidern, sich private Vorteile zu verschaffen, von ihrem Anteil an den Aktien abhängt.

Der Grund für diese Unabhängigkeit von x ist einfach: Externe Investoren haben keinen Zugriff auf den laufenden Cash flow. Wenn sie ihre Eigentumsrechte ausüben und die Assets abziehen, bekommen sie nur xK. Die Dividende wird dementspechend von den Insidern festgelegt: x K = $x \, (Y_t + V_t^{ex})$. V_t^{ex} hängt von dem BKW aller Aktien einschließlich Dividende ab, der K entsprechen wird, unabhängig davon, ob die externen Investoren ihre Assets abziehen oder warten.

Damit erhalten die externen Investoren statt der geforderten Rendite auf ihr eingesetztes Kapital rxK nur rxK/(1+r) und der Marktwert ihrer Anteile beträgt statt xK nur xK/(1+r). Jede investierte Geldeinheit 1 erhält nach Investition damit einen Wertabschlag auf 1/(1+r). Um die externen Investoren zur Investition zu bewegen, muss ihnen der Anteil zu einem vergünstigten Preis im Vergleich zu den Insidern/Gründern angeboten werden. Insofern müssen die Insider/ Gründer auch investieren und wenn dies nicht in der Form von finanziellen Mitteln passiert, dann in Form von Gewährung von Zusatzaktien an die externen Investoren oder in der Bereitschaft des Gründers, für weniger als ein Gehalt entsprechend des Opportunitätskostenprinzips zu arbeiten.

Insider/Gründer müssen daher mindestens soviel investieren, um diesen Abschlag des Marktwertes für die externen Eigenkapitalinvestoren auszugleichen. Der NKW für die Insider/Gründer berechnet sich wie folgt:

(11) $NKW^{Insider/Gründer} = -I + mK - xK/(1+r)$.

I ist der Betrag, den die Insider/Gründer investieren müssen, mK ist der Wert des Unternehmens bevor Zahlungen an Kapitalgeber erfolgen und xK/(1+r) steht für den Wert des externen Eigenkapitalanteils. Die externen Investoren werden zumindest einen Anteil von $x = (1 + r)(K - I)/K$ fordern, d.h. die Insider/ Gründer müssen stets einen Minimalbetrag (bei $x = 1$) von $I = rK/(1 + r)$ investieren. Setzt man für x den Ausdruck $(1 + r)(K - I)/K$ verändert sich der Ausdruck für den Nettokapitalwert wie folgt:

(12) $NKW^{Insider/Gründer} = -I + mK - (K - I) = mK - K$.

Dieser Ausdruck kann bei festem Investitionsbetrag K nur über Maximieren von m erhöht bzw. maximiert werden. Die Insider/Gründer werden m bzw. ihr Anstrengungsniveau so wählen, dass ihr NKW maximiert wird. Dazu müssen sie m maximieren und maximieren damit gleichzeitig auch den Wert des Unternehmens. Das *Partnership-Modell* wirkt damit in optimaler Weise anreizsetzend: Die Insider/Gründer strengen sich maximal an. Dies gilt auch, wenn I sunk costs darstellt und wenn die Assets abgeschrieben werden.

Corporation-Modell

In diesem Modell erfolgt die Kontrolle der Insider/Gründer über Stimmrechtsausübung, d.h. die Insider/Gründer müssen damit rechnen, dass sie von der Geschäftsführung entbunden werden. Das bewirkt zwei wesentliche Änderungen: Zum einen entsteht ein Free-Rider-Problem und Kosten der kollektiven Willensbildung. Zum anderen wird das Unternehmen mit der unveränderten Geschäftsführung in jedem Fall fortgeführt, es sei denn, der Wert für die externen Investoren bei Beibehaltung des Managements ist zu jedem Zeitpunkt, also auch zwischen Dividendenzahlungen, kleiner als bei Wechsel der Geschäftsführung. Es wird angenommen, der für die externen Investoren erreichbare Nettowert des externen Eigenkapitals sei αK. α < 1 sei der Wertabschlagsfaktor durch die Kosten des Auswechselns des Managements. Dann kann der Wert des externen Eigenkapitals ohne Dividende nicht mehr unter αK fallen, wenn die externen Investoren daran gehindert werden, die Kontrolle zu übernehmen. Der Kapitalwert der zukünftigen Dividenden habe dann einen Mindestwert von αK.

Im Vergleich zum *Partnership-Modell* werden periodische Neuverhandlungen durch periodische Aktivitäten abgelöst: Die Insider/Gründer zahlen periodisch Dividende, die externen Investoren vereinnahmen die Dividende und entscheiden durch Stimmrechtsausübung über Kontrolle und Managementwechsel. Bei Übernahme bekommen die externen Investoren jetzt nur $x\alpha K$, was kleiner ist als xK im *Partnership-Modell*, weil der Managementwechsel Kosten verursacht. Um das Management auswechseln zu können, müssen die externen Investoren die Stimmenmehrheit besitzen. Sind die externen Investoren bei Abstimmung in der Minderheit, können die Insider/Gründer den Cash flow vereinnahmen. Das externe Eigenkapital ist wertlos ohne Stimmenmehrheit. Das Unternehmen hat eine zeitlich begrenzte Lebenszeit. Zur Vereinfachung wird jedoch eine unendliche Lebenszeit unterstellt sowie Assets mit unendlicher Nutzungszeit und ohne Wertverlust durch Abschreibungen.

Damit die externen Investoren mit der Beibehaltung des Managements immer zumindest genauso gut stehen wie bei Übernahme der Entscheidungsrechte, müssen die Insider/Gründer $r\alpha K$ als periodische Dividende zahlen, im unendlichen Fall muss der Wert dieser Dividenden $r\alpha K/r = \alpha K$ sein. Damit muss gelten

(13) $xV_t^{ex} \geq x\alpha K$.

Der Wert ohne Dividende in t lässt sich in Abhängigkeit der erwarteten Dividende der nächsten Periode $E_t(Y_{t+1})$ wie folgt darstellen:

(14) $V_t^{ex} = [E_t(Y_{t+1}) + V_{t+1}^{ex}]/(1+r)$.

Für $E_t(Y_{t+1})$ muss gelten: $E_t(Y_{t+1}) = r\alpha K$. Nimmt man an, die Finanzierung wird nur aufrechterhalten, wenn $Y_t = r\alpha K$ als Dividende in t bezahlt wird, dann wird für die folgende Periode als Dividende erwartet:

(15) $E_t(Y_{t+1}) = Y_t = r\alpha K$.

Damit wird in jeder Periode die gleich hohe Dividende Y bezahlt, es gilt:

(16) $V_t^{ex} = Y/r = r\alpha K/r = \alpha K$.

Besteht Unsicherheit über die Höhe der Übernahmekosten α, die umso höher sind, je kleiner α ist, gibt es z.B. zwei Werte $\alpha_L < \alpha_H$, können die Insider/Gründer nicht das Risiko eingehen, nur die Dividende $r\alpha_L K$ zu zahlen, weil dies zur sofortigen Übernahme führt, wenn die externen Investoren α_H erwarten.

Vergleicht man die beiden Modelle, zeigt sich, dass der Wert des extern zugeführten Eigenkapitals im *Partnership-Modell* nicht unter $K/(1+r)$ und im *Corporation-Modell* nicht unter αK fallen kann. Es kommt also auf die Werte von α und r an, in welchem Modell die Wertuntergrenze höher liegt. Liegt r bei 5%, ergibt sich für $1/1+r$ ein Wert von ca. 0,9524. Je höher α, desto geringer sind die Kosten, um das Management zu ersetzen. In der folgenden Grafik wird davon ausgegangen, dass αK < K/(1+r) ist. Die Grafik verdeutlicht die beiden Modelle. In keinem Fall wird der Liquidationswert K von dem Wert des externen Eigenkapitals ohne Dividende überschritten.

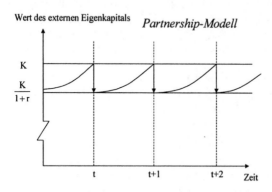

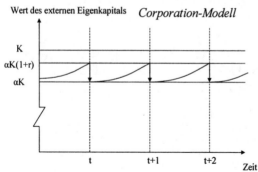

Abbildung 32: Vergleich von *Partnership-* und *Corporation-Modell*

Im *Corporation-Modell* werden Insider/Gründer eine ausreichende Dividende zahlen und die Finanzierung fortführen, solange sie damit besser stehen. Die Insider halten den Anteil 1-x und bekommen periodisch C – Y + (1-x)Y = C – xY. Bei Fortführung steht ihnen zudem der Wert zukünftiger Cash flows incl. Dividenden zu: (m – xα) K.

(17)   Fortführung: C – xY + (m – xα) K.

Entscheiden sich die Insider/Gründer für beenden, werden sie sich den vollständigen Cash flow C und ihren Anteil an K, also (1 – x)K aneignen und eine Periode später neu starten, was den Wert, den sie aus K generieren können, von (m – 1)K auf (m – 1)K/(1+r) drückt.

(18)   Beenden: C + [(m − 1)K]/(1+r) + (1 − x) K.

Setzt man die beiden Ausdrücke gleich, ergibt sich, dass sie fortführen, wenn für m gilt:

(19) $m \geq (1 + x) + x \, [\alpha \, (1 + r)^2 − 1] / r$.

Fallen keine Kosten bei Auswechseln des Managements an ($\alpha = 1$), gilt:

(20) $m \geq x \, (1 + r) + 1$.

Wenn die Insider/Gründer keinen positiven Effekt auf die Wertentwicklung des Unternehmens haben (m = 1), dann gilt: $\alpha < 1/(1+r)$.

Haben die Insider/Gründer sogar einen negativen Effekt auf den Unternehmenswert (m < 1), dann gilt:

(21)   Beenden: C + (1 − x) K

(22)   Neustart des Unternehmens unterbleibt, da NKW < 0.

Setzt man jetzt die Gleichung für Fortführung (siehe oben) mit dem neuen Ausdruck bei Beenden gleich, ergibt sich: $m > (1 − x) + x \, \alpha \, (1 + r)$.

Für unterschiedliche Wertkonstellationen von α und m ergibt sich dann:

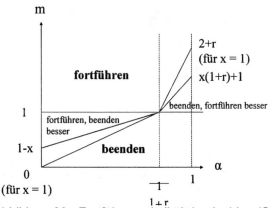

Abbildung 33: Fortführungskalkül des Insiders/Gründers im *Corporation-Modell*

Es gibt zwei Flächen, in denen die Insider/Gründer eine falsche Entscheidung treffen: Hohe α-Werte sind gut, wenn die Insider/Gründer kein positives m aufweisen, da die Auswechslungskosten dann niedrig sind. Niedrige α-Werte dagegen sind gut, wenn die Insider/Gründer ein positives m haben. Es ist vorteilhaft, ein gutes Management nicht auszutauschen. In den anderen beiden Konstellationen gibt es Probleme: Einmal wird fortgeführt, obwohl m negativ ist, weil die Auswechslungskosten zu hoch sind. Umgekehrt kann bei positivem m beendet werden, wenn aufgrund geringer Kosten das Auswechslungsrisiko zu groß ist. Ein Vorteil der Fremdfinanzierung wird an Abbildung 33 deutlich: Fremdfinanzierung ermöglicht höhere Anteile des Insiders/ Gründers (also niedriges x), was zur Folge hat, dass die beiden kritischen Zonen schrumpfen.

Die Insider/Gründer bekommen in jeder Periode mehr, als ihnen zusteht. Da sie einen NKW von (m-1)K beitragen, wäre es fair, sie bekämen (m-1)K, aber sie bekommen mehr. Aber es gibt keine Unterinvestitionsproblem. Alle Investitionsobjekte mit positivem NKW werden realisiert. Hängen Stimmrechte an den gehaltenen Anteilen, ist entscheidend, wer die Mehrheit hat. Können die Insider/Gründer die Mehrheit nicht erwerben, wird es für die externen Investoren möglich, sich Großteile des geschaffenen Nettokapitalwerts anzueignen. Entsprechend sinkt der Anreiz für die Insider/Gründer, den NKW zu maximieren. *Myers* zeigt, wie dieses Problem dadurch gelöst werden kann, dass das Unternehmen an die Börse geht. Durch den Börsengang werde der Einfluss der externen Eigenkapitalinvestoren geschmälert, da für den öffentlichen externen Eigenkapitalgeber die Kontrolle mit höheren Kosten verbunden ist. Der Unterschied zum vorherigen *Corporation-Modell* besteht darin, dass der geschaffene Mehrwert im Unternehmen gebunden ist und dass Anstrengung der Insider/Gründer nötig ist, um Wert zu schaffen, also einen positiven NKW zu erzielen.

Folgendes Beispiel wird betrachtet:

Ein externer Eigenkapitalgeber finanziert K zum Zeitpunkt t = 0. Die Erfolgswahrscheinlichkeit ist p. Folgender NKW kann erzielt werden:

$$(23) \qquad \text{NKW} = -K + \frac{pmK}{(1+r)^2} + \frac{(1-p)K}{(1+r)} \geq 0.$$

Ist die Forschung erfolgreich, lohnt die Fortführung des Projekts. Zu diesem Zeitpunkt kann ein Börsengang stattfinden, so dass die Insider/Gründer Anstrengung wählen. Im Gleichgewicht stellen sich die umkreisten Ergebnisse ein.

Nimmt man vereinfachend an, dass die externen Investoren die Mehrheit der Anteile halten, können die externen Investoren die Insider in t = 2 kündigen und ihre Position selbst einnehmen. Der bis dahin von den Insidern/Gründern geschaffene Mehrwert ist dann im Unternehmen gefangen und sie gehen leer aus. Ein von ihnen gehaltener Minderheitsanteil kann sie davor nicht schützen. Da Insider diese Entwicklung antizipieren können, werden sie sich auch im Vorfeld nicht anstrengen, um Mehrwert zu schaffen. Wird also einfach fortgeführt, tritt in t = 2 der untere Ast K ein (vgl. Abbildung 34).

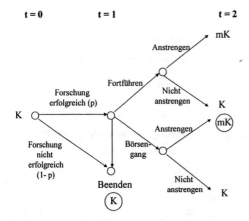

Abbildung 34: Machtgleichgewicht durch Börsengang

Verkaufen die externen Investoren jedoch ihre Anteile an der Börse, erfolgt also ein Börsengang, brauchen die Insider/Gründer nicht fürchten, dass sie den von ihnen geschaffenen Mehrwert verlieren. Sie partizipieren anteilig, weil der Wert des Unternehmens zum Zeitpunkt des IPOs $\alpha mK/(1+r)$ ist (Der α-Begriff ist jetzt weiter: z.b. Kosten kollektiver Handlung). Die externen Investoren sind dann besser dran, weil $\alpha mK/(1+r) > K$ gilt und die Insider/Gründer sind besser dran, weil es sich für sie lohnt zu arbeiten, da sie dann an einem Unternehmen mit dem Wert mK statt K beteiligt sind.

Myers fragt dann, ob es nicht sinnvoll wäre, gleich bei Gründung einen Börsengang zu machen. Dies verneint er, weil bei Gründung die Kosten des Auswechselns des Managements noch sehr hoch sind. Der Gründungserfolg ist stark von den Gründern abhängig. Dies ändert sich im Zeitablauf: Je reifer das Unternehmen, desto entbehrlicher werden die Gründerpersonen. Damit sinken die Kosten sie auszuwechseln (α) und die Machtposition des VC-Gebers nimmt zu. Jetzt wird ein Börsengang erforderlich, damit die Machtposition des VC-Gebers nicht so groß wird, dass das Insider-/Gründerteam fürchten muss, leer auszugehen. Der Zeitpunkt für den Börsengang muss daher so gewählt werden, dass sich bereits herausgestellt hat, dass die Erfolgswahrscheinlichkeit der Gründung hoch ist, aber noch bevor die Aufgabe des Gründers voll erfüllt und er entbehrlich ist.[591]

---

[591] Vgl. dazu auch *Myers, Stewart C.*, European Financial Management, Jg. 5, 1999, S. 133-141 (134): *Myers* unterscheidet für z.B. 5 Phasen, die jeweils nach Errei-

5.2.4 *FOLGERUNGEN*

Die betrachteten Modelle in 5.2.1 und 5.2.2 haben auf unterschiedliche Weise begründet, dass der Fremdkapitaleinsatz bei Gründungsfinanzierungen begrenzt ist. Das Modell von *Sahlman* hat auf der anderen Seite gezeigt, warum der VC-Geber keinen symmetrischen Vertrag abschließt, wonach er und der Gründer entsprechend ihrem eingesetzten Kapital als gleichrangige Eigentümer partizipieren. Der VC-Geber muss Risiko verlagern, indem er eine bevorrechtigte Bedienung vereinbart.

Das Modell von *Myers* macht deutlich, dass die Finanzierung eines Gründungsvorhabens ein Prozess ist, innerhalb dessen zur Erhaltung des Machtgleichgewichts Anpassungen nötig sind. Da die Gründer und ihr Know-how innerhalb dieses Prozesses immer entbehrlicher werden, schwindet ihre Machtposition, entsprechend nimmt die des VC-Gebers zu. Durch diese Verschiebung der Macht- bzw. Verhandlungspositionen muss zuerst der Gefahr entgegengewirkt werden, dass der VC-Geber ausgebeutet wird; dann wird es aber immer stärker notwendig, der Ausbeutung des Gründers entgegenzuwirken.

Mit der Reifung des Gründungsunternehmens gilt zum einen immer weniger, dass Fremdkapital kaum einsetzbar ist, zum anderen muss die Einflussnahme des VC-Gebers zurückgedrängt werden. Das Bestehen von anfangs vereinbarten Vorzugsrechten des VC-Gebers bei der Bedienung sollte bei Eintritt bestimmter Bedingungen beendet werden. Die Finanzierung des Gründungsunternehmens sollte bei positiver Entwicklung einen steigenden Verschuldungsgrad aufweisen.

Im folgenden Abschnitt 5.3 werden aus den beiden VC-Modellen von *Sahlman* und *Myers* Anforderungen an Finanzierungsinstrumente, die in der VC-Finanzierung eingesetzt werden, entwickelt. Es wird in einem Rechtsformenvergleich geprüft, inwieweit die Kriterien erfüllt werden.

---

chen eines Meilensteins beginnen, die Wichtigkeit des Gründers. Die fünf Phasen lauten wie folgt:
1. Experimente zur Überprüfung, dass Produktionsprozess technisch möglich ist
2. Erste Produktion und Vermarktung
3. Produktverbesserung und -erweiterung
4. Großangelegte Marketingaktivitäten und
5. Entwicklung und Verkauf von weiterführenden oder ergänzenden Produkten

In den ersten beiden Phasen ist der Gründer unbedingt erforderlich, auch noch wertvoll in Phase 3, hilfreich aber bereits ersetzlich in Phase 4 und ab da nicht mehr nötig.

5.3 VERGLEICH VON FINANZIERUNGSINSTRUMENTEN

Finanzierungsprobleme, für die weder echtes Eigen- noch echtes Fremd-kapital geeignet erscheinen, gelten als prädestiniert für den Einsatz von Mischformen, also hybriden Finanzierungsinstrumenten mit typischen Elementen von Eigen- und Fremdkapital. Typisch ist, dass das Risiko des Kapitalverlustes und ausbleibender Kapitalerträge deutlich höher ist als bei Darlehen und dass dieser verstärkten Risikoübernahme auch ei-ne höhere Erfolgserwartung gegenübersteht.[592] Versteht man Finanzie-rung von Unternehmen als „Handel" mit Chance-Risiko-Konstellationen, stehen diese Instrumente zwischen dem grundsätzlich risikolosen und gering verzinslichen Anspruch des Fremdkapitalgebers und der Position eines Investors, der zur Wahrnehmung einer Gewinnchance das Risiko eingeht, sein eingesetztes Kapital zu verlieren.[593]

Beim einem „Handel" mit Chance-Risiko-Konstellationen sind die Akteu-re im Zuge ihrer Nutzenmaximierung bestrebt, Risiken überschaubar zu halten.[594] Die Risikozuordnung erfolgt durch *Verträge*, wobei die Ver-tragstheorie als Teil des Zivilrechts auf der „Idee der privatautonomen, eigenverantwortlichen Lebensgestaltung und Risikobewältigung des Menschen gründet".[595] Finanzierungsformen stellen Risikoverteilungsfor-men dar und ihre Wahl kann für die Wertentwicklung des finanzierten Projekts entscheidend sein, da jede Risikoverteilung Anreizwirkungen auf die Anspruchsgruppen entfaltet, die den Erfolg eines Projekts stark beeinflussen können.

In Theorie und Praxis ist ein Spektrum immer differenzierterer Finanzie-rungsformen entwickelt worden, von denen vermutet wird, sie böten spe-zifische Vorteile im Vergleich zu bloßen Eigen-/Fremdkapitalmischungen, ansonsten könnten sie nicht langjährig existenzfähig sein.[596] Im Folgen-den werden Finanzierungsformen vorgestellt und auf ihre Vorteile im Ein-satz bei Gründungsfinanzierungen untersucht. Dabei wird wie in Kapitel 4 für die stille Beteiligung die gesellschafts-, handels- und steuerrechtli-che Situation beleuchtet und ihre Eignung anhand von zwei Kriterien-

---

[592] Vgl. *Herrmann, Harald,* Quasi-Eigenkapital im Kapitalmarkt- und Unternehmens-recht, 1996, S. 1-2.

[593] Vgl. *Luttermann, Claus,* Unternehmen, Kapital und Genussrechte, 1998, S. 21.

[594] Vgl. *Luttermann, Claus,* Unternehmen, Kapital und Genussrechte, 1998, S. 22 m.w.N.

[595] *Luttermann, Claus,* Unternehmen, Kapital und Genussrechte, 1998, S. 21.

[596] Vgl. *Drukarczyk, Jochen,* Theorie und Politik der Finanzierung, 1993, S. 581 und *Luttermann, Claus,* Unternehmen, Kapital und Genussrechte, 1998, S. 21.

(bündeln) überprüft, die zunächst definiert werden. Der zusätzliche Bezug auf andere hybride Formen soll die Überprüfung vom „survival value" der stillen Beteiligung erleichtern; es wird daher nicht nur begründet, was an der stillen Beteiligung gut, sondern was im Vergleich zu anderen Instrumenten ggf. besser ist.

5.3.1 DEFINITION VON KRITERIEN

Das Potential für Wertschaffung durch angemessene Risikobeteiligung und Anreizsetzung für Gründer und Financiers wird bei keinem Problem so deutlich wie bei der VC-Finanzierung. Ein Grund für die besondere Bedeutung dieses grundsätzlich bei allen Finanzierungen auftretenden Problems bei der VC-Finanzierung liegt darin, dass keine sicheren zukünftigen Zahlungsüberschüsse bei Gründungsunternehmen vorhanden sind, welche die Existenz des Unternehmens bei demotivierten Beteiligten lang-, mittel- oder auch nur kurzfristig sichern können. Eine ausreichende Anreizsetzung für alle Beteiligten ist für das neugegründete Unternehmen daher existentiell notwendig. Die Aufteilung von *Bedienungsansprüchen und Risiko* auf Gründer und Financiers muss als zentrales Problem verstanden werden.

Bei mehrperiodigen Finanzierungsverträgen besteht die Gefahr, dass die einmal vertraglich festgelegte Chance-Risiko-Verteilung postvertraglich unterlaufen wird, da die Zeitspanne des Vertragsverhältnisses nicht entscheidungsfrei ist.[597] Durch neue Investitions-, Finanzierungs- und Ausschüttungsentscheidungen können Risikopositionen von Financiers verschoben werden. Da vollständige Kreditverträge, die für alle Zeit-Zustandskombinationen regeln, was dem Schuldner erlaubt ist und was nicht, nicht möglich sind, werden für Gläubiger andere Lösungsansätze wie z.B. Covenants diskutiert.[598] Covenants sind vertragliche Klauseln mit dem Ziel, die Spielräume der Eigentümer bzw. Manager in Bezug auf zukünftige Entscheidungen einzuengen, um Risiko- und letztlich Vermögensverschiebungsstrategien zu erschweren.

Der VC-Geber ist grundsätzlich kein Gläubiger. Ein Kreditvertrag über das Volumen, das vom VC-Geber benötigt wird, passt aus mehreren Gründen nicht: Das Ausfallrisiko ist sehr hoch, was die geforderten Zinsen des Kredits in die Höhe treibt und für das Unternehmen eine Cash-Belastung bedeutet, die aufgrund der unsicheren zukünftigen Einzahlungsüberschüsse zu groß ist und die Insolvenzgefahr erhöht. Der Gründer geht mit einer größeren Wahrscheinlichkeit völlig leer aus, da der

---

[597] Vgl. *Drukarczyk, Jochen*, Theorie und Politik der Finanzierung, 1993, S. 304.

[598] Vgl. *Drukarczyk, Jochen*, Theorie und Politik der Finanzierung, 1993, S. 328-342.

Gläubigeranspruch mit ggf. kumulierten Zinsansprüchen für den Gründer nichts übrig lässt. Dies wirkt demotivierend. Dennoch kann der VC-Geber von den Covenants des Gläubigers lernen und die Entscheidungsspielräume des Gründers einschränken. Das Beanspruchen von *Entscheidungsrechten* ist grundsätzlich möglich, da der VC-Geber nicht Gläubiger ist.

5.3.1.1 ANREIZ- UND STEUERORIENTIERTE BEDIENUNGSGESTALTUNG

Sahlman hat gezeigt, wie einfach der VC-Geber Risiko auf den Gründer übertragen kann (vgl. 5.2.3.1). Statt der Bedienung entsprechend eines symmetrischen Vertrages wird der VC-Geber in *Sahlmans* Beispiel bevorrechtigt bedient. Dies gilt für die periodischen Einzahlungsüberschüsse, aber auch für die am Ende der Projektlaufzeit anfallenden Liquidations- bzw. Veräußerungserlöse. Finanzierungsinstrumente sollen zunächst daraufhin überprüft werden, ob sie diese beiden Vereinbarungen ermöglichen. In *Sahlmans* Beispiel erfolgt die bevorrechtigte Bedienung *gewinnunabhängig* mit einem festen Betrag, der sich durch Multiplikation des bei symmetrischer Vertragsvereinbarung zur Erreichung der geforderten Rendite nötigen Anteils des VC-Gebers und dem Erwartungswert der periodischen Einzahlungsüberschüsse ergibt (vgl. 5.2.3.1). Das ideale Finanzierungsinstrument sollte daher eine gewinnunabhängige Bedienung ermöglichen, wenn nötig mit bedingten Nachrangigkeitsvereinbarungen.

Für ein Gründungsprojekt ungewöhnlich ist an *Sahlmans* Beispiel, dass ab Periode 1 positive Einzahlungsüberschüsse in beiden Szenarien erzielt werden. Das macht die gewinnunabhängige Bedienung (in relativ großem Umfang) im Beispiel erst möglich. Typischerweise starten Gründungsunternehmen jedoch mit einer Verlustphase. Unterstellt man einen stark diversifizierten VC-Geber mit umfangreichem Portfolio, kann der VC-Geber Steuervorteile realisieren, wenn er die Verluste des Gründungsunternehmens steuerlich geltend machen kann. Die Möglichkeit zur steuerlichen Verlustnutzung wird daher als weiteres Kriterium für das ideale Finanzierungsinstrument aufgenommen. Verluste könnten im Wege einer gesonderten und einheitlichen Gewinnfeststellung dem VC-Geber zugerechnet werden. *Sahlman* rechnet in seinem Beispiel ohne Steuern. Anlaufverluste des Gründungsunternehmens würden sich in seinem Beispiel insofern auswirken, als eine Zusatzvereinbarung bzgl. der gewinnunabhängigen Bedienung des VC-Gebers für die Jahre nötig wäre, in denen das Gründungsunternehmen aufgrund von Verlusten diese Bedienungsverpflichtung nicht erfüllen kann, z.B. die Vereinbarung einer Nachholung.

Neben der steuerlichen Behandlung von periodischen Gewinnen und Verlusten ist die Besteuerung des Exit-Erlöses im VC-Geschäft von zentraler Bedeutung, da auf diesem Weg ein Großteil der Bedienung des VC-Gebers erfolgt.

Das erste Kriterium *„Anreiz- und steuerorientierte Bedienungsgestaltung"* besteht damit aus folgenden Unterpunkten:

a) *Möglichkeit zur Vorzugsvereinbarung auf Gewinnverteilungsebene (Vorzugsdividende),*

b) *Möglichkeit zur Vorzugsvereinbarung im Liquidationsfall,*

c) *Möglichkeit zur Vereinbarung einer festen Verzinsung der Einlage (gewinnunabh.),*

d) *Möglichkeit zur steuerlichen Verlustnutzung und*

e) *Möglichkeit zu einem steuerlich vorteilhaften Exit.*

5.3.1.2 PARTIZIPATION AN ENTSCHEIDUNGSRECHTEN

Bei der Vereinbarung von Mitspracherechten muss der VC-Geber vorsichtig agieren. Wenn der Gründer sich bevormundet fühlt, könnte dieser demotivierende Effekt auf den Gründer mehr Wert für den VC-Geber vernichten als Mitspracherechte für ihn sichern können. Der VC-Geber sollte jedoch Informations-, Kontroll- und Mitspracherechte besitzen, dass er gegen eine Entscheidung, die seine Vermögensposition schmälert, Veto erheben kann bzw. seine Zustimmung nicht erteilen und damit die Entscheidung vermeiden bzw. rückgängig machen kann. Es ist also ein Finanzierungsinstrument dann für die VC-Finanzierung geeignet, wenn es sich für die Gratwanderung zwischen fehlenden festen Geschäftsführungs- und Entscheidungsaufgaben und der Vereinbarung von zustimmungspflichtigen Entscheidungen eignet. Entwickelt sich ein Unternehmen ohne das Engagement des VC-Gebers gut bis sehr gut, kann der VC-Geber seine Ressourcen zur Kontrollausübung stärker auf weniger erfolgreiche Unternehmen im Portfolio einsetzen. Wichtig ist die *Möglichkeit* zur Kontrolle, Mitsprache und zu Eingriffen in die Unternehmensführung, nicht Kontrollpflichten oder die Übernahme von Geschäftsführungsaufgaben.

Für die einzelnen Finanzierungsinstrumente ist also zu prüfen, ob und in welcher Form Möglichkeiten zu Eingriffen bzw. der Einflussnahme auf Geschäftsführung bestehen. Das beginnt bei Informations- und Kontrollrechten, dann kommen Veto- und Zustimmungsrechte bis zu den Entscheidungsrechten in Abhängigkeit vom Anteil. Dies reicht bis zur Beherrschung des Gründungsunternehmens, was nicht Ziel des VC-Gebers ist, es wird nur ein Minderheitenanteil angestebt. Aufgrund des Minderheitenanteils geringe Entscheidungsrechte können kombiniert mit entsprechenden Vertretungen im Beirat/Aufsichtsrat die Möglichkeit zum Austausch des Gründerteams gewähren und damit eine Rechtsposition begründen, die auf diesem Weg ungleich stärker wirken kann als durch Erhöhung des Anteils. Das Modell von *Myers* (vgl. 5.2.3.2) hat gezeigt, dass die Position des Gründers im Laufe der Realisierung des Gründungsvorhabens schwächer wird, weil sein spezielles Know-How eingebracht ist und er ersetzbarer wird. Beteiligungsinstrumente werden deshalb auch daraufhin geprüft, ob sie dem Gründer Möglichkeit zum Schutz vor Ausbeutung in späteren Phasen der Gründung gewähren.

Weder das *Partnership-* noch das *Corporation-Modell* sehen die Möglichkeit des VC-Gebers vor, im Konfliktfall den Gründer zu einer bestimmten Geschäftsführung zu zwingen. Beim *Partnership-Modell* wird das Unternehmen liquidiert, beim *Corporation-Modell* das Gründerteam ersetzt. Weisungsgebundenheit des Gründers in der Geschäftsführung könnte von Vorteil sein, wenn es die Wahrscheinlichkeit erhöht, dass der Gründer als der Geschäftsführer, der den Wert des Unternehmens am effektivsten steigern kann, im Amt bleibt.

Das zweite Kriterium „Partizipation an Entscheidungsrechten" besteht aus:

a) *Möglichkeit zur Mitgliedschaft (verbunden mit quotalem Stimmrecht),*

b) *Möglichkeit zur Vereinbarung zustimmungspflichtiger Geschäfte,*

c) *Möglichkeit zu Anweisungen an die Geschäftsführung* und

d) *Möglichkeit zur Kündigung des Managements.*

5.3.2 VERGLEICH VON HYBRIDEN FINANZIERUNGSINSTRUMENTEN

Im Folgenden werden hybride Finanzierungsinstrumente auf ihre Eignung in bezug auf die beiden definierten Kriterien untersucht und verglichen: Genussrechte, Gewinn-, Wandel- und Optionsschuldverschreibungen, hybride gestaltete GmbH-Anteile und hybride gestaltete Aktien. Diese Finanzierungsinstrumente werden zunächst mit ihren gesellschafts-, handels- und steuerrechtlichen Merkmalen vorgestellt. Anschließend werden die beiden Kriterien für das jeweilige Finanzierungsinstrument geprüft.

5.3.2.1 GENUSSRECHTE

Genussrechte könnten für die Gründungsfinanzierung aus mehreren Gründen Vorteile aufweisen: Sie sind äußerst flexibel und als hybride Finanzierungsform gestaltbar, weisen steuerliche Vorteile auf, da Ausschüttungen auf Genussrechte steuerlich abzugsfähig sind und lassen

sich auf dem Kapitalmarkt emittieren.[599] Ihre geringe gesetzliche Kodifika-
tion und fehlende Standardisierung ist für Gründungsfinanciers nicht
problematisch, da sie professionell Finanzierungsverträge schließen. Der
Gründer muss den angebotenen Vertrag genau prüfen.

5.3.2.1.1 Gesellschaftsrechtliche Einordnung

Genussrechte gewähren dem Inhaber Vermögensrechte, insbesondere
Anteile am Gewinn und am Liquidationserlös ohne die bei Gesellschaftern damit i.d.R. verbundenen Mitgliedschaftsrechte.[600] Sie gewähren also „mitgliedschaftsähnliche Vermögensrechte, jedoch keine Mitgliedschaft.“[601]

---

[599] Siehe dazu auch *Reusch, Peter*, Zur Einordnung der Genussrechte zwischen Vorzugsaktie und Gewinnschuldverschreibung, 1987, S. 21-34 (21) und *Thünnesen,
Dieter*, Genussscheine als Finanzierungsmittel in der deutschen Wirtschaftsgeschichte und in der heutigen Unternehmenspraxis, S. 9-19 (10).

[600] Vgl. *Bürger, Albrecht*, Genussrechte als Mittel zur Verbesserung der Eigenkapitalausstattung von Unternehmen, insbesondere von Kreditinstituten, Frankfurt 1987,
S. 4; *Drukarczyk, Jochen*, Theorie und Politik der Finanzierung, 1993, S. 582.

[601] Vgl. *Schmidt, Karsten*, Gesellschaftsrecht, 2002, S. 521. Zur Nichtgewährung von
Mitgliedschafts-, insbesondere Stimmrechten, durch Genussrechte vgl. *IDW*, Stellungnahme HFA 1/1994, in: WPg, Jg. 47, 1994, S. 419-423 (419). Zu fehlenden
Mitgliedschaftsrechten vgl. auch *Benner, Wolfgang*, Genussscheine als Instrument der Innovationsfinanzierung, in: BFuP, Jg. 37, 1985, S. 438-468 (441); *Bula,
Thomas*, Genussrechte, in: Gestaltung und Analyse in der Rechts-, Wirtschafts-,
und Steuerberatung von Unternehmen, 1998, S. 121-131; *Claussen, Carsten P.*,
Der Genussschein und seine Einsatzmöglichkeiten, in: FS Werner, 1984, S. 81-99
(84); *Emmerich, Gerhard/Naumann, Klaus-Peter*, Zur Behandlung von Genussrechten im Jahresabschluß von Kapitalgesellschaften, in: WPg, Jg. 47, 1994, S.
677-689 (677); *Feddersen, Dieter/Meyer-Landrut, Andreas*, Mehr Rechtssicherheit für Genussscheine, in: ZGR, Jg. 22, 1993, S. 312-320 (313); *Habersack, Mathias*, Genussrechte und sorgfaltswidrige Geschäftsführung, in: ZHR, Jg. 155,
1991, S. 378-401 (384); *Hirte, Heribert*, Genussscheine, in: HWF, Sp. 967-975
(971); *Lutter, Marcus*, Genussrechtsfragen, in: ZGR, Jg. 22, 1993, S. 291-311
(294); *Pougin, Erwin*, Genussrechte, 1987, S. 2; *Pougin, Erwin*, Genussrechte, in:
FS Oppenhoff, 1985, S. 275-290 (276); *Reuter, Dieter*, Der Partizipationsschein
als Form der Mitarbeiterbeteiligung, in: FS Fischer, 1979, S. 605-625 (610); *Schäfer, Frank A.*, Genussscheine mit Eigenkapitalcharakter, in: WM, Jg. 45, 1991, S.
1941-1976 (1942); *Schudt, Helmut*, Der Genussschein als genossenschaftliches
Finanzierungsinstrument, 1974, S. 26; *Wünsch, Horst*, Der Genussschein iSd §
174 AktG als Instrument der Verbriefung privatrechtlicher Ansprüche, in: FS
Strasser, 1983, S. 871-893 (879); a.M. *Schott, Konrad*, Genussscheine, 1995, S.
32-37. Dazu, dass der Genussschein immer dazu diene, den Stammaktien die
Beherrschungsmacht über die AG aufrechtzuerhalten, vgl. *Gottlieb, Josef*, Der
Genussschein im deutschen Recht, 1931, S. 6, 7.

Die Mitgliedschaft ist eine durch Mitgründung oder durch Beitritt begründete „Beteiligung an einem besonderen Organisationsrechtsverhältnis", wobei nicht das gesamte beiderseitige Rechtsverhältnis zwischen Vereinigung und Mitglied, sondern nur die Rechte und Pflichten des einzelnen Mitgliedes in der organisationsrechtlichen Rechtsbeziehung erfasst sind.[602]

Die Mitgliedschaft lässt sich aufgrund ihres komplexen Rechts- und Pflichtengehalts nicht zu einem subjektiven Recht verdichten; im Gegensatz dazu ist der schuldvertragliche Anspruch, der zugleich eine Rechtstellung als Gläubiger im Schuldverhältnis begründet, ein subjektives Recht, weil die Rechtstellung als Anspruchsinhaber auf einen Dritten abgetreten werden kann (§ 398 BGB), ohne dass seine Teilhaberstellung im Schuldverhältnis und damit z.B. verbundene Pflichten berührt werden.[603] Eine Übertragung der Mitgliedschaft ist weder durch Abtretung noch durch Schuldübernahme möglich, nur ein Verfügungsvertrag durch das bisherige Mitglied ist rechtlich möglich, weil nicht nur über einzelne Rechte verfügt werden kann.[604] Damit der Vereinigungszweck nicht beeinträchtigt und die Erfüllung der Mitgliedschaftspflichten weiterhin gewährleistet wird, sind Mitgliedschaftsübertragungen grundsätzlich zustimmungspflichtig durch die Mitgesellschafter bzw. durch das Gesellschaftsorgan.

Sind Genussrechte verbrieft, spricht man von Genussscheinen, wobei die beiden Begriffe nicht synonym zu verwenden sind, da Genussrechte durch einen schuldrechtlichen Vertrag wirksam begründet werden, durch die wertpapierartige Verbriefung darüber hinaus jedoch die Regeln des Wertpapierrechts zur Anwendung kommen.[605] Da Genussrechte keine Mitgliedschaftsrechte gewähren, der Genussrechtsinhaber also Nichtmitglied bzw. Dritter ist, stellt die Rechtsbeziehung gegenüber der Gesellschaft eine rein schuldrechtliche Vereinbarung außerhalb des Gesellschaftsverhältnisses dar:[606] Es ist ein *schuldvertragliches*, d.h. ohne Ge-

---

[602] Vgl. *Beuthien, Volker*, Zur Mitgliedschaft als Grundbegriff des Gesellschaftsrechts, in: FS Wiedemann, 2002, S. 755-768 (755/756).

[603] Vgl. *Beuthien, Volker*, Zur Mitgliedschaft als Grundbegriff des Gesellschaftsrechts, in: FS Wiedemann, 2002, S. 755-768 (756/757).

[604] Vgl. *Beuthien, Volker*, Zur Mitgliedschaft als Grundbegriff des Gesellschaftsrechts, in: FS Wiedemann, 2002, S. 755-768 (758/759).

[605] Vgl. *Bürger, Albrecht*, Genussrechte als Mittel zur Verbesserung der Eigenkapitalausstattung von Unternehmen, insbesondere von Kreditinstituten, 1987, S. 5.

[606] Bei Personengesellschaften wäre dazu ein Einbezug in den Gesellschaftsvertrag nötig, bei juristischen Personen bzw. Körperschaften wäre eine Beteiligung am

sellschaftsbeteiligung begründetes Recht.[607] Dennoch sind Genussrechte aus gesellschaftsrechtlicher Sicht umstritten, da die Meinungen in der Literatur darüber auseinander gehen, ob nicht doch mitgliedschaftsähnliche Rechte gewährt werden, wenn auch keine Mitgliedschaftsrechte gewährt werden.[608]

So wird es z.T. für zulässig gehalten, den Genussberechtigten einzelne Auskunftsrechte z.B. durch Recht auf Teilnahme an der Hauptversammlung einzuräumen, soweit nicht zwingendes Recht entgegensteht.[609] Es gibt Stimmen in der Literatur, die auch die Gewährung von Anfechtungsrechten billigen, da die Verbandssouveränität nur variable Grenzen setze und es für die Bestimmung dieser Grenzen darauf ankomme, inwieweit Dritte „interessen- und verantwortungsmäßig mit dem Schicksal des Verbandes" verbunden seien, was bei Genussberechtigten der Fall sei.[610] Es kann ihnen auch eine Befugnis zur Überwachung der Geschäftsführung in Grenzen zugebilligt werden – auch wenn sie formal nicht das Recht haben – eine Verleihung von Stimmrechten wäre jedoch stets nichtig.[611]

Eng im Zusammenhang mit der Frage, ob mitgliedschaftsähnliche Rechte gewährt werden dürfen, wurde die Frage der Zulässigkeit von aktiengleichem Genussrechtskapital diskutiert.[612] Nachdem der Gestaltungsspielraum bei Genussrechten sehr groß ist, sei es möglich, die „Interes-

---

Grund- oder Stammkapital nötig, was bei Genussrechten fehlt; vgl. *Bürger, Albrecht*, Genussrechte als Mittel zur Verbesserung der Eigenkapitalausstattung von Unternehmen, insbesondere von Kreditinstituten, 1987, S. 23-26.

[607] Vgl. *Schmidt, Karsten*, Gesellschaftsrecht, 2002, S. 521.

[608] Vgl. *Schmidt, Karsten*, Gesellschaftsrecht, 2002, S. 521.

[609] Vgl. *Hammen, Horst*, Unzulässigkeit aktiengleicher Genussrechte?, in: DB, Jg. 41, 1988, S. 2549-2554 (2549); *Raiser, Thomas*, Recht der Kapitalgesellschaften, 2001, § 17, Rn. 20. Gegen ein Auskunftsrecht, gegen ein Recht auf HV-Teilnahme und Anfechtungsrecht von HV-Beschlüssen vgl. *Feddersen, Dieter/Meyer-Landrut, Andreas*, Mehr Rechtssicherheit für Genussscheine, in: ZGR, Jg. 22, 1993, S. 312-320 (313).

[610] *Vollmer, Lothar*, Der Genussschein – ein Instrument für mittelständische Unternehmen zur Eigenkapitalbeschaffung an der Börse, in: ZGR, Jg. 12, 1983, S. 445-475 (463).

[611] Vgl. *Pougin, Erwin*, Genussrechte, in: FS Oppenhoff, 1985, S. 275-290 (276).

[612] Der zum Teil synonym verwendete Begriff „Partizipationsschein" ist definiert als Genussscheinart, die vermögensrechtlich den Aktien der Gesellschaft entspricht und von Aktiengesellschaften zum Zwecke der Kapitalbeschaffung ausgegeben wird, vgl. *Wedel, Hermann*, Der Partizipationsschein als Kapitalbeschaffungsmittel der Aktiengesellschaften, 1968, S. 34.

senlage des Aktionärs" genau nachzubilden.[613] Der Begriff „aktiengleich" – im Sinne von der Aktionärsstellung in jeder Beziehung gleichgestellt – ist bei Genussrechten aufgrund der fehlenden Mitgliedschaftsrechte grundsätzlich nicht möglich.[614] Auch fehle es an einer Aktiengleichheit schon dann, wenn das Genussrechtskapital befristet oder kündbar sei.[615] Gemeint ist, dass die Stellung des Genussberechtigten der des Aktionärs in vermögensrechtlicher Hinsicht gleichgestellt ist, d.h. dass ein Anspruch auf Beteiligung am Gewinn und am Liquidationserlös gewährt wird.[616] Ob derartig aktiengleiche Rechte zulässig sind, wurde unterschiedlich beantwortet. Kontroverse Meinungen haben sich herausgebildet, da zum einen einer „radikal instrumentalistischen Auffassung" und zum anderen „einem betont institutionellen gesellschaftsrechtlichen Verständnis" gefolgt wird.[617]

---

[613] Vgl. *Reuter, Dieter*, Genuß ohne Reue?, in: AG, Jg. 30, 1985, S. 104-107 (105).

[614] Vgl. *Hopt, Klaus J.*, Risikokapital, Nebenbörsen und Anlegerschutz, in: WM, Jg. 39, 1985, S. 793-805 (803).

[615] Vgl. *Möschel, Wernhard*, Eigenkapitalbegriff und KWG-Novelle von 1984, in ZHR, Jg. 149, 1985, S. 206-235 (232).

[616] Vgl. *Hammen, Horst*, Unzulässigkeit aktiengleicher Genussrechte?, in: DB, Jg. 41, 1988, S. 2549-2554 (2549).

[617] Vgl. *Habersack, Mathias*, Genussrechte und sorgfaltswidrige Geschäftsführung, in: ZHR, Jg. 155, 1991, S. 378-401 (385). Diese Argumentation, die in erster Linie auf *Reuter* als Hauptgutachter des betreffenden Juristentages zurückgeht, bezieht sich auf publikumsbezogene Risikokapitaltitel (vgl. *Reuter, Dieter*, Genuß ohne Reue?, in: AG, Jg. 30, 1985, S. 104-107 (105)). Solche werden i.d.R. von Gesellschaften in Form einer AG oder KGaA, die gesetzlich auf die Eigenkapitalbeschaffung über den organisierten Kapitalmarkt ausgerichtet sind, ausgegeben, was die Anwendung des Aktienrechts begründe. Die Einwendung, Genussrechte seien auch bei anderen Rechtsformen möglich, es müsse also nicht das Aktiengesetz angewendet werden, lässt *Reuter* nicht gelten, da das Fehlen von Normen in anderen Gesetzen nicht als Kritik am – auf die Kapitalmarktausrichtung zugeschnittenen – Aktienrecht tauge (vgl. *Reuter, Dieter*, Genuß ohne Reue?, in: AG, Jg. 30, 1985, S. 104-107 (105)). Dem Publikumsanleger, der das volle wirtschaftliche Unternehmensrisiko trage, sei zwingend der in §§ 139 ff. AktG festgelegte Mindestumfang an Mitverwaltungsrechten zu gewähren. Dies ändere sich erst, wenn der Genussrechtsinhaber sich über „gläubigerspezifische Behelfe" so z.B. bei gewinnunabhängiger Mindestverzinsung oder verlustunabhängigem Rückzahlungsanspruch wehren könne (vgl. *Reuter, Dieter*, Genuß ohne Reue?, in: AG, Jg. 30, 1985, S. 104-107 (105/106)). Offen bleibt bei diesem Vorschlag die Abgrenzung: Wann ist die gewinnunabhängige Mindestverzinsung groß genug, um die Nichtgewährung von Mitverwaltungsrechten rechtzufertigen bzw. als deutlicher Unterschied zwischen Vorzugsaktie und Genussschein zu gelten? (vgl. *Hirte, Herbert*,

Die Argumentationen werden kurz skizziert, weil sie nicht nur für Genussrechte, sondern auch für die folgenden Gewinn-, Wandel- und Optionsschuldverschreibungen und die anderen betrachteten Finanzierungsinstrumente von Bedeutung sind. Hier unterscheidet sich das deutsche Gesellschaftsrecht von dem US-amerikanischen. Dies hat Folgen für die VC-Finanzierung.

Eine Meinung lehnt aktiengleiche, im Sinne der ersten Interpretation verstandene Genussrechte als Umgehung aktienrechtlicher Vorschriften (§§ 139 ff. AktG) und als bloßen Etikettenwechsel ab.[618] Die zweite Meinung hält aktiengleiche Genussscheine für zulässig, will aber anlegerschützende Schranken aufbauen.[619] *Habersack* folgert aus dem Fehlen eines

---

Genussscheine mit Eigenkapitalcharakter in der Aktiengesellschaft, in: ZIP, Jg. 9, 1988, S. 477-490 (482).

[618] Vgl. *Reuter, Dieter*, Gutachten B für den 55. Deutschen Juristentag, in: DJT, Bd. I, 1984, S. B 26). Durch den Bezeichnungswechsel allein werde kein Vorteil erreicht, außer man sähe einen solchen in der Umgehung von Vorschriften, denen (Vorzugs-)Aktienkapital unterliegt, Genussrechtskapital aber nicht. Sind Genussrechte eigenkapitalähnlich ausgestaltet, könne ein Widerspruch insofern gesehen werden, als die Genussberechtigten dann zwar Eigenkapitalgeber sind, aber keine Mitgliedschaftsrechte, sondern nur (schuldrechtliche) Gläubigerrechte innehaben (vgl. *Hopt, Klaus J.*, Risikokapital, Nebenbörsen und Anlegerschutz, in: WM, Jg. 39, 1985 S. 793-805 (803)).

Die stimmrechtslose Vorzugsaktie sei geschaffen worden, um statt des aktiengleichen Genussscheins eine „rechtlich vertretbare und wirtschaftlich brauchbare" (vgl. Amtliche Begründung des AktG 1937; zitiert nach *Reuter, Dieter*, Gutachten B für den 55. Deutschen Juristentag, in: DJT, Bd. I, 1984, S. B 24-B 73 (B 26)). Rechtsform für Eigenkapitalbeschaffung zur Verfügung zu stellen (vgl. *Reuter, Dieter*, Gutachten B für den 55. Deutschen Juristentag, in: DJT, Bd. I, 1984, S. B 26). Der Gesetzgeber hat Vorbehalte gegen die Trennung von Entscheidungsmacht und Risikoübernahme, weil bei hoher Aufnahme von stimmrechtslosem Eigenkapital sich die Herrschaft über das Unternehmen bei einem nur geringfügig am Risikokapital beteiligten Personenkreis konzentrieren würde (vgl. *Silberberger, Axel*, Der Partizipationsschein als Möglichkeit einer Mitarbeiterbeteiligung, 1983, S. 136). Ein Schutz der Inhaber stimmrechtsloser Wertpapiere sei dann nicht mehr möglich. Vorzugsaktienkapital darf deshalb nur bis zur Hälfte des Gesamtgrundkapitals ausgegeben werden (§ 139 Abs. 2 AktG). Daneben knüpfen §§ 139 ff. AktG den Stimmrechtsausschluss an bestimmte Bedingungen, deren Missachtung das Stimmrecht wiederaufleben ließen. Die Normen über Vorzugsaktien müssten als Verbotsgesetze i.S.v. § 134 BGB betrachtet werden, eine wirtschaftlich der Vorzugsaktie vergleichbare Vertragsgestaltung sei entsprechend wegen Umgehung nichtig (vgl. *Thielemann, Arno*, Das Genussrecht als Mittel der Kapitalbeschaffung und der Anlegerschutz, 1988, S. 82/83; *Pougin, Erwin*, Genussrechte, in: FS Oppenhoff, 1985, S. 275- 290 (276)).

[619] Aktiengleiche Genussscheine seien damit trotz der aktienrechtlichen Vorschriften aufgrund des im Gesellschaftsrecht geltenden Grundsatzes der Vertragsfreiheit

ausdrücklichen Verbots aktiengleicher Genussrechte die Beschränkung ihrer Zulässigkeit insoweit, als dem nicht der umgehungsfeste Zweck der §§ 139 ff. AktG entgegensteht.[620] *Habersack* gelingt damit eine Verbin-

---

zulässig, wenn die Gründe, die zur Verankerung der aktienrechtlichen Vorschriften geführt haben, anderweitig beachtet werden. *Reuter* wendet gegen das Argument der Vertragsfreiheit ein, dass deren Funktionsbedingungen die Machtgleichheit und die ausschließliche Regelung des Verhältnisses der Parteien untereinander seien (vgl. *Schmidt, Karsten*, Die Eigenkapitalausstattung der Unternehmen als rechtspolitisches Problem, in: JZ, Jg. 39, 1984, S. 771-786 (780); *Vollmer, Lothar*, Der Genussschein – ein Instrument für mittelständische Unternehmen zur Eigenkapitalbeschaffung an der Börse, in: ZGR, Jg. 12, 1983, S. 445-475). Von einer „uneingeschränkten Gestaltungsfreiheit" aufgrund des § 221 Abs. 3 AktG könne bei Genussrechten zwar nicht gesprochen werden, es müsse jedoch der Widerspruch aufgelöst werden, der in der Eigenkapitalausgabe ohne Mitgliedschafts-, sondern nur mit Gläubigerrechten läge (vgl. *Hopt, Klaus J.*, Risikokapital, Nebenbörsen und Anlegerschutz, in: WM, Jg. 39, 1985, S. 793-805 (803)). Nicht aktiengleich und damit von §§ 139 ff. AktG nicht betroffen, müsse dazu spezifiziert werden, z.B. bei Mindestverzinsung oder fehlender Beteiligung am Liquidationserlös. Man bejaht damit letztendlich den Umgehungstatbestand und eine besondere Gefährdung der Genussrechtsinhaber genauso (vgl. *Vollmer, Lothar*, Der Genussschein – ein Instrument für mittelständische Unternehmen zur Eigenkapitalbeschaffung an der Börse, in: ZGR, Jg. 12, 1983, S. 445-475 (455/456)), will aber in Reaktion darauf kein Verbot aussprechen, sondern die potentiellen Anleger, also die Genussberechtigten, anderweitig vor Schädigungen schützen, so z.B. durch die Zulassungsvoraussetzungen des Börsengesetzes, durch Rechnungslegungs- und Prüfungsvorschriften, durch Kapitalaufbringungs- und -erhaltungsvorschriften oder dadurch, dass Genussscheinemissionen den gleichen Schutzvorschriften unterworfen werden wie Vorzugsaktien, so z.B. auch eine Vorzugsdividende zu gewähren haben (vgl. *Vollmer, Lothar*, Der Genussschein – ein Instrument für mittelständische Unternehmen zur Eigenkapitalbeschaffung an der Börse, in: ZGR, Jg. 12, 1983, S. 445-475 (456-461)). Die Bedenken gegenüber aktiengleichen Genussrechten beruhen insoweit auf Anlegerschutzprinzipien, sind also auf Publikumstitel beschränkt. Bei Gründungsfinanzierungen ist das Prinzip der Vertragsfreiheit gegen diese Argumente verteidigbar, da davon auszugehen ist, dass beide Parteien wohl informiert und daher nicht besonders schutzbedürftig sind.

[619] Vgl. *Ernst, Tassilo*, Der Genussschein im deutschen und schweizerischen Aktienrecht, 1963, S. 118, Fn. 3; *Thielemann, Arno*, Das Genussrecht als Mittel der Kapitalbeschaffung und der Anlegerschutz, 1988, S. 82/83.

[620] Vgl. *Habersack, Mathias*, Genussrechte und sorgfaltswidrige Geschäftsführung, in: ZHR, Jg. 155, 1991, S. 378-401 (386)). Einem Vertrag komme nach *Habersack* neben der Verwirklichung des „Selbstbestimmungsrechts der Vertragspartner" immer auch eine Ordnungsfunktion zu, Vertragsfreiheit sei „kein Wert an sich" und daher in Abwägung mit dem Willen des Gesetzgebers die Beschaffung einflusslosen Risikokapitals in der AG zu begrenzen, nicht überzeugend. Seien aber Genussrechte und Vorzugsaktien aufgrund einer Privilegierung der Genussrechtsinhaber in Form eines geringeren Risikos – d.h. einer Mittelstellung zwi-

dung der beiden kontroversen Meinungen, indem er die Prüfung einer analogen Anwendung von §§ 139 ff. AktG vorweg schaltet, bei Bejahung der Anwendung dann aber die §§ 139 ff. AktG für umgehungsfest erklärt. Genau wie bei der stillen Gesellschaft beruht der Anspruch des Genussberechtigten auf einer schuldrechtlichen Beziehung, jedoch aus unterschiedlichen Gründen: beim Genussrecht, weil der Inhaber kein Gesellschafter ist, bei der stillen Gesellschaft, weil die Einlage des stillen Gesellschafters in das Vermögen des Geschäftsinhabers übergeht. Beide Beteiligungsformen sind auch grundsätzlich an allen Gesellschaftsformen möglich. Es wurde daher diskutiert, ob Genussrechte vielleicht nur eine besondere Erscheinungsform der stillen Gesellschaft seien.[621] Eine Vielzahl von Autoren hat das aber verneint, weil bei Genussrechten – genau wie bei partiarischen Darlehen – das konstituierende Element einer Gesellschaft, der gemeinsame Wille einen wirtschaftlichen Zweck zu verfolgen, fehlt.[622]

Eng mit dieser Argumentation verbunden sind die anderen Gründe, die man gegen die Gleichsetzung der beiden Beteiligungsformen vorbrachte: Dem Genussberechtigten stehen die Kontrollrechte des § 233 HGB nicht zu, ebenso wenig wie das Kündigungsrecht des § 234 HGB i.V.m. §§ 132, 134 HGB.[623] Gesellschaftsrechtliche Kontroll-, Anfechtungs- oder gar Mitbestimmungsrechte, also „eigentümertypische Mitwirkungsrechte"[624] kann der Genussberechtigte weder im Bereich der Geschäftsführungsmaßnahmen, noch im Bereich von Grundlagenentscheidungen gel-

---

schen Gläubiger und Aktionär durch Vereinbarung bevorrechtigter Bedienung – nicht vergleichbar, fehle die Voraussetzung für eine analoge Anwendung des § 139 Abs. 2 AktG (vgl. *Habersack, Mathias*, Genussrechte und sorgfaltswidrige Geschäftsführung, in: ZHR, Jg. 155, 1991, S. 378-401 (388)).

[621] Vgl. *Ernst, Tassilo*, Der Genussschein im deutschen und schweizerischen Aktienrecht, 1963, S. 118, Fn. 3; *Thielemann, Arno*, Das Genussrecht als Mittel der Kapitalbeschaffung und der Anlegerschutz, 1988, S. 82/83.

[622] Vgl. *Schudt, Helmut*, Der Genussschein als genossenschaftliches Finanzierungsinstrument, 1974, S. 23; *Pougin, Erwin*, Genussrechte, in: FS Oppenhoff, 1985, S. 275-290 (277); *Schwarze, Gerhard/ Heuermann, Friedo*, Genussrechte, in: StBp, Jg. 23, 1983, S. 200-206 (202); *Bürger, Albrecht*, Genussrechte als Mittel zur Verbesserung der Eigenkapitalausstattung von Unternehmen, insbesondere von Kreditinstituten, 1987, S. 28/29.

[623] Allerdings steht dem Genussberechtigten Anspruch auf Bezugsrechte zu (Verwässerungsschutz) sowie Informationsrechte; vgl. *Claussen, Carsten P.*, Der Genussschein und seine Einsatzmöglichkeiten, in: FS Werner, 1984, S. 81-99 (87).

[624] Vgl. *Claussen, Carsten P.*, Der Genussschein und seine Einsatzmöglichkeiten, in: FS Werner, 1984, S. 81-99 (84, 87).

tend machen.[625] Bei stillen Beteiligungen kann die Gewinnbeteiligung des Stillen nicht ausgeschlossen werden (§ 231 Abs. 2 Satz 2 HGB). Genussrechte sind frei veräußerbar, stille Beteiligungen sind nur im gegenseitigen Einvernehmen auswechselbar. Daneben wird die stille Gesellschaft durch Konkurs des Handelsgeschäfts beendet, das Genussrechtsverhältnis dagegen nicht. Man kann diese Argumente zusammenfassen: Der still Beteiligte hat Gesellschafterstellung, der Genussrechtsinhaber ist nicht Gesellschafter, sondern Dritter.[626]

5.3.2.1.2 Handelsrechtliche Einordnung

Eng mit der Frage nach der gesellschaftsrechtlichen Stellung des Genussberechtigten ist die Frage verbunden, ob bzw. wann das Genussrechtskapital Eigenkapital darstellt. Ähnlich der Diskussion um die Zulässigkeit von aktiengleichem Genussrechtskapital – wo argumentiert wird, publikumsbezogene Risikokapitaltitel dürften nicht völlig ohne Mitverwaltungsrechte ausgegeben werden – wurde in diesem Zusammenhang vorgebracht, es sei nicht zulässig „zweispurig" fahren zu wollen, für die Steuerbilanz zur Erzielung von Steuervorteilen eine Verbindlichkeit anzugeben und handelsrechtlich zur „optischen Aufbesserung" der als zu niedrig geltenden Eigenkapitalquote Eigenkapital auszuweisen.[627] So sehr dieser Einwand für die Verfechter des stark zurückgedrängten Maßgeblichkeitsprinzips berechtigt sein mag, gerade die international fehlende Finanzierungsneutralität hat die Entwicklung hybrider Finanzierungsformen, die Vorteile von beiden vereinen wollen, begründet.[628]

Die grundsätzlichen Überlegungen zur Abgrenzung von Eigen- und Fremdkapital wurden bereits in Kapitel 4 angestellt (vgl. 4.2.2). Nachdem die Gesellschafterstellung des Genussberechtigten verneint wurde, kann

---

[625] Vgl. *Vollmer, Lothar*, Der Genussschein – ein Instrument für mittelständische Unternehmen zur Eigenkapitalbeschaffung an der Börse, in: ZGR, Jg. 12, 1983, S. 445-475 (450/ 451); *Claussen, Carsten P.*, Der Genussschein und seine Einsatzmöglichkeiten, in: FS Werner, 1984, S. 81-99 (84).

[626] Vgl. *Silberberger, Axel*, Der Partizipationsschein als Möglichkeit einer Mitarbeiterbeteiligung, 1983, S. 82f.; *Bürger, Albrecht*, Genussrechte als Mittel zur Verbesserung der Eigenkapitalausstattung von Unternehmen, insbesondere von Kreditinstituten, 1987, S. 27-29; *Emde, Achim*, Der Genussschein als Finanzierungsinstrument, 1987, S. 12, 13; Kritisch zur Abgrenzung von Genussrechten und atypisch stillen Gesellschaften *Todtenhöfer, Frank*, Die Übertragbarkeit der Grundsätze über Kapitalaufbringung und Kapitalerhaltung auf Genussrechte, 1996, S. 10-14.

[627] Vgl. *Groh, Manfred*, Genussrechtskapital und Maßgeblichkeitsgrundsatz, in: BB, Jg. 50, 1995, S. 559-560 (559).

[628] Vgl. *Piltz, Detlev Jürgen/Fahnauer, Martin/Wassermeyer, Franz*, Unternehmensfinanzierung im internationalen Steuerrecht, 1995, S. 126.

das Genussrechtskapital nur über die Verlustträgerfunktion Eigenkapital-charakter erlangen (vgl. Abbildung 22): Es muss also Verlustbeteiligung, nachhaltige Überlassung und Nachrangigkeit vorliegen.[629] *Werner* hat in Zusammenhang mit der Teilnahme am Verlust von Genussberechtigten – dies gilt gleichermaßen für stille Gesellschafter – darauf hingewiesen, dass hier eine nähere gesetzliche Beschreibung notwendig wäre: Bedeute Verlustteilnahme die Teilnahme am positiven oder negativen laufenden Betriebsergebnis oder das Mittragen eines Bilanzverlustes, der sich ja solange vermeiden lasse, wie Rücklagen zu seiner Deckung vorhanden seien, was die Puffer-Funktion ja erheblich beeinträchtige.[630]

Die Bilanzierung von Genussrechtskapital ist nicht in Form gesetzlicher Vorschriften geregelt. Die *HFA*-Stellungnahme[631] dazu grenzt nicht nur die Bedingungen zur Bilanzierung als Eigen- oder als Fremdkapital voneinander ab, sondern zieht als dritte Alternative die erfolgswirksame Vereinnahmung des zugeführten Kapitals in Betracht. Erfolgswirksam werde das zugeführte Kapital nur dann vereinnahmt, wenn der Genußrechtsinhaber kein Rückforderungsrecht habe und explizit einen Ertragszuschuss leisten will.[632] Das zugeführte Kapital ist unter Eigenkapital auszuweisen, wenn die bekannten drei Bedingungen[633] erfüllt sind:

*   *Nachrangigkeit*: Rückzahlungsanspruch erst nach Befriedigung aller anderen (echten) Gläubiger;
*   *Erfolgsabhängige Vergütung und Verlustteilnahme*: Leistung der Vergütung für die Kapitalüberlassung nur aus Eigenkapitalbestandteilen, die nicht besonders gegen Ausschüttungen geschützt sind bzw. Verlustteilnahme insofern als diese Eigenkapitalbestandteile nicht zur Vergütungsleistung/Rückzahlung ausreichen; damit ist die Puffer-Funktion gem. *Werner* nur eingeschränkt, da zumindest ein Teil der Rücklagen frei ausschüttbar ist;
*   *Längerfristige Kapitalüberlassung*: Überlassung für einen längerfristigen Zeitraum, in dem Rückzahlung ausgeschlossen ist.

---

[629] Fehlt Nachrangigkeit, wird im Rahmen der Bilanzanalyse dennoch Eigenkapital bejaht, vgl. *Wengel, Torsten*, Genussrechte im Rahmen der Bilanzanalyse, in: DStR, Jg. 38, 2000, S. 395-400 (397).

[630] Vgl. *Werner, Winfried*, Schwerpunkte der Novellierung des Kreditwesengesetzes, in: ZHR, Jg. 149, 1985, S. 236-260 (241).

[631] Vgl. *IDW*: Stellungnahme HFA 1/1994, in: WPg, Jg. 47, 1994, S. 419-423.

[632] Vgl. *IDW*: Stellungnahme HFA 1/1994, in: WPg, Jg. 47, 1994, S. 419-423 (421).

[633] Vgl. *IDW*: Stellungnahme HFA 1/1994, in: WPg, Jg. 47, 1994, S. 419-423 (420). Werden feste Gewinnanteile aus künftigen Erträgen zugesagt, kommt ein Ausweis unter Rückstellungen in Betracht, vgl. *Lutter, Marcus*, Ausgabe von Genussrechten, in: FS Döllerer, 1988, S. 383-395 (389).

An den somit definierten Eigenkapitalcharakter knüpft auch die bilanzielle Behandlung der laufenden Bedienung an. Der Ausweis erfolgt bei fehlendem Eigenkapitalcharakter unter „Zinsen und ähnliche Aufwendungen". Bei Eigenkapitalcharakter erfolge die laufende Bedienung als „Vergütung für Genussrechtskapital" oder ähnlichem, da es sich nicht um eine Ausschüttung bzw. Gewinnverwendung handele, sondern Aufwand sei, der auf einem schuldrechtlichen Vertrag beruht.[634] In der Bilanz des Genussrechtsinhabers ist das Genussrecht als eigenständiger Vermögensgegenstand auszuweisen, eine Bilanzierung als Anteil oder Beteiligung komme aufgrund der fehlenden mitgliedschaftsrechtlichen Stellung nicht in Frage.[635] Die Ausweisposition hänge von der Dauerbesitzabsicht und der Verbriefung bzw. des Wertpapiertyps ab[636]:

	Anlagevermögen	Umlaufvermögen
Inhaber-/Orderpapiere	Wertpapiere des AV	Sonstige Wertpapiere
Nicht verbrieft/Namenspapiere	Sonst. Ausleihungen	Sonstige VG

Abbildung 35: Ausweis von Genusspapieren

Die Bewertung erfolge nach allgemeinen handelsrechtlichen Bewertungsregeln, wobei eine Verlustteilnahme zu Abwertungen führen könne, wobei diese wiederum als Abschreibungen auf Finanzanlagen bzw. Wertpapiere des Umlaufvermögens oder als sonstige betriebliche Erträge auszuweisen seien. Entsprechend weise der Genussrechtsinhaber die erhaltene Vergütung in der GuV als Zins-/Wertpapiererträge aus.[637]

5.3.2.1.3 Steuerrechtliche Einordnung

Die Diskussion, ob Eigen- oder Fremdkapital vorliegt, setzt sich im Steuerrecht bei der Frage der Abzugsfähigkeit von Zinsen bzw. der Nichtabzugsfähigkeit von Ausschüttungen fort. Ausschüttungen auf Genussscheine sind nicht einkommensmindernd, wenn dem Genussrechtsinhaber das Recht auf Beteiligung am Gewinn *und* am Liquidationserlös zu-

---

[634] Dies gelte unabhängig davon, ob in der Vergütungspflicht ein Teilgewinnabführungsvertrag (§ 277 Abs. 3 S. 2 HGB) zu sehen sei; vgl. *IDW*: Stellungnahme HFA 1/1994, in: WPg, Jg. 47, 1994, S. 419-423 (422).

[635] Vgl. *IDW*: Stellungnahme HFA 1/1994, in: WPg, Jg. 47, 1994, S. 419-423 (422).

[636] Vgl. *IDW*: Stellungnahme HFA 1/1994, in: WPg, Jg. 47, 1994, S. 419-423 (422).

[637] Vgl. *IDW*: Stellungnahme HFA 1/1994, in: WPg, Jg. 47, 1994, S. 419-423 (423).

steht.[638] Diese Klarstellung hielt man – parallel zur gesellschafts- bzw. handelsrechtlichen – Diskussion für nötig, weil Genussscheine keine Mitgliedsrechte gewähren, was im Rückschluss so interpretiert werden könne, dass Ausschüttungen dann immer das Einkommen mindernde Zinsen wären.[639]

Der *RFH* hat klargestellt, dass Gewinnanteile von Genussrechtsinhabern i.S.v. Aktionärsrechten die Steuerkraft der Gesellschaft nicht belasteten und daher das steuerpflichtige Einkommen auch nicht minderten.[640] Im Umkehrschluss bedeutet diese Rechtsprechung, dass die Ausschüttungen die Bemessungsgrundlage kürzen, wenn eine Beteiligung am Ertrag *oder* am Liquidationserlös vorliegt. Abzugsfähigkeit ist damit durch den Ausschluss der Beteiligung am Liquidationserlös zu erreichen, was als gerechtfertigt empfunden wird, da der Genussberechtigte auf den Liquidationsanteil verzichtet und dafür Kompensation verlangen kann, zu deren Leistung der Genussrechtsemittent durch die steuerliche Abzugsfähigkeit in die Lage versetzt wird; daneben wird argumentiert, es sei dogmatisch nicht richtig, ein Genussrecht, das dem vollen Mitgliedschaftsrecht einer Aktie nachsteht, steuerlich gleich zu behandeln.[641]

5.3.2.1.4 Anreiz- und steuerorientierte Bedienungsgestaltung

a) Möglichkeit zur Vorzugsvereinbarung auf Gewinnverteilungsebene

Die Gestaltung des Gewinnanspruchs ist bei Genussrechten vielfältig: Zunächst einmal können unterschiedliche Gewinngrößen herangezogen werden, um den Genussrechtsinhaber zu beteiligen: Der Jahresüberschuss, der auch durch die Bildung stiller Reserven beeinflusst wird, der Bilanzgewinn, der zusätzlich durch die Einstellung in Rücklagen geschmälert werden kann und der Ausschüttungsgewinn als Betrag, der nach der Zuweisung in die Rücklagen wirklich ausgeschüttet wird.[642]

Es sind auch unterschiedliche Gewinnverteilungen möglich: So kann der Genussrechtsinhaber einen prioritätischen Gewinnanteil als einen im Rang vor dem Beteiligungskapital stehenden Prozentsatz am Nennbe-

---

[638] Vgl. *Claussen, Carsten P.*, Der Genussschein und seine Einsatzmöglichkeiten, in: FS Werner, 1984, S. 81-99 (89).

[639] Vgl. *Claussen, Carsten P.*, Der Genussschein und seine Einsatzmöglichkeiten, in: FS Werner, 1984, S. 81-99 (89).

[640] Vgl. *RFH*, Urteil vom 17.04.1934 – I A 316/32, in: RFHE 36, S. 43-55.

[641] Vgl. *Claussen, Carsten P.*, Der Genussschein und seine Einsatzmöglichkeiten, in: FS Werner, 1984, S. 81-99 (90).

[642] Vgl. *Westphal, Horst*, Gestaltung und Bewertung von Genussscheinkapital, 1994, S. 102, 103.

trag der Genussscheine vereinbaren. Eine Begrenzung auf ausreichend vorhandenen Gewinn kann mit einem Nachzahlungsanspruch verbunden werden.[643] Der feste Prozentsatz kann auch als Basissatz dienen, der durch einen dividendenabhängigen Bonus ergänzt wird.[644] Es kann auch ein variabler, z.b. an Renditegrößen anknüpfender Gewinnverteilungsschlüssel vereinbart werden. Denkbar sind auch zahlungsnähere Überschussgrößen.

Laufende Gewinnanteile stellen für den Genussrechtsinhaber Einkünfte aus Kapitalvermögen dar (§ 20 Nr. 1 EStG), beim finanzierten Unternehmen sind sie bilanziell Aufwand, steuerlich gilt folgendes: Bei Beteiligung am Gewinn *und* am Liquidationserlös sind sie nicht abzugsfähig von KSt (§ 8 Abs. 3 Satz 2), dann werden sie auch nicht bei GewSt hinzugerechnet, bei Beteiligung an Gewinn *oder* Liquidationserlös sind sie voll abzugsfähig bei KSt und werden hälftig bei GewSt hinzugerechnet (§ 8 Nr. 1).

b) Möglichkeit zur Vorzugsvereinbarung im Liquidationsfall

Ist der Genussscheininhaber am Gewinn beteiligt und soll die steuerliche Abzugsfähigkeit der Bedienungen der Genussscheininhaber nicht verloren gehen, dürfen die Genussscheininhaber nicht am Liquidationserlös beteiligt werden, d.h. eine vorrangige Beteiligung am Liquidationserlös ist dann natürlich nicht möglich (vgl. 5.3.2.1.3). Grundsätzlich ist die Regelung der Teilnahme am Liquidationserlös vielgestaltig möglich, das reicht vom gänzlichen Ausschluss, über die Befriedigung im Range nach den Gläubigern, aber vor den Aktionären, bis zur Gleichrangigkeit mit Aktionären.[645]

c) Möglichkeit zur Vereinbarung einer festen Verzinsung der Einlage

Es kann eine Mindestvergütung garantiert, d.h. gewinnunabhängig vereinbart werden. Die Vergütung kann auch dadurch begrenzt werden, dass durch sie kein Bilanzverlust entstehen darf.[646]

---

[643] Vgl. *Westphal, Horst*, Gestaltung und Bewertung von Genussscheinkapital, 1994, S. 105, 106.

[644] *Westphal* nennt als Beispiel die Genussscheine der Stuttgarter Bank 1986, wo folgendes festgelegt war:„ Der Ausschüttungsgrundbetrag beträgt 7,50% p.a. auf den Nennbetrag der Genussscheine zuzüglich 0,25% p.a. für je DM 0,50 des über eine Dividende von DM 4,50 hinausgehenden Dividendenbetrages für eine Stuttgarter Bank-Aktie im Nennbetrag von DM 50.“

[645] *Feddersen, Dieter/Meyer-Landrut, Andreas*, Mehr Rechtssicherheit für Genussscheine, in: ZGR, Jg. 22, 1993, S. 312-320 (313).

[646] Vgl. *Feddersen, Dieter/Meyer-Landrut, Andreas*, Mehr Rechtssicherheit für Genussscheine, in: ZGR, Jg. 22, 1993, S. 312-320 (313); *Thielemann, Arno*, Das

d) Möglichkeit zur steuerlichen Verlustnutzung

Die Gestaltungsfreiheit von Genussrechtskapital ist auch hier erfüllt: Beziehen kann sich die Verlustteilnahme auf Jahresfehlbetrag, Bilanzverlust oder auch auf den durch Kapitalherabsetzung beseitigten Verlust.[647] Die Verlustbeteiligung kann prioritätisch, posteriotätisch oder partizipierend gemäß einem Verteilungsschlüssel vereinbart werden.[648] Der entsprechende Verlustanteil bedeutet für den Genussrechtsinhaber bilanziell entweder eine Abschreibung auf Finanzanlagen bzw. Wertpapiere oder sonstigen betrieblichen Aufwand, für das finanzierte Unternehmen entsteht bilanziell ein Ertrag aus der Verlustübernahme und später bei vereinbarter Wiederauffüllungspflicht Aufwand aus der Wiederfüllung.

Die übernommenen Verlustanteile kürzen die Endleistung an den Genussrechtsinhaber, die fest, aktienkursabhängig oder eine Mischung aus fest und aktienkursabhängig sein kann.[649] Eine steuerliche Geltendmachung kann der Genussrechtsinhaber nur durch eine Teilwertabschreibung erreichen, die seit dem 01.01.1999 eine dauernde Wertminderung voraussetzt.[650] Verluste von Gründungsunternehmen gehören zum Gründungsprozess, da das Geschäft erst anlaufen muss, sind daher schwierig als Zeichen dauernder Wertminderung zu beweisen. Werden die Verlustanteile sofort mit dem Genussrechtskapital verrechnet, können – je nach Vereinbarung – die im Folgenden anfallenden Gewinn-/Verlustanteile geschmälert werden.[651]

Genussrecht als Mittel der Kapitalbeschaffung und der Anlegerschutz, 1987, S. 39-42; *Westphal, Horst,* Gestaltung und Bewertung von Genussscheinkapital, 1994, S. 114-118; *Todtenhöfer, Frank,* Die Übertragbarkeit der Grundsätze über Kapitalaufbringung und Kapitalerhaltung auf Genussrechte, 1996, S. 42-45.

[647] Vgl. *Westphal, Horst,* Gestaltung und Bewertung von Genussscheinkapital, 1994, S. 118-120.

[648] Vgl. *Westphal, Horst,* Gestaltung und Bewertung von Genussscheinkapital, 1994, S. 120-129.

[649] Vgl. *Westphal, Horst,* Gestaltung und Bewertung von Genussscheinkapital, 1994, S. 118, 130-139.

[650] *BMF,* Neuregelung der Teilwertabschreibung gemäß § 6 Abs.1 Nrn. 1 und 2 EStG durch das Steuerentlastungsgesetz 1999/2000/2002; voraussichtlich dauernde Wertminderung; Wertaufholungsgebot; steuerliche Rücklage nach § 52 Abs. 16 EStG vom 25.02.2000, IV C 2 – S 2171 b – 14/00, in: BStBl. I 2000, S. 372-375.

[651] Vgl. *Westphal, Horst,* Gestaltung und Bewertung von Genussscheinkapital, Chancen und Risiken aus Emittenten- und Anlegesicht, Diss., Bochum 1994, S. 118.

e) Möglichkeit zu einem steuerlich vorteilhaften Exit

Die Bedienung des Genussrechtsinhabers am Ende der Laufzeit kann fest oder an die Unternehmenswertentwicklung gekoppelt – z.b. in Form des Aktienkurses – erfolgen. Erfolgt die Rückzahlung nominal, bedeutet das kein Veräußerungsgewinn, also auch keine steuerlichen Folgen. Fällt ein Veräußerungsgewinn bei variabler Endleistung an, unterliegt der Veräußerungsgewinn KSt und GewSt. Ist die nominale Rückzahlung durch übernommene Verlustanteile gekürzt, wirken diese Verluste entsprechend KSt- und GewSt-mindernd.

5.3.2.1.5 Partizipation an Entscheidungsrechten

a) Möglichkeit zur Mitgliedschaft (verbunden mit quotalem Stimmrecht)

Da Genussrechte nur mitgliedschaftsähnliche Vermögensrechte, aber keine Mitgliedschaftsrechte gewähren, gibt es ein an die Mitgliedschaft gebundenes Stimmrecht nicht (vgl. 5.3.2.1.1). Eventuell kann ein Teilnahmerecht an der Haupt- bzw. Gesellschafterversammlung vereinbart werden, ein Stimmrecht ist nicht möglich.

Genussrechtskapital kann befristet und unbefristet gewährt werden.[652] Die Fristigkeit von Genussrechtskapital kann von kurz-, über mittel- und bis langfristig, sogar weit über 20 Jahre gehen.[653] Daneben können ein- oder beidseitig ausübbare Kündigungsrechte, sowohl ordentlich als auch außerordentlich, sowie ein Wandlungsrecht vereinbart werden.[654] Ein Wandlungsrecht gewährt Zugang zu Entscheidungsrechten, diese wären jedoch gerade zu Beginn des Gründungsprojekts wertvoll.

b) Möglichkeit zur Vereinbarung zustimmungspflichtiger Geschäfte

Da das Gesetz nicht bestimmt, ob und in welchem Umfang Kontrollrechte eingeräumt werden (dürfen), hielt man „gewisse Einmischungsbefug-

---

[652] Vgl. *Todtenhöfer, Frank*, Die Übertragbarkeit der Grundsätze über Kapitalaufbringung und Kapitalerhaltung auf Genussrechte, 1996, S. 42; *Westphal, Horst*, Gestaltung und Bewertung von Genussscheinkapital, 1994, S. 140-142.

[653] Vgl. *Westphal, Horst*, Gestaltung und Bewertung von Genussscheinkapital, 1994, S. 140-147.

[654] Die Regelung des ordentlichen Kündigungsrechts ist dabei maßgebend wichtig, das außerordentliche Kündigungsrecht gilt nur für außergewöhnliche Situationen, ein Wandelrecht ist eher der Sonderfall; vgl. *Westphal, Horst*, Gestaltung und Bewertung von Genussscheinkapital, 1994, S. 144. *Ernst* weist darauf hin, dass fehlende Kündigungsvereinbarungen der Ausnahmefall sind, vgl. *Ernst, Tassilo*, Der Genussschein im deutschen und schweizerischen Aktienrecht, 1963, S. 233; vgl. dazu auch *Todtenhöfer, Frank*, Die Übertragbarkeit der Grundsätze über Kapitalaufbringung und Kapitalerhaltung auf Genussrechte, 1996, S. 42.

nisse" für möglich, wie etwa ein Recht zur Teilnahme an der Hauptversammlung, eine beratende Stimme durch einen gemeinsamen Vertreter
der Genussberechtigten, Auskunftsrechte und begrenzte Rechte zur
Überwachung der Geschäftsführung.[655] Neueren Beiträgen entsprechend
stehe den Genussberechtigten keinerlei Einfluss auf Verwaltungshande-
lungen[656] bzw. „kein Recht, in das Innenverhältnis der AG einzugreifen"[657]
zu. *Lutter* erweitert diese gesetzliche Beschränkung bezüglich der Mitverwaltungsrechte „weitgehend" auch auf den möglichen vertraglichen
Inhalt solcher Genussrechte; dies gelte laut *Lutter* zumindest bei Aktiengesellschaften, es sei für die GmbH allerdings nichts anderes zu erwarten.[658] Im Sinne von Gläubigern hätten sie keine aktienrechtlichen Befugnisse, sie stünden der AG „nur forderungsberechtigt" gegenüber.[659] Kann
Gläubigern ein Recht auf Zustimmungsvorbehalt bei bestimmten
Geschäften eingeräumt werden? Gläubiger haben durch Covenants eine
Vielzahl an Möglichkeiten, den Entscheidungsspielraum der Eigentü-
mer/Manager bezüglich Investitions-, Finanzierungs- und Ausschüttungsentscheidungen einzuengen,[660] soweit Gläubigerschutzinteressen von
bestimmten Geschäften aber nicht tangiert werden, sind Zustimmungsvorbehalte zu Geschäften wohl schwer verteidigbar.

*c) Möglichkeit zu Anweisungen an die Geschäftsführung/d) zur Kündi-
gung des Managements*

An Weisungen Gesellschafterversammlung gebunden ist grds. nur der
GmbH-Geschäftsführer, nicht der Vorstand einer Aktiengesellschaft. Bei

---

[655] Vgl. *Ernst, Tassilo,* Der Genussschein als Kapitalbeschaffungsmittel, in: AG, Jg. 12, 1967, S. 75-81 (80).

[656] Vgl. *Hirte, Heribert,* Genussscheine mit Eigenkapitalcharakter in der Aktiengesell-schaft, in: ZIP, Jg. 9, 1988, S. 477-490 (487).

[657] Vgl. *Pougin, Erwin,* Genussrechte, in: FS Oppenhoff, 1985, S. 275-290 (276); *Wünsch, Horst,* Der Genussschein iSd § 174 AktG als Instrument der Verbriefung privatrechtlicher Ansprüche, in: FS Strasser, 1983, S. 871-893 (879/880).

[658] Vgl. Stimmrechte und zentrale Mitverwaltungsrechte können laut *BGH* im Fall Klöckner (Urteil vom 05.10.1992 – II ZR 172/91, in: BGHZ 119, S. 305-334 (316)) vertraglich jedenfalls im Aktienrecht nicht geschaffen werden, vgl. *Lutter, Marcus,* Genussrechtsfragen, in: ZGR, Jg. 22, 1993, S. 291-311 (295/296). Leider ist die Literatur zu Zustimmungsvorbehalten von Genussberechtigten extrem dünn. Bei der GmbH möchte *Schwaiger* dem Genussrechtsinhaber ein „Recht auf Zustim-mung zu bestimmten Maßnahmen" einräumen, kann sich aber auf keine weitere Quelle berufen, vgl. *Schwaiger, Helmut,* in: Beck GmbH-HB, 2002, § 7, Rn. 227.

[659] Vgl. *Wünsch, Horst,* Der Genussschein iSd § 174 AktG als Instrument der Ver-briefung privatrechtlicher Ansprüche, in: FS Strasser, 1983, S. 871-893 (880).

[660] Vgl. *Drukarczyk, Jochen,* Theorie und Politik der Finanzierung, 1993, S. 328-336.

der GmbH können die Bestellung und Abberufung des Geschäftsführers, ebenso wie die Zustimmung zu zustimmungspflichtigen Geschäften auf einen Gesellschafterausschuss übertragen werden.[661] Dem Genussberechtigten ist der Zutritt zu einem Gesellschafterausschuss als Nicht-Gesellschafter jedoch verwehrt. Der Zutritt Dritter zu Beiräten ist zulässig, aber der Übertragung des Rechts auf Bestellung/Abberufung des Geschäftsführers – ebenso wie auf zustimmungspflichtige Geschäfte – sind als Kompetenz der Gesellschafter auf Beiräte mit Nichtgesellschaftern – Grenzen gesetzt.[662] Bei der AG vereinbart der Aufsichtsrat zustimmungspflichtige Geschäfte. Der Aufsichtsrat, grds. ein Organ zur Vertretung der Interessen der Anteilseigner und ggf. der Arbeitnehmer, kann mit Dritten besetzt werden.[663] Bei eigenkapitalähnlicher Gestaltung der Genussrechte ist kein Problem der Interessenkollision des Aufsichtsratsmitglieds zu befürchten wie z.B. bei echten Gläubigern. Stimmbindungsverträge werden auch mit Dritten als Möglichkeit des Dritteinflusses zum großen Teil für zulässig gehalten.[664] Diese gelten aber als problematischer als Stimmbindungsverträge zwischen Gesellschaftern. Sie stoßen – abgesehen von Einschränkungen durch Sittenwidrigkeit – in jedem Fall an Grenzen, wenn die Stimmbindung mit dem Prinzip der Satzungsautonomie kollidiert.[665] Das Hauptproblem in der Praxis stellt jedoch die Sanktionierung dar.[666]

Der VC-Geber als Genussrechtsinhaber ist damit in seiner Partizipation an den Entscheidungsrechten stark eingeschränkt. Ein Sitz im Aufsichtsrat ist zum einen durch Mehrheitserfordernisse bei der Beschlussfassung eingeschränkt, zum anderen ist der Einfluss des Aufsichtsrats auf die Entscheidungen des Vorstands begrenzt, worauf zurückzukommen ist. Für den VC-Geber, der aktiv die Geschäftsführung gestalten will, bieten Genussrechte nur unzureichende Einflussmöglichkeiten. Da die Partizipation an den Entscheidungsrechten stark beschränkt ist, wird im Fol-

---

[661] Vgl. *Müller, Welf*, in: Beck GmbH-HB, 2002, § 6, Rn. 23 und 24.

[662] Vgl. *Müller, Welf*, in: Beck GmbH-HB, 2002, § 6, Rn. 6.

[663] Vgl. *Müller, Welf*, in: Beck GmbH-HB, 2002, § 6, Rn. 6.

[664] Vgl. *Priester, Hans-Joachim*, Drittbindung des Stimmrechts und Satzungsautonomie, in: FS Werner, 1984, S. 657-679 (658); *Zöllner, Wolfgang*, Zu Schranken und Wirkung von Stimmbindungsverträgen, insbesondere bei der GmbH, in: ZHR, Jg. 155, 1991, S. 168-189 (180/181). *Flume* hingegen hält sie für unzulässig, Die juristische Person, 1983, S. 240.

[665] Vgl. *Priester, Hans-Joachim*, Drittbindung des Stimmrechts und Satzungsautonomie, in: FS Werner, 1984, S. 657-679 (658).

[666] Vgl. *Schmidt, Karsten*, Gesellschaftsrecht, 2002, S. 852.

genden auf den damit an Bedeutung gewinnenden *Schutz* der Genussrechtsinhaber eingegangen.

Nach § 221 Abs. 3 AktG gilt § 221 Abs. 1 für Genussrechte bei Aktiengesellschaften sinngemäß, d.h. die Gewährung von Genussrechten ist
nur bei entsprechendem Beschluss der Hauptversammlung, der von
mindestens drei Viertel des vertretenen Grundkapitals getroffen wurde,
zulässig.[667] Gesetzlich besteht kein Zwang, Genussrechte in die Satzung
aufzunehmen, dies wird aber empfohlen, um die Rechtsposition klar zu
umreißen.[668] Entscheidungen der Gesellschaft bzw. der Gesellschafter
können den wirtschaftlichen Wert von Genussrechten, vor allem gewinnabhängiger Bedienung, stark beeinträchtigen.[669] Wichtig sind Verwässe-
rungsschutzklauseln, so dass z.B. die Neuausgabe von Aktien die Bemessungsgrundlage für die dividendenabhängige Vergütung des Genusskapitals nicht beeinträchtigt,[670] oder Klauseln zum Bestandsschutz
des Genussrechtskapitals bei Verschmelzung oder Kapitalerhöhung.[671]

Die h.M. geht davon aus, dass den Genussberechtigten keine gesellschaftsrechtlichen, sondern nur schuldrechtliche Schutzmechanismen
zustehen, d.h. sie haben grundsätzlich nur die Möglichkeit, auf Feststellung zu klagen, dass Genussscheinbedingungen oder das Genusskapital
betreffende Beschlüsse nichtig sind, oder Schadenersatzansprüche wegen schuldhafter Beeinträchtigung der schuldvertraglichen Beziehungen

---

[667] Mit *Gehling* gehen *Feddersen/Meyer-Landrut* konform, dass dies nicht für obliga-
tionsähnliche Genussrechte gelte, die HV habe sich nur mit Genussrechten zu be-
fassen, die zu den vermögensmäßigen Mitgliedschaftsrechten von Aktionären in
Konkurrenz treten, vgl. *Gehling, Christian,* „Obligationsähnliche Genussrechte":
Genussrechte oder Obligation?, in: WM, Jg. 27, 1992, S. 1093-1132, *Feddersen,
Dieter/Meyer-Landrut, Andreas,* Mehr Rechtssicherheit für Genussscheine, in:
ZGR, Jg. 22, 1993, S. 312-320 (313).

[668] Vgl. *Pougin, Erwin,* Genussrechte, in: FS Oppenhoff, 1985, S. 275-290 (277/278).

[669] Vgl. *Vollmer, Lothar,* Der Genussschein – ein Instrument für mittelständische Unternehmen zur Eigenkapitalbeschaffung an der Börse, in: ZGR, Jg. 12, 1983, S.
445-475 (461).

[670] Bezugsrechte als den Aktionären vorbehaltene Rechte können Genussrechtsinhabern nicht zustehen (§ 186 Abs. 1 AktG), vgl. auch *Claussen, Carsten P.,* Der
Genussschein und seine Einsatzmöglichkeiten, in: FS Werner, 1984, S. 81-99
(95).

[671] Vgl. *Meilicke, Heinz,* Welchen Genuß gewährt der Genussschein?, in: BB, Jg. 42,
1987, S 1609- 1614 (1610). Zur Verwässerung und zum Verwässerungsschutz
vgl. auch *Hirte, Heribert,* Genussscheine mit Eigenkapitalcharakter in der Aktiengesellschaft, in: ZIP, Jg. 9, 1988, S. 477-490 (486-488).

geltend zu machen.[672] Der Genussscheininhaber kann also gegen den Vorstand einer AG bei pflicht- bzw. vertragswidriger Beeinträchtigung des Genusskapitals durch sorgfaltswidrige oder verantwortungslose Geschäftsführung auf Schadenersatz klagen.[673] Dies wird bei obligationsähnlichem Genusskapital für ausreichend erachtet, bei aktienähnlichem Genusskapital wird argumentiert, die Einräumung gesellschaftsrechtlicher Schutzmechanismen sei notwendig.[674] Im mitgliedschaftlichen Bereich kann eine Kapitalherabsetzung nur von den Aktionären beschlossen werden, setzt also eine Mitwirkung bzw. mehrheitliche Zustimmung der Aktionäre voraus, im schuldrechtlichen Bereich können dagegen Eingriffe auch durch einseitige Maßnahmen einer Partei erfolgen.[675] Daraus wird gefolgert, dass der *BGH* zu Recht entschieden hat, dass Genussrechtskapital auch ohne Zustimmung der Genussrechtsinhaber erhöht, herabgesetzt oder zwangseingezogen werden kann.[676] Auch ohne gesetzliche Regelung ist man sich dabei grundsätzlich einig, dass dies nur gegen einen von der Hauptversammlung festzulegendes angemessenes Entgelt zulässig ist, wobei keine Abfindung zu zahlen ist, wenn das Genusskapital durch Verluste vollständig aufgezehrt ist.[677] Je nach Formulierung der Genusskapital-Bedingungen kann

---

[672] Vgl. *Vollmer, Lothar/Lorch, Bernhard*, Der Schutz des aktienähnlichen Genusskapitals bei Kapitalveränderungen, in: ZBB, Jg. 4, 1992, S. 44-50 (46) m.w.N.

[673] Vgl. *Feddersen, Dieter/Meyer-Landrut, Andreas*, Mehr Rechtssicherheit für Genussscheine, in: ZGR, Jg. 22, 1993, S. 312-320 (319).

[674] Vgl. *Vollmer, Lothar*, Der Genussschein – ein Instrument für mittelständische Unternehmen zur Eigenkapitalbeschaffung an der Börse, in: ZGR, Jg. 12, 1983, S. 445-475 (461); *Vollmer, Lothar/Lorch, Bernhard*, Der Schutz des aktienähnlichen Genusskapitals bei Kapitalveränderungen, in: ZBB, Jg. 4, 1992, S. 44-50 (46).

[675] Vgl. *Lutter, Marcus*, Genussrechtsfragen, in: ZGR, Jg. 22, 1993, S. 291-311 (296).

[676] So kann die Zwangseinziehung von Vorzugsaktien ebenfalls ohne Beteiligung der Vorzugsaktionäre u. ohne deren Sonderbeschluss beschlossen werden, wenn sie „durch überwiegend sachliche Gründe im Interesse der Gesellschaft oder ihrer Gesellschafter gerechtfertigt ist" vgl. *Lutter, Marcus*, Kölner Komm. zum AktG, § 237, Anm. 46, § 222, Anm. 5, 6; *Vollmer, Lothar/Lorch, Bernhard*, Der Schutz des aktienähnlichen Genusskapitals bei Kapitalveränderungen, in: ZBB, Jg. 4, 1992, S. 44-50 (46).

[677] Dies kann auch – wie im Klöckner-Fall – durch Rückstellungen begründet sein, vgl. *Vollmer, Lothar/ Lorch, Bernhard*, Der Schutz des aktienähnlichen Genusskapitals bei Kapitalveränderungen, in: ZBB, Jg. 4, 1992, S. 44-50 (47).

ein Genussrechtskapital von Null auch das Erlöschen der Rechte bedeuten.[678]

Die Rechtsposition der Genussrechtsinhaber ist daher aufgrund der fehlenden Mitgliedschaftsrechte für VC-Geber zu schwach. Auch der rein schuldrechtlich begründete Rechtsschutz ist für die Situation von VC-Gebern bei Gründungsunternehmen nicht ausreichend. Der ausschließliche Einsatz von Genussrechtskapital für Gründungsfinanzierungen ist daher beschränkt, ergänzend lässt es sich jedoch einsetzen.[679]

5.3.2.2 GEWINN-, WANDEL- UND OPTIONSSCHULDVERSCHREIBUNGEN

Da Genussscheine auch Wandlungsrechte enthalten können, kann eine Verwandtschaft zu Wandelschuldverschreibungen bestehen.[680] Zur Abgrenzung wird argumentiert, dass bei Wandelschuldverschreibungen ein unbedingter Kapitalrückzahlungsanspruch besteht, wohingegen der Anspruch von Genussrechtsinhabern auf Rückzahlung durch Verluste geschmälert werden kann (bei vereinbarter Verlustübernahme).[681] Gewinn-, Wandelschuldverschreibungen und Optionsanleihen sind für die Gründungsfinanzierung aus unterschiedlichen Gründen interessante Finanzierungsinstrumente.

Gewinnschuldverschreibungen eignen sich für Gründungsunternehmen, da der vertraglich vereinbarte Zinssatz nur dann zu zahlen ist, wenn ein zu definierender, bilanziell gemessener Überschuss realisiert ist; dies gilt

---

[678] Zur betreffenden Argumentation des BGH vgl. *Lutter, Marcus*, Genussrechtsfragen, in: ZGR, Jg. 22, 1993, S. 291-311 (297/298).

[679] Zum gleichen Ergebnis kommt *Benner, Wolfgang*, Genussscheine als Instrument der Innovationsfinanzierung, in: BFuP, Jg. 37, 1985, S. 446, hebt jedoch zum einen den Vorteil der direkten Finanzierung über den Kapitalmarkt und zum anderen die Zweckmäßigkeit als Refinanzierungsinstrument für VC-Gesellschaften hervor.

[680] Vgl. *Kanders, Georg*, Bewertung von Genussscheinen, 1990, S. 26/27; *Bürger, Albrecht*, Genussrechte als Mittel zur Verbesserung der Eigenkapitalausstattung von Unternehmen, insbesondere von Kreditinstituten, 1987, S. 51. *Wünsch* sieht Genussrechte des § 221 Abs. 3 AktG als Oberbegriff, bei dem die in § 221 Abs. 1 normierten Gewinn- und Wandelschuldverschreibungen Untergruppen sind, vgl. *Wünsch, Horst*, Der Genussschein iSd § 174 AktG als Instrument der Verbriefung privatrechtlicher Ansprüche, in: FS Strasser, 1983, S. 871-893 (882). Zur Abgrenzung von Schuldverschreibung und Genussrecht ausführlich *Lutter, Marcus*, Genussrechtsfragen, in: ZGR, Jg. 22, 1993, S. 291-311.

[681] Vgl. *Thielemann, Arno*, Das Genussrecht als Mittel der Kapitalbeschaffung und der Anlegerschutz, 1987, S. 46-48.

auch für nachgeholte Zinszahlungen bei vereinbarter Nachholpflicht.[682] Es ist auch ein garantierter Festzins mit gewinnabhängiger Zusatzvergütung vereinbar.[683] Wandelschuldverschreibungen und Optionsanleihen bestehen beide aus einer Schuldverschreibung und einem Optionsrecht (Warrant), Stammaktien des Unternehmens zu einem im Ausgabezeitpunkt festgelegten Kurs während einer bestimmten Frist zu kaufen. Der Unterschied liegt darin, dass bei Optionsanleihen das Optionsrecht (Warrant) ausgeübt werden kann, ohne dass die Schuldverschreibung eingetauscht wird; Anleihe und Option bestehen separat.[684]

Die Finanzierungskontrakte US-amerikanischer VC-Gesellschaften werden fast ausschließlich in Form von Optionsanleihen (convertible debt) oder wandelbaren Vorzugsaktien (convertible preferred stock) abgeschlossen.[685] Beide Formen werden automatisch bei Eintritt bestimmter Ereignisse oder nach Wunsch des VC-Gebers in Stammaktien gewandelt. Da sich die beiden Finanzierungsformen stark ähneln – beide sind in Stammaktien wandelbar, gewähren eine grundsätzlich feste Bedienung/Vorzug und werden mit Stimmrechten ausgestattet – werden sie hier zusammen und nicht unter Aktien behandelt.

Die Gestaltungsfreiheit von Vorzugsaktien ist im internationalen Vergleich in den USA am größten.[686] Sind sie in Stammaktien wandelbar, was oft der Fall ist, gelten sie als „equity" und werden entsprechend behandelt. Bei „convertible bonds" und „convertible preferred shares" kann eine „call protection", also ein Zeitraum, in dem Wandlung nicht möglich ist, vereinbart werden.[687] Im Gegensatz zu einem einseitigem Wandlungsrecht etwa des Kapitalgebers werden beidseitige Optionen vereinbart: Der Kapitalgeber hat das Recht, in Stammaktien zu wandeln, das finanzierte Unternehmen bzw. dessen Eigentümer können Wandlung zu vorher festgelegten Konditionen verlangen. Der Kapitalgeber wird in zwei

---

[682] Vgl. *Drukarczyk, Jochen*, Finanzierung, 2003, S. 437.

[683] Vgl. *Schmidt, Karsten*, Gesellschaftsrecht, 2002, S. 779.

[684] Vgl. *Drukarczyk, Jochen*, Finanzierung, 2003, S. 447; *Schmidt, Karsten*, Gesellschaftsrecht, 2002, S. 779.

[685] Siehe dazu z.B. *Trester, Jeffrey J.*, Three essays in venture capital and intermediation, 1993, S. 31 und Venture capital contracting under asymmetric information, in: JoBF, Jg. 22, 1998, S. 675-699 (694). Laut *Trester* werden 88,8% der Kontrakte in Form wandelbarer Vorzugsaktien abgeschlossen.

[686] Vgl. *Siebel, Ulf R.*, Vorzugsaktien als „Hybride" Finanzierungsform und ihre Grenzen, in: ZHR, Jg. 161, 1997, S. 628-664 (639).

[687] Vgl. *Brealey, Richard A./Myers, Stewart C.*, Principles of Corporate Finance, 2000, S. 655.

Fällen zur Wandlung gezwungen: Erstens bei Fälligkeit und zweitens auf Verlangen des Unternehmens. In weiteren zwei Fällen wird er freiwillig wandeln: Zum einen, wenn sich die Wandlungskonditionen für ihn verschlechtern und zum anderen, wenn die Dividende auf Stammaktien höher ist als bei den Vorzugsaktien. Der Wert der Wandelpapiere wird dann nicht nur von den Wandlungsstrategien des Kapitalgebers bzw. des Unternehmens beeinflusst, sondern auch von den Erwartungen der einzelnen Partei über die Handlungen der jeweils anderen Partei.[688] Die Gründe für den verstärkten Einsatz wandelbarer Wertpapiere in den USA – insbesondere bei VC-Finanzierungen – wurden in der US-amerikanischen Literatur ausführlich diskutiert.[689] Einige der vertretenen Thesen sollen hier kurz dargestellt werden.

Brennan/Kraus (1987)[690] und *Brennan/Schwartz* (1988)[691] weisen auf eine besondere Eignung von Wandelpapieren bei Unsicherheit hin: Sensitivitätsanalysen zeigen, dass der Wert von Wandelpapieren auf Änderungen in der Risikostruktur des Unternehmens nur gering reagiert. Tatsächlich werden Wandelpapiere vor allem von kleinen und jungen Unternehmen mit hohen Wachstumsraten und stark unsicheren Einzahlungsüberschüssen eingesetzt.[692] Durch den geringen Effekt von Änderungen in der Risikostruktur des Unternehmens eignen sich diese Finanzierungsformen besonders für Unternehmen, deren Investitionsrisiko schwer bestimmbar ist und wenn die Vertragsparteien in ihrer Einschätzung des Investitionsrisikos uneinig sind, was bei jungen Gründungsunternehmen häufig der Fall ist.[693]

---

[688] Vgl. *Ingersoll, Jonathan*, An Examination of Corporate Call Policies on Convertible Securities, in: JoF, Jg. 32, 1977, S. 463-478 (463/464).

[689] Die Eignung von Wandelpapieren für VC-Finanzierungen in Deutschland wird auch in der deutschen Literatur diskutiert; vgl. *Bell, Markus G.*, Venture Capital-Finanzierung durch Wandelpapiere, 2000, S. 117-141; *Bascha, Andreas*, Hybride Beteiligungsformen bei Venture-Capital, 2001, S. 49-151. *Bascha* spricht zwar von „hybriden", konzentriert sich aber auf wandelbare Beteiligungsformen.

[690] Vgl. *Brennan, Michael/Kraus, Alan*, Efficient financing under asymmetric information, in: JoF, Jg. 42, 1987, S. 1225-1243.

[691] Vgl. *Brennan, Michael/Schwartz, Eduardo*, The case for convertibles, JoACF, Jg. 1, 1988, S. 55-64.

[692] Vgl. *Mikkelson, Wayne H.*, Convertible Calls and Security Returns, in: JoFE, Jg. 9, 1981, S. 237-264.

[693] Vgl. *Ross, Stephen A./Westerfield, Randolph W./Jaffe, Jeffrey F.*, Corporate Finance, 2000, S. 687.

Sahlman (1990)[694] zeigt, dass Wertpapiere mit Wandeloption eine Risiko-verlagerung vom VC-Geber auf den Entrepreneur ermöglichen. Es wird ein Anreiz für den Entrepreneur, sich anzustrengen und gute Arbeit zu leisten, geschaffen. *Gompers* (1993)[695] versucht, diese Anreizwirkung zu quantifizieren. Eine Anreizwirkung entsteht dadurch, dass Wandlungsbe-dingungen von der Performance des Unternehmens abhängig gemacht werden: Je schlechter das Ergebnis des Unternehmens bei der Perfor-mance-Messung, desto niedriger wird der Wandlungspreis (conversion price) für den VC-Geber festgesetzt, was die Anteile des Management-Teams entsprechend stärker verwässert. Die Bereitschaft zur Vereinba-rung derartiger Klauseln kann andererseits als Signal des Entrepreneurs verstanden werden, dass er an den Erfolg seines Unternehmens fest glaubt und hochmotiviert darauf hinarbeiten wird.

Berglöf (1994)[696] nimmt an, dass VC-Geber und Entrepreneur ihre Anteile in der Zukunft verkaufen wollen und sucht einen Weg, wie die beiden Cash flows und Kontrollrechte aufteilen müssen, um eine optimale Exit-Entscheidung zu treffen. Er zeigt, dass wandelbare Wertpapiere unter diesen Annahmen die Erzielung des maximalen Verkaufserlöses ermög-lichen. *Brigham*[697] hebt den Vorteil eines niedrigeren Zinssatzes bei Wan-delschuldverschreibungen im Vergleich zu normalen Schuldverschrei-bungen hervor. *Mayers*[698] argumentiert über mögliche Einsparungen von Emissionskosten durch Wandelpapiere bei sequentiellen Finanzierun-gen.

Barnea/Haugen/Senbet sehen Wandelschuldverschreibungen als Mög-lichkeit zur Milderung von Agency-Problemen: Die Aufnahme von Fremd-kapital erzeugt einen Anreiz zu Risiko- und Vermögensverschiebungs-strategien für die Eigentümer, indem besonders risikoreiche Investitions-projekte durchgeführt werden. Durch Erhöhung des Investitionsrisikos bekommen die Fremdkapitalgeber eine nun zu geringe Risikoprämie, ih-re Vermögensposition verschlechtert sich. Da Wandelschuldverschrei-

---

[694] Vgl. *Sahlman, William A.*, The structure and governance of venture-capital organi-zations, in: JoFE, Jg. 27, 1990, S. 473-521.

[695] Vgl. *Gompers, Paul A.*, The theory, structure, and performance of venture capital, 1993, S. 34-59.

[696] Vgl. *Berglöf, Erik*, A control theory of venture capital finance, in: Journal of Law, Economics and Organization, Jg. 10, 1993, S. 247-267.

[697] Vgl. *Brigham, Eugene F.*, An Analysis of Convertible Debentures, in: JoF, Jg. 21, 1966, S. 35-54.

[698] Vgl. *Mayers, David*, Why firms issue convertible bonds: the matching of financial and real investment options, in: JoFE, Jg. 47, 1998, S. 83-102.

bungen durch das Wandlungsrecht eine Eigenkapitalkomponente aufweisen, wird dieser Effekt geschwächt, die Agency-Kosten reduziert.[699]
Von *Stein*[700] stammt die These, dass Wandelpapiere „backdoor equity"
darstellen, d.h. von Unternehmen eingesetzt werden, die (noch) kein
Fremdkapital bedienen können und Eigenkapital nicht ausgeben möchten, da die Ausgabe nur zu Preisen möglich ist, die eine Unterbewertung
des Unternehmens darstellen. *Jen/Choi/Lee*[701] haben die These von
Stein geprüft und bestätigt. *Lewis/Ragolski/Seward* haben die Thesen
von *Stein* bestätigt, aber auch Hinweise für die größere Wertneutralität
bei Risikoänderungen gefunden.[702]

Gilson/Schizer[703] ergänzen die Literatur zur Erklärung des Einsatzes von
Wandelpapieren um ein steuerliches Modell. Unregelmäßige, da zwecks
Anreizsetzung durch Wandelpapiere an Bedingungen gebundene Zahlungen werden geringer beim Gründer besteuert als regelmäßige, laufende Zahlungen wie etwa ein Gehalt. *Norton/Tenenbaum*[704] stellen die These auf, dass kleinere und/oder stärker spezialisierte VC-Geber stärker
eine „Team-orientierte" Investitionsphilosophie verfolgen und daher stärker zur Vergabe von reinem Eigenkapital statt wandelbaren Wertpapieren neigen. Anreizsetzung werde durch intensive partnerschaftliche Zu-
sammenarbeit der Parteien als alleinige, tendenziell gleichberechtigte
Eigenkapitalgeber ersetzt.

---

[699] Vgl. *Barnea, Amir/Haugen, Robert A./Senbet, Lemma W.*, Agency Problems and
Financial Contracting, 1985, S. 80-105; *Smithson, Charles W./Chew, Donald H.*,
The Uses of Hybrid Debt in Managing Corporate Risk, in: The New Corporate Fi-
nance, 1998, S. 392-402 (398); *Ross, Stephen A./Westerfield, Randolph W./Jaffe,
Jeffrey F.*, Corporate Finance, 2000, S. 688.

[700] Vgl. *Stein, Jeremy C.*, Convertible bonds as backdoor equity financing, in: JoFE,
Jg. 32, 1992, S. 3-21.

[701] Vgl. *Jen, Frank C./Choi, Dosoung/Lee, Seong-Hyo*, Some New Evidence on Why
Companies use Convertible Bonds, in: The New Corporate Finance, 1998, S.
364-373.

[702] Vgl. *Lewis, Craig M./Ragolski, Richard J./Seward, James K.*, Understanding the
Design of Convertible Debt, in: JACF, Jg. 11, 1998, S. 45-53; *Ross, Stephen A./
Westerfield, Randolph W./Jaffe, Jeffrey F.*, Corporate Finance, S. 689.

[703] Vgl. *Gilson, Ronald J./Schizer, David M.*, Understanding Venture Capital Structure: A Tax Explanation for Convertible Preferred Stock, 2002, S. 1-50.

[704] Vgl. *Norton, Edgar/Tenenbaum, Bernard H.*, The Effects of Venture Capitalists'
Characteristics on the Structure of the Venture Capital Deal, in: Journal of Small
Business Management, Jg. 31, 1993, S. 32-41 (36).

Auch die Wandlungspolitik ist Thema zahlreicher Beiträge.[705] Für VC-finanzierte Gründungsunternehmen zeigt *Gompers* (1997)[706], dass VC-Gesellschaften die Wandlung verschieben, bis ein klares Erfolgssignal vorliegt. Bei eindeutiger Definition eines solchen erfolgt die Wandlung in vielen Fällen automatisch (nach IPO 92%, davor nur 38%). Bei Unternehmen, bei denen mit höheren Agency-Kosten zu rechnen ist, werden höhere Wandlungshürden vereinbart. Leichter liquidierbare Assets schrauben diese Hürden zurück, Wachstumsoptionen und Forschungsintensität erhöhen die Agency-Kosten und setzen die Hürden daher wieder höher. Wachstum am VC-Markt führt zu niedrigeren Hürden. Nach der Wandlung werden Klauseln zur Vermeidung von Anteilsverwässerung und Bedingungen eines Rückverkaufs vereinbart.

Wenn in den USA in Stammaktien wandelbare Finanzierungsformen (Vorzugsaktien und Schuldverschreibungen) als besonders geeignet für VC-Finanzierungen gelten, ist zu fragen, warum dies in Deutschland nicht so ist.

5.3.2.2.1 Gesellschafts-, handels- und steuerrechtliche Einordnung

Obligationen und Schuldverschreibungen nach §§ 793 ff. BGB sind reine Gläubigerrechte.[707] Es besteht ein Anspruch auf Rückzahlung des gewährten Kapitals zum Nennbetrag und auf dessen Verzinsung, bei Gewinnschuldverschreibungen besteht daneben ein bedingtes Recht auf Zusatzverzinsung bzw. -vergütung in Abhängigkeit vom Gewinn bzw. einer Dividende, bei Wandelschuldverschreibungen und Optionsanleihen ein Recht zum Bezug einer Aktie. Nach deutschem Gesetz gelten die Inhaber von Wandelschuldverschreibungen und Optionsanleihen als Inhaber von Sonderrechten, deren Rechtstellung über die nur schuldrechtliche Gläubigereigenschaft hinausgeht.[708] Der *BGH* lässt es offen, ob

---

[705] Siehe zum Beispiel *Ingersoll, Jonathan*, An Examination of Corporate Call Policies on Corporate Securities, in: JoF, Jg. 32, 1977, S. 463-478; *Harris, Milton/Raviv, Artur*, A Sequential Signalling Model of Convertible Debt Call Policy, in: JoF, Jg. 40, 1985, S. 1263-1281.

[706] Vgl. *Gompers, Paul A.*, Ownership and Control in Entrepreneurial Firms: An Examination of Convertible Securities in Venture Capital Investmens, 1997, S. 1-44 (14/15).

[707] Vgl. *Reusch, Peter*, Zur Einordnung der Genussrechte zwischen Vorzugsaktie und Gewinnschuldverschreibung, in: Recht und Praxis der Genussscheine, 1987, S. 21-34 (26).

[708] Sonderrechte sind „Forderungsrechte mit Sachnähe zum Eigenkapital", vgl. amtliche Begründung zum § 23 UmwG, *BR*-Drucks. 75/94, Begründung zum UmwBerG, S. 71-182 (zu § 23, S. 92/93). Bis zum Ausübungs- bzw. Wandlungszeitpunkt werden jedoch keine Mitgliedschaftsrechte gewährt, vgl. *Wiese, Götz T./*

man dem Optionsrecht „keinen mitgliedschaftsähnlichen, sondern einen überwiegend schuldrechtlichen Charakter" beizumessen hat.[709] Er stellt jedoch fest, dass es an einer inneren Berechtigung fehle, „dem Optionsrecht auf Erwerb einer aktienrechtlichen Mitgliedschaft einen größeren Bestandsschutz einzuräumen als der aktienrechtlichen Mitgliedschaft selbst."[710] Mitgliedschaftliche Beteiligungen an einer AG werden nach der *BGH*-Rechtsprechung[711] nur durch Aktien und keine anderen Rechte, etwa Genussrechte, gewährt. Auch bei der GmbH sind die Inhaber des Stimmrechts ausschließlich die Gesellschafter,[712] Stimmrechte sind also untrennbar mit der Gesellschafterstellung verbunden.

Hierin besteht ein wichtiger Unterschied zu den gesellschaftsrechtlichen Regelungen der US-amerikanischen Bundesstaaten: Es ist in keinem Staat und auch nicht im TIA[713] verboten, Schuldverschreibungen mit Stimmrechten zu verbinden.[714] Im Vergleich zum deutschen Recht wird dies dort weit weniger streng gehandhabt und es ist erlaubt, die schuldrechtliche Kapitalaufbringung den Vorzugsrechten anzunähern, so dass ein geradezu fließender Übergang entsteht, bei dem „preferred stock" bilanz- und steuerrechtlich Fremdkapital und „sub-debt" durchaus Eigenkapital sein kann. „sub-debt" kann nach den Gesellschaftsrechten der meisten US-Bundesstaaten mit Stimmrechten und mit bevorzugten Infor-

---

Dammer, Thomas, Zusammengesetzte Finanzinstrumente der AG, Hybride Kapitalmaßnahmen, strukturierte Anleihen und Kreditderivate im Bilanz-, Ertragsteuer- und Aktienrecht – ein Überblick, in: DStR, Jg. 37, 1999, S. 867-876 (870).

[709] Dies war im folgenden BGH-Urteil die Meinung des OLG Düsseldorf als Vorinstanz, vgl. *BGH*, Urteil vom 02.02.1998 – II ZR 117/97, in: NZG, Jg. 1, 1998, S. 304-305 (305). Die Meinung, der Inhaber der Optionsanleihe/Wandelschuldverschreibung sei *„ausschließlich* Gläubiger der Gesellschaft und nicht deren Aktionär" wird auch in der Literatur vertreten, vgl. bspw. *Schumann, Günter*, Optionsanleihen, 1989, S. 27.

[710] *BGH*, Urteil vom 02.02.1998 – II ZR 117/97, in: NZG, Jg. 1, 1998, S. 304-305 (305).

[711] Vgl. *BGH*, Urteil vom 05.10.1992 – II ZR 172/91, in: BGHZ 119, S. 305-334.

[712] Vgl. *Fischer, Klaus K.*, in: Beck GmbH-HB, 2002, § 4, Rn. 82; *RG*, Urteil vom 18.04.1913 – Rep. II 659/12, in: RGZ 82, S. 167-170; *RG*, Urteil vom 17.01.1933 – II 234/32, in: RGZ 139, S. 224-230.

[713] Im „Trust Indenture Act" hat die SEC zu beachtende Grundsätze bei Treuhandverträgen geregelt.

[714] Vgl. *Herrmann, Harald*, Quasi-Eigenkapital im Kapitalmarkt- und Unternehmensrecht, 1996, S. 146.

mationsrechten ausgestattet werden.[715] Zum Teil werden Fremdkapital-titel mit Stimmrechten ausgestattet, um sie attraktiver zu machen.[716] In der US-amerikanischen Rechtsprechung spielen Kontroll- und Stimm-rechte dementsprechend keine bedeutende Rolle für die Qualifizierung als Eigen- oder Fremdkapital.[717] Umgehungsprobleme zum Recht der Vorzugsaktien wie in Deutschland (vgl. dazu 5.3.2.1.1) werden in USA nirgends gesehen.[718]

Im deutschen Recht unterscheiden sich Vorzugsaktien und Schuldver-schreibungen durch die Möglichkeit zur Ausstattung mit Stimmrechten. Sind Stimmrechte vom Financier erwünscht, muss er auf Vorzugsaktien ausweichen. Das deutsche Aktiengesetz sieht in Stammaktien wandel-bare Vorzugsaktien grundsätzlich nicht vor, in Stammaktien wandelbar sind neben entsprechend vereinbarten Genussrechten Wandelschuld-verschreibungen und Optionsanleihen.[719] Allein dem Vorzugsaktionär, nicht der Gesellschaft, kann jedoch ein Umwandlungsrecht seiner Vor-zugsaktien in Stammaktien eingeräumt werden, wenn es sich um stimm-

---

[715] Vgl. *Herrmann, Harald*, Quasi-Eigenkapital im Kapitalmarkt- und Unternehmens-recht, 1996, S. 146.

[716] Vgl. *Haun, Jürgen*, Hybride Finanzierungsinstrumente im deutschen und US-ame-rikanischen Steuerrecht, 1996, S. 99. Vor etwa hundert Jahren entsprach das amerikanische Aktienrecht in etwa dem heutigen deutschen. Seitdem hat sich ein starker Wandel vollzogen. Zur Begründung der weitreichenden Deregulierung des US-amerikanischen Gesellschaftsrechts wird angeführt, dass die Zuständigkeit der Einzelstaaten für das Gesellschaftsrecht zu einem Deregulierungswettbewerb unter den Staaten geführt hat, den Delaware seit langem für sich entschieden hat, vgl. *Kübler, Friedrich*, Aktienrechtsreform und Unternehmensverfassung, in: AG, Jg. 39, 1994, S. 141-148 (145/146). Zum Einfluss der Steuergesetzgebung auf die Entwicklung von „hybrid securities" in den USA und zu den Schwierigkeiten, Ab-grenzungskriterien zwischen Aktien und Obligationen zu finden, wobei das Stimm-recht als kein geeignetes Abgrenzungskriterium mehr galt, vgl. *Depenbrock, Hartwig*, Zur Entwicklung und Bedeutung der Vorzugsaktien in den Aktienrechten der USA und im deutschen Aktienrecht, Eine vergleichende Untersuchung, 1975, S. 27-29 (28).

[717] Vgl. *Haun, Jürgen*, Hybride Finanzierungsinstrumente im deutschen und US-amerikanischen Steuerrecht, 1996, S. 98 m.w.N.

[718] Vgl. *Herrmann, Harald*, Quasi-Eigenkapital im Kapitalmarkt- und Unternehmens-recht, 1996, S. 146.

[719] Zu weiteren Unterformen siehe *Schäfer, Frank A.*, Wandel- und Optionsanleihen in Deutschland, in: Wandel- und Optionsanleihen in Deutschland, 2000, S. 62-85 und *Rozijn, Michael*, Wandelanleihe mit Wandlungspflicht, Eine deutsche Equity Note?, 1998, S. 1-60.

rechtslose Vorzugsaktien handelt.[720] Daneben sind satzungsmäßige Bestimmungen zum Erlöschen der Vorrechte von Vorzugsaktien bzw. zu ihrem Ausscheiden aus der Kapitalstruktur oder ihren Wechsel in Stammaktien möglich, aber selten.[721] Als in Stammaktien wandelbares Finanzierungsinstrument mit Dividendenvorzug und Stimmrecht verbleibt damit eine entsprechend gestaltete Aktiengattung, worauf zurückzukommen ist (vgl. 5.3.2.4).

Bilanzrechtlich sind Gewinn-, Wandel- und Optionsschuldverschreibungen Anleihen, sind also in der Bilanz unter Verbindlichkeiten auszuweisen, im Anhang sind sie unabhängig von einer Börsennotierung angabepflichtig.[722] Der für das Optionsrecht erzielte Preis muss gemäß einigen Meinungen in der Literatur dagegen in die Kapitalrücklage eingestellt und damit als Eigenkapital verbucht werden.[723] Zur steuerlichen Behandlung von Wandelschuldverschreibungen und Optionsanleihen wird zum einen argumentiert, dass das Aufgeld Gewinn darstelle, da Wandelanleihen bis zur Wandlung Schuldpapiere seien, zum anderen ist man der Meinung, dass bei einer Verzinsung unter Marktniveau in Höhe der Differenz zum Ausgabebetrag einer gleichniedrig verzinslichen Anleihe ohne Optionsrecht steuerlich eine Einlage vorliegt.[724]

5.3.2.2.2 Anreiz- und steuerorientierte Bedienungsgestaltung

a) Möglichkeit zur Vorzugsvereinbarung auf Gewinnverteilungsebene

Eine Vorzugsdividende darf, muss aber nicht vereinbart werden, da die Bedienung von Anleihen und Schuldverschreibungen Zinsaufwand darstellen, d.h. vor Gewinnverwendung, also gewinnunabhängig bedient werden. Unbedingt an Fremdmittelgeber zu leistende Zahlungen sind steuerlich abzugsfähig. Bei Gewinnschuldverschreibungen sind die Zahlungen nur bedingt, d.h. nur bei Periodengewinn zu leisten – ähnlich wie

---

[720] Vgl. *Bezzenberger, Tilman*, Vorzugsaktien ohne Stimmrecht, 1991, S. 79. Das Konversionsrecht der emittierenden Gesellschaft fehlt im deutschen Aktienrecht, vgl. *Klein, Gabriele*, Vorzugsaktien in der Bundesrepublik Deutschland und den Vereinigten Staaten von Amerika, 1981, S. 63.

[721] Vgl. *Klein, Gabriele*, Vorzugsaktien in der Bundesrepublik Deutschland und den Vereinigten Staaten von Amerika, 1981, S. 62.

[722] Vgl. *Ellrott, Helmut/Ring, Maximilian*, in: Beck Bil.-Komm., 2003, § 266, Rn. 212, 213 und *Ellrott, Helmut*, in: Beck Bil.-Komm., 2003, § 284, Rn. 44.

[723] Vgl. bspw. *Schumann, Günter*, Optionsanleihen, 1989, S. 26; *Martens, Klaus-Peter*, Die bilanzrechtliche Behandlung internationaler Optionsanleihen nach § 150 Abs. 2 AktG, in: FS Stimpel, 1985, S. 621-643.

[724] Vgl. *Berger, Axel/Ring, Maximilian*, in: Beck Bil.-Komm., 2003, § 253, Rn. 93 m.w.N.

Dividenden auf Stamm- und Vorzugsaktien –, dennoch sind sie steuerlich abzugsfähig. Damit entstehen zwei vorteilhafte Effekte: Zum einen
ein steuerlicher Vorteil, da die Zahlungen steuerlich abzugsfähig sind
und zum anderen ein reduziertes Finanzierungsrisiko, da die Zahlungen
nur bedingt zu leisten sind.[725]

b) Möglichkeit zur Vorzugsvereinbarung im Liquidationsfall

Eine Vorzugsvereinbarung im Liquidationsfall erübrigt sich, da Anleihen
und Schuldverschreibungen als Fremdkapital auch ohne Zusatzvereinbarung bevorrechtigt vor Eigenkapital befriedigt werden.

c) Möglichkeit zur Vereinbarung einer festen Verzinsung der Einlage

Eine feste Verzinsung der Einlage ist der Regelfall. Die fest vereinbarte
Bedienung kann aber auch von ausreichendem Gewinn abhängig gemacht werden.

d) Möglichkeit zur steuerlichen Verlustnutzung

Eine Verlustteilnahme des Schuldverschreibungsinhabers ist nicht möglich bzw. erst, wenn die Rückzahlung gefährdet ist (d.h. bei Ausfall). Verlust durch Ausfall kann steuerlich geltend gemacht werden.

e) Möglichkeit zu einem steuerlich vorteilhaften Exit

Gewinnschuldverschreibungen werden gewinnabhängig bedient, aber
zum Nennbetrag zurückgezahlt. Wandelschuldverschreibungen und Optionsanleihen werden nicht bzw. nur in Höhe der separaten Schuldverschreibung zurückbezahlt, die Rückzahlung erfolgt in Aktien.

5.3.2.2.3 Partizipation an Entscheidungsrechten

a) Möglichkeit zur Mitgliedschaft (verbunden mit quotalem Stimmrecht)

Gewinn-, Wandel- und Optionsschuldverschreibungen gewähren nur
Gläubigerrechte und keinerlei Mitsprache-/Mitverwaltungsrechte, also
auch kein Stimmrecht, zumindest nicht bis zur Optionsausübung.

b) Möglichkeit zur Vereinbarung zustimmungspflichtiger Geschäfte

Die Einflussnahme auf die Geschäftsführung ist allerdings durch Covenants in Grenzen möglich. Es gelten die Ausführungen zu Genussrechtsinhabern.

c) Möglichkeit zu Anweisungen an die Geschäftsführung/d) zur Kündi-gung des Managements

Da keine Mitverwaltungsrechte bestehen, ist der Austausch des Gründer-

---

[725] Vgl. *Drukarczyk, Jochen*, Finanzierung, 2003, S. 437.

teams nicht möglich. Auch hier gelten die Ausführungen zu Genussrechtsinhabern.

Schuldverschreibungen können gekündigt und neu ausgehandelt werden. Es gelten die gesetzlichen Gläubigerschutzbestimmungen, ergänzt durch vertragliche. Diese Rechtsposition ist für den VC-Geber zu schwach, zumindest wenn die Finanzierung nur in dieser Form erfolgt und nicht nur als Teil einer Finanzierungsvereinbarung.

5.3.2.3   GMBH-ANTEILE

Die GmbH entstand als Unternehmensform aus dem Bedürfnis nach einem Gesellschaftstyp, welcher einfacher als die AG zu haben ist und eine geringere Haftung als die Personengesellschaften vorsieht: Gewollt waren „individualistische und kollektivistische Erwerbsgesellschaften auf der Grundlage der in Anteile zerlegten Mitgliedschaft und der beschränkten Haftbarkeit der Mitglieder (...), wobei beabsichtigt war, dass die Gesetzgebung „gleichzeitig die Vertragsfreiheit möglichst wenig einschränkt."[726] Durch diese Zwitterstellung zwischen Kapital- und Personengesellschaft ist die Selbstregelungsbefugnis der Gesellschafter bezüglich der gesellschaftsrechtlichen Verhältnisse durch Konsens, also die „einvernehmliche Satzungsautonomie" bei der GmbH besonders spannend.[727]

Grundsätzlich besteht im Außenverhältnis Nähe zur AG, im Innenverhältnis dagegen zur Personengesellschaft mit weitreichender Privatautonomie bei der Gestaltung, auch weil zwingend kein formloser Handel der GmbH-Anteile möglich und daher auch kein Anlegerschutz nötig ist.[728] Privatautonomie hat dabei als Selbstregelungsbefugnis der Beteiligten für ihre Rechtsbeziehungen im Zweifel Vorrang vor Angemessenheitserfordernissen: „Nicht Privatautonomie hat sich zu rechtfertigen, sondern ihre Einschränkung."[729] Der Gesellschaftsvertrag ist die vertragliche Verwirklichung der GmbH-Errichtung als schuldrechtliche Zwecksetzung und die Schaffung einer Organisation zur Betreibung der Geschäfte in der

---

[726] Vgl. *Kallmeyer, Harald*, in: GmbH-Handbuch I, Rn. 1.

[727] Vgl. *Zöllner, Wolfgang*, Inhaltsfreiheit bei Gesellschaftsverträgen, in: FS 100 Jahre GmbHG, S. 85-125 (87).

[728] Vgl. *Zöllner, Wolfgang*, Inhaltsfreiheit bei Gesellschaftsverträgen, in: FS 100 Jahre GmbHG, S. 85-125 (88).

[729] Vgl. zum Verhältnis von Vertragsfreiheit und Angemessenheitserfordernissen *Zöllner, Wolfgang*, Inhaltsfreiheit bei Gesellschaftsverträgen, in: FS 100 Jahre GmbHG, S. 85-125 (100). Zur grundsätzlichen ökonomischen Effizienz frei ausgehandelter Verteilungen von Rechten und Pflichten vgl. *Behrens, Peter*, „Corporate Governance", in: FS Drobnig, 1998, S. 491-506 (498).

Rechtsform einer GmbH: Soweit der zweite Teil gemeint ist, spricht man von Satzung.[730] Der Gesellschaftsvertrag besteht aus einem obligatorischen Mindestinhalt (§ 3 Abs. 1 GmbHG) und fakultativen Bestimmungen, die als echte Satzungsbestandteile in den Gesellschaftsvertrag aufgenommen werden können bzw. müssen, wenn sie statutarische Gültigkeit besitzen sollen (§§ 3 Abs. 2, 5 Abs. 4 Satz 1, 15 Abs. 5, 17 Abs. 3, usw.) und ggf. auch unechten Satzungsbestandteilen wie beispielsweise Individualvereinbarungen der Gesellschafter, die zwar aufgenommen werden dürfen, aber nur außerstatutarische Gültigkeit besitzen.[731]

5.3.2.3.1 Gesellschafts-, handels- und steuerrechtliche Einordnung

Das Stammkapital der GmbH wird durch die Stammeinlagen der Gesellschafter gebildet, muss also mit ihnen übereinstimmen (§ 5 Abs. 3 Satz 3 GmbHG).[732] Eine Aufteilung in zahlreiche gleiche Anteile, analog der Aktien bei der AG, ist aufgrund der personalistischen Struktur der GmbH nicht möglich.[733] Für die Stammeinlage steht jedem Gesellschafter ein Geschäftsanteil, d.h. die Mitgliedschaft an der GmbH zu. Die Stimmkraft, also das Gewicht eines Gesellschafters bei Stimmabgabe – Stimmenmehrheit ist entscheidend – richtet sich ohne abweichende Bestimmung im Gesellschaftsvertrag nach der Höhe der Gesellschafterbeteiligung. Die Stimmkraft wird nur durch den Nennbetrag des Geschäftsanteils bestimmt, ist also von der Einlageleistung unabhängig.[734] Die Satzung kann diese Grundregeln modifizieren.[735]

GmbH-Geschäftsanteile haben wirtschaftlich die Teilhabe am Vermögen eines anderen Unternehmens zum Gegenstand und dies ohne betragsmäßig festgelegte Rückzahlungsverpflichtung, sie sind also Anteile.[736] Stellen sie eine dauernde Verbindung her und dienen sie dem Geschäftsbetrieb des beteiligten Unternehmens, sind sie als Beteiligung

---

[730] Vgl. *Kallmeyer, Harald*, in: GmbH-Handbuch I., Rn. 100.

[731] Vgl. *Kallmeyer, Harald*, in: GmbH-Handbuch I, Rn. 101.

[732] Die Leistung der Stammeinlage dauernd und zur freien Verfügung der Geschäftsführung gehört zu den Verpflichtungen, die der Gesellschafter mit Unterzeichnung des Gesellschaftsvertrags eingegangen ist. Kein Gesellschafter kann bei Gesellschaftserrichtung mehrere Stammeinlagen übernehmen (§ 5 Abs. 2 GmbHG).

[733] Vgl. *Schwaiger, Helmut*, in: Beck GmbH-HB, 2002, § 2, Rn. 88.

[734] Vgl. *Fischer, Klaus K.*, in: Beck GmbH-HB, 2002, § 4, Rn. 80.

[735] Grundsätzlich sind Mehrfach- und Höchststimmrechte, Veto-Rechte und Stimmrechtsausschlüsse möglich.Vgl. *Fischer, Klaus K.*, in: Beck GmbH-HB, 2002, § 4, Rn. 81.

[736] Vgl. *Berger, Axel/Gutike, Hans-Jochen*, in: Beck Bil.-Komm., 2003, § 271, Rn. 13.

i.S.d. § 271 Abs. 1 HGB zu bilanzieren. Grundsätzlich sind auch stimm-rechtslose Anteile bei der GmbH denkbar, diese fristen jedoch in der Literatur bislang ein Schattendasein, obwohl sie in der Praxis durchaus anzutreffen sind, wenn auch Einzelfragen noch mit hoher Rechtsunsicherheit verbunden sind.[737]

Die Besteuerung von Dividenden/Veräußerungserlösen erfolgt nach § 8b KStG.

5.3.2.3.2 Anreiz- und steuerorientierte Bedienungsgestaltung

a) Möglichkeit zur Vorzugsvereinbarung auf Gewinnverteilungsebene

Die hier betrachteten Gewinnausschüttungen beschränken sich auf offene Gewinnausschüttungen (gemäß § 29 Abs. 1 GmbHG). Ohne abweichende Regelung im Gesellschaftsvertrag erfolgt die Gewinnverwendung nach dem Verhältnis der Geschäftsanteile (§ 29 Abs. 3 GmbHG). Die GmbH kennt Vorzugsrechte auch ohne den bei der AG typischen Stimmrechtsausschluss. Der Vorzug kann in Form einer Mindestdividende oder in Form einer Vorabdividende in bestimmter Höhe oder kombiniert geregelt werden.[738]

b) Möglichkeit zur Vorzugsvereinbarung im Liquidationsfall

Der Liquidationsüberschuss wird ohne abweichende Regelung im Gesellschaftsvertrag entsprechend dem Verhältnis der Geschäftsanteile auf die Gesellschafter verteilt (§ 72 Satz 1, 2 GmbHG). Der Verteilungsschlüssel kann ohne Satzungsänderung durch formlosen Beschluss der Gesellschafter geändert werden, wenn alle benachteiligten Gesellschafter zustimmen.[739]

c) Möglichkeit zur Vereinbarung einer festen Verzinsung der Einlage

Analog zu den Regelungen der AG in §§ 139 ff. AktG kann es auch bei der GmbH Dividendengarantien zugunsten von Minderheitsgesellschaftern geben. Wird eine Mindestverzinsung vereinbart, ist es möglich zu vereinbaren, dass diese auch zu zahlen ist, wenn kein Jahresüberschuss erwirtschaftet wurde bzw. kein Bilanzgewinn zur Dividendenausschüt-

---

[737] Vgl. *Schäfer, Carsten*, Stimmrechtslose Anteile in der GmbH, in: GmbHR, Jg. 89, 1998, S. 113-119 (Teil 1) und 168-174 (Teil 2) (113).

[738] Vgl. *Ahrenkiel, Björn*, in: Beck GmbH-HB, 2002, § 10, Rn. 75.

[739] Vgl. *Erle, Bernd*, in: Beck GmbH-HB, 2002, § 16, Rn. 52.

tung zur Verfügung steht. Die Grenzen solcher Vereinbarungen werden durch §§ 30, 31 GmbHG markiert.[740]

d) Möglichkeit zur steuerlichen Verlustnutzung

Bei neugegründeten Unternehmen können Verluste i.d.R. nur vorgetragen werden. Der Verlustvortrag ist weder in Bezug auf die Höhe noch zeitlich begrenzt.[741] Bei Liquidation und im Insolvenzverfahren können Verlustvorträge endgültig verloren gehen. Die steuerliche Geltendmachung kann zudem durch § 8 Abs. 4 KStG verloren gehen, der bestimmt, dass die Gesellschaft, die den Verlust erlitten hat, mit der Gesellschaft, die ihn geltend machen will, nicht nur rechtlich, sondern auch wirtschaftlich identisch sein muss (Mantelkauf).[742] Dies kann bei neu gegründeten, wachstumsintensiven Unternehmen besonders leicht passieren.[743]

e) Möglichkeit zu einem steuerlich vorteilhaften Exit

Das Körperschaftsteuergesetz bestimmte bis Herbst 2000, dass Kapitalgesellschaften ihre Beteiligung an in- und ausländischen Kapitalgesellschaften steuerfrei veräußern können, wenn sie die Anteile mindestens ein Jahr gehalten haben. Die Behaltensfrist wurde gestrichen, daneben wurde im § 8b Abs. 7 KStG die Steuerbefreiung für Kreditinstitute und Finanzdienstleistungsinstitute i.S.d. KWG eingeschränkt.[744] Ob diese Aus-

---

[740] Vorzugsrechte und Mindestdividenden dürfen nicht dazu führen, dass das zum Erhalt des Stammkapitals erforderliche Vermögen der Gesellschaft angegriffen wird; vgl. *Ahrenkiel, Björn*, in: Beck GmbH-HB, 2002, § 10, Rn. 77.

[741] Vgl. *Schröder, Karl-Wilhelm*, in: Beck GmbH-HB, 2002, § 11, Rn. 79.

[742] Von wirtschaftlicher Identität wird nicht mehr ausgegangen, wenn innerhalb von 5 Jahren mehr als 50% der Anteile übertragen werden – sogar bei geringerem Anteil, wenn Mehrstimmrechte gewährt werden – und der Geschäftsbetrieb mit überwiegend neuem Betriebsvermögen fortgeführt oder wieder aufgenommen wird; vgl. *Schröder, Karl-Willhelm*, in: Beck GmbH-HB, 2002, § 11, Rn. 80.

[743] Dazu, dass § 8 Abs. 4 KStG nicht nur eine „Verlustnutzungsbremse", sondern auf dramatische Art als „Wachstums-, Expansions-, Investitions-" und sogar „Innovationsbremse" wirkt, vgl. *Kraft, Gerhard*, § 8 Abs. 4 KStG – Totengräber zahlreicher „dot.coms", in: DB, Jg. 54, 2001, S. 112-115; *Heßler, Armin/Mosebach, Petra*, Verlustabzug bei Start-up-Unternehmen, in: DStR, Jg. 39, 2001, S. 813-820.

[744] Anlass zu dieser Gesetzesänderung waren „wettbewerbsverzerrende Nachteile im Wertpapierhandel" für deutsche Kreditinstitute, die steuerrechtlich nicht zu berücksichtigende Aktiengeschäfte mit steuerrechtlich zu berücksichtigenden Derivatgeschäften nicht mehr hätten verrechnen können, vgl. *Stochek, Uwe/Lauermann, Hans-Ulrich/Peter, Alexander F.*, Anwendbarkeit von § 8b Abs. 7 KStG auf Holding- und Beteiligungsgesellschaften, in: NWB, Fach 4, 2002, S. 4647-4658 (4647); *Milatz, Jürgen E.*, Steuerfreiheit von Anteilsveräußerungen durch vermögensverwaltende Beteiligungsgesellschaften, in: BB, Jg. 56, 2001, S. 1066-1073

nahme von der Steuerbefreiung auch für Holding- und Beteiligungsgesellschaften gilt, wird diskutiert.[745]

(1067). Die im Dezember 1999 als willkommenes „Weihnachtsgeschenk" begrüßten Steuerbefreiungspläne (vgl. *Hammen, Horst*, Steuerrechtliche Anreize statt staatlicher Regelementierung, in: WM, Jg. 54, 2000, S. 941-945 (941)) wurden nach Realisierung angesichts einer negativen Börsenentwicklung und anlaufenden Verlusten in den Folgejahren aufgrund des damit verbundenen Verlustverrechnungsverbots völlig anders empfunden. Von Anfang an kritisch: *Wenger, Ekkehard*, Die Steuerfreiheit von Veräußerungsgewinnen: Systemwidrigkeiten und systematische Notwendigkeiten, in: StuW, Jg. 77, 2000, S. 177-181.

[745] Vgl. *Frotscher, Gerrit*, in: EStG, Kommentar, § 8b, Rn. 108-113; *Watermeyer, Heinrich-Jürgen*, in: Herrmann/Heuer/Raupach, EStG/KStG, 2002, § 8b KStG, Rn. R 122-R 125; *Dötsch, Ewald/Pung, Alexandra*, in: Dötsch/Eversberg/Jost/Witt, § 8b KStG n.F., Rn. 130-142; *Milatz, Jürgen E.*, Steuerfreiheit von Anteilsveräußerungen durch vermögensverwaltende Beteiligungsgesellschaften, in: BB, Jg. 56, 2001, S. 1066-1073; *Bogenschütz, Eugen/Tibo, Frank*, Erneute Änderung des § 8b KStG und weiterer Vorschriften betreffend den Eigenhandel von Banken und Finanzdienstleistern – Auswirkungen auf Unternehmen außerhalb der Kreditwirtschaft, in: DB, Jg. 53, 2001, S. 8-11; *Tibo, Frank*, Die Besteuerung von Termingeschäften im Betriebsvermögen gem. § 15 Abs. 4 EStG, in: DB, Jg. 53, 2001, S. 2369-2372 (2371/2372); *Herold, Christian*, Bei der Veräußerung von Kapitalgesellschaftsanteilen § 8b Abs. 7 KStG beachten, in: PIStB, 2001, S. 31; *kk*, KÖSDI-Report, in: KÖSDI, Jg. 35, 2002, S. 13406-13422 (13417/13418); *Sterner, Ingo/Balmes, Frank*, Vermögensverwaltende Kapitalgesellschaften und Holdingkapitalgesellschaften – Chance oder Steuerfalle?, in: FR, Jg. 84, 2002; S. 993-995; *Streck/Mack/Schwedhelm*, Steuer-Journal, Ausschluss von der Steuerfreistellung für Gewinne aus der Veräußerung von Kapitalbeteiligungen – BMF-Schreiben vom 25.07.2002 zu § 8b Abs. 7 KStG, in: AG, Jg. 47, 2002, S. 556-557; *Stochek, Uwe/Lauermann, Hans-Ulrich/ Peter, Alexander F.*, Anwendbarkeit von § 8b Abs. 7 KStG auf Holding- und Beteiligungsgesellschaften, in: NWB, Fach 4, S. 4647-4658; *Pyszka, Tillmann/Brauer, Michael*, Einschränkung der Steuerbefreiung von Dividenden und Veräußerungsgewinnen bei Holdinggesellschaften, in: BB, Jg. 57, 2002, S. 1669-1674; *Pyszka, Tillmann*, Einschränkung der Freistellung von Dividenden und Veräußerungsgewinnen gemäß § 8 Abs. 7 KStG bei Zwischenschaltung von Personengesellschaften, in: BB, Jg. 57, 2002, S. 2049-2051; *Hardecker, Sven*, Anteilsveräußerungen von Holding-Gesellschaften – Steuerliche Wahlmöglichkeiten bei Einstufung als Finanzunternehmen, in: DB, Jg. 55, 2002, S. 2127-2129; *Mensching, Oliver*, Holdinggesellschaft als Finanzunternehmen i.S. des § 1 Abs. 3 KWG?, in: DB, Jg. 55; 2002, S. 2347-2349; *o.V.*, Veräußerungsgewinne bei Aktienhandel, in: EStB, Jg. 4, 2002; S. 384; *Brauer, Michael/Pyszka, Tillmann*, Veräußerung von Anteilen an Projekt- oder Objektgesellschaften nach § 8b Abs. 7 KStG steuerpflichtig?, in: GmbHR, Jg. 93, 2002, S. 1116-1118; *Bünning, Martin/Slabon, Gerhard*, Die Erzielung „kurzfristiger Eigenhandelserfolge" im Sinne des § 8b Abs. 7 S. 2 KStG durch Holdinggesellschaften und vermögensverwaltende Kapitalgesellschaften, in: FR, Jg. 85, 2003, S. 174-180; *Pflüger, Hansjörg*, Was sind banktypische Geschäfte?, in: PIStB, 2003, S. 1-4; *Dreyer, Gerhard/Herrmann, Harald*, Besteuerung des Eigenhandels nach § 8b Abs. 7 KStG,

Für die Steuerverhaftung spricht die Eigenschaft von Beteiligungsgesellschaften als Finanzunternehmen i.S.d. § 1 Abs. 3 KWG, da ihre Haupttätigkeit darin besteht, Beteiligungen zu erwerben. § 8b Abs. 7 KStG bestimmt, dass die Abs. 1 bis 6, die die Befreiung enthalten, nicht auf Anteile anzuwenden sind, „die von Finanzunternehmen im Sinne des KWG mit dem Ziel der kurzfristigen Erzielung eines Eigenhandelserfolges erworben wurden." Diese Formulierung umfasst zum einen den *objektiven* Tatbestand – Erzielung eines kurzfristigen Eigenhandelserfolgs – und zum anderen den *subjektiven* Tatbestand – Absicht zur Erzielung desselben. Laut *BMF* soll es für die Abgrenzung der Kurzfristigkeit auf die (subjektive) Zuordnung des Wirtschaftsgutes zum Anlage- oder Umlaufvermögen ankommen,[746] so dass der objektive Tatbestand wieder auf eine subjektive Komponente zurückgeführt wurde. Ausgangspunkt war die Überlegung, dass nur dem Umlaufvermögen zugeordnete Anteile dem Betrieb des Unternehmens kurzfristig dienen. Umlaufvermögen ist gesetzlich nicht definiert, weshalb im Umkehrschluss zum Begriff des Anlagevermögens (§ 247 Abs. 2 HGB) als Restgröße alle Vermögensgegenstände umfasst, die nicht dazu bestimmt sind, dem Geschäftsbetrieb *dauernd* zu dienen.[747] Diese Abgrenzung kann dazu führen, dass über Jahre im Betriebsvermögen gehaltene Wirtschaftsgüter dem Umlaufvermögen zuzuordnen sind, wenn sie von Anfang an zur Weiterveräußerung bestimmt waren.[748] Damit wären Beteiligungen von Beteiligungs- und VC-Gesellschaften Umlaufvermögen, weil die Veräußerungsabsicht klar vorliegt. Auf der anderen Seite wird kurzfristig im Sinne einer Jahresfrist verstanden, was dazu führt, dass Beteiligungen von Beteiligungs- und VC-Gesellschaften nicht betroffen wären, da die beabsichtigte Haltedauer i.d.R. zwischen 5 und 10 Jahren beträgt, zumindest aber länger als ein Jahr. Die Argumentation, dies sei praktikabler, da klar zeitlich ab-

---

in: DStR, Jg. 40, 2002, S. 1837-1841; *Pyszka, Tillmann/Brauer, Michael*, Besteuerung des Eigenhandels nach § 8b Abs. 7 KStG: „Umwidmung" von Anteilen als Gestaltungschance für Finanzunternehmen?, in: DStR, Jg. 41, 2003, S. 277-278; *Wagner, Siegfried*, Probleme bei der Umsetzung der Sonderregelung des § 8b Abs. 7 KStG für „Finanzdienstleister", in: StBp, Jg. 42, 2002, S. 361-366.

[746] Vgl. *BMF*, Schreiben vom 25.07.2002 – IV A 2 – S 2750a – 6/02, FR, Jg. 84, 2002, S. 1032-1033.

[747] Vgl. *Ellrott, Helmut/Ring, Stephan*, in: Beck Bil.-Komm., 2003, § 247, Rn. 51.

[748] Vgl. *Watermeyer, Heinrich-Jürgen*, in: Herrmann/Heuer/Raupach, EStG/KStG, 2002, § 8b KStG, Rn. R 124.

gegrenzt und insbesondere zutreffender,[749] ist vor dem Hintergrund des *BMF*-Schreibens schwer verteidigbar. Das *BMF*-Schreiben zur Abgrenzung private Vermögensverwaltung/Gewerbebetrieb[750] besagt, dass auch auf gewerbliche Fonds § 8b Abs.7 KStG keine Anwendung findet, da „mindestens mittelfristige Anlagen" getätigt werden. Die Frage, ob die Steuerbefreiung für eine VC-Gesellschaft gilt oder ob § 8b Abs. 7 Satz 2 KStG doch greift, ist offen.

5.3.2.3.3 Partizipation an Entscheidungsrechten

a) Möglichkeit zur Mitgliedschaft (verbunden mit quotalem Stimmrecht)

GmbH-Gesellschaftern wird die Kompetenz zur Bestimmung ihrer grds. allumfassenden Zuständigkeit überlassen, in ihrer Gesamtheit sind sie somit das oberste Organ in der Gesellschaft, natürlich mit Stimmrecht.[751] Im Gegensatz zur AG ist die Gestaltung der Funktionsverteilung auf Organe nicht zwingend gesetzlich vorgeschrieben, sondern Teil der Gesellschafterautonomie, was lediglich durch die zwingende Vertretung im Außenverhältnis durch den GmbH-Geschäftsführer im Interesse der Rechtssicherheit durchbrochen ist.[752]

b) Möglichkeit zur Vereinbarung zustimmungspflichtiger Geschäfte

Bis auf Grundlagenentscheidungen können alle Kompetenzen der Gesellschafterversammlung auf einen Aufsichtsrat/Beirat übertragen werden, z.B. die Aufgaben der Gesellschafter nach § 46 GmbHG.[753] Gemäß § 52 Abs. 1 GmbHG ist § 111 Abs. 4 AktG anwendbar, der die Festlegung in der Satzung erlaubt, bestimmte Arten von Geschäften nur mit Zustimmung des Aufsichtsrats vorzunehmen. Dabei kann der Aufsichtsrat selbst bestimmte Arten von Geschäften für zustimmungsbedürftig erklären.[754] Verweigert der Aufsichtsrat die Zustimmung, kann die Geschäftsführung einen Beschluss der Gesellschafterversammlung verlan-

---

[749] So z.B. *Stochek, Uwe/Lauermann, Hans-Ulrich/Peter, Alexander F.*, Anwendbarkeit von § 8b Abs. 7 KStG auf Holding- und Beteiligungsgesellschaften, in: NWB, Fach 4, S. 4647-4658 (4652).

[750] Vgl. *BMF*, Schreiben vom 16.12.2003, IV A 6 – S 2240 – 153/03, Einkommensteuerliche Behandlung von Venture Capital und Private Equity Fonds, Rn. 18.

[751] Vgl. *Schmiegelt, Karl-Heinz*, in: Beck GmbH-HB, 2002, § 3, Rn. 2.

[752] Vgl. *Schmiegelt, Karl-Heinz*, in: Beck GmbH-HB, 2002, § 3, Rn. 2.

[753] Vgl. *Müller, Welf*, in: Beck GmbH-HB, 2002, § 6, Rn. 52.

[754] Vgl. *Müller, Welf*, in: Beck GmbH-HB, 2002, § 6, Rn. 51. *Müller* hält fest, dass der Zustimmungsvorbehalt des Aufsichtsrates nicht die Weisungsbefugnis der Gesellschafterversammlung ausschließt. Die gelte vor oder nach Beschlussfassung des Aufsichtsrats.

gen. Dieser Beschluss erfordert bei der GmbH nur eine einfache Mehrheit – im Gegensatz zu § 111 Abs. 4 Satz 4 und 5 AktG, der eine Mehrheit von drei Viertel fordert, da die Gesellschafterversammlung generell mit einfacher Mehrheit eine Weisung an die Geschäftsführung aussprechen kann.[755]

c) Möglichkeit zu Anweisungen an die Geschäftsführung

Die Gesellschafterversammlung hat gegenüber den Geschäftsführern ein umfassendes Weisungsrecht gemäß §§ 45, 46 Nr. 5 und 6, 37 GmbHG.[756] Jedem Gesellschafter stehen Informationsrechte zu. Prüfungs- und Überwachungsrechte sind keine Individual-, sondern Kollektivrechte, d.h. werden von den Gesellschaftern in ihrer Gesamtheit aufgrund interner Beschlussfassung ausgeübt.[757] Diese Rechte sind weitgehend, so dass grundsätzlich die gesamte Geschäftsführung zur Disposition der Gesellschafter steht.[758] Es sind Regelungen in der Satzung möglich, welche die Geschäftsführungsbefugnisse beschränken, z.B. Zustimmungsvorbehalte zu bestimmten Geschäften.[759] Den Gesellschaftern steht es jederzeit frei, die Geschäftsführung generell oder in bezug auf einzelne Geschäfte durch Beschluss anzuweisen.[760] Der Geschäftsführer ist verpflichtet, den Weisungen, unabhängig davon, ob sie in Satzung, Geschäftsordnung oder Gesellschafterbeschluss enthalten sind, Folge zu leisten.[761]

d) Möglichkeit zur Kündigung des Managements

Die Bestellung zum Geschäftsführer kann zu jeder Zeit widerrufen werden (§ 38 Abs. 1 GmbHG). Soweit die Satzung keine besonderen Bestimmungen enthält, ist die Gesellschafterversammlung das zuständige Organ zur Bestellung (§ 46 Nr. 5 GmbHG). Ein Gesellschafter allein kann den Geschäftsführer nicht abberufen, er kann jedoch von seinen Mitgesellschaftern aufgrund der Treuepflicht verlangen, dass sie an der

---

[755] Vgl. *Müller, Welf*, in: Beck GmbH-HB, 2002, § 6, Rn. 51.

[756] Vgl. *Beuthin, Volker/Gätsch, Andreas*, Einfluß Dritter auf die Organbesetzung und Geschäftsführung bei Vereinen, Kapitalgesellschaften und Genossenschaften, in: ZHR, Jg. 157, 1993, S. 483-512 (497).

[757] Vgl. *Schmiegelt, Karl-Heinz*, in: Beck GmbH-HB, 2002, § 3, Rn. 97.

[758] Vgl. *Axhausen, Michael*, in: Beck GmbH-HB, 2002, § 5, Rn. 136.

[759] Vgl. *Axhausen, Michael*, in: Beck GmbH-HB, 2002, § 5, Rn. 137.

[760] Vgl. *Axhausen, Michael*, in: Beck GmbH-HB, 2002, § 5, Rn. 141.

[761] Vgl. *Axhausen, Michael*, in: Beck GmbH-HB, 2002, § 5, Rn. 142.

Abberufung mitwirken.[762] Daneben werden Stimmbindungsabreden im GmbH-Recht für grundsätzlich zulässig gehalten.[763] Das Recht zur Bestellung und Abberufung von Geschäftsführern kann als Gesellschafterrecht i.S.v. § 46 Nr. 5 GmbHG auf Aufsichtsrat bzw. Beirat übertragen werden. Im GmbH-Recht besteht anders als bei der AG keine formelle Satzungsstrenge, d.h. Änderungen oder Ergänzungen bedürfen keiner ausdrücklichen gesetzlichen Ermächtigung.[764]

In dem durch zwingende gesetzliche Regelungen (wie etwa §§ 30 ff. GmbHG) und unverzichtbare körperschaftliche Prinzipien (wie etwa Treuepflichten) gesteckten Rahmen darf die Gestaltungsfreiheit der Mitgliedschaft genutzt werden (§ 45 Abs. 1 GmbHG), d.h. das gesetzlich vorgezeichnetes Normalstatut mit Verwaltungsrechten und Organzuständigkeiten kann weitgehend von den Gesellschaftern modifiziert werden.[765] Da die GmbH-Gesellschafter in ihrer Gesamtheit das oberste Gesellschaftsorgan darstellen, weitgehende Gestaltungsmöglichkeiten und Stimmbindungsverträge[766] möglich sind, hat der VC-Geber umfassende Möglichkeiten seine Rechte zu sichern.

---

[762] Vgl. *Axhausen, Michael*, in: Beck GmbH-HB, 2002, § 5, Rn. 92; *Raiser, Thomas*, 100 Bände BGHZ: GmbH-Recht, in: ZGR, Jg. 151, 1987, S. 422-443.

[763] Dies gilt in den Grenzen allgemeiner Rechtsgrundsätze (Wettbewerbsbeschränkungen, Sittenwidrigkeit, etc); vgl. *Piehler, Klaus*, Die Stimmbindungsabrede bei der GmbH, in: DStR, Jg. 47, 1992, S. 1654-1661. Zur Bedeutung von Gesellschaftervereinbarungen vgl. auch *Joussen, Edgar*, Die konzernrechtlichen Folgen von Gesellschaftervereinbarungen in einer Familien-GmbH, in: GmbHR, Jg. 87, 1996, S. 574-579.

[764] Vgl. *Schwaiger, Helmut*, in: Beck GmbH-HB, 2002, § 2, Rn. 65.

[765] Vgl. *Schwaiger, Helmut*, in: Beck GmbH-HB, 2002, § 2, Rn. 65. Die Gestaltungsmöglichkeiten gehen einigen Stimmen in der Literatur sogar zu weit, Überlegungen zu einer Treupflicht des Gesellschafters gegenüber seiner Gesellschaft werden insbesondere unter dem Aspekt des Gläubigerschutzes diskutiert, vgl. z.B. *Burgard, Ulrich*, Die Förder- und Treupflicht des Alleingesellschafters einer GmbH, in: ZIP, Jg. 23, 2002, S. 827-839.

[766] Zur Zulässigkeit von Stimmrechtsvereinbarungen vgl. *o.V.*, GmbHG §§ 47, 53, Stimmrechtslose Geschäftsanteile, Mehrstimmrecht, Abspaltungsverbot, in: DNotl-Report, 1997, S. 3-4 (4) und ausführlich *Berger, Christian*, Nebenverträge im GmbH-Recht, Vereinbarungen außerhalb des Gesellschaftsvertrages zwischen Gesellschaftern bzw. zwischen Gesellschaftern und Dritten, inbesondere Stimmrechtsvereinbarungen, 1995, S. 60-115. Zur umstrittenen Vollstreckbarkeit von Stimmbindungsverträgen vgl. *Dürr, Martin*, Nebenabreden im Gesellschaftsrecht, Außersatzungsmäßige Bindungen von Gesellschaftern und die Willensbildung in der GmbH, Diss., Frankfurt a.M. 1994, S. 82-112. Der BGH und die h.M. bejahen

5.3.2.4 AKTIEN

Im deutschen Aktienrecht ist ein System der Gewaltenteilung zwischen den Organen Vorstand (§§ 76 ff. AktG), Aufsichtsrat (§§ 95 ff. AktG) und Hauptversammlung (§§ 118 ff. AktG) verankert. Die Aktiengesellschaft ist im Gegensatz zur GmbH nicht hierarchisch organisiert.[767] Die gesetzliche Kompetenzzuweisung und Organabgrenzung ist grundsätzlich zwingend, nach dem in § 23 Abs. 5 AktG verankerten Grundsatz der formellen Satzungsstrenge sind Abweichungen nur dort erlaubt, wo dies „ausdrücklich zugelassen wird" (§ 23 Abs. 5 Satz 1 AktG) und Ergänzungen nur möglich, soweit dass Gesetz keine „abschließende Regelung enthält" (§ 23 Abs. 5 Satz 2 AktG).[768] Darüber hinaus ist § 23 Abs. 5 Satz 1 AktG für ungeschriebene gesetzliche Regelungen ebenfalls als einschlägig zu betrachten, wenn das Gesetz Entscheidungen durch beredtes Schweigen getroffen hat.[769] Bei der Aktiengesellschaft gibt es also ein gesetzliches Regelungsmodell, das Spielräume für autonome vertragliche Gestaltung lässt, aber nur innerhalb bestimmter zwingender Grenzen.[770]

Vollstreckbarkeit, vgl. *BGH*, Urteil vom 29.05.1967 – II ZR 105/66, in: BGHZ 48, S. 163-174.

[767] Siehe z.B. *Lutter, Marcus/Krieger, Gerd*, Rechte und Pflichten des Aufsichtsrats, 2002, Rn. 914. Das Aktienrecht weist eine *horizontale Organstruktur* auf und will eine Rückkehr zur einst hierarchischen Struktur ersichtlich vermeiden, vgl. *Lutter, Marcus*, Die entschlußschwache Hauptversammlung, in: FS Quack, 1991, S. 301-319 (313).

[768] Vgl. *Kessler, Jürgen*, Leitungskompetenz und Leistungsverantwortung im deutschen, US-amerikanischen und japanischen Aktienrecht, in: RIW, Jg. 44, 1998, S. 602-615 (604).

[769] Vgl. *Stützle, Rudolf/Walgenbach, Joachim*, Leitung der Hauptversammlung und Mitspracherechte der Aktionäre in Fragen der Versammlungsleitung, in: ZHR, Jg. 155, 1991. S. 516-544 (521) m.w.N. Dazu differenzierend *Geßler, Ernst*, Bedeutung und Auslegung des § 23 Abs. 5 AktG, in: FS Luther, 1976, S. 69-84 (73/74) m.w.N.

[770] Zur „Schwerfälligkeit" des deutschen Aktienrechts durch zu umfangreiche und technisch anspruchsvolle zwingende Bestimmungen und zu legislatorischen Alternativen vgl. *Kübler, Friedrich*, Aktienrechtsreform und Unternehmensverfassung, in: AG, Jg. 39, 1994, S. 141-148 (143/145). Für mehr Unternehmensverfassungsfreiheit und geringere Satzungsstrenge plädiert amüsant auch *Mertens, Hans-Joachim*, Satzungs- und Organisationsautonomie im Aktien- und Konzernrecht, in: ZGR, Jg. 23, 1994, S. 426-441. Dazu, dass die Organisation einer deutschen Aktiengesellschaft nicht nur durch das Zusammenwirken von Gesetz, Satzung und Einzelentscheidungen der Organe bestimmt wird, sondern dass Stimmbindungsverträge eine besondere Rolle spielen, vgl. *Luther, Martin*, § 23 Abs. (5) AktG im Spannungsfeld von Gesetz, Satzung und Einzelentscheidungen der Organe der Gesellschaft, in: FS Hengeler, 1972, S. 167-190 (167, Fn. 1).

Für das GmbH-Recht gilt der umgekehrte Grundsatz, d.h. dass das Gesetz im Regelfalle der abweichenden Satzung den Vorrang überlässt.[771] Das Aktiengesetz verteilt die Kompetenzen auf verschiedene Organe, ohne „Hineinregieren" untereinander zu erlauben, d.h. jedes Organ hat seinen bestimmten Entscheidungsbereich und darf nicht in andere übergreifen.[772] So gibt es kein Weisungsrecht des Aufsichtsrats gegenüber dem Vorstand (§ 76 Abs. 1 AktG) und auch kein Streitentscheidungsrecht der Hauptversammlung bei Kompetenzkonflikten zwischen Vorstand und Aufsichtsrat (§ 119 Abs. 2 AktG). Es ist gesetzlich kein innerorganisatorisches Konfliktlösungsinstrument verankert, sondern es gibt als Sanktion lediglich die außerorganisatorische Möglichkeit, den Vorstand zu entlassen (§ 84 Abs. 3 AktG), deren Eignung zur Klärung von Kompetenzstreitigkeiten kritisch gesehen wird.[773] Durch eine personelle Neubesetzung des Vorstands geht ggf. wertvolles Know-How verloren, möglicherweise hat der Vorstand trotz des Konfliktes sehr gute Arbeit geleistet. Bei Neugründungen entsteht das besondere Problem, dass der Gründer als Vorstand so einfach nicht ersetzt werden kann, da das Unternehmen an ihn gebunden ist. Wird er ersetzt, kann das ggf. eine Entscheidung für Liquidation bedeuten.

Die Kompetenzaufteilung und strikte Trennung wirft Probleme auf. Wenn sich der Vorstand über Kompetenzen der Hauptversammlung hinwegsetzt, besteht kein eigenes Abwehrrecht des Aufsichtsrats, da dessen

---

[771] Vgl. *Kübler, Friedrich*, Aktienrechtsreform und Unternehmensverfassung, in: AG, Jg. 39, 1994, S. 141-148 (141).

[772] Vgl. *Bork, Reinhard*, Materiell-rechtliche und prozessrechtliche Probleme des Organstreits zwischen Vorstand und Aufsichtsrat einer Aktiengesetz, in: ZGR, Jg. 18, 1989, S. 1-43 (19).

[773] Zu weiteren Nachweisen vgl. *Bork, Reinhard*, Materiell-rechtliche und prozessrechtliche Probleme des Organstreits zwischen Vorstand und Aufsichtsrat einer Aktiengesetz, in: ZGR, Jg. 18, 1989, S. 1-43 (19). Der Aufsichtsrat als Organ kann in Vertretung der Gesellschaft auf Pflichtverletzung des Vorstands gegenüber der Gesellschaft klagen. Eine Klagemöglichkeit einzelner Aufsichtsratmitglieder gegen das Verhalten des Vorstands verneinen *Deckert, Martina*, Klagemöglichkeiten einzelner Aufsichtsratsmitglieder, in: AG, Jg. 39, 1994, S. 457-465 (465) und *Stodolkowitz, Heinz Dieter*, Gerichtliche Durchsetzung von Organpflichten in der Aktiengesellschaft, in: ZHR, Jg. 154, 1990, S. 1-23 (18) m.w.N. auch abweichender Meinungen. Dazu differenzierend *Poseck, Roman*, Die Klage des Aufsichtsrats gegen die Geschäftsführung des Vorstandes, in: DB, Jg. 49, 1996, S. 2165-2169 (2168/2169). In jedem Fall sollten erst alle innerorganisatorischen Möglichkeiten versucht werden, bevor geklagt wird. Zu Klagerechten gegenüber Beschlüssen vgl. auch *Schmidt, Karsten*, Anfechtungsbefugnisse von Aufsichtsratmitgliedern, in: FS Semler, 1993, S. 329-345.

Kompetenz ja nicht berührt ist, so dass die Aktionärsklage neben der Klage des Aufsichtsrats in Vertretung der Gesellschaft die alleinig relevante Möglichkeit ist.[774] Dem Vorstand ist es untersagt, die Kompetenzen des Aufsichtsrats zu missachten, andererseits führt er gem. § 76 Abs. 1 AktG die Geschäfte „eigenverantwortlich", so dass er seinerseits Anspruch auf Beachtung seiner eigenen Kompetenz i.d.S. hat, dass ihm andere Organe im Wege des Organstreits nicht in die Geschäftsführung „hineinreden" dürfen.[775] Im Aktienrecht gibt es entsprechend keine Norm, die den Aufsichtsrat befugt, dem Vorstand Geschäftsführungsmaßnahmen vorzuschreiben oder zu untersagen.

Dabei hat sich Betrachtung und Aufgabenstellung des Aufsichtsrats seit 1990 durch *BGH*-Rechtssprechung[776], durch das KonTraG[777] und das TransPuG[778] i.S. einer Erweiterung der Aufgaben dramatisch geändert.[779] Ursprünglich als reines Kontroll-Pflichtorgan geschaffen, weil die Kontrol-

---

[774] Vgl. *Bork, Reinhard*, Materiell-rechtliche und prozessrechtliche Probleme des Organstreits zwischen Vorstand und Aufsichtsrat einer Aktiengesetz, in: ZGR, Jg. 18, 1989, S. 1-43 (20).

[775] Vgl. *Bork, Reinhard*, Materiell-rechtliche und prozessrechtliche Probleme des Organstreits zwischen Vorstand und Aufsichtsrat einer Aktiengesetz, in: ZGR, Jg. 18, 1989, S. 1-43 (21). Dazu, dass das fehlende Zusammenwirken der Organe bei der Unternehmensüberwachung die „Erwartungslücke" mit der sich Abschlussprüfer konfrontiert sehen, mitverursacht hat, vgl. *Spieth, Eberhard/Förschle, Gerhart*, Institutionen der Unternehmensüberwachung und bestehende Interdependenzen bei der Aktiengesellschaft, in: FS Ludewig, 1996, S. 1049-1088 (1079).

[776] Vgl. z.B. *BGH*, Urteil vom 25.03.1991 – II ZR 188/89, in: BGHZ 114, S. 127-137 mit weiteren Fundstellen. Zur BGH-Rechtsprechung vgl. *Henze, Hartwig*, Prüfungs- und Kontrollaufgaben des Aufsichtsrates in der Aktiengesellschaft, in: NJW, Jg. 51, 1998, S. 3309-3312 und *Boujong, Karlheinz*, Rechtliche Mindestanforderungen an eine ordnungsgemäße Vorstandskontrolle und -beratung, in: AG, Jg. 40, 1995, S. 203-207.

[777] Gesetz zur Kontrolle und Transparenz im Unternehmensbereich (KonTraG) vom 05.03.1998, in: BGBl. I 1998, S. 786-794. Zu den Änderungen durch das KonTraG vgl. z.B. *Hommelhoff, Peter/Mattheus, Daniela*, Corporate Governance nach dem KonTraG, in: AG, Jg. 43, 1998, S. 249-259; *Feddersen, Dieter*, Neue gesetzliche Anforderungen an den Aufsichtsrat, in: AG, Jg. 45, 2000, S. 385-396. Zur Diskussion im Vorfeld z.B. *Servatius, Bernhard*, Ordnungsgemäße Vorstandskontrolle und vorbereitende Personalauswahl durch den Aufsichtsratsvorsitzenden, in: AG, Jg. 40, 1995, S. 223-225.

[778] Transparenz- und Publizitätsgesetz (TraPuG), in: BGBl. I 2002, S. 2681-2687.

[779] Vgl. *Lutter, Marcus/Krieger, Gerd*, Rechte und Pflichten des Aufsichtsrats, 2002, Rn. 57.

le der Geschäftsführung des Vorstandes durch die Hauptversammlung praktisch unmöglich war, sind dem Aufsichtsrat weitere Aufgaben zugewachsen, so dass er heute als ein „mitunternehmerisches, beratendes und mitentscheidendes Unternehmensorgan" betrachtet wird, das auch „mitverantwortlich" für die Führung des Unternehmens ist.[780] Die Erkenntnis, dass eine rein retrospektive Aufsicht nur sehr eingeschränkten Nutzen hat, hat dazu geführt, dem Aufsichtsrat präventiv eine begleitende Rolle des unternehmerischen Handelns des Vorstands zu geben, wofür der Begriff „Beratung mit dem Vorstand" gebildet wurde.[781] So hat der Vorstand den Aufsichtsrat gemäß § 111 Abs. 4 AktG über geplante strategische Entscheidungen im Vorfeld und gemäß § 90 Abs. 1 Nr. 1 AktG auch über „die beabsichtigte Geschäftspolitik und andere grundsätzliche Fragen der Unternehmensplanung (insbesondere die Finanz-, Investitions- und Personalplanung)" zu unterrichten.[782] Mitunternehmerischen Einfluss kann der Aufsichtsrat auch dadurch ausüben, dass er bestimmte Arten von Geschäften zustimmungspflichtig macht, was durch das TraPuG verstärkt wurde: Jetzt *kann* der Aufsichtsrat nicht mehr nur, sondern er *hat* einen Katalog zustimmungspflichtiger Geschäfte zu verabschieden (§ 111 Abs. 4 Satz 2 AktG).[783] Daneben hat das TraPuG

---

[780] Vgl. *Lutter, Marcus/Krieger, Gerd*, Rechte und Pflichten des Aufsichtsrats, 2002, Rn. 57; *Theisen, Manuel R.*, Grundsätze ordnungsgemäßer Kontrolle und Beratung der Geschäftsführung durch den Aufsichtsrat, in: AG, Jg. 40, 1995, S. 193-203.

[781] Vgl. *Lutter, Marcus*, Der Aufsichtsrat: Kontrolleur oder Mit-Unternehmer?, in: FS Albach, 2001, S. 225-235 (227). Werden zusätzlich Beraterverträge mit Aufsichtsratsmitgliedern geschlossen, ergibt sich ein Abgrenzungsproblem zwischen § 113 und § 114 AktG, da zu klären ist, ob eine Tätigkeit außerhalb der Tätigkeit im Aufsichtsrat erfolgt, so dass die Wirksamkeit des Vertrags von der Zustimmung des Aufsichtsrats abhängt, vgl. dazu *Beater, Axel*, Beratungsvergütungen für Aufsichtsratsmitglieder (§§ 113, 114 AktG), in: ZHR, Jg. 157, 1993, S. 420-436.

[782] Vgl. *Kropff, Bruno*, Die Unternehmensplanung im Aufsichtsrat, in: NZG, Jg. 1, 1998, S. 613-656.

[783] Der Katalog zustimmungspflichtiger Geschäfte hat in mittelständischen AGs und GmbHs große praktische Bedeutung. Für große AGs am Kapitalmarkt wurden sie nach Einführung des Mitbestimmungsgesetzes von 1976 jedoch abgeschafft, um keine Konfliktsituation zwischen Anteilseigner- und Arbeitnehmervertretern zu begründen, vgl. *Ulmer, Peter*, Die Anpassung der Satzungen mitbestimmter Aktiengesellschaften an das MitbestG 1976, 1980, z.B. S. 43; *Bernhardt, Wolfgang*, Aufsichtsrat – die schönste Nebensache der Welt?, in: ZHR, Jg. 159, 1995, S. 310-321 (313); *Lutter, Marcus*, Der Aufsichtsrat: Kontrolleur oder Mit-Unternehmer?, in: FS Albach, 2001, S. 225-235 (229). Die Interessenskonflikte zwischen Arbeitnehmern und Anteilseignern können weit über diejenigen zwischen Aktionärsgruppen hinausgehen können, vgl. *Hölters, Wolfgang*, Die zustimmungspflichtigen

auch die Informationsrechte von Aufsichtsratmitgliedern[784] verstärkt: Abweichungen von Planungen müssen im Vierteljahres-Bericht begründet werden (§ 90 Abs. 1 Nr. 1 AktG), dies unter Einbeziehung der Konzernunternehmen (§ 90 Abs. 1 Satz 2 AktG) rechtzeitig und in schriftlicher (Text-)Form (§ 90 Abs. 4 und 5 AktG). Jedes (einzelne) Aufsichtsratmitglied kann einen Zusatzbericht vom Vorstand verlangen (§ 90 Abs. 3 Satz 2 AktG) und Aufsichtsrat-Ausschüsse müssen regelmäßig dem Gesamtaufsichtsrat über ihre Arbeit berichten (§ 107 Abs. 3 Satz AktG).

Die Hauptversammlung kann mit Ausnahme der Fälle des § 119 Abs. 2 AktG nicht über Geschäftsführungsentscheidungen beschließen, auf der anderen Seite kann sie auf den Vorstand nicht grundlegende Strukturmaßnahmen durch Ermächtigung delegieren.[785] Ob die Vornahme oder Unterlassung einer Geschäftsführungsmaßnahme durch Aktionärsklage erzwungen werden kann, wird in der neueren Literatur diskutiert und von einigen Stimmen für möglich gehalten, da pflichtwidriges Handeln bzw. rechtswidrige Geschäftsführungsmaßnahmen eine Verletzung der Mitgliedschaft seien. Die ganz herrschende Meinung lehnt dies jedoch ab, da das einer Aufhebung des strengen Kompetenzgefüges der Organe der Aktiengesellschaft gleichkomme.[786]

Das „Gesetz für kleine Aktiengesellschaften und zur Deregulierung des Aktienrechts" vom 02.08.1994[787] hat einige Erleichterungen gebracht, im Grundsatz jedoch keine entscheidende Wende oder gar neue Rechts-

---

Geschäftsführungsmaßnahmen im Spannunsfeld zwischen Satzungs- und Aufsichtsratsautonomie, in: BB, Jg. 33, 1978, S. 640- 643 (640).

[784] Vgl. insbesonders zu Informationsrechten über Tochtergesellschaften *Elsing, Siegfried H.*, Individuelle Informationsrechte von Aufsichtsratmitgliedern einer Aktiengesellschaft, in: BB, Jg. 57, 2002, S. 1705-1711.

[785] Vgl. *Lutter, Marcus/Leinekugel, Rolf*, Der Ermächtigungsbeschluss der Hauptversammlung zu grundlegenden Strukturmaßnahmen – zulässige Kompetenzübertragung oder unzulässige Selbstentmachtung?, in: ZIP, Jg. 19, 1998, S. 805-817. Zu den Grenzen der Entscheidungsfreiheit der Verwaltung vgl. auch *Müller, Welf*, Die Entscheidungsspielräume der Verwaltung einer Aktiengesellschaft im Verhältnis zu ihren Aktionären, in: FS Semler, 1993, S. 195-215 (198).

[786] Vgl. *Krieger, Gerd*, Aktionärsklage zur Kontrolle des Vorstands- und Aufsichtsratshandelns, in: ZHR, Jg. 163, 1999, S. 343-363 (354) m.w.N. Zum Dilemma der Aktionärs-Anfechtungsklage, die notwendig und wünschenswert aber missbrauchsgefährdet ist, vgl. *Zöllner, Wolfgang*, Zur Problematik der aktienrechtlichen Anfechtungsklage, in: AG, Jg. 45, 2000, S. 145-157 (147).

[787] Vgl. BGBl. I 1994, S. 1961-1962.

form.[788] Am Prinzip der Satzungsstrenge hat sich im Grundsatz nichts geändert, was bei der Einräumung von Sonderrechten für einzelne Gesellschafter, speziell der Einflusssicherung von Bedeutung ist.[789] In diesem für die VC-Finanzierung sehr wichtigen Bereich bietet die GmbH nach wie vor größere Gestaltungsspielräume.

5.3.2.4.1 Gesellschafts-, handels- und steuerrechtliche Einordnung

§ 11 AktG erlaubt, dass Aktien unterschiedliche Rechte gewähren können, wobei die Aktien mit gleichen Rechten dann jeweils eine Gattung bilden. Als besondere Aktiengattung sind vor allem stimmrechtslose Vorzugsaktien bekannt (§§ 12, 139 AktG). Bedeutung erlangte die Vorzugsaktie in Deutschland mit dem Aktiengesetz von 1965, das den Gesamtnennbetrag stimmrechtsloser Aktien auf die Hälfte des Grundkapitals (§ 139 Abs. 2 AktG) heraufsetzte, bis dahin galten sie als „kein erwünschter Aktientyp, da sie den Aktionär vom Unternehmen löst, statt ihn an das Unternehmen zu binden."[790] Nach dem Vorbild der anglo-amerikanischen „Preferred Shares" werden in jüngster Vergangenheit immer häufiger Aktien ausgegeben, die Vorzüge gewähren, deren Stimmrecht aber nicht ausgeschlossen ist.[791]

Stimmrechtslose Vorzugsaktien verlieren an Bedeutung, da sie an internationalen Kapitalmärkten nicht geschätzt werden.[792] Bei nicht börsennotierten Unternehmen werden Aktien, die Vorzugsrechte und Stimmrechte gewähren („Preferred Shares"), zur Absicherung der Vermögens- und Verwaltungsrechte eines Aktionärs dagegen häufig eingesetzt, das gilt in

---

[788] Vgl. *Hahn, Jürgen*, „Kleine AG", eine rechtspolitische Idee zum unternehmerischen Erfolg", in: DB, Jg. 47, 1994, S. 1659-1665 (1665); *Kindler, Peter*, Die Aktiengesellschaft für den Mittelstand, in: NJW, Jg. 47, 1994, S. 3041-3049 (3049); *Priester, Hans-Joachim*, Die kleine AG – ein neuer Star unter den Rechtsformen?, in: BB, Jg. 51, 1996, S. 333-339 (335).

[789] Vgl. *Priester, Hans-Joachim*, Die kleine AG – ein neuer Star unter den Rechtsformen?, in: BB, Jg. 51, 1996, S. 333-339 (337).

[790] *Hefermehl, Wolfgang*, Denkschrift zur Reform des Aktienrechts, Aktienrechtsausschuss, 1952, zitiert nach *Bezzenberger, Tilman*, Vorzugsaktien ohne Stimmrecht, 1990, S. 32.

[791] Vgl. *Loges, Rainer/Distler, Wolfram*, Gestaltungsmöglichkeiten durch Aktiengattungen, in: ZIP, Jg. 23, 2002, S. 467-474 (467).

[792] Siehe z.B. *Senger, Michael/Vogelmann, Axel*, Die Umwandlung von Vorzugsaktien in Stammaktien, in: AG, Jg. 47, 2002, S. 193-214 (193); *Vollath, Stefan*, Umwandlung von Vorzugsaktien in Stammaktien, in: StuB, Jg. 3, 2001, S. 612/613 (612); *Pellens, Bernhard/Hillebrandt, Franca*, Vorzugsaktien vor dem Hintergrund der Corporate Governance-Diskussion, in: AG, Jg. 46, 2001, S. 57-67 (57).

besonderem Maße für das VC-Geschäft.[793] Der VC-Geber will zur Anreizsetzung bei der laufenden Dividende und im Liquidationsfall bevorzugt bedient werden, gleichzeitig aber seine Einflussmöglichkeiten in
Form von Stimmrechten nicht verlieren.

Nach dem Aktiengesetz umfasst der Begriff „Aktie" gemäß § 11 AktG die
Beteiligung am Grundkapital, die Mitgliedschaft und die Verbriefung in
Form eines Wertpapiers. Die Aktie gewährt also die Mitgliedschaft – die
dem Genussrechtsinhaber vorenthalten bleibt (vgl. 5.3.2.1.1.) – mit allen
Rechten und Pflichten. § 11 AktG bestimmt, dass die aus der Mitgliedschaft fließenden Rechte unterschiedlich stark ausgeprägt sein können
und dass gleich stark ausgeprägte Mitgliedschaften jeweils eine Gattung
bilden.[794] Unterschiedlich ausgestaltete Aktienurkunden und auch Sonderrechte begründen dabei nicht unterschiedliche Gattungen. Unterschiedliche Arten von Vorzügen bei Vermögens- und Mitspracherechten
begründen gem. § 11 Abs. 2 AktG unterschiedliche Aktiengattungen.

§ 139 Abs. 1 AktG bestimmt „für Aktien, die mit einem nachzuzahlenden
Vorzug bei der Verteilung des Gewinns ausgestattet sind, kann das
Stimmrecht ausgeschlossen werden". Das Fehlen des Stimmrechts ist
optional, nicht zwingend (§ 12 Abs. 1 Satz 2 AktG). Es sind (stamm-)ak-
tien- und obligationenähnliche Vorzugsaktien möglich. Vorzugsaktien
weisen hybriden Charakter auf.[795] Als Ausgleich für das fehlende Stimmrecht erhält der Vorzugsaktionär eine nachzuzahlende Vorzugsdividende
(§§ 139 Abs. 1, 140 Abs. 2 AktG).[796] Die Kurse von Stamm- und Vor-

---

[793] Vgl. *Loges, Rainer/Distler, Wolfram*, Gestaltungsmöglichkeiten durch Aktiengattungen, in: ZIP, Jg. 23, 2002, S. 467-474 (467).

[794] Vgl. *Loges, Rainer/Distler, Wolfram*, Gestaltungsmöglichkeiten durch Aktiengattungen, in: ZIP, Jg. 23, 2002, S. 467-474 (468).

[795] Der Begriff „Vorzugsaktien" nach deutschem Aktienrecht ist damit nicht zwingend
mit einem Stimmrechtsausschluss verbunden. Mit dem Begriff „Vorzugsaktie" wird
in Deutschland i.d.R. jedoch die Vorzugsaktie mit Dividendenvorzug ohne Stimmrecht gemäß § 139 AktG verbunden. Daher wird hier für andere Arten die Bezeichnung „Aktien mit Vorrechten" gewählt. Vergleiche zwischen dem Einsatz von
Vorzugsaktien in Deutschland und dem in USA sind angesichts des in Deutschland üblichen und in USA unüblichen Stimmrechtsausschlusses argumentativ
nicht tauglich, zu finden z.B. in *Reckinger, Gabriele*, Vorzugsaktien in der Bundesrepublik, in: AG, Jg. 28, 1983, S. 216-222 (217). Dazu, dass man in den USA die
international am weitesten gehende Gestaltungsfreiheit von Vorzugsaktien findet,
siehe *Siebel, Ulf R.*, Vorzugsaktien als „Hybride" Finanzierungsform und ihre
Grenzen, in: ZHR, Jg. 161, 1997, S. 628-664 (639).

[796] Missbräuchen wie Verschieben der Dividendenzahlung durch Rücklagenbildung
oder Ergebnisbeeinflussung, um auch die Stammaktionäre zum Zug kommen zu
lassen, wird gesetzlich damit vorgebeugt, dass sich der Vorabbetrag wie eine

zugsaktien verhalten sich zueinander entsprechend der Einschätzung der Marktteilnehmer in Bezug darauf, ob dieser Vorzug einen geringer-, gleich- oder höherwertigen Ersatz für das fehlende Stimmrecht darstellt.[797] Fehlt Vorzugsaktien das Stimmrecht,[798] stellen sie keine beliebig

---

Mehrdividende auswirkt: Der laufende Vorzug und die kumulierten Nachzahlungen für Ausfalljahre erfolgen vor der Bedienung der Stammaktionäre. Nachzuzahlen ist dementsprechend auch stets, wenn ein positives Ergebnis überhaupt nicht erwirtschaftet worden ist. Dies ist auch Ausdruck der Absicht, den Vorzugsaktionären nicht Teil des unternehmerischen Risikos aufzubürden (vgl. *Bezzenberger, Tilman*, Vorzugsaktien ohne Stimmrecht, 1991, S. 58). Außer dem Stimmrecht stehen den Vorzugsaktionären alle Rechte zu, die auch den Stammaktionären zustehen (§ 140 Abs. 1 AktG). Kann in zwei aufeinander folgenden Jahren der Vorzugsbetrag nicht (vollständig) gezahlt werden, lebt das Stimmrecht bis zur Nachzahlung der Rückstände auf (§ 140 Abs. 2 Satz 1 AktG). Analog zur Nachzahlungspflicht lebt auch das Stimmrecht zwingend und unabhängig davon auf, aus welchem Grund die Vorzugsdividende nicht (vollständig) gezahlt wurde. Dies stelle den Sanktionscharakter der Norm in Frage, vgl. *Bezzenberger, Tilman*, Vorzugsaktien ohne Stimmrecht, 1991, S. 94/95).

[797] Zur Interpretation des Kursunterschiedes zwischen Stamm- und Vorzugsaktionären als Beleg für potentielle Reichtumsverschiebungen, vgl. *Pellens, Bernhard/Hillebrandt, Franca*, Vorzugsaktien vor dem Hintergrund der Corporate Governance-Diskussion, in: AG, Jg. 46, 2001, S. 57-67; *Hartmann-Wendels, Thomas/Hinten, Peter von*, Marktwert von Vorzugsaktien, Zur Begründung der Kursdifferenzen von Stammaktien und stimmrechtslosen Vorzugsaktien, in: ZfbF, Jg. 41, 1989, S. 263-293; *Jung, Axel/ Wachtler, Frank*, Die Kursdifferenz zwischen Stamm- und Vorzugsaktien, in: AG, Jg. 46, 2001, S. 513-520. Zu Schwierigkeiten, die durch die unterschiedliche Bewertung von Stamm- und Vorzugsaktien durch den Stimmrechtsunterschied bei Umstrukturierungen entstehen, vgl. *Krieger, Gerd*, Vorzugsaktie und Umstrukturierung, in: FS Lutter, 2000, S. 497-521. Zu Schwierigkeiten bei der Umwandlung von Vorzugs- in Stammaktien aufgrund des Beschlusses der Deutschen Börse AG nur noch eine Aktiengattung einer AG pro Auswahlindex zu erfassen, vgl. *Senger, Michael/Vogelmann, Axel*, Die Umwandlung von Vorzugsaktien in Stammaktien, in: AG, Jg. 47, 2002, S. 193-214 (193).

[798] Das Ausschließen des Stimmrechts für eine Aktiengattung bedeutet nicht gleichzeitig Mehrstimmrechte für die andere Aktiengattung, jedoch besteht eine enge Verwandtschaft: Eine Mehrstimmrechtsaktie gibt ein in Bezug zum Aktiennennbetrag bevorrechtigtes Stimmrecht, der Ausschluss des Stimmrechts für die Vorzugsaktien lässt das normale Aktienstimmrecht der Stammaktionäre zum Vorrecht werden.[798] In Vorzugsaktien ohne Stimmrecht sei das schärfere Beherrschungsmittel zu sehen, da sie bei der Berechnung von Kapitalmehrheiten gar nicht mitzählen, wohingegen bei Mehrstimmrechten die Stammaktionäre durchaus von ihrem Stimmrecht Gebrauch machen können, was sich nicht nur bei Stimmenmehrheiten, sondern gerade bei Mehrheiten des vertretenen Grundkapitals auswirke. Mehrstimmrechte sind seit dem KonTraG unzulässig (§ 12 Abs. 2 AktG). Sie stellten eine stärkere Durchbrechung aktienrechtlicher Grundsätze dar, da sie keine

bevorrechtigte Aktiengattung dar, sondern einen eigenen Aktientyp als eine gesetzlich geregelte Sondereinrichtung.[799] Der zu gewährende Gewinnvorzug ist nicht freie Gestaltung und damit Sache der Satzung, sondern ist gesetzlich angeordnet. Hintergrund der gesetzlichen Regelung ist der Gedanke, dass Vorzugsaktionäre nicht in gleichem Umfang wie Stammaktionäre das Unternehmensrisiko zu tragen hätten, sondern durch Bevorrechtigung bzw. weitgehende Sicherung eines bestimmten Gewinnanspruchs möglichst vom Risiko freigestellt werden. Die Sicherung des Gewinnanspruchs wird nur durch den Rahmen der Kapitalbindung begrenzt. Nachzahlungsanspruch und Stimmrechtsaufleben seien lediglich Notbehelfe, falls der Vorzug – aus welchem Grund auch immer – nicht erfüllt wird.

Neben den Vorzugsaktien ohne Stimmrecht können auch Aktien mit Vorrechten *und* Stimmrecht ausgegeben werden, dabei müssen sämtliche stimmrechtslose sämtlichen stimmberechtigten Vorzugsaktien bei der Gewinnverteilung vorgehen. Auch die Ausgabe mehrerer stimmrechtsloser Vorzugsaktien ist möglich, solange die Grenze des § 139 Abs. 2 AktG eingehalten wird. Das Gewinnvorrecht einer Vorzugsaktie muss also weder das einzige, noch ein absolut erstrangiges sein, es muss lediglich allen stimmberechtigten Aktien vorrangig sein.[800] Die Satzung kann unterschiedliche Regelungen des Dividendenvorrechts bestimmen.[801]

Gesellschaftsrechtlich lassen sich Aktiengattungen mit unterschiedlichen Vermögensrechten mit und ohne Stimmrecht schaffen.[802] Der VC-Geber kann mit diesen Aktiengattungen also beides erreichen: Bevorrechtigung bei laufender Bedienung und im Liquidationsfall, ggf. weitere Sonderrechte und Stimmrechte. Wie schon erwähnt (vgl. 5.3.2.2.1), können in Stammaktien wandelbare Vorzugsaktien nach US-amerikanischem Vorbild interessant für den VC-Geber sein. Nach deutschem Aktienrecht kann dem Vorzugsaktionär ein Wandlungsrecht in Stammaktien als Son-

---

Finanzierungs-, sondern Beherrschungsmittel seien (vgl. *Bezzenberger, Tilman*, Vorzugsaktien ohne Stimmrecht, 1991, S. 91).

[799] Zu den Ausführungen über stimmrechtslose Vorzugsaktien vgl. *Bezzenberger, Tilman*, Vorzugsaktien ohne Stimmrecht, 1991, S. 49.

[800] Vgl. *Bezzenberger, Tilman*, Vorzugsaktien ohne Stimmrecht, 1991, S. 45/46.

[801] Grundsätzlich kann man partizipierende und obligationenähnliche Aktien mit Vorrechten unterscheiden: Bei partizipierenden Aktien mit Vorrechten nehmen die Aktionäre über die Vorzugsdividende hinaus am Bilanzgewinn teil, bei obligationenähnlichen wird der nach Gewährung der Vorzugsdividende verbleibende Bilanzgewinn den Stammaktionären ausgezahlt.

[802] Vgl. *Nirk, Rudolf*, in: Handbuch der Aktiengesellschaft, Gesellschaftsrecht, 2003, Rn. 457.

derrecht gewährt werden. Damit scheint der Aktionär alle Vorteile zu erreichen: Gewinnvorzug, Stimmrechte und Wandlungsoption. In deutschen VC-Finanzierungsverträgen wird häufig eine einseitige Berechtigung des Vorzugsaktionärs zur Wandlung verankert. Dies bewirkt – im Gegensatz zum US-amerikanischen Recht, wo automatisch bzw. bei Eintritt bestimmter Bedingungen Wandlung vereinbart wird oder wo der Gründer Wandlung unter bestimmten Bedingungen verlangen kann – eventuell eine ausbeutungsoffene Position des Gründers. Wenn der VC-Geber nicht wandelt und weiterhin Vorzugsdividende bezieht, hat der Gründer keine Möglichkeit, dies zu beenden. Dem Gründer ist zu empfehlen, die Vorzugsaktien nur zeitlich befristet oder an Bedingungen geknüpft zu vereinbaren bzw. eine für sämtliche Gesellschafter verbindliche schuldrechtliche Nebenabrede zu treffen, in der vereinbart wird, der VC-Geber müsse unter bestimmten Bedingungen wandeln.

Schuldrechtliche Nebenabreden der Gesellschafter, d.h. Vereinbarungen der Gesellschafter außerhalb von Gesellschaftsvertrag bzw. Satzung, welche sich auf die Gesellschaft beziehen, sind bei allen Gesellschaftsformen möglich. Die meisten dieser Nebenabreden könnten, was ihren Inhalt betrifft, auch in der Satzung stehen. Der Grund, warum sie nicht als Satzungsbestandteile aufgenommen werden, wird in der Scheu vor der Publizität des Handelsregisters und dem formalen Aufwand von Änderungen (notarielle Beurkundung) gesehen.[803] Diese Vorteile schuldrechtlicher Nebenabreden bedeuten im Streitfall, wenn sich ein Gesellschafter nicht daran hält, aber auch erhebliche Erschwernisse bei der Rechtsdurchsetzung.[804]

Ob für alle Gesellschafter verbindliche Nebenabreden satzungsgleiche Wirkung haben sollen, insbesondere Anfechtungsgrund von Gesellschafterbeschlüssen sein können, ist umstritten.[805] Entsprechende *BGH*-Urtei-

---

[803] Vgl. *Hoffmann-Becking, Michael*, Der Einfluß schuldrechtlicher Gesellschaftervereinbarungen auf die Rechtsbeziehungen in der Kapitalgesellschaft, in: ZGR, Jg. 23, 1994, S. 442-464 (445/446).

[804] Vgl. *Hoffmann-Becking, Michael*, Der Einfluß schuldrechtlicher Gesellschaftervereinbarungen auf die Rechtsbeziehungen in der Kapitalgesellschaft, in: ZGR, Jg. 23, 1994, S. 442-464 (446). Auf die Natur des in der Nebenabrede vereinbarten Rechts kommt es an, weil die Rechtsfolgen bei unterschiedlicher Rechtsnatur auch unterschiedlich sind (vgl. *Waldenberger, Arthur*, Sonderrechte der Gesellschafter einer GmbH – ihre Arten und ihre rechtliche Behandlung, in: GmbHR, Jg. 88, 1997, S. 49-56 (55).

[805] Vgl. *Winter, Martin*, Organisationsrechtliche Sanktionen bei Verletzung schuldrechtlicher Gesellschaftervereinbarungen?, in: ZHR, Jg. 154, 1990, S. 259-283.

le zu „satzungsgleichen" Nebenabreden sind auf Kritik gestoßen.[806] Die Kritik stützt sich auf die fehlenden Form- und Publizitätserfordernisse von Nebenabreden, auf die Umgehung der Satzungsstrenge des § 23 Abs. 5 AktG und auf Widersprüche zu anderen *BGH*-Urteilen.[807] Das Hauptproblem dieser Nebenabreden ist aber nicht rechtsdogmatischer Natur, sondern liegt in der schlechten Beweisbarkeit und geringeren Festigkeit dieser Bindungen (Dauer, Kündbarkeit), was das Fehlen ihrer „satzungsgleichen" Wirkung deutlich werden lässt.[808]

Handelsrechtlich stellen Aktien Anteile an einem anderen Unternehmen dar. Sie sind Beteiligungen, wenn die Merkmale der Beteiligungsdefinition erfüllt sind (§ 271 Abs. 1 Satz 1 HGB). Ist die Beteiligungsdefinition nicht erfüllt und ist das Beteiligungsunternehmen kein verbundenes Unternehmen, sind die Anteile als Wertpapiere des Anlage- bzw. im Umlaufvermögen auszuweisen. „Preferred Shares" gehören nach IAS als Anteilsrechte aufgrund ihres hybriden Charakters nicht zwangsläufig zum Eigenkapital des Unternehmens, ihr Ausweis hängt von den verbrieften Rechten ab.[809]

Steuerrechtlich gilt für Dividenden und Veräußerungsgewinne § 8b KStG.

5.3.2.4.2 Anreiz- und steuerorientierte Bedienungsgestaltung

a) Möglichkeit zur Vorzugsvereinbarung auf Gewinnverteilungsebene

Für die Ausgestaltung des Dividendenvorrechts gibt es zahlreiche Möglichkeiten.[810] Der Aktionär kann daneben ein Mehrdividendenrecht vereinbaren, bei dem ihm nicht vorab eine feste Dividende gezahlt wird,

---

[806] Vgl. *BGH*, Urteil vom 27.10.1986 – II ZR 240/85, in: NJW, Jg. 40, 1987, S. 1890-1892; *BGH*, Urteil vom 20.01.1983 – II ZR 243/81, in: NJW, Jg. 36, 1983, S. 1910-1911.

[807] Vgl. *BGH*, Urteil vom 24.10.1988 – II ZB 7/88, in: BGHZ 105, S. 324-346; vgl. *Winter, Martin*, Organisationsrechtliche Sanktionen bei Verletzung schuldrechtlicher Gesellschaftervereinbarungen?, in: ZHR, Jg. 154, 1990, S. 259-283 (272/ 273).

[808] Vgl. *Schmidt, Karsten*, Gesellschaftsrecht, 2002, S. 95.

[809] Vgl. *Förschle, Gerhart/Kroner, Matthias*, in: Beck Bil.-Komm., 2003, § 272, Rn. 247.

[810] Zum Beispiel gibt es: limitierte Vorzugsdividende mit und ohne Nachholung, prioritätischer Dividendenanspruch in Verbindung mit einer Gleichverteilungsregel oder mit einer generellen Überdividende. Genauer zu diesen Möglichkeiten vgl. *Drukarczyk, Jochen*, Finanzierung, 2003, S. 302-309.

sondern er gleichberechtigt mit den Stammaktionären einen höheren Anteil als diese pro Aktie erhält.[811]

b) Möglichkeit zur Vorzugsvereinbarung im Liquidationsfall

Aktien können gemäß § 11 Satz 1 AktG nicht nur verschiedene Rechte bei der Verteilung des Gewinns, sondern auch bei der Verteilung des Gesellschaftsvermögens gewähren, Vereinbarungen von Vorrechten sowie beschränkten Rechten im Liquidationsfall sind also möglich. Gerade für obligationenähnliche Vorzugsaktien wird die Beschränkung der Teilhabe am Liquidationserlös für sinnvoll gehalten, weil ein beschränktes Dividendenrecht im Widerspruch zu einem unbeschränkten Recht auf Substanzbeteiligung stehe.[812]

c) Möglichkeit zur Vereinbarung einer festen Verzinsung der Einlage

Dem Aktionär kann eine Mindestverzinsung gewährt werden, indem er vorab eine Zuweisung erhält, bevor eine Dividendenverteilung an die übrigen Aktionäre geht (prioritätischer Dividendenanspruch). Voraussetzung für die Vorzugsdividende ist jedoch, dass überhaupt ein ausschüttungsfähiger Bilanzgewinn vorliegt, eine feste Verzinsung des eingesetzten Kapitals unabhängig von der Ertragslage der Gesellschaft ist bei der Aktiengesellschaft nicht möglich.[813] Ist eine gewinnunabhängige Verzinsung gewünscht, muss ein Teil des Finanzierungsbetrages daher in Form von Gesellschafterdarlehen gewährt werden.[814]

d) Möglichkeit zur steuerlichen Verlustnutzung

Bei der Aktiengesellschaft gilt wie bei der GmbH, dass Verluste im neu gegründeten Unternehmen nur vorgetragen werden können. Die spätere steuerliche Geltendmachung unterliegt also auch hier Gefahren wie dem § 8 Abs. 4 KStG.

---

[811] Vgl. *Loges, Rainer/Distler, Wolfram*, Gestaltungsmöglichkeiten durch Aktiengattungen, in: ZIP, Jg. 23, 2002, S. 467-474 (472).

[812] Vgl. *Bezzenberger, Tilman*, Vorzugsaktien ohne Stimmrecht, 1991, S. 54.

[813] Vgl. *Loges, Rainer/Distler, Wolfram*, Gestaltungsmöglichkeiten durch Aktiengattungen, in: ZIP, Jg. 23, 2002, S. 467-474 (472).

[814] Trotz der Ähnlichkeit zwischen einem bevorrechtigtem Anspruch aufgrund von Vorzugsaktien oder aufgrund von Fremdkapital gibt es wichtige Unterschiede zwischen den Finanzierungsrisiken, die gerade bei starker Unsicherheit einer gewinnbringenden Lage – wie es bei Neugründungen der Fall ist – hervortreten, vgl. dazu *Donaldson, Gordon*, Zur Verteidigung von Vorzugsaktien (Originaltitel: In Defense of Preferred Stock), übersetzt von Jochen Drukarczyk, in: Die Finanzierung der Unternehmung, 1974, S. 368-392.

e) Möglichkeit zu einem steuerlich vorteilhaften Exit

Auch hier gilt in Analogie zur GmbH, dass die Frage, ob die Steuerbefreiung für Beteiligungs- und VC-Gesellschaften gilt oder ob § 8b Abs. 7 Satz 2 KStG greift, letztlich noch offen ist.

5.3.2.4.3 Partizipation an Entscheidungsrechten

a) Möglichkeit zur Mitgliedschaft (verbunden mit quotalem Stimmrecht)

Jede Aktie gewährt gemäß § 12 Abs. 1 Satz 1 AktG ein Stimmrecht auf der Hauptversammlung. Mehrstimmrechte sind gem. § 12 Abs. 2 AktG unzulässig.

Der Vorstand einer AG leitet „unter eigener Verantwortung" die Gesellschaft (§ 76 Abs. 1 AktG). Die Vertretungs- und Geschäftsführungsbefugnis des Vorstands kann gemäß § 82 AktG jedoch beschränkt werden. So kann die Hauptversammlung satzungsändernde Beschlüsse zum Unternehmensgegenstand fassen, der Vorstand muss sich an den in der Satzung bestimmten Unternehmensgegenstand halten und je präziser dieser gefasst ist, desto genauer ist die Geschäftsführungsbefugnis begrenzt.[815] Ansonsten sind die Eingriffe der Hauptversammlung in die Geschäftsführung auf die Fälle des § 119 Abs. 2 AktG begrenzt, wonach der Vorstand eine Entscheidung der Hauptversammlung bzgl. der Geschäftsführung herbeiführen kann. An einen Hauptversammlungsbeschluss ist der Vorstand dann gebunden, einen solchen kann er aber ganz einfach vermeiden, wenn er keinen initiiert.

b) Möglichkeit zur Vereinbarung zustimmungspflichtiger Geschäfte

Auch der Aufsichtsrat kann dem Vorstand nicht Geschäftsführungsmaßnahmen vorschreiben oder verbieten. Auch können dem Aufsichtsrat keine Geschäftsführungsmaßnahmen übertragen werden.[816] Er kann die Maßnahmen des Vorstands missbilligen, wozu er bei evident rechtswidrigen Geschäftsführungsmaßnahmen auch verpflichtet ist.[817] Er kann gemäß § 111 Abs. 4 AktG bestimmte Arten von Geschäftsführungsmaß-

---

[815] Zu Grenzen der Satzungsautonomie, insbesonders problematische konkretisierende Satzungsbestimmungen wie etwa weltanschaulich-politische Vorgaben, vgl. *Hüffer, Uwe*, Aktiengesetz, 2002, § 82, Rn. 9, 10.

[816] Vgl. *Lutter, Marcus/Krieger, Gerd*, Rechte und Pflichten des Aufsichtsrats, 2002, Rn. 62.

[817] Vgl. *Bork, Reinhard*, Materiell-rechtliche und prozessrechtliche Probleme des Organstreits zwischen Vorstand und Aufsichtsrat einer Aktiengesetz, in: ZGR, Jg. 18, 1989, S. 1-43 (21).

nahmen zwar nicht übernehmen, aber sogar ad hoc[818] für zustimmungspflichtig erklären, nach dem Transparenz- und Publizitätsgesetz muss er dies jetzt sogar.[819] Verweigert der Aufsichtsrat die Zustimmung, kann der Vorstand verlangen, dass die Hauptversammlung darüber beschließt (§ 111 Abs. 4 Satz 3 AktG), wobei eine Dreiviertelmehrheit, die durch Satzung nicht modifizierbar ist, erforderlich ist.

Das Recht bzw. jetzt die Pflicht zur Vereinbarung zustimmungspflichtiger Geschäfte ist begrenzt durch § 76 AktG, wonach der Vorstand die Gesellschaft „unter eigener Verantwortung" leitet. Zustimmungsvorbehalte sind demnach nur für bedeutsame Angelegenheiten – also nicht für Maßnahmen des gewöhnlichen Geschäftsbetriebs – genau im Umfang bestimmt und klar begrenzt vereinbar.[820] Die Grenzziehung zwischen „gewöhnlich" und „ungewöhnlich" ist nicht frei von Zweifelsfällen und überzeugt auch insofern nicht, als es zur Unternehmensleitung auch gehört, gewichtige Geschäftsführungsentscheidungen selbst zu treffen.[821] Bei Gründungsunternehmen, die keinen Routine-Betrieb und kein eingespieltes Tagesgeschäft aufweisen, sind „gewöhnliche Geschäfte" schwer definierbar: Da nur bei Gründung zu treffende Grundlagenentscheidungen in dieser Phase zu treffen sind, könnte man sagen, hier sind für reife Unternehmen ungewöhnliche Entscheidungen gewöhnlich, was alle Entscheidungen als gewöhnlich definiert. Andererseits kann man auch wie folgt argumentieren: Wenn in dieser Phase fast ausschließlich ungewöhnliche

---

[818] Vgl. *BGH*, Urteil vom 15.11.1993 – II ZR 235/92, in: BGHZ 124, S. 111-128 (127).

[819] Vgl. *Lutter, Marcus/Krieger, Gerd*, Rechte und Pflichten des Aufsichtsrats, 2002, Rn. 53; *Lange, Oliver*, Zustimmungsvorbehalt und Kataloghaftung des Aufsichtsrats nach neuen Recht, in: DStR, Jg. 41, 2003, S. 376-381 (376).

[820] Vgl. *Lutter, Marcus/Krieger, Gerd*, Rechte und Pflichten des Aufsichtsrats, 2002, Rn. 112; *Beuthin, Volker/Gätsch, Andreas*, Einfluß Dritter auf die Organbesetzung und Geschäftsführung bei Vereinen, Kapitalgesellschaften und Genossenschaften, in: ZHR, Jg. 157, 1993, S. 483-512 (505). Auch *Westermann* kommentiert die Auslegung, der Aufsichtsrat sei im gewöhnlichen Geschäftsverlauf zu einem übergeordneten Geschäftsführungsorgan zu machen, ablehnend, da er das „nicht ist und auch nicht anstreben soll", vgl. *Westermann, Harm Peter*, Anmerkung zum Urteil des LG Bielefeld vom 16.11.1999 – 15 O 91/98, in: ZIP, Jg. 21, 2000, S. 25-27 (27). Diese Gefahr und der damit verbundene Verlust der Unabhängigkeit des Aufsichtsrats wurde auch früher schon gesehen, vgl. z.B. *Fey, Gerd*, Corporate Governance – Unternehmensüberwachung bei deutschen Aktiengesellschaften, in: DStR, Jg. 33, 1995, S. 1320-1327 (1323).

[821] Vgl. *Beuthin, Volker/Gätsch, Andreas*, Einfluß Dritter auf die Organbesetzung und Geschäftsführung bei Vereinen, Kapitalgesellschaften und Genossenschaften, in: ZHR, Jg. 157, 1993, S. 483-512 (505).

Entscheidungen zu treffen sind, dann muss der Vorstand eben bei fast allen Entscheidungen erst die Zustimmung einholen.

Auch die jüngst in der Begründung zum TraPuG[822] eingeführte Abgrenzung, dass nur „Entscheidungen oder Maßnahmen, die nach den Planungen oder Erwartungen die Ertragsaussichten der Gesellschaft oder ihre Risikoexposition grundlegend verändern und damit von existentieller Bedeutung für das künftige Schicksal der Gesellschaft sind" von Vorstand *und* Aufsichtsrat getragen werden müssen, zieht keine klare Grenze.[823] Der Hinweis auf den existentiellen Charakter lässt eine Pflicht zur Vereinbarung eines Zustimmungsvorbehalts nur in äußersten Ausnahmefällen annehmen.[824] Problematisch ist, dass es nach TraPuG nicht nur rechtswidrig ist, keinerlei Zustimmungsvorbehalte zu vereinbaren, sondern auch, Zustimmungskataloge zu führen, welche die „grundlegend riskanten Geschäfte" nicht vollständig erfassen, auf der anderen Seite aber durch vorsorglich umfassende Zustimmungskataloge rechtswidrig in die Geschäftsführungskompetenz des Vorstands eingegriffen wird.[825] Die Formulierung des deutschen Corporate Governance Kodex, dass die „Entscheidungen oder Maßnahmen" gemeint seien, welche „die Vermögens-, Finanz-, oder Ertragslage des Unternehmens grundlegend verändern"[826], präzisiert die Abgrenzung nicht, enthält aber den Zusatz „existentielle Bedeutung" nicht. Die alte Forderung nach einem „detailliert normativen Konzept" für ein Aufsichtsratmodell ist also weiterhin offen.[827]

---

[822] Vgl. Begründung zum TraPuG, BT-Drucksache 14/8769, S. 10-30 (17), abgedruckt (mit Gesetzestext) auch in NZG, Jg. 5, 2002, S. 213-231 (222).

[823] Vgl. *Knigge, Dagmar*, Änderungen des Aktienrechtes durch das Transparenz- und Publizitätsgesetz, in: WM, Jg. 56, 2002, S. 1729-1772 (1733).

[824] Vgl. dazu *Lange, Oliver*, Zustimmungsvorbehaltspflicht und Kataloghaftung des Aufsichtsrats nach neuem Recht, in: DStR, Jg. 41, 2003, S. 376-381 (377).

[825] Vgl. *Lange, Oliver*, Zustimmungsvorbehaltspflicht und Kataloghaftung des Aufsichtsrats nach neuem Recht, in: DStR, Jg. 41, 2003, S. 376-381 (378/380).

[826] Vgl. *Regierungskommission Deutscher Corporate Governance Kodex*, Coporate Governance Kodex – Endfassung, abgedruckt in NZG, Jg. 5, 2002, S. 273-277 (274). Diese jüngste Diskussion zu Corporate Governance hatte laut *Baums* eine ihrer Ursachen in den Funktionsdefiziten am Neuen Markt und in den Bedürfnissen VC-finanzierter Unternehmen, vgl. *Baums, Theodor*, Corporate Governance – Quo vadis?, in: Ernst & Young Dialog, 2002, S. 1-16 (3/4).

[827] Vgl. z.B. *Mertens, Hans-Joachim*, Korreferat, Zuständigkeiten des mitbestimmten Aufsichtsrats, in: ZGR, Jg. 6, 1977, S. 270-289 (289).

Verwunderlich ist, dass die Vorschrift im Gesetzgebungsverfahren nicht stärker kritisiert worden ist.[828]

Der Aufsichtsrat der AG hat also in begrenztem Umfang eine Mitgestaltungsmöglichkeit der Geschäftsführung, allerdings fehlt auch nach der neuesten Gesetzesänderung durch das TraPuG ein Initiativrecht des Aufsichtsrats.[829] Der VC-Geber muss sich eine ausreichende Beteiligung bei der Besetzung des Aufsichtsrats sichern, ggf. auch Stimmbindungsverträge schließen, damit die Zustimmung des Aufsichtsrats auch wirklich von seiner Zustimmung abhängt. Die Möglichkeiten des Aufsichtsrats zur Einflussnahme auf die Geschäftsführung sind allerdings begrenzt, da er ein reines Innenorgan ist und kein Initiativrecht hat, d.h. dass er zwar Anregungen und Vorstellungen im Gespräch mit dem Vorstand einbringen kann, aber der Vorstand entscheidet, ob er diese Anregungen aufgreifen und umsetzen will.[830] Die Personalhoheit, also Bestellung und Abberufung der Vorstandsmitglieder, ist zweifelsohne die wichtigste Befugnis des Aufsichtsrats ist,[831] welche aber bei Gründungsunternehmen insofern in der Bedeutung eingeschränkt ist, als der Gründer nicht so leicht ersetzbar ist wie der Vorstand eines etablierten Unternehmens. Für Gründungsunternehmen wäre ein Konfliktlösungsmodell, etwa Lösung aller Konflikte zwischen Vorstand und Aufsichtsrat durch Entscheidung der Hauptversammlung, sinnvoller.

c) Möglichkeit zu Anweisungen an die Geschäftsführung

Da der Vorstand eigenverantwortlich leitet, besteht diese Möglichkeit nicht.

---

[828] Vgl. *Seibert, Ulrich*, Das „TransPuG", Gesetz zur weiteren Reform des Aktien- und Bilanzrechts, zu Transparenz und Publizität (Transparenz- und Publizitätsgesetz) – Diskussion im Gesetzgebungsverfahren und endgültige Fassung, in: NZG, Jg. 5, 2002, S. 608-613 (610).

[829] Vgl. *Götz, Heinrich*, Rechte und Pflichten des Aufsichtsrats nach dem Transparenz- und Publizitätsgesetz, in: NZG, Jg. 5, 2002, S. 599-604 (602); *Lutter, Marcus*, Der Aufsichtsrat: Kontrolleur oder Mit-Unternehmer?, in: FS Albach, 2001, S. 225-235 (231).

[830] Vgl. *Lutter, Marcus*, Der Aufsichtsrat: Kontrolleur oder Mit-Unternehmer?, in: FS Albach, 2001, S. 225-235 (231).

[831] Vgl. *Götz, Heinrich*, Die Überwachung der Aktiengesellschaft im Lichte jüngerer Unternehmenskrisen, in: AG, Jg. 40, 1995, S. 337-353 (348). Zur Haftungsträchtigkeit der Personalverantwortung des Aufsichtsrats vgl. *Peltzer, Martin*, Haftungsgeneigte Personalentscheidungen des Aufsichtsrats, in: FS Semler, 1993, S. 261-275.

Der VC-Geber als Aktionär hat ein Stimmrecht gemäß seinem Anteil. Entscheidungen der Hauptversammlung über Fragen der Geschäftsführung sind nur möglich, wenn der Vorstand es verlangt. Der VC-Geber als Mitglied des Aufsichtsrats kann – ggf. durch Stimmbindungsverträge mit anderen Aufsichtsratmitgliedern – erreichen, dass bestimmte Geschäfte allein von seiner Zustimmung abhängen. Dies ist jedoch aufgrund der „eigenverantwortlichen Leitung" des Vorstands begrenzt.

d) Möglichkeit zur Kündigung des Managements

Gemäß § 83 Abs. 3 Satz 1 AktG kann der Aufsichtsrat die Bestellung zum Vorstandsmitglied widerrufen, wenn ein wichtiger Grund vorliegt. Der Vorstand kann also nicht grundlos abberufen werden. Dies ist zwingend, kann also weder durch Satzung noch durch Vereinbarung geändert werden, was Ausdruck des gesetzlichen Schutzes der Unabhängigkeit des Vorstands ist.[832] Als „wichtiger Grund" i.S.d. § 84 Abs. 3 Satz 1 AktG gelten grobe Pflichtverletzungen, Unfähigkeit zur ordnungsgemäßen Geschäftsführung, aber auch andere Gründe. Es kommt darauf an, dass die weitere Ausübung seines Amtes durch den bisherigen Vorstand unzumutbar ist, was auch im Falle unüberbrückbarer Differenzen der Fall sein kann.[833] Liegt andererseits ein wichtiger Grund zum Widerruf der Bestellung vor, ist der Aufsichtsrat i.d.R. auch zur Abberufung verpflichtet. In der Praxis wichtig, gesetzlich jedoch nicht geregelt, ist die einvernehmliche Beendigung des Vorstandsamtes, die Amtsniederlegung und die vorübergehende Suspendierung. Die Voraussetzungen für eine Suspendierung sind umstritten, da sie aber ein weniger schwerwiegender Eingriff ist als die Abberufung, sind geringere Anforderungen vertretbar.

5.3.2.5 KG-ANTEILE

Aus Gründen der Haftungsbeschränkung kommt nur die GmbH & Co KG in Frage.[834]

5.3.2.5.1 Anreiz- und steuerorientierte Bedienungsgestaltung

a) Möglichkeit zur Vorzugsvereinbarung auf Gewinnverteilungsebene

Gesellschafter können unterschiedliche Gewinnverteilungen vertraglich vereinbaren, u.a. auch bevorrechtigte Bedienungen.[835] Gesetzlich ist ein

---

[832] Vgl. *Lutter, Marcus/Krieger, Gerd*, Rechte und Pflichten des Aufsichtsrats, 2002, Rn. 361.

[833] Vgl. *Lutter, Marcus/Krieger, Gerd*, Rechte und Pflichten des Aufsichtsrats, 2002, Rn. 365.

[834] So auch *Möller, Matthias*, Rechtsformen der Wagnisfinanzierung, Eine rechtsvergleichende Studie zu den USA und zu Deutschland, 2003, S. 105.

variabler Kapitalanteil bzw. ein variables Kapitalkonto vorgesehen, das durch Einlagen und Zuschreibung von Gewinnanteilen zunimmt und durch Verlustanteile und Entnahmen abnimmt (vgl. Kapitalkonten des stillen Gesellschafters, 4.2.2.3.2).

b) Möglichkeit zur Vorzugsvereinbarung im Liquidationsfall

Bei Liquidation bzw. Betriebsaufgabe wird ein Auseinandersetzungsguthaben berechnet entsprechend dem Verhältnis der Kapitalanteile in der Schlussbilanz (§ 151 Abs. 1 i.V.m. § 161 Abs. 2 HGB). Auch hier sind abweichende vertragliche Vereinbarungen – so wie bei der atypisch stillen Gesellschaft – möglich.[836]

c) Möglichkeit zur Vereinbarung einer festen Verzinsung der Einlage

Gesetzlich ist eine feste Verzinsung des Kapitalanteils in Höhe von 4% sowie eine angemessene Verteilung des Restgewinns vorgesehen (§ 121 Abs. 1 und 2 i.V.m. § 168 Abs. 2 HGB). Abweichende Vereinbarungen sind – erneut wie bei der atypisch stillen Gesellschaft – möglich.

d) Möglichkeit zur steuerlichen Verlustnutzung

Die Möglichkeit zur Verlustnutzung entsteht durch Verlustbeteiligung und die gesonderte und einheitliche Gewinnfeststellung gemäß §§ 179 Abs. 2 Satz 2, 180 Abs. 1 Nr. 2a AO. Verlustbeteiligung ist wie bei der atypisch stillen Beteiligung möglich.

e) Möglichkeit zu einem steuerlich vorteilhaften Exit

Ist ein KG-Gesellschafter Mitunternehmer, gelten für ihn die gleichen Besteuerungsgrundsätze wie für einen Mitunternehmer, der atypisch still beteiligt ist.

5.3.2.5.2 Partizipation an Entscheidungsrechten

a) Möglichkeit zur Mitgliedschaft (verbunden mit quotalem Stimmrecht)

Bei der GmbH & Co. KG ist das Stimmrecht an die Gesellschafterstellung als solche und nicht an die Höhe der Kapitalbeteiligung (wie bei einer Kapitalgesellschaft)[837] geknüpft; Beschlüsse werden grundsätzlich einstimmig gefasst (§ 119 HGB). Für die Beschlüsse der Komplementär-GmbH gelten die Ausführungen zu GmbH-Anteilen. Durch die Willensbildung auf zwei Ebenen können Probleme entstehen.

---

[835] Vgl. *Zimmermann, Reimar/Hottmann, Jürgen/Hübner, Heinrich/Schaeberle*, *Jürgen/Völkel, Dieter*, Die Personengesellschaft im Steuerrecht, 2003, B. 352.

[836] Vgl. *Binz, Mark K./Sorg, Martin H.*, Die GmbH & Co. KG, 2003, § 4, Rn. 24-26.

[837] Vgl. *Binz, Mark K./Sorg, Martin H.*, Die GmbH & Co. KG, 2003, § 1, Rn. 31.

b) Möglichkeit zur Vereinbarung zustimmungspflichtiger Geschäfte

Die Position als Kommanditist und GmbH-Gesellschafter ist im Vergleich zu der als atypisch stiller Gesellschafter grundsätzlich nicht schlechter: Für die Einflussnahme auf die Geschäftsführung gelten die Ausführungen zu GmbH-Anteilen, der VC-Geber muss dazu neben seiner Stellung als Kommanditist auch an der Komplementär-GmbH beteiligt sein.[838] Auch als Kommanditist kann er seine Rechte erweitern, z.B. Zustimmungspflichten über die außergewöhnlichen Geschäfte hinaus vereinbaren und Geschäftsführungsaufgaben – allerdings nicht organschaftliche Vertretungsmacht – selbst übernehmen.[839]

c) Möglichkeit zu Anweisungen an die Geschäftsführung/d) zur Kündigung des Managements

Wie der atypisch stille Gesellschafter kann auch dem Kommanditist beherrschende Stellung im Unternehmen eingeräumt werden, entweder durch Zustimmungsvorbehalte aller Geschäfte bis zur Weisungsbefugnis gegenüber der Komplementär-GmbH oder durch direkte Übernahme von Geschäftsführungsaufgaben.[840]

Damit scheint die KG als attraktive Alternative zur atypisch stillen Beteiligung. Es tritt jedoch bei der KG ein Problem auf, das alle bisher behandelten Kapitalüberlassungsformen nicht haben. Darauf soll jetzt eingegangen werden.

KG-Anteile sind im Gegensatz zu allen bisher untersuchten Kapitalüberlassungsformen zwingend Anteile an einer *Personengesellschaft*. Die stille Gesellschaft hat dieses Problem – trotz der Gemeinsamkeiten mit der KG – nicht, da stille Beteiligungen auch an Kapitalgesellschaften möglich sind. Nachteil einer Personengesellschaft – wie der KG – ist es, dass eine Umwandlung in eine Kapitalgesellschaft nötig ist, wenn eine Kapitalgesellschaft bei wachsender Unternehmensgröße bevorzugt oder gar nötig wird, z.B. um ein Börsengang zu realisieren Die Umwandlung einer GmbH & Co KG in eine AG ist ungleich problematischer als die Umwandlung einer GmbH in eine AG, da dies beides aus steuerrechtli-

---

[838] Zu Schwierigkeiten durch die Willensbildung auf zwei Ebenen vgl. *Möller, Matthias*, Rechtsformen der Wagnisfinanzierung, Eine rechtsvergleichende Studie zu den USA und zu Deutschland, 2003, S. 105-113.

[839] Dem Kommanditisten können durch Gesellschaftsvertrag Geschäftsführungsrechte und durch Prokuraerteilung Vetretungsmacht eingeräumt werden, so dass er die gleiche Stellung wie ein Komplementär einnimmt, vgl. *BGH*, Urteil vom 27.06.1955 – II ZR 232/54, in: BGHZ 17, S. 392-398 (394); *Müller, Welf*, in: Beck Hdb. Personengesellschaften, 2002, § 4, Rn. 68.

[840] Vgl. *Binz, Mark K./Sorg, Martin H.*, Die GmbH & Co. KG, 2003, § 5, Rn. 3.

cher Sicht Kapitalgesellschaften sind. Im Steuerrecht sind durch die grundsätzlich andere Besteuerung von Kapital- und Personengesellschaften – Kapitalgesellschaften und ihre Gesellschafter sind eigenständige Steuersubjekte, bei Personengesellschaften sind nur die Gesellschafter mit ihrem Anteil am Gewinn steuerpflichtig – beim Formwechsel von Kapital- in Personengesellschaften und vice versa gesonderte Vorschriften nötig.[841] Handelsrechtlich bleibt bei der formwechselnden Umwandlung von einer Personen- in eine Kapitalgesellschaft die Identität des Rechtsträgers erhalten, steuerrechtlich wird durch den Tatbestandsverweis des § 25 UmwStG auf die §§ 20 bis 23 UmwStG eine Vermögensübertragung *fingiert*.[842]

Da keine Einbringung i.d.S. vorliegt, der Formwechsel aber als Einbringung i.S.d. § 20 UmwStG behandelt wird, bestehen drei Möglichkeiten des Ansatzes: Ansatz zum Buchwert, zum Zwischenwert oder zum Teilwert.[843] Wird kein Ansatz zum Teilwert, sondern zu einem Zwischenwert oder steuerneutral zum Buchwert, gewählt, sind die untergehenden Anteile an der Zielgesellschaft *einbringungsgeborene Anteile* i.S.v. § 21 UmwStG.[844] § 21 Abs. 1 UmwStG regelt für die Veräußerung der Kapitalgesellschaftsanteile, die durch Einbringung unter dem Teilwert aus den Personengesellschaftsanteilen entstanden sind, dass der Veräußerungspreis abzüglich Veräußerungskosten und Anschaffungskosten (§ 20 Abs. 4 UmwStG) als Veräußerungsgewinn i.S.d. § 16 EStG gilt. § 8b Abs. 4 Satz 1 KStG bestimmt als Ausnahme von der Steuerbefreiung des Absatzes 2 die Steuerpflicht einbringungsgeborener Anteile i.S.d. § 21 UmwStG. Der Charakter der Einbringungsgeborenheit von Anteilen entfällt erst, wenn einer der Entstrickungstatbestände des § 21 Abs. 2 greift. § 21 Abs. 1 UmwStG soll die Steuerverstrickung stiller Reserven sicherstellen, wenn die Einbringung unter dem Teilwert erfolgt. Erfolgt eine Versteuerung der stillen Reserven, z.B. aufgrund eines Antrags nach § 21 Abs. 2 Nr. 1 UmwStG, endet die Steuerverstrickung bzw. der

---

[841] Vgl. *Brönner, Herbert*, Neues Umwandlungsrecht, Die Personengesellschaft in handels- und steuerrechticher Sicht anhand ausgewählter Probleme, in: FS Ludewig, 1996, S. 191-215 (198).

[842] Vgl. *Schmitt, Joachim*, in: UmwG/UmwStG, Kommentar, 2001, § 25 UmwStG, Rn. 3.

[843] Vgl. *Schmitt, Joachim*, in: UmwG/UmwStG, Kommentar, 2001, § 25 UmwStG, Rn. 6.

[844] Einbringungsgeborene Anteile gemäß § 21 UmwStG entstehen beim Formwechsel einer PersGes in eine KapGes gemäß § 25 UmwStG, der auf §§ 20 bis 23 UmwStG verweist.

Charakter der Eingeborenheit.[845] Die Gesellschafter des Gründungsunternehmens haben daher abzuwägen, ob es vorteilhafter ist, die stillen Reserven gleich bei Einbringung zu versteuern, also gleich zum Teilwert einzubringen oder die ansonsten entstehenden einbringungsgeborenen Anteile zu halten und bei Veräußerung alle entstandenen stillen Reserven zu versteuern. Die Entscheidung wird davon abhängen, welcher Anteil der bis zur Veräußerung erwartungsgemäß entstehenden stillen Reserven bei Einbringung bereits entstanden ist. Ist bei Einbringung noch mit einer erheblichen Wertsteigerung zu rechnen und werden die Rückausnahmen des Abs. 4 Satz 2 nicht eingreifen, weil eine Veräußerung innerhalb von sieben Jahren zu erwarten ist, kann die Versteuerung der stillen Reserven sofort vorteilhaft sein.[846]

Eine Einbringung zum Teilwert scheint in der Theorie unproblematisch, soweit man von einer Möglichkeit zur zweifelsfreien Ermittlung des Teilwertes ausgeht. Dies ist in der Praxis aber nicht gesichert. Teilwertermittlung bedeutet, dass ein Verfahren zur Unternehmensbewertung angewandt werden muss, um den „wahren" Teilwert zu ermitteln. Die Wahl dieses Verfahrens und die zahlreichen Detailprobleme, die jedes Bewertungsverfahren mit sich bringt, bereiten bereits bei etablierten Unternehmen mit einem relativ gleichförmigen Geschäftsverlauf erhebliche Probleme. Bei jungen Wachstumsunternehmen sind die Bewertungsprobleme noch gravierender, zumal geeignete Bewertungsverfahren schon theoretisch kaum entwickelt und von der praktischen Anwendung noch weit entfernt sind.[847] Dazu kommt, dass gerade bei sehr erfolgreichen Wachstumsunternehmen eine erfolgte Teilwerteinbringung von der Finanzverwaltung aufgrund ex post unzutreffend niedrig erscheinender Teilwerte in eine Zwischenwerteinbringung umqualifiziert werden könnte.[848] Damit wären wieder steuerverstrickte einbringungsgeborene Anteile entstanden. Man kann letztlich nicht sichergehen, dass Steuerfreiheit erreicht wird. Die Beweisführung, dass der Wert des Unternehmens erst nach Einbringung in einem bestimmtem Ausmaß gewachsen sei, ist zu komplex und deren Anerkennung durch eine von fiskalischen Interessen ge-

---

[845] Vgl. *Watermeyer, Heinrich-Jürgen*, in Herrmann/Heuer/Raupach, § 8b KStG, Anm. R 62.

[846] Vgl. *Watermeyer, Heinrich-Jürgen*, in Herrmann/Heuer/Raupach, § 8b KStG, Anm. R 62.

[847] Vgl. *Schwetzler, Bernhard*, Bewertung von Wachstumsunternehmen, in: Investor Relations am Neuen Markt, 2001, S. 61-96.

[848] Vgl. *BMF*, Erlaß zum Umwandlungssteuergesetz (UmwStG); Zweifels- und Auslegungsfragen, in: BStBl. I 1998, S. 268-344 (331, Rn. 20.36)

prägten Finanzverwaltung zu ungewiss, um die KG als attraktive Alternative in Betracht zu ziehen.

Dies gilt auch für die Umwandlung der GmbH & Co KG in eine typische GmbH & Co KGaA. Auch sie ist Kapitalgesellschaft i.S.v. § 191 Abs. 1 Nr. 2 i.V.m. § 3 Abs. 1 Nr. 2 UmwG. Die Rechtsform der GmbH & Co. KGaA, deren Zulässigkeit lange Zeit umstritten war, wurde vom *BGH* in einer Grundsatzentscheidung i.S.d. privatautonomen Gestaltungsfreiheit für zulässig erklärt, Bedingung sei lediglich die Kenntlichmachung des Fehlens einer natürlichen Person als Komplementär.[849] Dadurch, dass diese Rechtsform erst wenige Jahre zulässig ist, sind ihre Besonderheiten noch wenig bekannt und ihre Organisationsverfassung ist im Rechtsverkehr auch intransparent, was Unbehagen hervorruft.[850] Als Rechtsform ist sie daher nur eingeschränkt empfehlenswert, was im besonderen Maße für ein junges Gründungs- bzw. Wachstumsunternehmen gilt.

Im Folgenden werden KG-Anteile daher nicht weiter berücksichtigt. Sie wurden aber angesprochen, weil sie als für die VC-Finanzierung geeignete Rechtsform gelten und diskutiert werden.[851] Die Ausführungen zu KG-Anteilen verstehen sich als Rechtfertigung ihrer Ausblendung in der weiteren Arbeit.

5.4 *ATYPISCH STILLE VERSUS DIREKTE BETEILIGUNG*

5.4.1 *WEITERE VORGEHENSWEISE*

Genussrechte und Gewinn-, Wandel- und Optionsschuldverschreibungen eignen sich in Bezug auf „Anreiz- und steuerorientierte Bedienungsgestaltung" sehr gut (Kriterium 1). Da sie aber kaum „Partizipation an den Entscheidungsrechten" erlauben (Kriterium 2), sind sie doch nicht bzw. nur ergänzend geeignet.[852] Dies ist insofern bedauerlich, als Genussrechte steuerlich vorteilhaft sein können und große Gestaltungsspielräume bieten und Wandelschuldverschreibungen aufgrund von Anreizeffekten für die VC-Finanzierung als besonders geeignet gelten. KG-Anteile werden ausgeblendet, da sie bei stark wachsenden Unterneh-

---

[849] Vgl. *BGH*, Beschluß vom 24.02.1997 – II ZB 11/96, in: ZIP, Jg. 18, 1997, S. 1027-1030 (1027); *Jäger, Axel*, Thema Börse (4): Wahl der richtigen Rechtsform, in: NZG, Jg. 5, 2002, S. 101-104 (103).

[850] Vgl. *Jäger, Axel*, Thema Börse (4): Wahl der richtigen Rechtsform, in: NZG, Jg. 5, 2002, S. 101-104 (103/104).

[851] Ausführlich zu KG-Anteilen z.B. *Möller, Matthias*, Rechtsformen der Wagnisfinanzierung, 2003, S. 105-138.

[852] Vgl. dazu auch *Posner, Dirk*, Early Stage-Finanzierungen, 1996, S. 100.

men in Kapitalgesellschaftsanteile umgewandelt werden müssen, was steuerliche Risiken mit sich bringt, die besser zu vermeiden sind.

Damit verbleiben die stille Beteiligung, GmbH-Anteile und Aktien für einen genaueren Vergleich. Für VC-Finanzierungen kommen gemäß 4.3.1 nur atypische Varianten der stillen Gesellschaft in Frage (Typ 6, 7 u. 8). Daher kann der Vergleich darauf beschränkt werden. In Bezug auf die Beteiligung an den Entscheidungsrechten gilt folgendes: Der stille Gesellschafter kann zustimmungspflichtige Geschäfte vereinbaren. Dies ist auch für den GmbH-Gesellschafter möglich, indem ein Aufsichtsrat/Beirat gebildet wird, in dem der VC-Geber die Mehrheit besitzt und welcher Zustimmungsrechte zu bestimmten Geschäften erhält. In der AG hat diese Kompetenz der obligatorische Aufsichtsrat, jedoch müssen die Geschäfte von Bedeutung sein, wobei die Abgrenzung umstritten ist. Diese Begrenzung auf Geschäfte von Bedeutung gilt auch für den an einer Aktiengesellschaft beteiligten stillen Gesellschafter, der im Aufsichtsrat vertreten ist. Möglichkeiten des stillen Gesellschafters außerhalb des Aufsichtsrats Einfluss zu nehmen, sind begrenzt.[853] Der VC-Geber muss als Aktionär allerdings Stimmbindungsverträge in bezug auf zustimmungspflichtige Geschäfte schließen, damit die Zustimmung auch wirklich von ihm abhängig wird, wenn er die Mehrheit im Aufsichtsrat nicht stellt.

Bei der GmbH hat die Entscheidung über die Besetzung der Geschäftsführerposition grds. die Gesellschafterversammlung, diese kann diese jedoch auf einen Aufsichtsrat/Beirat delegieren. Bei der AG hat die Personalhoheit zwingend der Aufsichtsrat. Durch Stimmbindungsverträge kann sich der im Aufsichtsrat vertretene VC-Geber die Personalhoheit sichern.[854] Weil der Gründer nicht beliebig durch andere Manager ersetzt werden kann, wird ein Unterschied im Einfluss auf die Geschäftsführung zwischen AG und GmbH deutlich: Bei der GmbH hat die Gesellschafterversammlung eine Weisungsbefugnis gegenüber dem Geschäftsführer. Hat der VC-Geber die Mehrheit der Stimmen der Gesellschafterversammlung, kann der Gründer zu einer bestimmten Handlung gezwungen werden. Bei der AG ist der Gründer eigenverantwortlicher Vorstand. Der Aufsichtsrat kann ihn nur beraten, es liegt im Ermessen des Vorstands, inwieweit er sich beraten lässt. Gezwungen werden kann er in jedem Fall nicht. Er kann nur durch einen Dritten ersetzt werden, wenn er zu diesem

---

[853] Erfüllt der atypisch stille Gesellschaftsvertrag die Merkmale eines Teilbeherrschungsvertrags, sind Zustimmungsvorbehalte möglich, allerdings ist eine Grenze bei strukturellen Maßnahmen zu ziehen, vgl. *Bachmann, Gregor/Veil, Rüdiger*, Grenzen atypischer stiller Beteiligungen an einer Aktiengesellschaft, in: ZIP, Jg. 20, 1999, S. 348-355 (353/354).

[854] Vgl. *Möller, Matthias*, Rechtsformen der Wagnisfinanzierung, 2003, S. 51 m.w.N.

Zeitpunkt ersetzbar sein sollte. Wäre seine Auswechslung für das Unternehmen zu stark nachteilig, hat er eine entsprechend stärkere Verhandlungsposition.

Als Zwischenergebnis der Arbeit kann folgendes festgehalten werden:

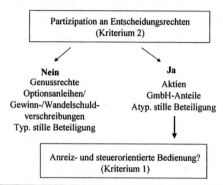

	Aktien	GmbH-Anteile	Atyp. StiBet
a) Gewinnvorrechte	Ja	Ja	Ja
b) Liquidationserlösvorrechte	Ja	Ja	Ja
c) (Gewinnunabh.) Verzinsung der Einlage	Nein	Ja, aber §§ 30, 31 GmbHG	Ja
d) Steuerersparnis durch Verluste	Nein	Nein	Ja
e) Steuerfreiheit bei Veräußerung	Ja	Ja	Nein

Abbildung 36: Prüfschema der Arbeit

Das Kriterium c) wird allein von der atypisch stillen Beteiligung erfüllt.

Der verbleibende Unterschied konzentriert sich, wie in Abbildung 36 deutlich wird, auf den Vergleich zwischen direkter und atypisch stiller Beteiligung in Bezug auf die steuerliche Behandlung von Verlusten (d)) und Veräußerungsgewinnen (e)). Da aus steuerrechtlicher Sicht Aktien und GmbH-Anteile als Beteiligungen an Kapitalgesellschaften gleich behandelt werden, lassen sie sich zum Zweck des Vergleichs mit der atypisch stillen Beteiligung zusammenfassen. Die entscheidende Frage lautet dann: Was ist vorteilhafter, die Besteuerung der atypisch stillen Beteiligung mit zeitnah anfallenden Steuerersparnissen durch Verluste oder die Besteuerung der direkten Beteiligung mit ggf. steuerfrei vereinnehmbarem Veräußerungsgewinn? Die Frage ist für mehrere alternative Steuersysteme zu beantworten, da die empirischen Studien zum Einsatz stiller Beteiligungen über den Zeitraum des Körperschaftsteuersystemwechsels vom Anrechnungs- ins Halbeinkünfteverfahren erhoben wurden. Im Folgenden werden Annahmen getroffen, welche die Bedingungen für den Vergleich festlegen. Der Vergleich erfolgt durch einen exemplarischen Fall unter möglichst realistischen Annahmen.

5.4.2 *VERGLEICH VON DIREKTER UND STILLER BETEILIGUNG*

Es werden zwei VC-Geber miteinander verglichen. Der eine investiert nur über direkte, der andere nur über atypisch stille Beteiligungen. Beide VC-Geber investieren in absolut identische Portfolios aus 10 Unternehmen. Diese 10 Projekte lassen sich in drei Performance-Klassen einteilen. Der Vergleich wird im Anrechnungsverfahren (ARV) und im Halbeinkünfteverfahren (HEV) geführt.

5.4.2.1 ANNAHMEN

- Es werden zwei Beteiligungsgesellschaften in der Rechtsform einer Kapitalgesellschaft betrachtet, die beide 10.000 in zwei völlig identische Gruppen aus 10 unterschiedlich erfolgreichen Gründungsprojekten (Kapitalgesellschaften) investieren, also in jedes Gründungsprojekt jeweils 1.000. Die eine beteiligt sich nur atypisch still, die andere nur direkt.

- Die Vorteilhaftigkeit der atypisch stillen Beteiligung wird auf Ebene der VC-Gesellschaft geprüft. Ein privater Anleger (z.B. ein Business Angel) kann sich auch atypisch still beteiligen, da sich diese Arbeit aber auf die Beteiligungsform einer VC-Gesellschaft, d.h. eines institutionellen Anlegers, beschränkt, wird der private Anleger hier ausgeblendet.

- Als Alternativrendite der beiden VC-Gesellschaften wird die festverzinsliche Anlagerendite i_A nach Steuern herangezogen. Es wird keine Risikoprämie angesetzt. Die verwendeten Zahlen entsprechen Sicherheitsäquivalenten. Es wird von Thesaurierung ausgegangen. Die Alternativrendite beträgt im *Anrechnungsverfahren*, wo das Schachtelprivileg bei Zinserträgen aus festverzinslicher Anleihe nicht greift, [855] ($i_A = 0,076;\ s_{GE} = 0,1667;\ s_K^T = 0,40$ (Stand 2000))

$$i_{A,S}^{ARV} = i_A \cdot (1 - s_{GE}) \cdot (1 - s_K^T) = 0,076 \cdot (1 - 0,1667) \cdot (1 - 0,40) = 0,0380$$

und im *Halbeinkünfteverfahren*, wo Zinserträge ebenfalls der vollen Besteuerung unterliegen, ($i_A = 0,076;\ s_{GE} = 0,1667;\ s_K = 0,25$)

$$i_{A,s}^{HEV} = i_A \cdot (1 - s_{GE}) \cdot (1 - s_K) = 0,076 \cdot (1 - 0,1667) \cdot (1 - 0,25) = 0,0475.$$

---

[855] Der Wert für die risikolose Anlagerendite ist eine durchschnittliche ex-post-Rendite aus Portfeuilles von risikolosen, langfristigen Bundeswertpapieren und stammt aus *Stehle, Richard*, Vergleich von Aktien und festverzinslichen Wertpapieren auf Basis des DAX und des REXP, 1999, S. 13.

- Beide Körperschaftsteuersysteme werden betrachtet, um die Attraktivität der stillen Beteiligung im Zeitablauf erklären zu können.[856]

- Die Art der Beteiligung, also atypisch still oder direkt, beeinflusse die späteren Einzahlungsüberschüsse der finanzierten Unternehmen nicht. Die beiden Kapitalbeteiligungsgesellschaften vereinbaren die gleichen Mitwirkungsrechte und üben den gleichen Einfluss aus.

- Der Faustregel im VC-Geschäft entsprechend wird angenommen, dass 2 der 10 finanzierten Unternehmen sehr erfolgreich sind, 3 werden nach Verlustjahren insolvent und die restlichen 5 Unternehmen sind mäßig erfolgreich. Es gelingt also bei sieben Unternehmen die Entwicklung eines marktreifen Produktes, so dass eine Anschlussfinanzierung erfolgt, von dem Erfolg des Produktes auf dem Markt hängt es ab, ob das Unternehmen sehr oder nur mäßig erfolgreich ist.

- Die zehn Gründungsunternehmen starten alle mit Verlustjahren. Vereinfachend wird angenommen, Unternehmen einer Performance-Klasse, also z.B. die sehr erfolgreichen, weisen identische Plan-Gewinn- und Verlustrechnungen auf. Ausschüttungen werden erst nach Abbau der Verlustvorträge als möglich angenommen.

- Es wird vereinfachend ein im Sinne von *Sahlman* symmetrisches Vertragsverhältnis betrachtet, da der zu zeigende Effekt auch bei symmetrischen Verträgen auftritt. Von Gewinnvorrechten, etc. wird also abgesehen. Durch asymmetrische Gestaltungen lässt sich dieser Effekt gegebenenfalls verstärken. Jedes der Gründungsunternehmen hat Errichtungskosten von 2.000 in der Periode 0, 1.000 investiert der VC-Geber, 1.000 die Gründungsmitglieder. Beide VC-Geber vereinbaren einen Gewinn-/Verlustpartizipation in Höhe von 50%. Der Anteil beider VC-Geber am jeweiligen Unternehmen betrage 50%.[857]

- Am Ende der Periode 3 bzw. zu Beginn der Periode 4 wurde ein Meilenstein mit der Bedingung „Produktentwicklung abgeschlossen" gesetzt. Gelingt es dem Gründungsteam bis dahin, ein marktreifes Produkt zu entwickeln, erfolgt die zweite Finanzierungsrunde (Volumen 3.000). Konnte die Produktentwicklung nicht erfolgreich abgeschlossen werden, treten die Gründer in ein Insolvenzverfahren ein. Zur Ver-

---

[856] Auf eine zusätzliche Rechnung auf Anteilseignerebene, also nach Einkommensteuer, wurde verzichtet, da sich das Ergebnis des Vergleichs nicht ändert.

[857] Aufgrund dieses symmetrischen Finanzierungsvertrags unterscheiden sich die Finanzpläne von Initiatoren und VC-Geber zumindest bei der direkten Beteiligung vor Steuern nicht, außer darin, dass der VC-Geber verkauft, was beim Gründer offengelassen wurde. Es wurde daher – auch um den Umfang des Beispiels nicht weiter zu erhöhen – auf eine Gegenüberstellung der Positionen verzichtet.

einfachung investiere der VC-Geber in der zweiten Finanzierungsrunde nicht, sein Anteil verringere sich auf 25%. Im Zuge der Verhandlungen zur zweiten Finanzierungsrunde werde für ihn auch ein Anteil von 25% des Gewinns vereinbart.

- Für die Abschreibungen der Unternehmen in allen drei Performance-Klassen gilt folgendes: In der ersten Finanzierungsrunde sind nur 20% der Errichtungskosten in die Anschaffung abschreibbarer Assets geflossen (400), diese werden in Periode 1 mit 250 und in Periode 2 mit 150 angesetzt. In der zweiten Finanzierungsrunde kann 50% des neu zugeflossenen Kapitals (1.500) in abschreibungsfähige Assets investiert werden. Diese 50% werden in den Perioden 4 bis 6 degressiv (700, 500, 300) abgeschrieben.

- Im Folgenden werden die Gewinn- und Verlustrechnungen und die Finanzpläne der Portfoliounternehmen getrennt nach Performance-Klasse angegeben.

UE steht für (einzahlungsgleiche) Umsatzerlöse, BA für (auszahlungsgleiche) betriebliche Aufwendungen ohne Abschreibungen (Ab). Die letzte Zeile gibt den Gewinn (Gew) nach Gewerbe(ertrag)steuer (GewSt) wieder. Der Gewerbeertragsteuersatz beträgt 0,1667. Die GuV wird hier nur bis zum Gewinn nach Gewerbesteuer aufgestellt, da sich die weitere Behandlung bei direkter und atypisch stiller Beteiligung unterscheidet. So wird der Gewinn/Verlust nach Gewerbesteuer bei der atypisch stillen Beteiligung den Gesellschaftern zugerechnet, bei der direkten Beteiligung wird der Verlust vorgetragen bzw. der Gewinn zum Abtragen von Verlustvorträgen verwendet, thesauriert oder ausgeschüttet.

Die zwei *erfolgreichen* Gründungsprojekte zeigen jeweils folgende GuV:

	1	2	3	4	5	6
UE	0	0	0	4.000	14.000	20.000
BA	-550	-550	-500	-2.000	-9.200	-13.000
Ab	-250	-150	0	-700	-500	-300
Gew. v. St.	-800	-700	-500	1.300	4.300	6.700
GewSt (0,1667)	0	0	0	0	-600	-1.117
Gew. n. GewSt	-800	-700	-500	1.300	3.700	5.583

Der zugehörige Finanzplan sieht wie folgt aus:

	0	1	2	3	4	5	6
I_t	2.000			3.000			
$Einz_t$		0	0	0	4.000	14.000	20.000
$Ausz_t$	-400	-550	-550	-2.000	-2.000	-9.200	-13.000
$EZÜ_t$		-550	-550	-2.000	2.000	4.800	7.000
$Kasse_t$	1.600	1.050	500	1.500	3.500	8.300	15.300

Jedes der fünf *mäßig erfolgreichen* Gründungsunternehmen hat folgende GuV:

	1	2	3	4	5	6
UE	0	0	0	1.800	3.600	7.000
BA	-550	-550	-500	-800	-1.800	-3.600
Ab	-250	-150	0	-700	-500	-300
Gew. v. St.	-800	-700	-500	300	1.300	3.100
GewSt (0,1667)	0	0	0	0	0	-450
Gew. n. GewSt	-800	-700	-500	300	1.300	2.650

Der zugehörige Finanzplan sieht wie folgt aus:

	0	1	2	3	4	5	6
I_t	2.000			3.000			
$Einz_t$		0	0	0	1.800	3.600	7.000
$Ausz_t$	-400	-550	-550	-2.000	-800	-1.800	-3.600
$EZÜ_t$		-550	-550	-2.000	1.000	1.800	3.400
$Kasse_t$	1.600	1.050	500	1.500	2.500	4.300	7.700

Jedes der drei *nicht erfolgreichen* Gründungsprojekte hat folgende GuV:

	1	2	3
UE	0	0	0
BA	-550	-550	-500
Ab	-250	-150	0
Gew. V. St.	-800	-700	-500
GewSt	0	0	0
Gew. N. GewSt	-800	-700	-500

Der zugehörige Finanzplan sieht wie folgt aus:

	0	1	2	3
I_t	2.000			
$Einz_t$		0	0	0
$Ausz_t$	-400	-550	-550	-500
$EZÜ_t$		-550	-550	-500
$Kasse_t$	1.600	1.050	500	0

- Der Veräußerungserlös vor Steuern für den 25%-Anteil des VC-Gebers am Ende von $t = 6$ beträgt:
  - für die sehr erfolgreichen Unternehmen: 5.000;
  - für die mäßig erfolgreichen Unternehmen: 1.500;
  - für die nicht erfolgreichen Unternehmen: 0.

In $t = 3$ werden die drei *nicht* erfolgreichen Unternehmen insolvent. Es wird daher später kein Veräußerungserlös für sie erzielt.

Die Höhe der Veräußerungserlöse muss nicht hinterfragt werden. Die angegebenen Werte sind nur zur Aufstellung der Finanzpläne des VC-Gebers unterstellt und vorläufig; sie werden später variabel gesetzt.

• Es wird angenommen, dass direkte Beteiligungen und Mitunternehmeranteile in Form atypisch stiller Beteiligungen zum gleichen Veräußerungspreis (vor Steuern) verkauft werden. Diese Annahme stützt sich auf folgende Überlegung: Werden gleiche zukünftige Rechte und gleiche zukünftige Ausschüttungsansprüche gewährt, ist die Annahme gleicher Veräußerungserlöse legitim. Wichtig ist für diese Annahme, dass keine Verlustvorträge mehr zum Veräußerungszeitpunkt bestehen dürfen, da diese unterschiedliche Bewertungen begründeten.

• Die Annahme gleicher Veräußerungserlöse wirkt zu Gunsten direkter Beteiligungen, da Mitunternehmeranteile bzw. die beim Kauf von Mitunternehmeranteilen aktivierten Assets planmäßige Abschreibungen erlauben, direkte Beteiligungen dagegen nur Teilwertabschreibungen, die nur bei dauerhaften Wertminderungen durchgeführt werden dürfen.[858] Der Käufer wird aufgrund dieser sicheren Steuerersparnisse für gleiche Ansprüche in Form eines Mitunternehmeranteils tendenziell also mehr zu zahlen bereit sein als für direkte Beteiligungen.[859] Mit der Annahme gleicher Veräußerungserlöse zu Gunsten direkter Beteiligungen kann die Vorteilhaftigkeit stiller Beteiligungen gezeigt werden.

---

[858] Zu dieser Problematik vgl. *Oesterle, Berthold/Gauß, Herbert*, Betriebswirtschaftliche Überlegungen zur Teilwertabschreibung auf Beteiligungen an Kapitalgesellschaften in der Rechtsprechung des BFH, in: WPg, Jg. 44, 1991, S. 317-327; *BMF*, Neuregelung der Teilwertabschreibung gemäß § 6 Abs.1 Nrn. 1 und 2 EStG durch das Steuerentlastungsgesetz 1999/2000/2002; voraussichtlich dauernde Wertminderung; Wertaufholungsgebot; steuerliche Rücklage nach § 52 Abs. 16 EStG vom 25.02.2000, IV C 2 – S 2171 b – 14/00, in: BStBl. I 2000, S. 372-375.

[859] Zu den nachteiligen Wirkungen der Steuerbefreiung von Veräußerungserlösen auf den erzielbaren Verkaufserlös im neuen Halbeinkünfteverfahren vgl. *Eisgruber, Thomas/Glass, Merike*, Auswirkungen der Einführung des Halbeinkünfteverfahrens auf die Preise von Anteilen an Kapitalgesellschaften, in: DStR, Jg. 41, 2003, S. 389-396. Zur Abhängigkeit des Käufer-Grenzpreises von zukünftigen Steuererstattungen vgl. auch *Rogall, Matthias*, Steuerliche Einflussfaktoren beim Kapitalgesellschaftskauf, in: DStR, Jg. 41, 2003, S. 750-756 (751), *Lechner, Florian*, Die Kapitalgesellschaft als Steuersparmodell, in: Stbg, Jg. 44, 2001, S. 201-214 und *Scheffler, Wolfram*, Veräußerung von Kapitalgesellschaften aus steuerlicher Sicht – share deal oder asset deal?, in: StuW, Jg. , 2001, S. 293-307 (300-302). Die fehlende dingliche Wirkung der einer Gesellschafterposition schuldrechtlich angenäherten Stellung des atypisch stillen Gesellschafters (vgl. *Renner, Cornelius*, Die Stellung des atypisch stillen Gesellschafters in der Insolvenz des Geschäftsinhabers, in: ZIP, Jg. 23, 2002, S. 1430-1436 (1431)) wird vernachlässigt.

• Es wird zum einen das alte und zum anderen das neue Körperschaftsteuersystem unterstellt, also Anrechnungs- (ARV) bzw. Halbeinkünfteverfahren (HEV nach § 8b KStG). Im ARV waren Veräußerungsgewinne beider Beteiligungsformen zuletzt steuerpflichtig.[860] Im HEV sind Dividenden und Veräußerungsgewinne direkter Beteiligungen von Kapitalgesellschaften an Kapitalgesellschaften grds. steuerfrei gestellt (§ 8b Abs. 1, 2 KStG), Veräußerungsgewinne atypisch stiller Beteiligungen dagegen nicht. Es wird geprüft, wie sich die neue Verlustverrechnungsbeschränkung für atypisch stille Beteiligungen (§ 15 Abs. 4 Satz 6 EStG) auswirkt.[861] Für das HEV wird zusätzlich geprüft, wie der Ver-

---

[860] Bis einschließlich 2001 unterlag die Veräußerung von Mitunternehmeranteilen nicht der Gewerbesteuer, selbst wenn alle Gesellschafter Kapitalgesellschaften waren, vgl. dazu z.B. *Meyer-Scharenberg, Dirk E./Popp, Michael/Woring, Siegbert*, Gewerbesteuer-Kommentar, 1996, §7, Rn. 101; *von Twickel, Degenhard*, EStG, KStG, GewStG, in: Blümich, § 7 GewStG, Rn. 150. Seit 2002 unterliegen Gewinne aus der Veräußerung von Mitunternehmeranteilen nach § 7 S. 2 Nr. 2 GewStG der Gewerbesteuer (vgl. *Förster, Ursula*, Übertragung von Mitunternehmeranteilen im Ertragsteuerrecht, in: FR, Jg. 84, 2002, S. 649-657; *Wendt, Michael*, Veräußerungsgewinn einer Kapitalgesellschaft unterliegt der GewSt, in: FR, Jg. 84, 2002, S. 39-40; *Behrens, Stefan/Schmitt, Rainer*, § 7 Satz 2 GewStG n.F. – Neue Gewerbesteuer-Tatbestände für Mitunternehmerschaften und KGaA, in: BB, Jg. 57, 2002, S. 860-861; *Bechler, Christoph, Schröder, Karl-Wilhelm*, Gewerbesteuer bei Veräußerung von Mitunternehmeranteilen – § 7 Satz 2 GewStG i.d.F. des UntStFG, in: DB, Jg.55, 2002, S. 2238-2242; *Förster, Guido*, Kauf und Verkauf von Unternehmen nach dem UntStFG, in: DB, Jg. 55, 2002, S. 1394-1401; *Schmidt, Lutz/Hageböke, Jens*, Gewerbesteuer bei der Veräußerung eines Mitunternehmeranteils an einer Obergesellschaft einer doppelstöckigen Personengesellschaft nach § 7 Satz 2 Nr. 2 GewStG, in: DB, Jg. 56, 2003; S. 790-794). Grund für diese Gesetzesänderung war die Absicht zu verhindern, dass Vermögen, das eine Kapitalgesellschaft nur gewerbesteuerpflichtig veräußern kann, zu Buchwerten in eine Personengesellschaft überführt und anschließend als Mitunternehmeranteil gewerbesteuerfrei veräußern werden kann. Schwer verständlich ist, dass der Schuldner der Gewerbesteuer bei gewerbesteuerpflichtigen Mitunternehmeranteilsveräußerungen die Mitunternehmerschaft bzw. die Personengesellschaft selbst ist (vgl. *Bonertz, Rainer*, Wer ist Schuldner der Gewerbesteuer nach § 7 Satz 2 GewStG n.F. bei gewerbesteuerpflichtigen Mitunternehmeranteilsveräußerungen?, in: DStR, Jg. 40, 2002, S. 795-797).

[861] Vgl. *IDW*, Stellungnahme des IDW zum Steuervergünstigungsabbaugesetz, in: FN-IDW, 2003, S. 9-22; *Rödder, Thomas/Schumacher, Andreas*, Das Steuervergünstigungsabbaugesetz, in: DStR, Jg. 41, 2003, S. 805-819; *Förster, Guido*, Die Änderungen durch das StVergAbG bei der Einkommensteuer und der Körperschaftsteuer, in: DB, Jg. 56, 2003, S. 899-905; *Hegemann, Jürgen/Querbach, Torsten*, Erste praktische Hinweise zum Steuervergünstigungsabbaugesetz, in: Stbg, Jg. 46, 2003, S. 197-210; *Wagner, Siegfried*, Das Verlustausgleichs- und

gleich der beiden Beteiligungsformen ausfällt, wenn der VC-Geber mit den direkten Beteiligungen unter § 8b Abs. 7 KStG fällt.[862] Daneben wird untersucht, wie sich die Einschränkung der Steuerfreiheit der Veräußerungsgewinne direkter Beteiligungen auf 95% auswirkt.[863] Es werden also folgende Fälle betrachtet:

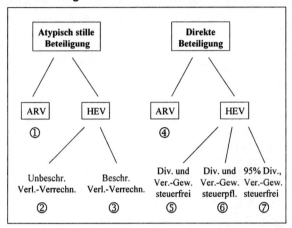

Abbildung 37: Überblick über die betrachteten Fälle

- Es wird von einer gewerblichen Beteiligungsgesellschaft ausgegangen, die weder als UBG nach § 3 Nr. 23 GewStG noch nach § 3 Nr. 24 GewStG als spezielle Kapitalbeteiligungsgesellschaft von der GewSt befreit ist. Der Veräußerungsgewinn unterliegt der Gewerbesteuer, weil der Erwerb, das Halten und die Veräußerung von Mitunternehmeranteilen als einzige Gesellschaftszwecke der betrachteten Beteiligungsgesellschaft angenommen werden. Gewerbliche Unternehmen unterliegen grundsätzlich mit „zum laufenden Betrieb" gehörenden „gewöhnlichen" Geschäften der Gewerbesteuer.[864] Bei einer Beteiligungsgesellschaft gehört die Veräußerung von Anteilen zu den gewöhnli-

---

-abzugsverbot nach § 15 Abs. 4 EStG, insbesondere bei Termingeschäften und bei stillen Gesellschaften, in: DStZ, Jg. 91, 2003, S. 798-803.

[862] Vgl. *Bundesregierung*, Gesetz zur Änderung des Investitionszulagengesetzes 1999, in: BStBl. I 2001, S. 28-34 (32).

[863] Vgl. *Bundesregierung*, Gesetz zur Umsetzung der Protokollerklärung der Bundesregierung zur Vermittlungsempfehlung zum Steuervergünstigungsabbaugesetz, in: BGBl. I 2003, S. 2840-2845 (2842/2843).

[864] Vgl. *BFH*, Urteil vom 25.05.1962 – I 78/61 S, in: BFHE 75, S. 467-473; *Sarrazin, Viktor*, GewStG, in Lenski/Steinberg, § 2, Rn. 1645.

chen und damit folgerichtig zu den nicht gewerbesteuerbefreiten Geschäften.

- Zu Gunsten der direkten Beteiligung wird angenommen, dass gebildete Verlustvorträge nicht verloren gehen, sondern in den Folgejahren stets vollständig geltend gemacht werden können. Auch bei der neuen Verlustverrechnungsbeschränkung der atypisch stillen Gesellschaft wird dies angenommen.

Annahmen zur atypisch stillen Beteiligung:

- Steuerersparnisse durch zugewiesene Verluste seien stets möglich. Es gelte die Annahme einer ausreichenden Steuerbemessungsgrundlage.

- Der atypisch still beteiligte VC-Geber im Beispiel vereinbart, dass seine Einlage nicht mit späteren Gewinnanteilen aufgefüllt werde, sondern Gewinnanteile sofort an ihn ausgeschüttet werden. Entsprechend kann er bei Veräußerung keine positiven Buchwerte der Einlagen abziehen. Er leistet also zu Beginn seine Einlage, diese wird durch zugewiesene Verluste bis auf Null aufgezehrt, dann jedoch nicht aufgefüllt, sondern auf dem Stand von Null belassen.[865]

- Gesellschaftsvertraglich werde – wie üblich – vereinbart, dass der Mitunternehmer bei Veräußerung die Gewerbesteuer auf den Veräußerungsgewinn zu tragen hat.

Annahme zur direkten Beteiligung:

- Es wird angenommen, dass bei Insolvenz erst in t = 3 der Investitionsbetrag abgeschrieben werden kann, d.h. eine Teilwertabschreibung sei in t = 1 und t = 2 nicht möglich, da eine dauernde Wertminderung vor t = 3 nicht begründbar sei.[866]

5.4.2.2 ATYPISCH STILLE BETEILIGUNG

Die atypisch stille Gesellschaft ist einkommensteuerrechtlich Mitunternehmerschaft i.S.v. § 15 Abs. 1 Satz 1 Nr. 2 EStG. Weil der stille Gesellschafter Mitunternehmer wird, ist die atypisch stille Gesellschaft „Subjekt

---

[865] Zum Auszahlungsanspruch des stillen Gesellschafters vgl. *Blaurock, Uwe*, Handbuch der stillen Gesellschaft, 2003, Rn. 14.53-14.64.

[866] Vgl. *Behrens, Stefan/Karkowski, Jan H.*, Verlustabzug auf Ebene des stillen Gesellschafters auch ohne voraussichtlich dauernde Wertminderung seiner im Betriebsvermögen gehaltenen typisch stillen Beteiligung, in: DB, Jg. 54, 2001, S. 1059-1063 (1060).

der Einkünftequalifikation."[867] Für eine atypisch still beteiligte Kapitalgesellschaft gelten die Vorschriften des Körperschaftsteuergesetzes, wobei nach § 8 Abs. 2 KStG die Einkünfte als Einkünfte aus Gewerbebetrieb zu behandeln sind. Ist die Steuerbemessungsgrundlage mehreren einkommen- oder körperschaftsteuerpflichtigen Steuerpflichtigen zuzurechnen, erfolgt eine gesonderte und einheitliche Gewinnfeststellung gemäß §§ 179 Abs. 2 Satz 2, 180 Abs. 1 Nr. 2 a AO. Die steuerliche Erfassung des Gewinn- bzw. Verlustanteils beim atypisch stillen Gesellschafter erfolgt in der Abrechnungsperiode, in der er erwirtschaftet wird, wobei es ohne Bedeutung ist, ob der Gewinn ausgeschüttet, entnommen oder gutgeschrieben wurde.[868]

Die atypisch stille Gesellschaft betreibt nach *BFH*-Rechtsprechung[869] kein gewerbliches Unternehmen, d.h. nur der Inhaber des Handelsgeschäfts unterhält ein gewerbliches Unternehmen und ist deshalb gewerbesteuerpflichtig.[870] Hält der atypisch stille Gesellschafter seine Beteiligung im Betriebsvermögen, gelten §§ 8 Nr. 8, 9 Nr. 2 GewStG, d.h. Gewinn- bzw. Verlustanteile werden zur Vermeidung einer doppelten Besteuerung gekürzt bzw. hinzugerechnet.[871] Die ältere *BFH*-Rechtsprechung bestimmte als Steuerschuldner nach § 5 Abs. 1 GewStG weder die atypisch stille Gesellschaft noch den atypisch stillen Gesellschafter, sondern den Inhaber des Handelsgeschäfts.[872] Der atypisch stille Gesell-

---

[867] Dazu und zu besonderen Fällen vgl. *Gschwendtner, Hubertus*, Die atypisch stille Gesellschaft als beschränkt rechtsfähiges Steuerrechtssubjekt im Einkommensteuerrecht, in: DStZ, Jg. 86, 1998, S. 335-344.

[868] Vgl. *Schoor, Hans Walter*, Die GmbH & Still im Steuerrecht, 2001, S. 115.

[869] Vgl. *BFH*, Urteil vom 12.11.1985 – VIII R 364/83, in: BFHE 145, S. 408-422. Zur Begründung wird angeführt, dass die atypisch stille Gesellschaft mangels Gesamthandsvermögen nicht Gewerbesteuersubjekt sein kann.

[870] Vgl. *Zacharias, Erwin/Hebig, Michael/Rinnewitz, Jürgen*, Die atypisch stille Gesellschaft, 2000, S. 172, 173.

[871] Der *BFH* rechnet die Tätigkeit des Inhabers des Handelsgeschäfts der atypisch stillen Gesellschaft aber zu, so dass die atypisch stille Gesellschaft selbst „Subjekt der Gewinnerzielung, Gewinnermittlung und Einkünftequalifikation" wird; vgl. *BFH*, Urteil vom 15.10.1998 – IV R 18/98, in: BStBl. II 1999, S. 286-291 (289). Zu Recht wurde darauf hingewiesen, dass diese Argumentation nicht logisch ist, sondern dass eine Gewerbesteuerpflicht der atypisch stillen Gesellschaft nur fingiert wird; vgl. *Carlé, Dieter*, GmbH & atypisch Still im Steuerrecht und Gesellschaftsrecht, in: KÖSDI, Jg. 32, 1999, S. 12189-12194 (12193).

[872] Vgl. *BFH*, Urteil vom 12.11.1985– VIII R 364/83, in: BFHE 145, S. 408-422; *BFH*, Urteil vom 25.07.1995 – VIII R 54/93, in: BStBl. II 1995, S. 794-797; *Schoor, Hans Walter*, Die GmbH & Still im Steuerrecht, 2001, S. 91. Der atypisch stille Gesell-

schafter trage aufgrund § 230 Abs. 2 HGB keine Haftung für Geschäftsverbindlichkeiten, so dass er für die Gewerbesteuerschuld nicht herangezogen werden könne.

Bei der Ermittlung des Gewerbeertrags wird von dem für die Mitunternehmerschaft im Wege der gesonderten und einheitlichen Gewinnfeststellung ermittelten Gewinn ausgegangen. Die Gewinnanteile des atypisch stillen Gesellschafters sind Bestandteil des Gewerbeertrags entsprechend dem Objektcharakter der Gewerbesteuer, da die an den Stillen gezahlten Gewinnanteile von dem Objekt Gewerbebetrieb erwirtschaftet werden.[873] Die Ermittlung des steuerpflichtigen Gewerbeertrags erfolgt also wie folgt:

Gewinn laut Handels- bzw. Steuerbilanz der Kapitalgesellschaft, an der die stille Beteiligung besteht,

+   Gewinnanteil des atypisch stillen Gesellschafters

=   Steuerpflichtiger Gewerbebetrag[874]

Die Gewerbesteuer wird also auf den gemeinsamen Gewinn erhoben, der Gewerbesteuerbescheid geht an die Kapitalgesellschaft, die mit ihrem Gewinnanteil selbst der Gewerbesteuer unterliegt, aber diesen Gewinnanteil nach § 9 Nr. 2 GewStG bei der Ermittlung des Gewerbeertrags wieder kürzt, so dass nicht zweimal Gewerbesteuer bezahlt werden muss. Faktisch wird von beiden Parteien anteilig Gewerbesteuer bezahlt.

Zur Einkommensbesteuerung werden die einzelnen Gesellschafter der Mitunternehmerschaft bzw. der atypisch stillen Gesellschaft separat herangezogen. Der atypisch stille Gesellschafter versteuert als Mitunternehmer i.S.v. § 15 Abs. 1 Nr. 2 EStG seinen Gewinnanteil unter den gewerblichen Einkünften, unabhängig davon, ob der Gewinn ausgeschüttet oder thesauriert wird.[875] Die Kapitalgesellschaft, an der die stille Beteili-

---

schafter sei zwar als Mitunternehmer objektiv gewerbesteuerpflichtig, jedoch fehle es an der subjektiven Gewerbesteuerpflicht, die nur der Inhaber des Handelsgeschäfts habe; vgl. *BFH*, Urteil vom 03.02.1994 – III R 23/89, in: BStBl. II 1994, S. 709-711 (709/710). Die Mitunternehmerschaft der atypisch stillen Gesellschaft unterliegt gemäß § 2 Abs. 2 GewStG der Gewerbesteuer. Erzielt ein Gesellschafter der atypisch stillen Gesellschaft als Kapitalgesellschaft in jedem Fall gewerbliche Einkünfte, ist die Tätigkeit der atypisch stillen Gesellschaft insgesamt gewerblich und auch der atypisch stille Gesellschafter objektiv gewerbesteuerpflichtig, vgl. *Döllerer, Georg*, Die atypisch stille Gesellschaft in der neuesten Rechtsprechung des Bundesfinanzhofs, in: StbJb 1987/88, S. 289-308 (301); *Schoor, Hans Walter*, Die GmbH & Still im Steuerrecht, 2001, S. 92.

[873] Vgl. *Schoor, Hans Walter*, Die GmbH & Still im Steuerrecht, 2001, S. 92.

[874] Ohne Berücksichtigung des Freibetrags/Staffeltarifs (§ 11 Abs. 1, 2 GewStG).

[875] Vgl. *Schoor, Hans Walter*, Die GmbH & Still im Steuerrecht, 2001, S. 113.

gung besteht, wird mit ihrem Anteil am gesondert und einheitlich festgestellten Gewinn zur Körperschaftsteuer herangezogen. Bei einer atypisch stillen Beteiligung an einer Kapitalgesellschaft, etwa einer GmbH & Still, ist diese Subjekt der Gewinnermittlung und nicht die GmbH, die den Betrieb im Interesse der GmbH & Still bzw. der Mitunternehmerschaft führt. Die GmbH & Still ist Personengesellschaft.[876] Wird eine atypisch stille Gesellschaft an einer Aktiengesellschaft vertraglich vereinbart, gilt dies nach h.M. als *Teilgewinnabführungsvertrag* i.S.v. § 292 Abs. 1 Nr. 2 AktG.[877] Verluste und Gewinne der Gründungsunternehmen sind der VC-Gesellschaft demnach anteilig wie vereinbart zuzuweisen.[878]

Nach den neuesten Gesetzesänderungen wurde die Verlustverrechnung bei stillen Gesellschaften auf Gewinne aus demselben Projekt beschränkt. Die Pläne dazu sind im Dezember 2003 realisiert worden.[879] Die Auswirkungen der neuen Verlustverrechnung werden betrachtet.[880]

---

[876] Vgl. *Schulze zur Wiesche, Dieter*, Völlige Gleichstellung der atypisch stillen Gesellschaft mit der Personenhandelsgesellschaft?, in: DStZ, Jg. 86, 1998, S. 285-288 (287). Dass sich bei der Behandlung der atypisch stillen Gesellschaft als Mitunternehmerschaft keine Besonderheiten gegenüber anderen Personengesellschaften ergeben sollen, hat *Döllerer* überzeugend widerlegt: Zum einen nennt er das fehlende Gesamthandsvermögen, damit den fehlenden Vermögensvergleich und damit auch den fehlenden Gewinn bzw. Verlust, des weiteren die fehlende Handelsbilanz, die fehlende dingliche Mitberechtigung, stattdessen die ausschließlich schuldrechtlich begründete Stellung als Gesamthänder (vgl. *Döllerer, Georg*, Die atypisch stille Gesellschaft – gelöste und ungelöste Probleme, in: DStR, Jg. 23, 1985, S. 295-303).

[877] Vgl. *BFH*, Urteil vom 03.03.1998 – VIII B 62/97, in: BStBl. II 1998, S. 401-402 (vollständige Begründung nicht veröffentlicht, nur in Juris, S. 1-11 (8)); *Schulze-Osterloh, Joachim*, Das Recht der Unternehmensverträge und die stille Beteiligung an einer Aktiengesellschaft, in: ZGR, Jg. 3, 1974, S. 427-460; *Bachmann, Gregor/Veil, Rüdiger*, Grenzen atypischer stiller Beteiligungen an einer Aktiengesellschaft, in: ZIP, Jg. 20, 1999, S. 348-355 (348); *Schlitt, Michael/Beck, Markus*, Spezielle Probleme bei stillen Beteiligungen im Vorfeld eines Börsengangs, in: NZG, Jg. 4, 2001, S. 688-694 (688).

[878] Gewerbesteuerlich gilt bei einer atypisch stillen Gesellschaft die Hinzurechnungspflicht des § 8 Nr. 3 GewStG nicht (wie etwa bei der typisch stillen Gesellschaft). Der Gewinnanteil des atypisch Stillen ist Teil des gewerblichen Gewinns der Mitunternehmerschaft. Bei einer im Betriebsvermögen gehaltenen atypisch stillen Beteiligung gilt jedoch die Kürzungsvorschrift des § 8 Nr. 2 GewStG, um eine gewerbesteuerliche Doppelbelastung zu vermeiden. Hält der atypisch stille Gesellschafter seine Beteiligung im Betriebsvermögen, gelten §§ 8 Nr. 8, 9 Nr. 2 GewStG, d.h. Gewinn- bzw. Verlustanteile werden zur Vermeidung einer doppelten Besteuerung gekürzt oder hinzugerechnet.

[879] Vgl. *Bundesregierung*, Gesetz zur Umsetzung der Protokollerklärung der Bundesregierung zur Vermittlungsempfehlung zum Steuervergünstigungsabbaugesetz,

Verluste und Gewinne der Gründungsunternehmen sind dem VC-Geber und dem Unternehmen anteilig zuzuweisen (vgl. Tabelle 10). So wird zum Beispiel bei den sehr erfolgreichen Unternehmen in Periode 4 der Gewinn von 1.300 dem VC-Geber zu 25% zugerechnet und dem Unter-

---

in: BGBl. I 2003, S. 2840-2845 (2840). Zur Abschaffung der Mehrmütterorganschaft wollte der Gesetzgeber im Entwurf zum StVergAbG (vgl. *Bundestag*, Entwurf eines Gesetzes zum Abbau von Steuervergünstigungen und Ausnahmeregelungen (StVergAbG), in: BT-Drucks. 15/119, S. 1-60 (4 (Gesetzestext), 38 (Begründung)) die Verlustverrechnung über den § 15a EStG hinaus beschränken, indem er die Verrechnung von Verlusten unter den Bedingungen des § 10 d EStG nur mit Gewinnen, die der Gesellschafter oder Beteiligte in dem unmittelbar vorausgegangenen Veranlagungszeitraum oder in den folgenden Veranlagungszeiträumen aus der stillen Beteiligung bezieht, erlaubte. Diese Begrenzung der Verlustverrechnung wäre im Gegensatz zur Regelung für GmbH & Co. KG gestanden, für die weiterhin gegolten hätte, dass Verluste mit anderen Einkünften im Jahr der Verlustentstehung ausgleichsfähig und in anderen Veranlagungszeiträumen mittels Verlustabzug nach § 10 d EStG berücksichtigt werden können. Diese ertragsteuerliche Ungleichbehandlung der GmbH & atypisch Still im Vergleich zu anderen Mitunternehmerschaften wurde kritisiert; vgl. *Schulze zur Wiesche, Dieter*, Die GmbH & atypisch Still – ein großer Verlierer der neuen Steuergesetzgebung, in: BB, Jg. 58, 2003, S. 713- 714 (714) *IDW*, Stellungnahme des IDW zum Steuervergünstigungsabbaugesetz, in: FN-IDW, 2003, S. 9-22 (12). Im StVergAbG wurde die generelle Verlustverrechnungsbeschränkung auf atypisch still beteiligte *Kapital*gesellschaften beschränkt (vgl. *Bundesregierung*, Gesetz zum Abbau von Steuervergünstigungen und Ausnahmeregelungen (StVergAbG), in: BGBl. I 2003, S. 660-667 (660)). Damit der VC-Geber sich weiterhin atypisch still beteiligen und seine zugewiesenen Verluste zeitnah steuerlich geltend machen konnte, war es nach dieser Gesetzesänderung also nötig, eine Personengesellschaft, die sich atypisch still beteiligt, zwischen VC-Geber-Kapitalgesellschaft und Gründungsunternehmen zu schalten. Damit hatte das StVergAbG keine begrenzende Wirkung auf VC-Finanzierungen in Form der atypisch stillen Gesellschaft, die es im Übrigen auch nicht bezweckte. Nach der neuesten Gesetzesänderung wurde doch auf den ursprünglichen Plan zurückgegriffen und die Verlustverrechnung generell beschränkt.

[880] Gilt die Verlustverrechnungsbeschränkung, kann die geleistete Einlage bei Insolvenz komplett in dieser Periode abgezogen werden, da § 15 Abs. 4 Satz 6 EStG wohl nach einstimmiger Meinung nicht für den Verlust aus Veräußerung oder Liquidation gilt, vgl. *Rödder, Thomas/Schumacher, Andreas*, Das Steuervergünstigungsabbaugesetz, in: DStR, Jg. 41, 2003, S. 805-819 (811); *Förster, Guido*, Die Änderungen durch das StVergAbG bei der Einkommensteuer und der Körperschaftsteuer, in: DB, Jg. 56, 2003, S. 899-905 (900); *Hegemann, Jürgen/Querbach, Torsten*, Erste praktische Hinweise zum Steuervergünstigungsabbaugesetz, in: Stbg, Jg. 46, 2003, S. 197-210 (198); *Wagner, Siegfried*, Das Verlustausgleichs- und -abzugsverbot nach § 15 Abs. 4 EStG, in: DStZ, Jg. 91, 2003, S. 798-803 (802).

nehmen zu 75%. Mit der zweiten Finanzierungsrunde ist ja der Anteil des VC-Gebers von 50% auf 25% gesunken.

GuV-Rechnungen sehr erfolgreiche Gründungsunternehmen (ARV):

	1	2	3	4	5	6
UE (ausz.)	0	0	0	4.000	14.000	20.000
BA (ausz.)	-550	-550	-500	-2.000	-9.200	-13.000
Abschr.	-250	-150	0	-700	-500	-300
Gew. v.St.	-800	-700	-500	1.300	4.300	6.700
GewSt					-600	-1.117
Gew. n. GewSt	-800	-700	-500	1.300	3.700	5.583
Ergebn. VC-Geb.	-400	-350	-250	325	925	1.396
Aussch. VC-Geb.				325	925	1.396
Ergebn. Untern.	-400	-350	-250	975	2.775	4.187
Verl.-Vortrag	400	750	1.000	25	0	0
KSt (40%)					-1.100	-1.675
Mögl. Aussch.					1.675	2.512

GuV-Rechnungen mäßig erfolgreiche Gründungsunternehmen (ARV):

	1	2	3	4	5	6
UE (ausz.)	0	0	0	1.800	3.600	7.000
BA (ausz.)	-550	-550	-500	-800	-1.800	-3.600
Abschr.	-250	-150	0	-700	-500	-300
Gew. v.St.	-800	-700	-500	300	1.300	3.100
GewSt					0	-450
Gew. n. GewSt	-800	-700	-500	300	1.300	2.650
Ergebn. VC-Geb.	-400	-350	-250	75	325	662
Aussch. VC-Geb.				75	325	662
Ergebn. Untern.	-400	-350	-250	225	975	1.987
Verl.-Vortrag	400	750	1.000	775	0	0
KSt (40%)					-80	-795
Mögl. Aussch.					895	1.192

GuV-Rechnungen nicht erfolgreiche Gründungsunternehmen (ARV):

	1	2	3
UE (ausz.)	0	0	0
BA (ausz.)	-550	-550	-500
Abschr.	-250	-150	0
Gew. v.St.	-800	-700	-500
Ergebn. VC-Geb.	-400	-350	-250
Ergebn. Untern.	-400	-350	-250
Verl.-Vortrag	400	750	1.000
KSt (40%)	0	0	0
Aussch.	0	0	0

Tabelle 10: GuV-Rechnungen bei atypisch stillen Beteiligungen im ARV

Finanzplan VC-Geber

	0	1	2	3	4	5	6
Anschaff.-Ausz.	-10.000						
Ergebn.-Ant. U1		-400	-350	-250	325	925	1.396
Ergebn.-Ant. U2		-400	-350	-250	325	925	1.396
Ergebn.-Ant. U3		-400	-350	-250	75	325	662
Ergebn.-Ant. U4		-400	-350	-250	75	325	662
Ergebn.-Ant. U5		-400	-350	-250	75	325	662
Ergebn.-Ant. U6		-400	-350	-250	75	325	662
Ergebn.-Ant. U7		-400	-350	-250	75	325	662
Ergebn.-Ant. U8		-400	-350	-250	0	0	0
Ergebn.-Ant. U9		-400	-350	-250	0	0	0
Ergebn.-Ant. U10		-400	-350	-250	0	0	0
Summe		-4.000	-3.500	-2.500	1.025	3.475	6.104
KSt (40%)		1.600	1.400	1.000	-410	-1.390	-2.442
EZÜ n.St.		1.600	1.400	1.000	-410	-1.390	-2.442
Aussch. U1					325	925	1.396
Aussch. U2					325	925	1.396
Aussch. U3					75	325	662
Aussch. U4					75	325	662
Aussch. U5					75	325	662
Aussch. U6					75	325	662
Aussch. U7					75	325	662
Summe		0	0	0	1.025	3.475	6.104
Veräuß.-Erl. U1							5.000
Veräuß.-Erl. U2							5.000
Veräuß.-Erl. U3							1.500
Veräuß.-Erl. U4							1.500
Veräuß.-Erl. U5							1.500
Veräuß.-Erl. U6							1.500
Veräuß.-Erl. U7							1.500
Summe							17.500
Buchwert Einl.							0
Veräuß.-Gewinne							17.500
GewSt							-2.917
KSt (40%)							-5.833
EZÜ n.St.							8.750
Summe EZÜ n. St.	-10.000	1.600	1.400	1.000	615	2.085	12.412
DKS	1,0379985						
NKW	-10.000	1.541,43	1.299,38	894,15	529,77	1.730,27	9.923,43
5.918,43							

Tabelle 11: Atypisch stille Beteiligungen im ARV[881]

---

[881] Der Buchwert der Einlage beträgt Null, da die Verluste die Einlage aufgezehrt haben. Verluste in Höhe der Einlage wurden in den Vorperioden steuerlich geltend

GuV-Rechnungen sehr erfolgreiche Gründungsunternehmen (HEV):

	1	2	3	4	5	6
UE (ausz.)	0	0	0	4.000	14.000	20.000
BA (ausz.)	-550	-550	-500	-2.000	-9.200	-13.000
Abschr.	-250	-150	0	-700	-500	-300
Gew. v.St.	-800	-700	-500	1.300	4.300	6.700
GewSt					-600	-1.117
Gew. n. GewSt	-800	-700	-500	1.300	3.700	5.583
Ergebn. VC-Geb.	-400	-350	-250	325	925	1.396
Aussch. VC-Geb.				325	925	1.396
Ergebn. Untern.	-400	-350	-250	975	2.775	4.187
Verl.-Vortrag	400	750	1.000	25	0	0
KSt (25%)					-687	-1.047
Mögl. Aussch.					2.087	3.140

GuV-Rechnungen mäßig erfolgreiche Gründungsunternehmen (HEV):

	1	2	3	4	5	6
UE (ausz.)	0	0	0	1.800	3.600	7.000
BA (ausz.)	-550	-550	-500	-800	-1.800	-3.600
Abschr.	-250	-150	0	-700	-500	-300
Gew. v.St.	-800	-700	-500	300	1.300	3.100
GewSt					0	-450
Gew. n. GewSt	-800	-700	-500	300	1.300	2.650
Ergebn. VC-Geb.	-400	-350	-250	75	325	662
Aussch. VC-Geb.				75	325	662
Ergebn. Untern.	-400	-350	-250	225	975	1.987
Verl.-Vortrag	400	750	1.000	775	0	0
KSt (25%)					-50	-497
Mögl. Aussch.					925	1.491

GuV-Rechnungen nicht erfolgreiche Gründungsunternehmen (HEV):

	1	2	3
UE (ausz.)	0	0	0
BA (ausz.)	-550	-550	-500
Abschr.	-250	-150	0
Gew. v.St.	-800	-700	-500
Ergebn. VC-Geb.	-400	-350	-250
Ergebn. Untern.	-400	-350	-250
Verl.-Vortrag	400	750	1.000
KSt (25%)	0	0	0
Aussch.	0	0	0

Tabelle 12: GuV-Rechnungen bei atypisch stillen Beteiligungen im HEV[882]

gemacht. Die zugewiesenen Verluste müssen vorgetragen werden. In Periode 5 sind die Verlustvorträge abgebaut, d.h. eine Ausschüttung ist möglich.

[882] Durch den Wechsel vom ARV ins HEV, hat sich in den GuV-Rechnungen nur der Körperschaftsteuersatz von 40% auf 25% geändert.

Nun wird der Fall ohne und mit Verlustverrechnungsbeschränkung betrachtet.

Finanzplan VC-Geber	0	1	2	3	4	5	6
Anschaff.-Ausz.	-10.000						
Ergebn.-Ant. U1		-400	-350	-250	325	925	1.396
Ergebn.-Ant. U2		-400	-350	-250	325	925	1.396
Ergebn.-Ant. U3		-400	-350	-250	75	325	662
Ergebn.-Ant. U4		-400	-350	-250	75	325	662
Ergebn.-Ant. U5		-400	-350	-250	75	325	662
Ergebn.-Ant. U6		-400	-350	-250	75	325	662
Ergebn.-Ant. U7		-400	-350	-250	75	325	662
Ergebn.-Ant. U8		-400	-350	-250	0	0	0
Ergebn.-Ant. U9		-400	-350	-250	0	0	0
Ergebn.-Ant. U10		-400	-350	-250	0	0	0
Summe		-4.000	-3.500	-2.500	1.025	3.475	6.104
KSt (25%)		1.000	875	625	-256	-869	-1.526
EZÜ n.St.		1.000	875	625	-256	-869	-1.526
Aussch. U1					325	925	1.396
Aussch. U2					325	925	1.396
Aussch. U3					75	325	662
Aussch. U4					75	325	662
Aussch. U5					75	325	662
Aussch. U6					75	325	662
Aussch. U7					75	325	662
Summe		0	0	0	1.025	3.475	6.104
Veräuß.-Erl. U1							5.000
Veräuß.-Erl. U2							5.000
Veräuß.-Erl. U3							1.500
Veräuß.-Erl. U4							1.500
Veräuß.-Erl. U5							1.500
Veräuß.-Erl. U6							1.500
Veräuß.-Erl. U7							1.500
Summe							17.500
Buchwert Einl.							0
Veräuß.-Gewinne							17.500
GewSt							-2.917
KSt (25%)							-3.646
EZÜ n.St.							10.937
Summe EZÜ n. St.		1.000	875	625	769	2.606	15.515
DKS	1,0474981						
NKW	-10.000	954,66	797,45	543,78	638,52	2.066,53	11.744,45
6.745,38							

Tabelle 13: Atypisch stille Beteiligungen im HEV (Unbeschr. Verlustverr.)

Finanzplan VC-Geber							
	0	1	2	3	4	5	6
Anschaff.-Ausz.	-10.000						
Ergebn.-Ant. U1		-400	-350	-250	325	925	1.396
Ergebn.-Ant. U2		-400	-350	-250	325	925	1.396
Ergebn.-Ant. U3		-400	-350	-250	75	325	662
Ergebn.-Ant. U4		-400	-350	-250	75	325	662
Ergebn.-Ant. U5		-400	-350	-250	75	325	662
Ergebn.-Ant. U6		-400	-350	-250	75	325	662
Ergebn.-Ant. U7		-400	-350	-250	75	325	662
Ergebn.-Ant. U8		-400	-350	-250	0	0	0
Ergebn.-Ant. U9		-400	-350	-250	0	0	0
Ergebn.-Ant. U10		-400	-350	-250	0	0	0
Summe		-4.000	-3.500	-2.500	1.025	3.475	6.104
SBG U1		0	0	0	0	250	1.396
SBG U2		0	0	0	0	250	1.396
SBG U3		0	0	0	0	0	62
SBG U4		0	0	0	0	0	62
SBG U5		0	0	0	0	0	62
SBG U6		0	0	0	0	0	62
SBG U7		0	0	0	0	0	62
SBG U8		0	0	-1.000	0	0	0
SBG U9		0	0	-1.000	0	0	0
SBG U10		0	0	-1.000	0	0	0
KSt (25%)		0	0	750	0	-125	-776
EZÜ n.St.		0	0	750	0	-125	-776
Aussch. U1					325	925	1.396
Aussch. U2					325	925	1.396
Aussch. U3					75	325	662
Aussch. U4					75	325	662
Aussch. U5					75	325	662
Aussch. U6					75	325	662
Aussch. U7					75	325	662
Summe		0	0	0	1.025	3.475	6.104
Veräuß.-Erl. U1							5.000
Veräuß.-Erl. U2							5.000
Veräuß.-Erl. U3							1.500
Veräuß.-Erl. U4							1.500
Veräuß.-Erl. U5							1.500
Veräuß.-Erl. U6							1.500
Veräuß.-Erl. U7							1.500
Summe							17.500
Buchwert Einl.							0
Veräuß.-Gewinne							17.500
GewSt							-2.917
KSt (25%)							-3.646
EZÜ n.St.							10.937
Summe EZÜ n. St.		0	0	750	1.025	3.350	16.266
DKS	1,0474981						
NKW	-10.000	0,00	0,00	652,53	851,36	2.656,26	12.312,55
6.472,70							

Tabelle 14: Atypisch stille Beteiligungen im HEV (Beschr. Verlustverr.)

5.4.2.3 DIREKTE BETEILIGUNG

Im ARV war die Höhe des zu entrichtenden Körperschaftsteuersatzes davon abhängig, ob thesauriert oder ausgeschüttet wurde. Wurde ausgeschüttet, bekamen die Anteilseigner Körperschaftsteuergutschriften, die sie geltend machen konnten, so dass letztlich der persönliche Einkommensteuersatz des Anteilseigners maßgebend war. Bei beteiligten Kapitalgesellschaften war die Gewerbesteuerpflicht von Dividenden davon abhängig, ob ein Schachtelprivileg in Anspruch genommen werden konnte oder nicht. Zu Gunsten der direkten Beteiligung wird angenommen, dass ein gewerbe- und körperschaftsteuerliches Schachtelprivileg in Anspruch genommen werden kann. Dividenden unterliegen damit nur der Einkommensteuer, wenn sie an den Anteilseigner ausgeschüttet werden.

Im HEV sind Dividenden nach § 8b Abs. 1 KStG steuerfrei.

Die Besteuerung des Veräußerungsgewinns ist grundsätzlich davon abhängig, ob die Beteiligung im Privat- oder Betriebsvermögen gehalten wird. Nach dem ARV entfiel bei privaten Anlegern der Progressionsvorteil (§ 34 EStG), sobald die Beteiligung wesentlich (§ 17 EStG) war, außerhalb der Spekulationsfrist war der Veräußerungserlös von der Einkommensteuer frei. Der Gewinn einer inländischen Kapitalgesellschaft aus der Veräußerung einer unmittelbaren Beteiligung an einer anderen inländischen Kapitalgesellschaft ging grundsätzlich in vollem Umfang in den Betriebsvermögensvergleich ein, unterlag also Gewerbe- und Körperschaftsteuer.

Nach dem HEV ist gemäß § 8b Abs. 7 KStG der Gewinn einer inländischer Kapitalgesellschaften aus der Veräußerung einer Beteiligung an einer anderen inländischen Kapitalgesellschaft steuerfrei (§ 8b Abs. 2 KStG). Die generelle Steuerbefreiung wurde später auf Gesellschaften, die nicht Kredit- und Finanzdienstleistungsinstitut, Finanzunternehmen oder eventuell Holding sind, beschränkt (§ 8b Abs. 7 KStG).[883] Die Auswirkungen dieser Einschränkungen werden betrachtet. Abschließend wird die Situation nach den neuesten Gesetzänderungen betrachtet, in der – analog zu Beteiligungen an ausländischen Kapitalgesellschaften – nur noch 95% der Dividendenbeträge und Veräußerungserlöse steuerfrei sind.[884]

---

[883] Vgl. Gesetz zur Änderung des Investitionszulagengesetzes 1999, in: BStBl. I 2001, S. 28-34 (32).

[884] Vgl. Gesetz zur Umsetzung der Protokollerklärung der Bundesregierung zur Vermittlungsempfehlung zum Steuervergünstigungsabbaugesetz, in: BGBl. I 2003, S. 2840-2845 (2842/2843).

GuV-Rechnungen sehr erfolgreiche Gründungsunternehmen (ARV):

	1	2	3	4	5	6
UE (ausz.)	0	0	0	4.000	14.000	20.000
BA (ausz.)	-550	-550	-500	-2.000	-9.200	-13.000
Abschr.	-250	-150	0	-700	-500	-300
Gew. v.St.	-800	-700	-500	1.300	4.300	6.700
Verl.-Vortrag	800	1.500	2.000	700	0	0
GewSt					-600	-1.117
KSt (40%)					-1.200	-2.233
Aussch.					2.500	3.350
Aussch. VC-Geber					625	837

GuV-Rechnungen mäßig erfolgreiche Gründungsunternehmen (ARV):

	1	2	3	4	5	6
UE (ausz.)	0	0	0	1.800	3.600	7.000
BA (ausz.)	-550	-550	-500	-800	-1.800	-3.600
Abschr.	-250	-150	0	-700	-500	-300
Gew. v.St.	-800	-700	-500	300	1.300	3.100
Verl.-Vortrag	800	1.500	2.000	1.700	400	0
GewSt						-450
KSt (40%)						-900
Aussch.						1.750
Aussch. VC-Geber						437

GuV-Rechnungen nicht erfolgreiche Gründungsunternehmen (ARV):

	1	2	3
UE (ausz.)	0	0	0
BA (ausz.)	-550	-550	-500
Abschr.	-250	-150	0
Gew. v.St.	-800	-700	-500
Verl.-Vortrag	800	1.500	2.000
GewSt	0	0	0
KSt (40%)	0	0	0
Aussch.	0	0	0

Tabelle 15: GuV-Rechnungen bei direkten Beteiligungen im ARV

Bei direkten Beteiligungen müssen erst die Verlustvorträge der Gründungsunternehmen abgebaut werden, bevor Ausschüttungen vorgenommen werden können. Die Ausschüttung an den VC-Geber bestimmt sich nach seinem Anteil, der er am jeweiligen Gründungsunternehmen hält: Bis einschließlich Periode 3 sind dies 50%, nach der zweiten Finanzierungsrunde 25%.

Finanzplan VC-Geber	0	1	2	3	4	5	6
Anschaff.-Ausz.	-10.000						
Aussch. U1						625	837
Aussch. U2						625	837
Aussch. U3						0	437
Aussch. U4						0	437
Aussch. U5						0	437
Aussch. U6						0	437
Aussch. U7						0	437
Summe n.St.		0	0	0	0	1.250	3.862
KSt-Gutschrift		0	0	0	0	1.200	3.133
KSt (40%)		0	0	0	0	-1.200	-3.133
Abschr. insolv. Untern.				-3.000			
GewSt-Vorteil				500			
KSt-Vorteil				1.000			
Veräuß.-Erl. U1							5.000
Veräuß.-Erl. U2							5.000
Veräuß.-Erl. U3							1.500
Veräuß.-Erl. U4							1.500
Veräuß.-Erl. U5							1.500
Veräuß.-Erl. U6							1.500
Veräuß.-Erl. U7							1.500
Summe							17.500
hist. AK							7.000
Veräuß.-Gewinne							10.500
GewSt							-1.750
KSt (40%)							-3.500
EZÜ n.St.							12.250
Summe EZÜ n.St.		0	0	1.500	0	1.250	16.112
DKS	1,037998						
NKW	-10.000	0,00	0,00	1.341,28	0,00	1.037,32	12.881,70
5.260,30							

Tabelle 16: Direkte Beteiligungen im ARV

Im ARV waren die Veräußerungserlöse nicht steuerfrei; entsprechend konnten Totalverluste der Einlagen bzw. Abschreibungen steuermindernd geltend gemacht werden. Das unterstellte Schachtelprivileg funktioniert so, dass der VC-Geber letztlich nicht mit Körperschaftsteuer auf die Ausschüttungen belastet wird, da er für die von ihm zu entrichtende Körperschaftsteuer (in t = 5 etwa 1.200), auch eine gleichhohe Körperschaftsteuergutschrift erhält (1.200).

GuV-Rechnungen sehr erfolgreiche Gründungsunternehmen (HEV):

	1	2	3	4	5	6
UE (ausz.)	0	0	0	4.000	14.000	20.000
BA (ausz.)	-550	-550	-500	-2.000	-9.200	-13.000
Abschr.	-250	-150	0	-700	-500	-300
Gew. v.St.	-800	-700	-500	1.300	4.300	6.700
Verl.-Vortrag	800	1.500	2.000	700	0	0
GewSt					-600	-1.117
KSt (25%)					-750	-1.396
Aussch.					2.950	4.187
Aussch. VC-Geber					737	1.047

GuV-Rechnungen mäßig erfolgreiche Gründungsunternehmen (HEV):

	1	2	3	4	5	6
UE (ausz.)	0	0	0	1.800	3.600	7.000
BA (ausz.)	-550	-550	-500	-800	-1.800	-3.600
Abschr.	-250	-150	0	-700	-500	-300
Gew. v.St.	-800	-700	-500	300	1.300	3.100
Verl.-Vortrag	800	1.500	2.000	1.700	400	0
GewSt						-450
KSt (25%)						-562
Aussch.						2.087
Aussch. VC-Geber						522

GuV-Rechnungen nicht erfolgreiche Gründungsunternehmen (HEV):

	1	2	3
UE (ausz.)	0	0	0
BA (ausz.)	-550	-550	-500
Abschr.	-250	-150	0
Gew. v.St.	-800	-700	-500
Verl.-Vortrag	800	1.500	2.000
GewSt	0	0	0
KSt (25%)	0	0	0
Aussch.	0	0	0

Tabelle 17: GuV-Rechnungen bei direkten Beteiligungen im HEV

Zunächst gilt die in § 8b Abs. 1 und 2 KStG verankerte Steuerfreiheit der Dividenden und Veräußerungsgewinne. Dementsprechend können Totalverluste von Einlagen nicht steuermindernd geltend gemacht werden (§ 8b Abs. 3 KStG). Die Steuerfreiheit erstreckt sich auch auf die Gewerbesteuer.[885]

---

[885] Vgl. z.B. *Töben, Thomas*, Keine Gewerbesteuer auf Dividenden und auf Gewinne aus der Veräußerung von Anteilen an Kapitalgesellschaften bei Zwischenschaltung einer Personengesellschaft, in: FR, Jg. 84, S. 361-373.

Finanzplan VC-Geber	0	1	2	3	4	5	6
Anschaff.-Ausz.	-10.000						
Aussch. U1						737	1.047
Aussch. U2						737	1.047
Aussch. U3						0	522
Aussch. U4						0	522
Aussch. U5						0	522
Aussch. U6						0	522
Aussch. U7						0	522
Summe n.St.		0	0	0	0	1.475	4.703
Abschr. insolv. Untern.				0			
GewSt-Vorteil				0			
KSt-Vorteil				0,0			
Veräuß.-Erl. U1							5.000
Veräuß.-Erl. U2							5.000
Veräuß.-Erl. U3							1.500
Veräuß.-Erl. U4							1.500
Veräuß.-Erl. U5							1.500
Veräuß.-Erl. U6							1.500
Veräuß.-Erl. U7							1.500
Summe							17.500
hist. AK							
Veräuß.-Gewinne							
GewSt							0
KSt (25%)							0
EZÜ n.St.							17.500
Summe EZÜ n. St.		0	0	0	0	1.475	22.203
DKS	1,0474981						
NKW	-10.000	0	0	0	0	1.169,53	16.807,04
	7.976,58						

Tabelle 18: Direkte Beteiligungen im HEV bei Steuerfreiheit

Greift § 8b Abs. 7 KStG hingegen wie in Tabelle 19, gilt folgendes. Dividenden sind körperschaftsteuerpflichtig, da § 8b Abs. 7 KStG die Anwendung des Absatzes 1 unterbindet. Gewerbesteuer fällt auf die Dividenden jedoch nicht an, da § 9 Nr. 2a GewStG für Anteile von mindestens 10% (davon wird hier ja ausgegangen) eine Kürzung aus der gewerbesteuerlichen Bemessungsgrundlage vorsieht. Veräußerungsgewinne sind gewerbe- und körperschaftsteuerpflichtig sind (§ 8b Abs. 7 unterbindet auch Anwendung von § 8b Abs. 2 KStG). Abschreibungen von Einlagen sind dann gewerbe- und körperschaftsteuermindernd ansetzbar.

Finanzplan VC-Geber	0	1	2	3	4	5	6
Anschaff.-Ausz.	-10.000						
Aussch. U1						737	1.047
Aussch. U2						737	1.047
Aussch. U3						0	522
Aussch. U4						0	522
Aussch. U5						0	522
Aussch. U6						0	522
Aussch. U7						0	522
Summe n.St.		0	0	0	0	1.475	4.703
GewSt		0	0	0	0	0	0
KSt (25%)		0	0	0	0	-369	-1.176
Summe n.St		0	0	0	0	1.106	3.527
Abschr. insolv. Untern.				-3.000			
GewSt-Vorteil				500			
KSt-Vorteil				1.000			
Veräuß.-Erl. U1							5.000
Veräuß.-Erl. U2							5.000
Veräuß.-Erl. U3							1.500
Veräuß.-Erl. U4							1.500
Veräuß.-Erl. U5							1.500
Veräuß.-Erl. U6							1.500
Veräuß.-Erl. U7							1.500
Summe							17.500
hist. AK							7.000
St. BMG							10.500
GewSt							-1.750
KSt (25%)							-2.187
EZÜ n.St.							13.562
Summe EZÜ n.St.		0	0	0	0	1.106	17.089
DKS	1,047498						
NKW	-10.000	0	0	0	0	877,15	12.936,26
	3.813,41						

Tabelle 19: Direkte Beteiligungen im HEV bei Steuerverhaftung (§ 8b Abs. 7 KStG)

Abschließend wird die Besteuerung betrachtet, die ab 01.01.2004 gilt.[886] Dividenden und Veräußerungsgewinne sind zu 5% gewerbe- und körperschaftsteuerpflichtig.[887]

---

[886] Vgl. *Bundesregierung*, Gesetz zur Umsetzung der Protokollerklärung der Bundesregierung zur Vermittlungsempfehlung zum Steuervergünstigungsabbaugesetz, in: BGBl. I 2003, S. 2840-2845.

Finanzplan VC-Geber							
	0	1	2	3	4	5	6
Anschaff.-Ausz.	-10.000						
Aussch. U1						737	1.047
Aussch. U2						737	1.047
Aussch. U3						0	522
Aussch. U4						0	522
Aussch. U5						0	522
Aussch. U6						0	522
Aussch. U7						0	522
Summe	0	0	0	0		1.475	4.703
95%						1.401	4.468
5%						74	235
GewSt						-12	-39
KSt (25%)	0	0	0	0		-18	-59
Summe n.St.	0	0	0	0		1.444	4.605
Abschr. insolv. Untern.		0					
GewSt-Vorteil		0					
KSt-Vorteil		0,0					
Veräuß.-Erl. U1							5.000
Veräuß.-Erl. U2							5.000
Veräuß.-Erl. U3							1.500
Veräuß.-Erl. U4							1.500
Veräuß.-Erl. U5							1.500
Veräuß.-Erl. U6							1.500
Veräuß.-Erl. U7							1.500
Summe							17.500
hist. AK							7.000
Veräuß.-Gewinne							10.500
95%							9.975
5%							525
GewSt							-88
KSt (25%)							-109
EZÜ n.St.							17.303
Summe EZÜ n.St.	0	0	0	0		1.444	21.908
DKS	1,0475						
NKW	-10.000	0	0	0	0	1.145,17	16.583,83
7.729,00							

Tabelle 20: Direkte Beteiligungen im HEV bei 95%-Steuerfreistellung

[887] Unsystematisch ist, dass Abschreibungen nicht zu 5% als Betriebsausgaben angesetzt werden dürfen; vgl. *Rödder, Thomas/Schumacher, Andreas*, Erster Überblick über die geplanten Steuerverschärfungen und -entlastungen für Unternehmen zum Jahreswechsel 2003/2004, in: DStR, Jg. 41, 2003, S. 1725-1736 (1728).

5.4.3 ZWISCHENERGEBNISSE

Die Vorteilhaftigkeit einer Mitunternehmerschaft durch eine atypisch stille Beteiligung entsteht durch die steuerlich wirksame Verlustzuweisung an den VC-Geber, welche durch eine direkte Beteiligung nicht erreicht werden kann. Geschlossene Teilgewinnabführungsverträge können steuerrechtlich keine Organschaft begründen, da § 14 KStG die Abführung des *ganzen* Gewinns voraussetzt, was für VC-Finanzierungen per se nicht in Frage kommt.[888]

Im ARV war unabhängig von der Höhe der erzielten Veräußerungserlöse die atypisch stille Beteiligung vorteilhafter, da sie über Verlustzuweisungen einen Körperschaftsteuervorteil auf Ebene der VC-Geber-Gesellschaft entstehen ließ, der sich im Beispiel wie folgt darstellt:

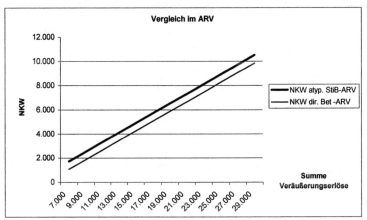

Abbildung 38: Vorteilhaftigkeit der atypisch stillen Beteiligung im ARV

Der höhere NKW entsteht durch folgenden Effekt: Durch die Verlustzuweisungen kann der VC-Geber bereits in den ersten Jahren nach Gründung die Steuerbemessungsgrundlagen insgesamt bis zur Höhe seiner Anschaffungsauszahlungen kürzen und entsprechende Steuervorteile erzielen. Der direkt Beteiligte muss bis zur Insolvenz oder Veräußerung des jeweiligen Unternehmens warten, damit seine geleistete Anschaffungsauszahlung steuerwirksam wird.

---

[888] Vgl. *Walter, Wolfgang*, KStG, in Ernst & Young, § 14, Rn. 584; *Witt, Georg*, Die Organschaft im Ertragsteuerrecht, 1999, Rn. 87; *Schmidt, Ludwig/Müller, Thomas/Stöcker, Ernst E.*, Die Organschaft im Körperschaftsteuer-, Gewerbesteuer- und Umsatzsteuerrecht, 2003, Rn. 220, 224.

Im HEV ist die Situation komplexer. Abbildung 39 zeigt, dass es jetzt einen Schnittpunkt gibt, ab dem die direkte Beteiligung (bei Steuerfreiheit) vorteilhafter ist als die atypisch stille Beteiligung.[889] Die steuerliche Geltendmachung der Anlaufverluste ist auf die Höhe der Anschaffungsauszahlung begrenzt. Die Steuerfreiheit der Veräußerungsgewinne ist dagegen umso wertvoller, je höher die Veräußerungserlöse sind. Mit wachsenden Veräußerungserlösen wird die Steuerfreiheit der Veräußerungsgewinne immer wertvoller. Ab einem gewissen Punkt – dem Schnittpunkt – ist der Steuervorteil aus der Steuerfreiheit der Veräußerungserlöse wertvoller als die Steuervorteile aus den Verlusten.

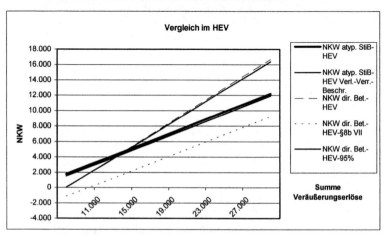

Abbildung 39: Wahl der Beteiligungsform im HEV

Ist der Beteiligungsgeber einer direkten Beteiligung dagegen steuerpflichtig (§ 8b Abs. 7 KStG), ist die direkte Beteiligung deutlich weniger vorteilhaft als die atypisch stille Beteiligung. Dies gilt für alle summierten Veräußerungserlöse, da die beiden Geraden parallel sind. Die Situation ist ähnlich wie im ARV: Die atypisch stille Beteiligung ist stets, also auch bei steigender Veräußerungserlössumme vorteilhafter.

Durch die Steueränderungen zum Jahreswechsel 2003/2004 ist sowohl der NKW durch eine direkte als auch durch eine atypisch stille Beteiligung reduziert worden. Beide Effekte scheinen in Abbildung 39 gering. Bei der atypisch stillen Beteiligung ist der Nachteil für alle summierten

---

[889] Dabei ist zu beachten, dass der Schnittpunkt weiter rechts läge, wenn berücksichtigt wäre, dass für Mitunternehmeranteile durch die Möglichkeit zu planmäßigen Abschreibungen Steuervorteile und höhere Veräußerungserlöse erzielt werden können.

Veräußerungserlöse gleich (parallele Geraden). Bei der direkten Beteiligung ist der Nachteil der 5%-igen Beschränkung der Steuerfreiheit dagegen von den summierten Veräußerungserlösen abhängig. Die beiden Geraden verlaufen nicht parallel, sondern sind leicht gedreht.

Die Wahl der Beteiligungsform durch den VC-Geber hängt im HEV damit davon ab, mit welchen Veräußerungserlösen er rechnet. Höhere Veräußerungserlöse sprechen für direkte Beteiligungen, wenn der VC-Geber steuerbefreit ist. Entsprechende Signalwirkungen auf Gründer und potentielle Investoren gehen damit von der Wahl der Beteiligungsform aus. Gleichwohl empfiehlt es sich für den VC-Geber sich atypisch still zu beteiligen, wenn er mit niedrigen Veräußerungserlösen rechnet. Dies gilt ebenso, wenn seine Gesellschaft steuerverhaftet ist, weil sie in den Anwendungsbereich von § 8b Abs. 7 KStG fällt bzw. die Wahrscheinlichkeit dafür hoch einzuschätzen ist. Negative Signalwirkungen gehen in diesen Fällen zu Unrecht von dieser Beteiligungspraxis aus, wenn Gründer denken, der VC-Geber beteiligt sich atypisch still, weil er bei dem Projekt von keinem hohen Veräußerungserlös ausgeht. Solche Signale können nur vermieden werden, wenn die Beweggründe für die Wahl der atypisch stillen Beteiligung entsprechend kommuniziert werden. Die Beteiligungsgeber befinden sich in einem Dilemma, wenn die Zugehörigkeit zur Gruppe der steuerverhafteten, von § 8b Abs. 7 KStG betroffenen Gesellschaften unklar ist.

5.5 ZUSAMMENFASSUNG

Abschnitt 5.1 zeigt die Vorgehensweise in Kapitel 5. Begonnen wurde in Kapitel 5 mit theoretischen Modellen zur Strukturierung der Passivseite, die auf (implizite) Botschaften für die Finanzierung junger Gründungsunternehmen geprüft wurden. Ziel war dabei zum einen, die Besonderheiten der Finanzierung junger Unternehmen herauszuarbeiten und zum zweiten, in Kenntnis dieser Besonderheiten Kriterien zu formulieren, die der VC-Geber an geeignete Rechtsformen bzw. Finanzierungsinstrumente stellt. Dass sich einige dieser Modelle nur partiell an junge Gründungsunternehmen anpassen lassen, wurde dabei nicht zum Anlass, sie zu streichen, genommen, vielmehr galt das Interesse den Gründen für die fehlende Eignung bzw. Anpassungsfähigkeit. Lässt sich von ‚corporate finance' für ‚entrepreurial finance' lernen? Wenn ja, was? Und wenn nein, warum nicht?

Abschnitt 5.2 stellt Kapitalstrukturmodelle vor und passt die Modellprämissen jungen Gründungsunternehmen an. Geprüft wird die Erklärungskraft für die Finanzierung junger Wachstumsunternehmen. Die Trade Off-Theorie setzt keine Annahmen, die einer Anwendung auf junge Unternehmen entgegenstehen. Sie lässt einen geringeren Verschuldungsgrad für junge Unternehmen erwarten, da aufgrund unsicherer Einzahlungsüberschüsse Steuervorteile schon bei moderaten Verschuldungsgraden die mit zunehmender Verschuldung stark ansteigenden costs of financial distress nicht mehr kompensieren können. Die costs of financial distress setzen sich zum Großteil aus Nachteilen durch Unterinvestitionsprobleme, Agency-Kosten des Fremdkapitals und Nachteilen durch schlechte Verwertbarkeit von Assets zusammen. Die Pecking Order geht von asymmetrischer Information aus. Ob diese Annahme bei jungen Unternehmen gerechtfertigt ist, hängt davon ab, ob die Informationsvorteile des Gründers in Bezug auf das Produkt und dessen Entstehung allein relevant sind (vgl. 2.7). Das Modell von *Jensen/Meckling* macht die bei der Trade Off-Theorie getroffene Annahme plausibel, die Agency-Kosten des Fremdkapitals würden mit steigendem Verschuldungsgrad zunehmen. Das Modell empfiehlt Unternehmen mit hohem Außenfinanzierungsanteil, was auf junge Wachstumsunternehmen zutrifft, niedrige Verschuldungsgrade. Das erste *Myers*-Modell (1977) liefert eine Erklärung dafür, dass der Teil der costs of financial distress in der Trade Off-Theorie, der durch Unterlassen von vorteilhaften Investitionsobjekten entsteht, bei steigendem Verschuldungsgrad zunimmt. Junge Wachstumsunternehmen können besonders viel Wert durch dieses Unterinvestitionsproblem einbüßen. Auch hier wird wieder ein geringer Verschuldungsgrad empfohlen. Das Modell von *Harris/Raviv* besagt, dass Fremdkapital eine disziplinierende – auf die Manager – und eine informierende Funktion für die Gläubiger ausübt. Bei jungen Wachstumsunternehmen übernehmen externe Eigenkapitalgeber diese Funktion der Fremdkapitalgeber. Das Modell von *Sahlman* zeigt, wie der VC-Geber durch eine bevorrechtigte laufende Bedienung (abhängig oder unabhängig vom Gewinn) sowie im Liquidationsfall wirksam Risiko auf den Gründer übertragen kann. Das zweite Modell von *Myers* (2000) unterstellt einfache Modellwelten, die zeigen, dass Gründer und VC-Geber eine Vereinbarung treffen müssen, die beide Rechtspositionen vor Übervorteilung durch die jeweils andere Partei sichert.

Aus den beiden VC-Modellen von *Sahlman* und *Myers* wurden in Abschnitt 5.3 Kriterien(bündel) entwickelt, die zu einem umfassenden Rechtsformvergleich herangezogen wurden. Das zweite Kriterium (Partizipation an Entscheidungsrechten) wurde von Genussrechten, hybriden Schuldverschreibungen und der typisch stillen Beteiligung unzureichend erfüllt. Kriterium 1 (Anreiz- und steuerorientierte Bedienungsgestaltung) wurde daher nur noch für Aktien, GmbH-Anteile und atypisch stille Beteiligungen geprüft. Die Unterkriterien a) Gewinnvorrechte und b) Liquidationserlösvorrechte konnten für alle drei verbleibenden Rechtsformen bejaht werden. Allein die atypisch stille Beteiligung erfüllte c) feste Verzinsung der Einlage. Da d) Möglichkeit zur steuerlichen Verlustnutzung und e) Möglichkeit eines steuerfreien Veräußerungsgewinns die steuerliche Behandlung betreffen und Aktien und GmbH-Anteile steuerrechtlich gleich zu behandeln sind, konnten sie für den Vergleich zur „direkten Beteiligung" zusammengefasst werden. Die Ausführungen zu Genußrechten und Gewinn-, Wandel-/Optionsschuldverschreibungen scheinen vor dem Hintergrund dieses Ergebnisses dem Leser möglicherweise als (zu) umfangreich oder sogar als entbehrlich. Dem ist entgegen zu halten, dass die fehlende Partizipation an Entscheidungsrechten bei Genussrechten zum Teil bis heute umstritten ist, so dass deren Wegfall aus dem Kreis der betrachteten Rechtsformen keinesfalls vorgegeben war. Unstrittig war dies eher bei den Gewinn-, Wandel- und Optionsschuldverschreibungen, die als Gläubigerpapiere auch auf Gläubigerrechte beschränkt sind. Deren ausführliche Darstellung liegt in der dominanten Verbreitung von Wandelpapieren in der VC-Finanzierung in den USA begründet. Die vorliegende Arbeit liefert an dieser Stelle einen Beitrag zur Beantwortung der Frage, warum zulässige Wandelpapiere in Deutschland nicht ebenso beliebt sind. Bisher lag der Fokus der Literatur auf Anreizen durch Wandelpapiere; ihrer fehlenden Partizipation an den Entscheidungsrechten – im Gegensatz zu den USA – wurde bislang kaum Beachtung geschenkt.

Es wurde abschließend (Abschnitt 5.4) ein Vergleich zwischen direkter und stiller Beteiligung angestellt mit dem Ziel herauszufinden, ob d) oder e) – beide Kriterien werden von keiner Beteiligungsform gleichzeitig erfüllt – vorteilhafter ist. Dieser Vergleich geht im Anrechnungsverfahren klar zu Gunsten der atypisch stillen Beteiligung aus. Im Halbeinkünfteverfahren hängt es davon ab, ob die direkt beteiligte VC-Gesellschaft mit Dividenden und Veräußerungsgewinnen voll steuerpflichtig ist, d.h. unter § 8b Abs. 7 KStG fällt. Fällt sie darunter, gilt das für das ARV Gesagte. Fällt sie nicht darunter, gilt die Vorteilhaftigkeit direkter Beteiligungen, wenn die (summierten) Veräußerungserlöse hinreichend groß sind. Die Steueränderungen zum Jahreswechsel 2003/2004 (Einführung der Verlustverrechnungsbeschränkung atypisch stiller und Beschränkung der Steuerfreiheit direkter Beteiligungen auf 95%) haben beide Beteiligungsformen weniger vorteilhaft werden lassen. Diese Effekte sind aber eher gering.

6 WIE ERKLÄRT DIE PRAXIS DEN EINSATZ STILLER BETEILIGUNGEN?

6.1 ERGEBNISSE DER INTERVIEWS

Es wurden acht Interviews im Laufe des Jahres 2002/2003 mit Geschäftsführern, Partnern und Gründern von VC- bzw. Beteiligungsgesellschaften geführt. Die folgende Auswertung hält sich im Wesentlichen an die Reihenfolge der Fragen aus dem Fragenkatalog (vgl. Anhang 3). Die Interview-Partner sind in Anhang 4 (nach Einholung ihres Einverständnisses) namentlich genannt. Die Befragten führen unterschiedliche Beteiligungsgesellschaften. Fünf der Befragten führen rein renditeorientierte VC- bzw. Kapitalbeteiligungsgesellschaften. Ein Befragter führt eine mittelständische Beteiligungsgesellschaft, einer eine Beteiligungsgesellschaft mit öffentlichen Förderauftrag und einer eine regional ausgerichtete Sparkassen-Beteiligungsgesellschaft.

Auf die Frage, wie der Befragte das Verhältnis VC-Geber/Gründer beschreiben würde, ob es eine Partnerschaft, ein Beratungsverhältnis oder eine Prinzipal-Agenten-Beziehung wäre, waren sich alle Befragten einig, dass es im Idealfall eine Partnerschaft ist. Einige der Befragten fügten hinzu, dass es auch nur so gehe. Zum Teil wurde diese Grundaussage zeitlich eingeschränkt, z.B. in Bezug auf die Projektlaufzeit („beginnen tut es immer partnerschaftlich...") oder z.B. in Bezug auf die momentan schwierige Marktlage („heute ist es ein eher angespanntes partnerschaftliches Verhältnis"), zum Teil Szenarien beschrieben, wo es nicht sehr „partnerschaftlich" zugeht, z.B. im Falle von Interessendivergenzen beim Exit. In Abgrenzung zur Beratung wurde aufgeführt, dass nicht nur Rat gegeben, sondern auch Risiko übernommen werde. Das Vorliegen eines Prinzipal-Agenten-Verhältnisses wurde von einem Befragten mit dem Argument zurückgewiesen, dass der VC-Geber dafür zu aktiv involviert wäre. Zwei der Befragten antworteten, es sei eine Mischung bzw. es träfen alle drei Begriffe zu.

Zur Frage der Bindung des Gründers an sein Projekt und dazu, ob und wie der Austausch von Gründungsmitgliedern möglich sei, wurde folgendes geantwortet. Alle Befragten kannten bzw. betreuten Gründungsunternehmen, in denen einzelne Gründer bzw. peu à peu das ganze Team (was aber nach Angaben der Befragten selten vorkommt) ausgetauscht wurden. Da der/die Gründer stets Gesellschafter mit erheblichem Anteil am Unternehmen seien, müsse die Freistellung von der Geschäftsführung nach Angaben fast aller Befragten stets einvernehmlich durch Überzeugung des jeweiligen Gremiums (Aufsichtsrat, Beirat), das für die Berufung zum Geschäftsführer/Vorstand zuständig ist, unternommen werden. Schwierig sei dabei, dem/den Gründer/n klar zu machen, dass es in seinem/ihrem Interesse als Eigenkapitalgeber läge, dass die Geschäftsführung abgetreten werde: „Wie schütze ich den Gründer als Gesellschafter vor sich selbst als Geschäftsführer?" Einer der Befragten wies auf Schwierigkeiten hin, die bei Ausscheiden von einem Teil der Gründer entstünden, da Nur-Gesellschafter andere Interessen vertreten würden als geschäftsführende Gesellschafter. Häufig werde daher vereinbart, dass der sog. „bad leaver" seine Anteile bei Ausscheiden zurückgegeben müsse. Einer der Befragten merkte an, dass diese „Überzeugungsarbeit" natürlich leichter falle, wenn eine neue Finanzierungsrunde ansteht, die an Bedingungen geknüpft werden könne. Einer der Befragten grenzte Deutschland in dieser Frage klar von den USA ab: Hier gelte nicht „hire and fire", in Deutschland hätten die Investoren grundsätzlich einen längeren Geduldsfaden, dennoch gäbe es natürlich sachliche Notwendigkeiten.

Auf die Frage nach dem kaufmännischen Know-How der Gründer stimmten die Befragten alle zu, dass die Gründer häufig technisch oder naturwissenschaftlich ausgebildet seien und im kaufmännischen Bereich häufig ein Defizit vorliege. Wenn nicht von Anfang an ein kaufmännisch ausgebildetes Gründungsmitglied vorhanden sei, sei es Aufgabe der VC-Geber, dafür zu sorgen, dass ein solches aufgenommen wird, zum Teil sei der VC-Geber selbst aktiv bei der Suche. Es wurde auch darauf hingewiesen, dass es möglich sei, z.B. eine Steuerberatungskanzlei mit Belegerfassung bis zur Rechenschaftslegung zu beauftragen. Diese könne dann ein spezielles Reporting-System für Gründungsunternehmen entwickeln und dieses dann bei mehreren Gründungsunternehmen einsetzen. Zwei der Befragten weisen im kaufmännischen Bereich auf besondere Defizite im Bereich Marketing und Vertrieb hin, es reiche dabei nicht zu sagen „Das Produkt ist in Ordnung, das wird schon seinen Markt finden." Dort seien folglich Beratung und Einfluss des VC-Gebers besonders wichtig. Einer der Befragten hob das Fehlen kaufmännischen Denkens als das große, zentrale Problem in der deutschen Biotech-Branche hervor. Einer der Befragten wies auf besondere Probleme an den Schnittstellen hin, z.B. zwischen Entwicklung und Vertrieb. Wenn dort nicht auf ausreichende Kommunikation geachtet werde, kann etwas entwickelt werden, das nachher nicht verkauft werden kann und umgekehrt kann etwa der Vertrieb dem Kunden etwas versprechen, was nicht entwickelbar ist. Dies sei häufig der Grund dafür, dass Gründungsunternehmen scheitern würden. Einer der Befragten schätzte den anteiligen Zeitaufwand des VC-Gebers für Personalaufbau auf 20-30%.

Auf die Frage, ob die Hands-on-Betreuung nicht vielmehr aus Kontrollgründen erfolgt, wurde geantwortet, dass VC-Finanzierung stets eine feine Gradwanderung zwischen intensiver Beratung in vielen Bereichen und dem grundsätzlichen Überlassen der Unternehmensführung sei. Einer der Befragten formulierte das so: Consulting und Controlling lassen sich nicht trennen, der VC-Geber liefere drei Dinge: Capital – Consulting – Controlling. Es gäbe auf der anderen Seite aber auch Hands-off-Betreuung. Dabei käme es darauf an, ob in dem Syndikat ein Financier bereits intensiv betreue.

Auf die Frage, ob Gründer finanziellen oder nichtfinanziellen Zielsetzungen folgten, wurde geantwortet, dass dies sehr unterschiedlich sei. Es sei zu beobachten, dass es manchen Gründern wirklich nur um die Verwirklichung einer Idee gehe. Dabei spielen Risiko- und andere wirtschaftliche Überlegungen dann oft gar keine Rolle mehr, man möchte „die Welt mit seinem Produkt verbessern". Auf der anderen Seite gebe es auch Gründer(-teams), die etwas entwickeln, einzig in der Absicht, es in einigen Jahren gewinnbringend zu verkaufen, was aber in den USA viel verbreiteter sei als in Deutschland. Dieser Indikator für Unternehmergeist, einer der Befragten sprach von „hungry to earn money", werde von den VC-Gebern grundsätzlich gerne gesehen, aber sehr oft vermisst. Zwei der Befragten führten aus, dass nicht-finanzielle Aspekte überwiegen würden (also mehr als die Hälfte). Es ginge in den seltensten Fällen darum, ein großes Unternehmen aufzubauen, um Investoren und Stakeholder reich zu machen. Im Vordergrund stehe zumeist sich selbst zu verwirklichen, selbstständig zu sein oder einfach ein Produkt entwickeln zu wollen. Dieses fehlende Denken als Aktionär wurde von allen Befragten unterschiedlich deutlich beklagt. Gründer würden zu häufig als Angestellte denken, die an ihrem Arbeitsplatz und sicherem Gehalt hingen, anstatt in erster Linie den Unternehmenswert zu maximieren, an dem sie ja maßgebend beteiligt seien. Auf der anderen Seite seien es aber in solch schwierigen Phasen wie momentan allein die nichtfinanziellen Zielsetzungen, die überhaupt noch zu Gründungen führten, stellte einer der Befragten heraus.

Die Frage nach einer besonderen Risikofreudigkeit der Gründer wurde von fast allen Befragten verneint. Nur einer der Befragten sagte, zum Teil werde alles auf eine Karte gesetzt, Haus und Hof verpfändet und Bürgschaften in unverantwortlicher Höhe übernommen, so dass der VC-Geber oft sagen müsse, das gehe nicht mehr. Alle anderen Befragten sagten, Risikoscheu sei grundsätzlich für deutsche Gründer zu bejahen, gleichwohl gebe es natürlich Fanatiker und Hasardeure. Zwei Befragte hoben hervor, dass die Risikoscheu von der Lebenssituation des Gründers abhinge. Einer der Befragten sagte, die Risikoscheu äußere sich in dem Wunsch nach hohen Fixgehältern anstatt der Partizipation am Unternehmenswert. Zwei der Befragten äußerten sich dahingehend, dass

eine angemessene persönliche Verschuldung des Gründers wünschenswert sei. VC-Geber *und* Gründer müssten bei Scheitern des Gründungsprojekts Geld verlieren, dies werde in Deutschland jedoch bedauerlicherweise viel zu stark abgelehnt.

Die Frage nach einem Informationsvorteil des Gründers in Bezug auf
sein Geschäft wurde von allen Befragten grundsätzlich bejaht. Zwei der
Befragten schätzten den Anteil des VC-Gebers am Wissen des Gründers
auf 80%. Einer wies daraufhin, dass nach der Due Diligence-Prüfung im
Vorfeld der Vertragsunterzeichnung dieser Anteil tendenziell höher liege.
Einer der Befragten wünschte sich besser informierte Gründer als er
selbst, ein Problem der Ausnutzung des Informationsvorteils zum eigenen Nachteil wurde von diesem Befragten gar nicht befürchtet. Einer der
Befragten sagte, ein guter Gründer sorge dafür, dass kein Informa-
tionsunterschied entstehe. Ein anderer Befragter sagte, dass der VC-
Geber zwar die Geschäftszahlen kenne – diese seien transparent – aber
nur die gefilterte Sicht des CEOs mitgeteilt bekomme, was häufig durch
Gespräche mit anderen Beteiligten, etwa Angestellten, zu überprüfen
sei. Die „Stimmung" im Unternehmen sei von zentraler Bedeutung. Etwa
die Hälfte der Befragten sagte, dass der VC-Geber auf der anderen Seite
die typischen Probleme von Gründungsunternehmen besser kenne. Informationsunterschiede zwischen Gründer und VC-Geber hingen auch
davon ab, ob der VC-Geber einen gemischten z.B. Regional-Fonds oder
einen Spezialfonds betreue. Einer der Befragten erklärte, dass Gründer
Probleme und Risiken häufig verdrängten, was die Beurteilung ihres Informationsvorteils erschwere, auf sog. „killing risks" müsste oft vom VC-
Geber hingewiesen werden. Auf die Frage, wie Informationslücken behandelt werden, antworteten die Hälfte, man suche den direkten Kontakt.
Auch etwa die Hälfte der Befragten wies (gleichzeitig) auf ein Research-
Team hin, das intensiv recherchiere.

Auf die Frage danach, wie versucht werde das Risiko gering zu halten,
über Diversifikation, Spezialisierung zur Minimierung eines möglichen Informationsvorsprungs oder durch sonstige Methoden, antworteten alle
Beteiligten, man versuche, so weit wie möglich zu diversifizieren. Drei
der Befragten stellten heraus, dass nicht nur über Technologie(-sekto-
ren), sondern auch über Alter der Unternehmen und Ausgestaltung der
Beteiligung diversifiziert werde. Mehrere Befragte sagten, sie versuch-
ten, beides zu realisieren: Der einzelne Mitarbeiter spezialisiere sich,
mehrere Abteilungen für unterschiedliche Technologien sorgten für eine
breite Diversifikation. Einer der Befragten ergänzte, dass in manchen
Branchen wie etwa Life Sciences die nötige Expertise sehr speziell sein
müsse und daher nicht durch externe Spezialisten bedient werden könne. Man sei dann wohl oder übel gezwungen, sich durch entsprechende

Mitarbeiter stark zu spezialisieren, Diversifikation sei entsprechend nur bei sehr großen Fondsvolumen möglich. Ein anderer Befragter sah das ähnlich: Kleinere Fonds müssten die fehlende Möglichkeit zur Diversifikation durch andere Wege der Risikominimierung ausgleichen, etwa durch Syndizierung und Versicherung, also Risikoverlagerung auf andere Financiers und vor allen Dingen durch eine hervorragende „Bewirtschaftung der Beteiligung", d.h. noch intensivere Betreuung. Alle Befragten waren sich im Grunde einig, dass Spezialisierung alleine nicht empfehlenswert sei, da Technologien bestimmten „Modewellen" unterlägen. Wenn heute Telekommunikation „en vogue" sei, könne das morgen schon ganz anders aussehen. Einer der Befragten stellte richtig, dass die Frage nach der Vorteilhaftigkeit von Diversifikation vom Blickwinkel abhinge: Spezialisierte Fonds seien volatiler, aber der einzelne Investor könne ja selbst diversifizieren.

Alle Befragten sahen stärkeres Kontrollieren bei nicht hinreichend engagiertem Gründer mit großer Skepsis. Die Hälfte sagte sofort, das funktioniere nicht, die andere Hälfte formulierte das nur marginal schwächer („Kontrolle sei viel weniger wirksam als Anreizsetzung"; „keine der beiden Strategien funktioniert"; „beide Strategien haben Vor- und Nachteile"; „gewisses Controlling ist immer notwendig, stärkeres Kontrollieren hilft aber nur in wenigen Fällen"). Anreizsetzung wurde als wirkungsvoller eingestuft. Zwei der Befragten weisen dabei auf die Nötigkeit ausgewogener Haftungsmomente (z.B. Geldeinsatz oder persönliche Teilgarantien des Gründers) hin („Risikokongruenz zwischen Gründer und VC-Geber"). Zwei der Befragten sagten, es dürften keine zu großen Fixgehälter bezahlt werden, um ein Interesse des Gründers zu wecken, sein Gehalt über erfolgsabhängige Komponenten aufzubessern. Einer der Befragten wehrte sich gegen Allgemeinaussagen in diesem Bereich: Ausschlaggebend sei die Persönlichkeit des Gründers, entsprechend müsse die Vereinbarung mit ihm getroffen werden. Als weitere Möglichkeiten des VC-Gebers einzuschreiten, wurden genannt, mit ihm zu reden oder einen zusätzlichen Manager einzuschalten.

Die These von der Kontrollfunktion des Fremdkapitals bzw. der „Kontrolllücke" bei Gründungsunternehmen, da Fremdkapital nicht oder nur begrenzt einsetzbar ist, führte zu auf den ersten Blick völlig unterschiedlichen Antworten, die sich bei genauer Betrachtung als nicht so unterschiedlich herausstellten. Einige der Befragten bejahten eine Kontrolllücke, wollten diese jedoch anderweitig gefüllt sehen. Andere widersprachen vehement der These von der „Kontrolllücke" mit dem Argument, hier könnte Eigenkapital eine viel wirksamere Kontrolle leisten. Einer der Befragten stimmte der These von der Kontrollfunktion des Fremdkapitals vollends zu, ein kontrollierendes Substitut sei aber im VC-Geschäft vorhanden. Einer der Befragten stand der Kontrollfunktion von Fremdkapital grundsätzlich skeptisch gegenüber, einer stimmte insofern nicht zu, dass stille Beteiligungen von der tbg durchaus Fremdkapitalcharakter hätten, Fremdkapital also durchaus – wohl unter anderem Namen – zum Einsatz käme. Letztendlich waren sich alle einig, dass Kontrolle in erster Linie anders als über Fremdkapital ausgeübt werden muss, so z.b. über Zustimmungsvorbehalte, genaue Budgetvorgaben, Informations-, Kontroll- und Einflussrechte. Unterschiedlicher Meinung war man lediglich darüber, ob eine „Kontrolllücke" gefüllt werde oder die Kontrolle im VC-Geschäft einfach auf andere Art und Weise ausgeübt werde. Der Grund dafür lag darin, dass sich ein Teil der Befragten dagegen wehrte, die Kontrolle über Fremdkapital als eine primäre Form der Kontrolle anzuerkennen. Diejenigen, die das akzeptierten, stimmten der „Lückenthese" zu und wollten dieselbe füllen, diejenigen, die dies nicht akzeptierten, wollten andere Formen der Kontrolle und Disziplinierung nicht als Kontroll-Substitute, sondern als gleichberechtigte Kontrollformen genannt sehen. Meilensteine seien nach Meinung aller Befragten Kontrollinstrumente, etwa die Hälfte der Befragten fand sie extrem wichtig, geradezu unerlässlich, die andere Hälfte warnte vor übermäßigem Gebrauch und der Verbindung mit zu harten Sanktionen, dem Gründer müsse zwischen der Finanzierungsrunden Zeit bleiben, seine Arbeit im Unternehmen zu machen. Es sei auch nicht fair, bei knappem Verfehlen den Gründer zur Abgabe von Anteilen zu zwingen, es hätte Fälle gegeben, wo dem Gründer nur noch 5% an „seinem" Unternehmen verblieben wären. Einer der Befragten grenzte den sinnvollen Einsatz von Meilensteinen zusätzlich auf bestimmte Branchen ein. Meilensteine seien in sehr marktnahen Branchen wie z.B. im Software-Bereich viel wirkungsvoller einsetzbar als z.B. im Biotech-Bereich, wo zunächst schlecht prognostizierbare Entwicklungsarbeit zu leisten sei.

Die Einschätzungen der Relevanz für die Wahl des Finanzierungsinstruments zeigten deutliche Unterschiede. Die Hälfte der Befragten schätzte steuerliche Vorteile als sehr wichtig ein, die andere Hälfte als völlig unwichtig. Als Grund für die Einschätzung als unwichtig wurde angegeben, die Besteuerung von Veräußerungserlösen könne sowieso nicht über einen Zeitraum von über fünf Jahren vorhergesehen werden, man wähle das Finanzierungsinstrument nach anderen Kriterien und müsse die jeweilige Besteuerung dann akzeptieren oder man versuche schon Steuern zu optimieren, aber nicht im deutschen Recht, wenn der Fonds nicht der Besteuerung in Deutschland unterliege. Weitgehende Einigkeit bestand in der Frage, wie relevant Stimmrechte oder Mitsprachemöglichkeiten seien. Die Hälfte der Befragten hob dies als das Kriterium mit der höchsten Priorität hervor. Das nächste Kriterium Kontrolle/

Disziplinierung des Gründers sahen viele als im Zusammenhang stehend und daher ähnlich zu beurteilen, diejenigen, die diesen Zusammenhang nicht sahen, schätzen dies als eher mäßig wichtig ein, man müsse vielmehr vertrauensvoll zusammenarbeiten. Die Exit-Gestaltung wurde von drei Befragten als Kriterium in Frage gestellt, zum einen, weil dies mit jedem Finanzierungsinstrument gelänge, zum anderen, weil dies nicht so frei „wählbar" sei, wie häufig zu lesen sei. Alle anderen Befragten stuften die Exit-Gestaltung als wichtig bis sehr wichtig ein. Flexibilität erhielt zweimal die Note sehr wichtig, zweimal wichtig, zweimal mäßig wichtig. Einer der Befragten sagte, man solle die Vertragsbedingungen grundsätzlich nicht ändern, einer der Befragten warf ein, dies sei ja immer Verhandlungssache und von dem Gründer abhängig. Die Behandlung im Insolvenzverfahren war in den Augen fast aller Befragten völlig unwichtig (Note 6), als Eigenkapitalgeber sei man nun einmal in der Rangfolge ganz unten. Nur einer der Befragten führte an, man wolle bei Abwicklung des Unternehmens bevorrechtigt (vorm Gründer) bedient werden und schreibe das auch vertraglich fest.

Auf die Frage, ob und wenn ja, wie Risiko auf den Gründer übertragen wird, wurde folgendes geantwortet. Der Großteil der Befragten sah die Notwendigkeit dazu, nur einer sagte, das würden sie nur machen, wenn der Gründer es selbst wolle, was als positives Signal gewertet werde. Einer der Befragten warf ein, das hinge von den persönlichen Fähigkeiten und Möglichkeiten des Gründers ab, einer anderer Befragter glaubte nicht, dass ein Gründer-Team einfach sagt, wir probieren das jetzt einmal und suchen jemand, der das finanziert, das seien immer sehr überzeugte Leute. Einer der Befragten wies darauf hin, dass in Boom-Phasen die Risikoübertragung häufig vernachlässigt werde. Als Möglichkeiten zur Risikoübertragung wurde am häufigsten die finanzielle Eigenleistung des Gründers genannt, daneben auch persönliche Teilgarantien, anreizsetzende Gehaltsstrukturen, Meilensteine. Es wurde aber stets betont, dass dies nur in Maßen gefordert werde, Existenzangst des Gründers durch zu hohe Verschuldung sei in jeden Fall zu vermeiden.

Drei der Befragten setzten stille Beteiligungen ein, nur einer davon sowohl typische als auch atypische (alle nach Kapitel 4 möglichen Typen), die anderen beiden nur typische, allerdings häufig parallel zu einer direkten Beteiligung (Typ 7). Die restlichen Befragten beteiligen sich in Form von Aktien und GmbH-Anteilen, teilweise in Kombination mit Gesellschafterdarlehen. Bei diesen direkten Beteiligungen werden (nach amerikanischem Vorbild) Vorzugsdividenden und bevorrechtigte Bedienung im Liquidations- und Verkaufsfall vereinbart.

Auf die Frage danach, wie sich der Befragte den häufigen Einsatz stiller Beteiligungen in Deutschland erkläre, wurde von denjenigen Befragten, welche die stille Gesellschaft nicht einsetzen, ausgeführt, dass dies nur staatliche Beteiligungsgesellschaften und regionale Fonds mit Förderauftrag machen würden. Auf Nachfrage, warum diese sich still beteiligen würden, wurde zum Teil eingeräumt, dass man dies nicht wisse bzw. gesagt, hier läge ein ganz anderes Beteiligungsmodell vor, diese Gesellschaften strebten keine so große Einflussnahme an, keine gleichberechtigte Partnerschaft, keine vergleichbar hohe Rendite, sondern eine Beziehung mit anderen Rechten und Pflichten.[890] Diejenigen Gesellschaften, welche die stille Beteiligung einsetzen, bestätigten einen Zusammenhang mit öffentlich refinanzierten Garantien und Programmen, erklärten aber gleichzeitig, dass auch außerhalb dieses aus öffentlichen Komponenten stammenden Geschäfts die stille Beteiligung zum Einsatz kommen könne und würde. Die Erklärung, dass der Einsatz der stillen Beteiligung ausschließlich auf öffentlichen Förderprogrammen beruhe, überzeugt nicht angesichts der empirischen Untersuchungen zur stillen Beteiligung als am häufigsten eingesetztes Instrument und nur etwa 12% staatlicher Mittel am Gesamtvolumen (vgl. Kapitel 3.2). Dies scheint also wirklich nur ein Teilaspekt zu sein.

Die Frage zum Einsatz anderer Finanzierungsinstrumente führte zu folgenden Antworten. Drei der Befragten hatten Optionsanleihen und Wandelschuldverschreibungen noch nicht in der VC-Finanzierung gesehen, die restlichen Befragten schon, aber primär in den späteren Entwicklungsphasen des Gründungsunternehmens (later stage) oder als Vergütungsinstrument für Mitarbeiter (stock options) und Aufsichtsrat. Vorzugsaktien mit Vorzugsdividende und Stimmrecht gilt bei allen Befragten als Standard-Finanzierungsinstrument in der deutschen VC-Finanzierung. Genussrechte wurden zum Teil schon gesehen, es wurde aber die mangelnde Standardisierung und die große Rechtsunsicherheit beklagt.

Welche Rolle die Funktion als Lead- oder Co-Investor in Deutschland spielt, wurde unterschiedlich beantwortet, was mit dem unterschiedlichen Verständnis dieser beiden Begriffe zusammenhängt. Diejenigen, die den Lead-Investor als denjenigen verstehen, der das Konsortium zusammenstellt und die Vertragsverhandlungen federführend leitet, verneinten es, dass die eingenommene Rolle einen Einfluss auf die Wahl des Finanzierungsinstruments habe. Oft sei gar nicht so klar, wer welche Rolle habe, da die Aufgaben geteilt werden. Diejenigen, die den Lead-Investor als denjenigen verstehen, der die Governance ausübt und Einfluss

---

[890] Derartige Argumente und Ressentiments gegenüber der (typisch) stillen Gesellschaft ohne Einbezug atypischer Gestaltungen werden bereits seit Jahrzehnten vorgebracht (vgl. *Ter Meulen, Edzard*, Der Beteiligungsvertrag, in: FS Krahnen, 1976, S. 103-114 (104)), werden aber dadurch nicht richtiger.

nimmt, während der Co-Investor sich mehr absichert bzw. weniger Risiko übernimmt, bejahten folgerichtig einen Einfluss der eingenommenen Rolle auf die Wahl des Finanzierungsinstruments. Einer der Befragten stellte klar, dass es Beteiligungsgesellschaften gebe, die vorzugsweise ein Modell anwenden und auch nur als Co-Investoren tätig sind, dieser Zusammenhang aber nicht zwingend bestehe oder vorgegeben sei.

Auf die Frage nach der Prognostizierbarkeit des Erfolges einer Unternehmensgründung waren sich prinzipiell alle Befragten einig, dass dies überhaupt nicht möglich sei. Einige räumten zwar ein, dass man natürlich dazu lerne, aber die Unsicherheit sei grundsätzlich extrem hoch und weder branchenspezifisch noch anderweitig eingrenzbar. Technologie-Zyklen bzw. „-Moden" spielten eine wichtige Rolle, seien aber auch überhaupt nicht kalkulierbar. Natürlich habe auch die allgemeine Konjunkturlage Einfluss. Die Einschätzung des naturwissenschaftlichen Risikos komme bei vielen Gründungen noch hinzu. Man müsse klug auswählen und klug betreuen, aber die Erfahrung zeige, dass bei Optimierung in beiden Bereichen, also bei erfolgreichen Fonds immer wieder gelte: 1-2 von 10 Investments sind sehr erfolgreich, 5 nur mäßig, 2-4 führen zum Totalverlust. Es gebe zwar Studien, aber keine echten Erkenntnisse.

Die Frage danach, ob für unterschiedlich erfolgsträchtig eingeschätzte Investitionen unterschiedliche Beteiligungsinstrumente eingesetzt werden, wurde von den fünf Befragten, die nur direkt und niemals still investieren verneint, man investiere nur bei 100%iger Überzeugung, dass der Erfolgsfall eintrete. Die anderen drei Befragten setzen für weniger erfolgsträchtige andere Instrumente ein. Einer der Befragten, der nur typisch stille Beteiligungen verwendet, sagte, je besser seine Einschätzung sei, desto eher investiere er in offene Anteile. Ein anderer sagte, wenn Unternehmen hinreichend erfolgsträchtig seien, sei das lediglich eine Ressourcenfrage.

Die Einschätzung des Gründerteams spielt für alle Befragten eine sehr wichtige Rolle. Ein Großteil sprach von dem einzig entscheidenden Faktor. Formulieren wollten das die Befragten jedoch unterschiedlich: „Solidität der Arbeit", „dass Ziele erreicht werden", „unternehmerischer Spirit", „komplementäre Erfahrungshorizonte der Gründungsmitglieder", Lernfähigkeit, „Unternehmerpersönlichkeit, mindestens aber Flexibilität und Offenheit". Der Eindruck vom Gründerteam sei dabei so entscheidend, dass oft ein gutes Team mit einer weniger innovativen Idee einem Team mit schlecht präsentierter, aber ggf. brillanter Idee bevorzugt werde. Einer der Befragten beklagte hier fehlende Studien, die gerade jetzt interessant wären, aber nur in Boom-Phasen unternommen werden. Einer der Befragten erzählte von einer Studie, die ergeben hätte, VC-Geber würden tendenziell dazu neigen, in Leute zu investieren, die die gleiche

Ausbildung aufweisen wie sie selbst, der Ingenieur investiere also am liebsten in den Ingenieur, etc.

6.2 ZUSAMMENFASSENDE AUSWERTUNG

Die Gesprächsführung wurde durch unterschiedliche Verständnisse der zentralen Begriffe erschwert. Dadurch kam es häufig zu Missverständnissen, die geklärt werden mussten. So ist der Begriff Vorzugsaktie in Deutschland durch Aktien gemäß §§ 139 ff. AktG belegt, meint man die Aktiengattung mit Vor- und Stimmrechten, muss das klarstellend dazu gesagt werden. Spricht man von stillen Beteiligungen ist das angesichts der Vielgestaltigkeit dieses Finanzierungsinstruments zu ungenau, auch typisch und atypisch reicht häufig zur Klarstellung nicht aus; zur genauen Bezeichnung ist es zusätzlich erforderlich zu sagen, in welcher Beziehung atypisch. Unter dem Begriff Venture Capital wird häufig das amerikanische Beteiligungsmodell verstanden und zwar in beinahe allen, nach deutschem Recht nachbildbaren rechtlichen Details. Verwendet man den Begriff im Sinne von Gründungsfinanzierung mit Eigenkapitalcharakter und Beratung bzw. Betreuung, ist mit Missverständnissen zu rechnen. Weitere Begriffe wie Kontroll(funktion), Risiko und Risikoübertragung, Lead- und Co-Investor, etc. führten zu Schwierigkeiten.

Die Begriffe Eigen- und Fremdkapital verursachten die meisten Missverständnisse. Ein Teil der Befragten wies es weit von sich Fremdfinanzierungen zu vereinbaren. Das käme nicht in Frage, sei nicht Teil der partnerschaftlichen Beteiligungsphilosophie. Im weiteren Gespräch wurde aber erklärt, man vereinbare schon Vorzugsrechte, bei der laufenden Bedienung und im Liquidationsfall und bei Verkauf des Unternehmens. Als Fremdfinanzierungselemente wollte man das aber nicht anerkennen, schließlich sei es ein Gesellschaftsvertrag und es sei nur die Rede von Aktiengattungen, Vorzugsaktien speziellen Typs. In einem Gespräch wurde danach gefragt, worin die Vorteile der stillen Beteiligung zu sehen seien, was vorteilhaft daran sei, Fremdkapital einzusetzen. An der Frage wird deutlich, dass Fremdkapital und stille Beteiligung gleichgesetzt wurden. Beim Gesprächspartner wurde der Eindruck erweckt, es werde für reine Fremdfinanzierung plädiert, was in der VC-Finanzierung keinen Sinn macht und dementsprechend auf Unverständnis stieß. Ausführungen über den disziplinierenden Effekt von Fremdkapital wurden in Frage gestellt, da man das alles auch über Sonderrechte von direkten Beteiligungen erreichen könne, z.B. Vorabverzinsungen, Mindestverzinsungen im Exit-Fall, Vorabbefriedigung im Liquidationsfall. Gäbe es klare Begriffsdefinitionen von Eigen- und Fremdkapital, wären hier viele Probleme vermeidbar gewesen.

Interessant ist, dass auch die durch das amerikanische Beteiligungsmodell deutlich geprägten Befragten zum Teil angaben, sie würden die GmbH der AG vorziehen. In der Boomphase auf dem VC-Markt hätte es zwar den Trend gegeben, dass man sofort eine AG gründen müsse, um von Anfang über eine börsengängige Rechtsform zu verfügen, diese hätte sich in der Praxis jedoch als für Gründungsunternehmen als wenig geeignet herausgestellt. Das Rechtskorsett der AG sei in den frühen Entwicklungsphasen eines Unternehmens zu eng, die GmbH als gestaltbarere Rechtsform daher klar vorzuziehen. Daneben seien Mehrstimmrechte nur bei der GmbH möglich. Auch das Argument, der Geschäftsführer der GmbH sei weisungsgebunden, der Vorstand der AG hingegen nicht, was die Durchsetzung bestimmter Pläne des VC-Gebers erleichtere, wurde genannt.

Die zentrale Frage, ob und warum atypisch stille Beteiligungen verwendet werden, konnte letztlich nur von einem der Befragten, der diese selbst verwendet, erklärt werden. Diejenigen Befragten, die stille Beteiligungen überhaupt nicht einsetzen, erklärten sich den Einsatz stiller Beteiligungen zum Teil nur über den staatlichen Förderaspekt und die Inanspruchnahme öffentlich refinanzierter Garantien mancher Beteiligungsgesellschaften, was zwar richtig[891], aber nur ein Teil der Wahrheit ist. Manche sagten, sie würden die Gründe für den Einsatz stiller Beteiligungen nicht gut genug kennen, hätten aber mit ihrem Beteiligungsmodell sehr gute Erfahrungen gemacht, so dass Gründe für eine Änderung der Beteiligungsrechtsform nicht vorlägen. Zu geringe Renditen bzw. (zu) geringe Einflussnahme auf das Gründungsunternehmen wurden dabei in erster Linie als gravierende Nachteile stiller Beteiligungen befürchtet.

---

[891] Vg. *Frommann, Holger,* Kapitalbeteiligungsgesellschaften, 2001, Sp. 1247-1253 (1249).

7 ERGEBNISSE

In *Kapitel 1* wurden symmetrische Finanzierungsverträge als Ideal erkannt und Gründe für eine Asymmetrie von VC-Finanzierungsverträgen aufgezeigt.

In *Kapitel 2* wurden mögliche, in der Literatur diskutierte Besonderheiten von Gründungsunternehmen überprüft. Folgende Besonderheiten wurden erarbeitet:

Besonderheit 1: Bei Gründungsunternehmen liegt eine *Bindung an den Gründer* vor, die dadurch entsteht, dass (zunächst) nur er unentbehrliches Know-How hat.

Besonderheit 2: Geforderte Renditen können im VC-Geschäft *nur schwer objektiviert* werden.

Besonderheit 3: Je höher die geforderte Rendite des Gründers, desto stärker ist sein *Kapitaleinsatz begrenzt*, damit das Gründungsobjekt für Drittinvestoren interessant bleibt.

Besonderheit 4: Der VC-Geber ist ein *aktiver Anteilseigner*.

Besonderheit 5: Zwischen VC-Geber und Gründer gibt es in unterschiedlichen Bereichen unterschiedlich gelagerte *Informationsasymmetrien*. Ein klarer Informationsvorsprung des einen vor dem anderen ist jedoch fraglich.

Besonderheit 6: Zwischen Gründer und VC-Geber besteht eine *doppelte Prinzipal-Agent-Beziehung*: Beide wirken im eigenen Interesse für eine Maximierung des Wertes des Eigenkapitals. Aufgrund des asymmetrischen Finanzierungsvertrags bestehen jedoch Anreize zu Vermögensverschiebungsstrategien.

Besonderheit 7: Das Ausmaß der *Unsicherheit* ist besonders groß, da man sich weder an Vergangenheitsdaten noch an vergleichbaren Unternehmen orientieren kann.

Besonderheit 8: Der Anteil *immaterieller Assets* ist besonders hoch.

Besonderheit 9: Trotz des Eigenkapitalcharakters der VC-Finanzierung wird die Finanzierung des jungen Unternehmens streng *zeitlich begrenzt*.

Aufbauend auf den gefundenen Besonderheiten wurde der Begriff „Venture Capital" wie folgt definiert: Venture Capital ist Finanzierung von *Gründungs*unternehmen (Gründungsfinanzierung), bei der der VC-Geber eine *aktive Rolle* bei Erfüllung der Managementaufgaben spielt und *nicht Ansprüche aus reinem Fremdkapital* besitzt.

Kapitel 3 setzt sich aus zwei Teilen zusammen. Zum einen werden einleitend gesellschaftsrechtliche Konzepte von Beteiligungsgesellschaften und deren Besonderheiten dargestellt, zum anderen ein Überblick über Gesamtmarkt, Investoren, Rechtsformen der Investoren und Beteiligungsformen gegeben. Das Kapitel hat damit in erster Linie nachrichtlichen Charakter. Empirische Untersuchungen zeigen, dass die stille Gesellschaft in Deutschland am häufigsten in der Gründungsfinanzierung eingesetzt wird.

Kapitel 4 beginnt mit der gesetzlichen Definition der stillen Gesellschaft (typische stille Gesellschaft, Typ 1). Von dieser Definition kann in gesellschafts-, bilanz- bzw. handels- und steuerrechtlicher Hinsicht abgewichen werden. Damit kann man grundsätzlich 8 Typen unterscheiden. Gesellschaftsrechtlich wurde Mehrgliedrigkeit als formale atypische Ausgestaltung nicht in Betracht gezogen, als gesellschaftsrechtlich atypisch wurde eine stille Gesellschaft eingestuft, wenn bedeutende Mitspracherechte und/oder Geschäftsführungsbefugnisse des stillen Gesellschafters vereinbart werden. Im bilanz- bzw. handelsrechtlichen Sinn wurde die Frage nach der Abgrenzung in Anlehnung an die Abgrenzung Eigen-/Fremdkapital beantwortet, wobei auf einen funktionellen bzw. materiellen Eigenkapitalbegriff abgestellt wurde. Eine stille Einlage ist damit Eigenkapital und handelsrechtlich atypisch, wenn sie entweder als primärer Risikoträger dient oder über die einem Gesellschafter angenäherte Stellung des stillen Gesellschafters zum Gesellschafterbeitrag wird. Steuerrechtlich atypisch ist die stille Beteiligung, wenn der stille Gesellschafter Mitunternehmer ist, wobei die Kriterien Mitunternehmerinitiative und Mitunternehmerrisiko hinreichend erfüllt sein müssen. Zwischen den drei Abgrenzungen gibt es Verbindungen, die bestimmte Kombinationen der von typischen und atypischen Merkmalen, also einige der 8 Typen, unmöglich machen. So gibt es Typ 2, Typ 4 und Typ 5 nicht. Möglich sind lediglich Typ 3, Typ 6, Typ 7 und Typ 8. Für den Einsatz in der VC-Finanzierung scheiden Typ 1, Typ 3 und Typ 7 aus, da gesellschaftsrechtliche Atypizität vorliegen muss, da Venture Capital als Gründungsfinanzierung mit aktiver Einflussnahme des VC-Gebers definiert wurde. Da sich der VC-Geber seinen Einfluss auch über eine parallele Gesellschafterstellung bei typisch stillem Gesellschaftsvertrag sichern kann, kommt auch Typ 7 für die VC-Finanzierung in Frage. Damit verbleiben Typ 6, 7 und Typ 8 für die VC-Finanzierung. Die Untersuchung zweier Musterverträge aus der VC-Literatur waren Typ 7 und 8 zuzuordnen, wobei diese Einordnung bei dem ersten Vertrag klar aus den Vertragsklauseln hervorging, bei dem anderen jedoch die parallel bestehende direkte Beteiligung die Umqualifizierung von Typ 1 in Typ 7 begründete.

Kapitel 5 beginnt mit Kapitalstruktur- und Finanzierungsmodellen aus der Literatur und deren Anpassung auf die typische Situation von Gründungsunternehmen. Die *Trade Off-Theorie* zeigt, dass bei Gründungsunternehmen nur ein geringerer Verschuldungsgrad realisierbar ist, weil die Steuervorteile mit steigendem Verschuldungsgrad noch stärker unsicher werden und die stark ansteigenden costs of financial distress nicht mehr kompensieren können. Die costs of financial distress bestehen hauptsächlich aus den Nachteilen durch Unterlassung von Investitionsobjekten, aus den Agency-Kosten des Fremdkapitals und aus den Nachteilen schlechter Verwertbarkeit immaterieller Assets. Für die Anwendung der *Pecking Order* muss die Annahme eines Informationsvorsprungs des Gründers erfüllt sein. Die Pecking Order entsteht durch Minimierung des Informationsvorsprungs des Gründers und damit des Preisabschlags auf emittierte Wertpapiere. Dass ein großer Anteil der benötigten Mittel im typischen Gründungsfall extern aufgebracht werden muss, ist nach der *Agency-Theorie von Jensen/Meckling* ein Argument für einen geringeren Verschuldungsgrad. Bei umfangreicher Außenfinanzierung sind sowohl die Agency-Kosten des Eigen- als auch des Fremdkapitals höher als bei geringfügiger. Das Modell stimmt hier überein mit der Annahme der Trade Off-Theorie, dass die costs of financial distress, zu denen auch die Agency-Kosten des Fremdkapitals zählen, bei jungen Wachstumsunternehmen stärker mit zunehmenden Verschuldungsgrad steigen. Das erste *Myers*-Modell liefert eine Erklärung dafür, dass bei Wachstumsunternehmen auch ein Unterinvestitionsproblem schwerer wiegt. Auch dies erklärt ein stärkeres Ansteigen der costs of financial distress bei Wachstumsunternehmen in der Trade Off-Theorie, da die Nachteile durch Unterlassen von Investitionsobjekten zu den costs of financial distress zählen.

Aus zwei VC-Finanzierungsmodellen wurden Kriterien für einen umfassenden Rechtsformenvergleich abgeleitet. Das VC-Modell von *Sahlman* zeigt, dass ein Finanzierungsvertrag mit Ansprüchen des VC-Gebers aus reinem Eigenkapital ungeeignet ist, da bei anteiliger Verteilung der zukünftigen Einzahlungsüberschüsse für den Gründer kein Anreiz mehr besteht sich anzustrengen. Durch bevorrechtigte Bedienung kann der VC-Geber Risiko auf den/die Gründer übertragen und damit gleichzeitig einen Anreiz für den Gründer generieren, sich voll für den Erfolg einzusetzen. Diese Risikoverlagerung erreicht der VC-Geber durch bevorrechtigte Gewinnansprüche und Liquidationserlösvorrechte sowie eine gewinnunabhängige Bedienung. Diese Kriterien wurden um die steuerlichen Behandlung von Anlaufverlusten und des Exits ergänzt. *Myers'* zweites Modell zu Outside Equity macht deutlich, dass sich die zunächst schwache Position des VC-Gebers zu lasten der Position der entbehrlicher werdenden Gründer verschiebt. Finanzierungsinstrumente müssten dieser Entwicklung Rechnung tragen. Es komme auf ein Machtgleichgewicht an. Als Kriterien werden aufgestellt: die Möglichkeit zur Mitgliedschaft mit Stimmrechten, zur Vereinbarung von umfangreichen Zustimmungsvorbehalten, zu Anweisungen an die Geschäftsführung und zur Kündigung des Managements.

Die Definition von Venture Capital beinhaltet die aktive Einflussnahme der VC-Geber. Da im deutschen Gesellschaftsrecht Mitspracherechte an die Mitgliedschaft gebunden sind, kommen Finanzierungsinstrumente wie Genussrechte und Options-, Wandel- und Gewinnanleihen nur ergänzend für die VC-Finanzierung in Betracht. Mitgliedschaft gewähren stille und direkte Beteiligungen, die zugleich flexible Vereinbarungen von Gewinnausschüttungen und Vorrechte bei der Verteilung des Liquidationserlöses möglich machen. Die Möglichkeit zu einer festen, gewinnunabhängigen Bedienung gewährt nur die stille Gesellschaft. Grundsätzlicher Unterschied zwischen stiller und direkter Beteiligung ist die steuerliche Behandlung. Die Steuerfreiheit von Veräußerungserlösen direkter Beteiligungen nach § 8b Abs. 2 KStG ist bei erfolgreicher Entwicklung des Gründungsunternehmens natürlich von Vorteil, da aber im besten Fall wenige Prozent der Gründungsunternehmen große Erfolge werden, steht dieser Vorteil dem Nachteil gegenüber, dass sämtliche Verluste aus anderen Gründungsprojekten steuerlich nicht geltend gemacht werden können. Daneben können die Anlaufverluste aller finanzierten Gründungsprojekte nur über stille Beteiligungen in der Periode des Entstehens steuerlich geltend gemacht werden. Die Abschreibung von Beteiligungen knüpft an das Vorliegen einer „voraussichtlich dauernden Wertminderung" (§ 253 Abs. 2 Satz 3 HGB) an, deren Beweis bei Gründungsunternehmen schwierig sein dürfte. Im ARV war die atypisch stille Beteiligung grundsätzlich vorteilhafter als die direkte Beteiligung. Im HEV ist die Situation komplexer. Gilt Steuerfreiheit von Dividenden und Veräußerungserlösen direkter Beteiligungen ist bei hohen Veräußerungserlösen die direkte Beteiligung besser. Gilt Steuerverhaftung, ist ähnlich wie im ARV die atypisch stille Beteiligung besser. Die neuesten Steuergesetzänderungen haben daran kaum etwas geändert.

Die Vorteilhaftigkeit atypisch stiller Beteiligungen in der VC-Finanzierung besteht darin, dass

- mit stillen Beteiligungen besonders gestaltbare und flexible Ansprüche zwischen Eigen- und Fremdkapital möglich sind; das einzig zwingende Merkmal der gewinnabhängigen Bedienung ist bei Gründungsunternehmen wünschenswert; gewinnunabhängige Bedienung in Form einer ggf. erwünschten Einlagenverzinsung ist gleichwohl möglich;

- bei Minderheitsbeteiligungen Stimmrechte nur eingeschränkten Einfluss gewähren, so dass andere Arten des Einflusses wie Vereinbarungen über zustimmungspflichtige Geschäfte Bedeutung gewinnen, die auch für still Beteiligte möglich sind;

- steuerliche Vorteile über die sofortige Geltendmachung der Anlaufverluste ggf. möglich sind, wenn eine hinreichend große Steuerbemessungsgrundlage beim VC-Geber sicher ist.

Kapitel 6 faßt die Ergebnisse der Interviews zusammen. Nur einer der Befragten konnte dabei die These von der Vorteilhaftigkeit atypisch stiller Beteiligungen (Typ 8) bestätigen, da nur jener sich in dieser Form beteiligt. Zwei Befragte verwendeten Typ 7. Die anderen Befragten konnten nicht überzeugend erklären, warum sie sich nicht typisch oder atypisch still beteiligen. Dass dies eine Beteiligungspraxis der öffentlich geförderten Beteiligungsgesellschaften sei, beleuchtet nicht die Gründe, aus denen sich diese Praxis herausgebildet hat. Mangelnde Einflussmöglichkeiten und zu geringe Renditen werden bei geeigneter vertraglicher Gestaltung der (atypisch) stillen Beteiligung zu Unrecht befürchtet.

ANHANG 1: MUSTERVERTRAG LEOPOLD/FROMMANN[892]

Vertragsbeispiel „Atypische Stille Beteiligung"

Vertrag der Stillen Gesellschaft

zwischen der

XYZ GmbH & Co. KG in .....

nachstehend Kommanditgesellschaft oder KG genannt

und der

ABC-Kapitalbeteiligungsgesellschaft in .....

nachstehend stille Gesellschafterin oder KBG genannt

§ 1 Gegenstand der Gesellschaft

(1) Die KBG beteiligt sich ab 1. Januar 19..... als atypische stille Gesellschafterin an dem Unternehmen der KG.

(2) Gegenstand des Unternehmens der KG ist die Entwicklung, die Herstellung und der Vertrieb von .... und verwandten Erzeugnissen.

§ 2 Kapitalbeteiligung und Gesellschafterkonten

(1) Die Pflichteinlagen betragen

1. der Kommanditgesellschaft .... DM

2. der stillen Gesellschafterin .... DM

3. Gesellschaftskapital der stillen Gesellschaft .... DM

Für beide Gesellschafter der stillen Gesellschaft werden je ein Kapitalkonto I, ein Kapitalkonto II und ein Privatkonto geführt.

(2) Die Pflichteinlage der Kommanditgesellschaft entspricht dem Stand der Kommanditeinlagen und der Einlage der Komplementärin in der KG per 1. Januar 19.... (gleich dem Stand der Kapitalkonten der KG in der Bilanz per 31. Dezember des Vorjahres). Die Pflichteinlage der KBG ist zum .... in bar zu leisten. Das Verhältnis der Pflichteinlagen zueinander ist nicht maßgeblich für das Verhältnis der Anteile am Gesellschaftsvermögen und am Gewinn oder Verlust.

(3) Die auf den Kapitalkonten I gebuchten Pflichteinlagen sind nicht entnehmbar und unverzinslich. Als Unterkonten der Kapitalkonten I werden im Falle

---

[892] Das Vertragsbeispiel ist dem Anhang des Buches „Eigenkapital für den Mittelstand" von *Leopold, Günter/Frommann, Holger*, 1998, S. 304-315, entnommen.

von Verlusten Verlustvortragskonten geführt, auf denen Jahresverluste und die zu ihrem Ausgleich zu verwendenden Gewinne zu buchen sind.

(4) Auf den Kapitalkonten II werden die stehenzulassenden Gewinnanteile der Gesellschafter gebucht. Guthaben sind entsprechend der von der Deutschen Bundesbank veröffentlichten durchschnittlichen jährlichen Umlaufrendite inländischer festverzinslicher Wertpapiere zu verzinsen.

(5) Den Privatkonten werden Tätigkeitsvergütungen, Zinsen und entnahmefähige Gewinnanteile gemäß § 5 gutgeschrieben; Entnahmen werden ihnen belastet. Guthaben werden gemäß Abs. 4, Satz 2, verzinst, Schuldsalden mit einem um 2 % p.a. höheren Zinssatz. Steuervorauszahlungen für das jeweils laufende Jahr werden bei der Verzinsung nicht berücksichtigt. Belastungen des Privatkontos, außer den Mindestentnahmen gemäß § 5 Abs. 3, sind nur zulässig, soweit das Privatkonto ein Guthaben aufweist; darüber hinausgehende Entnahmen sind nur mit Zustimmung des Beirats zulässig.

(6) Die Zinsen gelten im Verhältnis der Gesellschafter zueinander als Aufwendungen bzw. Erträge.

(7) Die stille Beteiligung erstreckt sich auf die Anlagewerte einschließlich der stillen Reserven nach der in § 15 vereinbarten Regelung (atypische stille Beteiligung).

(8) Im Verhältnis der Gesellschafter zueinander bilden das Unternehmen der KG und die Einlage der KBG das Gesellschaftsvermögen.

§ 3 Geschäftsjahr, Jahresabschluss und Kontrollrechte

(1) Geschäftsjahr ist das Kalenderjahr.

(2) Die KG ist verpflichtet, in den ersten sechs Monaten des Geschäftsjahres einen Jahresabschluss für das vergangene Geschäftsjahr gemäß Abs. 4 einschließlich eines sinngemäß nach den Vorschriften über die Rechnungslegung von großen Kapitalgesellschaften aufgestellten Anhangs, einen Lagebericht gemäß § 289 HGB und gegebenenfalls die Sonderrechnung gemäß Abs. 4 zu erstellen, dem Abschlussprüfer zur Prüfung vorzulegen und den vom Abschlussprüfer testierten Jahresabschluss der stillen Gesellschafterin vorzulegen.

(3) Die Feststellung des Jahresabschlusses der KG und ihrer Komplementär-GmbH bedarf der vorherigen Zustimmung der stillen Gesellschafterin.

(4) Der Jahresabschluss hat dem steuerlichen Jahresabschluss zu entsprechen, soweit in diesem Vertrag nichts anderes bestimmt ist. Jedoch gelten Leistungen, die ein Gesellschafter für seine Tätigkeit im Dienste der Gesellschaft, für die Hingabe von Darlehen oder für die Überlassung anderer Wirtschaftsgüter bezogen hat (§ 15 Abs.1 Satz 1 Nr. 2 EStG) sowie Zinsen gemäß § 2 Abs. 5 und 6 als Aufwendungen. Aufwendungen, die ein Gesellschafter der KG persönlich im Zusammenhang mit seiner Beteiligung an der KG macht, gelten nicht als Aufwendungen im Verhältnis der Gesell-

schafter der stillen Gesellschaft zueinander. Spenden gelten im Verhältnis der Gesellschafter der stillen Gesellschaft zueinander bis zur Höhe von .... DM pro Jahr als Betriebsausgaben, darüber hinaus nur einvernehmlich. Diese und andere in diesem Vertrag vorgesehene Abweichungen vom steuerlichen Jahresabschluss werden als Anlage zu diesem in einer Sonderrechnung berücksichtigt.

(5) Der Jahresabschluss und die Sonderrechnung sind von einem Abschlussprüfer nach den handelsrechtlichen Vorschriften des § 317 Abs. 1 sowie der §§ 320 bis 322 HGB zu prüfen. Die Prüfung und der Prüfungsbericht haben sich auf die Rechtsbeziehungen zwischen der KG und ihren Gesellschaftern bzw. denjenigen Unternehmen, die von einzelnen oder mehreren Gesellschaftern der KG beherrscht werden, zu erstrecken, soweit sich solche Rechtsbeziehungen auf die Rechte der stillen Gesellschafterin, insbesondere ihr Gewinnbezugsrecht, auswirken können. Abschlussprüfer können nur Wirtschaftsprüfer oder Wirtschaftsprüfungsgesellschaften sein. Für die Bestellung und die Beendigung der Tätigkeit des Abschlussprüfers gelten § 318 Abs. 1 Satz 3 und Satz 4 sowie Abs. 7 HGB entsprechend.

(6) Die KBG kann sich von den Angelegenheiten der Gesellschaft unterrichten. § 716 und § 233 Abs. 3 HGB finden Anwendung, Die stille Gesellschafterin ist zu Rückfragen beim Abschlussprüfer berechtigt; er ist ihr gegenüber von seiner Pflicht zur Verschwiegenheit entbunden.

(7) Wird der steuerliche Jahresabschluss geändert, so ist der nächste noch nicht verabschiedete gesellschaftsrechtliche Jahresabschluss anzupassen. Soweit die Gesellschafter aufgrund einer in gutem Glauben errichteten Bilanz in gutem Glauben Gewinn bezogen haben, ist nur eine Verrechnung möglich und keine Rückzahlungspflicht gegeben.

(8) Die Vorschriften dieses Paragraphen bleiben nach einem Ausscheiden der KBG in Kraft, bis Einigkeit über das Auseinandersetzungsguthaben besteht.

§ 4 Geschäftsführungsvergütung, Gewinn- oder Verlustverteilung

(1) Im Verhältnis der KG und der stillen Gesellschafterin zueinander gilt der Kostenersatz für die Geschäftsführung der Komplementär-GmbH als gewinnmindernder bzw. als verlusterhöhender Aufwand.

(2) Im Übrigen wird das Jahresergebnis der stillen Gesellschaft (Gewinn oder Verlust) zwischen der KG und der KBG im Verhältnis .... % zu .... % verteilt.

§ 5 Gewinnverwendung und Entnahmen

(1) Gewinne (Jahresüberschüsse im Sinne der jährlichen Gewinn- und Verlustrechnungen) sind zunächst zur Tilgung etwaiger Verluste auf den Verlustvortragskonten zu verwenden.

(2) Soweit keine Verlustvorträge zu tilgen sind, sind die Gewinne zu ..... % entnehmbar und werden den Gesellschafterprivatkonten gutgeschrieben.

(3) In jedem Falle dürfen die mit der Beteiligung an der KG bzw. mit der stillen Beteiligung verbundenen Steuern entnommen werden, auch wenn dadurch der in Abs. 2 genannte Prozentsatz überschritten wird. Dies gilt auch für die anteilige Erbschaftsteuer, die mit der Beteiligung der Gesellschafter der KG an dieser zusammenhängen. Die anteilige Erbschaftsteuer wird aufgrund des durchschnittlichen Steuersatzes für die von den Gesellschaftern der KG zu versteuernden Beträge errechnet. Für den Nachweis der Höhe genügt die Bescheinigung eines Wirtschaftsprüfers. Als Mindestentnahme kann die KG neben den Steuern in jedem Fall .... DM pro Jahr entnehmen.

(4) Die nicht entnehmbaren Gewinne werden den Kapitalkonten II gutgeschrieben. Sie können nur auf gemeinsamen Beschluss der KG und der KBG entnommen oder zur Erhöhung der Kapitalkonten I verwendet werden.

§ 6 Geschäftsführung

(1) Die KG führt die Geschäfte. Der Umfang der Geschäftsführungsbefugnis richtet sich nach den gesetzlichen Vorschriften, die für das Verhältnis des persönlich haftenden Gesellschafters einer Kommanditgesellschaft zu den Kommanditisten gelten. Die Bestellung und deren Verlängerung sowie die Amtsbeendigung von Geschäftsführern der die Geschäfte der KG führenden Komplementär-GmbH bedürfen der vorherigen Zustimmung der KBG. Bei Abschluss und Verlängerung von Geschäftsführerverträgen hat die KBG ein Widerspruchsrecht.

(2) In jedem Falle bedürfen folgende Geschäfte und Maßnahmen der vorherigen Zustimmung des Beirats (Katalog zustimmungspflichtiger Geschäfte):

1. Veräußerung des Unternehmens als Ganzes oder von Teilen des Unternehmens; hiervon nicht betroffen sind Übertragungen von Anteilen an der Kommanditgesellschaft und deren Komplementärin;

2. Änderung des Geschäftsprogramms sowie die Aufnahme neuer, nicht zum bisherigen Programm gehörender Erzeugnisse in das Produktions- und Vertriebsprogramm, soweit hierdurch eine wesentliche Veränderung der Unternehmensstruktur der KG zu erwarten ist;

3. Gründung und Aufhebung von Zweitwerken und Zweigniederlassungen;

4. Abschluss, Änderung und Beendigung von Gesellschaftsverträgen, Unternehmensverträgen und solchen Verträgen, die eine Beschränkung in wesentlichen unternehmerischen Funktionen zur Folge haben (z.B. über Kooperation, Selbstbeschränkung in Produktion oder Einkauf, Abtretung von Vertriebsrechten);

5. Übernahme von und Verfügungen über Beteiligungen an anderen Unternehmen;

6. Erwerb, Veräußerung und Belastung von Grundstücken oder grundstücksgleichen Rechten, soweit ein Betrag von mehr als .... DM dem beabsichtigten Geschäft zugrunde liegt;

7. Investitions- und Finanzplan;

8. Investitionen, z.B. Vornahme von Neu- oder Umbauten, Verwendungen auf Grundstücke und Anschaffung von Anlagegegenständen, wenn während eines Geschäftsjahres solche Maßnahmen insgesamt einen voraussichtlichen Aufwand erfordern, der die Abschreibungsbeträge des vorangegangenen Geschäftsjahres einschließlich derjenigen für geringwertige Wirtschaftsgüter übersteigt, falls einem Investitionsplan gemäß Ziffer 7 nicht zugestimmt oder ein Investitionsplan noch nicht vorgelegt wurde;

9. Abschluss, Änderung und Beendigung von Factoring und Pachtverträgen;

10. Abschluss, Änderung und Beendigung von solchen Leasing- und Mietverträgen, die eine Jahresbelastung von mehr als .... DM im Einzelfall ergeben oder die eine Laufzeit von mehr als zehn Jahren haben sollen, es sei denn, dass die Jahresbelastung unter .... DM liegt, oder die zusammen mit anderen Verträgen eine voraussichtliche Jahresbelastung von .... DM über den Stand am jeweiligen Vorjahresende hinaus zur Folge haben;

11. Abschluss, Änderung und Beendigung von Verträgen über den Erwerb und die Vergabe von Lizenzen, Patenten, Gebrauchsmustern, Geschmacksmustern oder Warenzeichen;

12. ungesicherte Vorauszahlungen an Lieferanten, wenn sie nicht branchenüblich sind oder wenn sie einen Betrag von .... DM gegenüber einem Lieferanten übersteigen;

13. Gewährung von Krediten von mehr als .... DM an einen Kreditnehmer im Einzelfall oder mehr als .... DM insgesamt; hierunter fallen nicht Vorauszahlungen an die Lieferanten und Stundungen des Entgelts für Lieferungen und Leistungen gegenüber Kunden;

14. Aufnahme von Krediten aller Art einschließlich der Inanspruchnahme von Zahlungszielen, Eingehung von Wechselverbindlichkeiten (Ausstellung, Akzept, Aval und Indossament) sowie die Übernahme von Mithaftungen, wenn die damit entstehende Gesamtbelastung zusammen mit den übrigen Verbindlichkeiten, Rückstellungen und Eventualverbindlichkeiten einen Betrag von 80 % der letzten Jahresbilanzsumme oder die vom Beirat – oder, bei Wegfall oder Handlungsunfähigkeit des Beirats, von der KBG – genehmigten Größenordnungen übersteigt;

15. Termingeschäfte aller Art, insbesondere über Devisen, Waren und Wertpapiere, soweit sie nicht durch fest abgeschlossene Aufträge Gegendeckung haben;

16. Übernahme von Bürgschaften, Mithaftungen und nicht branchenüblichen Garantien;

17. Abschluss, Änderung und Beendigung von Verträgen mit Gesellschaftern, ihren Ehegatten oder ihren in gerader Linie Verwandten;

18. Abschluss, Änderung und Beendigung von Verträgen mit Unternehmen, an denen eine der in Ziffer 17 genannten Personen oder die KG mittelbar oder unmittelbar interessiert, insbesondere beteiligt ist, es sei denn, dass Geschäfte zu Preisen und Bedingungen abgeschlossen werden, wie sie nachweislich im Geschäftsverkehr mit Dritten allgemein üblich sind;

19. Ernennung von Generalbevollmächtigten und Einzelprokuristen;

20. Umsatz- oder Ergebnisbeteiligung in jeglicher Form, ausgenommen branchenübliche Provisionen und Tantiemen für leitende Mitarbeiter und Außendienstmitarbeiter;

21. Bestellung eines anderen Abschlussprüfers als desjenigen, der den letzten Jahresabschluss geprüft hat;

22. Inanspruchnahme von steuerlichen Sonderabschreibungen von mehr als .... DM pro Jahr;

23. Einleitung von Rechtsstreitigkeiten mit einem Streitwert ab 4 ‰ des Jahresumsatzes;

24. Geschäfte, die über den gewöhnlichen Betrieb des Handelsgewerbes der KG hinausgehen.

(3) Die Zustimmungsrechte des Beirats gehen auf die stille Gesellschafterin über, wenn ein Beirat der KG nicht besteht oder nicht handlungsfähig ist.

§ 7 Informationsrechte der stillen Gesellschafterin

Die KBG erhält dieselben Informationen, die auch dem Beirat zur Beurteilung der Verhältnisse der KG zugehen, insbesondere:

1. einen Monat vor Beginn eines Geschäftsjahres:

   Gesamtplan für das nächste Jahr, bestehend aus Absatz-, Investitions- und Finanzplan sowie Plan-Gewinn- und Verlustrechnung und Planbilanz; ferner mittelfristige Planung für die darauf folgenden zwei Jahre;

2. monatlich, spätestens am letzten Tag des Folgemonats:

   Umsatzmeldungen nach den wichtigsten Produktgruppen, Auftragseingang und bestand, Meldungen über Cash flow und verfügbare Zahlungsmittel;

3. vierteljährlich, spätestens sechs Wochen nach Quartalsende:

   Gewinn- und Verlustrechnung sowie Finanzplan

   – für das beendete Quartal,

   – für das laufende Geschäftsjahr kumuliert,

– revidierte Vorschau zum Jahresende (Forecast),

Quartalsbilanz;

4. halbjährlich:

Produkterfolgsrechnung für die wichtigsten Produktgruppen, allgemeiner Bericht zur Geschäftslage und zu den geplanten Maßnahmen der Geschäftsführung, insbesondere über

– Markt- und Konkurrenzsituation,

– Preis- und Konditionsentwicklung,

– Personalsituation;

5. unmittelbar nach Bekanntwerden:

Bericht über wesentliche Tatbestände oder Geschehnisse wie z.B. den Verlust von Großkunden, Zahlungsausfälle bei Kunden, Ausfall wichtiger Lieferanten, nachhaltige Betriebsunterbrechung, Verzögerung von Investitionsvorhaben, bedeutende Veränderungen der Marktlage, beabsichtigte Kurzarbeit oder Entlassungsaktionen, Auftreten neuer Konkurrenten.

Diese Informationspflichten bestehen auch hinsichtlich Tochtergesellschaften der KG und Gesellschaften, an denen eine wesentliche Beteiligung der KG besteht.

§ 8 Beirat

(1) Die KG hat einen Beirat. Die Bestimmungen über den Beirat können nur mit Zustimmung der stillen Gesellschafterin geändert werden.

(2) Der Beirat hat mindestens drei und höchstens … Mitglieder. Die stille Gesellschafterin kann, solange sie Gesellschafterin ist, ein Mitglied in den Beirat entsenden (Entsendungsrecht). Die weiteren Beiratsmitglieder werden von der KG unter Mitwirkung der KBG gewählt. Im Zweifelsfall liegt die Entscheidung bei der KG. Solange die KBG mindestens 25 % der gesamten Pflichteinlagen der stillen Gesellschaft geleistet hat, hat sie Anspruch auf den stellvertretenden Vorsitz im Beirat.

(3) Für den Beirat gilt eine besondere Geschäftsordnung.

§ 9 Änderung der Verhältnisse der KG und ihrer Komplementär-GmbH

(1) Die Kommanditgesellschaft und ihre Gesellschafter persönlich verpflichten sich, nur mit Zustimmung der stillen Gesellschafterin neue Gesellschafter in die KG aufzunehmen, den KG-Vertrag zu ändern oder Gesellschafterbeschlüsse zu fassen, für welche entweder nach dem Gesetz Einstimmigkeit erforderlich wäre oder welche Geschäfte betreffen, die in § 6 Abs. 2 dieses Vertrages geregelt sind. Gleiches gilt für eine GmbH, die Gesellschafterin der KG ist und die Gesellschafter einer solchen GmbH mit der Maßgabe, dass die Zustimmungsbedürftigkeit für Beschlüsse besteht, für die nach dem Gesetz mindestens eine Dreiviertelmehrheit erforderlich wäre.

(2) Die Gesellschafter der KG und einer GmbH, die Gesellschafterin der KG ist, verpflichten sich ferner, über ihre Geschäftsanteile an der KG bzw. der GmbH nur mit Zustimmung der stillen Gesellschafterin zu verfügen. Ausgenommen sind Verfügungen der Gesellschafter untereinander.

(3) Maßnahmen der Absätze (1) und (2), auf welche das Mitveräußerungsrecht der KBG gemäß § 11 anwendbar ist, bedürfen nicht der Zustimmung der KBG.

§ 10 Verfügungen der stillen Gesellschafterin

Die KBG kann entsprechend ihren besonderen Zielsetzungen über die von ihr treuhänderisch oder in einem Sondervermögen als Miteigentum Dritter gehaltenen Rechte oder über Teile davon verfügen. In diesem Falle gewährleistet sie, dass sie die Rechte weiterhin treuhänderisch oder in sonstiger Rechtsform, z.b. als Verwalterin eines Sondervermögens, wahrnimmt. Durch eine solche Ausgestaltung dürfen die Rechte und Interessen der übrigen an diesem Vertrag Beteiligten nicht beeinträchtigt werden.

§ 11 Mitveräußerungsrecht

(1) Werden innerhalb von 5 Jahren mindestens insgesamt ein Viertel des Kommanditkapitals oder der Stimmrechte in der KG oder der GmbH entgeltlich veräußert, so steht der KBG das Wahlrecht zu,

– ihre gesamte stille Beteiligung fristlos zu kündigen und das Auseinandersetzungsguthaben gemäß § 15 zu verlangen oder

– ihr Mitveräußerungsrecht in Anspruch zu nehmen. In diesem Falle stehen der KBG ..... % des Veräußerungserlöses zu, der bei Verkauf des Unternehmens als Ganzes erzielt worden wäre. Besteht die Gegenleistung bei der Anteilsveräußerung nicht in Geld, so stehen der KBG .... % des Geldwertes der Gegenleistung zu. Ist über diesen Geldwert keine Einigkeit zu erreichen, so soll er von einem Schiedsgutachter festgestellt werden. Können sich die Parteien auch   über dessen Person nicht einigen, so ist jede von ihnen berechtigt, den Präsidenten der Industrie- und Handelskammer .... zu bitten, den Schiedsgutachter zu ernennen. Der Schiedsgutachter soll im Fall der Bewertung von Gesellschaftsanteilen Wirtschaftsprüfer, im Fall der Bewertung einer andersartigen Gegenleistung ein für diese Sachverständiger sein. Die Kosten des Schiedsgutachters tragen die veräußerungswilligen Gesellschafter und die KBG je zur Hälfte.

(2) Auf Verlangen der KG ist die KBG verpflichtet, ihr Wahlrecht auszuüben, wenn die Veräußerung entgeltlich ist und sich auf mindestens ein Viertel des Kommanditkapitals oder der Stimmrechte in der KG oder der GmbH bezieht. Ein Anteilsverkauf der Gesellschafter untereinander löst das Mitveräußerungsrecht nicht aus.

(3) Werden Anteile gemäß Absatz (1) innerhalb von drei Jahren nach Beendigung der Stillen Beteiligung veräußert, so ist die KBG auf ihr Verlangen so

zu stellen, als hätte sie ihr Mitveräußerungsrecht ausgeübt. Dabei ist ein wegen der Beendigung der Stillen Beteiligung gezahltes oder zustehendes Auseinandersetzungsguthaben anzurechnen.

§ 12 Wettbewerbsvorschriften

(1) Ein Gesellschafter darf in dem Handelsgewerbe der Gesellschaft weder für sich oder Dritte Geschäfte machen, noch sich an einem anderen gleichartigen Unternehmen beteiligen. Das gleiche gilt für die Gesellschafter der KG bzw. einer GmbH, die Gesellschafterin der KG ist.

(2) Absatz (1) gilt nicht für die Kapitalbeteiligungen der KBG; diese ist jedoch verpflichtet, die Absicht anzuzeigen, wenn sie sich an einem Konkurrenzunternehmen beteiligen will. Würden durch eine solche Maßnahme berechtigte Interessen der KG beeinträchtigt, hat die KG ein Widerspruchsrecht. Dieses bleibt solange bestehen, bis Einigkeit über ein Auseinandersetzungsguthaben besteht.

§ 13 Dauer der Gesellschaft

(1) Jeder Gesellschafter kann die stille Gesellschaft mit einer Frist von zwölf Monaten zum Ende eines Geschäftsjahres kündigen, erstmals jedoch zum 31.12. ......

(2) Der KG und der stillen Gesellschafterin steht ein außerordentliches Kündigungsrecht zu, wenn in einem Zeitraum, der nicht mit einem Geschäftsjahr zusammenzufallen braucht, nach Berücksichtigung von in diesem Zeitraum erzielten Gewinnen, ein Betrag von mehr als der Hälfte der Eigenmittel (Summe der Gesellschafterkapitalkonten + stille Einlage + Gesellschafterdarlehen abzüglich Forderungen der KG gegenüber den Gesellschaftern) weggefallen ist, sei es durch Verluste, sei es durch Entnahmen. Im Zweifel hat die KG unverzüglich eine Zwischenbilanz aufzustellen und den Gesellschaftern zu übermitteln.

(3) Das in Absatz (2) geregelte außerordentliche Kündigungsrecht kann abgewendet werden, wenn die KG innerhalb von sechs Wochen nach Eintritt der Kündigungsvoraussetzungen oder nach Eingang der a.o. Kündigung einen Maßnahmenplan zur Krisenbewältigung entwickelt und innerhalb weiterer vier Wochen eine a.o. Beiratssitzung darüber entscheiden lässt. Stimmt der Beirat dem Krisenplan zu, so ist das in Absatz (2) geregelte a.o. Kündigungsrecht für einen vom Beirat festzulegenden Zeitraum abgewendet. Wird der Krisenplan abgelehnt, so lebt das a.o. Kündigungsrecht wieder auf.

(4) Ein außerordentliches Kündigungsrecht der stillen Gesellschafterin besteht ferner, wenn die Verpflichtungen gemäß §§ 6,7 oder 9 nicht eingehalten werden; es entfällt, wenn der Verstoß nicht schuldhaft erfolgt ist oder wenn er weder in Verbindung mit anderen Verstößen noch im Einzelfall als solcher Gewicht hat. Die Kündigungsfrist beträgt in diesem Fall drei Monate.

(5) Jede Kündigung bedarf der Schriftform. Zur Wahrung einer Frist genügt die Absendung eines eingeschriebenen Briefes.

§ 14 Beendigung der stillen Gesellschaft

Die stille Gesellschaft endet,

a) wenn sie gemäß § 13 gekündigt wird, im Zeitpunkt, zu dem die Kündigung wirksam wird; außerordentliche Kündigungen und Kündigungen aus wichtigem Grund werden wirksam mit dem Zugang der Kündigungserklärung;

b) ohne dass es einer Kündigung bedarf, mit der Rechtskraft eines Beschlusses, durch den über das Vermögen der KG das Konkursverfahren eröffnet oder durch den die Eröffnung des Konkursverfahrens mangels Masse abgelehnt wird.

§ 15 Auseinandersetzungsguthaben

(1) Die Kündigung der stillen Gesellschaft bewirkt die Verpflichtung der KG, das Auseinandersetzungsguthaben der stillen Gesellschafterin zu zahlen.

(2) Die Höhe des Auseinandersetzungsguthabens bestimmt sich nach dem Wert des gekündigten Gesellschaftsanteils: An Gewinnen und Verlusten aus schwebenden Geschäften nimmt die KBG insoweit nicht mehr teil.

(3) Der Wert des Gesellschaftsanteils ist aufgrund einer Abschichtungsbilanz festzustellen. In ihr sind außer den in der Jahresbilanz (§ 3 Abs. 2) erfassten Aktiven und Passiven auch sonstige Vermögenswerte und Lasten anzusetzen; Firmenwert (Goodwill) und Immaterialgüterrechte sind jedoch nur zu berücksichtigen, wenn für ihren Erwerb Entgelt gewährt worden ist. Maßgebend ist jeweils der Teilwert, mindestens der gemeine Wert des einzelnen Wirtschaftsgutes, bei Firmenwerten und Immaterialgüterrechten jedoch nicht mehr als das gewährte Entgelt. Der auf die stille Gesellschafterin entfallende Abschichtungsgewinn oder -verlust wird nach § 4 Abs. 2 ermittelt.

(4) Anstelle des Wertes nach Absatz (3) kann der Ertragswert gewählt werden. Er besteht aus dem Sechsfachen des durchschnittlichen Jahresergebnissen (Jahresüberschüsse oder Jahresfehlbeträge) der KG in den letzten fünf Geschäftsjahren bis zum Stichtag der Kündigung. Der Ertragswert für die stille Einlage beträgt mindestens .... DM, vermindert um von der stillen Einlage vertragsgemäß abgebuchte oder abzubuchende Verlustanteile.

(5) Kommt keine Einigung über die Höhe des Auseinandersetzungsguthabens zustande, so ist es von einem Schiedsgutachter endgültig zu bestimmen. Einigen sich die Beteiligten auch über dessen Person nicht, so soll er von dem Präsidenten der Industrie- und Handelskammer .... ernannt werden; er soll in diesem Fall Wirtschaftsprüfer sein. Der Ernennungsantrag kann von jedem Beteiligten gestellt werden. Die Kosten des Schiedsgutachters tragen die beiden Beteiligten je zur Hälfte.

(6) Kündigt die stille Gesellschafterin oder kündigt die KG aus wichtigem Grund, so hat die KG das Wahlrecht gemäß Absatz (4). Die KBG hat das Wahlrecht, wenn sie aus wichtigem Grund kündigt oder wenn die KG von ihr die Ausübung des Wahlrechts gemäß § 11 Absatz (2) verlangt.

§ 16 Auszahlung des Auseinandersetzungsguthabens

(1) Kündigt die KG gemäß § 13 Abs. 1 oder aus wichtigem Grund, so ist das Auseinandersetzungsguthaben in sechs gleichen Halbjahresraten zu zahlen, wobei die erste Rate ein halbes Jahr nach Wirksamkeit der Kündigung fällig wird.

(2) Kündigt die stille Gesellschafterin gemäß § 13 Abs. 2 und/oder Abs. 4 oder aus wichtigem Grund, so ist das Auseinandersetzungsguthaben in zwei gleichen Halbjahresraten, übt sie ihr Kündigungsrecht nach § 13 Abs. 1 aus, so ist es in sechs gleichen Halbjahresraten auszuzahlen. Die erste Halbjahresrate wird ein halbes Jahr nach Wirksamkeit der Kündigung fällig.

(3) Das ausstehende Auseinandersetzungsguthaben ist mit ..... % über dem jeweiligen Diskontsatz der Deutschen Bundesbank jährlich zu verzinsen. Die vorzeitige vollständige oder teilweise Tilgung ist jederzeit zulässig.

§ 17 Kosten und Steuern

Die Kosten dieses Vertrages und etwa durch ihn entstehende Steuern trägt die Stille Gesellschaft.

§ 18 Teilunwirksamkeit

Sollten Bestimmungen dieses Vertrages unwirksam sein oder werden oder sollte sich in dem Vertrag eine Lücke herausstellen, so soll hierdurch die Gültigkeit der übrigen Bestimmungen nicht berührt werden. An die Stelle der unwirksamen Bestimmungen oder in die Lücke soll eine angemessene Regelung treten, die, soweit nur rechtlich möglich, dem am nächsten kommt, was die Vertragschließenden gewollt haben oder nach dem Sinn und Zweck des Vertrages gewollt haben würden, wenn sie den Punkt bedacht hätten. Beruht die Unwirksamkeit einer Bestimmung auf einem in ihr angegebenen Maß einer Leistung, einer Gegenleistung oder der Zeit (Frist oder Termin), so soll das der Bestimmung am nächsten kommende Maß an die Stelle treten; ist das rechtlich zulässige Maß nach Fallgruppen verschieden, so ist es für jede Fallgruppe gesondert zu ermitteln.

......................, den ...., ..., den ....

(Unterschrift/Unterschriften)   (Unterschrift/Unterschriften)

....

(Kommanditgesellschaft)   (Stille Gesellschafterin)

ANHANG 2: MUSTERVERTRAG WEITNAUER[893]

Vertrag über die Errichtung einer Stillen Gesellschaft

zwischen

der Firma

– im folgenden: Unternehmen –

und

– im folgenden: Stiller Gesellschafter –

§ 1 Typisch Stille Gesellschaft; Einlage (Beteiligung)

1. Das Unternehmen ist im Handelsregister des AG ...... unter HRB ...... eingetragen. Am ...... hat sich die ABC Beteiligungsgesellschaft mbH, ..., in der notariellen Urkunde Nr. ....../2000 des Notars ...... im Wege einer Kapitalerhöhung an dem Unternehmen als sogenannter „Lead-Investor" beteiligt.

   Gegenstand des Unternehmens ist ....

2. Die ...... beteiligt sich am Unternehmen als typisch Stiller Gesellschafter mit einer Einlage in Höhe von ...... (in Worten: ......).

   Die Einlage wird in bar erbracht.

3. Die Einlage ist gemäß der in **Anlage 1** beschriebenen Geschäftsplanung vom ......, welche Bestandteil dieses Stillen Gesellschaftsvertrages ist, vorhabensbezogen zu verwenden.

§ 2 Auszahlung

1. Das Unternehmen kann die Einlage nach Beginn der Gesellschaft – ggf. in Teilbeträgen – abrufen, soweit ihre unverzügliche bestimmungsgemäße Verwendung und die Gesamtfinanzierung des Innovationsvorhabens gewährleistet ist. Die Durchfinanzierung des Innovationsvorhabens gemäß dem Geschäftsplan **Anlage 1** ist gewährleistet, sofern eigenkapitalähnliche Finanzierungsmittel in Höhe von ca. ...... verfügbar sind.

2. Können die abgerufenen Mittel wider Erwarten nicht oder nicht in voller Höhe bestimmungsgemäß verwendet werden, sind diese umgehend ganz oder teilweise zurückzuzahlen. Die Mittel können erst wieder abgerufen werden, wenn die Voraussetzungen für ihren Einsatz vorliegen.

---

[893] Dieses Vertragsbeispiel ist dem Buch „Handbuch Venture Capital – Von der Innovation zum Börsengang" von *Wolfgang Weitnauer*, 2001, entnommen. Der Autor hat es auch im Internet (siehe http://www.weitnauer.net/vc/buch/buch.html) verfügbar gemacht: „Vertrag über die Errichtung einer Stillen Gesellschaft".

3. Die Auszahlungspflicht entfällt, wenn die Einlage nicht zumindest teilweise bis spätestens zum ...... abgerufen wird oder Gründe für eine Kündigung der Gesellschaft durch den Stillen Gesellschafter vorliegen.

4. Die Einlage des Stillen Gesellschafters ist vom Unternehmen auf einem gesonderten Einlagekonto zu führen. Entnahmen des Stillen Gesellschafters von diesem Konto sind ausgeschlossen.

5. Die bestimmungsgemäße Verwendung der Einlage ist dem Stillen Gesellschafter spätestens bis zum ...... nachzuweisen.

§ 3 Beginn und Dauer der Gesellschaft

1. Die Stille Gesellschaft beginnt mit Unterzeichnung dieses Vertrages durch beide Parteien.

2. Die Stille Gesellschaft ist bis zum ...... befristet. Sie verlängert sich um jeweils ein weiteres Jahr, sollte sie nicht mit einer Frist von 12 Monaten zum Jahresende von einer der Parteien gekündigt werden.

§ 4 Zustimmungserfordernisse

Das Unternehmen bedarf der Zustimmung des Stillen Gesellschafters bei:

- Auflösung der Gesellschaft;

- Übertragung oder Belastung der in **Anlage 2** aufgelisteten gewerblichen Schutzrechte des Unternehmens und/oder Veräußerung oder Belastung des Gesellschaftsvermögens als Ganzes oder zu einem wesentlichen Teil;

- Abschluss, Änderung und Aufhebung von Gesellschafts- und Beteiligungsverträgen, von wesentlichen Unternehmensverträgen im Sinne der §§ 291 ff. AktG (wie Beherrschungs- und Gewinnabführungsverträge) sowie von Verträgen, die eine wesentliche Beschränkung in wichtigen unternehmerischen Funktionen zur Folge haben;

- Aufgabe oder wesentliche Änderung des in **Anlage 1** beschriebenen Innovationsvorhabens.

§ 5 Informations- und Kontrollrechte

1. Der Stille Gesellschafter und dessen Beauftragte können von dem Unternehmen alle erforderlichen Auskünfte verlangen, seine Geschäftsunterlagen einsehen und den Betrieb des Unternehmens zu den Geschäftszeiten besichtigen.

2. Der Stille Gesellschafter kann verlangen, dass der Jahresabschluss in einer gemeinsamen Besprechung oder im Rahmen einer Gesellschafterversammlung erörtert wird. Ein beabsichtigter Wechsel des Wirtschaftsprüfers/Steuerberaters ist dem Stillen Gesellschafter anzuzeigen.

3. Das Unternehmen hat den Stillen Gesellschafter über alle Maßnahmen, die über den Rahmen des üblichen Geschäftsbetriebes hinausgehen, rechtzeitig unmittelbar zu informieren.

4. Darüber hinaus stehen dem Stillen Gesellschafter die Kontrollrechte gemäß § 716 BGB zu. Dies gilt auch nach der Beendigung der Gesellschaft in dem zur Überprüfung der bei Beendigung fälligen Zahlungen erforderlichen Umfang.

5. Der Stille Gesellschafter ist ferner berechtigt, jederzeit alle auf den in § 1 beschriebenen Gesellschaftszweck bezogenen Unterlagen des Unternehmens einzusehen. Der Stille Gesellschafter kann sich bei der Wahrnehmung seiner Kontrollrechte Dritter bedienen.

6. Das Unternehmen hat dem Stillen Gesellschafter vierteljährlich, jeweils bis zum 31.03./30.06./30.09. und 31.12. eines Jahres über die wirtschaftliche Lage des Unternehmens zu berichten. Zusätzlich erhält der Stille Gesellschafter von dem Unternehmen monatlich einen Kurzstatus.

7. Dem Stillen Gesellschafter ist spätestens im Dezember eines jeden Jahres die Unternehmensplanung für das folgende Geschäftsjahr mit Rentabilitäts-, Liquiditäts-, Investitions- und Finanzierungsplanung vorzulegen.

§ 6 Geschäftsjahr, Jahresabschluss

1. Das Geschäftsjahr der Stillen Gesellschaft entspricht dem des Unternehmens.

2. Das Unternehmen hat seinen jeweiligen Jahresabschluss (Bilanz, Gewinn- und Verlustrechnung, Anhang) unter Beachtung des Grundsatzes, dass die Handelsbilanz soweit wie möglich der Steuerbilanz entsprechen soll, innerhalb von ...... Monaten nach Ablauf des Geschäftsjahres zu erstellen und dem Stillen Gesellschafter in originalunterschriebener Ausfertigung und mit Testat eines Wirtschaftsprüfers oder vereidigten Buchprüfers zu übermitteln. Verzögert sich die Fertigstellung des Jahresabschlusses, wird das Unternehmen zunächst die vorläufigen Zahlen mitteilen.

§ 7 Mindestvergütung, Gewinnbeteiligung, Mehrzuwachs

1. Der Stille Gesellschafter erhält auf seine geleistete Einlage vom Tag der Auszahlung an eine vom Jahresergebnis des Unternehmens unabhängige Mindestvergütung (feste Vergütung) in Höhe von ...... % p.a. Diese ist jährlich im Nachhinein zum 31.12. eines jeden Jahres fällig, erstmals zum ...... Die feste Vergütung wird vom Tage der Auszahlung der Einlage an berechnet. Als Tag der Auszahlung gilt die von dem Stillen Gesellschafter aufgegebene Wertstellung. Das Unternehmen ist mit dem Einzug zu Lasten Konto Nr. ...... bei der ...... einverstanden.

2. Von den ab Abruf der Einlage erwirtschafteten, nach Absatz 5 bereinigten Jahresüberschüssen, erhält der Stille Gesellschafter neben der unter Absatz 1 genannten Mindestvergütung eine gewinnabhängige Vergütung (Gewinnbeteiligung) in Höhe von ...... %, höchstens jedoch in Höhe von ...... % p.a. der Beteiligungssumme.

3. Die Gewinnbeteiligung gemäß Abs. 2 wird ...... Monate nach dem Bilanzstichtag zur Zahlung fällig. Liegt der Jahresabschluss bis dahin nicht vor,

wird der Betrag in Höhe des vorgenannten Höchstbetrags von ...... % der Beteiligungssumme vorschussweise zu diesem Zeitpunkt fällig. Zeigt sich nach Vorliegen des Jahresabschlusses, dass die Gewinnbeteiligung nicht oder nicht in voller Höhe aus dem Gewinn des Unternehmens bezahlt werden kann, wird der überzahlte Betrag zurückerstattet.

4. Für die Gewinnbeteiligung des Stillen Gesellschafters ist von dem im Jahresabschluss gemäß § 6 ausgewiesenen Gewinn vor Berücksichtigung des auf den Stillen Gesellschafters entfallenden Gewinnanteils auszugehen.

5. Der Gewinn bzw. Verlust nach Abs. 2 ist wie folgt zu berichtigen:

    a) folgende Positionen sind hinzuzurechnen:

        –   außerordentliche Aufwendungen,

        –   Verluste aus der Veräußerung oder Zerstörung von Wirtschaftsgütern des Anlagevermögens,

        –   Ertragsminderung aufgrund erhöhter Absetzungen oder Sonderabschreibungen nach steuerrechtlichen Vorschriften,

        –   Zuführung zu den Rücklagen.

    b) folgende Positionen sind herauszurechnen:

        –   außerordentliche Erträge,

        –   Erträge aus der Veräußerung oder Zerstörung von Wirtschaftsgütern des Anlagevermögens.

6. Als Risikoprämie erhält der Stille Gesellschafter bei Beendigung der Stillen Gesellschaft, insbesondere bei einem Börsengang oder beim Verkauf an einen Investor, eine einmalige Pauschale von ...... % auf seine Einlage (Endvergütung).

§ 8 Verlustbeteiligung

1. Der Stille Gesellschafter nimmt mit seiner Einlage am Verlust des Unternehmens nur im Falle des Insolvenzverfahrens teil.

2. Im Falle des Insolvenzverfahrens über das Vermögen des Unternehmens wird der Stille Gesellschafter daher seinen Anspruch auf Rückzahlung der Einlage nur im Range nach den übrigen Gläubigern, jedoch vor den Forderungen der Inhaber/Gesellschafter des Unternehmens und deren Angehörigen geltend machen.

§ 9 Beendigung der Stillen Gesellschaft; Kündigung

1. Im Falle der Auflösung des Unternehmens wird die Stille Gesellschaft aufgelöst. Die Stille Beteiligung ist in diesem Fall zurückzuzahlen.

2. Die Stille Gesellschaft kann darüber hinaus von jedem ihrer Gesellschafter bei Vorliegen eines wichtigen Grundes durch schriftliche Erklärung fristlos gekündigt werden. Als wichtiger Kündigungsgrund für den Stillen Gesellschafter gilt insbesondere, wenn

a) die Einlage in wesentlichem Umfang nicht ihrem Zweck entsprechend verwendet worden ist;

b) die Voraussetzungen der Beteiligung sich wesentlich verändert haben oder nachträglich entfallen sind (z.b. durch Veräußerung des Betriebes oder von Betriebsteilen des Unternehmens, Änderung der Eigentums- oder Beteiligungsverhältnisse oder der Geschäftsführung des Unternehmens), die eine Betriebsfortführung nach ordnungsgemäßen kaufmännischen oder technischen Grundsätzen nicht mehr gewährleistet erscheinen lassen;

c) das Unternehmen wesentliche Pflichten aus diesem Beteiligungsvertrag nachhaltig verletzt;

d) sich die wirtschaftlichen Verhältnisse des Unternehmens (insbesondere Einkommens- und Vermögensverhältnisse) seit dem Abschluss dieses Beteiligungsvertrages derartig verschlechtert haben, dass die ordnungsgemäße Erfüllung der sich aus dem Beteiligungsverhältnis ergebenden Verpflichtungen gefährdet erscheint. Dies ist insbesondere der Fall, wenn

aa) wegen des Anspruchs auf Auszahlung der Beteiligung ein vorläufiges Zahlungsverbot oder ein Arrest ergeht oder wenn dieser Anspruch gepfändet oder ohne vorherige Zustimmung des Stillen Gesellschafters abgetreten oder verpfändet wird;

bb) das Unternehmen die Zahlungen einstellt oder Insolvenzantrag gestellt wird, sofern dieser Antrag nicht innerhalb von drei Monaten zurückgenommen worden ist, oder wenn die Eröffnung des Insolvenzverfahrens mangels Masse abgelehnt wird oder ein anderes amtliches Verfahren, das zum Ausschluss der Einzelzwangsvollstreckung führt, eröffnet wird;

cc) ein außergerichtlicher Vergleich (Stundungs-, Quoten- oder Liquidationsvergleich), dem alle oder eine Gruppe untereinander vergleichbarer Gläubiger des Unternehmens zugestimmt haben, abgeschlossen worden ist;

3. Dem Unternehmen steht das Recht zur vorzeitigen Kündigung der Stillen Gesellschaft mit einer Frist von ...... Monaten zum Ende eines Kalendermonats zu, falls von einer zukünftigen Hauptversammlung im Hinblick auf eine Börseneinführung ein Beschluss über eine Erhöhung des Grundkapitals unter Ausschluss des Bezugsrechts der Altaktionäre gefasst worden ist.

Ein entsprechendes vorzeitiges Kündigungsrecht des Unternehmens besteht, sofern die Mehrheitsgesellschafter das Angebot eines Dritten auf Abkauf ihrer Geschäftsanteile annehmen, jedoch nicht vor dem ....

§ 10 Auseinandersetzung

1. Bei Beendigung der Stillen Gesellschaft hat das Unternehmen dem Stillen Gesellschafter dessen Guthaben auf seinem Einlagenkonto (Auseinandersetzungsguthaben) auszuzahlen. Am Ergebnis schwebender Geschäfte, die im Jahresabschluss zu berücksichtigen sind, nimmt der Stille Gesellschafter nicht mehr teil. Wird die Gesellschaft im Laufe eines Geschäftsjahres beendet, erhält der Stille Gesellschafter jedoch noch seinen Gewinnanteil pro rata temporis, errechnet auf der Grundlage des Jahresabschlusses für das laufende Geschäftsjahr. Stille Reserven sind nicht aufzulösen. Ein Geschäftswert wird nicht berücksichtigt.

2. Das Unternehmen ist berechtigt, das Auseinandersetzungsguthaben in zwei gleichen Jahresraten auszuzahlen; die erste Rate ist sechs Monate nach Beendigung der Gesellschaft und Feststellung der Liquidationsbilanz fällig. Der jeweils noch ausstehende Teil des Auseinandersetzungsguthabens ist mit 3 % über dem jeweiligen Diskontsatz der Deutschen Bundesbank bzw. dem aktuellen Basiszins im Sinne von Art. 1 § 1 EuroEG zu verzinsen. Die jeweils aufgelaufenen Zinsen sind mit Fälligkeit der einzelnen Raten fällig.

3. Ein Guthaben auf dem Darlehenskonto des Stillen Gesellschafters ist nach Beendigung der Stillen Gesellschaft sofort auszahlbar.

4. Im Fall des § 9 Abs. 3 Satz 1 dieses Vertrags hat der Stille Gesellschafter das Vorrecht, Aktien des Unternehmens zum Börseneinführungskurs zu beziehen und zwar im Gegenwert seines Auseinandersetzungsguthabens, das mit dem Ausgabepreis verrechnet wird. Dieses Bezugsrecht ist binnen eines Monats nach dem Tag, an dem der Zulassungsantrag bei der Börse eingereicht worden ist, gegenüber dem Unternehmen schriftlich auszuüben; geschieht dies nicht, erlischt das Bezugsrecht.

§ 11 Allgemeine Bestimmungen

1. Änderungen und Ergänzungen dieser Vereinbarung bedürfen der Schriftform, sofern nicht gesetzlich eine strengere Form vorgeschrieben ist. Das Erfordernis der Schriftform kann nur durch eine schriftliche Vereinbarung aller Vertragsparteien aufgehoben werden.

2. Ausschließlicher Gerichtsstand für alle Streitigkeiten im Zusammenhang mit der durch diesen Vertrag begründeten Beteiligung ist, soweit dies gesetzlich zulässig ist, der Sitz der Gesellschaft.

3. Sollte eine Bestimmung dieses Vertrages rechtsunwirksam sein, so bleiben die übrigen Bestimmungen davon unberührt. Die Vertragsparteien sind verpflichtet, eine unwirksame Vertragsbestimmung durch eine solche Regelung zu ersetzen, die rechtswirksam ist und dem Sinn und Zweck der rechtsunwirksamen Bestimmung möglichst weitgehend entspricht. Entsprechendes gilt für den Fall einer Lücke dieses Vertrags.

ANHANG 3: FRAGENKATALOG ZU INTERVIEWS

1. Wie würden Sie das Verhältnis VC-Geber – Gründer beschreiben?

   - Ist es eine Partnerschaft, eine Beratungsverhältnis oder hat es Züge einer Prinzipal-Agenten-Beziehung?
   - Was sollte es im idealtypischen Fall Ihrer Ansicht nach sein?
   - In den USA kommt es vor, dass VC-Geber Personen aus dem Gründungsteam oder das ganze Team austauschen. Ist das in Deutschland juristisch überhaupt möglich?
   - Wenn ja, kommt es vor oder sind VC-Projekte in Deutschland grundsätzlich fest an die Gründungsmitglieder gebunden?

2. Häufig findet man das Argument, Gründer hätten einen eher technischen oder naturwissenschaftlichen Background und seien kaufmännisch nicht vorgebildet. Sie seien deshalb auf das kaufmännische Know-How der VC-Geber angewiesen.

   - Wie ist die kaufmännische Vorbildung der Gründer im Durchschnitt? (Note 1 für Diplomkaufmann mit dreijähriger Berufserfahrung).
   - Ist dies nicht nur ein Teil der Wahrheit bzw. erfolgt die Hands-on-Betreuung nicht vielmehr aus Kontrollgründen?

3. Die klassische Finanzierungstheorie nach dem CAPM besagt, dass für die Übernahme von prinzipiell durch Diversifikation abbaubaren Risiken keine Prämien bezahlt werden. Gründer können nicht bestmöglich diversifizieren und müssen daher das volle Projektrisiko tragen.

   - Folgen Gründer finanziellen Zielsetzungen (wie typische Investoren) oder nichtfinanziellen Zielsetzungen?
   - Wenn beide Arten von Zielsetzungen verfolgt werden, wie würden Sie prozentual aufteilen?
   - Investoren sind risikoscheu und lassen sich für die Übernahme von Risiken Prämien bezahlen. Sind Gründer nach Ihrem Eindruck risikofreudiger?

4. Eine weitere Annahme der Finanzierungstheorie großer Kapitalgesellschaften besagt, dass externe Eigen- und Fremdkapitalgeber oft einen Informationsnachteil haben, also weniger wissen als das geschäftsführende Management.

   - Sind Gründer besser informiert als VC-Geber? (VC-Geber sind ja aktive Investoren und häufig Branchen-/Technologiespezialisten).
   - Wenn ja, welchen Anteil wissen VC-Geber von dem, was die Gründer wissen?

- Gibt es bei Ihnen in dieser Hinsicht Unterschiede zwischen Branchen bzw. Technologien?
- Wie versuchen Sie, eine ggf. vorhandene Informationslücke zu füllen? (Gutachter, VC-Geber von Partnergesellschaften, etc.)

5. Wie versuchen Sie ihr Risiko gering zu halten?

- Durch Diversifikation, also Streuung über mehrere unabhängige Branchen?
- Durch Spezialisierung, um einen Informationsvorsprung des Gründers gering zu halten?
- Warum halten Sie die von Ihnen gewählte Strategie für überlegen?

6. Für das Problem, dass der Gründer sich nicht maximal für den Erfolg der Gründung einsetzen könnte, werden unterschiedliche Lösungen diskutiert. Grundsätzlich gibt es zwei Ansätze, wie das Problem gemildert werden kann: Kontrolle und (finanzielle) Anreizsetzung.

- Was halten Sie von der Strategie einer strengen Kontrollaufsicht?
- Wie wirkungsvoll finden Sie mehr indirekt und langfristig konzipierte Anreizsysteme, z.B. dass der Gründer durch Anstrengung am Ende des Engagements einen höheren Anteil am Unternehmen erreichen kann?
- Gibt es andere Instrumente?
- Welches ist aus Ihrer Sicht das wichtigste?

7. In der Finanzierungstheorie gibt es die These von der „Kontrollfunktion des Fremdkapitals", die den vertraglichen Zahlungsverpflichtungen bei Fremdfinanzierungsverträgen disziplinierende Wirkung auf die geschäftsführenden Manager zuspricht. Zum einen wird dies über den Zwang zur Sicherstellung der zukünftigen Fähigkeit zur Bedienung des Fremdkapitals begründet, zum anderen über einen positiven Effekt auf den Unternehmenswert, da weniger Cash in Objekte mit unzureichender Rendite investiert werden kann. Nun ist der Fremdkapitaleinsatz bei jungen Unternehmen stärker begrenzt als bei großen etablierten Unternehmen. Damit entsteht bei der Finanzierung von neu gegründeten Unternehmen eine Art „Kontrolllücke".

- Würden Sie dieser These – auf Gründungsunternehmen angewendet – zustimmen?
- Durch welche Maßnahmen füllen VC-Geber diese „Kontrolllücke"?
- Wie wichtig ist dabei die Wahl des Finanzierungsinstruments?
- Wie wichtig ist die schrittweise Finanzierung in Abhängigkeit von milestones?

8. Welche Noten würden Sie folgenden Kriterien bzgl. ihrer Relevanz für die Wahl des VC-Finanzierungsinstruments geben? (Note 1 = sehr wichtig)

Steuerliche Vorteile

Stimmrechte

Kontroll-/Disziplinierungswirkung auf Gründer

Exit-Gestaltung

Flexibilität

Behandlung im Insolvenzverfahren

9. Gegen den Einsatz von reinem Eigenkapital, d.h. Stammaktien oder GmbH-Anteile, wird vorgebracht, dies gleiche bei nahezu mittellosem Gründerteam dem Ausprobieren von Geschäftsideen mit „anderer Leute Geld" und sei daher für den VC-Geber zu riskant. Es sei nötig, Risiko auf die Gründer zu übertragen, um Anreize zu schaffen, sich anzustrengen.

- Stimmen Sie zu?
- Warum (nicht)?
- Versuchen Sie Risiko zu übertragen?
- Wie übertragen Sie Risiko?

10. Welche Finanzierungsinstrumente setzen Sie für VC-Finanzierungen ein und warum?

11. Wenn Sie stille Beteiligungen einsetzen, wie sind diese gestaltet: typisch oder atypisch? Wie definieren Sie typisch bzw. atypisch?

12. Kombinieren Sie verschiedene Beteiligungsformen wie z.B. direkte Beteiligung und Darlehen oder direkte und stille Beteiligungen?

13. Wie erklären Sie den häufigen Einsatz stiller Beteiligungen bei VC-Finanzierungen in Deutschland?

14. Werden folgende Finanzierungsinstrumente in Deutschland eingesetzt? Und wenn nicht bzw. nicht so häufig, warum nach Ihrer Meinung nicht?

Optionsanleihen

Wandelschuldverschreibungen

Vorzugsaktien

Genussrechte

15. Welche Rolle spielt die Funktion des VC-Gebers als Lead- oder Co-Investor für die Wahl des Finanzierungsinstruments?

16. Mit welcher Wahrscheinlichkeit kann der Erfolg einer Unternehmensgründung von VC-Gebern prognostiziert werden?

- Wovon wird diese Wahrscheinlichkeit positiv beeinflusst?
- Wie entwickelt sich diese Wahrscheinlichkeit im Zeitablauf, d.h. nimmt sie mit der Erfahrung zu?
- Können Sie für sich diese Fragen beantworten?
- Gibt es bei Ihnen Unterschiede zwischen Branchen?
- Gibt es andere Unterschiede?

17. Werden für Unternehmen, an deren Entwicklung sehr hohe Erwartungen gesetzt sind, andere Finanzierungsinstrumente verwendet wie für weniger erfolgsträchtig eingeschätzte?

18. Welche Rolle für die Wahl des Finanzierungsinstruments spielt die Einschätzung des Gründerteams in Bezug auf folgende Punkte?

- technisches Know-How
- Zuverlässigkeit
- Ausdauer

19. Für welche Eigenschaften der Finanzierungsbeziehung spielt diese Einschätzung noch eine Rolle?

20. Welche anderen Faktoren können die Wahl des Finanzierungsinstruments nach Ihrer Meinung neben den genannten noch beeinflussen?

ANHANG 4: INTERVIEWPARTNER

Dr. Berthold von Freyberg, Gründungspartner von Target Partners

Günther Henrich, Geschäftsführer der Bayerischen Beteiligungsgesellschaft

Achim M. Lederle, Director 3i Deutschland

Heinz Michael Meier, Geschäftsführer BayernKapital

Dr. Holger Reithinger, Director 3i Deutschland

Falk F. Strascheg, Managing Partner Extorel

Dr. Peter Terhart, Vorstand S-Refit AG

Dr. Burkhard Wittek, Gründer Forum VC

LITERATURVERZEICHNIS

Adler, Hans/Düring, Walter/Schmaltz, Kurt, Rechnungslegung und Prüfung der Unternehmen, Kommentar zum HGB, AktG, GmbHG, PublG nach den Vorschriften des Bilanzrichtlinien-Gesetzes, Teilband 5, §§ 264-274 HGB, § 274a HGB, §§ 275-283 HGB, 6. Aufl., Stuttgart 1997.

Admati, Anat R./Pfleiderer, Paul, Robust Financial Contracting and the Role of Venture Capitalists, in: JoF, Jg. 44, S. 371-402.

Akerlof, George A., The Market for 'Lemons': Quality Uncertainty and the Market Mechanism, in: Quarterly Journal of Economics, Jg. 84, 1970, S. 488-500.

Albach, Horst/Köster, Dieter, Risikokapital in Deutschland, Diskussionspapier FS IV 97-17, Berlin 1997; S. 1-57.

Altman, Edward I., A further empirical Investigation of the Bankruptcy Cost Question, in: JoF, Jg. 39, S. 1067-1089.

Amely, Tobias, Beteiligungspolitik nach der geplanten KWG-Novelle, in: ZfgK, Jg. 44, 1991, S. 838-840.

Amit, Raphael/Muller, Eitan/Cockburn, Iain, Opportunity Costs and Entrepreneurial Activity, in: JoBV, Jg. 10, 1995, S. 95-106.

Amit, Raphael/MacCrimmon, Kenneth R./Zietsma, Charlene/Oesch, John M., Does Money Matter?: Wealth Attainment as the Motive for Initiating growth-oriented Technology Ventures, in: JoBV, Jg. 16, 2001, S. 119-143.

Andrade, Gregor/Kaplan, Steven N., How costly is Financial (not Economic) Distress? Evidence from highly leveraged transactions that became distressed, in: JoF, Jg. 53, 1998, S. 1443-1493.

Angerer, Hans-Peter, Genußrechte bzw. Genußscheine als Finanzierungsinstrument, Diss., Regensburg 1993.

Angerer, Hans-Peter, Anmerkung zum Urteil des BFH vom 19.01.1994 – I R 67/92, in: DStR, Jg. 32, 1994, S. 651-652.

Ardichvili, Alexander/Cardozo, Richard/Ray, Sourav, A theory of entrepreneurial opportunity identification, in JoBV, Jg. 18, 2003, S. 105-123.

Arnold, Hans, Risikotransformation, in: Handwörterbuch der Finanzwirtschaft, hrsg. von Büschgen, Hans E., Stuttgart 1976, Sp. 1506-1516.

Assmann, Heinz-Dieter/Schütze, Rolf A. (Hrsg.), Handbuch des Kapitalanlagerechts, 2. Aufl., München 1997.

Assmann, Heinz-Dieter/Schütze, Rolf A. (Hrsg.), Handbuch des Kapitalanlagerechts, 2. Aufl., Ergänzungsband (Loseblatt), München, 2. Erg., Januar 2001.

Bachmann, Gregor/Veil, Rüdiger, Grenzen atypischer stiller Beteiligungen an einer Aktiengesellschaft, in: ZIP, Jg. 20, 1999, S. 348-355.

Barclay, Michael J./Smith, Clifford W. (Jr.), The Capital Structure Puzzle: Another Look at the Evidence, in: The Revolution in Corporate Finance, hrsg. von Stern, Joel M./Chew, Donald H. (Jr.), 2003, S. 153-166.

Barnea, Amir/Haugen, Robert A./Senbet, Lemma W., Agency Problems and Financial Contracting, New Jersey 1985.

Baron, Robert A./Markman, Gideon. D, Beyond social capital: the role of entrepreneurs' social competence in their financial success, in: JoBV, Jg. 18, 2003, S. 41-60.

Bascha, Andreas, Hybride Beteiligungsformen bei Venture-Capital, Diss., Wiesbaden 2001.

Bascha, Andreas, Venture Capital, Convertible Securities und die Durchsetzung optimaler Exitregeln, Diskussionsbeitrag Nr. 147 der Wirtschaftswissenschaftlichen Fakultät der Eberhard-Karls-Universität Tübingen 1998.

Bascha, Andreas/Walz, Uwe, Financing Practices in the German Venture Capital Industry – An Empirical Assessment, Working Paper 2001.

Bauer, Jürgen, Inländische Investmentanteile, in : Assmann, Heinz-Dieter/Schütze, Rolf A. (Hrsg.), Handbuch des Kapitalanlagerechts, Ergänzungsband, München, 2. Erg., Januar 2001, § 18.

Baumbach, Adolf (Begr.)/Hopt, Klaus J. (Bearb.), Handelsgesetzbuch mit GmbH & Co., Handelsklauseln, Bank- und Börsenrecht, Transportrecht (ohne Seerecht), 30. Aufl., München 2000.

Baumbach, Adolf/Hueck, Alfred (Begr.), GmbH-Gesetz, Gesetz betreffend die Gesellschaften mit beschränkter Haftung, 17. Aufl., München 2000.

Baums, Theodor, Corporate Governance – Quo vadis?, in: Ernst & Young Dialog, Vortragsreihe Stuttgart/Mannheim/Frankfurt/Hamburg/München 2002, S. 1-16.

Bea, Franz Xaver, Rechtsform und Finanzierung, in: Handwörterbuch des Bank- und Finanzwesens, hrsg. von Wolfgang Gerke, 3. Aufl., Stuttgart 2001, Sp. 1786-1791.

Beater, Axel, Beratungsvergütungen für Aufsichtsratsmitglieder (§§ 113, 114 AktG), in: ZHR, Jg. 157, 1993, S. 420-436.

Bechler, Christoph, Schröder, Karl-Wilhelm, Gewerbesteuer bei Veräußerung von Mitunternehmeranteilen – § 7 Satz 2 GewStG i.d.F. des UntStFG, in: DB, Jg.55, 2002, S. 2238-2242.

Beckmann, Klaus/Scholtz, Rolf-Dieter/Vollmer, Lothar, Investment – Ergänzbares Handbuch für das gesamte Investmentwesen, Kommentar zu den Rechtsvorschriften einschließlich der Steuerrechtlichen Regelungen, Erläuterungen und Materialien zu den wirtschaftlichen Grundlagen, Bd. 1 und 2, Loseblatt, Berlin 1975.

Behrens, Peter, „Corporate Governance", in: Festschrift für Ulrich Drobnig zum siebzigsten Geburtstag, hrsg. von Jürgen Basedow, Klaus J. Hopt und Hein Kötz, Tübingen 1998, S. 491-506.

Behrens, Stefan/Karkowski, Jan H., Verlustabzug auf Ebene des stillen Gesellschafters auch ohne voraussichtlich dauernde Wertminderung seiner im Betriebsvermögen gehaltenen typisch stillen Beteiligung, in: DB, Jg. 54, 2001, S. 1059-1063.

Behrens, Stefan/Schmitt, Rainer, § 7 Satz 2 GewStG n.F. – Neue Gewerbesteuer-Tatbestände für Mitunternehmerschaften und KGaA, in: BB, Jg. 57, 2002, S. 860-861.

Bell, Markus G., Venture Capital-Finanzierung durch Wandelpapiere, Diss., Frankfurt a.M. u.a. 2000.

Bellavite-Hövermann, Yvette, Die Begrenzung des Beteiligungsrisikos nach § 12 KWG, in: FB, Jg. 3, 2001, S. 451-456.

Benner, Wolfgang, Genussscheine als Instrument der Innovationsfinanzierung, in: BFuP, Jg. 37, 1985, S. 438-468.

Berger, Axel/Budde, Wolfgang Dieter (Hrsg.), Beck'scher Bilanz-Kommentar: Handels- und Steuerrecht – §§ 238 bis 339 HGB –, 5. Aufl., München 2003.

Berger, Christian, Nebenverträge im GmbH-Recht, Vereinbarungen außerhalb des Gesellschaftsvertrages zwischen Gesellschaftern bzw. zwischen Gesellschaftern und Dritten, insbesondere Stimmrechtsvereinbarungen, Diss., Brüssel 1995.

Berglöf, Erik, A control theory of venture capital finance, Journal of Law, Economics and Organization, Jg. 10, 1993, S. 247-267.

Bernhardt, Wolfgang, Aufsichtsrat – die schönste Nebensache der Welt?, in: ZHR, Jg. 159, 1995, S. 310-321.

Betsch, Oskar/Groh, Alexander P./Schmidt, Kay, Gründungs- und Wachstumsfinanzierung innovativer Unternehmen, München u.a. 2000.

Beuthien, Volker, Zur Mitgliedschaft als Grundbegriff des Gesellschaftsrechts, in: Festschrift für Herbert Wiedemann zum 70. Geburtstag, München 2002, S. 755-768.

Beuthin, Volker/Gätsch, Andreas, Einfluß Dritter auf die Organbesetzung und Geschäftsführung bei Vereinen, Kapitalgesellschaften und Genossenschaften, in: ZHR, Jg. 157, 1993, S. 483-512.

Bezzenberger, Tilman, Vorzugsaktien ohne Stimmrecht, Diss., Köln u.a. 1991.

Bigus, Jochen, Zur Theorie der Wagnisfinanzierung, Habil., Wiesbaden 2003.

Bilstein, Jürgen, Beteiligungs-Sondervermögen und Unternehmensbeteiligungsgesellschaften, in: Besteuerung und Unternehmenspolitik: Festschrift für Günter Wöhe, hrsg. von Gerd John, München, 1989, S. 49-70.

Binz, Mark K./Sorg, Martin H., Die GmbH & Co. KG, Das Standardwerk für Familienunternehmen im Handels- und Steuerecht, München 2003.

Blanchard, Olivier/Lopez de Silanes, Florencio/Shleifer, Andrei, What do firms do with cash windfalls?, in: JoFE, Jg. 36, 1994, S. 337-360.

Blaurock, Uwe, Zur stillen Beteiligung mehrerer Personen an einer Apotheke, in: NJW, Jg. 25, 1972, S. 1119-1120.

Blaurock, Uwe, Handbuch der stillen Gesellschaft, Gesellschaftsrecht – Steuerrecht, 6. Aufl., Köln 2003.

Blumers, Wolfgang/Witt, Sven-Christian, Gewerblichkeit durch Beteiligung an Kapitalgesellschaften, in: DB, Jg. 55, 2002, S. 60-65.

Blümich, Walter (Begr.)/Ebling, Klaus (Hrsg.), EStG, KStG, GewStG, Kommentar, Loseblatt, München, Stand: 78. Erg.-Lfg.

Bodden, Guido, Einkünftequalifikation bei Mitunternehmern, in: FR, Jg. 84, 2002, S. 559-568.

Bogenschütz, Eugen/Tibo, Frank, Erneute Änderung des § 8b KStG und weiterer Vorschriften betreffend den Eigenhandel von Banken und Finanzdienstleistern – Auswirkungen auf Unternehmen außerhalb der Kreditwirtschaft, in: DB, Jg. 53, 2001, S. 8-11.

Bonertz, Rainer, Wer ist Schuldner der Gewerbesteuer nach § 7 Satz 2 GewStG n.F. bei gewerbesteuerpflichtigen Mitunternehmeranteilsveräußerungen?, in: DStR, Jg. 40, 2002, S. 795-797.

Böttcher, Conrad/Zartmann, Hugo/Faust, Eberhard, Stille Gesellschaft und Unterbeteiligung, 3. Auflage, Stuttgart 1978.

Bork, Reinhard, Materiell-rechtliche und prozessrechtliche Probleme des Organstreits zwischen Vorstand und Aufsichtsrat einer Aktiengesetz, in: ZGR, Jg. 18, 1989, S. 1-43.

Boujong, Karlheinz, Rechtliche Mindestanforderungen an eine ordnungsgemäße Vorstandskontrolle und -beratung, in: AG, Jg. 40, 1995, S. 203-207.

Brauer, Michael/Pyzska, Tillmann, Veräußerung von Anteilen an Projekt- oder Objektgesellschaften nach § 8b Abs. 7 KStG steuerpflichtig?, in: GmbHR, Jg. 93, 2002, S. 1116-1118.

Braun, Eberhard (Hrsg.), Insolvenzordnung (InsO), Kommentar, München 2002.

Brealey, Richard A./Myers, Stewart C., Principles of Corporate Finance, 6. Aufl., Boston u.a. 2000.

Brennan, Michael J./Kraus, Alan, Efficient Financing under Asymmetric Information, in: JoF, Jg. 42, 1987, S. 1225-1243.

Brennan, Michael J./Schwartz, Eduardo S., The Case for Convertibles, in: JoACF, Jg. 1, 1988, S. 55-64.

Brigham, Eugene F., An Analysis of Convertible Debentures, in: JoF, Jg. 21, 1966, S. 35-54.

Brinkhaus, Josef/Scherer, Peter (Hrsg.), Gesetz über Kapitalanlagegesellschaften – Auslandinvestment-Gesetz, Kommentar, München 2003.

Brönner, Herbert, Neues Umwandlungsrecht, Die Personengesellschaft in handels- und steuerrechtlicher Sicht anhand ausgewählter Probleme, in: Rechnungslegung, Prüfung und Beratung: Herausforderungen für den Wirtschaftsprüfer – Festschrift für Prof. Dr. Rainer Ludewig, hrsg. von Jörg Baetge, Düsseldorf 1996, S. 191-215.

Bünning, Martin/Slabon, Gerhard, Die Erzielung „kurzfristiger Eigenhandelserfolge" im Sinne des § 8b Abs. 7 S. 2 KStG durch Holdinggesellschaften und vermögensverwaltende Kapitalgesellschaften, in: FR, Jg. 85, 2003, S. 174-180.

Bürger, Albrecht, Genussrechte als Mittel zur Verbesserung der Eigenkapitalausstattung von Unternehmen, insbesondere von Kreditinstituten, Diss., Frankfurt a.M. 1987.

Büschgen, Hans E., Investmentfonds und optimale Wertpapiermischung, in: Dienstleistungen in Theorie und Praxis, Festschrift für Otto Hintner zum 70. Geburtstag, hrsg. von Hanns Linhardt, Stuttgart 1970, S. 39-59.

Büttner, Hermann, Flexible Grenzen der Durchsetzbarkeit von Abfindungsbeschränkungen in Personengesellschaftsverträgen, in: Festschrift für Rudolf Nirk zum 70. Geburtstag am 11. Oktober 1992, hrsg. von Karl Bruchhausen, München 1992, S. 119-138.

Bula, Thomas, Genussrechte – steuerlicher Abzug der Ausschüttungen bei handelsrechtlichem Ausweis als Eigenkapital, in: Gestaltung und Analyse in der Rechts-, Wirtschafts-, und Steuerberatung von Unternehmen, hrsg. von Haarmann, Hemmelrath & Partner, Köln 1998, S. 121-131.

Bull, Ivan/Willard, Gary E., Towards a Theory of Entrepreneurship, in: JoBV, Jg. 8, 1993, S. 183-195.

Bundesverband deutscher Banken, Betriebs-Pensionsfonds, in: ZBB, Jg. 3, 1999, S. 181-198.

Bundesverband Deutscher Kapitalbeteiligungsgesellschaften (BVK), Jahrbücher 1999, 2000, 2001, 2002.

Burgard, Ulrich, Die Förder- und Treupflicht des Alleingesellschafters einer GmbH – Überlegungen zu einer gläubigerschützenden Corporate Governance bei der GmbH, in: ZIP, Jg. 23, 2002, S. 827-839.

Bygrave, William D., The Structure of the Investment Networks of Venture Capital Firms, in: JoBV, Jg. 3, 1988, S. 137-157.

Bygrave, William D./Timmons, Jeffry A., Venture Capital at the Crossroads, Boston, Mass. 1992.

Carlé, Dieter, GmbH & atypisch Still im Steuerrecht und Gesellschaftsrecht, in: KÖSDI, Jg. 32, 1999, S. 12189-12194.

Carter, Nancy M./Gartner, William B./Shaver, Kelly G./Gatewood, Elizabeth J., The career reasons of nascent entrepreneurs, in: JoBV, Jg. 18, 2003, S. 13-39.

Casamatta, Catherine, Financing and Advising: Optimal Financial Contracts with Venture Capitalists, in: JoF, Jg. 58, 2003, S. 2059-2085.

Castan, Edgar/Heymann, Gerd/Ordelheide, Dieter/Pfitzer, Norbert/Scheffler, Eberhard (Hrsg.), Beck'sches Handbuch der Rechnungslegung, Loseblatt, München, Stand: Februar 2003.

Claussen, Carsten P., Der Genussschein und seine Einsatzmöglichkeiten, in: Festschrift für Winfried Werner zum 65. Geburtstag am 17. Oktober 1984, hrsg. von Walther Hadding, Berlin 1984, S. 81-99.

Claussen, Carsten P., Genuß ohne Reue, in: AG, Jg. 30, 1985, S. 77-79.

Claussen, Carsten P., Freud und Leid mit Genüssen, in: ZBB, Jg. 1, 1989, S. 25-30.

C & L Deutsche Revision/BVK, Venture Capital – Der Einfluss von Beteiligungskapital auf die Beteiligungsunternehmen und die deutsche Wirtschaft, Die Ergebnisse einer Studie der C & L Deutsche Revision bei über 200 mit Beteiligungskapital finanzierten Unternehmen, Frankfurt a.M. 1998.

Coenenberg, Adolf G., Jahresabschluß und Jahresabschlußanalyse, 17. Aufl., Landsberg/Lech 2000.

Cornell, Bradford/Shapiro, Alan C., Financing corporate growth, in: The Revolution in Corporate Finance, hrsg. von Stern, Joel M./Chew, Donald H. (Jr.), 2003, S. 260-277.

Cramer, Jörg E. C., Venture Capital, in: Innovative Kapitalanlagekonzepte, hrsg. von Elisabeth Hehn, Wiesbaden 2000, S. 163-173.

Curtius-Hartung, Rudolf/Costede, Jürgen, Die Stille Gesellschaft – Überlegungen aus handelsrechtlicher, steuerrechtlicher und betriebswirtschaftlicher Sicht, in: StbKongrR, Jg. 25, 1987, S. 223-239.

Deckert, Martina, Klagemöglichkeiten einzelner Aufsichtsratsmitglieder, in: AG, Jg. 39, 1994, S. 457-465.

Depenbrock, Hartwig, Zur Entwicklung und Bedeutung der Vorzugsaktien in den Aktienrechten der USA und im deutschen Aktienrecht, Eine vergleichende Untersuchung, Diss., Gütersloh 1975.

Döllerer, Georg, Die atypisch stille Gesellschaft – gelöste und ungelöste Probleme, in: DStR, Jg. 23, 1985, S. 295-303.

Döllerer, Georg, Die atypische stille Gesellschaft in der neuesten Rechtsprechung des Bundesfinanzhofs, in: StB-Jahrbuch 1987/88, S. 289-308.

Dötsch, Ewald/Eversberg, Horst/Jost, Werner F./Witt, Georg, Die Körperschaftsteuer, Loseblatt, Stuttgart, Stand: 48. Erg.-Lfg.

Donaldson, Gordon, Corporate Debt Capacity: A Study of Corporate Debt Policy and the Determination of Corporate Debt Capacity, Boston, Division of Research, Harvard Graduate School of Business Administration, 1961.

Donaldson, Gordon, Financial Goals: Management vs. Stockholders, in: HBR, Jg. 41, 1963, S. 116-129.

Donaldson, Gordon, Zur Verteidigung von Vorzugsaktien (Originaltitel: In Defense of Preferred Stock), übersetzt von Jochen Drukarczyk, in: Die Finanzierung der Unternehmung, hrsg. von Herbert Hax und Helmut Laux, Köln 1974, S. 368-392.

Douglas, Evan J./Shepherd, Dean A., Entrepreneurship as a utility maximizing response, in: JoBV, Jg. 15, 2000, S. 231-251.

Dowling, Michael, Grundlagen und Prozess der Gründung, in: Gründungsmanagement, hrsg. von Michael Dowling und Hans Jürgen Drumm, 2. Aufl., Berlin u.a. 2003.

Dreyer, Gerhard/Herrmann, Harald, Besteuerung des Eigenhandels nach § 8b Abs. 7 KStG, in: DStR, Jg. 40, 2002, S. 1837-1841.

Drüen, Klaus-Dieter, Typus und Typisierung im Steuerrecht, in: StuW, Jg. 74, 1997, S. 261-274.

Drukarczyk, Jochen, Eigenkapitalausstattung von Unternehmen und Organisation des Kapitalmarktes – Anmerkungen zur Arbeit von Pütz/Willgerodt, in: Ordo, Jg. 39, 1988, S. 315-320.

Drukarczyk, Jochen, Theorie und Politik der Finanzierung, 2. Aufl., München 1993.

Drukarczyk, Jochen, Finanzierung, in: Allgemeine Betriebswirtschaftslehre, Bd. 3, hrsg. von Bea, F.X./Dichtl. E./Schweitzer, M., 8. Aufl., Stuttgart 2002.

Drukarczyk, Jochen, Finanzierung, 9. Aufl., Stuttgart 2003.

Drukarczyk, Jochen, Unternehmensbewertung, 4. Aufl., München 2003.

Drukarczyk, Jochen, Gesellschafterdarlehen, Rechtsprechungsgrundsätze des BGH und § 32a GmbHG – Einige kritische Anmerkungen, in: Unternehmenstheorie und Besteuerung, Festschrift für Dieter Schneider, Elschen, Rainer/Siegel, Theodor/ Wagner, Franz W. (Hrsg.),Wiesbaden 1995, S. 173-202.

Drukarczyk, Jochen, Zur Bewertung von Verlustvorträgen, in: DStR, Jg. 35, 1997, S. 464-469.

Dubini, Paola, Which Venture Capital Backed Entrepreneurs have the best Chances of Succeeding?, in: JoBV, Jg. 4, 1989, S. 123-132.

Dürr, Martin, Nebenabreden im Gesellschaftsrecht, Außersatzungsmäßige Bindungen von Gesellschaftern und die Willensbildung in der GmbH, Diss., Frankfurt a.M. 1994.

Dürselen, Karl E., Wesentliche Änderungen des Kreditwesengesetzes im Rahmen der Vierten KWG-Novelle, in: ZBB, Jg. 5, 1993, S. 266- 275.

Ehlermann, Christian/Schüppen, Matthias, Die neue Unternehmensbeteiligungsgesellschaft – Phönix aus der Asche?, in: ZIP, Jg. 19, 1998, S. 1513-1522.

Ehrlich, Sanford B./De Noble, Alex F./Moore, Tracy/Weaver, Richard R., After the cash arrives: A comparative study of venture capital and private investor involvement in entrepreneurial firms, in: JoBV, Jg. 9, 1994, S. 67-82.

Eickmann, Dieter/Flessner, Axel/Irschlinger, Friedrich/Kirchhof, Hans-Peter/Kraft, Gerhart/Landfermann, Hans-Georg/Marotzke, Wolfgang, Heidelberger Kommentar zur Insolvenzordnung, 2. Aufl., Heidelberg 2001.

Eisgruber, Thomas/Glass, Merike, Auswirkungen der Einführung des Halbeinkünfteverfahrens auf die Preise von Anteilen an Kapitalgesellschaften, in: DStR, Jg. 41, 2003, S. 389-396.

Elango, B./Fried, Vance H./Hisrich, Robert D./Polonchek, Amy, How Venture Capital Firms Differ, In: JoBV, Jg. 10, 1995, S. 157-179.

Elsing, Siegfried H., Individuelle Informationsrechte von Aufsichtsratmitgliedern einer Aktiengesellschaft, in: BB, Jg. 57, 2002, S. 1705-1711.

Emde, Achim, Der Genussschein als Finanzierungsinstrument, Eine gesellschaftsrechtliche, kapitalmarktrechtliche und steuerrechtliche Untersuchung, Diss., Wuppertal 1987.

Emde, Achim, Die Auswirkungen von Veränderungen des Unternehmenskapitals auf Bestand und Inhalt von Genussrechten, in: DB, Jg. 42, 1989, S. 209-213.

Emmerich, Gerhard/Naumann, Klaus-Peter, Zur Behandlung von Genussrechten im Jahresabschluß von Kapitalgesellschaften, in: WPg, Jg. 47, 1994, S. 677-689.

Engelken, Hans Gerhard, Die Kapitalbeteiligungsgesellschaft als Instrument der Mittelstandsforschung, in: Die Kapitalbeteiligungsgesellschaft in Theorie und Praxis,

Zum 60. Geburtstag von Prof. Dr. H. Joachim Krahnen, Frankfurt a.M. 1976, S. 73-84.

Erikson, Truls, Entrepreneurial capital: the emerging venture's most important asset and competitive advantage, in: JoBV, Jg. 17, 2002, S. 275-290.

Ernst, Tassilo, Der Genussschein im deutschen und schweizerischen Aktienrecht, Diss., Zürich 1963.

Ernst, Tassilo, Der Genussschein als Kapitalbeschaffungsmittel, in: AG, Jg. 12, 1967, S. 75-81.

Ernst & Young, Körperschaftsteuergesetz, KStG mit Nebenbestimmungen, Kommentar, Loseblatt, Stand: Erg.-Lfg. 34.

Fama, Eugene F./Miller, Merton H., The Theory of Finance, New York 1972.

Fanselow, Karl-Heinz/Stedler, Heinrich R., UBGG-Deregulierung – Aufbruch im Markt, in: Die Bank, 1998, S. 290-293.

Fazzari, Steven M./Hubbard, R. Glenn/Petersen, Bruce C., Financing constraints and corporate investment, in: Brookings Papers on Economic Activity: Microeconomics 1, Washington 1988, S. 141-205.

Feddersen, Dieter, Genussschein oder Vorzugsaktie: Überlegungen eines Unternehmens, in: Der langfristige Kredit, Jg. 39, 1988, S. 615-624.

Feddersen, Dieter, Neue gesetzliche Anforderungen an den Aufsichtsrat, in: AG, Jg. 45, 2000, S. 385-396.

Feddersen, Dieter/Meyer-Landrut, Andreas, Mehr Rechtssicherheit für Genussscheine, in: ZGR, Jg. 22, 1993, S. 312-320.

Feinendegen, Stefan/Schmidt, Daniel/Wahrenburg, Mark, Die Vertragsbeziehung zwischen Investoren und Venture Capital-Fonds: Eine empirische Untersuchung des europäischen Venture Capital-Marktes, CFS Working Paper, Nr. 2002/01, 2002, S. 1-36.

Felix, Günther, Zur Angabepflicht stiller Beteiligungen im Anhang des Jahresabschlusses, in: BB, Jg. 42, 1987, S. 1495-1496.

Fey, Gerd, Corporate Governance – Unternehmensüberwachung bei deutschen Aktiengesellschaften, in: DStR, Jg. 33, 1995, S. 1320-1327.

Fischer, Robert, Die Grenzen bei der Ausübung gesellschaftlicher Mitgliedschaftsrechte, in: NJW, Jg. 7, 1954, S. 777-780.

Fleck, Hans-Joachim, Bilanzierung kapitalersetzender Gesellschafterdarlehen, in: Handelsrecht und Steuerrecht, Festschrift für Dr. Dr. h.c. Georg Döllerer, hrsg. von Brigitte Knobbe-Keuk, Düsseldorf 1988, S. 109-131.

Fleischer, Erich/Thierfeld, Rainer, Stille Gesellschaft im Steuerrecht, 7. Aufl., Achim bei Bremen 1998.

Flume, Werner, Die juristische Person, Allgemeiner Teil des bürgerlichen Rechts, Berlin 1983.

Förschle, Gerhart, in Beck Bil.-Komm., 5. Aufl., 2003, § 248.

Förster, Guido, Kauf und Verkauf von Unternehmen nach dem UntStFG, in: DB, Jg. 55, 2002, S. 1394-1401.

Förster, Guido, Die Änderungen durch das StVergAbG bei der Einkommensteuer und der Körperschaftsteuer, in: DB, Jg. 56, 2003, S. 899-905.

Förster, Ursula, Übertragung von Mitunternehmeranteilen im Ertragsteuerrecht, in: FR, Jg. 84, 2002, S. 649-657.

Forlani, David/Mullins, John W., Perceived Risks and Choices in Entrepreneurs' New Venture Decision, in: JoBV, Jg. 15, 2000, S. 305-322.

Frank, Hermann/Plaschka, Gerhard, Entrepreneurship als wissenschaftliche Disziplin, Anmerkungen zum gleichnamigen Beitrag von Lück und Böhmer, in: ZfbF, Jg. 47, 1995, S. 936-941.

Franke, Günter/Hax, Herbert, Finanzwirtschaft des Unternehmens und Kapitalmarkt, 4. Aufl., Berlin u.a. 1999.

Freyling, Till/Hofe, Katja vom/Klingsch, Welf, Venture Capital – Rechtliche, wirtschaftliche und steuerliche Rahmenbedingungen von Venture Capital in Deutschland im Vergleich zu anderen europäischen Ländern und den USA, in: StB, Jg. 54, 2003, S. 21-31.

Friend, Irwin/Lang, Larry N.P., An empirical test of the impact of managerial self-interest on corporate capital structure, in: JoF, Jg. 43, 1988, S. 271-281.

Frommann, Holger, Entwicklungstrends am deutschen Beteiligungsmarkt, in: Jahrbuch des Bundesverbandes deutscher Kapitalbeteiligungsgesellschaften (BVK) 1993, S. 11-16.

Frommann, Holger, Die Rolle der Kapitalbeteiligungsgesellschaften in der Unternehmensfinanzierung, in: Der langfristige Kredit, Jg. 42, 1991, S. 732-734.

Frommann, Holger, Kapitalbeteiligungsgesellschaften, in: Handwörterbuch des Bank- und Finanzwesens, hrsg. von Wolfgang Gerke, 3. Aufl., Stuttgart 2001, Sp. 1247-1253.

Frotscher, Gerrit, EStG, Kommentar, Freiburg, Stand: 64. Erg.-Lfg.

Frotscher, Gerrit/Maas, Ernst (Hrsg.), KStG, UmwStG, Kommentar, Freiburg, Stand: 71. Erg.-Lfg.

Frotz, Gerhard, Zur Absicherung der Organmitglieder einer AG gegen Haftungsansprüche der Gesellschaft, in: Festschrift für Kurt Wagner zum 65. Geburtstag, Wien 1987, S. 137-162.

Gabbert, Markus M., Die vertragsrechtliche Gestaltung bei international agierenden Venture-Capital-Gesellschaften, in: ZIP, Jg. 21, 2000, S. 11-15.

Geck, Reinhard, Die Auflösung der stillen Gesellschaft unter besonderer Berücksichtigung der Auseinandersetzung, in: DStR, Jg. 32, 1994, S. 657-661.

Gehling, Christian, „Obligationsähnliche Genussrechte": Genussrechte oder Obligation?, in: WM, Jg. 27, 1992, S. 1093-1132.

Gerdes, Hans-Jörg, Chancen und Risiken der Genussscheinfinanzierung, in: ZfgK, Jg. 44, 1991, S. 840-844.

Gerke, Wolfgang, Die Akzeptanz der Kapitalbeteiligungsgesellschaft im Mittelstand, in: Die Finanzierung mittelständischer Unternehmungen in Deutschland, hrsg. von Wossidlo, Peter Rütger, Berlin, 1985, S. 314-336.

Gerke, Wolfgang/Schöner, Manfred A., Die Auswirkungen von Risikonormen auf die Finanzierung von Innovationen – eine Analyse am Beispiel der Gesetze über Unternehmensbeteiligungsgesellschaften und Beteiligungssondervermögen, in: Bankrisiken und Bankrecht: Fritz Philipp zum 60. Geburtstag, hrsg. von Wolfgang Gerke, 1988, S. 187-212.

Geßler, Ernst, Bedeutung und Auslegung des § 23 Abs. 5 AktG, in: Festschrift für Martin Luther zum 70. Geburtstag, hrsg. von Glossner, Ottoarndt/Reimers, Walter, München 1976, S. 69-84.

Geßler, Ernst/Hefermehl, Wolfgang/Hildebrandt, Wolfgang/Schröder, Georg/Martens, Klaus-Peter/Schmidt, Karsten, Schlegelberger, Handelsgesetzbuch, Kommentar, 5. Aufl., Band III/2. Halbband, §§ 161-177a, §§ 335-342 (§§ 230-237 n.F.), München 1986.

Gifford, Sharon, Limited Attention and the Role of the Venture Capitalist, in: JoBV, Jg. 12, 1996, S. 459-482.

Gilson, Ronald J./Schizer, David M., Understanding Venture Capital Structure: A Tax Explanation for Convertible Preferred Stock, Columbia Law School Working Papers, Working Paper No. 199, 2002.

Glade, Anton, Praxishandbuch der Rechnungslegung und Prüfung, 2. Aufl., Herne 1995.

Goette, Wulf, Anmerkung zu BGH, Urteil vom 8.1.2001, II ZR 88/99, in: DStR, Jg. 39, 2001, S. 175-179.

Goette, Wulf, Der Geschäftsführerdienstvertrag zwischen Gesellschafts- und Arbeitsrecht in der Rechtsprechung des Bundesgerichtshofs, in: Festschrift für Herbert Wiedemann zum 70. Geburtstag, München 2002, S. 873-888.

Götz, Heinrich, Die Überwachung der Aktiengesellschaft im Lichte jüngerer Unternehmenskrisen, in: AG, Jg. 40, 1995, S. 337-353.

Götz, Heinrich, Rechte und Pflichten des Aufsichtsrats nach dem Transparenz- und Publizitätsgesetz, in: NZG, Jg. 5, 2002, S. 599-604.

Gompers, Paul, The theory, structure, and performance of venture capital, Diss., Cambridge, Mass. 1993.

Gompers, Paul A., Optimal Investment, Monitoring, and the Staging of Venture Capital, in: JoF, Jg. 50, 1995, S. 1461-1489.

Gompers, Paul A., Ownership and Control in Entrepreneurial Firms: An Examination of Convertible Securities in Venture Capital Investmens, Harvard University and NBER Working Paper, 1997, S. 1-44.

Gompers, Paul A., Contracting and Control in Venture Capital, HBS Working Paper, 1998, S. 1-17.

Gompers, Paul/Lerner, Josh, The Venture Capital Cycle, Boston, Mass. 1999.

Gorman, Michael/Sahlman, William A., What do Venture Capitalists do?, in: JoBV, Jg. 4, 1989, S. 231-248.

Gosch, Dieter, Anmerkung zum BFH-Urteil vom 18.2.1993, IV R 132/91, in; StBp, Jg. 34, 1994, S. 20-22.

Gottlieb, Josef, Der Genussschein im deutschen Recht, Berlin 1931.

Green, Richard C., Investment Incentives, Debt, and Warrants, in: JoFE, Jg. 13, 1984, S. 115-136.

Groh, Manfred, Eigenkapitalersatz in der Bilanz, in: BB, Jg. 48, 1993, S. 1882-1892.

Groh, Manfred, Genussrechtskapital und Maßgeblichkeitsgrundsatz, in: BB, Jg. 50, 1995, S. 559-560.

Groh, Manfred, Die atypische stille Gesellschaft als fiktive Gesamthandsgesellschaft, in: Festschrift für Heinrich Wilhelm Kruse zum 70. Geburtstag, hrsg. von Walter Drenseck, Köln 2001, S. 417-432.

Grossfeld, Bernhard/Brondics, Klaus, Die Stellung des fakultativen Aufsichtsrates/ Beirat) in der Gesellschaft mit beschränkter Haftung und in der GmbH & Co. KG, in: AG, Jg. 32, 1987, S. 293-309.

Grüner, Dietmar, Das Gesetz, in: Kapitalbeteiligungsgesellschaften, ZfgK, Jg. 11, 1990, S. 592-620.

Grundmann, Stefan, Konsortien, Gesellschaftszweck und Gesamthandsvermögen, Typendehnung oder Typenmischung im Gesellschaftsrecht?, in: Verantwortung und Gestaltung: Festschrift für Karlheinz Boujong zum 65. Geburtstag, hrsg. von Carsten Thomas Ebenroth, München 1996, S. 159-173.

Gschwendtner, Hubertus, Die atypisch stille Gesellschaft als beschränkt rechtsfähiges Steuerrechtssubjekt im Einkommensteuerrecht, Zugleich eine Besprechung des BFH-Urteils vom 26. November 1996 VIII R 42/91, in: DStZ, Jg. 86, 1998, S. 335-344.

Gupta, Anil K./Sapienza, Harry J., The Pursuit of Diversity by Venture Capital Firms: Antecedents and Implications, in: Frontiers of Entrepreneurship Research, 1988, S. 290-303.

Habersack, Mathias, Genussrechte und sorgfaltswidrige Geschäftsführung, Ein Beitrag zum Schutz der Inhaber von Genussrechten mit Eigenkapitalcharakter, in: ZHR, Jg. 155, 1991, S. 378-401.

Habersack, Mathias, Grundfragen der freiwilligen oder erzwungenen Subordination von Gesellschafterkrediten, in: ZGR, Jg. 29, 2000, S. 384-419.

Hahn, Jürgen, „Kleine AG", eine rechtspolitische Idee zum unternehmerischen Erfolg", in: DB, Jg. 47, 1994, S. 1659-1665.

Hammen, Horst, Unzulässigkeit aktiengleicher Genussrechte?, in: DB, Jg. 41, 1988, S. 2549-2554.

Hammen, Horst, Steuerrechtliche Anreize statt staatlicher Regelementierung, Der Entwurf des § 8b Abs. 2 KStG n.F. und die Auswirkungen des Urteils des EuGH vom 20.04.1999, WM 2000, 738ff., in: WM, Jg. 54, 2000, S. 941-945.

Hardecker, Sven, Anteilsveräußerungen von Holding-Gesellschaften – Steuerliche Wahlmöglichkeiten bei Einstufung als Finanzunternehmen, in: DB, Jg. 55, 2002, S. 2127-2129.

Harle, Georg/Kulemann, Grit, Liegt bei einer gewerblich geprägten Personengesellschaft immer eine Mitunternehmerschaft vor?, in: StBp, Jg. 41, 2001, S. 110-113.

Harris, Milton/Raviv, Artur, A Sequential Signalling Model of Convertible Debt Call Policy, in: JoF, Jg. 40, 1985, S. 1263-1281.

Harris, Milton/Raviv, Artur, Capital Structure and the Informational Role of Debt, in: JoF, Jg. 45, 1990, S. 321-349.

Harris, Milton/Raviv, Artur, The Theory of Capital Structure, in: JoF, Jg. 46, 1991, S. 298-355.

Hartmann-Wendels, Thomas, Venture Capital aus finanzierungstheoretischer Sicht, in: ZfbF, Jg. 39, 1987, S. 16-30.

Hartmann-Wendels, Thomas, Rechnungslegung der Unternehmen und Kapitalmarkt aus informationsökonomischer Sicht, Heidelberg 1991.

Hartmann-Wendels, Thomas, Kontrollrechte der Gesellschafter, in: Handwörterbuch des Bank- und Finanzwesens, hrsg. von Wolfgang Gerke, 3. Aufl., Stuttgart 2001, Sp. 1341-1350.

Hartmann-Wendels, Thomas/Hinten, Peter von, Marktwert von Vorzugsaktien, Zur Begründung der Kursdifferenzen von Stammaktien und stimmrechtslosen Vorzugsaktien, in: ZfbF, Jg. 41, 1989, S. 263-293.

Hasselbach, Kai/Wicke, Hartmut, BB-Kommentar, in: BB, Jg. 56, 2001, S. 435-436.

Haugen, Robert A./Senbet, Lemma W., The Insignificance of Bankruptcy Costs to the Theory of Optimal Capital Structure, in: JoF, Jg. 33, 1978, S. 383-393.

Haugen, Robert A./Senbet, Lemma W., Bankruptcy und Agency Costs: Their Significance to the Theory of Optimal Capital Structure, in: JoFQA, Jg. 23, 1988, S. 27-38.

Haun, Jürgen, Hybride Finanzierungsinstrumente im deutschen und US-amerikanischen Steuerrecht, Diss., Frankfurt a.M. 1996.

Hefermehl, Wolfgang, Denkschrift zur Reform des Aktienrechts, Aktienrechtsausschuss, hrsg. von der Arbeitsgemeinschaft der Schutzvereinigungen für Wertpapierbesitz, 1952.

Hegemann, Jürgen/Querbach, Torsten, Erste praktische Hinweise zum Steuervergünstigungsabbaugesetz, in: Stbg, Jg. 46, 2003, S. 197-210.

Hense, Heinz Hermann, Die stille Gesellschaft im handelsrechtlichen Jahresabschluß, Düsseldorf 1990.

Henze, Hartwig, Prüfungs- und Kontrollaufgaben des Aufsichtsrates in der Aktiengesellschaft, in: NJW, Jg. 51, 1998, S. 3309-3312.

Herold, Christian, Bei der Veräußerung von Kapitalgesellschaftsanteilen § 8b Abs. 7 KStG beachten, in: PIStB, 2001, S. 31.

Herrmann, Carl/Heuer, Gerhard/Raupach, Arndt (Hrsg.), Einkommensteuer- und Körperschaftsteuergesetz, Kommentar, 21. Aufl., Steuerreformkommentierung, Band II, Köln, Stand: 3. Erg.-Lfg.

Herrmann, Harald, Quasi-Eigenkapital im Kapitalmarkt- und Unternehmensrecht, Berlin 1996.

Herrmann, Horst, Fremdfinanzierung durch Gesellschafter aus handelsrechtlicher und konkursrechtlicher Sicht, in: 50 Jahre Wirtschaftsprüferberuf: Bericht über die Jubiläumsfachtagung vom 21. bis 23. Oktober 1981 in Berlin, hrsg. vom Institut der Wirtschaftsprüfer in Deutschland, Düsseldorf, 1981, S. 151-183.

Heßler, Armin/Mosebach, Petra, Verlustabzug bei Start-up-Unternehmen, in: DStR, Jg. 39, 2001, S. 813-820.

Hesse, Wolf-Ekkehard, Das Ertragswertverfahren – ein geeignetes Verfahren zur Bewertung von stillen Beteiligungen, in: BB, Jg. 40, 1985, S. 2121-2125.

Hesse, Wolf-Ekkehard, Neue gesetzliche Rahmenbedingungen für die Bereitstellung von Eigenkapital, in: DB, Jg.40, 1987, Beilage Nr. 1/87, S. 1-12.

Hesselbach, Kai/Wicke, Hartmut, BB-Kommentar, in: BB; Jg. 56, 2001, S. 435-436.

Hertz-Eichenrode, Albrecht, Der Markt für Beteiligungskapital in Deutschland, in: BVK-Jahrbuch 2001, S. 9-18.

Heubeck, Klaus, Pensionsfonds – Grenzen und Möglichkeiten, in: DB, Jg. 54, Beilage 2001, Nr. 5, S. 2-5.

Hey, Friedrich E.F., Das neue Gesetz über Unternehmensbeteiligungsgesellschaften: Verbesserungen für Venture Capital Engagements – Eine Untersuchung unter Einschluß grenzüberschreitender europäischer Beteiligungen, in: Steuerrecht und europäische Integration: Festschrift für Albert J. Rädler zum 65. Geburtstag, hrsg. von Breuninger, Gottfried E., München, 1999, S. 271-304.

Hirche, Walter, Gesetzesinitiativen zur Verbesserung der Rahmenbedingungen für private und institutionelle Anleger, in: Versicherungswirtschaft, 1986, S. 1020-1026.

Hirshleifer, Jack, On The Theory of Optimal Investment Decisions, in: JoPE, Jg. 66, 1958, S. 329-352.

Hirte, Heribert, Genussscheine, in: HWF, 3. Aufl., Sp. 967-975.

Hirte, Herbert, Genussscheine mit Eigenkapitalcharakter in der Aktiengesellschaft, in: ZIP, Jg. 9, 1988, S. 477-490.

–hjr–, Änderung von Steuergesetzen durch das UBGG, in: DStR, Jg. 24, 1986, S. 805.

Hoban, James P., Characteristics of Venture Capital Investments, Diss., Utah 1976.

Hoeren, Thomas, E-Business und die Rezession: Was wird vom elektronischen Handel bleiben?, in: NJW, Jg. 55, 2002, S. 37.

Hölters, Wolfgang, Der Beirat in der GmbH – Verantwortlichkeit, Haftung und Rechtsschutz, insbesondere unter dem Gesichtspunkt des Minderheitenschutzes, in: BB, Jg. 32, 1977, S. 105-112.

Hölters, Wolfgang, Die zustimmungspflichtigen Geschäftsführungsmaßnahmen im Spannungsfeld zwischen Satzungs- und Aufsichtsratsautonomie, in: BB, Jg. 33, 1978, S. 640-643.

Hoffmann-Becking, Michael, Der Einfluß schuldrechtlicher Gesellschaftervereinbarungen auf die Rechtsbeziehungen in der Kapitalgesellschaft, in: ZGR, Jg. 23, 1994, S. 442-464.

Hommelhoff, Peter, Eigenkapital der Kapitalgesellschaften, in: Handwörterbuch unbestimmter Rechtsbegriffe im Bilanzrecht des HGB, hrsg, von Leffson/Rückle/ Großfeld, Köln 1986, S. 134-141.

Hommelhoff, Peter/Kleindiek, Detlef, Flexible Finanzierungsinstrumente im GmbH-Recht, Das eigenkapitalersetzende Gesellschafterdarlehen zwischen Nachschusskapital und Finanzplankredit, in: Festschrift 100 Jahre GmbH-Gesetz, hrsg. von Marcus Lutter, Köln 1992, S. 421-444.

Hommelhoff, Peter/Mattheus, Daniela, Corporate Governance nach dem KonTraG, in: AG, Jg. 43, 1998, S. 249-259.

Hood, Jacqueline N./Young, John E., Entrepreneurship's Requisite Areas of Development: A Survey of Top Executives in Successful Entrepreneurial Firms, in: JoBV, Jg. 8, 1993, S. 115-135.

Hopt, Klaus J., Risikokapital, Nebenbörsen und Anlegerschutz, in: WM, Jg. 39, 1985, S. 793-805.

Hopt, Klaus J., Verbesserter Zugang zu Risikokapital für Existenzgründer sowie kleine und mittlere Unternehmen, in: Festschrift für Hans Erich Brandner zum 70. Geburtstag, hrsg. von Gerd Pfeiffer, Köln 1996, S. 541-554.

Hopt, Klaus J., Modern Company Law Problems: A European Perspective, Keynote Speech, OECD Conference on Company Law Reform in OECD Countries, A Comparative Outlook of Current Trends, Stockholm 2000, S. 1-16.

Horn, Norbert, Unternehmensbeteiligung der Arbeitnehmer und Gesellschaftsrecht, in: ZGR, Jg. 3, 1974, S. 133-141.

Horn, Wilhelm/Maertins, Jan, Die steuerliche atypische stille Beteiligung an der GmbH, in: GmbHR, Jg. 85, 1994, S. 147-152.

Horn, Norbert (Hrsg.), Sammlung Guttentag Heymann, Handelsgesetzbuch (ohne Seerecht), Kommentar, 2. Aufl., Band 2, Zweites Buch, §§ 105-237, Berlin 1996.

Hoshi, Takeo/Kashap, Anil/Scharfstein, David, Corporate structure, liquidity, and investment: Evidence of Japanese industrial groups, in: Quarterly Journal of Economics, Jg. 106, 1991, S. 33-60.

Hueck, Alfred, Die stille Beteiligung bei Handelsgesellschaften, in: Festschrift für Heinrich Lehmann zum sechzigsten Geburtstag, Rechtswissenschaftliche Fakultät Köln (Hrsg.), Köln 1937, S. 239-255.

Hüffer, Uwe, Aktiengesetz, 5. Aufl., München 2002.

Hüttemann, Rainer, Die Besteuerung der Personenunternehmen und ihr Einfluss auf die Rechtsformwahl, in: Perspektiven der Unternehmensbesteuerung, hrsg. von Siegbert F. Seeger, Veröffentlichungen der Deutschen Steuerjuristischen Gesellschaft, Bd. 25, Köln 2002, S. 123-144.

IDW, Stellungnahme HFA 1/1994: Zur Behandlung von Genussrechten im Jahresabschluß von Kapitalgesellschaften, in: WPg, Jg. 47, 1994, S. 419-423.

IDW, Stellungnahme des IDW zum Steuervergünstigungsabbaugesetz, in: FN-IDW, 2003, S. 9-22.

Ingersoll, Jonathan, An Examination of Corporate Call Policies on Convertible Securities, in: JoF, Jg. 32, 1977, S. 463-478.

Jäger, Axel, Venture-Capital-Gesellschaften in Deutschland – Bestandsaufnahme und Perspektiven nach dem Dritten Finanzmarktförderungsgesetzt, in: NZG, Jg. 1, 1998, S. 833-839.

Jäger, Axel, Thema Börse (4): Wahl der richtigen Rechtsform, in: NZG, Jg. 5, 2002, S. 101-104.

Janzen, Harald, Die Übertragung und Belastung von Mitgliedschaften in der stillen Gesellschaft, Diss., Marburg 1979.

Jen, Frank C./Choi, Dosoung/Lee, Seong-Hyo, Some New Evidence on Why Companies use Convertible Bonds, in: The New Corporate Finance, Where Theory Meets Practice, hrsg. von Donald H. Chew, 2. Aufl., Boston u.a. 1998, S. 364-373.

Jensen, Michael C., Agency costs of free cash flow, corporate finance and takeovers, in: AER, Jg. 76, 1986, S. 323-329.

Jensen, Michael C./Meckling, William H., Theory of the Firm: Managerial Behavior, Agency Costs and Ownership Structure, in: JoFE, Jg. 3, 1976, S. 305-360.

Johannisson, Bengt, Entrepreneurship Research in Europe – Trends and Needs, Key Note Speech of The Interdisciplinary European Conference on Entrepreneurship Research (IECER), Regensburg 2003.

Joussen, Edgar, Die konzernrechtlichen Folgen von Gesellschaftervereinbarungen in einer Familien-GmbH, in: GmbHR, Jg. 87, 1996, S. 574-579.

Jung, Axel/Wachtler, Frank, Die Kursdifferenz zwischen Stamm- und Vorzugsaktien, in: AG, Jg. 46, 2001, S. 513-520.

Just, Carsten, Business Angels und technologieorientierte Unternehmensgründungen – Lösungsansätze zur Behebung von Informationsdefiziten am informellen Beteiligungskapitalmarkt aus Sicht der Kapitalgeber, Stuttgart 2000.

Kaldenbach, Peter, Bilanzierung stiller Beteiligungen bei negativem Kapitalkonto im Konzernabschluß, in: BB, Jg. 52, 1997, S. 1089-1092.

Kanders, Georg, Bewertung von Genussscheinen, Diss., Bonn 1990.

Kerber, Markus/Hauptmann, Karlheinz, Die Bereitstellung von privatem Anlagekapital durch Kapitalbeteiligungsgesellschaften, in: AG, Jg. 31, 1986, S. 244-256.

Kessler, Jürgen, Leitungskompetenz und Leistungsverantwortung im deutschen, US-amerikanischen und japanischen Aktienrecht, in: RIW, Jg. 44, 1998, S. 602-615.

Kessler, Wolfgang/Teufel, Tobias, Gesellschafterfremdfinanzierung nach der Unternehmenssteuerreform, in: DB, Jg. 54, 2001, S. 1955-1962.

Kestler, Alexander, Neues Investmentgesetz bringt den Finanzplatz Deutschland voran, in: Die Bank, 2003, S. 675-679.

Kindler, Peter, Die Aktiengesellschaft für den Mittelstand, in: NJW, Jg. 47, 1994, S. 3041-3049.

Kirchhof, Hans-Peter/Lwowski, Hans-Jürgen/Stürner, Rolf (Hrsg.), Münchener Kommentar zur Insolvenzordnung, Band 2, §§ 103-269, München 2002.

Kirilenko, Andrei A., Valuation and Control in Venture Finance, in: JoF, Jg. 56, 2001, S. 565-587.

kk, KÖSDI-Report, in: KÖSDI, Jg. 35, 2002, S. 13406-13422.

Klaus, Hans, Gesellschafterdarlehen, Eigenkapitalersatzrecht und Fortführung einer nicht mehr fortführungswürdigen GmbH, in: ZBB, Jg. 3, 1994, S. 247-257.

Klauss, Herbert/Mittelbach, Rolf, Die stille Gesellschaft, Gesellschaftsrecht Steuerrecht, 2. Aufl., Ludwigshafen 1980.

Klein, Gabriele, Vorzugsaktien in der Bundesrepublik Deutschland und den Vereinigten Staaten von Amerika, Darstellung und Vergleich, Diss., Köln 1981.

Kling, Stephan, Forderungsverzicht mit Besserungsklausel oder Rangrücktritt?, Neuere Rechtsentwicklungen des GmbH-Eigenkapitalersatzrechts nach eineinhalb Jahren InsO, in: NZG, Jg. 4, 2000, S. 872-875.

Knigge, Dagmar, Änderungen des Aktienrechtes durch das Transparenz- und Publizitätsgesetz, in: WM, Jg. 56, 2002, S. 1729-1772.

Knobbe-Keuk, Brigitte, Das Steuerrecht – eine unerwünschte Rechtsquelle des Gesellschaftsrechts?, Rechtsordnung und Steuerwesen, Bd. 4, Köln 1986.

Knobbe-Keuk, Brigitte, Gewinnausschüttungen auf Genussrechte, in: BB, Jg. 41, 1987, S. 341-342.

Knobbe-Keuk, Brigitte, Bilanz- und Unternehmenssteuerrecht, 9. Aufl., Köln 1993.

Koenigs, Folkmar, Die stille Gesellschaft, Habil., Berlin 1961.

Kraft, Gerhard, § 8 Abs. 4 KStG – Totengräber zahlreicher „dot.coms", in: DB, Jg. 54, 2001, S. 112-115.

Krejci, Heinz, Zur „Entmachtung" des Vorstandsmitgliedes einer Aktiengesellschaft, in: Festschrift für Kurt Wagner zum 65. Geburtstag, Wien 1987, S. 249-257.

Krieger, Gerd, Aktionärsklage zur Kontrolle des Vorstands- und Aufsichtsratshandelns, in: ZHR, Jg. 163, 1999, S. 343-363.

Krieger, Gerd, Vorzugsaktie und Umstrukturierung, in: Festschrift für Marcus Lutter zum 70. Geburtstag, Köln 2000, S. 497-521.

Kropff, Bruno, Die Unternehmensplanung im Aufsichtsrat, in: NZG, Jg. 1, 1998, S. 613-656.

Kübler, Friedrich, Gesellschaftsrecht, 5. Aufl., Heidelberg 1998.

Kübler, Friedrich, Aktienrechtsreform und Unternehmensverfassung, in: AG, Jg. 39, 1994, S. 141-148.

Küting, Karlheinz/Weber, Claus-Peter, Handbuch der Rechnungslegung, Kommentar zur Bilanzierung und Prüfung, Band Ia, 4. Aufl., Stuttgart 1995.

Küting, Karlheinz/Kessler, Harald, Eigenkapitalähnliche Mittel in der Handelsbilanz und im Überschuldungsstatus, in: BB, Jg. 48, 1994, S. 2103-2114.

Küting, Karlheinz/Kessler, Harald/Harth, Hans-Jörg, Genussrechtskapital in der Bilanzierungspraxis, Eine empirische Untersuchung zur Resonanz der HFA-Stellungnahme 1/1994 unter Berücksichtigung bilanzpolitischer Gesichtspunkte, in: BB, Jg. 51, 1996, Beilage 4, S. 1*-24*.

Kussmaul, Heinz/Richter, Lutz, Venture Capital im Rahmen der Existenzgründung, Allgemeine Darstellung inkl. Förderprogramme des Bundes, Arbeitspapiere zur Existenzgründung, Saarbrücken 2000.

Lange, Oliver, Zustimmungsvorbehaltspflicht und Kataloghaftung des Aufsichtsrats nach neuem Recht, in: DStR, Jg. 41, 2003, S. 376-381.

Laux, Manfred, Zur Bewertung von typischen stillen Beteiligungen in Beteiligungs-Sondervermögen, in: DB, Jg. 40, 1985, S. 849-854.

Laux, Manfred, KAGG-Bewertungsverordnung – ein kritischer Beitrag, in: Die Bank, 1989, S. 515-518.

Lechner, Florian, Die Kapitalgesellschaft als Steuersparmodell, Anteilsveräußerungen durch Kapitalgesellschaften nach der Unternehmenssteuerreform, in: Stbg, Jg. 44, 2001, S. 201-214.

Lenski, Edgar/Steinberg, Wilhelm, Gewerbesteuergesetz, Kommentar, Loseblatt, Köln, Stand: 87. Erg.-Lfg.

Leopold, Günter/Frommann, Holger, Eigenkapital für den Mittelstand, Venture Capital im In- und Ausland, München 1998.

Leuner, Rolf/Lindenau, Lars/Westphal, Rouven, Steuerliche Rahmenbedingungen in Deutschland ür informelle Investoren (Business Angels), in: BB, Jg. 57, 2002, S. 700-708.

Lewis, Craig M./Ragolski, Richard J./Seward, James K., Understanding the Design of Convertible Debt, in: JACF, Jg. 11, 1998, S. 45-53.

Linscheidt, Astrid, Die steuerliche Behandlung des Genussrechtskapitals der Kapitalgesellschaft, in: DB, Jg. 45, 1992, S. 1852-1856.

Loges, Rainer/Distler, Wolfram, Gestaltungsmöglichkeiten durch Aktiengattungen, in: ZIP, Jg. 23, 2002, S. 467-474.

Lorenz, Christoph, Auswirkungen der Unternehmenssteuerreform 2001 auf die Gestaltung von Venture Capital-Fonds, in: DStR, Jg. 39, 2001, S. 821-825.

Loritz, Karl-Georg/Wagner, Klaus-R., Konzeptionshandbuch der steuerorientierten Kapitalanlage, Bd. 2, Gesellschafterliche Beteiligungen, Kapitel 7: Stille Beteiligungen, München 1995.

Low, Aaron/Muthuswamy, Jayaram/Sarkar, Sudipto, Optimal Conversion Terms of a Corporate Convertible Bond, in: Research in Finance, hrsg. von Andrew H. Chen, K.C. Chan, Supplement 2, Greenwich/London 1996, S. 105-118.

Lübbert, Erich, Die rechtliche Natur der stillen Gesellschaft, in: Zeitschrift für das gesamte Handelsrecht und Wirtschaftsrecht, 58. Jg., 1906, S. 464-520.

Lück, Wolfgang/ Böhmer, Annette, Entrepreneurship als wissenschaftliche Disziplin in den USA, in: ZfbF, Jg. 46, 1994, S. 403-421.

Luther, Martin, § 23 Abs. (5) AktG im Spannungsfeld von Gesetz, Satzung und Einzelentscheidungen der Organe der Gesellschaft, in: Freundesgabe für Hans Hengeler zum 70. Geburtstag, hrsg. von Bernhardt, Wolfgang/Hefermehl, Wolfgang/ Schilling, Wolfgang, Berlin u.a. 1972, S. 167-190.

Lutter, Marcus, Ausgabe von Genussrechten und Jahresabschluß, in: Festschrift für Georg Döllerer, Düsseldorf 1988, S. 383-395.

Lutter, Marcus, Die entschlussschwache Hauptversammlung, in: Festschrift für Karlheinz Quack zum 65. Geburtstag, hrsg. von Harm Peter Westermann, Berlin 1991, S. 301-319.

Lutter, Marcus, Genussrechtsfragen, in: ZGR, Jg. 22, 1993, S. 291-311.

Lutter, Marcus, Zur Bilanzierung von Genussrechten, in: DB, Jg. 49, 1993, S. 2441-2446.

Lutter, Marcus, Der Aufsichtsrat: Kontrolleur oder Mit-Unternehmer?, in: Entrepreneurial Spirits – Horst Albach zum 70. Geburtstag, hrsg. von Dieter Sadowski, Wiesbaden 2001, S. 225-235.

Lutter, Marcus/Krieger, Gerd, Rechte und Pflichten des Aufsichtsrats, 4. Aufl., Köln 2002.

Lutter, Marcus/Leinekugel, Rolf, Der Ermächtigungsbeschluss der Hauptversammlung zu grundlegenden Strukturmaßnahmen – zulässige Kompetenzübertragung oder unzulässige Selbstentmachtung?, in: ZIP, Jg. 19, 1998, S. 805-817.

Luttermann, Claus, Unternehmen, Kapital und Genussrechte: eine Studie über Grundlagen der Unternehmensfinanzierung und dem internationalen Kapitalmarktrecht, Habil., Tübingen 1998.

Mackewicz & Partner, Die Rolle von Banken und VC-Gesellschaften im Umfeld von Gründungs- und Innovationsfinanzierungen, München 2000.

Macmillan, Ian C./Kulow, David M./Khoylian, Roubina, Venture Capitalists' Involvement in their Investments: extent and Performance, in: JoBV, Jg. 4, 1988, S. 27-47.

Märkle, Rudi, Angehörige als Darlehensgeber, stille Gesellschafter, Kommanditisten, in: BB, Jg. 48, 1993, Beilage 2, S. 1*-16*.

Maertins, Jan/Horn, Wilhelm, Die steuerliche atypische stille Beteiligung an der GmbH, in: GmbHR, Jg. 85, 1994, S. 147-152.

Marsch-Barner, Reinhard, Gesetz über Unternehmensbeteiligungsgesellschaften – Eine Zwischenbilanz, in: ZGR, Jg. 19, 1990, S. 294-313.

Martens, Klaus-Peter, Die bilanzrechtliche Behandlung internationaler Optionsanleihen nach § 150 Abs. 2 AktG, in: Festschrift für Walter Stimpel zum 68. Geburtstag am 29.11.1985, hrsg. von Marcus Lutter, Hans-Joachim Mertens, Peter Ulmer, Berlin u.a. 1985, S. 621-643.

Mayers, David, Why firms issue convertible bonds: the matching of financial and real investment options, in : JoFE, Jg. 47, 1998, S. 83-102.

Meilicke, Heinz, Welchen Genuß gewährt der Genussschein?, in: BB, Jg. 42, 1987, S. 1609-1614.

Meilicke, Heinz, Inwieweit können Verluste aus Genussscheinen steuerlich geltend gemacht werden?, in: BB, Jg. 44, 1989, S. 465-466.

Mensching, Oliver, Holdinggesellschaft als Finanzunternehmen i.S. des § 1 Abs. 3 KWG?, in: DB, Jg. 55; 2002, S. 2347-2349.

Menzel, Hans-Jürgen, Das neue Gesetz über Unternehmensbeteiligungsgesellschaften, in: WM, Jg. 41, 1987, S. 705-740.

Menzer, Jörg K., Carried Interest für GmbH-Geschäftsführer im Rahmen des Corporate Venturing, in: GmbHR, Jg. 92, 2001, S. 950-956.

Mertens, Hans-Joachim, Korreferat, Zuständigkeiten des mitbestimmten Aufsichtsrats, in: ZGR, Jg. 6, 1977, S. 270-289.

Mertens, Hans-Joachim, Satzungs- und Organisationsautonomie im Aktien- und Konzernrecht, in: ZGR, Jg. 23, 1994, S. 426-441.

Meulen, Edzard Ter, Der Beteiligungsvertrag, in: Die Kapitalbeteiligungsgesellschaft in Theorie und Praxis, zum 60. Geburtstag von Prof. Dr. H. Joachim Krahnen, hrsg. von Juncker, Klaus/ Schlegelmilch, Klaus, Frankfurt a.M., 1976, S. 103-114.

Meyer-Scharenberg, Dirk E./Popp, Michael/Woring, Siegbert, Gewerbesteuer-Kommentar, 2. Aufl., Herne u.a. 1996.

Mielk, Holger, Die wesentlichen Neuregelungen der 6. KWG-Novelle, in: WM, Teil IV, Jg. 51, 1997, S. 2200-2210 und 2237-2244.

Mikkelson, Wayne H., Convertible Calls and Security Returns, in: JoFE, Jg. 9, 1981, S. 237-264.

Milatz, Jürgen E., Steuerfreiheit von Anteilsveräußerungen durch vermögensverwaltende Beteiligungsgesellschaften, in: BB, Jg. 56, 2001, S. 1066-1073.

Miller, Merton, Debt and Taxes, in: JoF, Jg. 32, 1977, S. 261-275.

Mincke, Wolfgang, Kreditsicherung und kapitalersetzende Darlehen – Zugleich ein Vorschlag zur dogmatischen Einordnung kapitalersetzender Darlehen -, in: ZGR, Jg. 4, 1987, S. 521-544.

Mitsch, Bernd, Alternative Formen der Gesellschafterfremdfinanzierung mittelständischer Kapitalgesellschaften, in: INF, Jg. 56, 2002, S. 205-213.

Mitton, Daryl G., The Compleat Entrepreneur, in: Entrepreneurship Theory and Practice, Jg. 13, 1989, S. 9-19.

Modigliani, Franco/Miller, Merton H., The Cost of Capital, Corporation Finance and the Theory of Investment, in: AER, Jg. 48, 1958, S. 261-297.

Möller, Matthias, Rechtsformen der Wagnisfinanzierung, Eine rechtsvergleichende Studie zu den USA und zu Deutschland, Diss., Frankfurt a.M. 2003.

Möschel, Wernhard, Eigenkapitalbegriff und KWG-Novelle von 1984, in ZHR, Jg. 149, 1985, S. 206-235.

Mössner, Manfred Jörg, Typusbegriffe im Steuerrecht, in: Festschrift für Heinrich Wilhelm Kruse zum 70. Geburtstag, hrsg. von Walter Drenseck, Köln 2001, S. 161-181.

Moxter, Adolf, Grundsätze ordnungsmäßiger Unternehmensbewertung, 2. Aufl., Wiesbaden 1983.

Moxter, Adolf/Ballwieser, Wolfgang, Bewertung stiller Beteiligungen in Beteiligungs-Sondervermögen, Gutachten für den Bundesminister für Arbeit und Sozialordnung, Bonn 1986.

Müller, Welf/Hense, Burkhard (Hrsg.): Beck'sches Handbuch der GmbH, Gesellschaftsrecht – Steuerrecht, 3. Aufl., München 2002.

Müller, Welf/Hoffmann, Wolf-Dieter (Hrsg.), Beck'sches Handbuch der Personengesellschaften, Gesellschaftsrecht – Steuerrecht, 2. Aufl., München 2002.

Müller, Welf, Die Entscheidungsspielräume der Verwaltung einer Aktiengesellschaft im Verhältnis zu ihren Aktionären, in: Unternehmen und Unternehmensführung im Recht, Festschrift für Johannes Semler zum 70. Geburtstag, hrsg. von Marcus Bierich, Berlin u.a. 1993, S. 195-215.

Müller, Welf, Wohin entwickelt sich der bilanzrechtliche Eigenkapitalbegriff?, in: Rechenschaftslegung im Wandel, in: Festschrift für Wolfgang Dieter Budde, hrsg. von Gerhart Förschle/Klaus Kaiser/ Adolf Moxter, München 1995, S. 445-463.

Myers, Stewart C., Determinants of Corporate Borrowing, in: JoFE, Jg. 5, 1977, S. 147-175.

Myers, Stewart C., The Capital Structure Puzzle, in: JoF, Jg. 39, 1984, S. 575-592.

Myers, Stewart C., The Search for Optimal Capital Structure, in: Midland Corporate Finance Journal, Jg. 1, 1984, S. 6-16.

Myers, Stewart C., Still Searching for Optimal Capital Structure, in: JoACF, Jg. 6, 1993, S. 4-14.

Myers, Stewart C., Finance Theory and Financial Strategy, in: The New Corporate Finance: Where Theory meets Practice, hrsg. von Donald J. Chew, Jr., New York 1993, S. 90-97.

Myers, Stewart C., European Financial Management, Jg. 5, 1999, S. 133-141.

Myers, Stewart C., Capital Structure: Some Legal and Policy Issues, in: Company Law Reform in OECD Countries, A Comparative Outlook of Current Trends, Stockholm 2000.

Myers, Stewart C., Outside Equity, in: JoF, Jg. 55, 2000, S. 1005-1037.

Myers, Stewart C., Capital Structure, in: JoEP, Jg. 15, 2001, S. 81-102.

Myers, Stewart C./Majluf, Nicholas S., Corporate financing and investment decisions when firms have information that investors do not have, in: JoFE, Jg. 13, 1984, S. 187-221.

Nathusius, Klaus, Grundlagen der Gründungsfinanzierung, Wiesbaden 2001.

Neu, Norbert, Einsatzmöglichkeiten und Risiken der GmbH & Still, in: GmbH-StB, Jg. 3, 1999, S. 13-17.

Nirk, Rudolf/Reuter, Hans-Peter/Bächle, Hans-Ulrich, Handbuch der Aktiengesellschaft, Gesellschaftsrecht – Steuerrecht – Arbeitsrecht, 3. Aufl., Köln, Loseblatt: Stand: April 2003.

Nittka, Isabella, Informelles Venture Capital am Beispiel von Business Angels, Diss., Stuttgart 2000.

Norton, Edgar, Venture capital finance: Review and synthesis, in: Advances in Quantitative Analysis of Finance and Accounting, Jg. 2, 1992, Teil B, S. 141-165.

Norton, Edgar/Tenenbaum, Bernard H., The Structure of Venture Capital Deals: A Preliminary Analysis, in: Frontiers of Entrepreneurship Research 1990, hrsg. von Neil C. Churchill, William D. Bygrave u.a., Massachusetts 1991, S. 281-295.

Norton, Edgar/Tenenbaum, Bernard H., Factors Affecting the Structure of U.S. Venture Capital Deals, in: Journal of Small Business Management, Jg. 30, 1992, S. 21-29.

Norton, Edgar/Tenenbaum, Bernard H., The Effects of Venture Capitalists' Characteristics on the Structure of the Venture Capital Deal, in: Journal of Small Business Management, Jg. 31, 1993, S. 32-41.

Obermüller, Manfred/Hess, Harald, InsO, Eine systematische Darstellung des neuen Insolvenzrechts, 3. Aufl., Heidelberg 1999.

Oesterle, Berthold/Gauß, Herbert, Betriebswirtschaftliche Überlegungen zur Teilwertabschreibung auf Beteiligungen an Kapitalgesellschaften in der Rechtsprechung des BFH, in: WPg, Jg. 44, 1991, S. 317-327.

Otto, Hans-Jochen, Venture Capital-Gesellschaften, Kapitalbeteiligungsgesellschaften und Unternehmensbeteiligungsgesellschaften nach dem UBGG, in: Assmann, Heinz-Dieter/ Schütze, Rolf A. (Hrsg.), Handbuch des Kapitalanlagerechts, Ergänzungsband., München, 2. Erg., Januar 2001, § 27.

o.V., Bilanzierungsfragen bei stiller Beteiligung, in: GmbHR, Jg. 79, 1988, R 90.

o.V., GmbHG §§ 47, 53, Stimmrechtslose Geschäftsanteile, Mehrstimmrecht, Abspaltungsverbot, in: DNotl-Report, 1997, S. 3-4.

o.V., Veräußerungsgewinne bei Aktienhandel, in: EStB, Jg. 4, 2002; S. 384.

Overlack, Arndt, Der Einfluß der Gesellschafter auf die Geschäftsführung in der mitbestimmten GmbH, in: ZHR, Jg. 141, 1977, S. 125-144.

Paul, Thomas, New German Investment Fund Legislation: Amendments to the Investment Companies Act and Foreign Investment Act (Part I), in: Journal of International Banking Law, Jg. 12, 1997, S. 185-251.

Peemöller, Volker H./Geiger, Thomas/Fiedler, H., Pensionsfonds als Chance für die betriebliche Altersversorgung – eine empirische Untersuchung, in: DB, Jg. 52, 1999, S. 809-814.

Pellens, Bernhard/Hillebrandt, Franca, Vorzugsaktien vor dem Hintergrund der Corporate Governance-Diskussion, in: AG, Jg. 46, 2001, S. 57-67.

Peltzer, Martin, Haftungsgeneigte Personalentscheidungen des Aufsichtsrats, in: Unternehmen und Unternehmensführung im Recht, Festschrift für Johannes Semler zum 70. Geburtstag, hrsg, von Marcus Bierich, Berlin u.a. 1993, S. 261-275.

Peters, Klaus, Der vertragliche Rangrücktritt von Forderungen, Versuch einer Bestandsaufnahme, Teil II, in: WM, Jg. 42, 1988, S. 685-694.

Petersen, Mitchell A./Rajan, Raghuram G., The benefits of lending relationships: Evidence from small business data, in: JoF, Jg. 49, 1995, S. 407-444.

Pflüger, Hansjörg, was sind banktübliche Geschäfte?, in: PIStB, 2003, S. 1-4.

Piehler, Klaus, Die Stimmbindungsabrede bei der GmbH, in: DStR, Jg. 47, 1992, S. 1654-1661.

Piltz, Detlev Jürgen/Fahnauer, Martin/Wassermeyer, Franz, Unternehmensfinanzierung im internationalen Steuerrecht, Forum der Internationalen Besteuerung, Köln 1995.

Pötzsch, Thorsten, Das Dritte Finanzmarktförderungsgesetz, in: WM, Jg. 52, 1998, S. 949-996.

Poseck, Roman, Die Klage des Aufsichtsrats gegen die Geschäftsführung des Vorstandes, in: DB, Jg. 49, 1996, S. 2165-2169.

Posner, Dirk, Early Stage-Finanzierungen, Diss., Wiesbaden 1996.

Pougin, Erwin, Genussrechte, Stuttgart 1987.

Pougin, Erwin, Genussrechte, in: Festschrift für Walter Oppenhoff zum 80. Geburtstag, hrsg. von Jagenburg, Walter/Maier-Reimer, Georg/Verhoeven, Thomas, München 1985, S. 275-290.

Priester, Hans-Joachim, Gläubigerrücktritt zur Vermeidung der Überschuldung, in: DB, Jg. 30, 1977, S. 2429-2434.

Priester, Hans-Joachim, Drittbindung des Stimmrechts und Satzungsautonomie, in: Handelsrecht und Wirtschaftsrecht in der Bankpraxis, Festschrift für Winfried Werner zum 65. Geburtstag am 17. Oktober 1984, hrsg. von Walther Hadding, Berlin 1984, S. 657-679.

Priester, Hans-Joachim, Die kleine AG – ein neuer Star unter den Rechtsformen?, in: BB, Jg. 51, 1996, S. 333-339.

Priester, Hans-Joachim, Vertragsgestaltung bei der GmbH & Co. KG, 3. Aufl., Köln 2000.

Pyszka, Tillmann/Brauer, Michael, Einschränkung der Steuerbefreiung von Dividenden und Veräußerungsgewinnen bei Holdinggesellschaften, in: BB, Jg. 57, 2002, S. 1669-1674.

Pyszka, Tillmann, Einschränkung der Freistellung von Dividenden und Veräußerungsgewinnen gemäß § 8 Abs. 7 KStG bei Zwischenschaltung von Personengesellschaften, in: BB, Jg. 57, 2002, S. 2049-2051.

Pyszka, Tillmann/Brauer, Michael, Besteuerung des Eigenhandels nach § 8b Abs. 7 KStG: „Umwidmung" von Anteilen als Gestaltungschance für Finanzunternehmen?, Replik zu Dreyer/Herrmann, DStR 2002, 1837, in: DStR, Jg. 41, 2003, S. 277-278.

Raiser, Thomas, Recht der Kapitalgesellschaften, 3. Aufl., München 2001.

Raiser, Thomas, 100 Bände BGHZ: GmbH-Recht – Die Treupflichten im GmbH-Recht als Beispiel der Rechtsfortbildung, in: ZGR, Jg. 151, 1987, S. 422-443.

Rajan, Raghuram G./Zingales, Luigi, What do we know about capital structure? Some evidence from international data, in: JoF, Jg. 50, S. 1421-1460.

Rasner, Henning, Die atypische stille Gesellschaft, Ein Institut des Gesellschaftsrechts, Diss., Bielefeld 1961.

Reckinger, Gabriele, Vorzugsaktien in der Bundesrepublik, in: AG, Jg. 28, 1983, S. 216-222.

Renner, Cornelius, Die Stellung des atypisch stillen Gesellschafters in der Insolvenz des Geschäftsinhabers, in: ZIP, Jg. 23, 2002, S. 1430-1436.

Reusch, Peter, Eigenkapital und Eigenkapitalersatz im Rahmen der stillen Gesellschaft, in: BB, Jg. 44, 1989, S. 2358-2365.

Reusch, Peter, Zur Einordnung der Genussrechte zwischen Vorzugsaktie und Gewinnschuldverschreibung, in: Recht und Praxis der Genussscheine, hrsg. von Karl Dietrich Bundschuh, Walther Hadding und Uwe H. Schneider, Frankfurt a.M. 1987, S. 21-34.

Reuter, Dieter, Der Partizipationsschein als Form der Mitarbeiterbeteiligung, in: Festschrift für Robert Fischer, Berlin u.a. 1979, S. 605-625.

Reuter, Dieter, Gutachten B für den 55. Deutschen Juristentag, in: DJT, Bd. I, Hamburg 1984, S. B 24-B 73.

Reuter, Dieter, Genuß ohne Reue?, in: AG, Jg. 30, 1985, S. 104-107.

Rhunka, John C./Young, John E., Some Hypotheses about Risk in Venture Capital Investing, in: JoBV, Jg. 6, 1991, S. 115-133.

Rich, Stanley R./Gumpert, David E., How to write a winning business plan, in: The Entrepreneurial Venture, hrsg. von William A, Sahlman und Howard H. Stevenson, Boston, 1992, S. 127-137.

Riegger, Bodo/Weipert, Lutz (Hrsg.), Münchener Handbuch des Gesellschaftsrechts, Band 2, Kommanditgesellschaft – GmbH & Co. KG – Publikums-KG – Stille Gesellschaft, 2. Aufl., München 2004.

Ritzrow, Manfred, Innengesellschaft als Mitunternehmerschaft im Sinne des § 15 Abs. 1 Nr. 2 EStG, in: StBp, Jg. 39, 1999, S. 177-183 und 197-201.

Roberts, Michael J./Stevenson, Howard H., Alternative Sources of Financing, in: The Entrepreneurial Venture, hrsg. von William A, Sahlman und Howard H. Stevenson, Boston, 1992, S. 171-178.

Rodin, Andreas/Veith, Amos, Zur Abgrenzung zwischen privater Vermögensverwaltung und gewerblicher Tätigkeit bei Private Equity-Pools, in: DB, Jg. 54, 2001, S. 883-887.

Rödder, Thomas/Schumacher, Andreas, Das Steuervergünstigungsabbaugesetz, in: DStR, Jg. 41, 2003, S. 805-819.

Rödder, Thomas/Schumacher, Andreas, Das BMF-Schreiben zu § 8b KStG, in: DStR, Jg. 41, 2003, S. 909-916.

Rödder, Thomas/Schumacher, Andreas, Erster Überblick über die geplanten Steuerverschärfungen und -entlastungen für Unternehmen zum Jahreswechsel 2003/2004, in: DStR, Jg. 41, 2003, S. 1725-1736.

Rogall, Matthias, Steuerliche Einflussfaktoren beim Kapitalgesellschaftskauf, in: DStR, Jg. 41, 2003, S. 750-756.

Ross, Stephen A./Westerfield, Randolph W./Jaffe, Jeffrey F., Corporate Finance, 6. Aufl., New York 2002.

Rozijn, Michael, Wandelanleihe mit Wandlungspflicht, Eine deutsche Equity Note?, Arbeitspapier Nr. 55, Universität Osnabrück, Institut für Handels- und Wirtschaftsrecht 1998.

Ruppen, Daniel A., Corporate Governance bei Venture Capital-finanzierten Unternehmen, Diss., St. Gallen 2001.

Sahlman, William A., The structure and governance of venture-capital organizations, in: JoFE, Jg. 27, 1990, S. 473-521.

Sahlman, William A., Aspects of Financial Contracting in Venture Capital, in: Journal of Applied Corporate Finance, Jg. 11, 1998, S. 23-36.

Sahlman, William/Stevenson, Howard H./Roberts, Michael J./Bhidé, Amar, Introduction zu The Entrepreneurial Venture, 2. Aufl., Boston, Mass. 1999.

Salis-Lütolf, Ulysses von, Risiko- und Gewinnverteilung bei privaten Finanzierungen, Rechtlicher Gestaltungsspielraum bei Finanzierungsverträgen für Start-Ups und KMU, in: SJZ, Jg. 97, 2001, S. 213-224.

Sarasvathy, Saras D., Seminar on Research Perspectives in Entrepreneurship (1997), in: JoBV, Jg. 15, 1999, S. 1-57.

Schäfer, Carsten, Stimmrechtslose Anteile in der GmbH, 1375, in: GmbHR, Jg. 89, 1998, S. 113-119 (Teil 1) und 168-174 (Teil 2).

Schäfer, Frank A., Genussscheine mit Eigenkapitalcharakter, Besprechung der Entscheidung OLG Düsseldorf WM 1991, in: WM, Jg. 45, 1991, S. 1941-1976.

Schäfer, Frank A., Wandel- und Optionsanleihen in Deutschland, Praxisprobleme von Equity-linked Emissionen, in: Wandel- und Optionsanleihen in Deutschland, hrsg. von Marcus Lutter und Heribert Hirte, Sonderheft 16 der ZGR, Berlin 2000, S. 62-85.

Schauerte, Werner, Die Entwicklung des Beteiligungsmarktes in Deutschland, in: BVK-Jahrbuch 2002, S. 11-18.

Scheffler, Wolfram, Veräußerung von Kapitalgesellschaften aus steuerlicher Sicht – share deal oder asset deal?, in: StuW, Jg. , 2001, S. 293-307.

Schilling, Wolfgang, Rechtsform und Unternehmen, Festschrift für Konrad Duden zum siebzigsten Geburtstag, hrsg. von Hans-Martin Pawlowski, München 1977, S. 537-553.

Schlitt, Michael/Beck, Markus, Spezielle Probleme bei stillen Beteiligungen im Vorfeld eines Börsengangs, in: NZG, Jg. 4, 2001, S. 688-694.

Schlumberger, Erik/Schüler, Andreas, Steuerlich bedingte Wertbeiträge sonstiger Rückstellungen: Eine empirische Untersuchung, in: ZBB, Jg. 15, S. 360-368.

Schlumberger, Erik/Schüler, Andreas, Die Wirkung sonstiger Rückstellungen auf den Unternehmenswert im Halbeinkünfteverfahren, in: BFuP, Jg. 55, 2003, S. 225-239.

Schmid, Jürgen/Hamann, Hartmut, Die Einlage des atypisch stillen Gesellschafters als haftendes Eigenkapital, in: DStR, Jg. 30, 1992, S. 950-953.

Schmidt, Hartmut, Venture Capital und Eigenfinanzierung kleiner Unternehmen im Wege der öffentlichen Emnission als komplementäre Alternativen, in: Finanzierungshandbuch, hrsg. von Christians, Friedrich Wilhelm, 2. Aufl., Wiesbaden 1988, S. 297-310.

Schmidt, Karsten, Informationsrechte in Gesellschaften und Verbänden, Ein Beitrag zur gesellschaftsrechtlichen Institutionenbildung, Heidelberg 1984.

Schmidt, Karsten, Gesellschaftsrecht, 4. Auflage, Köln u.a. 2002.

Schmidt, Karsten, Das Vollstreckungs- und Insolvenzrecht der stillen Gesellschaft, in: KTS, Jg. 38, 1977, S. 1-22 und 65-80.

Schmidt, Karsten, Die Vertragsparteien bei der stillen Gesellschaft, in: Der Betrieb, Jg. 29, 1976, S. 1705-1709.

Schmidt, Karsten, Die Kreditfunktion der Stillen Einlage, in: ZHR, Jg. 140, 1976, S. 475-493.

Schmidt, Karsten, Die Eigenkapitalausstattung der Unternehmen als rechtspolitisches Problem, in: JZ, Jg. 39, 1984, S. 771-786.

Schmidt, Karsten, Quasi-Eigenkapital als haftungsrechtliches und als bilanzrechtliches Problem; in: Bilanz- und Konzernrecht – Festschrift zum 65. Geburtstag von Dr. Dr. h.c. Reinhard Goerdeler, hrsg. von Hans Havermann, Düsseldorf, 1987, S. 487-509.

Schmidt, Karsten, Anfechtungsbefugnisse von Aufsichtsratmitgliedern, in: Unternehmen und Unternehmensführung im Recht, Festschrift für Johannes Semler zum 70. Geburtstag, hrsg, von Marcus Bierich, Berlin u.a. 1993, S. 329-345.

Schmidt, Karsten, Insolvenzordnung und Gesellschaftsrecht, in: ZGR, Jg. 27, 1998, S. 633-671.

Schmidt, Karsten (Hrsg.), Münchener Kommentar zum Handelsgesetzbuch, Band 3, Zweites Buch, Handelsgesellschaften und stille Gesellschaft, §§ 161-237, Konzernrecht der Personengesellschaften, München 2002.

Schmidt, Ludwig (Hrsg.), EStG, Einkommensteuergesetz, Kommentar, 23. Aufl., München 2004.

Schmidt, Ludwig/Müller, Thomas/Stöcker, Ernst E., Die Organschaft im Körperschaftsteuer-, Gewerbesteuer- und Umsatzsteuerrecht, 6. Aufl., Herne u.a. 2003.

Schmidt, Lutz/Hageböke, Jens, Gewerbesteuer bei der Veräußerung eines Mitunternehmeranteils an einer Obergesellschaft einer doppelstöckigen Personengesellschaft nach § 7 Satz 2 Nr. 2 GewStG, in: DB, Jg. 56, 2003; S. 790-794.

Schmidt, Reinhard H., Venture Capital aus der Sicht der Finanzierungstheorie, BFuP, Jg. 37, 1985, S. 421-437.

Schmidtke, Axel, Praxis des Venture-Capital-Geschäftes, Landsberg am Lech 1985.

Schmitt, Joachim/Hörtnagl, Robert/Stratz, Rolf-Christian, Umwandlungsgesetz – Umwandlungssteuergesetz, 3. Aufl., München 2001.

Schneider, Dieter, Ein Ertragswertverfahren als Ersatz fehlender Handelbarkeit stiller Beteiligungen?, in: BB, Jg. 40, 1985, S. 1677-1684.

Schneider, Dieter, Lücken bei der Begründung einer „Eigenkapitallücke", in: DB, Jg. 39, 1986, S. 2293-2298.

Schneider, Dieter, Messung des Eigenkapitals als Risikokapital, in : Der Betrieb, Jg. 40, 1987, S. 185-191.

Schneider, Uwe H., Stimmrechtsbeschränkungen im amerikanischen Aktien- und Kapitalmarktrecht, in: Beiträge zum Handels- und Wirtschaftsrecht, Festschrift für Fritz Rittner zum 70. Geburtstag, hrsg. von Manfred Löwisch, München 1991, S. 613-627.

Schön, Wolfgang, Die stille Beteiligung an dem Handelsgewerbe einer Kommanditgesellschaft, in: ZGR, Jg. 19, 1990, S. 220-248.

Scholtz, Rolf-Detlef, Beteiligungs-Sondervermögen, in: Handels- und Steuerrecht, Festschrift für Prof. Dr. Dr. h.c. Georg Döllerer, hrsg. von Knobbe-Keuk, Brigitte u.a., Düsseldorf, 1988, S. 553-569.

Scholz, Franz (Begr.), Kommentar zum GmbH-Gesetz mit Anhang Konzernrecht, Band I, §§ 1-44, 9. Aufl., Köln 2000.

Scholz, Franz (Begr.), Kommentar zum GmbH-Gesetz mit Anhang Konzernrecht, Band II, §§ 45-87, 9. Aufl., Köln 2002.

Schoor, Walter, Die GmbH & Still im Steuerrecht, 3. Aufl., Herne/Berlin 2001.

Schott, Konrad, Genussscheine – Inhaltsbestimmung von Genussrechtsverhältnissen, Diss., Frankfurt a.M. 1995.

Schröder, Christoph, Strategien und Management von Beteiligungsgesellschaften – Ein Einblick in Organisationsstrukturen und Entscheidungsprozesse von institutionellen Eigenkapitalinvestoren, Baden-Baden 1992.

Schudt, Helmut, Der Genussschein als genossenschaftliches Finanzierungsinstrument, Marburg 1974.

Schumann, Günter, Optionsanleihen: Rechtliche Grundlagen und aktuelle Probleme, Diss., Köln u.a. 1989.

Schüppen, Matthias/Ehlermann, Christian, Corporate Venture Capital, Köln 2000.

Schulte, Christian/Waechter, Thomas, Atypische stille Beteiligungen und § 294 AktG – neue Fassung, alte Probleme?, in: GmbHR, Jg. 93, 2002, S. 189-192.

Schulze-Osterloh, Joachim, Das Recht der Unternehmensverträge und die stille Beteiligung an einer Aktiengesellschaft, in: ZGR, Jg. 3, 1974, S. 427-460.

Schulze-Osterloh, Joachim, Rangrücktritt, Besserungsschein, eigenkapitalersetzende Darlehen, in: WP, Jg. 49, 1996, S. 97-106.

Schulze-Osterloh, Joachim, Der atypische stille Gesellschafter ist der typische stille Gesellschafter!, in: Festschrift für Heinrich Wilhelm Kruse zum 70. Geburtstag, hrsg. von Walter Drenseck, Köln 2001, S. 377-393.

Schulze zur Wiesche, Dieter, Völlige Gleichstellung der atypisch stillen Gesellschaft mit der Personenhandelsgesellschaft?, in: DStZ, Jg. 86, 1998, S. 285-288.

Schulze zur Wiesche, Dieter, Zur Bilanzierung von typischen stillen Beteiligungen, in: Rechenschaftslegung im Wandel, Festschrift für Wolfgang Dieter Budde, hrsg. von Gerhart Förschle, München 1995, S. 579-597.

Schulze zur Wiesche, Dieter, Mitunternehmerschaft und Mitunternehmerstellung, in: DB, Jg. 50, 1997, S. 244-247.

Schulze zur Wiesche, Dieter, Die atypische stille Gesellschaft, in: FR, Jg. 79, 1997, S. 405-408.

Schulze zur Wiesche, Dieter, Die GmbH & atypisch Still – ein großer Verlierer der neuen Steuergesetzgebung, in: BB, Jg. 58, 2003, S. 713-714.

Schwarze, Gerhard/Heuermann, Friedo, Genussrechte, in: StBp, Jg. 23, 1983, S. 200-206

Schwedhelm, Rolf, Ist der stille Gesellschafter als Geschäftsführer der GmbH & Still Mitunternehmer?, in: GmbHR, Jg. 85, 1994, S. 445-448.

Schwendy, Klaus, Mitunternehmerschaft, in: LSW, Gruppe 4/237, S. 1-10.

Schwetzler, Bernhard, Eigenkapitalausstattung und Investitionstätigkeit, in: ZBB, Jg. 1, 1989, S. 188-201.

Schwetzler, Bernhard, Bewertung von Wachstumsunternehmen, in: Investor Relations am Neuen Markt – Zielgruppen, Instrumente, rechtliche Rahmensbedingungen und Kommunikationsinhalte, hrsg. von Achleitner, Ann-Kristin und Bassen, Alexander, Stuttgart 2001, S. 61-96.

Seibert, Ulrich, Das „TransPuG", Gesetz zur weiteren Reform des Aktien- und Bilanzrechts, zu Transparenz und Publizität (Transparenz- und Publizitätsgesetz) – Diskussion im Gesetzgebungsverfahren und endgültige Fassung, in: NZG, Jg. 5, 2002, S. 608-613.

Senger, Michael/Vogelmann, Axel, Die Umwandlung von Vorzugsaktien in Stammaktien, in: AG, Jg. 47, 2002, S. 193-214.

Servatius, Bernhard, Ordnungsgemäße Vorstandskontrolle und vorbereitende Personalauswahl durch den Aufsichtsratsvorsitzenden in: AG, Jg. 40, 1995, S. 223-225.

Shyam-Sunder, Lakshimi/Myers, Stewart C., Testing Static Trade-Off Against Pecking Order Models of Capital Structure, NBER Working Paper Series, Working Paper Nr. 4722, Cambridge, Mass. 1994.

Siebel, Ulf R., Vorzugsaktien als „Hybride" Finanzierungsform und ihre Grenzen, in: ZHR, Jg. 161, 1997, S. 628-664.

Silberberger, Axel, Der Partizipationsschein als Möglichkeit einer Mitarbeiterbeteiligung, Diss., Stuttgart 1983.

Simon, Mark/Houghton, Susan M./Aquino, Karl, Cognitive Biases, Risk Perception, and Venture Formation: How Individuals decide to start companies, in: JoBV, Jg. 15, 2000, S. 113-134.

Smid, Stefan (Hrsg.), Insolvenzordnung (InsO) mit insolvenzrechtlicher Vergütungsverordnung (InsVV), Kommentar, 2. Aufl., Stuttgart u.a. 2001.

Smith, Clifford, Raising Capital: Theory and Evidence, in: The New Corporate Finance: Where Theory meets Practice, hrsg. von Donald J. Chew, Jr., New York 1993, S. 178-194.

Smith, Richard L./Smith, Janet Kiholm, Entrepreneurial Finance, New York, 2000.

Smithson, Charles W./Chew, Donald H., The Uses of Hybrid Debt in Managing Corporate Risk, in: The New Corporate Finance, Where Theory Meets Practice, hrsg. von Donald H. Chew, 2. Aufl., Boston u.a. 1998, S. 392-402.

Sonnenberger, Hans-Jürgen, Das Darlehen des GmbH-Gesellschafters als Mittel der Gesellschaftsfinanzierung, in: NJW, Jg. 22, 1969, S. 2033-2038.

Sontheimer, Jürgen, Die steuerliche Behandlung von Genussrechten, in: BB, Jg. 39, 1984, Beilage 19, S. 1-8.

Spieth, Eberhard/Förschle, Gerhart, Institutionen der Unternehmensüberwachung und bestehende Interdependenzen bei der Aktiengesellschaft, in: Rechnungslegung, Prüfung und Beratung, Festschrift zum 70.Geburtstag von Prof. Dr. Rainer Ludewig, hrsg. von Jörg Baetge, Düsseldorf 1996, S. 1049-1088.

Steding, Rolf, Der Unternehmensbeirat – Rechtsstellung, Funktion und Zusammensetzung, in: BuW, Jg. 53, 1999, S. 381-384.

Steding, Rolf, Verstärkung der Atypizität – Entwicklungstrend des typisierten Gesellschaftsrechts?, in: NZG, Jg. 3, 2000, S. 182-185.

Stehle, Richard, Vergleich von Aktien und festverzinslichen Wertpapieren auf Basis des DAX und des REXP, Working Paper Humboldt-Universität zu Berlin, 1999.

Stein, Jeremy C., Convertible Bonds as Backdoor Equity Financing, in: JoFE, Jg. 32, 1992, S. 3-21.

Steindorff, Ernst, Buchbesprechung von Kamprad, Balduin, Gesellschafterdarlehen an die GmbH als verdeckte Stammeinlagen, in: ZHR, Jg. 132, 1969, S. 280-282.

Stern, Joel M./Chew, Donald H. (Jr.) (Hrsg.), The Revolution in Corporate Finance, 4. Aufl., Malden 2003.

Sterner, Ingo/Balmes, Frank, Vermögensverwaltende Kapitalgesellschaften und Holdingkapitalgesellschaften – Chance oder Steuerfalle?, in: FR, Jg. 84, 2002, S. 993-995.

Sterzenbach, Karl-Heinz, GmbH & Still, Vorzüge und steuerliche Besonderheiten einer beliebten Rechtsform, in: BuW, Jg. 55, 2001, S. 77-80.

Stevenson, Howard H., A Perspective on Entrepreneurship, in: New Business Ventures and the Entrepreneur, hrsg. von Howard H. Stevenson/Michael J. Roberts/H. Irving Grousbeck, 4. Aufl., Chicago u.a. 1993.

Stochek, Uwe/Lauermann, Hans-Ulrich/Peter, Alexander F., Anwendbarkeit von § 8b Abs. 7 KStG auf Holding- und Beteiligungsgesellschaften, in: NWB, Fach 4, S. 4647-4658.

Stodolkowitz, Heinz Dieter, Gerichtliche Durchsetzung von Organpflichten in der Aktiengesellschaft, in: ZHR, Jg. 154, 1990, S. 1-23.

Strahl, Martin, Die typisierende Betrachtungsweise im Steuerrecht, Diss., Köln 1996.

Streck/Mack/Schwedhelm, Steuer-Journal, Ausschluss von der Steuerfreistellung für Gewinne aus der Veräußerung von Kapitalbeteiligungen – BMF-Schreiben vom 25.07.2002 zu § 8b Abs. 7 KStG, in: AG, Jg. 47, 2002, S. 556-557.

Stulz, René M., Rethinking Risk Management, in: The Revolution in Corporate Finance, hrsg. von Stern, Joel M./Chew, Donald H. (Jr.), 2003, S. 367-384.

Stulz, René M., Merton Miller's Contribution to Modern Finance, in: The Revolution in Corporate Finance, hrsg. von Stern, Joel M./Chew, Donald H. (Jr.), 2003, S. 590-602.

Stützle, Rudolf/Walgenbach, Joachim, Leitung der Hauptversammlung und Mitspracherechte der Aktionäre in Fragen der Versammlungsleitung, in: ZHR, Jg. 155, 1991. S. 516-544.

Sudhoff, Heinrich, Die GmbH & Co. StG, in: DB, Jg. 22, 1969, S. 2069-2074.

Swoboda, Peter, Der Risikograd als Abgrenzungskriterium von Eigen- und Fremdkapital, in: Information und Produktion, Festschrift für Waldemar Wittmann, hrsg. von Siegmar Stöppler, Stuttgart 1985, S. 343-361.

Ter Meulen, Edzard, Der Beteiligungsvertrag, in: Die Kapitalbeteiligungsgesellschaft in Theorie und Praxis, Zum 60. Geburtstag von Prof. Dr. Hans Joachim Krahnen, hrsg. von Klaus Juncker und Klaus Schlegelmilch, Frankfurt a.M. 1976, S. 103-114.

Theisen, Manuel R., Grundsätze ordnungsgemäßer Kontrolle und Beratung der Geschäftsführung durch den Aufsichtsrat, in: AG, Jg. 40, 1995, S. 193-203.

Thielemann, Arno, Das Genussrecht als Mittel der Kapitalbeschaffung und der Anlegerschutz, Diss., Pfaffenweiler 1988.

Thoma, Georg F./Steck, Kai-Uwe, Die Investmentaktiengesellschaft (closed-end fund), in: AG, Jg. 46, 2001, S. 330-337.

Thorn, Arnd/Geese, Thomas/Otto, Lieselotte, Handbuch für die Besteuerung von Fondsvermögen, 2. Aufl., Neuwied 2002.

Thünnesen, Dieter, Genussscheine als Finanzierungsmittel in der deutschen Wirtschaftsgeschichte und in der heutigen Unternehmenspraxis, in: Recht und Praxis der Genussscheine, hrsg. von Karl Dietrich Bundschuh, Walther Hadding und Uwe H. Schneider, Frankfurt a.M. 1987, S. 9-19.

Tibo, Frank, Die Besteuerung von Termingeschäften im Betriebsvermögen gem. § 15 Abs. 4 EStG, in: DB, Jg. 53, 2001, S. 2369-2372.

Timmons, Jeffry A./Byegrave, William D., Venture Capital's Role in Financing Innovation for Economic Growth, in: JoBV, Jg. 1, 1986, S. 161-176.

Timmons, Jeffrey A., New Venture Creation, 4. Aufl., Chicago 1994.

Titman, Sheridan/Wessels, Roberto, The Determinants of Capital Structure, in: JoF, Jg. 43, 1988, S. 1-19.

Tittel, Hans-Ullrich, Gesellschafterdarlehen im Konkurs der GmbH, Diss., München 1969.

Todtenhöfer, Frank, Die Übertragbarkeit der Grundsätze über Kapitalaufbringung und Kapitalerhaltung auf Genussrechte, Diss., Köln 1996.

Töben, Thomas, Keine Gewerbesteuer auf Dividenden und auf Gewinne aus der Veräußerung von Anteilen an Kapitalgesellschaften bei Zwischenschaltung einer Personengesellschaft, in: FR, Jg. 84, S. 361-373.

Trester, Jeffrey J., Three essays in venture capital and intermediation, Diss., University of Pennsylvania, 1993.

Trester, Jeffrey J., Venture capital contracting under asymmetric information, in: JoBF, Jg. 22, 1998, S. 675-699.

Uhlenbruck, Wilhelm (Hrsg.), Insolvenzordnung, Kommentar, 12. Aufl., München 2003.

Ulmer, Peter, Die Anpassung der Satzungen mitbestimmter Aktiengesellschaften an das MitbestG 1976, München 1980.

Vollath, Stefan, Umwandlung von Vorzugsaktien in Stammaktien, in: StuB, Jg. 3, 2001, S. 612-613.

Vollmer, Lothar, Der Genussschein – ein Instrument für mittelständische Unternehmen zur Eigenkapitalbeschaffung an der Börse, in: ZGR, Jg. 12, 1983, S. 445-475.

Vollmer, Lothar/Lorch, Bernhard, Der Schutz des aktienähnlichen Genusskapitals bei Kapitalveränderungen, in: ZBB, Jg. 4, 1992, S. 44-50.

Vollmer, Lothar, Die Unternehmensbeteiligungsgesellschaften nach der Reform des UBGG, in: ZBB, Jg. 10, 1998, S. 221-276.

Wagner, Siegfried, Probleme bei der Umsetzung der Sonderregelung des § 8b Abs. 7 KStG für „Finanzdienstleister", in: StBp, Jg. 42, 2002, S. 361-366.

Wagner, Siegfried, Das Verlustausgleichs- und -abzugsverbot nach § 15 Abs. 4 EStG, insbesondere bei Termingeschäften und bei stillen Gesellschaften, in: DStZ, Jg. 91, 2003, S. 798-803.

Wahl, Adalbert, Die Vermögenseinlage des atypischen stillen Gesellschafters in der Handelsbilanz und im Überschuldungsstatus der GmbH, in: GmbHR, Jg. 66, 1975, S. 169-177.

Wahl, Adalbert, Einkommensteuerliche Gleichwertigkeit von Mitunternehmerschaften mit und ohne Gesamthandsvermögen?, Zur bilanziellen Behandlung des Abfindungsguthabens des ausscheidenden atypischen stillen Gesellschafters bei einer Kapitalgesellschaft als Inhaber des Handelsgeschäfts, in: Handelsbilanzen und Steuerbilanzen: Festschrift zum 70. Geburtstag von Prof. Dr. h.c. Heinrich Beisse, hrsg. von Wolfgang Dieter Budde u.a., Düsseldorf 1997, S. 521-528.

Waldenberger, Arthur, Sonderrechte der Gesellschafter einer GmbH – ihre Arten und ihre rechtliche Behandlung, in: GmbHR, Jg. 88, 1997, S. 49-56.

Wallis, Hugo von/Brandmüller, Gerhard, Besteuerung der Personen- und Kapitalgesellschaften, 3. Aufl., Heidelberg 1991.

Wassermann, Peter, Genussscheine – Anmerkungen aus der Sicht der Börse, in: Der langfristige Kredit, Jg. 39, 1988, S. 628-633.

Watrin, Christoph, Disquotale Gewinnverteilung bei Private Equity-Fonds, in: BB, Jg. 57, 2002, S. 811-814.

Watrin, Christoph/Gocksch, Sebastian, Problembereiche der Besteuerung inländischer Private Equity-Fonds, in: DB, Jg. 55, 2002, S. 341-345.

Weber, Hans-Jürgen, Die Konkretisierung von Gewinnbezugsrechten im Handels- und Steuerrecht bei Kapitalgesellschaften, in: StBp, Jg. 28, 1988, S. 179-188.

Weber, Klaus, Ende der typisch stillen Beteiligung bei beherrschendem Einfluss?, in: DB, Jg. 45, 1992, S. 546-549.

Weber, Klaus, Die Bedeutung der Geschäftsführer-Tätigkeit für die Annahme einer atypischen GmbH & Still, in: GmbHR, Jg. 85, 1994, S. 144-152.

Weber, Martin, Die Entwicklung des Kapitalmarktrechts 1998-2000: Publizität, Insiderrecht und Kapitalmarktaufsicht, in: NJW, Jg. 53, 2000, S. 3461-3473.

Weber, Theo, Der Einfluss von Beteiligungskapital auf die Beteiligungsunternehmen und die deutsche Wirtschaft, in: BVK-Jahrbuch 2001, S. 19-30.

Wedel, Hermann, Der Partizipationsschein als Kapitalbeschaffungsmittel der Aktiengesellschaften, Diss., Augsburg 1968.

Weigl, Gerald, Anwendungs- und Problemfelder der stillen Gesellschaft, in: DStR, Jg. 37, 1999, S. 1568-1576.

Weilbach, Erich A./Weilbach, Helmut, Die Mitunternehmerschaft im Lichte der neuen Rechtsprechung des BFH, in: StB, Jg. 51, 2000, S. 176-179.

Weilbach, Erich A./Weilbach, Helmut, Paradigmawechsel der BFH-Rechtsprechung zur stillen Gesellschaft, in: StuB, Jg. 2, 2001, S. 76-79.

Weimar, Robert, Die GmbH & Still im Fortschritt des Gesellschaftsrecht, in: ZIP, Jg. 14, 1993, S. 1509-1524.

Weimerskirch, Pierre, Finanzierungsdesign bei Venture-Capital-Verträgen, 2. Aufl., Wiesbaden 2001.

Weingart, Sonja, Zur Leistungsfähigkeit von Finanzintermediären – Analyse unter besonderer Berücksichtigung des Gesetztes über Unternehmensbeteiligungsgesellschaften (UBGG), Frankfurt a.M. 1994.

Weiss, Lawrence A., Bankruptcy resolution: Direct Costs and violation of Priority of Claims, in: JoFE, Jg. 27, 1990, S. 285-314.

Weitnauer, Wolfgang, Handbuch Venture Capital – Von der Innovation zum Börsengang, 2. Aufl., München 2001.

Weitnauer, Wolfgang, Rahmenbedingungen und Gestaltung von Private Equity Fonds, in: FB, Jg. 3, 2001, S. 258-271.

Weitnauer, Wolfgang, Der Beteiligungsvertrag, in: NZG, Jg. 4, 2001, S. 1065-1073.

Wendt, Michael, Veräußerungsgewinn einer Kapitalgesellschaft unterliegt der GewSt, in: FR, Jg. 84, 2002, S. 39-40.

Wengel, Torsten, Genussrechte im Rahmen der Bilanzanalyse, in: DStR, Jg. 38, 2000, S. 395-400.

Wengel, Torsten, Die handelsrechtliche Eigen- und Fremdkapitalqualität von Genussrechtskapital, in: DStR, Jg. 39, 2001, S. 1316-1324.

Wenger, Ekkehard, Die Steuerfreiheit von Veräußerungsgewinnen: Systemwidrigkeiten und systematische Notwendigkeiten, in: StuW, Jg. 77, 2000, S. 177-181.

Werner, Winfried, Schwerpunkte der Novellierung des Kreditwesengesetzes, in: ZHR, Jg. 149, 1985, S. 236-260.

Westerfelhaus, Herwarth, Die stille Gesellschaft im Bilanzrecht, in: DB, Jg. 41, 1988, S. 1173-1179.

Westermann, Harm Peter, Vertragsfreiheit und Typengesetzlichkeit im Recht der Personengesellschaften, Habil., Berlin u.a. 1970.

Westermann, Harm Peter, Das Gesellschaftsrecht zwischen bürgerlichem Recht, Steuerrecht und Bilanzrecht, in: Bilanz- und Konzernrecht – Festschrift zum 65. Geburtstag von Dr. Dr. h.c. Reinhard Goerdeler, hrsg. von Hans Havermann, Düsseldorf 1987, S. 697-722.

Westermann, Harm Peter, Anmerkung zum Urteil des LG Bielefeld vom 16.11.1999 – 15 O 91/98, in: ZIP, Jg. 21, 2000, S. 25-27.

Westphal, Horst, Gestaltung und Bewertung von Genussscheinkapital, Chancen und Risiken aus Emittenten- und Anlegersicht, Diss., Bochum 1994.

White, Michelle J., Bankruptcy Costs and the New Bankruptcy Code, in: JoF, Jg. 38, 1983, S. 477-488.

Wiedemann, Herbert, Eigenkapital und Fremdkapital, Eine gesellschaftsrechtliche Zwischenbilanz, in: Festschrift für Karl Beusch zum 68. Geburtstag am 31. Oktober 1993, hrsg. von Heinrich Beisse, Berlin u.a. 1993, S. 893-913.

Wiedemann, Herbert, Beiratsverfassung in der GmbH, in: Festschrift für Marcus Lutter zum 70. Geburtstag: deutsches und europäisches Gesellschafts-, Konzern- und Kapitalmarktrecht, hrsg. von Uwe H. Schneider, Köln 2000, S. 801-819.

Wiese, Götz T., Besteuerung von Venture Capital und Private Equity Fonds in Deutschland, in: IWB 2001/24, Vorschau und Standpunkte (Fach 2), S. 709-714.

Wiese, Götz T., Gewerblicher Handel mit Beteiligungen an Kapitalgesellschaften, Stellungnahme zur Abgrenzung von Vermögensverwaltung und gewerblichem Handel in der jüngeren Rechtsprechung und Verwaltungspraxis, in: GmbHR, Jg. 93, 2002, S. 293-298.

Wiese, Götz T./Dammer, Thomas, Zusammengesetzte Finanzinstrumente der AG, Hybride Kapitalmaßnahmen, strukturierte Anleihen und Kreditderivate im Bilanz-, Ertragsteuer- und Aktienrecht – ein Überblick, in: DStR, Jg. 37, 1999, S. 867-876.

Williamson, Oliver, Corporate finance and corporate governance, in: JoF, Jg. 43, 1988, S. 537-591.

Wimmer, Klaus (Hrsg.), Frankfurter Kommentar zur Insolvenzordnung, 3. Aufl., Neuwied u.a. 2002.

Winkeljohann, Norbert/Halfar, Bernd, Gewerbesteuerliche Vorzüge der GmbH & atypisch Still?, in: DB, Jg. 47, 1994, S. 2471-2474.

Winter, Martin, Organisationsrechtliche Sanktionen bei Verletzung schuldrechtlicher Gesellschaftervereinbarungen? Eine Skizze zur Abgrenzung von Organisationsrecht und „satzungsergänzenden" Schuldrecht bei der Kapitalgesellschaft, in: ZHR, Jg. 154, 1990, S. 259-283.

Witt, Georg, Die Organschaft im Ertragsteuerrecht, Stuttgart 1999.

Wöhe, Günter/Döring, Ulrich, Einführung in die Allgemeine Betriebswirtschaftslehre, 20. Aufl., München 2000.

Wolf, Thomas, Ausgewählte Buchungsfragen zum Eigenkapitalausweis, in: BBK, Nr. 17, 2000 (Fach 30, S. 1041), S. 829-838.

Wolff, Ulrik, Beteiligungsbesitz und Corporate Governance: Eine Effizienzanalyse institutioneller Finanzierungsbeziehungen, Diss., Wiesbaden 2000.

Wünsch, Horst, Der Genussschein iSd § 174 AktG als Instrument der Verbriefung privatrechtlicher Ansprüche, Ein Beitrag zur Lehre von den Genussrechten, in: Festschrift für Rudolf Strasser, Wien 1983, S. 871-893.

Wüst, Günther, Gestaltungsfreiheit und Typenkatalog im Gesellschaftsrecht, in: Festschrift für Konrad Duden zum siebzigsten Geburtstag, hrsg. von Hans-Martin Pawlowski, München 1977, S. 750-771.

Zacharias, Erwin/Hebig, Michael/Rinnewitz, Jürgen, Die atypisch stille Gesellschaft: Recht, Steuer, Betriebswirtschaft, 2. Aufl., Bielefeld 2000.

Zemke, Ingo, Die Unternehmensverfassung von Beteiligungskapitalgesellschaften, Diss., Wiesbaden 1995.

Ziebe, Jürgen, Der Genussschein als kapitalmarktpolitisches Instrument zur Verbesserung der Eigenkapitalausstattung von Unternehmen, in: BB, Jg. 39, 1984, S. 2210-2214.

Ziebe, Jürgen, Kapitalbeschaffung durch Genussscheine, in: BB, Jg. 43, 1988, S. 225-229.

Zimmermann, Reimar/Hottmann, Jürgen/Hübner, Heinrich/Schaeberle, Jürgen/Völkel, Dieter, Die Personengesellschaft im Steuerrecht, 8. Aufl., Bremen 2003.

Zöllner, Wolfgang, Zu Schranken und Wirkung von Stimmbindungsverträgen, insbesondere bei der GmbH, in: ZHR, Jg. 155, 1991, S. 168-189 (180/181).

Zöllner, Wolfgang, Inhaltsfreiheit bei Gesellschaftsverträgen, in: Festschrift 100 Jahre GmbH-Gesetz, von Lutter, Marcus (Hrsg.), Köln 1992, S. 85-125.

Zöllner, Wolfgang, Zur Problematik der aktienrechtlichen Anfechtungsklage, in: AG, Jg. 45, 2000, S. 145-157.

Zöllner, Wolfgang (Hrsg.), Kölner Kommentar zum Aktiengesetz, 2. Aufl, Band 2, §§ 76-117 AktG und Mitbestimmung im Aufsichtsrat, Köln u.a. 1996.

Quellenverzeichnis

Rechtsprechung

Bundesgerichtshof

RG, Urteil vom 01.02.1890 – Rep. I 304/89, in: RGZ 25, S. 41-49.

RG, Urteil vom 18.04.1913 – Rep. II 659/12, in: RGZ 82, S. 167-170.

RG, Urteil vom 17.01.1933 – II 234/32, in: RGZ 139, S. 224-230.

RG, Urteil vom 20.02.1941 – II 99/40, in: RGZ 166, S. 160-166.

RG, Urteil vom 29.01.1942 – II 118/41, in: RGZ 168, S. 284-288.

BGH, Urteil vom 30.01.1952 – II ZR 200/51, in: BGHZ 4, S. 364-369.

BGH, Urteil vom 29.10.1952 – II ZR 16/52, in: JZ, Jg. 8, 1953, S. 225-227.

BGH, Urteil vom 24.02.1954 – II ZR 3/53, in: BGHZ 12, S. 308-321.

BGH, Urteil vom 27.06.1955 – II ZR 232/54, in: BGHZ 17, S. 392-398.

BGH, Urteil vom 10.07.1958 – II ZR 320/56, in: WM, Jg. 12, 1958, S. 1336-1338.

BGH, Urteil vom 14.12.1959 – II ZR 187/57, in: BGHZ 31, S. 258-279.

BGH, Urteil vom 29.05.1967 – II ZR 105/66, in: BGHZ 48, S. 163-174.

BGH, Urteil vom 24.02.1969 – II ZR 123/67, in: BGHZ 51, S. 350-356.

BGH, Urteil vom 15.11.1971 – II ZR 130/69, in: NJW, Jg. 25, 1972, S. 1118-1119.

BGH, Urteil vom 05.11.1979 – II ZR 145/78, in: WM, Jg. 34, 1980, S. 332-333.

BGH, Urteil vom 26.11.1979 – II ZR 104/77, in: BGHZ 75, S. 334-339.

BGH, Urteil vom 24.03.1980 – II ZR 213/77, in: NJW, Jg. 33, 1980, S. 1524-1527.

BGH, Urteil vom 21.04.1980 – II ZR 144/79, in: BB, Jg. 19, 1980, S. 958-959.

BGH, Urteil vom 09.02.1981 – II ZR 38/80, in: NJW, Jg. 34, 1981, S. 2251-2252.

BGH, Urteil vom 01.03.1982 – II ZR 23/81, in: BGHZ 83, S. 341-350.

BGH, Urteil vom 20.01.1983 – II ZR 243/81, in: NJW, Jg. 36, 1983, S. 1910-1911.

BGH, Urteil vom 17.12.1984 – II ZR 36/84, in: WM, Jg. 39, 1985, S. 284-285.

BGH, Urteil vom 27.10.1986 – II ZR 240/85, in: NJW, Jg. 40, 1987, S. 1890-1892.

BGH, Urteil vom 24.10.1988 – II ZB 7/88, in: BGHZ 105, S. 324-346.

BGH, Urteil vom 07.11.1988 – II ZR 46/88, in: WM, Jg. 43, 1989, S. 14-16.

BGH, Urteil vom 25.03.1991 – II ZR 188/89, in: BGHZ 114, S. 127-137.

BGH, Urteil vom 05.10.1992 – II ZR 172/91, in: BGHZ 119, S. 305-334.

BGH, Urteil vom 15.11.1993 – II ZR 235/92, in: BGHZ 124, S. 111-128.

BGH, Beschl. vom 24.02.1997 – II ZB 11/96, in: ZIP, Jg. 18, 1997, S. 1027-1030.

BGH, Urteil vom 02.02.1998 – II ZR 117/97, in: NZG, Jg. 1, 1998, S. 304-305.

BGH, Urteil vom 08.01.2001 – II ZR 88/99, in: DStR, Jg. 39, 2001, S. 175-179.

Bundesfinanzhof

RFH, Urteil vom 17.04.1934 – I A 316/32, in: RFHE 36, S. 43-55.

BFH, Urteil vom 25.05.1962 – I 78/61 S, in: BFHE 75, S. 467-473.

BFH, Urteil vom 09.07.1969 – I R 188/67, in: BStBl. II 1969, S. 690-693.

BFH, Urteil vom 09.10.1969 – IV 294/64, in: BStBl. II 1970, S. 320-322.

BFH, Urteil vom 01.02.1973 – IV R 61/72, in: BStBl. II 1973, S. 309-313.

BFH, Urteil vom 10.11.1977 – IV B 33-34/76, in: BStBl. II 1978, S. 15-21.

BFH, Urteil vom 22.01.1981 – IV B 41/80, in: BStBl. II 1981, S. 424-427.

BFH, Urteil vom 28.01.1982 – IV R 197/79, in: BFHE 135, S. 297-300.

BFH, Urteil vom 25.06.1984 – GrS 4/82, in: BFHE 141, S. 405-443.

BFH, Urteil vom 12.11.1985 – VIII R 364/83, in. BFHE 145; S. 408-422.

BFH, Urteil vom 13.06.1989 – VIII R 47/85, in: BFHE 157, S. 192-196.

BFH , Urteil vom 29.04.1992 – XI R 58/89, in: BFH/NV 1992, S. 803-805.

BFH, Urteil vom 18.02.1993– IV R 132/91, in: BFH/NV 1993, S. 647-650.

BFH, Urteil vom 03.05.1993 – GrS 3/92, in: BFHE 171, S. 246-271.

BFH, Urteil vom 13.07.1993 – VIII R 50/92, in: BFHE 173, S. 28-38.

BFH, Urteil vom 18.12.1993 – IV R 132/91, in: BFH/NV 1993, S. 647-650.

BFH, Urteil vom 19.01.1994 – I R 67/92, in: DStR, Jg. 32, 1994, S. 651-652.

BFH, Urteil vom 03.02.1994 – III R 23/89, in: BStBl. II 1994, S. 709-711.

BFH, Urteil vom 25.07.1995 – VIII R 54/93, in: BStBl. II 1995, S. 794-797.

BFH, Urteil vom 21.09.1995 – IV R 65/94, in: BFHE 179, S. 62-66.

BFH, Urteil vom 01.08.1996 – VIII R 12/94, in: BFHE 181, S. 423-437.

BFH, Urteil vom 17.06.1997 – IV B 83/96, in: BFH/NV 1997, S. 840-842.

BFH, Urteil vom 16.12.1997 – VIII R 32/90, in: BFHE 185, S. 190-199.

BFH, Urteil vom 03.03.1998 – VIII B 62/97, in: BStBl. II 1998, S. 401-402.

BFH, Urteil vom 13.05.1998 – VIII R 81/96, in: BFH/NV 1999, S. 355-359.

BFH, Urteil vom 18.06.1998 – IV R 94/96, in: BFH/NV 1999, S. 295-298.

BFH, Urteil vom 07.07.1998 – IV B 62/97, in: BFH/NV 1999, S. 167-168.

BFH, Urteil vom 15.10.1998 – IV R 18/98, BStBl. II 1999, S. 286-291.

BFH, Urteil vom 29.10.1998 – XI R 80/97, in: BStBl. II 1999, S. 448-450.

BFH, Urteil vom 31.08.1999 – VIII R 21/98, in: HFR, Jg. 40, 2000, S. 403-405.

BFH, Urteil vom 31.08.1999 – VIII R 22/98, in: BFH/NV 2000, S. 420.

BFH-Urteil vom 09.09.1999 – IV B 18/99, in: BFH/NV 2000, S. 313-314.

BFH, Urteil vom 28.10.1999 – VIII R 66-70/97, in: BFHE 190, S. 204-210.

BFH, Urteil vom 18.06.2001 – IV B 88/00, in: BFH/NV 2001, S. 1550.

Sonstige

OLG Hamburg, Urteil vom 16.05.1986 – 11 U 219/85, in: WM, Jg. 40, 1980, S. 826-828.

Verwaltungsanweisungen

BMF, Erlaß zum Umwandlungssteuergesetz (UmwStG); Zweifels- und Auslegungsfragen, in: BStBl. I 1998, S. 268-344.

BMF, Neuregelung der Teilwertabschreibung gemäß § 6 Abs.1 Nrn. 1 und 2 EStG durch das Steuerentlastungsgesetz 1999/2000/2002; voraussichtlich dauernde Wertminderung; Wertaufholungsgebot; steuerliche Rücklage nach § 52 Abs. 16 EStG vom 25.02.2000, IV C 2 – S 2171 b – 14/00, in: BStBl. I 2000, S. 372-375.

BMF, Entwurf zur Einkommensteuerlichen Behandlung von Venture Capital Fonds und Private Equity Fonds; Abgrenzung von privater Vermögensverwaltung vom Gewerbebetrieb, IV A 6 – S 2240 –0/01_II, Stand: November 2001, S. 1-11.

BMF, Schreiben vom 25.07.2002 – IV A 2 – S 2750a – 6/02, in: FR, Jg. 84, 2002, S. 1032-1033.

BMF, Schreiben vom 16.12.2003, IV A 6 – S 2240 – 153/03, Einkommensteuerliche Behandlung von Venture Capital und Private Equity Fonds; Abgrenzung der privaten Vermögensverwaltung vom Gewerbebetrieb, www.bundesfinanzministerium.de, S. 1-8.

Gesetze, Gesetzesmaterialien, Sonstiges

Gesetz über den Wertpapierhandel und zur Änderung börsenrechtlicher und wertpapierrechtlicher Vorschriften (Zweites FMFG) vom 26.07.1994, BGBl. I 1994, S. 1749-1785.

Gesetz für kleine Aktiengesellschaften und zur Deregulierung des Aktienrechts vom 02.08.1994, BGBl. I 1994, S. 1961-1962

Gesetz zur weiteren Fortentwicklung des Finanzplatzes Deutschland (Drittes FMFG) vom 24.03.1998, BGBl. I 1998, S. 529-579.

Gesetz zur Kontrolle und Transparenz im Unternehmensbereich (KonTraG) vom 05.03.1998, BGBl. I 1998, S. 786-794.

Steuerentlastungsgesetz 1999/2000/2002 vom 24.03.1999, in: BStB. I 1999, S. 304-398.

Gesetz zur Senkung der Steuersätze und zur Reform der Unternehmensbesteuerung (Steuersenkungsgesetz – StSenkG) vom 23.10. 2000, BStBl. I 2000, S. 1428-1461.

Gesetz zur Änderung des Investitionszulagengesetzes 1999 vom 20.12.2000, BStBl. I 2001, S. 28-34.

Gesetz zur weiteren Fortentwicklung des Finanzplatzes Deutschland (Viertes FMFG), BGBl. I 2002, S. 2010-2072.

Gesetz zur weiteren Reform des Aktien- und Bilanzrechts, zu Transparenz und Publizität (Transparenz- und Publizitätsgesetz) vom 19.07.2002, BGBl. I 2002, S.
2681-2687.

Begründung zum TraPuG, BT-Drucksache 14/8769, S. 10-30 (17), abgedruckt (mit
Gesetzestext) auch in NZG, Jg. 5, 2002, S. 213-231.

Gesetz zum Abbau von Steuervergünstigungen und Ausnahmeregelungen (Steuervergünstigungsabbaugesetz – StVergAbG) vom 16.05.2003, BGBl. I 2003, S.
660-667.

Gesetz zur Modernisierung des Investmentwesens und zur Besteuerung von Investmentvermögen (Investmentmodernisierungsgesetz) vom 15.12.2003, BGBl. I
2003, S. 2676-2735.

Gesetz zur Umsetzung der Protokollerklärung der Bundesregierung zur Vermittlungsempfehlung zum Steuervergünstigungsabbaugesetz vom 22.12.2003, BGBl. I
2003, S. 2840-2845.

Verordnung über die Bewertung stiller Beteiligungen gemäß § 25d Abs. 3 des Gesetzes über Kapitalanlagegesellschaften (KAGG-Bewertungsverordnung) vom
14.12.1988, BGBl. I 1988, S. 2237-2238.

Bundesregierung, Gesetzentwurf der Bundesregierung, Entwurf eines Gesetzes über
Unternehmensbeteiligungsgesellschaften (UBGG), *BT*-Drucksache 10/4551 vom
12.12.1985, S. 1-47.

Finanzausschuss (7. Ausschuss), Beschlussempfehlung und Bericht des Finanzausschusses (7. Ausschuss) zu dem von der Bundesregierung eingebrachten Entwurf eines Gesetzes über Unternehmensbeteiligungsgesellschaften (UBGG) –
Drucksache 10/4551 –, *BT*-Drucksache 10/6193 vom 15.10.1986, S. 1-26.

Bundesregierung, Gesetzentwurf der Bundesregierung, Entwurf einer Insolvenzordnung (InsO), *BT*-Drucks. 12/2443 vom 15.04.1992, S.1-269.

Bundesregierung, Gesetzentwurf der Bundesregierung, Entwurf eines Gesetzes zur
weiteren Fortentwicklung des Finanzplatzes Deutschland (Drittes FMFG), *BT*-
Drucksache 13/8933 vom 06.11.1997, S. 1-186.

Bundestag, Entwurf eines Gesetzes zum Abbau von Steuervergünstigungen und
Ausnahmeregelungen (Steuervergünstigungsabbaugesetz), in: BT-Drucks.
15/119 vom 02.12.2002, S. 1-60.

Regierungskommission Deutscher Corporate Governance Kodex, Corporate Governance Kodex – Endfassung, abgedruckt in NZG, Jg. 5, 2002, S. 273-277

Bundesrat, Empfehlungen der Ausschüsse zum Entwurf eines Gesetzes über Unternehmensbeteiligungsgesellschaften (UBGG), *BR*-Drucksache 140/1/85 vom
13.5.1985, S. 1-25.

Bundesrat, Gesetzentwurf der Bundesregierung, Entwurf eines Gesetzes zur Bereini-
gung des Umwandlungsrechts (UmwBerG) mit Begründung, *BR*-Drucks. 75/94
vom 04.02.1994, S. 1-182.

Richtlinie des Bundesministers für Wirtschaft für ERP-Darlehen an kleine und mittlere Unternehmen, BAnz. Nr. 16 vom 24.01.1995.

ZfK-Sonderausgabe mit dem Titel „Die Finanzierungshilfen des Bundes und der Länder für die gewerbliche Wirtschaft", Heft 1, 1996/97, Frankfurt a.M. 1996.

DTA-Studie, Ergebnisse des DtA-Gründungsmonitors 2002, Schwerpunktthema: Gründer im Voll- und Nebenerwerb, Markt- und Mittelstandsforschung, Dr. Nicole Lehnert, Februar 2003.

Creditreform, Insolvenzen, Neugründungen und Löschungen, 2001, S. 1-48.

VDI Nachrichten, Venture Capital Partnerschaft, Wie Gründer und Investoren zueinander finden, zusammenarbeiten, einander bewerten, Eine Studie der VDI Nachrichten, der Baumgartner & Partner Unternehmensberatung und von area5F.

Mackewicz & Partner, Die Rolle von Banken und VC-Gesellschaften im Umfeld von Gründungs- und Innovationsfinanzierungen, Studie 2000.

Internet-Adressen

www.gbi.de

www.bvk-ev.de

www.bvi.de

www.taxlinks.de

www.bgbl.de

Regensburger Beiträge zur betriebswirtschaftlichen Forschung

Herausgegeben vom Institut für Betriebswirtschaftslehre
an der Universität Regensburg

www.peterlang.de

Stephan Kreuzer

Der Einfluss der Finanzierung auf Investitionsentscheidungen und seine Berücksichtigung in einem Investitionsrechnungsmodell

Frankfurt am Main, Berlin, Bern, Bruxelles, New York, Oxford, Wien, 2005.
313 S., zahlr. Abb. Europäische Hochschulschriften: Reihe 5, Volks- und
Betriebswirtschaft. Bd. 3112
ISBN 3-631-53293-8 · br. € 51.50*

Ziel der Arbeit ist der Entwurf einer neuen Klasse von Investitionsrechnungsverfahren, die auf realistischen Annahmen aufbaut und zu besseren
Entscheidungen führt. Wichtig dafür ist die Untersuchung des Einflusses der
Kapitalstruktur und der Finanzierung auf den Unternehmenswert und damit
die Investitionsentscheidungen. Erstmals und umfassend werden die Gründe
für die Wahl einer bestimmten Finanzierung und Kapitalstruktur dargestellt,
dabei werden die Ergebnisse einer Vielzahl empirischer Studien ausgewertet.
Für die Modellentwicklung werden verschiedene Erweiterungen der kapital-
markttheoretischen Modelle – insbesondere des CAPM – formuliert. Aufgrund
deren Anwendung bei der Unternehmensbewertung und Investitionsrechnung
sind diese Erweiterungen von großer theoretischer und praktischer Relevanz.

Aus dem Inhalt: Theoretische Grundlagen · Überlegungen zur Relevanz der
Kapitalstruktur und Finanzierung für Investitionsentscheidungen – Untersuchung
des Einflusses der Kapitalstruktur und der Finanzierung auf den Unternehmens-
wert und die Investitionsentscheidungen · Kritische Analyse der Verfahren der
Investitionsrechnung · Theoretische Modellentwicklung – Entwurf einer neuen
Klasse von Investitionsrechnungsverfahren

Frankfurt am Main · Berlin · Bern · Bruxelles · New York · Oxford · Wien
Auslieferung: Verlag Peter Lang AG
Moosstr. 1, CH-2542 Pieterlen
Telefax 00 41 (0) 32 / 376 17 27

*inklusive der in Deutschland gültigen Mehrwertsteuer
Preisänderungen vorbehalten
Homepage http://www.peterlang.de

Peter Lang · Europäischer Verlag der Wissenschaften